AKAL TEXTOS

Diseño de cubierta:
Sergio Ramírez

Reservados todos los derechos.
De acuerdo a lo dispuesto en el art. 270
del Código Penal, podrán ser castigados con penas
de multa y privación de libertad quienes
reproduzcan o plagien, en todo o en parte, una obra
literaria, artística o científica, fijada en cualquier
tipo de soporte, sin la preceptiva autorización.

© Francisco Javier Gómez Espelosín, 2001
© Ediciones Akal, S. A., 2001
Sector Foresta, 1
28760 Tres Cantos
Madrid - España
Tel.: 91 806 19 96
Fax: 91 804 40 28
ISBN: 84-460-1428-9
Depósito legal: M. 42.159-2001
Impreso en Cofás
Fuenlabrada (Madrid)

Historia de Grecia Antigua

Francisco Javier Gómez Espelosín

Introducción

GRECIA Y LOS GRIEGOS

El nombre de Grecia aplicado a la Antigüedad recubre una realidad heterogénea y diversa que no se conforma fácilmente a los parámetros tradicionales de las historias de un pueblo o una nación determinados. Se habla con demasiada ligereza de la Grecia antigua, del teatro griego, de la democracia griega, de los descubrimientos científicos griegos, de la sabiduría y el ingenio griego, de la mitología griega o de los griegos en general como si se tratara de un solo pueblo, de carácter homogéneo y compacto, con una entidad paralela a la de otros sujetos históricos protagonistas destacados de la historia antigua como los asirios, los babilonios, los persas o los romanos. A diferencia de ellos, nunca hubo ningún estado griego unificado con su capital correspondiente como sede de unas instituciones políticas estables y un ejército nacional dirigido por el monarca o primero de sus magistrados. Puede decirse sin demasiados remilgos que Grecia como tal no llegó a existir nunca. En su lugar aparece una multiplicidad de pequeñas comunidades, todas orgullosamente independientes unas de otras con su propio territorio y sus instituciones, que compartían, sin embargo, unas ciertas señas de identidad, tampoco demasiado definidas, que los definían como griegos. Su lengua común era más bien una serie de dialectos emparentados que no siempre resultaban mutuamente inteligibles, sus dioses comunes adquirían a veces diferentes advocaciones y atributos locales que los hacían irreconocibles, y sus usos y costumbres comunes presentaban a veces insalvables diferencias, como muestra la actitud distante con que un ateniense urbano de pleno siglo V a.C. como Tucídides contempla las comunidades rurales de Etolia y sus primitivas formas de vida.

Ni siquiera el nombre de Grecia es originalmente griego. El término, acuñado por los romanos en el momento de la conquista para referirse a un conjunto de pueblos situados en Oriente que desde su óptica particular respondían aparentemente a unas características culturales comunes, hizo fortuna y ha sido el utilizado posteriormente por toda la tradición occidental. Los propios griegos utilizaron un término diferente, el de Hélade, con el que aludían más bien a una comunidad cultural de carácter abstracto que no se concretaba del todo en un espacio geográfico preciso. La idea se afianzó sobre todo durante los siglos V y IV a. C. cuando quienes se consideraban griegos se sintieron amenazados por la agresión exterior de pueblos como los persas o los macedonios. Sin embargo, ni siquiera en esos casos este ideal unitario, defendido y proclamado por las ciudades más poderosas y con aspiraciones a la hegemonía como Atenas o Esparta, llegó a triunfar del todo sobre la dinámica particularista de los estados más pequeños que parecían más preocupados por la integridad de sus límites territoriales y por el expansionismo de estos grandes estados griegos que por la amenaza latente de una invasión exterior generalizada que no parecía afectarles en la misma medida. La diversidad regional, política y cultural era, sin duda, la nota dominante del panorama helénico.

Algunos manuales describen las características paisajísticas y climáticas de la península balcánica en la que se asienta en la actualidad el moderno estado helénico, pero olvidan con frecuencia que otras muchas zonas de la cuenca mediterránea formaban también parte de lo que denominamos Hélade como la costa occidental de Asia Menor, donde surgieron seguramente fenómenos tan definitorios de la cultura helénica como los poemas homéricos o la filosofía, el sur de la península itálica y Sicilia, donde se encuentran quizá las ruinas griegas más espectaculares, una parte de la costa norteafricana, donde se hallaba una próspera ciudad como Cirene que nos ha proporcionado importantes testimonios epigráficos como su propia ley de fundación, el golfo de León en Francia, donde se hallaba Marsella, patria del célebre astrónomo y descubridor Píteas y aliada preferente de Roma en el Mediterráneo Occidental, o las costas del Mar Negro, cuyas florecientes ciudades fueron las impulsoras de buena parte del comercio ateniense. Griegos como tales eran los que vivían en Atenas, Esparta y Corinto, pero no menos que ellos los muchos que habitaban en estas diversas regiones, diseminados y dispersos a lo largo de todo este amplio espacio geográfico.

A este panorama diverso y diferenciado que impide una percepción unitaria y simplista de la realidad histórica griega se suman otro tipo de interferencias. La idea de Grecia ha ido experimentando importantes variaciones en el curso de los siglos desde el Renacimiento hasta nosotros. Durante largo tiempo ha imperado una imagen de carácter ideal, construida sobre la admiración de la esplendorosa belleza de sus esculturas, que eran en su mayoría simples copias romanas, y sobre el atractivo de sus doctrinas filosóficas, recuperadas en los salones académicos renacentistas de las ciudades italianas, y la fuerza espiritual de sus ideales políticos descontextualizados como la libertad, actualizados en la práctica vital de los poetas del Romanticismo. Sin abandonar del todo dicha imagen, en los últimos tiempos se ha pasado a una visión más realista que reconoce con extrañeza y asombro sus templos y esculturas pintados con colores vivos y extravagantes y asume con entereza algunas lacras, como el predominio casi absoluto de la guerra y la esclavitud, o comportamientos poco admisibles en la actualidad, como el indomable deseo de vencer e imponerse a todos los demás semejantes que constituye uno de sus principales principios éticos. Considerada todavía a comienzos del siglo XX como el «milagro griego» que había surgido casi de la nada en medio de civilizaciones mucho menos consistentes desde el punto de vista cultural, la historia ha ido abriéndose paso lentamente para reconocer abiertamente sus deudas con las civilizaciones orientales precedentes y contemporáneas. El mundo griego antiguo constituye un mosaico sorprendente de experiencias históricas que debe ser valorado en sus justos términos, reconociendo su continuidad con el pasado y sus innovaciones originales, sus luces y sombras, sus grandezas y miserias, que no empañan una trayectoria fascinante que, entendida siempre dentro de sus propias claves mentales y de su contexto histórico preciso y evitando en la medida de lo posible cualquier tipo de intromisiones idealizadoras o reductoras por nuestra parte, puede continuar ofreciéndonos lecciones inteligentes que resulten provechosas para el futuro.

I   El mundo prehelénico

I. MITO E HISTORIA

Los propios griegos, que hasta el período helenístico no distinguían entre el tiempo del mito y el tiempo de la historia, tenían una vaga conciencia histórica de su pasado más remoto a través de los mitos. Sabían de la existencia de Minos, un poderoso rey de Creta que había dominado los mares con su escuadra y había sometido a los atenienses a un oneroso tributo. Reconocían el papel fundacional de algunos héroes como Teseo, Perseo o Heracles, que con sus hazañas habían sentado las bases de la civilización. Otorgaban carta de ley a un acontecimiento singular como la guerra de Troya, que había marcado el destino posterior de toda la Hélade. Conocían también los orígenes de muchos pueblos y ciudades como resultado final de los numerosos movimientos de población que se habían originado como consecuencia de invasiones, catástrofes naturales, luchas dinásticas o conflictos internos como el denominado retorno de los Heráclidas, que había dado al Peloponeso su configuración histórica definitiva. Pocos dudaban del carácter histórico de estos eventos transmitidos por las tradiciones orales conservadas en los mitos. Incluso un historiador como Tucídides, valorado por los estudiosos modernos por el rigor de sus planteamientos y la fuerza argumental de sus análisis, utilizó sin dudar tales acontecimientos como punto de partida para su descripción de los primeros tiempos de la Hélade.

Sin embargo, la completa ausencia de cualquier tipo de pruebas documentales que pudieran confirmar la realidad histórica de tales acontecimientos llevó a los historiadores modernos a poner en tela de juicio todas estas historias. La poesía homérica, principal baluarte de referencias en este terreno, no constituía una base histórica segura, según la opinión más generalizada que iba imponiéndose con el correr del tiempo. Se trataba sólo de un mundo imaginario en el que sus protagonistas, unos héroes de talla sobrehumana que contaban con la complacencia y el apoyo de los dioses, luchaban entre sí por la consecución de la gloria que inmortalizara sus hazañas. Se estableció de este modo una tambaleante línea divisoria entre lo que era considerado como historia propiamente dicha, que se hallaba atestiguado por fechas determinadas y acontecimientos y personajes más o menos bien probados, y la leyenda, un territorio escurridizo y brumoso que era patrimonio exclusivo de los poetas y se hallaba repleto de toda clase de fantasías. Una de las más célebres *Historias de Grecia* de los tiempos modernos, la escrita por el banquero inglés Georges Grote a mediados del siglo XIX, iniciaba así su andadura en el año 776 a.C. con la celebración de la primera Olimpíada y relegaba al terreno de la fábula todo el conjunto de historias que constituían el hilo argumental de los poemas homéricos.

Todo pareció cambiar de repente cuando a finales del siglo XIX y en los inicios del XX una serie de brillantes descubrimientos arqueológicos sacaron a la luz los restos materiales que confirmaban aparentemente la veracidad histórica de los viejos mitos. Primero, el alemán Schliemann en Troya y el Peloponeso, y después el británico Evans en Creta, desenterraron efectivamente lo que a primera vista parecían las ruinas de la legendaria Troya, los palacios fortaleza de sus atacantes griegos y los restos del esplendoroso palacio de Minos. Todo parecía cobrar ahora pleno sentido. Se identificaron así el tesoro de Príamo, la máscara de Agamenón y la laberíntica estancia del terrible minotauro. Los mitos permitían dar nombres a los anónimos personajes cuyas huellas iban apareciendo en las excavaciones. La historia perdida de la que las ruinas encontradas constituían un mudo testimonio adquiría forma y colorido. Sólo había que conceder un cierto crédito a las viejas historias que se habían venido transmitiendo por boca de los poetas. ¿Era éste, sin embargo, el camino adecuado? ¿Existía efectivamente una coincidencia absoluta entre los acontecimientos narrados por los mitos y los testimonios arqueológicos? ¿No cabrían otras posibles interpretaciones de una evidencia material que no presentaba identificaciones de ninguna clase y que ofrecía en muchos casos serios problemas de datación e interpretación?

La fe inquebrantable en los testimonios antiguos, la lógica fascinación por los sorprendentes descubrimientos y la habitual añoranza de los seres humanos por establecer cualquier tipo de conexiones entre el mundo real y el imaginario, volcado en leyendas y mitos de todas clases, abrieron un panorama de amplias expectativas. Sin embargo, pronto quedó claro que un exceso de imaginación, alentado por la devoción hacia la literatura antigua de algunos de sus descubridores, había primado sobre la labor estrictamente arqueológica de estos pioneros, si bien de forma más notoria en el caso de Schliemann que en el de Evans. Sus sucesores en la investigación sobre el terreno se mostraron mucho más cautos y conservadores en este terreno y se empezaron a albergar serias dudas acerca del valor sustitutivo de la mitología a la hora de reconstruir la secuencia histórica real de los acontecimientos del mundo que salía ahora a la luz con las excavaciones. Las dataciones arqueológicas, basadas en el cuidadoso estudio de la serie estratigráfica de los yacimientos o en métodos de carácter científico más seguros, no coincidían con la cronología tradicional admitida que situaba la guerra de Troya y sus protagonistas en una fecha muy posterior a la que presentaban algunas fases de destrucción y algunos de los restos materiales más llamativos, como el mencionado tesoro troyano o las máscaras de oro encontradas en Micenas. Pero quizá el golpe de gracia a este estado de ensoñación lo dio un joven arquitecto inglés llamado Michael Ventriss a mediados del siglo XX, quien, con enorme pericia y una gran sagacidad intuitiva, pudo probar que la lengua escrita en las tablillas de arcilla requemadas que habían aparecido en algunos lugares como Tebas o Cnosos era nada más y menos que griego. Un griego muy arcaico escrito además en un silabario que mostraba toda su incapacidad a la hora de verter la extraordinaria complejidad y riqueza de la morfología de esta lengua, pero que revelaba un mundo completamente diferente al que dibujaban los relatos mitológicos. Un esquema de administración palacial rigurosa y efectiva que se aproximaba mucho más a los vecinos sistemas orientales de la costa sirio fenicia y del norte de Mesopotamia que a la imagen de unos reinos dirigidos por aventureros valerosos y despreocupados, a la manera de Aquiles o Ulises, a los que sólo importaba el honor o la consecución de jugosos beneficios.

Las tablillas pusieron también de manifiesto la existencia de una cierta continuidad entre este mundo y las épocas posteriores de la historia griega. En ellas aparecían mencionados la mayoría de los nombres de las divinidades griegas y buena parte del vocabulario político tradicional que hacía referencia a individuos e instituciones, si bien fueron utilizadas de forma seguramente bien distinta. El viejo mundo heroico griego, que con tanta vivacidad y dramatismo habían descrito los poemas homéricos, adquiría así nuevas dimensiones históricas. Para su conocimiento se contaba ahora con una base documental nueva basada en la evidencia arqueológica, a veces esquiva y resbaladiza, y en el testimonio creciente de las tablillas cuya afinada lectura iba proporcionando nuevos datos acerca del funcionamiento específico de los reinos aqueos. Podemos reconstruir las líneas generales de su organización política y territorial, vislumbrar el esquema básico de su estructura social y económica, evaluar el alcance de su influencia y contactos con el mundo exterior, y esbozar los perfiles de su universo religioso, pero nos sentimos del todo incapacitados a la hora de recuperar su historia, entendida ésta como la sucesión de personajes y acontecimientos que se fueron sucediendo en el transcurso del tiempo. Desconocemos los nombres de sus reyes y los avatares concretos que hubieron de afrontar en el curso de sus reinados. Su mundo real se nos escapa a través de un conjunto mucho más borroso y desdibujado compuesto de inciertas constataciones arqueológicas y de una fría y anónima rendición de cuentas.

Los mitos no pueden sustituir a la historia de aquel remoto pasado, pero pueden proporcionarnos en cambio algunas claves para su interpretación. Identifican aquellos centros que alcanzaron un indudable protagonismo político como fue el caso de Cnosos, Micenas, Tebas o Argos, detectan importantes movimientos de población que originaron cambios decisivos en la faz del territorio helénico, como la supuesta llegada de los dorios o la migración jonia, y revelan por fin la existencia de conflictos y tensiones que han quedado desdibujados por el paso del tiempo, la deformación de la propaganda posterior, la sucesión de ajustes a las circunstancias e intereses imperantes en cada momento, la intromisión de motivos procedentes del cuento popular y del folklore, y la magnificación poética. Es más que probable que en el origen de muchas narraciones mitológicas se encuentren algunos hechos históricos de carácter general que no podemos precisar en modo alguno, pero su utilización como fuente histórica de carácter estrictamente documental ha de ser extremadamente cuidadosa y ajustada, y en cualquier caso quedar siempre necesariamente supeditada a las informaciones mucho más testimoniales de la realidad histórica concreta que nos proporcionan la arqueología y la lectura de sus documentos oficiales como las tablillas.

II. LA CIVILIZACIÓN MINOICA

1. El descubrimiento

Aunque a lo largo del siglo XIX algunos viajeros y estudiosos habían llevado a cabo exploraciones en Creta, lo cierto es que la isla apenas había despertado grandes expectativas en el terreno arqueológico. Sin embargo, a finales de ese mismo siglo, todo cambió de manera radical gracias a la sorprendente figura de Arthur Evans, que se convirtió en el verdadero descubridor de la civilización cretense. El interés de Evans por la isla surgió tras el hallazgo en un mercado de antigüedades de Atenas de una serie de sellos de piedra, procedentes de Creta, que llevaban grabados unos extraños signos. Su capacidad para apreciar tales objetos venía avalada por su tradición familiar, ya que era hijo de un prestigioso prehistoriador que había reunido una importante colección de antigüedades en su casa, y por su miopía, que le permitía apreciar con gran precisión los minuciosos detalles inscritos en sellos y monedas de todas clases. Según el testimonio de una hermana suya, veía los detalles con exactitud microscópica sin que nada del mundo exterior le distrajera de su tarea. Tenía también un gran interés por la región de los Balcanes y el Egeo a causa de su espíritu aventurero e inquieto que le empujaba a emprender viajes difíciles y a sostener causas perdidas en defensa de las minorías oprimidas. En una ocasión, mientras ejercía de periodista en esta zona, se vio obligado a cruzar a nado un río desbordado para salvar su vida.

Cuando visitó Creta, tenía la expectativa de hallar un número mayor de la clase de sellos que había encontrado en Atenas y quizá de descubrir la clave que solucionara su aparente misterio. Adquirió unos terrenos en las proximidades de la capital, donde ya se habían llevado a cabo algunas tentativas de exploración por parte de algún erudito local, pero no pudo iniciar las excavaciones hasta cinco años más tarde cuando concluyó la ocupación turca de la isla. Evans advirtió que los objetos que buscaba eran muy apreciados por las mujeres locales que los denominaban «piedras de leche» ya que las utilizaban a modo de amuleto durante el período de lactancia. Cuando los trabajos de excavación en Cnosos dieron comienzo en el mes de marzo de 1899, surgieron a la luz las ruinas impresionantes de las grandes edificaciones palaciales que atestiguaban la existencia de una civilización floreciente que era, posiblemente, la más antigua de toda la larga historia europea. Evans, imbuido por las leyendas griegas que hablaban de Minos y su fabuloso laberinto cretense que albergaba al terrorífico minotauro, adoptó el término «minoico» para calificar y definir a esta brillante civilización que aparecía ahora ante los sorprendidos ojos de toda Europa.

2. Espacio y cronología

La situación de Creta en medio del mar Egeo, a medio camino entre los tres continentes, Europa, Asia y África, la pujanza de su suelo y la prosperidad de sus ciudades ya había sido señalada en su día por Homero:

> Allá en medio del mar de oscuro azul, hay una tierra llamada Creta, una tierra fértil y hermosa, bañada por las olas, densamente poblada y que ostenta noventa ciudades donde se mezclan unas lenguas con otras.

Se trataba sin duda de tres circunstancias que estaban estrechamente relacionadas entre sí. Esta posición privilegiada posibilitó los intensos contactos comerciales de la isla con Egipto, la costa sirio fenicia, el Oriente próximo, Asia Menor, las Cícladas y la península balcánica. Estas relaciones propiciaron el desarrollo de la civilización en la isla que compartió con el resto del Egeo oriental y el Oriente próximo un estilo de vida internacional a lo largo de buena parte del segundo milenio. Los productos, las personas y las ideas debieron circular con fluidez a través de

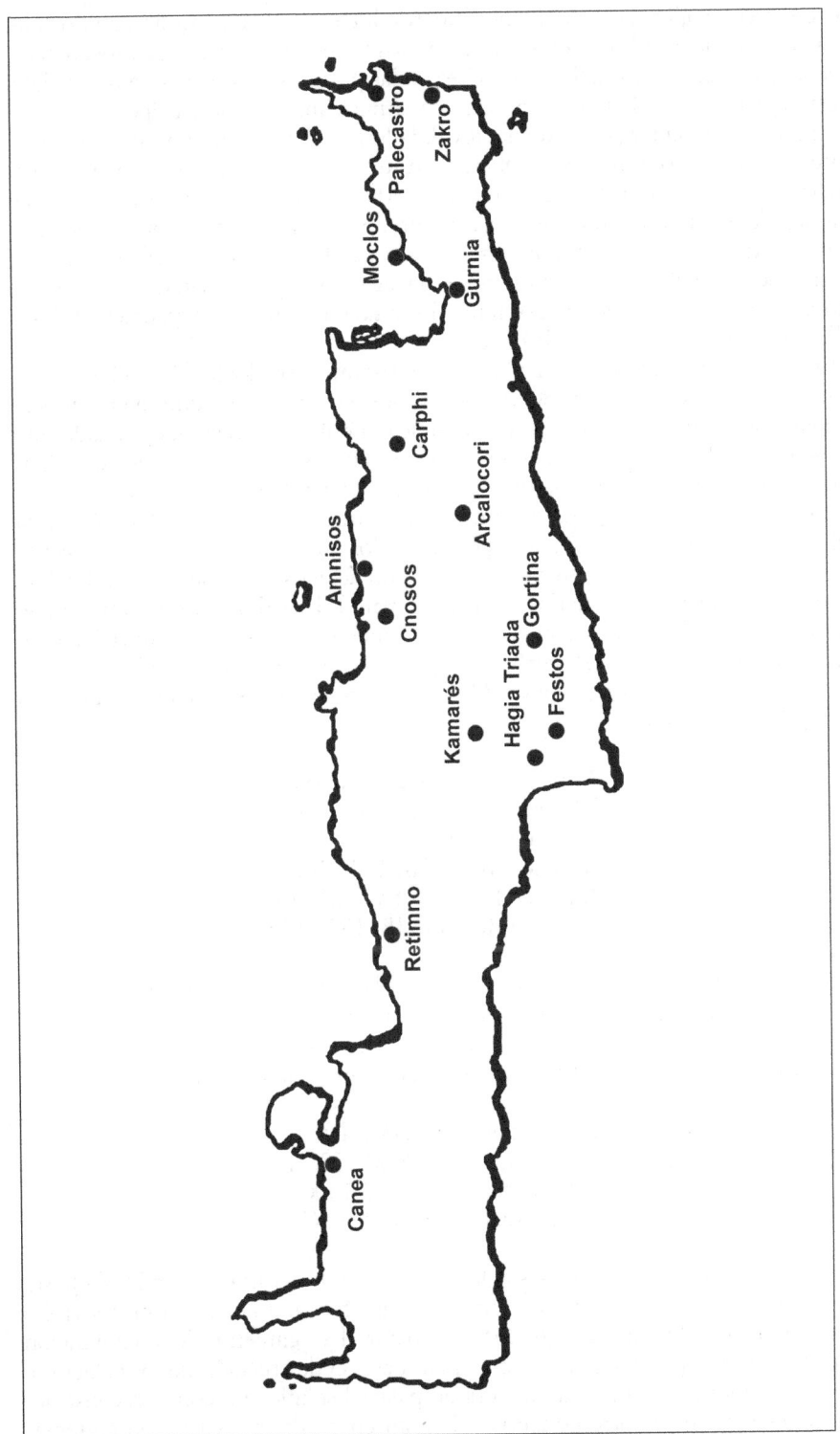

CRETA

este espacio compartido, por lo que no resulta extraño encontrar reconocidas influencias de unas culturas en otras, como los numerosos objetos de procedencia egipcia, siria o babilonia hallados en Creta o las pinturas y los vasos de oro y plata de estilo cretense que han aparecido en los últimos años en suelo egipcio.

Creta es una isla larga y estrecha, dividida longitudinalmente por una impresionante cadena de montañas. Sin embargo, en su parte central, entre las montañas y el mar, se abren llanuras fértiles como la de Mesara que resultan muy apropiadas para la práctica de una floreciente agricultura. Su costa escarpada ofrecía además buenos fondeaderos naturales para los barcos, y sus elevadas cimas servían de punto de referencia inevitable en las rutas de los navegantes. La fertilidad de su suelo y su natural apertura al mar fueron, por tanto, los fundamentos de su espectacular desarrollo hacia formas superiores de civilización.

Evans fue el primero que articuló todo un sistema cronológico de la civilización cretense basándose en la estratigrafía de Cnosos. Utilizó como pauta de referencia fundamental los diferentes estilos de cerámica que iban apareciendo en cada uno de los estratos. Para obtener una cronología absoluta, se sirvió de la correspondencia con Egipto, que contaba con un sistema de datación bien establecido, a base de los diversos objetos de esta procedencia que aparecían en Cnosos. Dividió así la civilización cretense en tres grandes períodos a los que denominó respectivamente Minoico Primitivo, Medio y Reciente. Cada uno de ellos fue, a su vez, subdividido en otros tres subperíodos siglados respectivamente I, II y III. El Sistema, aunque se adaptaba bien a Cnosos, es complicado y en muchos casos resulta terriblemente limitado para comprender el verdadero desarrollo histórico de la civilización cretense. El esquema básico, a partir del Minoico medio cuando se detecta la aparición de los primeros palacios, sería:

>   Minoico Medio IA: 2100-1900
>   Minoico Medio IB: 1900-1800
>   Minoico Medio II: 1800-1700
>   Minoico Medio III: 1700-1600
>   Minoico Reciente IA: 1600-1500
>   Minoico Reciente IB: 1500-1450

Se han propuesto otros sistemas menos complicados y más funcionales, avalados a veces por dataciones más seguras, obtenidas mediante el sistema de carbono 14. Así, la cronología propuesta por el arqueólogo griego Nicolás Platón, basándose en criterios arquitectónicos y culturales, distingue cuatro grandes períodos:

>   Prepalacial: 2600-2000 a. C.
>   Palacial primero: 2000-1700 a. C.
>   Palacial segundo: 1700-1400 a. C.
>   Postpalacial: 1400-1100 a. C.).

El primer período abarcaría desde los orígenes de la civilización en la isla hasta la construcción de los primeros palacios y se caracterizaría por un gran desarrollo de la vida a todos los niveles, que iba a preparar el surgimiento de la civilización palacial. El primer período palacial culminaría con la destrucción de los palacios a causa de un terremoto. El segundo período palacial se iniciaría con la reconstrucción de los palacios y correspondería a la gran época de la civilización cretense, momento en el que los palacios alcanzaron su máxima capacidad y esplendor. Una segunda destrucción, esta vez de carácter más masivo y desolador, debida también posiblemente a causas naturales, significó el fin de la civilización palacial y el comienzo de un período, el postpalacial, que sin ser de absoluta decadencia, dado que se mantuvieron ciertos niveles de prosperidad y paz interna, no alcanzó la brillantez de los dos anteriores. Con una nueva oleada masiva de destrucciones sucedidas en torno al 1100 a.C. culminaría la larga historia de esta civilización, que casi de forma ininterrumpida desde el Neolítico, a partir del 6000 a.C., se había ido desarrollando hasta alcanzar el alto nivel del período de los grandes palacios.

El establecimiento de una cronología definitiva choca todavía hoy con numerosos inconvenientes. Acontecimientos decisivos para el transcurso de la historia en la cuenca oriental del Egeo, como la erupción volcánica de Tera, presentan diferencias importantes de datación que oscilan entre los 150 años, por lo que la adopción de una u otra cronología implica una modificación considerable de todo el sistema. Hay así quienes admiten que la explosión que partió la isla en dos aconteció durante el período comprendido entre el 1500 y el 1450 y los que la sitúan de acuerdo con la datación radiocarbónica en torno al 1630 a.C. Parece aconsejable, por tanto, reconocer la existencia de grandes períodos de carácter general, establecidos sobre criterios arqueológicos como la continuidad de los palacios, comparaciones tipológicas o estratigrafías cruzadas, combinados y matizados, siempre que ello resulta factible, con la aportación de dataciones más precisas procedentes del radiocarbono o de la presencia de objetos de procedencia oriental bien definidos.

3. El surgimiento de la civilización en Creta

A partir del año 2000 a.C. una serie de factores interconectados entre sí dieron paso al surgimiento y consolidación de una verdadera civilización. Surgió así un tipo de sociedad evolucionado caracterizado por una organización central permanente, con sede en grandes edificios monumentales, y un alto grado de estratificación social. En opinión de muchos arqueólogos, el impulso principal de este proceso habría tenido su origen en el exterior, en el influjo creativo de Egipto o Mesopotamia, que según el modelo de explicación difusionista, vigente en la primera mitad del siglo XX, habrían sido los focos de la civilización que habrían difundido después sus logros y descubrimientos a las culturas de Europa. Uno de los principales exponentes de esta idea, el prehistoriador australiano Vere Gordon Childe, consideraba que la civilización cretense era el resultado de la adaptación y la difusión de los descubrimientos realizados en Oriente. Ésta había sido también la idea inicial de Evans, que hablaba de «un impulso acelerador procedente del Nilo» como elemento determinante a la hora de dar el salto decisivo desde la cultura neolítica, mucho más sencilla y rudimentaria, a la forma más compleja de la civilización palacial.

Sin embargo, con el avance de las excavaciones arqueológicas y un mejor conocimiento de los yacimientos, se ha podido comprobar que no hubo un corte tan brusco como se había pensado entre el período neolítico y el comienzo de la Edad del Bronce y sí en cambio importantes signos de continuidad entre ambas etapas de la historia de la isla. A pesar del aparente corte estratigráfico que se detectaba en Cnosos, el resto de yacimientos de la isla mostraban más bien una secuencia continuada de desarrollo ininterrumpido. A finales del período neolítico aparecían ya atestiguados algunos de los rasgos que distinguen al período prepalacial y que iban a definir a la civilización cretense, tales como la metalurgia, una producción artesanal especializada o la edificación de grandes complejos arquitectónicos. Todo apuntaba, por tanto, hacia un proceso de lenta evolución local hacia formas superiores y más desarrolladas, en el que pudieron haber intervenido sin duda algunos influjos creativos procedentes del exterior, pero sin el papel protagonista exclusivo que se les asignaba dentro del esquema difusionista.

Dos factores decisivos dentro de este proceso histórico fueron el aumento de población y la mejora notable en la producción de alimentos. Resulta difícil establecer la prioridad relativa de cada uno de ellos. Seguramente los avances tecnológicos debidos a la utilización del metal posibilitaron una mejora sustancial en la producción de alimentos y una mayor diversificación de la misma, lo que permitió a su vez el crecimiento de la población. Pero de la misma manera es también muy probable que las presiones ejercidas por un aumento demográfico forzasen la intensificación de los cultivos y su correspondiente mejora. De esta forma, ambos factores debieron de ejercer entre sí una mutua influencia, de tal modo que cualquier modificación que se producía en uno de ellos arrastraba necesariamente al otro a través de un proceso de interacción mutua y continuada que producía importantes consecuencias en diferentes direcciones.

Quizá el cambio más decisivo que contribuyó a la transformación de la agricultura cretense fue la adopción de la famosa tríada mediterránea, el trigo, la vid y el olivo. Este policultivo mediterráneo debió de tener una importancia en el surgimiento de la civilización en Creta parecida a la que tuvo la agricultura de irrigación y canales para Mesopotamia, como ha sugerido el arqueólogo inglés Colin Renfrew. El hecho de que la vid y el olivo no compitan como los demás cereales por la utilización de la tierra de labor significó un incremento notable de la capacidad de producción. Además, dado que dichos cultivos no requerían una atención especial y continuada, el campesino podía seguir manteniendo la misma capacidad de producción de cereal e incrementar su cosecha, con parecido esfuerzo, con otra nueva clase de productos. Sin embargo, este tipo de producción agrícola diversificada provocaba cierta disparidad entre las existencias disponibles de cada cual y sus necesidades corrientes de consumo. Esta circunstancia hizo necesaria la creación de un sistema de redistribución que restituyera el equilibrio entre las necesidades de consumo y los excedentes, desviando una parte importante de estos últimos a la satisfacción de otra clase de servicios como el artesanado que todavía se hallaban poco desarrollados. Se requería también un lugar de almacenamiento comunitario y una jefatura universalmente reconocida que contara con la fuerza y el prestigio necesarios para organizar y controlar todo este proceso.

El control del proceso de redistribución de bienes fue sin duda uno de los factores que propiciaron el nacimiento y consolidación de las estructuras palaciales en Creta. El excedente necesario para el mantenimiento de un artesanado floreciente posibilitó a su vez el intercambio de bienes con otras comunidades del exterior. Quizá fue entonces, cuando ya se había alcanzado un cierto grado de desarrollo, cuando los contactos con Egipto y el Oriente próximo adquirieron especial relevancia, ya que la necesidad creciente de materias primas, sobre todo el metal que faltaba en Creta, debió de ser seguramente la circunstancia que impulsó los contactos con ultramar. Fue también entonces cuando algunas de las ideas e innovaciones que procedían de aquellas regiones pudieron tener una especial incidencia en la naciente civilización de la isla. Los instrumentos de bronce posibilitaban una mejora considerable en el desarrollo de las técnicas arquitectónicas, como el mejor labrado de la piedra que hizo posible la edificación a base de sillares, o en la construcción de barcos, como la invención del buque largo de hasta 30 remeros. De esta forma, una serie encadenada de procesos, de naturaleza política, social, económica y tecnológica, interconectados entre sí unos con otros, marcaron las pautas de desarrollo hacia un conjunto mucho más organizado y complejo que denominamos civilización, a partir de una cultura local, más simple y primaria en un principio, pero que no carecía del todo de los gérmenes que iban a permitir algunas de estas innovaciones.

4. Los palacios

Los palacios constituyen el rasgo más característico de la civilización cretense. Constituyen la culminación del largo proceso de desarrollo socioeconómico que tuvo lugar en Creta a lo largo del tercer milenio y son el reflejo material de una sociedad organizada y diferenciada que alcanzó un alto grado de bienestar y un elevado refinamiento técnico. Los palacios cretenses no eran sólo la morada de los gobernantes. Fueron también centros de culto con sus santuarios y salas destinadas a fines rituales y, sobre todo, verdaderos centros económicos desde los que se dirigían y controlaban todas las actividades. Albergaban almacenes donde se guardaba el grano y el aceite producido en sus almazaras, y talleres en los que los artesanos elaboraban sus productos con las materias primas que el propio palacio les proporcionaba. Se trataba, por tanto, de auténticos centros de redistribución de bienes que regían de forma absoluta el funcionamiento de la sociedad cretense en todas sus facetas.

Según Peter Warren, tres factores contribuyeron a crear las condiciones adecuadas que dieron paso a las estructuras palaciales:

a) El establecimiento de poblados agrícolas estrechamente unidos que posibilitaban una vida comunal mucho más intensa que la que tenía lugar en pequeños establecimientos agrícolas de carácter disperso.

b) El desarrollo de unidades familiares extensas (una especie de clanes) en el interior de estas comunidades estrechamente unidas.

c) El establecimiento de unos territorios destinados al uso y explotación de un poblado concreto.

Una vez establecidas estas tres condiciones, algunos de estos clanes debieron de ir adquiriendo un mayor prestigio y autoridad en el seno de la comunidad gracias a su mayor capacidad productiva y a su mejor nivel de organización. La propia comunidad debió de conferirles cierto tipo de atribuciones que irían consolidándose poco a poco con el paso del tiempo ante la necesidad de controlar los excedentes y su distribución. Una vez asumido de forma consciente este papel directivo, su posición iría reforzándose de manera progresiva gracias a las ventajas que confería el ejercicio de la propia función de control. Posiblemente, como consecuencia inevitable de dicho proceso, los palacios se construyeron con el consenso de toda la sociedad, ya que se tenía la conciencia de estar llevando a cabo una importante tarea de carácter colectivo que beneficiaba a todos. La magnificencia y el tamaño de los edificios no reflejaban sólo la opulencia de sus gobernantes, sino la riqueza y prosperidad conjunta de toda la comunidad que los había erigido, que podía además recibir, de esta forma, unos mejores servicios. Los palacios cuyas ruinas se han recuperado son los del segundo período palacial, que fueron edificados a partir de 1700 a.C., ya que resulta muy difícil hallar los restos arquitectónicos de los primeros tras la catástrofe que provocó su destrucción. Se trata de edificaciones de carácter monumental que agrupan un complejo de estancias en torno a un gran patio central, que era a todas luces el verdadero núcleo de todo el conjunto. Conocemos estructuras similares en el Oriente próximo, como han revelado los descubrimientos realizados en la ciudad estado de Mari, a orillas del Éufrates. Existen, sin embargo, algunas diferencias. Mientras que en Oriente los edificios palaciales se construían en torno a un templo y todo el complejo arquitectónico quedaba encerrado por una muralla circundante, los palacios cretenses no tienen un templo central y presentan una planta aglomerada que se continúa de forma natural con el resto de la trama urbana.

Hasta el momento conocemos con seguridad los cuatro palacios que han sido bien excavados (Cnosos, Festos, Maliá y Zakros). Es posible que existiera otro en la parte más occidental de la isla en los alrededores de La Canea. Los cuatro palacios presentan el mismo esquema general aunque difieren en tamaño, en suntuosidad y en la distinta ordenación de sus zonas de actividad. El elemento principal es un gran patio central, en torno al cual se agrupan el resto de las habitaciones. Por lo general, la planta baja se reservaba para almacenes, archivos y salas de usos rituales. Los pisos superiores estaban ocupados por las estancias reales. En Zakros, sin embargo, la planta superior se utilizó para albergar los almacenes y talleres.

El más importante de todos es sin duda el de Cnosos, situado en la costa norte de la parte central de la isla. Sobresale por su tamaño y esplendor sobre los tres restantes. El complejo arquitectónico tenía una extensión total de 17.400 m^2 y contaba con más de 1.500 habitaciones. Por su parte, Maliá ocupaba 9.800 m^2, Festos 8.300 y Zakros 4.250. Las diferencias, por tanto, son ciertamente considerables. Cnosos es, además, el mejor conocido a causa de los continuos trabajos de restauración, no siempre todo lo felices y oportunos que se hubiera deseado, llevados a cabo por Evans. El palacio constaba de varias plantas, construidas a base de techos planos y terrazas, que se comunicaban entre sí por varias escalinatas. Las ruinas, sin embargo, sólo permiten contemplar lo que era la planta inferior, destinada sobre todo a almacenes y habitaciones de culto de reducidas dimensiones. Las salas de las plantas superiores, que estaban destinadas a los alojamientos de la familia real gobernante y al hospedaje de visitantes extranjeros ilustres, debieron de presentar un aspecto bien distinto, con salas espaciosas y bien iluminadas.

5. Estructuras territoriales

Los palacios no estaban aislados del resto de la población, a pesar de la sensación que el moderno visitante puede obtener en Cnosos o en Maliá. El complejo palacial se continuaba en la ciudad tal y como podemos apreciar en los conjuntos de Zakros o Gurnia, en los que ambos elementos aparecen estrechamente relacionados. Las ciudades cretenses estaban muy pobladas y habían alcanzado un alto nivel de desarrollo. Contaban con grandes casas particulares, cuyo aspecto exterior podemos reconstruir a partir de pequeñas piezas de terracota que han llegado hasta nosotros representando las fachadas. Tenían buenos sistemas de alcantarillado y conducción de aguas, por lo que su aspecto general debió de ser higiénico y limpio, a diferencia del panorama habitual que presentaban en este aspecto la mayor parte de las ciudades antiguas. Hubo ciudades prósperas situadas en la proximidad de los palacios, como Arcanes o Amnisos, que posiblemente pudieron haber disfrutado de una cierta autonomía dentro del marco de dependencia general respecto al palacio que mantenía el control sobre todo el territorio circundante.

Más allá de las ciudades se extendían los territorios dependientes del control palacial que alcanzaría a todas aquellas zonas fácilmente accesibles desde los diferentes centros. Cnosos controlaba así el norte de la Creta central; Festos, el sur de la misma región y la llanura de Mesara; Maliá, su bahía y las montañas de Lasithi, mientras que Zakros, encerrado entre montañas, reducía su área de dominio a sus propios contornos de ciudad portuaria. En medio de estos territorios aparecen también una serie de emplazamientos similares a mansiones o villas de campo, algunas de ellas de características monumentales como es el caso de Hagia Triada. Eran pequeños palacios con sus respectivas zonas de almacenamiento y residencia pero sin el patio central correspondiente. No conocemos con precisión la función y el status concreto de esta clase de establecimientos. Es posible que existiera una cierta variedad de funciones, desde la de simples estaciones de carreteras o centros de culto, hasta centros secundarios cuya misión era organizar la producción agrícola de la región. El palacio constituía, por tanto, la unidad política y económica del territorio cretense. Cada uno de ellos ejercía su dominio y control sobre un territorio circundante, dentro del cual aparecen establecimientos urbanos como Palecastro o Pirgos que contaban con ricas casas señoriales, pequeños palacios y villas rurales. Resulta muy difícil establecer con exactitud sus respectivas áreas de poder e influencia y atribuir a cada uno de estos elementos su papel preciso dentro de la estructura política y territorial de la civilización cretense.

La hegemonía de Cnosos sobre la isla parece evidente en el período de máximo apogeo a partir del 1700 y es muy posible que se extendiera hasta mediados del siglo XV a.C. Esta primacía parece plenamente confirmada por el carácter monumental de su arquitectura y por la riqueza y el lujo extraordinario que revelan sus propios productos artesanales como frescos parietales, cerámica, glíptica y orfebrería. Este arte decorativo que representa ceremonias oficiales y paisajes idílicos se extiende desde el palacio de Cnosos y las grandes residencias urbanas adyacentes a todo el resto de la isla. Claros vestigios de este lujo palacial procedente de los talleres artesanales de Cnosos que se encuentran por todos los rincones de Creta son los cálices de piedra, los vasos rituales en forma de cabeza de león o de toro, los vasos en cristal de roca, las imitaciones de conchas marinas y las sofisticadas piezas de orfebrería. El surgimiento de los denominados «pequeños palacios» y el evidente parón que parecen sufrir el resto de los establecimientos palaciales de la isla durante este largo período han llevado a suponer que habría tenido lugar una creciente centralización del poder en manos de los dirigentes de Cnosos, al tiempo que la necesidad efectiva de controlar un territorio más grande aconsejaba la creación de nuevas sedes administrativas intermedias. Lo cierto es que al final de dicho período los documentos egipcios mencionan a «un rey de los Keftiu» que suele interpretarse como el rey de Creta, un papel que bien podría haber correspondido al gobernante de Cnosos.

6. Estructuras socioeconómicas

Los palacios constituyen la principal expresión material de la estructura de la sociedad cretense. Era una sociedad jerarquizada, como revelan las prácticas funerarias que presentan diferentes tipos de enterramientos, desde las ricas tumbas de las necrópolis de Crisolacos en Maliá o las circulares y colectivas de carácter familiar que han aparecido en la llanura de Mesara que contenían gran abundancia de ofrendas, a las tumbas individuales en jarras y sarcófagos. En la cima de la pirámide social estaban los gobernantes del palacio, una poderosa familia que pudo haber ido consolidándose como dinastía real a lo largo del tiempo. No conocemos sus nombres ni su aspecto, ya que, a diferencia de las monarquías orientales, no nos han dejado estatuas monumentales ni inscripciones o frisos conmemorativos. El abrumador anonimato que envuelve a toda esta civilización se rompe tan sólo con los míticos nombres de sus reyes que han transmitido las leyendas griegas. El más conocido es Minos, con cuyo nombre designó Evans a toda esta civilización (minoica), si bien algunos han llegado a suponer que se trataría más bien de un nombre de carácter general utilizado para designar a todos los monarcas cretenses, al igual que sucedía con el término faraón para los reyes de Egipto. Homero menciona también a Idomeneo como rey de Creta y pone bajo su mando a todas las tropas de la isla que marchaban en la expedición contra Troya. Pero tan sólo se trata de nombres. Tampoco sabemos con certeza si las representaciones murales que han aparecido en los palacios representan a figuras de la realeza, como el denominado Príncipe de los lirios, la figura de la llamada copa del príncipe o la de un sello de esteatita en el que aparece un rostro.

Inmediatamente por debajo de los gobernantes en la escala social estarían los altos dignatarios que habitaban las ricas mansiones urbanas o campestres, encargados del control de la producción agrícola de una determinada región, y que habrían disfrutado también de un alto grado de prestigio y poder. Incluso es posible que muchos de ellos tuvieran algún tipo de relación familiar con los gobernantes del palacio. Los sacerdotes y sacerdotisas a quienes estaban confiados los distintos cultos de palacio o de los muchos santuarios rurales desempeñaban también una posición importante dentro de la escala social. Aunque no había templos monumentales como en Oriente, la amplia difusión de la vida religiosa por todos los niveles de la sociedad cretense revela la enorme importancia de quienes desempeñaban este tipo de funciones.

Debió de existir también un importante grupo de comerciantes y mercaderes, tal y como parecen atestiguar los numerosos objetos de procedencia egipcia y oriental que se han hallado en Creta y los abundantes productos de factura cretense que han sido encontrados en otros lugares fuera de la isla, especialmente en Egipto. Esta amplia gama de productos de lujo revela la existencia de un numeroso grupo de artesanos profesionales, que tenían a su cargo la elaboración de tales objetos de consumo. Muchos de ellos debieron de tener sus talleres en el interior del propio palacio con el fin de surtir las necesidades de sus gobernantes y las del comercio exterior. Otros ejercían su oficio en las ciudades donde daban salida a sus productos. Sin embargo, la gran mayoría de la población estaba compuesta por campesinos, granjeros y pastores, que procuraban el sustento básico a toda la sociedad instalados en las ciudades, en pequeñas aldeas o en granjas dispersas. La base económica de la civilización cretense fue siempre una floreciente agricultura, a pesar de la pujanza que alcanzaron el comercio y el artesanado.

El palacio poseía el control absoluto de todas las actividades económicas de la isla. A sus almacenes iban a parar los excedentes agrícolas que se producían en los territorios dependientes. Una parte se utilizaba para elaborar otra clase de productos como el vino o el aceite. Todos los palacios contaban con amplias zonas de almacén y en algunos de ellos se han encontrado unos hoyos circulares grandes y profundos cuya misión era servir de granero. Se han encontrado también almazaras destinadas a la producción de aceite. El palacio controlaba igualmente la producción de metales, dada la gran importancia que tenía su provisión regularizada para el buen funcionamiento de toda la sociedad, como la necesidad de contar con buenos utensilios y herramientas para el desempeño de todas las actividades. También se ejercía el control sobre todo el comercio exterior e interior. Una buena parte de la producción artesanal consistía en objetos de lujo y estaban destinados al consumo de los grupos dirigentes y de los señores de las grandes mansiones rurales. Muchos de estos objetos se enviaban también al exterior como presentes y obsequios para los monarcas extranjeros, tal y como muestran algunos relieves egipcios donde aparecen representados comerciantes cretenses llevando preciados objetos en ofrenda al faraón.

Creta mantenía un intenso nivel de contactos con el mundo circundante. Tenía necesidad de importar materias primas como cobre, estaño, plata, oro, marfil o piedras finas, con las que sus artesanos elaboraban sus apreciados productos, como los sellos o los vasos ceremoniales. La isla, a su vez, exportaba sus productos manufacturados, como trabajos en metal o su famosa cerámica, que ha aparecido en grandes cantidades por toda la cuenca oriental del Mediterráneo, desde Egipto y la costa sirio fenicia, pasando por Chipre, hasta las islas del Egeo y la propia península griega. En el desarrollo del comercio exterior desempeñaron un papel fundamental las ciudades portuarias al estilo de Zakros, en cuyo palacio se han hallado depósitos de marfil, cobre y piedras semipreciosas, procedentes muy posiblemente del comercio con Oriente. Los puertos eran el punto de entrada en esta red de contactos comerciales y cada palacio poseía su propia ciudad portuaria. En el caso de Cnosos y Festos, que se hallaban situados en el interior, contaban con ciudades portuarias como Amnisos y Commos, que desempeñaron para ellos esta misión.

Los palacios cretenses establecieron una especie de red de puestos comerciales por las islas del Egeo mediante los cuales ejercían el control del comercio a larga distancia. Es probable que muchos cretenses se instalaran en estos establecimientos junto a la población local, difundiendo de esta manera las ideas y estilos de la civilización cretense por ultramar. El mito del imperialismo minoico del que habla la tradición griega, que situaba a Minos como el primer dominador de los mares, encubre muy posiblemente más que un verdadero imperio de carácter militar, una amplia red de establecimientos comerciales de este tipo, como el de Castri en la isla de Citera o el de Trianda en la de Rodas, destinados a ejercer un control sobre las principales rutas marítimas por las que discurrían los intercambios de productos y materias primas.

Una prueba evidente del alto grado de complejidad que había alcanzado la economía palacial cretense es la utilización de la escritura como instrumento de contabilidad que reflejaba las diferentes transacciones que tenían lugar a todos los niveles. En Creta, como en Oriente, se utilizaron desde época muy temprana pequeñas piedras con una serie de grabados que se utilizaban en forma de sellos. Con ellos se marcaba la propiedad y se establecía un cierto control económico. Estos grabados jeroglíficos dieron paso en el primer período palacial a un sistema más elaborado de escritura que Evans denominó lineal A, para distinguirla de una forma más evolucionada, la célebre lineal B de las tablillas micénicas, que sólo aparecía en Cnosos. Mediante dicho sistema se registraban las diferentes operaciones de entrada y salida de los productos que el palacio distribuía. Se empleaban, por tanto, a modo de recibos o facturas de las diferentes clases de actividades que allí se desarrollaban, tanto entregas de material y objetos ya elaborados como distribución de raciones al personal de palacio, sirvientes y artesanos. La lengua escrita a través de estos sistemas fue posiblemente la de los propios cretenses, que todavía permanece sin descifrar.

7. Formas y estilos de vida

El buen funcionamiento del sistema económico cretense parece haber proporcionado un nivel de bienestar material elevado, que pudo ser compartido a grandes rasgos por todas las capas sociales. Sin embargo, sin duda alguna, las mayores comodidades y refinamientos eran patrimonio exclusivo de las clases dirigentes. Sus alojamientos eran estancias espaciosas e iluminadas que tenían acceso a zonas ajardinadas o a pequeños patios que servían de zona de descanso o retiro. Disfrutaban de toda clase de servicios como cocina, sótanos fríos y amplias despensas. Las excelentes conducciones de agua hacían factible la existencia de baños y servicios, dotados de la necesaria intimidad. Las salas interiores estaban decoradas con grandes frescos murales en los que se representaban escenas de corte o paisajes naturales. Una gran variedad de objetos suntuarios de todas clases llenaba las habitaciones palaciales. Un patio exterior hacía las veces de teatro en el que tenían lugar representaciones y juegos. Un aire de comodidad y elegancia se respiraba por todas partes.

Los palacios se hallaban en completa armonía con su entorno natural. El contacto con la naturaleza jugaba un papel destacado en el estilo de vida cretense. La proximidad inmediata del mar y las montañas se trasladaba también al propio interior del palacio a través de las abundantes decoraciones florales y marinas que adornaban casi todas las paredes de sus estancias. Algunas de estas pinturas representan escenas festivas y diferentes tipos de juegos y celebraciones. En ellas aparecen una serie de anónimos personajes, la mayoría mujeres, que lucen espléndidos vestidos, tocados sofisticados y magníficas joyas. Desconocemos su precisa identificación, pero, ya sean sacerdotisas o grandes damas de la corte, hacen gala de un lujo y un refinamiento sorprendentes, como revela la célebre *Parisina*, llamada así por la sofisticación de su aspecto, que recordaba a quienes la descubrieron el mundo de la alta costura francesa. Algunos objetos como joyas o vasos de oro y piedras finas reflejan el gusto refinado y la exquisitez de la clientela que los demandaba. Sabían apreciar la pericia técnica de los artesanos, quienes, a su vez, se esforzaban por satisfacer estas exigencias con productos de alta calidad. Los anillos, los broches, los pendientes, los sellos de piedra grabados, multitud de objetos decorativos de marfil o fayenza que eran incrustados en cajas o muebles, son algunas de las variedades de este artesanado floreciente y una prueba evidente del alto nivel de vida que exhibían las capas superiores de la sociedad cretense.

Son también numerosas las escenas de competiciones atléticas o juegos con el toro. La más célebre procede de un fresco del palacio de Cnosos en el que se representa un espectacular salto del toro en tres tiempos. Diferentes escenas de este tipo aparecen también en un vaso ritual en forma cónica procedente de Hagia Triada. En un fresco de Tera aparece representada una escena de boxeo. Estas escenas, a medio camino entre la diversión y la celebración religiosa, ponen de manifiesto el estilo de vida relajado de las capas superiores de la sociedad cretense, que, superadas las preocupaciones más inmediatas de orden primario como la comida o la autodefensa, parecen entregarse al pleno disfrute de los placeres vitales. El alto nivel de sofisticación de sus artes indica también que habían alcanzado un grado de refinamiento psicológico que sólo resulta posible en una sociedad que ha sabido resolver de manera adecuada las primeras necesidades por medio de un sistema eficaz que deja campo libre para la emergencia de otra clase de sentimientos e intereses.

Una parte de este bienestar material alcanzaba también a los establecimientos urbanos. Algunas casas de las ciudades tenían varios pisos y la conducción de aguas llegaba hasta el interior de las viviendas a través de tuberías de arcilla. Las calles contaban con un sistema de alcantarillado. En algunas casas particulares se han encontrado objetos importados de marfil y piedras finas. Todo hace pensar que el aumento de la prosperidad alcanzó también a ciertas capas de la población que, sin pertenecer directamente al ámbito palacial, se beneficiaban de la buena marcha general de las cosas y de la aparente eficacia del sistema, aunque con evidentes limitaciones.

Como es de suponer, tenemos muy pocas referencias del modo de vida de las gentes comunes, de ese campesinado que labraba los campos, cuidaba los rebaños o trabajaba en sus talleres. Se ha sostenido con frecuencia la imagen de una sociedad pacífica y exenta de toda clase de tensiones y conflictos sociales a la vista de algunas circunstancias, como la ausencia de murallas en los palacios o el carácter aparentemente pacífico y armonioso que reflejan las escenas de la vida diaria representadas en las artes figurativas. Éste sería el caso del vaso de los segadores, un vaso ritual de esteatita negra en forma de huevo de avestruz, en el que aparece una cuadrilla de agricultores que regresa del trabajo. Aparecen cantando y uno de sus miembros vuelve incluso la cabeza en son de broma hacia los que le siguen. Algo parecido podría decirse de un fresco de Tera que representa a un pescador que ha realizado una abundante captura y la exhibe ufano con ambas manos. Con independencia del carácter meramente tópico o ceremonial de estas escenas, carentes por tanto del menor valor documental, recientes descubrimientos arqueológicos, que han sacado a la luz algunos restos de fortificaciones y escenas de guerra por tierra y por mar, han echado por tierra esta idílica y romántica imagen.

8. El universo religioso

Ante la falta de textos, sólo podemos conocer el universo religioso cretense a través de la información visual que nos proporcionan las imágenes representadas sobre sellos, vasos rituales y pinturas murales. En este sentido, es igualmente importante el testimonio de las pequeñas estatuillas de terracota y de una variada gama de vasos, que fueron utilizados en los propios cultos o sirvieron de ofrendas a la divinidad. El rasgo más característico de la religión cretense es la aparente omnipresencia de una deidad o deidades femeninas que presiden casi todas las representaciones. Este tipo de figuras desempeñan el papel principal en las procesiones, fiestas y escenas de sacrificio que aparecen reflejadas en las pinturas murales. Su imagen más habitual es la de una gran dama ataviada con una falda larga de volantes y un corpiño muy ceñido que deja los senos al descubierto. Muchas de las representaciones la asocian con el sol, la luna o los astros. Toda la naturaleza parece girar a su alrededor expresando con su presencia todo el poder del universo, desde el cielo a la tierra. Desconocemos su carácter y el ámbito preciso de sus dominios, si bien podría tratarse de una diosa de la naturaleza y de la fecundidad a la manera de las que aparecen en las civilizaciones próximo orientales. Lo que parece evidente es la estrecha vinculación de la religión cretense con la naturaleza, a juzgar por la elección de sus principales lugares de culto. Es probable que la experiencia de una cierta solidaridad entre los ciclos naturales de la vegetación y los del ser humano, con sus fases de nacimiento, desarrollo y extinción, desempeñase un papel importante en la mentalidad religiosa cretense. No hay que olvidar que la serie de potencias y procesos elementales a los que denominamos naturaleza constituían un factor decisivo para la supervivencia de una civilización de carácter esencialmente agrario como era la cretense.

El rasgo característico de la experiencia religiosa cretense de la divinidad es su epifanía desde lo alto. Sin embargo, los fieles entraban en contacto con la divinidad a través de la danza, que les conduciría hasta el éxtasis, y de las procesiones portando las ofrendas de culto hasta los santuarios. Éstos se hallaban situados en las cuevas, en la cima de las montañas, en torno a un árbol en medio del campo o en el interior del propio palacio. Las cuevas parecían un lugar idóneo para entrar en contacto con la divinidad a causa de su carácter como lugares misteriosos, oscuros e inaccesibles. En ellas debió de rendirse culto a diferentes divinidades a juzgar por la variedad de los hallazgos. En las cimas de las montañas se han encontrado también ofrendas en forma de pequeñas figuras de animales hechas en arcilla y gruesas capas de ceniza que evidencian la existencia en su día de fuegos sacrificiales. Conocemos los santuarios construidos en torno a un árbol gracias a las escenas iconográficas que aparecen en numerosos sellos, donde aparecen representados frecuentemente junto a la divinidad. El interior del palacio también albergaba santuarios y estancias que estaban destinadas a la celebración de ceremonias. De hecho, dos de los principales símbolos de la religiosidad cretense, la doble hacha y unos cuernos de arcilla, aparecen también como ornamentos destacados de la arquitectura palacial. Algunas estancias del palacio de Cnosos, como la denominada Sala del trono, en la que aparece un trono situado entre dos bancos de piedra adosados a la pared y como fondo una pintura mural que representa a dos grandes animales fantásticos, presentan rasgos inequívocos como una pileta de carácter lustral. Otro elemento significativo es la presencia de la serpiente, que aparecen manipuladas por una especie de sacerdotisas en unas figuritas de arcilla y que eran consideradas por algunos como los guardianes del palacio.

La mayor parte de las escenas que aparecen representadas en los frescos murales o en vasos de tipo ritual tienen seguramente un carácter religioso. Dentro del palacio se celebraban procesiones y algunos ritos de carácter iniciático. El patio central se usó seguramente como escenario para alguna de estas celebraciones, como los juegos rituales con el toro. Algunos palacios, como el de Maliá, presentan un altar de piedra en el centro del patio y agujeros para postes, indicativos de la existencia de una barrera protectora para los que atendían a la ceremonia. Es probable que el rito se iniciase con la captura del animal y concluyera con su sacrificio ante el altar. Escenas de captura aparecen representadas en los célebres vasos de oro descubiertos en Vafio en el Peloponeso. Han aparecido también varios vasos rituales, denominados *riton*, que tienen la forma de una cabeza de toro, utilizados quizá para la ofrenda de la sangre del toro sacrificado. En Maliá se ha encontrado un altar circular (*kernos*) con un gran agujero en el centro y 34 pequeños hoyuelos a lo largo del borde, destinados quizá a recibir las ofrendas líquidas para la divinidad como la miel, el aceite y el vino. Aunque desconocemos la naturaleza precisa de estos cultos, resulta factible que se tratase de un culto a los muertos. Algunos de estos ritos tenían que ver con un proceso natural como la fermentación, que estaba vinculado a la renovación de la vida, al parecer uno de los temas centrales entre las preocupaciones religiosas cretenses.

Poseemos un testimonio excepcional de esta clase de actividades religiosas en las pinturas que decoran un sarcófago hallado en Hagia Triada. En una de sus caras se representa a tres sacerdotisas que llevan a cabo el sacrificio de un toro. La otra cara está dividida en dos escenas. En la primera mitad se representa una libación funeraria, con una sacerdotisa derramando líquido en una gran urna colocada entre dos dobles hachas. En la otra mitad, unos oferentes masculinos llevan ofrendas ante una figura estática, que se ha interpretado como un difunto deificado. Ambas escenas constituyen una muestra del rico y variado ceremonial que acompañaba a las celebraciones religiosas cretenses. Sin embargo, el testimonio quizá más espeluznante de esta clase de ritos es la celebración de un sacrificio humano, descubierta de forma sorprendente en un templo hallado en Arcanes en el año 1979. Un terremoto que provocó el derrumbamiento instantáneo del edificio pilló por sorpresa a los celebrantes, una sacerdotisa y dos hombres, en plena ceremonia cuando se disponían a degollar a un joven tendido sobre el altar. Sin duda, la religión cretense reserva todavía sorpresas, algunas de las cuales podrían aclararse a través de nuevas excavaciones y con el desciframiento de los textos escritos en lineal A que pudieran contener ofrendas votivas y cierto tipo de fórmulas.

9. Tera y el ámbito de influencia de la civilización cretense

En el año 1967 el arqueólogo griego Spyridon Marinatos llevó a cabo uno de los descubrimientos más sensacionales de los últimos tiempos. En la isla de Tera (la actual Santorín) fueron hallados los restos de un emplazamiento de carácter minoico del siglo XVI a.C., excepcionalmente conservado gracias a la circunstancia de haber quedado cubierto por las sucesivas capas de ceniza volcánica procedentes de una poderosa erupción que se produjo en la isla en torno a esa fecha. Se ha comparado dicha erupción con la del volcán Krakatoa que tuvo lugar en Indonesia a finales del siglo XIX, cuya oleada de destrucción alcanzó incluso las costas de Australia, por lo que es probable que los palacios de Creta se vieran también seriamente afectados por la misma. Al igual que sucedió en Pompeya, casi 1500 años después con la erupción del Vesubio, los restos de la ciudad de Tera permanecieron prácticamente intactos hasta el momento de su desenterramiento por obra de Marinatos. Sin embargo, a diferencia de Pompeya, no se han encontrado esqueletos humanos ni ninguna clase de objetos valiosos, por lo que cabe imaginar que sus habitantes fueron advertidos de la catástrofe que se avecinaba por una serie de pequeñas erupciones previas y tuvieron el tiempo suficiente para abandonar el lugar con lo más importante de sus pertenencias.

Las excavaciones han sacado a la luz los restos de ricas mansiones que estaban decoradas con magníficas pinturas murales de inequívoco estilo cretense. Se trataba de una comunidad insular pujante y próspera, a juzgar por elementos como las casas de varios pisos, el alcantarillado y una conducción de aguas que permitía la existencia de servicios domésticos. La cantidad y variedad de la cerámica encontrada en el lugar atestiguan también el alto nivel de desarrollo que alcanzaron algunos aspectos como las artes culinarias. Las pinturas de los frescos murales nos muestran escenas de la vida diaria, celebraciones rituales o deportivas y el gusto por la naturaleza, característico del modo de vida cretense. Un enorme fresco alargado, pintado en estilo miniaturista, representa diversas actividades entre las que se ha creído ver una expedición marítima y el asalto consiguiente a una ciudad. Posiblemente es una muestra de las acciones bélicas que comenzaban a ser frecuentes en el Egeo hacia el 1500 a.C., época que corresponde al final del segundo período palacial cretense y a la conclusión del momento dorado de esta civilización. Tera constituye el ejemplo más claro de la influencia cultural y económica que Creta ejerció dentro del ámbito egeo.

Existe la idea de que la catástrofe de Tera pudo haber resultado determinante en la destrucción de los segundos palacios. Parece lógico pensar que la onda expansiva alcanzase a las costas septentrionales de Creta y a una buena parte de la cuenca oriental del Egeo. A la erupción volcánica le siguieron enormes oleajes, violentos terremotos y una incesante lluvia de cenizas venenosas que esterilizó la tierra de labor durante largo tiempo. La parte central y oriental de Creta, que era precisamente la más densamente poblada y en la que se hallaban los principales palacios, debió de verse así seriamente afectada por esta clase de fenómenos. Parece que muchos lugares fueron abandonados de forma definitiva y otros como Cnosos, aunque siguieron habitados, sufrieron un cierto declive. Las dimensiones del desastre fueron considerables, ya que a diferencia de lo que sucedió tras la destrucción de los primeros palacios hacia el 1700 a.C., muchos establecimientos ya no volvieron a reconstruirse a continuación.

Relacionada con esta circunstancia se halla seguramente la constatación evidente de la llegada de los griegos micénicos del continente a la isla hacia mediados del siglo XV y su establecimiento en Cnosos. Quizá consiguieron su propósito aprovechando los momentos de confusión que siguieron a la catástrofe y sacaron partido del descontento general que necesariamente debió de provocar el colapso del sistema económico palacial que había regido hasta entonces la vida en la isla. A partir de esos momentos Creta redujo su papel dentro del comercio internacional y entró a formar parte de otra civilización muy diferente a la suya, la micénica, que iba a culminar casi 200 años después con una nueva oleada generalizada de destrucciones que afectó a toda la cuenca mediterránea oriental.

10. Creta en el imaginario griego posterior

A pesar de que, tras el final de la civilización palacial, Creta perdió gran parte de su importancia en el contexto de la historia griega, la isla gozó siempre de un lugar destacado dentro del imaginario griego posterior. En el mito griego eran muchos los dioses y héroes que habían visitado la isla o habían llevado a cabo hazañas relacionadas con ella. En Creta había nacido Zeus, el dios supremo del panteón olímpico. Apolo y Dioniso pasaron parte de su infancia en la isla. Allí estaba también la cueva de Ilitía, la diosa de los partos, cuyas intervenciones providenciales eran solicitadas de forma continua. Creta fue el escenario de los amores de Deméter con Iasión y donde Zeus raptó a la princesa oriental Europa, iniciando de esta forma la larga serie de enfrentamientos entre Oriente y Occidente que en opinión del historiador griego Heródoto culminarían con las guerras médicas. Heracles, el gran héroe panhelénico, llevó a cabo uno de sus célebres doce trabajos en Creta, consistente por cierto en la captura de un toro, y conocemos personajes curiosos oriundos de la isla como Dédalo, el ingenioso arquitecto que construyó el célebre laberinto, o el autómata Talos, que protegía Creta de incursiones no deseadas, como la expedición argonáutica.

Su personaje principal era sin duda el del legendario rey Minos, ya citado, que dominó todo el Egeo y fue convertido por Zeus en uno de los jueces del mundo de los muertos. Relacionada con él está la leyenda del monstruoso minotauro que había nacido de la unión de la esposa del rey, Pasífae, con un toro que había surgido del mar. La bestia, encerrada en el laberinto, tenía como misión principal el devorar cada año a los siete jóvenes y doncellas que eran enviados como tributo desde Atenas hasta que la valerosa intervención del héroe Teseo dio por concluida tan infamante práctica al acabar con el monstruo con la valiosa ayuda de la princesa Ariadna, la hija de Minos.

La presencia en el mito griego de princesas como Europa, Pasífae o Ariadna, la figura del arquitecto Dédalo y la resonancia constante del toro, alusivas todas ellas a rasgos fundamentales de la civilización cretense, como el carácter dominante en el universo religioso de la presencia femenina, la complejidad de sus estructuras palaciales o los juegos y ceremonias rituales en las que los toros desempeñaban un papel destacado, parecen ciertamente significativas. Creta se convirtió así en un espacio mítico dentro del imaginario griego en los períodos posteriores gracias al prestigio religioso que la isla había sabido conservar. El papel de purificadores que desempeñaron en determinados momentos de la historia griega algunos personajes procedentes de la isla, como Carmanor o Epiménides, o algunas creencias populares, como la de que allí no existía ningún tipo de alimañas por tratarse de la isla elegida por Zeus, constituyen una clara prueba. Algunas ideas religiosas cretenses pasaron después a la religión griega, otras fueron modificadas y algunas más recibieron un nuevo contenido y una orientación diferente. El influjo cretense parece así evidente en los cultos de algunas diosas, como el de Deméter, o en los ritos y creencias relacionados con la fecundidad, la muerte o la supervivencia del alma. En opinión de Mircea Eliade, para muchos griegos la Creta minoica había sido el escenario de todos los prodigios de los tiempos primordiales (los orígenes del tiempo) y de la autoctonía (el nacimiento de la propia tierra). En la mentalidad religiosa griega Creta era un lugar poblado de divinidades que habitaban sus grutas, sus bosques y sus fuentes, quizá como un vago y borroso recuerdo de la enorme importancia que esta religiosidad de tipo naturalista tuvo en la isla en unos tiempos que resultaban ahora ya muy lejanos.

III. LA CIVILIZACIÓN CICLÁDICA

Otra de las culturas originales, de origen seguramente no griego, que tuvo una importancia considerable en el desarrollo posterior de la historia griega, es la civilización que se desarrolló en las islas Cícladas a lo largo del tercer milenio. Sus habitantes, quizá de procedencia minorasiática, tal y como los imaginaba la posterior tradición griega, ocuparon las islas desde el Neolítico y desarrollaron en ellas una cultura tecnológicamente avanzada. Habitaban en poblados fortificados, como el de Saliagos, y explotaban los recursos minerales de las islas, como la obsidiana, con la que comerciaban con las regiones limítrofes. En lenta pero firme evolución hacia la edad del Bronce, la cultura de las Cícladas revela una cierta continuidad. Sus recintos fortificados abrigaban centros urbanos con casas de piedra dispuestas en calles, tal y como se comprueba en yacimientos importantes como el de Filacopi en Melos, el de Chaliandrani en Siros o el de Hagia Irini en Ceos.

Practicaban enterramientos aislados, sepulturas de cámara con pequeño corredor, en algunas de las cuales ha aparecido un abundante ajuar, y tumbas de tipo cista con ajuar más elemental. Todas ellas testimonian la existencia de una sociedad en la que existía una clara diversificación social. Aprovechaban al máximo los recursos de las islas, tanto los de naturaleza agrícola, como el cultivo de la vid, el trigo y la cebada, como los de naturaleza mineral como el mármol, la obsidiana, la plata, el plomo y el oro en pequeñas cantidades. Con ellos elaboraban cuidados productos de artesanía como vasijas, diademas y otro tipo de utensilios como hachas, azadas y armas. Trabajaban con gran maestría la piedra, tal y como revelan los impresionantes ídolos y los recipientes de diversas formas. Mantenían intensos contactos con el exterior, a juzgar por los hallazgos realizados en Creta y el continente, a través de una técnica naval todavía muy rudimentaria cuyos barcos aparecen representados en algunos objetos de la época, como las famosas «sartenes» de Siros. Con el paso del tiempo, entre el 2000 y el 1100 a.C., las Cícladas se fueron convirtiendo respectivamente primero en una dependencia exterior de la cultura cretense (hasta el 1550 a.C.) y más tarde de la micénica que buscaban sobre todo en ellas la riqueza de su subsuelo.

El rasgo más destacado de la civilización cicládica son sin duda sus famosos ídolos de piedra que representan por lo general figuras femeninas, algunas en estado de gestación. Las hipótesis interpretativas acerca de la utilidad y función de estos ídolos han sido numerosas, desde las que suponían que se trataba de simples sustitutos para los sacrificios humanos o imágenes de antepasados ilustres, a guías de los muertos o representantes de figuras destacadas de la mitología cicládica. Resulta extraordinariamente sugerente la tesis propuesta por la investigadora Lucy Goodison que, en el curso de sus estudios acerca de las creencias religiosas de la temprana edad de Bronce, ha llamado la atención sobre la aparición del motivo solar en las «sartenes» de Kampos donde aparece asociado con representaciones inconfundibles de elementos destacados de la sexualidad femenina como la vulva. Su hipótesis es que el sol sería considerado en las Cícladas como una deidad de carácter femenino que, llevada al mundo de las creencias funerarias, asociaría el viaje de los muertos al más allá con los movimientos del sol, aludiendo quizá a una cierta idea de renacimiento asimilado a la reemergencia diaria del sol por el este.

Colin Renfrew ha señalado la posibilidad de que estos objetos fueran utilizados en el culto diario en algunas ceremonias rituales que desconocemos y que sólo posteriormente pasasen a formar parte de los ajuares funerarios donde aparecen. Es probable que dichos ritos implicasen la ruptura deliberada de estos objetos simbólicos, tal y como parece probar el posible santuario hallado en Daskaleio Kavos, donde han aparecido una gran cantidad de objetos fracturados de forma expresa para el ceremonial que allí tenía lugar. Las figuras más grandes representaban quizá a la deidad o deidades e incluso es muy posible que el gesto habitual de los brazos plegados sobre el pecho constituyera un signo inequívoco de esta divinidad, tal y como sugiere la forma canónica adoptada, una unidad de convención artística que refleja quizá la de la creencia religiosa correspondiente. El resto de las figuras a más reducida escala podrían representar devotos de la divinidad o simplemente figuras votivas de su culto.

II   Los primeros griegos

I. EL DESCUBRIMIENTO DE MICENAS

El mundo micénico comenzó a existir para la ciencia moderna relativamente tarde, nada menos que a partir de los años 50 del siglo XX, cuando el desarrollo creciente de las excavaciones y el desciframiento del lineal B por obra del arquitecto inglés Michael Ventriss despejaron el terreno que las famosas excavaciones de Schliemann en Micenas y Tirinto sólo habían hecho que apuntar. En efecto, no conviene olvidar que lo que el polémico arqueólogo alemán sacó a la luz no eran sino los restos materiales de un supuesto mundo homérico que reflejaba la realidad material de los poemas. Eran las designaciones homéricas las que había utilizado Schliemann para designar sus hallazgos, como el palacio de Agamenón en Micenas o el tesoro de Príamo en Troya, y esa siguió siendo la costumbre hasta bien avanzado el siglo cuando tras los hallazgos de Blegen en Pilos se hablaba del palacio de Néstor.

Sin embargo, a partir de esa fecha, 1950, los especialistas empezaron a cobrar una clara conciencia del verdadero significado de la civilización descubierta por el estrafalario alemán que había quedado hasta entonces supeditada como una versión provincial y tardía de la civilización minoica, cuya brillantez superior había sabido vender adecuadamente su descubridor Arthur Evans desde los inicios del siglo XX. En este redescubrimiento ha desempeñado un papel capital el estudio de los palacios micénicos de Micenas, Tirinto, Cnosos y Pilos. El estudio de la cerámica permitía establecer los marcos cronológicos y determinar el ámbito de expansión de esta cultura por todo el Mediterráneo. La lectura de los archivos de las cancillerías reales, hecha posible por el desciframiento, amplió todavía mucho más nuestro conocimiento de este mundo, que cada vez se revelaba como una cultura original y propia, deudora en parte de la civilización cretense pero con su propia idiosincrasia y originalidad, que además ahora descubría nada menos que su verdadera identidad: eran griegos. No se mencionaban, por ningún lado el nombre de sus reyes, ni se hablaba para nada de sus conquistas o de sus relaciones con las otras monarquías orientales. Los documentos leídos no eran otra cosa que los borradores de una administración puntillosa que recogía todas las transacciones y movimientos que tenían lugar dentro del ámbito palacial. Sin embargo, a pesar de este carácter desesperadamente alusivo e incompleto, los documentos en lineal B aportaron su contribución destacada a la historia del mundo micénico.

A partir de los años 80 del siglo XX nuestros conocimientos se han acrecentado todavía más gracias a sorprendentes descubrimientos arqueológicos que han variado algunas de las pautas establecidas en el curso de los 30 años anteriores. Gracias a ello sabemos hoy en día que la civilización micénica no brotó de la nada ni de la influencia decisiva de la cultura minoica, sino que es más bien el resultado de un desarrollo regional complejo dentro del propio mundo griego que hasta entonces no se había valorado adecuadamente. Conocemos mucho mejor sus realizaciones técnicas que dejan obsoleto el calificativo original de una cultura guerrera y primitiva, gracias al estudio de los trabajos realizados en el lago Copais en Beocia, donde podemos evaluar el desarrollo alcanzado por sus conocimientos técnicos a la hora de llevar a cabo ordenamientos hidráulicos. Sabemos igualmente que la civilización micénica no se limitó a la región de la Argólide y Mesenia, donde se habían realizado hasta entonces los descubrimientos más importantes. Incluso en Creta el descubrimiento de tablillas en la zona occidental de La Canea echó por tierra la idea de que el único reino micénico de la isla había sido el de Cnosos. El hallazgo de numerosos nódulos (una pequeña ficha de arcilla de tres caras que lleva inscrita la marca de un sello y algún signo en lineal B) ha puesto de manifiesto los mecanismos de percepción de impuestos que practicaba la administración palacial. También los hallazgos realizados fuera del suelo griego, como los Tell Abou Hawam en Palestina o en Chipre, nos han permitido conocer la extensión alcanzada por el mundo micénico en sus relaciones con el exterior.

II. LA POLÉMICA FIGURA DE SCHLIEMANN

El verdadero pionero en la renovación de la prehistoria griega fue sin duda alguna el alemán Heinrich Schliemann. Puede decirse incluso que el interés de Evans por Creta comenzó precisamente en la casa de Schliemann en Atenas, donde éste había ido acumulando una considerable cantidad de objetos procedentes de sus excavaciones en la Tróade y el Peloponeso. Fue por tanto el auténtico precursor en un terreno que nadie hasta entonces se había atrevido a tomar en consideración, desanimados por la devaluación creciente de Homero como fuente de información histórica. Schliemann, sin embargo, creyó desde el principio en la veracidad de su poesía y como resultado de este acto de fe implacable llevó a cabo sus sorprendentes descubrimientos.

La biografía de Schliemann constituye a primera vista una auténtica novela de aventuras a cuya elaboración contribuyó el propio personaje con su desbordante imaginación y su desmedido afán de protagonismo. En la actualidad se han atemperado considerablemente los entusiasmos desatados en su día con la narración de sus andanzas por el propio Schliemann o por obra de confiados biógrafos, más deseosos de resaltar los rasgos sobresalientes de un personaje legendario que de servir a la veracidad histórica, quizá mucho más prosaica y vulgar de lo que se suponía. Sin embargo, es igualmente probable que los excesos de Schliemann en su autoindulgente elevación a la categoría de personaje excepcional hayan desembocado finalmente en una hipercrítica desaforada y a veces cruel con su probada incompetencia arqueológica y sus continuas veleidades novelescas.

La imagen creada por Schliemann, que fue ensalzada después por sus biógrafos, es la de una vida consagrada por entero a la veneración de Homero. Una existencia difícil, llena de esfuerzo, sacrificios y penalidades que culminarían finalmente en los descubrimientos excepcionales de Troya y Micenas que le otorgaron fama universal. Tras una infancia poco afortunada, inició un largo peregrinaje por diferentes ocupaciones y oficios que desembocaron en una acomodada posición de hombre de negocios, gracias a su incombustible espíritu de aventura y a sus cualidades excepcionales para el aprendizaje de lenguas como su prodigiosa memoria. Recorrió el mundo de un extremo al otro y se enriqueció considerablemente con el comercio del índigo. Hasta conseguir esta privilegiada situación tuvo que superar importantes pruebas. Realizó importantes sacrificios en su vida personal e hizo gala constantemente de una voluntad férrea e indomable, pasando incluso por serios peligros para su propia integridad. Liberado por fin de todas sus obligaciones, pudo entregarse en cuerpo y alma a su verdadera y auténtica vocación, que no era otra que desentrañar la veracidad de las historias que Homero narraba en sus poemas.

Siempre había sentido pasión por el pasado y las antigüedades, a juzgar por su testimonio interesado. Su fascinación por Homero no hizo más que crecer de forma lógica y programada dentro de este terreno previamente abonado. Es el propio Schliemann quien nos relata las sorprendentes circunstancias de este encuentro. Una noche, en la tienda donde trabajaba, pudo escuchar por boca de un molinero borracho, antiguo pastor protestante que no había olvidado su griego, unos pasajes homéricos recitados con la cadencia rítmica adecuada. Aunque no pudo entender nada de lo que escuchaba, quedó vivamente impresionado por la belleza y el encanto de aquellos versos hasta el punto que «desde aquel momento nunca dejé de rogar a Dios que me concediera la gracia de poder aprender griego algún día». Este deseo sólo se vio culminado al final de su carrera, pues temía que «el poderoso encanto de esta lengua maravillosa» le absorbiera demasiado y le hiciera descuidar sus actividades mercantiles.

Antes de iniciar sus tareas de excavación, quiso también solucionar su azarosa y complicada vida sentimental que le había ocasionado algunos trastornos y más de un serio desencanto. Decidió que debía buscar una nueva esposa griega para que le acompañara en la aventura que se disponía a emprender. Con la ayuda del arzobispo de Atenas conoció a la elegida, Sofía Engastrómenos, que le acompañaría ya durante el resto de su vida y compartiría con él las dudas y emociones que suscitaron sus impresionantes descubrimientos. En 1871 comenzó a excavar en la colina de Hissarlik, en el noroeste de Asia Menor, donde Schliemann creyó que podría encontrar los restos materiales de la mítica ciudad de Troya. Sacó a la luz los estratos superpuestos de nueve ciudades y encontró un fabuloso tesoro compuesto por vasijas y ornamentos de oro de todo tipo que, sin pensárselo dos veces, atribuyó al legendario rey Príamo. Sin embargo, sus descubrimientos más sensacionales se produjeron cinco años más tarde en el Peloponeso. Allí, en la Argólide, excavó los restos de grandes fortalezas y de tumbas impresionantes, que contenían en su interior una gran cantidad de magníficos objetos de oro. Su portentosa imaginación, alimentada por el relato homérico, le hizo suponer que había descubierto nada menos que la tumba y el palacio de Agamenón, el mítico rey de Micenas.

Los descubrimientos de Schliemann abrieron la puerta de la historia a toda una época del pasado griego que había permanecido desconocida hasta entonces, sumida en la bruma de los relatos legendarios y recubierta por el oropel poético de los poemas homéricos. Sus méritos en este terreno son indiscutibles y su aportación debe ser valorada dentro de su contexto particular. Es cierto que cometió errores importantes a la hora de llevar a cabo su labor arqueológica. Su obsesión por descubrir los restos materiales del relato homérico le hicieron olvidar y a veces destruir las huellas de otros períodos históricos más recientes que aparecían en el curso de las excavaciones. Propuso hipótesis aventuradas o incluso completamente inadmisibles como la equiparación cronológica del denominado tesoro de Príamo hallado en Troya y las tumbas de foso de Micenas que estaban separadas por casi un milenio. Pero hay que destacar igualmente su interés por la arqueología como forma de resolver problemas históricos con independencia de los tesoros que pudieran hallarse, tal y como revelan sus excavaciones en Maratón y Termópilas, en busca de las huellas de las dos grandes batallas de la historia griega. A pesar de sus reconocidos defectos y limitaciones, supo establecer la compleja estratigrafía de la colina troyana y rescató en su integridad los tesoros que contenían las tumbas de Micenas. Tampoco era tan descuidado con los objetos menos nobles y atrayentes, tal y como ha quedado comprobado ahora con las innumerables fusayolas de terracota que aparecían en Troya por doquier y que fueron afanosamente etiquetadas por la mano de su esposa. Para colmo, ni siquiera sus afirmaciones más atrevidas adquirieron categoría de dogmas. Ante la insistencia de su ayudante Dörpfeld, que proponía sustituir la ciudad homérica que Schliemann había identificado erróneamente con la Troya II por la del nivel VI, aceptó emprender nuevas excavaciones para comprobar dicha propuesta. Su muerte en el mes de noviembre del 1890 le impidió llevar a cabo esta tarea. Su figura, por tanto, requiere un juicio más equilibrado del que ha merecido hasta ahora, lejos de la fascinación por el aventurero indomable y el hombre de negocios triunfador que decide dejarlo todo por una pasión poética e histórica concebida ya en su infancia, para valorar más de cerca sus innegables cualidades de investigador algo apresurado que estableció gracias a sus formidables descubrimientos los cimientos de toda una época crucial de la historia griega.

III. LAS FUENTES ESCRITAS

Si los descubrimientos arqueológicos de Schliemann resultaron decisivos para el conocimiento de la civilización micénica, un nuevo logro intelectual amplió todavía más estas posibilidades. Entre las ruinas de Cnosos y en Pilos habían aparecido un abundante número de pequeñas tablillas de arcilla, que llevaban grabada una forma de escritura de tipo silábico. Evans las denominó Lineal B para distinguirlas de aquellas otras que contenían la escritura cretense. No se sabía, sin embargo, cuál era la lengua escrita en estos documentos ni, por tanto, tampoco la identidad étnica de sus hablantes. Todo cambió radicalmente en 1952 gracias a la labor de desciframiento llevada a cabo por un joven arquitecto inglés llamado Michael Ventriss. Después de un concienzudo estudio de las tablillas, labor en la que fue ayudado por el helenista John Chadwick, Ventriss identificó la lengua escrita en aquellos extraños signos como una forma arcaica del griego antiguo, que estaba todavía muy lejos del griego clásico hablado en Atenas.

Las consecuencias de este hallazgo fueron determinantes. No sólo se podía leer a partir de entonces la lengua de las tablillas micénicas, sino que se identificaba a sus hablantes como los primeros griegos históricos que emergían de las brumas del mito y la leyenda. El gran talento analítico de Ventriss fue la clave de su éxito. Obsesionado desde muy temprano con el desciframiento de su escritura (a los 14 años escuchó una conferencia de Evans sobre la civilización cretense), no cejó nunca en su empeño a pesar de su dedicación a la arquitectura. Inicialmente creyó que podría tratarse de una lengua similar al etrusco, pero según fue evolucionando en sus investigaciones se vio obligado a reconocer, sorprendido, que era realmente griego. En 1956 publicó junto con Chadwick su gran obra monumental *Documents of Mycenaean Greek* y, en el otoño de ese mismo año, moría en un desgraciado accidente de automóvil a la edad de 34 años.

Las tablillas nos proporcionan una información considerable sobre la economía, la estructura social y el mundo religioso de la civilización micénica, a pesar de sus evidentes limitaciones. Se trata además de una documentación mucho más reducida en número que aquella de la que disponen los estudiosos de los imperios orientales, ya que las tablillas apenas alcanzan los cinco mil ejemplares, mientras se cuentan por centenas de millares las tablillas sumerias y acadias. Principalmente han sido halladas en Cnosos y en Pilos, como ya se ha dicho, pero también se han encontrado en número más reducido en Tebas, Micenas y Tirinto. En Tebas se han encontrado también una serie de vasijas con dos asas en el cuello (*stirrup-jar*) que llevan inscritos signos del Lineal B y una cantidad considerable de nódulos. Su función esencial era la de servir de registro meticuloso de las actividades económicas de todo tipo que se llevaban a cabo en la sociedad micénica e incluso de sus prácticas religiosas. Constituyen un sistema altamente eficiente de contabilidad. Su contenido concreto es el siguiente: listado de personas de acuerdo con su ocupación (panaderos, broncistas, heraldos, ceramistas, albañiles, mensajeros, pastores), cupos de bienes requeridos o distribuidos a través del área gobernada por el palacio (grano, bronce, ganado, lana, vino, aceite), con la expresión minuciosa de sus pesos y medidas; listado de posesiones que se albergaban en el interior del palacio (carros, ruedas, muebles, vajilla de oro y plata, espadas, tejidos, trípodes). De forma indirecta nos ofrecen también información acerca del sistema de tenencia de la tierra, de la ordenación de las tropas costeras en Pilos o de los dioses y diosas que eran objeto de culto.

Algunos ejemplos:

«Una de las tablillas totalizadoras de la serie Mc: 345 unidades del producto G, 208 unidades del producto H (cabras), 154 kg. de producto I y 345 unidades del producto J (cuernos de cabra)»

[KN Mc 4457]

«Atribución de dos corazas y un par de caballos a un tal me-za-wo»

[KN Sc 222]

Ganado de cien carneros capados en la localidad de da-*22-to concerniente a un tal sa-ma-ri-jo (pastor o responsable)»

[KN Da 1147]

No nos ofrecen en cambio los nombres de sus reyes y gobernantes, ni parece que estuviesen destinadas a contener ninguna clase de poesía o literatura en general. Tampoco ofrecen el menor registro de información puramente histórica, como el listado de guerras o la mención de las hazañas de sus príncipes gobernantes.

Al igual que sucedía en Creta, la civilización micénica permanece dentro del más absoluto anonimato por lo que respecta a la identificación concreta de sus dirigentes. Sólo los rostros imponentes de sus máscaras funerarias, de sus frescos murales o de un pequeño sello de amatista en el que aparece una cabeza barbada, nos presentan la imagen muda de estos príncipes guerreros. Los nombres homéricos de Agamenón, Aquiles, Menelao, Néstor o Diomedes son sólo un vago recuerdo legendario y no se corresponden con ninguna realidad histórica concreta de esos momentos. Algunos paralelos tentadores de las fuentes hititas parecen reflejar alguno de estos nombres (Al-tarasiya = Atreo; Piyamaradus = Príamo, Alaksandus = Alejandro Paris), pero en las condiciones actuales de nuestro conocimiento todo queda de momento en una mera especulación.

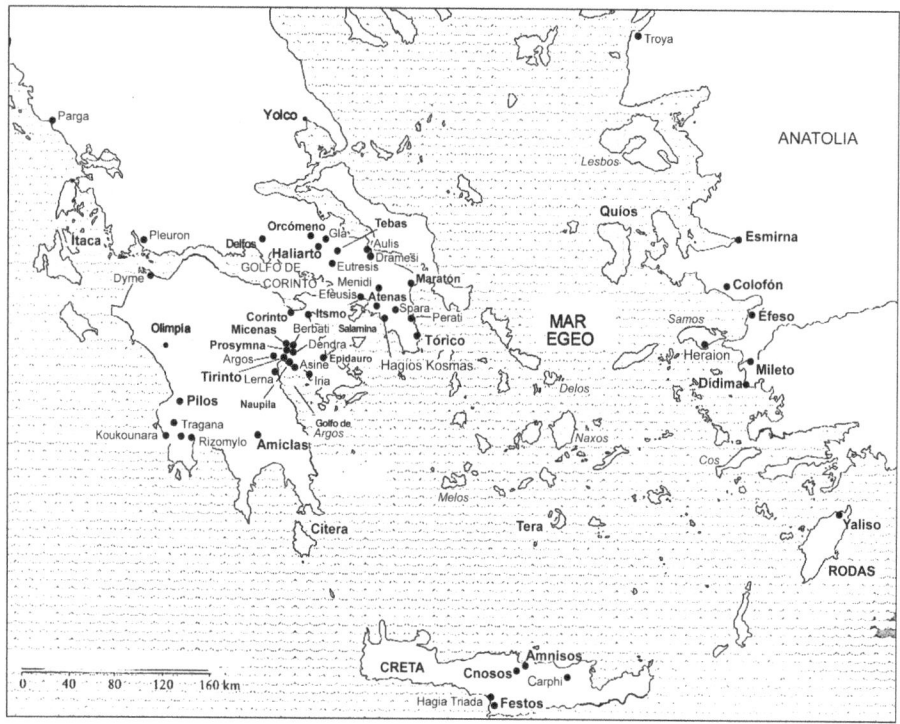

EL MUNDO MICÉNICO

IV. ESPACIO Y CRONOLOGÍA

Micenas, la primera fortaleza excavada por Schliemann en el Peloponeso, era también sin duda alguna la más importante y completa de todas. A primera vista parecía la capital de un imperio que se extendía por todo el Peloponeso, si bien con el tiempo fueron apareciendo otros emplazamientos situados más allá del istmo de Corinto, en Beocia y en Tesalia. No es de extrañar, por tanto, que el calificativo de micénico haya hecho fortuna como etiqueta para calificar y definir a toda esta civilización. Hoy en día es ya un hecho reconocido que no existió ningún imperio de estas características y sí en cambio un mundo compuesto por una serie de pequeños reinos independientes que poseían sus respectivas zonas de influencia. Desconocemos si existió un término genérico con el que estos principados se autodenominaron a sí mismos, que no era evidentemente el de micénicos. En la *Ilíada* homérica se denomina a todos los participantes en la expedición contra Troya con tres nombres que adoptan un carácter genérico: aqueos, dánaos y argivos. El de aqueos, que es sin duda el más utilizado, podría aparecer también en las fuentes hititas bajo la forma *Ahhijawa* (en griego la forma originaria es *Ajaioi*, con la posible pérdida de una u intervocálica que dejaría el término originario como *ajaiuoi*).

Los principales establecimientos se hallan en el Peloponeso. Junto a Micenas, en la Argólide, estaban también las ciudadelas de Tirinto, Argos, Nauplia y Midea. En Mesenia estaba Pilos. Ya en la Grecia continental estaban Atenas, cuya célebre acrópolis muestra signos inequívocos de haber sido previamente una pequeña ciudadela micénica, y en Beocia Tebas, Orcómenos y Gla. Más al norte, sólo en Tesalia se han encontrado restos micénicos en Yolcos y Petra (cuyos muros son quizá los más grandes de todas las ciudadelas micénicas). A partir del siglo XIII a.C. se produjo la expansión por toda la cuenca mediterránea oriental y algunos lugares importantes como Cnosos en Creta, la isla de Rodas, Mileto en Asia Menor y algunos puertos de la costa levantina, como Ugarit, pasaron a formar parte del mundo micénico, bien en forma de nuevos estados o incorporando a su población importantes contingentes de esta procedencia. El influjo y difusión de la civilización micénica alcanzó incluso a las costas del sur de Italia y de la isla de Sicilia, anticipando así en casi 400 años la extensión posterior del mundo helénico de la época arcaica.

Tras unos tiempos de confusión, a partir del 1900 a.C., en los que se detecta la entrada de nuevas poblaciones en la península griega, el período propiamente micénico se inicia hacia el 1600 a.C. Desde esta fecha hasta el 1500 a.C. se corresponde con el período llamado de las tumbas de pozo. Se trata de una serie de tumbas halladas en dos grandes círculos de Micenas, en cuyo interior han aparecido una gran variedad de objetos de oro, plata, bronce y piedras finas. Destacan sobre todos ellos una serie de máscaras de oro de tamaño natural, que estaban colocadas sobre el rostro del difunto. Es el período formativo de la civilización micénica, en el que se manifiestan ya de forma clara sus principales características: continuidad con los tiempos anteriores y progresivo enriquecimiento, según puede verse por el avance en la riqueza personal del contenido de las tumbas; una sociedad fuertemente estratificada a cuyo frente se sitúan príncipes guerreros que cuentan a su servicio con un número considerable de artesanos expertos en una gran variedad de técnicas y habilidades; por último, unas formas artísticas en las que se mezclan el influjo cretense con las formas locales y los productos exóticos del exterior.

A partir del 1500 a.C. y hasta el 1400 a.C., la civilización micénica comienza a constituirse como una de las grandes potencias del Egeo y, en general, de toda la cuenca oriental del Mediterráneo. Se extienden los establecimientos por toda Grecia, pero apenas han dejado restos arquitectónicos. Destacan sobre todo sus monumentos funerarios como las tumbas tipo *tholos* que se han hallado en Esparta y Mesenia. La mayor parte de los objetos encontrados en ellas proceden de Creta y revelan de esta forma el avance del poderío micénico en amplias zonas del Egeo. Al final de este período tiene lugar la ocupación de Cnosos en Creta y esta circunstancia supone un impulso decisivo para la organización de los reinos micénicos. Adoptan el sistema palacial cretense basado en los registros escritos y todo el conocimiento artístico y tecnológico de aquella brillante civilización.

Los dos siglos siguientes (de 1400 a 1200 a.C.) constituyen el gran período de apogeo de la civilización micénica. Se construyen las grandes fortalezas y los palacios, se produce la expansión comercial hacia el exterior y se consolida la potencia micénica entre los dos grandes imperios del momento en toda la región, hititas y egipcios. Una oleada de destrucciones masivas que se inicia hacia el 1200 a.C. marca el final de todo este mundo e introduce una serie de cambios decisivos en toda la cuenca egea. Los tiempos de esplendor quedan atrás y se abre un largo período de inseguridad y atraso que Grecia tardará en superar casi 400 años.

V. LA INFLUENCIA CRETENSE

Durante la primera mitad del siglo XX se creía que la civilización cretense y la civilización micénica eran ambas de carácter claramente prehelénico, gracias a la influencia avasalladora de Evans, quien había presentado la civilización micénica como una versión tardía y provincial de la civilización minoica, cuya primacía y superioridad le parecían incuestionables. En opinión de Evans, los cretenses habrían colonizado el continente griego y esta circunstancia histórica explicaría todas las similitudes entre ambas culturas. Sólo algunos especialistas, como el sueco Nilsson o los americanos Wace y Blegen, establecieron diferencias entre ambas civilizaciones aproximando la micénica al mundo griego que vino a continuación, en particular el reflejado en los poemas homéricos.

La influencia cretense se hizo sentir desde muy pronto y se afianzó del todo tras la conquista militar de la isla a mediados del siglo XV a.C. Los refinamientos arquitectónicos del palacio de Pilos son una muestra evidente de hasta qué punto empezaron a adaptarse y a tomar como propias muchas de las manifestaciones de la rica cultura de la isla. Es precisamente en la región de Mesenia, que Pilos controlaba, donde se hallan abundantes ejemplos del tipo de tumba *tholos*, un antecedente de la cual se había venido utilizando en Creta desde el tercer milenio a.C. No hemos de olvidar tampoco que el palacio de Pilos es precisamente también el único que no tiene fortificaciones, al igual que sucedía en todos los palacios cretenses. La leyenda homérica hace de Pilos la patria del anciano Néstor, persona que se distingue del resto de los reyes micénicos por su sabiduría y su espléndida oratoria (Néstor el de dulce palabra), y es también en Pilos donde se halló un fresco mural en el que aparece representado un cantor, de aspecto físico muy similar al de los personajes minoicos, que tañe una lira sentado sobre una roca. Un mundo en definitiva de grandes contrastes, que supo, sin embargo, asimilar la herencia cretense y fundirla con una poderosa tradición local que se remontaba quizá a los comienzos del segundo milenio, sentando así las bases de la civilización griega posterior.

VI. ESTRUCTURAS POLÍTICO-SOCIALES

Con los datos de que disponemos, tanto arqueológicos como los que nos proporcionan las tablillas en Lineal B, podemos deducir que nos hallamos ante un mundo compuesto por pequeños reinos independientes, organizados en torno a un palacio, con una economía fuertemente centralizada y con una sociedad muy jerarquizada. Las impresionantes fortificaciones de la mayor parte de estos palacios no se explican si no es por la creciente rivalidad entre unos centros y otros. Sus causas más probables debieron de ser la lucha por el dominio de territorios colindantes, el control de las fuentes de riqueza o la propia acción de saqueo y pillaje, una actividad practicada como una de las formas de enriquecimiento más habituales por parte de estos reinos.

A la cabeza del reino se sitúa, por tanto, un rey que cumple la función de un verdadero caudillo guerrero, el *wanax* de las tablillas del Lineal B que se corresponde con la designación homérica de los grandes príncipes micénicos (*ánax*). Tras la figura del monarca se abre un amplio espectro social, según el testimonio de las tablillas, que refleja la estructura jerárquica de la sociedad micénica. Viene a continuación el *lawagetas*, posiblemente una especie de lugarteniente al mando general de las tropas. Después del rey ocupa el segundo lugar en prestigio social y en la posesión de tierras. Alrededor de estas dos figuras principales se movían una serie de personajes de alto rango, denominados *equetai* (seguidores), que representaban las clases dirigentes de la sociedad micénica. Vivían en los recintos del palacio y vestían un tipo de prenda exterior que los distinguía de los demás. Debieron de actuar como comandantes de las unidades del ejército y en su calidad de tales poseyeron carros, armaduras y esclavos.

La estructura territorial de los reinos micénicos, compuesta por un palacio como centro de un área rural más amplia, hacía necesaria la presencia de altos funcionarios o dignatarios reales en el campo. Éste es el papel que debieron desempeñar los *telestái* de las tablillas, una especie de terratenientes locales a cuyo cargo estaban los diferentes distritos administrativos en los que se dividía cada reino (Pilos, por ejemplo, contaba 16). Al cargo de cada uno de estos distritos estaban también unos gobernadores llamados *koreteres*, encargados directos de llevar a término las órdenes que llegaban desde el palacio central. Se menciona en las tablillas una numerosa clase de artesanos, muy especializados, que en su mayor parte trabajaban al servicio del palacio. Se detallan en ellas los cupos precisos de material que les entregaban y las raciones alimenticias que les correspondían como pago. Sus talleres se hallaban dentro del propio recinto palacial o en sus inmediaciones.

En la base de la pirámide social se hallaba la propia comunidad, a la que quizá se refiere el término *damos*, utilizado en las tablillas. Poseía tierras que eran arrendadas a individuos particulares. Sin duda, se trataba de una masa compuesta de pequeños campesinos que recibían en arriendo pequeñas parcelas, de cuyo cultivo debían dar minuciosa cuenta al palacio a través de los correspondientes funcionarios intermedios encargados de su control. A pesar de que en las tablillas no se menciona para nada a la gente común y corriente, del registro minucioso y preciso que los escribas llevaban de todos los dominios del reino y de toda clase de actividades (económicas, religiosas y militares), podemos deducir la existencia de un control casi absoluto de toda la producción agrícola y ganadera. No olvidemos que, al igual que sucedía en Creta, el palacio ejercía las funciones de recogida, almacenamiento y redistribución de todos los materiales y bienes que se producían o circulaban a lo largo de los límites del reino respectivo. Aunque existía un sistema de tenencia de la tierra que al parecer combinaba lo público (tierras del *damos*) y lo privado (grandes posesiones de los *telestai* y pequeñas parcelas), dado el tipo de sistema descrito, parece difícil que alguna parte de la actividad económica pudiera escapar al control y vigilancia del palacio.

Sabemos también por las tablillas que existió una cierta forma de esclavitud. En algunos casos se trataba de personal religioso al servicio del dios (*doero*), y en otros, de esclavos dependientes de los *equetai*. Sin embargo, parece que en su mayor parte se trataba de mujeres que se dedicaban a actividades en el seno del palacio al servicio de sus gobernantes. Molían el trigo, ayudaban en los baños y tejían telas y vestidos. Su origen hay que buscarlo en las cautivas procedentes de los saqueos e incursiones que los reyes micénicos llevaban a cabo como actividades frecuentes sobre sus vecinos o sobre tierras del Asia Menor o las islas del Egeo. La finalidad de las mismas era la obtención de botín y en éste se contaban sin ninguna duda las mujeres y los niños. En el canto VI de la *Ilíada*, en la famosa escena de despedida entre Héctor y Andrómaca, el primero alude al cruel destino asignado a su esposa cuando la ciudad de Troya caiga en manos de los micénicos:

> «la desgracia que tu padecerás cuando alguno de los aqueos, de lorigas de bronce, se te lleve llorosa, privándote de libertad y luego tejas tela en Argos, a las órdenes de otra mujer o vayas por agua a la fuente Meseida o Hiperea, muy contrariada porque la dura necesidad pesará sobre ti» (Homero, *Ilíada*, VI, 454-458, traducción de Emilio Crespo, Gredos).

Posiblemente ésta era la suerte habitual que corrían las comunidades vencidas en las muchas guerras que se libraron a lo largo de este período. De hecho, una serie de trabajadoras de la industria textil en Pilos son calificadas de «lemnias» o de «milesias», pero nada nos aclara si se trataba de esclavas que habían sido adquiridas en los mercados de Lemnos y Mileto, de prisioneras de guerra reducidas a esclavitud, de refugiadas o de cualquier otro status diferente. Sin duda, dentro de la sociedad micénica existían esclavos y contratos de venta de esclavos, tal y como conocemos por algunas tablillas

Existía una división del trabajo muy elevada, especialmente en el campo de la industria textil a juzgar por las tablillas de Pilos, que censan más de 800 mujeres con sus hijos y sus respectivas calificaciones profesionales muy variadas. Su dependencia del palacio es clara, ya que recibían una ración mensual de trigo e higos. Una prueba más de la complejidad evidente de la sociedad micénica es el elevado número de términos que designan profesiones, funciones o dignidades, cuya distinción no siempre resulta factible, que ha sido evaluado por Anna Morpurgo en unos 117.

VII. PALACIOS Y FORTALEZAS

El rasgo más señalado de la civilización micénica son sus palacios y fortalezas. Los palacios presentan un plano diferente al de sus antecesores de Creta. A diferencia de éstos, su núcleo central consiste en una gran sala rectangular con un hogar circular en el centro rodeado por cuatro columnas, precedida por una antecámara y un porche. El nombre con que se designa esta estructura es el de *mégaron*, cuyo origen hay que buscar en los tiempos anteriores de la arquitectura continental griega. Era posiblemente el salón del trono y en torno a él se organizaba el resto de las dependencias palaciales. Dependencias regias, talleres y almacenes se disponían alrededor de una serie de patios abiertos. Sus paredes y sus suelos estaban enyesados y las estancias principales adornadas con grandes frescos murales al estilo de los cretenses. El palacio mejor conservado es el de Pilos, curiosamente el único que no estaba amurallado.

Cada palacio se adecuaba a la forma física de su lugar de emplazamiento. En Pilos se construyeron varios edificios colindantes, algunos de ellos destinados a almacenar vino y a servir de armería. En Micenas, sin embargo, dado lo abrupto del terreno, todo el complejo palacial se ubicaba en la acrópolis de la ciudadela. Tirinto a su vez era una especie de bloque compacto y monolítico con el *mégaron* en su centro y galerías que atravesaban el interior de las murallas utilizadas como establos y almacenes de carros. Ante la naturaleza hostil de las relaciones que regían entre los diferentes reinos, se prestaba especial atención al suministro de agua hacia el interior de la ciudadela fortificada. Se excavaron así túneles subterráneos que atravesaban las murallas en busca de fuentes y manantiales subterráneos que asegurasen el fluido regular incluso en caso de asedio. También se dio a estas conducciones de agua un uso estrictamente doméstico o ritual, como lo muestran las salas de baño halladas en Tirinto o en Pilos.

Todos los palacios, con la excepción comentada de Pilos, estaban rodeados de imponentes muros de fortificación, que son una prueba manifiesta de la precariedad de los tiempos y de la inseguridad existente por doquier. Se trata de grandes muros hechos a base de enormes sillares labrados, apretados unos contra otros sin ninguna clase de argamasa de unión. A lo largo del circuito defensivo se abren una serie de pequeñas garitas de vigilancia, desde las que se podían lanzar flechas a los atacantes. El acceso principal a estos conjuntos amurallados está constituido por impresionantes puertas de entrada, flanqueadas por un estrecho pasadizo de altos muros que dificultaba la aproximación del enemigo hacia ellas. La más célebre de todas ellas es la llamada puerta de los leones de Micenas, con tres enormes bloques de piedra en forma de dintel y un triángulo de descarga sobre ellas con dos leones esculpidos en torno a una columna. De forma heráldica representan el poderío de la casa gobernante de la ciudadela micénica.

No sólo los palacios micénicos estaban fortificados. Existe también una serie de emplazamientos provistos de fortificaciones, destinados a albergar en su interior ciudades o a la población campesina dispersa de los alrededores en momentos de especial peligro. Ésta última fue quizá la función principal que desempeñó la ciudadela de Gla en Beocia, o de Crisa en la Fócide. Posiblemente fueron construidas con el esfuerzo conjunto de muchas ciudades locales que buscaban de esta forma un lugar de refugio con las garantías de protección suficientes. Muchas de las ciudades micénicas no estaban fortificadas, pues la mayor parte de ellas fueron la continuación, ampliada y más rica, de sus predecesoras heládicas. Las dimensiones arquitectónicas fuera de los palacios y las ciudadelas principales eran mucho más modestas; sin embargo, algunas casas particulares de Micenas o un amplio edificio hallado en Zygouries revelan la existencia de una clase opulenta de comerciantes y propietarios de tierras provinciales. Así, la llamada Casa del Comerciante de Aceite de Micenas presenta 12 estancias sólo en su planta baja y las denominadas Casa de las Esfinges y de los Escudos contenían restos de objetos de marfil, que servían como incrustaciones en muebles, frescos, cerámica y vasos en piedras finas. En Zygouries se halló una gran cantidad de vasos de arcilla sin usar, así como otra gran variedad de jarras, vasos y utensilios de cocina, que constituyen una muestra de la actividad doméstica y de la industria urbana de este tipo de comunidades periféricas.

VIII. LAS TUMBAS

Otro de los rasgos distintivos de la civilización micénica son sus impresionantes tumbas. Constituyen otro indicio claro de la jerarquía social. En ellas, además, se han encontrado la mayor parte de los objetos valiosos que nos ilustran acerca de los modos de vida de esta civilización, a pesar de haber sufrido saqueos ya desde época antigua. La forma más característica es la llamada tumba *tholos* de estilo monumental, que sirvió de lugar de enterramiento para la familia gobernante y quizá también para algunas de las clases dirigentes de la comunidad. Consistía, básicamente, en una gran bóveda de piedra, en forma de colmena, construida a base de hileras de sillares de piedra que van aproximándose progresivamente hasta alcanzar la cima. Construidas por debajo del nivel del suelo, eran luego recubiertas con un enorme túmulo de tierra y se accedía a ellas a través de un largo pasadizo empedrado denominado *dromos* (corredor). Las más importantes estaban revestidas en su interior con adornos metálicos en forma de rosetas. Una gran puerta monumental de grandes bloques de piedra labrados constituía la entrada, que estaba también ricamente decorada con espirales, discos y rosetas.

El ejemplo más conocido y quizá también el mejor conservado es el denominado Tesoro de Atreo en Micenas. Se trata de una tumba real de imponentes dimensiones y de una construcción perfecta. La cámara interior mide casi 14 m de altura y las paredes del *dromos* alcanzan a la entrada de la tumba los 10 m. En su interior no se halló ningún objeto ya que, como sucede con la mayor parte de las tumbas, había sido saqueada ya en la Antigüedad. En uno de los laterales de la cámara interior se abre otra pequeña cámara rectangular en la que se depositaban los cadáveres, una vez concluida la ceremonia que tenía lugar en la cámara principal. El nombre de Tesoro se debe a que así las llaman Pausanias y otros autores griegos, dado que pensaban que éste era el lugar donde los reyes micénicos guardaban sus tesoros.

El resto de la población utilizó lugares de enterramiento mucho más sencillos que estos magníficos *tholoi*, empleados por sus gobernantes. Por lo general, se trataba de simples cámaras excavadas en la roca en la pendiente de una colina, a la que se accedía a través de un pequeño *dromos* como en los *tholoi*. A causa de su modestia, muchas de estas tumbas han llegado intactas hasta nuestros días y nos permiten conocer de esta forma algunos detalles acerca de las gentes comunes de la sociedad micénica y sobre sus costumbres funerarias. Gran parte de estas tumbas fueron continuamente reutilizadas. Los esqueletos anteriores se iban arrinconando para dejar espacio a los muertos más recientes. Junto a los cadáveres se depositaban objetos de la vida cotidiana tales como adornos, cerámica, armas y pequeñas figuritas de arcilla pintada.

La variedad en la calidad y cantidad de las ofrendas refleja las diferencias existentes en el seno de la sociedad, tanto en status como en riqueza. Un tipo especial de enterramiento son unos sarcófagos de arcilla con escenas funerarias pintadas sobre ellos hallados en Tanagra, Beocia. Constituyen un descubrimiento excepcional debido a que sólo en Creta se había detectado este tipo de enterramiento. Son además un magnífico ejemplo de la pintura micénica y por su temática funeraria nos ofrecen un testimonio sin igual sobre esta clase de costumbres en el mundo micénico. Se trata posiblemente de una imitación local de un producto típicamente minoico, aunque no hay que olvidar la curiosa relación existente entre Creta y Beocia en la mitología griega posterior.

IX. LAS MANIFESTACIONES ARTÍSTICAS

Además de por sus lugares de habitación y enterramiento, conocemos los modos y estilos de vida de la sociedad micénica gracias al rico y variado testimonio de sus manifestaciones artísticas. Destacan especialmente sus tallas en marfil, material en el que la pericia artística de los artesanos micénicos alcanzó su más refinada expresión. Existe una amplia gama de objetos elaborados a base de este material, que va desde pequeñas placas en forma de rosetas, conchas y espirales, cuya finalidad era servir de incrustaciones en muebles o cajas, hasta figuras de gran calidad, como la cabeza de una estatuilla hallada en Micenas, una caja cilíndrica decorada con grifos alados que atacan a un ciervo, o un grupo compuesto de dos damas ataviadas a lo cretense con un niño sobre sus rodillas.

Otro de los campos en el que los artesanos micénicos hicieron muestra de su gran habilidad técnica es el de las joyas y piedras talladas. Pendientes, collares y toda clase de adornos en fayenza, pasta vítrea, oro y piedras finas coloreadas se encuentran en grandes cantidades en sus tumbas. Este tipo de objetos suntuarios y de lujo concuerda con lo que nos muestran las pinturas murales de los palacios. En ellas aparecen representadas grandes damas de la corte ataviadas de forma sofisticada, como el fragmento de fresco mural hallado en una casa privada de la acrópolis de Micenas o algunos de los fragmentos procedentes del palacio de Tirinto. Son igualmente indicativos de la opulencia y prosperidad de la sociedad micénica la abundancia y variedad de su cerámica, hecha para el uso doméstico y funerario, los vasos de bronce y metales preciosos, como los famosos vasos de oro hallados en Vafio (Esparta), un cuenco de plata que lleva incrustadas cabezas de toro de oro, hallado en Dendra, y los vasos de piedras como la amatista o el ágata.

Las gentes que habitaban las ciudades palaciales y fueron enterradas en los *tholoi* dispusieron de una gama de productos de lujo ciertamente considerable. La mayoría de estos objetos revelan el gusto exquisito de sus consumidores, que eran capaces de apreciar la pericia y sutileza técnicas de sus artesanos en la talla, cincelado e incrustación de materiales preciosos, aspecto este último en el que destacaron sobremanera los orfebres y broncistas micénicos. Una buena parte de todo este boato revela el claro influjo cretense, tanto en las formas como en el contenido temático. La gran producción artesanal de la isla se extendió por todo el Egeo y los señores de las grandes ciudadelas micénicas fueron algunos de los muchos admiradores y consumidores de este arte floreciente.

X. UN MUNDO EN GUERRA

Sin embargo, el tono fundamental que caracteriza a toda esta civilización es su gusto por la guerra y las actividades violentas. Se trata realmente de una sociedad marcadamente militarista que tiene la guerra como una de sus actividades principales. Las ya citadas fortificaciones, las numerosas armas halladas en sus tumbas y el carácter belicoso de la mayor parte de sus representaciones artísticas, con batallas o escenas de cacería como temas fundamentales, constituyen las pruebas más evidentes. Uno de los objetos que más abundan en las tumbas micénicas son las armas, algunas de excelente calidad artística, como las espadas procedentes del Círculo A de tumbas en Micenas, cuyas hojas están decoradas con escenas de guerra o de caza. En ellas se representa el típico armamento micénico, consistente en una larga lanza y un escudo de grandes dimensiones, a veces en forma de ocho. El resto del cuerpo iba a veces cubierto por una poderosa armadura de bronce, de la que se ha encontrado un ejemplar en perfecto estado en una tumba de Dendra. Se trata de un único ejemplar consistente en un guardacuellos alto, una coraza, protectores para los hombros y amplias bandas circulares destinadas a cubrir el abdomen y las ingles. Sobre la cabeza iba un casco realizado a base de dientes de jabalí, del que también se ha encontrado una pequeña figurita hecha de marfil. Muchas de las escenas representadas sobre los anillos de oro hallados en las tumbas o sobre los frescos murales evidencian también este espíritu belicoso y guerrero.

Nos hallamos algo lejos del mundo idílico cretense, a base de representaciones puramente naturalistas o exponentes del mero goce de vivir. Incluso el propio tipo físico ha cambiado notoriamente. Poco tienen que ver figuras humanas como la del llamado Príncipe de los Lirios, el Copero o los boxeadores de Tera, de aspecto barbilampiño y rasgos suaves, con la rudeza acompañada de ciertos rasgos de ferocidad que presentan los rostros de las máscaras funerarias de las tumbas de Micenas. Barbados y con gesto adusto, nos remiten a un mundo donde predominaban la autodefensa y el ansia de dominación sobre los vecinos.

Las imponentes fortificaciones son también elocuentes en este sentido y con sus acrópolis amuralladas y encaramadas en lo alto de un cerro nos muestran la otra cara de los espacios abiertos de los palacios cretenses. Gentes, en definitiva, de una catadura bien distinta a la de los refinados cretenses, cuyo espíritu más genuino quizá cabe descubrir en las toscas estelas funerarias que señalaban los círculos de tumbas de Micenas o en las pinturas aparentemente ingenuas de los sarcófagos de Tanagra antes citados o las del célebre Vaso de los guerreros de Micenas.

XI. EL UNIVERSO RELIGIOSO

Aunque durante mucho tiempo se creyó que los micénicos habían heredado casi todo de los cretenses, aspectos religiosos incluidos, hasta el punto de que se llegó a hablar de un sincretismo creto-micénico, hoy en día con el impresionante desarrollo que ha adquirido nuestra documentación podemos afirmar que la religión micénica conservó siempre una originalidad evidente dentro de este terreno a pesar de que pudo haber compartido con los minoicos algunas creencias y ceremonias rituales. Efectivamente, algunos rasgos de la religión micénica son comunes con la cultura cretense. Son numerosas las referencias a las diosas cretenses, sobre todo a través de la iconografía de los sellos y de otros objetos decorativos. Algunas estatuillas, como la tríada de marfil antes citada o una figurilla de terracota hallada en Micenas, representan sin duda algunas divinidades femeninas, sin que podamos precisar su carácter concreto. También existen similitudes en el culto doméstico de la serpiente o el sacrificio de animales.

Sin embargo, a diferencia de Creta, donde sólo contamos por ahora con un abundante repertorio iconográfico para conocer su religiosidad y sus formas de culto, en el caso de Micenas poseemos también el inapreciable testimonio de las tablillas de Lineal B. Éstas, sin embargo, han defraudado las expectativas puestas en su día por quienes, como Evans, pensaban que estos textos entonces todavía indescifrados contendrían himnos o plegarias religiosas. Las tablillas nos han proporcionado dos tipos fundamentales de información: los nombres de los dioses (teónimos) y algunas indicaciones sobre las prácticas cultuales. A través de ellas se revela también una religión muy desarrollada que cuenta con sacerdotes y sacerdotisas que celebran cultos y presentan ofrendas a diferentes divinidades. Muchas de ellas se han identificado con los dioses del panteón griego clásico, como Zeus, Hera, Atenea, Poseidón, Ártemis, Hermes, Ares, Ilitía, Erinis, Dionisos y Potnia. Otros en cambio no cuentan con el correspondiente teónimo clásico, como los que se denominan en las tablillas Pi-pi-tu-na, Pa-de, o Ti-ri-se-ro-e. No aparecen por ningún lado divinidades como Apolo, Afrodita o Deméter, y Hefesto podría ser tan sólo un simple antropónimo, ya que en muchos casos resulta problemático distinguir entre éstos y los verdaderos teónimos que aparecen en las listas.

Sin embargo, el interés de los redactores burocráticos de las tablillas por las divinidades residía tan sólo en indicar la parte correspondiente de los materiales o alimentos almacenados que iba a ir destinada a ofrendas.

Un ejemplo de tablilla de Cnosos sobre la distribución del aceite:

«En el curso del mes de Deukios
A Zeus diktaios............. 12 litros de aceite
Al Daidaleon.................. 24 litros de aceite
A Pa-de............................ 12 litros de aceite
A todos los dioses......... 36 litros de aceite
Al augur (?).................... 12 litros de aceite
Amnisos, a todos los dioses......... 24 litros de aceite
A Erinis............................ 6 litros de aceite
A *47-da......................... 2 litros de aceite
A la sacerdotisa de los vientos...... 8 litros de aceite
Total: .... 136 litros de aceite»

El funcionario responsable de la distribución del aceite redactaba un documento de este tipo cada mes para satisfacer las exigencias del calendario religioso. Los funcionarios palaciales se encargaban también de reunir los bienes y alimentos necesarios para la organización de las ceremonias y banquetes asociados a ellas. Así, para la ceremonia de la iniciación del *wanax* en Pilos se reunió una cantidad de alimentos para más de 1.000 personas, lo que nos da una idea acerca de la complejidad y el carácter multitudinario de este tipo de actos.

Algunos sacrificios debieron de celebrarse en el propio *mégaron*, tal y como revelan los canales que existen en Pilos en un lado del trono destinados para recibir ofrendas líquidas. Este tipo de ceremonias exigía la existencia de una clase sacerdotal, que al parecer era numerosa y poderosa, según se constata de alguna manera por el testimonio de las tablillas. La formaban tanto hombres como mujeres que ejercieron sus funciones en centros de culto, como el hallado en Micenas al pie de su acrópolis, descubierto por los arqueólogos Mylonas y Taylor en 1968-1969, compuesto por varias estancias que contenían en su interior una serie de plataformas, una bañera, un hogar y varias estatuillas. Con excepción de este complejo cultual, apenas se han encontrado huellas de la existencia de templos o edificaciones independientes destinadas a alojar un culto determinado. Dada la ausencia de un tipo de edificación concreto destinado al culto, el criterio principal a la hora de asignar este uso a una construcción sigue siendo la aparición en su interior de figurillas de terracota, que podrían representar a divinidades o a adorantes de las mismas. Es posible que se utilizaran algunas salas del palacio, incluso la sala central, como sucedía en Pilos, para realizar ofrendas y ritos. Sin embargo, a diferencia de lo que ocurría en Creta, el *wanax* o soberano micénico no desempeñó un papel religioso fundamental. Las encargadas de proteger a la comunidad que habitaba estas ciudadelas eran las diosas tutelares del palacio y de la ciudadela como Hera o Atenea, que reciben frecuentemente el título de *potnia* (señora o soberana). Sin duda, el rey debía tratar de mantener las mejores relaciones con estas divinidades de forma que le asegurasen la prosperidad y defensa del reino, pero ello debió realizarse más a través de cultos y ritos ejecutados por los sacerdotes que actuando el propio soberano a la manera de un príncipe-sacerdote de estilo cretense.

Las diferencias más notables con el mundo cretense se dan en las creencias y el ritual funerario. Así, se observan algunas prácticas que parecen puramente micénicas, como la ofrenda de pequeñas figurillas de arcilla o el sacrificio de un par de caballos junto con su propietario fallecido en un *tholos* de Maratón. Llama igualmente la atención una tumba de Dendra en la que se hallaron una serie de objetos religiosos, como una piedra para sacrificios, un hogar y dos mesas también de piedra. En cambio, sólo se hallaron huesos de animales y ninguno de procedencia humana. Se ha pensado en la posibilidad de que se trate de una tumba para dos personas que murieron lejos de su patria, a cuyos espíritus errantes se pretendía hacer volver por medio de los ritos adecuados.

En definitiva, un mundo religioso poblado de dioses y diosas de procedencia diversa. Unos, como ha quedado dicho, coinciden en sus nombres con los dioses griegos posteriores, y otros, claramente desconocidos, fueron adoptados de la Creta minoica o procedían de épocas heládicas anteriores. Un ritual rico y variado que asimiló profundamente en parte la iconografía y el aparato cretenses y que, quizá también como fruto de la influencia poderosa de la isla, prestó una especial atención a la fertilidad y a los cultos de divinidades puramente locales, que aparecen mencionados en las tablillas. Sin embargo, hay que distinguir dos grandes niveles: el de la religiosidad popular, cuyo testimonio son las figurillas de terracota más simples, y el de la religión oficial organizada por los palacios que aparece reflejada en las tablillas y cuyos testimonios más visibles serían las estatuas de terracota más grandes.

XII. LA EXPANSIÓN MICÉNICA

Los siglos XIV y XIII a. C. fueron el período de mayor apogeo del poderío micénico en toda la cuenca mediterránea. El alto desarrollo alcanzado por sus economías palaciales y la conquista al comienzo de dicho período de la isla de Creta constituyeron los impulsos decisivos para esta expansión comercial. Eliminada la competencia cretense, que había llenado con sus magníficos productos las costas del Mediterráneo, una emprendedora clase de comerciantes micénicos, impulsada desde los mismos centros palaciales, se lanzó a difundir sus productos por los principales puertos de la zona. Pruebas de este comercio floreciente son, sin duda, la existencia de un considerable excedente almacenado en los palacios y la importancia que adquirieron los talleres situados en el seno de los mismos, cuyo principal destino debió de ser la exportación, dado el reducido círculo de consumidores reales existente en cada uno de los reinos respectivos. Existe también una importante confirmación arqueológica, como es la amplia difusión de un tipo de cerámica siglada III A y III B por lugares que van desde el sur de Italia y Sicilia hasta la costa siria y Egipto, pasando por la costa adriática, las islas egeas y la región de Asia Menor.

Los productos que se buscaba intercambiar en el exterior eran fundamentalmente metales, sobre todo cobre y estaño, y objetos de lujo como piedras finas, ámbar o marfil, que luego eran sabiamente utilizados en la elaboración de algunos productos por los artesanos micénicos. Existía toda una red de intercambios con Egipto y con la costa sirio fenicia, como revelan los sellos cilíndricos de origen oriental encontrados en Tebas o la cerámica micénica descubierta en Oriente. Un dramático testimonio de este floreciente comercio que trasvasaba materias primas y productos elaborados lo encontramos en la excavación submarina de dos barcos naufragados a lo largo de las costas de Licia cuando hacían la travesía desde Siria hacia el Egeo en algún momento de los siglos XIII y XIV a.C., como los de Gelidonia y el de Ulu Burun. Éste último ha proporcionado casi 200 lingotes de cobre y varios de estaño junto a productos exóticos, como resinas aromáticas, madera de ébano, marfil de elefantes e hipopótamos, cáscaras de huevo de avestruz y lingotes de pasta vítrea. Contenía también productos acabados, como armas e instrumentos de bronce, joyas y cerámica. En este tipo de transacciones no sólo los materiales se pusieron en circulación. También viajaron con ellos las ideas y, sobre todo, las formas artísticas orientales y algunas creencias religiosas, estableciéndose así un rico flujo cultural entre todas las regiones y países de la cuenca oriental del Mediterráneo y del Oriente próximo, que sólo el período de destrucciones masivas y caos subsiguiente iniciado en torno al 1200 a.C. iba a interrumpir.

Dos lugares destacan especialmente en esta escalada de actividad comercial micénica. Uno es el puerto de Ugarit, donde se ha creído descubrir un barrio micénico, posible resultado de los frecuentes viajes que los micénicos efectuaban hasta este puerto que constituía una de las salidas naturales al Mediterráneo de todo el Oriente próximo. Se han descubierto en esta región de la costa sirio fenicia más de 60 establecimientos en los que se han encontrado importaciones micénicas. Muchos de sus objetos fueron incluso imitados por artesanos locales y difundidos hasta el interior de la misma Mesopotamia.

Otro lugar relevante en el sistema de intercambios, tanto comerciales como culturales en todo este período, es sin lugar a dudas la isla de Chipre. Se han hallado en la isla varios establecimientos claramente micénicos como Kourion o Enkomi. Este período de contactos asiduos con el mundo micénico es precisamente la época más floreciente de toda la historia de la isla, que tuvo siempre un papel preponderante en el Egeo, tal y como revelan los intentos hititas por hacerse con su control. Son frecuentes las alusiones en las fuentes orientales a *Alasiya*, nombre con el que parece que hay que identificar a Chipre en estos momentos. Se produjo un aumento considerable de población y se desarrollaron importantes centros urbanos dedicados sobre todo al comercio y al trabajo del cobre, que constituía su gran riqueza. El control de las fuentes de suministro y de sus salidas hacia los centros de manufactura fue el factor decisivo en la pujanza de estas comunidades. Su entrada en la órbita del comercio micénico constituyó el aldabonazo final. Productos como algunos mangos de espejo de marfil o un famoso *riton* (vaso ritual) de fayenza azul procedente de Kition, que representan una sabia mezcla de estilos artísticos egeos y orientales, constituyen buenos ejemplos de la alta calidad del artesanado chipriota de este período. Junto a esta clase de actividades comerciales debió de existir también un aumento creciente de la piratería y de las acciones militares de saqueo por todo el Egeo, tal y como reflejan algunos testimonios visuales, como el famoso fresco de Akrotiri en Tera, ya comentado, con escenas de batalla naval y asedio de una ciudad. El belicismo micénico había sido una constante a lo largo de su historia y no debieron de ser infrecuentes los enfrentamientos entre diferentes reinos o las expediciones de saqueo. El famoso Vaso del Asedio, en el que aparece representada una escena de asalto a una fortaleza, constituye un buen reflejo de esta clase de actividades. La guerra de Troya, o el posible núcleo histórico que ésta puede representar, podría también haber figurado entre las razzias realizadas por los micénicos en el último período de su historia. Realidad o no, la guerra de Troya no fue, sin embargo, un acontecimiento singular. Una buena parte de las riquezas que exhiben en sus tumbas los caudillos micénicos tiene su origen en el saqueo y la piratería. Mucho tiempo después esta clase de actividad seguirá siendo practicada como una forma de vida por los aristócratas de la ciudad de Focea en el Asia Menor, que se lanzaban a ultramar en naves de guerra y no en navíos mercantes. No resulta difícil imaginar, en tiempos muy anteriores, la frecuencia y asiduidad de una práctica semejante, ejercida por quienes detentaban el poder de las impresionantes ciudadelas micénicas.

XIII. LA GUERRA DE TROYA

Existe la posibilidad de que debamos encuadrar la guerra de Troya narrada por los poemas homéricos dentro del período de expansión micénica. La saga troyana pudo muy bien haber tenido una base histórica real. Quizá representa la versión magnificada y deformada por la licencia poética de una de las muchas operaciones de saqueo emprendidas en estos tiempos por una coalición de reinos micénicos en busca de botín fácil y de riquezas. Toda la narración homérica está llena de reminiscencias de este mundo y existen coincidencias sorprendentes entre algunas descripciones y la realidad arqueológica hallada mucho tiempo después. Homero quizá representa sólo la culminación de un largo proceso de creación oral, que tiene su punto de partida en plena época micénica, en la que parece haber existido una poesía de esta índole a juzgar por el famoso fresco del palacio de Pilos, antes referido, en el que aparece un cantor (*aedo*) sentado sobre una roca.

La historicidad de la guerra de Troya es uno de los temas más debatidos de este período de transición de la historia griega. El supuesto conflicto habría tenido lugar a finales del período micénico o en los inicios de la edad oscura. Existen diversas opiniones, desde los que sostienen que la guerra se produjo de la manera que aparece reflejada en los poemas homéricos, tal y como quedó demostrado por las excavaciones de Schliemann, hasta los que niegan del todo su carácter de acontecimiento excepcional para reducir su escala histórica a la de una simple expedición de saqueo de las muchas que tenían lugar en aquellos tiempos de confusión, pasando por quienes pretenden ajustar el conflicto a sus verdaderas dimensiones de un episodio más del imperialismo micénico, eliminando todos aquellos elementos magnificadores procedentes de la lógica licencia de la poesía épica.

El arqueólogo americano Carl Blegen, que excavó en Troya desde 1932 a 1938, confirmaba la historicidad de la guerra y ajustaba a esta «verdad» los datos obtenidos en sus excavaciones, según los cuales la cerámica probaría que la Troya VIIa habría coincidido con el período de apogeo de los palacios micénicos y su destrucción con la oleada de disturbios que asoló el mundo micénico hacia la mitad del siglo XIII a.C. La arqueología confirmaría de esta forma la tradición. El historiador americano Moses Finley destacó la fragilidad de estas argumentaciones recordando las importantes deformaciones que han hecho sufrir a la historia todas las tradiciones épicas allí donde tenemos la posibilidad alternativa de comprobarlo, como sucede con la célebre *Chanson de Roland* y el episodio de Roncesvalles. En su opinión Troya VIIa habría sido destruida por las mismas gentes venidas del norte que habían acabado con la pujanza de los reinos micénicos. La participación de bandas de aqueos en estas operaciones de pillaje habría constituido el impulso para la formación de la tradición épica homérica que hoy conocemos. El estudioso británico Denis Page ya había señalado la pobreza material del registro arqueológico de Hissarlik, que no contribuía a confirmar la historicidad de la guerra. La ciudad que presuntamente había sido objeto del ataque de la coalición micénica era en esos momentos una ciudad pobre y de reducido tamaño. Se ha calculado que podría haber albergado una población de tan sólo 300 habitantes, lo que traducido en capacidad militar equivaldría a un ejército compuesto de apenas 75 individuos. Los famosos restos óseos que se encontraron en las ruinas de la ciudad pertenecían a tan sólo cuatro cadáveres, y las huellas de armamento que podrían apuntar a la existencia de un conflicto armado quedaban reducidos a una punta de flecha. Un bagaje demasiado escaso y hasta ridículo para justificar desde el punto de vista arqueológico un asedio que se prolongó durante 10 años.

Sin embargo, las nuevas investigaciones llevadas a cabo por el alemán Manfred Korfmann desde 1982 parecen confirmar en este punto la tradición épica, ya que se han recuperado los restos de fortificaciones que englobaban una ciudad muy extendida, de mayores dimensiones que Micenas. La fortaleza que habían excavado Schliemann y Blegen correspondería, por tanto, solamente a la ciudadela del interior de la ciudad, reservada a la residencia de la familia real y de algunos dignatarios. Una ciudad al estilo oriental que, sin alcanzar las dimensiones excepcionales de las grandes capitales como Asur, Hattusas o Babilonia debió, sin embargo, impresionar sin duda a los micénicos. La tradición épica, aunque notoriamente deformada, conservó, en cambio, el marco básico de los acontecimientos que dieron lugar a la misma.

Otro de los elementos clave de la tradición épica, la hegemonía del rey de Micenas en la coalición griega, puede tener también su posible confirmación en la tradición histórica. Los documentos hititas de los siglos XIV y XIII a.C. mencionan un reino de *Ahhijawa*, a identificar probablemente con los aqueos, que desempeñó un papel crucial en los asuntos fronterizos del estado hitita en esos momentos. Una de las tablillas hititas hace alusión a un conflicto en la región de *Millawanda* (quizá Mileto) y otra indica que el rey de *Ahhijawa* posee un rango equiparable al de los reyes de Egipto, Babilonia y Asiria, a pesar de las reticencias hititas a reconocerlo así. El reino de *Ahhijawa* situado en ultramar, fuera del alcance de los ejércitos hititas, capaz de asumir una serie de campañas en territorio de Asia Menor, bien podría corresponder a la realidad arqueológica de Micenas que revela una cierta hegemonía sobre el resto de las fortalezas micénicas. La ocupación micénica ocasional de Mileto, que revela la arqueología, y la presencia en Pilos de esclavas de esta procedencia, junto con la de otras venidas de las islas adyacentes de Quíos o Lemnos, constituirían indicios de esta presencia micénica en las costas del Egeo oriental. De esta forma, la tradición épica habría conservado un recuerdo de las grandes líneas de la situación política en los últimos tiempos de la edad de Bronce.

Se han señalado, sin embargo, algunos obstáculos para la completa identificación entre el lugar de Troya y las dimensiones del conflicto, tal y como lo describe la leyenda. En primer lugar, existen obstáculos de tipo cronológico. Los disturbios que se produjeron dentro del propio territorio griego a lo largo de los años 1250-1240 a.C. constituían un serio obstáculo para la organización de una expedición militar en toda regla fuera de sus límites en aquellos momentos. Esta posibilidad sólo habría existido en una época anterior, que vendría a coincidir con un lapso de tiempo entre el 1400 ó 1300 a.C., pero esto nos obligaría a retrotraer hacia abajo el estrato arqueológico correspondiente de Hissarlik. La Troya del nivel VI presenta a su vez graves problemas para ser identificada con la ciudad homérica, ya que parece haber sido destruida por la acción de un terremoto. Sin embargo, se ha invocado contra esta clase de objeción el paralelismo de la expedición ateniense contra Sicilia en el 415 a.C., emprendida en unos momentos en los que la potencia militar ateniense se hallaba plenamente comprometida en la guerra del Peloponeso dentro de las fronteras de Grecia. No resulta por otra parte un hecho infrecuente en la historia que las potencias amenazadas sean especialmente agresivas.

Se han señalado también obstáculos de tipo político-económico. La fragilidad política de los pequeños reinos micénicos, sometidos continuamente a querellas de orden interno y a importantes desafíos procedentes del exterior, no permitía una salida masiva de tropas en una expedición al exterior durante un tiempo tan prolongado que dejase desprotegidas sus propias fronteras y expuestos a la rebelión interna a sus propios reinos. Sin embargo, una expedición de pillaje de las muchas que se emprendieron a finales de la edad del Bronce pudo haber tenido lugar sin que necesariamente intervinieran en ella todos los contingentes militares disponibles de los reinos micénicos del continente.

Se dice también que falta, por último, una causa del conflicto que sea históricamente sostenible. El motivo del rapto de Helena constituye un tema legendario que aparece también en otras tradiciones míticas como el mito de Europa, el caso de Medea en la saga de los Argonautas, o el rapto de Ariadna por el héroe ateniense Teseo. Sin embargo, de todos ellos, el rapto de Helena es el único que culmina en una guerra. Se ha señalado recientemente la fragilidad de esta clase de objeciones al recordar la importancia de las mujeres (su rapto o su recuperación) como motivo de conflicto en las sociedades tradicionales. Recientemente se han formulado otras hipótesis en este sentido, como el deseo micénico de controlar los estrechos desde un punto de vista comercial, pero no existe un objetivo material que pudiera haber suscitado tales aspiraciones. Parece que la producción principal de Troya fueron los tejidos, sobre todo en vista de las numerosas pesas de telar que se han hallado en sus ruinas, pero no parece que tales productos constituyeran un objeto tan valioso como para desatar una guerra. Algo parecido ocurre con los caballos que se criaban en su llanura, ya que los micénicos poseían también esta clase de ganado. El aprovisionamiento de minerales, especialmente el bronce, podría proporcionar un motivo justificado, pero la pobreza arqueológica del estrato VIIa de Hissarlik tampoco confirma esta alternativa.

A la vista de estas consideraciones, resulta lógico pensar que la tradición épica griega ha imaginado la guerra de Troya basándose en tres elementos fundamentales que tenían un fundamento histórico real: la poderosa ciudad de Troya, la hegemonía de Micenas y las numerosas expediciones de pillaje emprendidas por los micénicos en tierras de Anatolia. Es también probable que ya hubiera existido una guerra de Troya en la tradición épica oriental, a juzgar por el título de un poema luvita cuya recitación se había integrado dentro de un ritual hitita en el que se hablaba de «la escarpada Wilusa», y que la tradición épica griega hubiera modificado a su conveniencia las circunstancias, los propios beligerantes y el mismo resultado de la contienda. Incluso el poeta que inició el ciclo pudo haber procedido a reagrupar una serie de acontecimientos insignificantes, convirtiendo el conjunto final en un conflicto de una envergadura mucho mayor. A un núcleo original de origen micénico en la leyenda se habrían ido agregando de forma sucesiva otros elementos de origen posterior, como los que se encuentran presentes en las leyendas locales de Asia Menor, tal y como ha señalado el estudioso griego Sakellariou. La guerra de Troya se habría convertido en el conflicto por excelencia entre los colonos griegos de esta zona y los bárbaros que habitaban la región. De esta forma, los héroes locales habrían pasado a formar parte de los contingentes aqueos y sus adversarios, en cambio, pasarían a engrosar las filas de los aliados troyanos.

Se han aportado incluso otras soluciones al dilema, como la de imaginar que pudo haber habido varias Troyas, como sugiere el americano Lionel Cason, situadas en puntos diferentes de la cuenca del Mediterráneo, como Cnosos y Biblos, que habrían dejado su recuerdo en la tradición legendaria de estas culturas.

El acontecimiento preciso en torno al cual cristalizó el ciclo épico troyano permanece hasta la fecha incierto. Las mayores expectativas de encontrar una posible solución al problema se centran en el testimonio que aportan las fuentes orientales, particularmente las hititas. En ellas aparecen una serie de términos que resulta tentador identificar con algunos de los protagonistas de la leyenda griega, tales como *Piyamaradus* (Príamo), *Alaksandos* (Alejandro, el nombre de Paris), o *Ahhijawa*. Estos textos reflejan el confuso panorama político de los años previos a la destrucción final del imperio hitita y nos dan a conocer una serie de conflictos locales en toda la región costera de Asia Menor en los que podrían haber estado directamente implicados los micénicos, que de hecho habían ocupado ya Mileto. A pesar de que subsisten todavía numerosos interrogantes e incertidumbres en este terreno, es muy probable que en este campo resida la única explicación histórica de un tema que la leyenda griega sólo contribuyó a desfigurar al haberlo convertido en un tema legendario.

XIV. EL COLAPSO FINAL

Toda esta brillante civilización llegó a su término a comienzos del siglo XII a.C., de una forma y por unas causas que todavía siguen suscitando la atención y el interés de muchos estudiosos a causa de su aparente misterio. Sabemos, en efecto, que en esos momentos culminan toda una serie de destrucciones e incendios en cadena que habían afectado desde al menos medio siglo antes a toda la cuenca oriental del Mediterráneo en su conjunto. Desaparece del mapa el imperio hitita en Anatolia; Egipto es atacado desde el mar y muchos centros de la costa levantina sirio fenicia son pasto de las llamas.

Los reinos micénicos fueron, por tanto, una víctima más dentro de este conjunto de destrucciones. A pesar de la impresión general de catástrofe, hay que señalar que no todas las destrucciones fueron simultáneas. Algunos emplazamientos micénicos sufren incendios ya a mediados del siglo XIII a.C., como las casas exteriores a la ciudadela de Micenas o el palacio de Pilos. En torno al 1200 a.C. se produce una oleada mucho más amplia: Micenas, Tirinto y Dendra en la Argólide, Crisa en la Fócide, Gla y Tebas en Beocia y una fortaleza de la zona de Acaya son destruidas. Otros fueron simplemente abandonados, como algunas localidades del Ática. Hubo, finalmente, lugares que no sufrieron daño alguno como Argos, Asine, Atenas, Yolcos, Lefkandi en la isla de Eubea y Nicoria en Mesenia, aunque sí les alcanzó algo más tarde a lo largo del siglo XII a.C.

No pudo tratarse, por tanto, de un ataque general coordinado desde el exterior, tal y como en un tiempo se pensó, a pesar de que la invasión exterior ha sido una de las hipótesis más habituales para explicar lo sucedido. Los dorios eran a este respecto los mejores candidatos a causa de su ocupación posterior del país y de la tradición legendaria, posterior también, que se refiere al retorno al Peloponeso de los heráclidas, o descendientes del héroe griego Heracles. Su procedencia de las regiones noroccidentales de Grecia parece probada. En ellas se continuó hablando durante épocas posteriores una forma dialectal del griego emparentada con el dorio. También sabemos que se construyó en el istmo de Corinto un muro defensivo, que sólo tiene justificación si se piensa que el enemigo atacante venía del Norte. Sin embargo, existen muchos problemas que impiden considerar plenamente satisfactoria esta solución. En primer lugar, no hay ninguna huella arqueológicamente detectable que permita identificar a estos pretendidos invasores. En segundo lugar, resulta difícil imaginar que una horda de invasores bárbaros pudiera derrotar completamente a unos reinos muy organizados desde todos los puntos de vista, como se comprueba por las tablillas en Lineal B, y que contaban con impresionantes y sofisticados sistemas defensivos. Por último, el mismo hecho de la falta total de simultaneidad cronológica en las destrucciones hace muy improbable una causa unitaria de esta índole, sobre todo teniendo en cuenta que muchos asentamientos cercanos a los destruidos no sufrieron daño alguno en esos mismos momentos.

Una variante de la teoría de la invasión exterior se ha centrado en un conjunto de pueblos diversos, de origen problemático en muchos de los casos cuando no completamente desconocido, que las fuentes egipcias denominan «Pueblos del mar». Claros responsables de algunas de las destrucciones de la costa levantina sirio fenicia y de dos ataques a Egipto, se ha llegado a pensar que pudieron haber intervenido igualmente en las destrucciones de la cuenca egea y el continente griego. Parece, sin embargo, que el grueso de sus acciones tuvo lugar en la zona anatolia y en la costa levantina, desde la que alcanzaron Egipto. El ataque además, de haberse producido, habría tenido lugar por mar y sólo en el caso de Pilos tenemos la certeza de que así sucedió. Las tablillas del archivo de Pilos nos relatan efectivamente una serie de disposiciones puntuales tomadas en el plano militar para la defensa urgente de las costas del reino. Se concentran armas y remeros en los enclaves principales y se disponen con toda urgencia a afrontar un ataque por mar. No es muy probable que una coalición de esta clase, compuesta básicamente de piratas, apátridas, desertores y exiliados políticos, fuese la responsable del conjunto de las destrucciones micénicas. Sí en cambio es más probable que, como resultado de los disturbios en el mundo micénico, muchos de sus elementos pasaran a integrarse en este tipo de coalición coyuntural y oportunista.

Se ha sugerido también la posibilidad de una catástrofe de carácter natural como una prolongada sequía, producto de un brusco cambio de las condiciones climáticas. La idea, que ha sido propuesta por Rhys Carpenter, cuenta con el inconveniente de que ninguna región fue abandonada en su totalidad y sí en cambio lo fueron algunos lugares concretos de unas y otras. No se menciona además ningún fenómeno de esta envergadura en las fuentes orientales contemporáneas (egipcias, hititas o sirias). Problemas relacionados con la provisión de alimentos afectan en este período a zonas más orientales del Asia Menor pero no a la propia Grecia o al Egeo.

Existe, por último, otro tipo de explicación que toma su base en la existencia de disturbios de carácter interno, bien en forma de guerras intestinas en el seno de los propios reinos, bien en forma de enfrentamientos militares continuos o incluso de un levantamiento popular generalizado. La creciente carrera de armamentos emprendida a comienzos del siglo XII a.C. con la construcción de las impresionantes murallas de fortificación que rodeaban las ciudadelas es un testimonio elocuente de la frecuencia de las relaciones hostiles entre unos reinos y otros. Escenas como las que figuran en el ya comentado 'Vaso del Asedio' o en algunos frescos de Pilos, donde se representan de una forma dramáticamente realista acciones de combate, debieron corresponderse con la realidad contemporánea de aquel entonces. No es necesario insistir más en la persistencia del espíritu guerrero que traspasa casi todas las manifestaciones de la civilización micénica como fondo adecuado a toda esta clase de acontecimientos.

Aunque resulta casi imposible dar con la solución precisa, hoy en día se tiende a enfocar la cuestión desde un punto de vista más global que contempla las diferentes propuestas de una forma coordinada y complementaria y no excluyente. El grado de sofisticación alcanzado por la civilización micénica dependía para su correcto funcionamiento de una serie de factores que guardaban una estrecha relación de dependencia mutua. Nos referimos a factores como la agricultura y el mantenimiento del nivel de producción de alimentos, la metalurgia y la obtención de las materias primas adecuadas, la especialización artesanal y el consumo de una elite en estrecha dependencia del mantenimiento de las rutas y circuitos comerciales con Oriente, el nivel de población y el tamaño y número de los asentamientos, la misma capacidad de leer y escribir monopolizada en manos de un grupo reducido como los escribas de palacio e incluso el conjunto de creencias religiosas asociado al mantenimiento de una estructura jerárquica determinada dentro de la escala socioeconómica.

La buena marcha del sistema exigía una armonía interna entre todos ellos y su adecuación a las condiciones del medio ambiente. Un fallo o un imprevisto en uno de ellos acarrearía, sin duda, una serie de reacciones en cadena que iría incidiendo en el desarrollo de todos los demás. Un desastre natural, por limitadas que fueran sus dimensiones y consecuencias inmediatas, crearía, sin embargo, las condiciones adecuadas para el estallido de la violencia en muchos campos, tanto en el plano interno, con un descontento creciente de la población que hallaría problemas a la hora del abastecimiento, como en el exterior, al intensificarse la pugna por las mejores tierras o por el control de las fuentes de riqueza mineral o comercial. Un militarismo creciente como el que se detecta a comienzos del siglo XII a.C., al que ya hemos aludido, redundaría en un descenso de la mano de obra dedicada a las tareas agrícolas y esto a su vez provocaría un descenso notable de la productividad.

Los saqueos e incursiones frecuentes harían inseguras las rutas comerciales y la industria artesanal sufriría de esta forma un trastorno considerable. Esta situación generalizada de inseguridad debió de ser aprovechada por las tribus montañesas de los confines del mundo micénico, especialmente en las regiones noroccidentales de la península balcánica, que decidieron ampliar su campo de acción en busca de botín, sacando partido del vacío progresivo de poder que se iba creando en determinadas zonas. En estas circunstancias comenzarían a ser frecuentes las conjuras internas, las traiciones y defecciones, fenómenos todos ellos corrientes en épocas de inseguridad y de crisis. Los campos sin cultivar por falta de protección, los talleres vacíos, la deserción de los lugares de asentamiento fueron la consecuencia inmediata de esta situación. En este estado de confusión hicieron su aparición los denominados Pueblos del mar, un conjunto heterogéneo de gentes desde el punto de vista étnico que se había agrupado con la única finalidad de llevar a cabo expediciones de saqueo indiscriminado. Estos pueblos, difíciles de identificar con precisión salvo el caso bien conocido de los filisteos (*peleset*, de donde procede el nombre de la actual Palestina), son más un síntoma de estos tiempos que la causa de su directa aparición, como ha señalado la arqueóloga Nancy Sandars. En su opinión, no representarían otra cosa que la continuación de la piratería endémica, propia de estos períodos de confusión, que habían llevado a cabo estados guerreros de reducido tamaño y que había sido moneda corriente durante siglos en el Mediterráneo oriental.

El aumento creciente de la violencia en casi todos los aspectos dio el golpe de gracia a un sistema que, posiblemente, había alcanzado ya el límite de sus recursos, y quizá todo el derrumbe final no es sino la consecuencia irremediable de la dislocación de un sistema socioeconómico que tenía como fundamento un delicado equilibrio entre numerosos factores muy difícil de controlar del todo, en un mundo de recursos limitados y con una naturaleza imprevisible.

El modo de vida artificial de los antiguos centros políticos no fue capaz de sostener el esfuerzo y se fue produciendo el colapso gradual de todas sus estructuras. Hay que distinguir, sin embargo, el final de un sistema, el de los palacios micénicos que se produce entre 1300 y 1200 a.C., del final de una civilización, la micénica, que sólo se extinguió después del 1200 y antes del 1100 a.C. Tras el final de los palacios se mantuvo todavía un cierto nivel de civilización e incluso de prosperidad, como se aprecia en la misma Micenas donde se construyó en esos momentos la casa que albergaba el conocido Vaso de los Guerreros. Las consecuencias de todo ello fueron una importante reducción de la población (quizás hasta un 10% de lo que fuera 100 años antes) y un rápido declive cultural que originó un retroceso tan considerable de la civilización a todos los niveles, que Grecia iba a tardar largo tiempo en recuperarse, siendo necesario en muchos de los casos volver a empezar otra vez desde el principio.

III La edad oscura

I. DEFINICIÓN Y CRONOLOGÍA

La denominada edad oscura constituye un período de excepcional importancia en la formación de la civilización griega. Abarca desde el final del mundo micénico hasta el inicio de la época arcaica, desde finales del 1200 hasta los inicios del siglo IX a.C., casi 400 años de historia. Este período ha sido catalogado como edad oscura (Dark Age) por los arqueólogos anglosajones a causa de la falta de fuentes escritas y de la relativa pobreza de los restos materiales, pero también por el carácter miserable que se atribuía a la vida de las gentes durante todo este tiempo. Anthony Snodgrass, su principal adalid, trazó un cuadro claramente negativo de toda esta época caracterizada por la despoblación, la pobreza, el aislamiento de unas comunidades respecto a otras y la interrupción total de las relaciones e intercambios con el exterior.

Es necesario, sin embargo, con los conocimientos actuales, matizar un tanto estas afirmaciones. Descubrimientos como los de Lefkandi en la isla de Eubea revelan la existencia de riquezas materiales y de contactos con las regiones orientales en pleno siglo XI a.C. Hay quienes incluso han cuestionado el propio concepto de edad oscura desde el punto de vista de la periodización, como es el caso de Ian Morris poniendo en tela de juicio la uniformidad del período en sí para formar una unidad cronológica frente a otras época definidas.

No fue un período uniforme desde el punto de vista geográfico ni cronológico. La diversidad regional y la diferencia de ritmos históricos en unos momentos y otros, más o menos dinamizadores unos o de mayor estancamiento cultural los otros, son sus características principales. Mientras algunas zonas sufrieron de lleno el impacto de la oleada de destrucciones masivas que tuvo lugar en torno al año 1200 a.C., otras áreas continuaron su existencia sin apenas experimentar cambios decisivos. La cronología de la época basada en la clasificación de los estilos de cerámica sería:

– El período submicénico, que abarcaría los tiempos inmediatos que siguieron al ocaso de los reinos micénicos durante la última parte del siglo XII y el XI a.C.
– El período protogeométrico, que englobaría la parte final de los siglos XI y X a.C.
– El período propiamente geométrico, que ocuparía el siglo IX a.C. y entroncaría ya de lleno con el comienzo de la época arcaica.

II. LAS FUENTES: ARQUEOLOGÍA Y TRADICIÓN ORAL

El período que siguió a la destrucción de los reinos micénicos resulta especialmente complicado a causa de la abrumadora escasez de testimonios, salvo los procedentes de la arqueología. La desaparición de la escritura, con el colapso final de los reinos micénicos, provocó la ausencia total de textos escritos privándonos así de conocer cualquier documento o narración, cualquiera que fuese su verdadero valor histórico, acerca de este período. Esta supuesta oscuridad se acentúa todavía más si cabe, debido a la ausencia de alusiones de carácter indirecto en las fuentes orientales que iluminaban algunas facetas de los períodos anteriores como el papel de los micénicos (Ahhijawa) en los conflictos fronterizos del imperio hitita en Asia Menor. La comunidad internacional del Egeo, que había brillado con fuerza a lo largo de los últimos siglos del segundo milenio, quedó ahora seriamente fragmentada. La interrupción de las relaciones con el mundo próximo oriental, que habían sido provechosas y frecuentes a lo largo del período micénico, provocó el aislamiento de muchas regiones del Mediterráneo oriental y dejaron de fluir así entre ellas los objetos de lujo, las materias primas, los individuos y las ideas y formas de vida que los acompañaban.

Aunque no conocemos fuentes escritas para este período, eso no quiere decir que no existieran en absoluto. El hallazgo de una inscripción en griego chipriota encontrada en Pafos, Chipre, y perteneciente a la segunda mitad del siglo IX a.C., permite suponer que en estos tiempos de «oscuridad» también existieron inscripciones, aunque quizá sobre materiales perecederos como la madera, lo que ha impedido su conservación hasta nosotros. Se ha intentado también llevar a cabo un estudio comparativo del vocabulario institucional de los poemas homéricos, pero sus resultados no han sido muy esperanzadores, ya que el significado de las palabras cambia de manera evidente de unas épocas a otras, como basileus, que pasa de ser en la época micénica un simple jefe local (qa-si-re-u) a designar al monarca en plena época histórica.

Ante la ausencia completa de fuentes escritas, sólo nos queda el recurso a la arqueología, a pesar de los numerosos problemas de toda índole que comporta. Los objetos materiales son mudos por definición, ya que somos nosotros quienes debemos extraer de ellos la información pertinente mediante deducciones e inferencias. Sólo series de objetos, continuas y bien catalogadas como la cerámica, nos permiten construir argumentos consistentes de índole cronológica. Es preciso también que la labor de excavación se realice en condiciones ideales, con el cuidado y la precisión necesarias, para que la publicación de sus resultados permita obtener la información suficiente sobre las condiciones materiales de aquel período. Sin embargo, la gran dispersión de los emplazamientos excavados y la pobreza de los hallazgos materiales no ha contribuido mucho a nuestro conocimiento, siquiera relativo, de toda esta época. La arquitectura en piedra desapareció casi por completo y, por tanto, no han quedado restos de edificaciones importantes. Las artes figurativas presentan una gran austeridad decorativa. El patrimonio iconográfico se reduce a motivos lineales y geométricos dentro de un repertorio artístico muy limitado del que la figura humana ha desaparecido por completo. Si, como suele decirse, una imagen vale más que mil palabras, las que nos ofrecen los objetos artísticos de la edad oscura no nos permiten ir muy lejos por el carácter excesivamente esquemático y redundante de sus imágenes.

Existen, sin embargo, algunas excepciones dentro de este desolador panorama. Algunos lugares presentan una estratificación continuada desde el final del mundo micénico hasta el siglo VIII a.C. y han sido objeto de una cuidadosa excavación. Es el caso de Lefkandi, en la isla de Eubea, donde se han encontrado los restos de una comunidad comparativamente amplia e inusualmente próspera para el nivel general atestiguado en este período. Uno de los hallazgos más destacados es un edificio largo, rematado con un ábside final, que constituye uno de los primeros ejemplos de heroon (santuario en honor de un héroe), levantado en honor de un guerrero que fue enterrado allí con su consorte y sus caballos siguiendo un tipo de ritual funerario que recuerda de forma sorprendente al que aparece descrito en los poemas homéricos. Allí han aparecido también algunos de los primeros bienes de lujo que fueron importados desde Oriente. La prospección arqueológica ha contribuido también a aumentar considerablemente nuestros conocimientos sobre regiones mal conocidas del mundo griego como Mesenia, donde se aprecia ya una cierta división de la población en pequeños emplazamientos. Dentro de este terreno arqueológico no debemos olvidar la gran importancia que el estudio de los estilos de la cerámica ha tenido para el establecimiento de una secuencia cronológica consistente.

Aunque la arqueología es, sin lugar a dudas, la fuente principal y casi única con que contamos para el conocimiento parcial de este período, existen, sin embargo, otras posibilidades. Es el caso de la tradición legendaria de carácter oral, que puede haberse conservado en los mitos que han transmitido hasta nosotros autores de épocas posteriores. La época micénica de las grandes fortalezas y de sus príncipes guerreros aparece ciertamente como referencia lejana y difusa en muchos de los mitos griegos. Sin embargo, no resulta nada fácil establecer con seguridad el núcleo histórico de los viejos mitos o determinar con un mínimo de certeza el acontecimiento singular que pudo haber dado origen a determinada leyenda. Es extremadamente arriesgado dar el gran salto en el vacío desde un relato mítico conservado en un autor tardío como Apolodoro o Pausanias hasta los primeros estratos de su composición, cuando se hallaban más cerca del tiempo originario en el que surgieron. Los mitos responden mucho más efectivamente a la época en que se transmiten, cuyos intereses cercanos reflejan de alguna manera, que a la que en teoría hacen referencia de forma vaga y lejana. En la mayoría de los casos fueron reelaborados en época muy posterior bajo unas condiciones bien diferentes y con unos presupuestos ideológicos muy distintos. Su restitución se efectuó, de hecho, sobre nuevas bases con la progresiva remodelación de nuevos espacios territoriales y nuevas estructuras sociales. Sólo algunos lugares emblemáticos como Atenas, en los que hubo una cierta continuidad, mantuvieron intactos sus vínculos con el pasado más remoto. En la mayoría de los casos las tradiciones volvieron a crearse sobre nuevos moldes y en función de los nuevos modelos que iban surgiendo durante un período de confusión y desarraigo como éste.

Nos faltan, por tanto, los elementos constitutivos fundamentales a la hora de reconstruir las líneas básicas de la historia de este período. Sin embargo, no por ello cabe suponer que la historia se hubiera detenido a lo largo de aquellos tiempos. Al igual que en las demás épocas, hubo acontecimientos que se fueron sucediendo unos a otros, determinados individuos adquirieron un protagonismo destacado a causa de sus acciones, y se llevaron a cabo numerosas innovaciones de todo tipo en diferentes campos. Todo ello ha quedado, sin embargo, sumergido casi por completo en el olvido y la oscuridad de unos tiempos remotos a causa de la desesperante falta de testimonios. La historia prosiguió su curso implacable, pero nosotros no tenemos, hoy por hoy, manera alguna de recuperarla.

III. RUPTURAS Y CONTINUIDADES

Tras la destrucción de los centros de poder micénicos, la mayor parte de la población se vio obligada a replegarse sobre sí misma y a reiniciar un largo proceso de aprendizaje a partir de los escasos cimientos que habían quedado de la época anterior. Por motivos de seguridad tendió a concentrarse en las regiones del interior, con el fin de ponerse a resguardo de posibles nuevos ataques, como los que habían contribuido de forma decisiva a provocar los disturbios que condujeron de forma irremisible al final de los reinos micénicos. Se poblaron nuevas zonas que hasta entonces habían permanecido despobladas, se reutilizaron viejas fortificaciones caídas en desuso, se produjeron movimientos migratorios hacia el exterior del mundo griego, en particular hacia la isla de Chipre y las costas anatolias del Egeo. Las comunidades redujeron su tamaño y no construyeron fortificaciones. Se produjo también una mayor concentración de la población sobre sitios dispersos.

Desapareció todo sistema de escritura y las grandes construcciones en piedra fueron sustituidas por otras mucho más modestas de forma generalmente absidal. Se produjo una evidente descentralización del poder y una pérdida de la mano de obra controlada capaz de realizar grandes obras, tal y como había sucedido anteriormente con la burocracia administrativa de los palacios micénicos. Se acentuaron de manera progresiva las diferencias regionales y se interrumpieron de forma notoria las relaciones comerciales con el exterior, especialmente con las regiones del Oriente próximo, con una notable repercusión en los niveles de riqueza exhibidos en las tumbas.

Sin embargo, junto a todos estos cambios y rupturas hubo también aunque en una escala mucho menor, algunos importantes indicios de supervivencia y continuidad. Para empezar, la de las mismas gentes que habían constituido la base de la población del mundo anterior, que seguían hablando además la misma lengua, el griego. Continuidad también en ciertos usos y creencias religiosas a juzgar por el mantenimiento de algunos cultos y por la presencia indudable de muchos de los dioses micénicos dentro del panteón olímpico griego. Hubo también cierta continuidad en las tradiciones épicas y legendarias, muchos de cuyos elementos centrales se remontan seguramente a la época micénica, tal y como ya demostró en su día brillantemente el filólogo sueco Martin Nilsson.

IV. UN PERÍODO DE CAMBIOS

El rasgo más característico de todo este período, sobre todo en sus etapas iniciales, son los movimientos de población. El derrumbamiento de los reinos micénicos tuvo profundas repercusiones en todos los terrenos. La desaparición de estos centros de poder organizados facilitó la penetración de gentes procedentes de las regiones montañosas del norte que no encontraron ya serios obstáculos en su camino hacia el sur de la península helénica. Las causas de esta infiltración hacia el sur fueron la superpoblación de aquellas zonas y la presión que ejercían sobre ellos otras tribus procedentes de regiones situadas todavía más al norte. Sin embargo, no hay que entender estos movimientos como una serie de oleadas de invasión masiva que arrasaban todo lo que hallaban a su paso, tal y como reflejan algunos mitos que han dejado su impronta en una forma muy habitual de hacer historia. Por el contrario, parece que debemos considerar esta clase de fenómenos como un proceso histórico mucho más lento y prolongado en el tiempo, en el que intervinieron numerosas variantes, que no podemos precisar, y que culminó finalmente con la instalación definitiva de un grupo de población diferente sobre el suelo griego.

Durante esta época se produjeron una serie de cambios que afectaron a la vida diaria de las gentes. En primer lugar, la modificación aparente de las costumbres funerarias, que supuso la sustitución del rito de inhumación existente hasta entonces por el de la incineración del cadáver. También se modificó la forma de enterramiento, abandonándose la tumba colectiva en favor de una individual en forma de cista. Sin embargo, no es preciso acudir a la idea de invasión procedente del exterior para explicar dichos cambios. La incineración puede explicarse como la rehabilitación de una costumbre más antigua que ya había estado vigente en el mundo griego con anterioridad al dominio micénico. Ambos fenómenos se entienden, además, perfectamente desde la situación precaria de los tiempos que siguieron al colapso de los reinos micénicos. Las estructuras comunitarias bien organizadas habían dejado de existir momentáneamente y con ellas desapareció también la posibilidad de llevar a cabo el esfuerzo colectivo necesario para la construcción de esas grandes tumbas que caracterizaron el período micénico. También habían desaparecido los grandes señores que moraban en los palacios y ciudadelas y, por tanto, ya no era necesaria ni resultaba posible la exhibición de prestigio y poder que los grandes tholoi representaban. La inutilidad de mantener cementerios estables se explica también perfectamente por la situación de diáspora general, que impulsaba a las gentes a buscar lugares de protección y refugio que ya no podían ofrecerles los sistemas defensivos de los reinos micénicos. La incineración era una forma rápida de deshacerse del cadáver y desde luego mucho menos costosa que un enterramiento tradicional a la manera antigua.

Otro de los cambios decisivos de este período fue la aparición del hierro, que comenzó a sustituir al bronce como metal básico en armas y herramientas de todo tipo. Sin embargo, tampoco es necesario invocar la idea de invasión para explicar esta innovación. La ruptura momentánea en las relaciones comerciales con Oriente, que provocaron las destrucciones masivas del 1200, tuvo como consecuencia inmediata una escasez de cobre y estaño, los dos metales que eran necesarios para la elaboración del bronce. La única solución disponible era intentar sacar el máximo partido de un metal que podía hallarse con cierta facilidad en suelo griego para la continuidad de las actividades en la metalurgia.

Estos cambios reflejan más bien, por tanto, la necesidad de adaptarse a unas condiciones diferentes de las que habían imperado durante el período micénico. Los reinos micénicos aglutinaban a su alrededor una población considerable cuya vida estaba programada de forma minuciosa en todas sus actividades desde el centro de poder que representaba el palacio. Su desaparición significó la pérdida de referencia en todo tipo de actividades y comportamientos y supuso el comienzo de unos tiempos de incertidumbre e inseguridad a los que las gentes no estaban habituadas. Grupos dispersos de población debían comenzar a organizar su vida de nuevo sin la protección que representaban los palacios y sin la guía de toda la estructura burocrática que aparece reflejada en los registros de las tablillas. Ya no se daban tampoco las condiciones idóneas para el cultivo de la tierra en forma extensiva con ciertas garantías de productividad y eficacia y, por tanto, quedaron desiertos considerables espacios de terreno. Los nuevos lugares de asentamiento no adquirían carácter definitivo y algunos de ellos ni siquiera duraron más allá de una generación. Por ello, la mayor parte de las estructuras arquitectónicas que detecta la arqueología son de carácter efímero y transitorio frente a la monumentalidad de las construcciones del período anterior. La pobreza de los ajuares refleja igualmente el modo de vida itinerante, motivado por la confusión e inseguridad de los tiempos, que no buscaba vincularse de forma duradera a un territorio determinado.

El arqueólogo inglés Anthony Snodgrass ha propuesto como marco general de explicación para esta época un sistema de vida centrado en el pastoreo, una actividad que representaba el modo más idóneo de adaptación a las cambiantes condiciones de los tiempos. El abandono de muchos lugares de habitación proporcionaba amplios espacios de terreno disponible que resultaban muy adecuados para esta clase de economía. De esta forma se explicaría también la ocupación estacional de los asentamientos, en consonancia con esta forma de vida trashumante. Desde esta perspectiva se explica también otro fenómeno de la época como es la conservación de los nombres originales de muchos lugares micénicos, a pesar de que fueron reocupados posteriormente. Al tratarse de lugares visitados de forma intermitente por los pastores, habrían conservado con mayor facilidad sus antiguas denominaciones.

Esta forma de vida pastoral guardaría también una estrecha relación con dos de los rasgos más característicos de la cultura material de la época como son las construcciones de forma absidal y la cerámica de gran calidad pero hecha a mano. Según el arqueólogo griego Michel Sakellariou, las construcciones de forma absidal son un tipo de hábitat que se asocia con frecuencia con los pastores móviles. Los objetos de cerámica se explican como el producto de una comunidad móvil que no tenía acceso a la rueda de alfarero. Una forma de vida, en suma, que no sólo explica las manifestaciones materiales del período, sino que está en consonancia también con la pobreza y dispersión de los testimonios con que contamos para su conocimiento.

V. LA «INVASIÓN DORIA»

Uno de los principales movimientos masivos de población acaecido a finales de la edad del Bronce ha sido tradicionalmente atribuido a los dorios, que habrían irrumpido con fuerza en los limites del mundo griego y habrían ocupado el vacío de poder del decadente mundo micénico, cuando no se les ha atribuido incluso la responsabilidad directa de dicha caída final. Ya la propia tradición griega antigua establecía que dos generaciones tras la guerra de Troya los descendientes de Heracles, los denominados Heráclidas, reconquistaron el Peloponeso recuperando así un dominio ancestral del que su glorioso antepasado había sido expulsado por Euristeo, el rey que también le encomendó la realización de los célebres 12 trabajos. Los aqueos del Peloponeso, expulsados por esta invasión, ocuparon los distritos montañosos del norte de la península que antes estaban habitados por los jonios, que a su vez buscaron refugio en Atenas. Los arcadios, que rechazaron la invasión, pudieron autodenominarse así autóctonos, ya que fueron los únicos peloponesios que permanecieron en su lugar de habitación original y fueron dueños de su situación por completo.

Aunque estos relatos aparecen reflejados en autores tardíos como Estrabón y Pausanias, su origen se remonta sin duda alguna mucho más atrás. Son posiblemente contemporáneos de las grandes tradiciones épicas, ya que algunos poetas del siglo VII a.C., como Mimnermo y Tirteo, hacen alusiones a estos acontecimientos. Su objetivo era explicar las diferencias existentes entre la edad heroica evocada en la epopeya y la histórica en la que vivían los propios griegos del alto arcaísmo. Ciertamente existía una división dialectal dentro del mundo griego que se correspondía con algunas características institucionales, como la existencia de tres o cuatro tribus con sus respectivas denominaciones, y con la difusión de ciertos cultos, como el de Apolo Carneo entre los dorios o la fiesta de las Apaturias entre los jonios.

Ha habido realmente una cierta fascinación moderna con los dorios. El modelo impuesto por el alemán Karl Ottfried Müller, que en 1823 oponía las virtudes nórdicas de los dorios (el orden, la disciplina, el ardor guerrero) a las características decadentes de los jonios influidos por Oriente, que alcanzó su mayor paroxismo con la ideología nazi que les imaginaba como los representantes puros de la raza aria, fue ásperamente contestado por el historiador francés Edouard Will, que demostraba cómo el mito dorio era una creación moderna de los siglos XIX y XX vinculado a otras concepciones de origen racista.

A los dorios se les atribuían innovaciones como la metalurgia del hierro, la cremación como método funerario y la creación de la cerámica protogeométrica. La arqueología ha dejado sin base estas atribuciones al demostrar la falta de todo fundamento arqueológico que permita identificar a los dorios con cualquiera de estas innovaciones técnicas. Curiosamente, dos de ellas, la cerámica y la cremación, se atestiguan básicamente en el Ática, una región que habría quedado a salvo de las famosas invasiones dorias. La supuesta llegada de los dorios no ha dejado huellas materiales evidentes, pero esto no constituye un argumento definitivo si tenemos en cuenta la posibilidad de que adoptasen costumbres y modos de vida ya preexistentes.

Incluso se ha llegado a plantear la posibilidad de que los dorios se encontraran ya en el interior del mundo micénico como una clase dependiente que, llegado un momento de crisis, aprovecharon la ocasión para rebelarse contra el dominio de los señores micénicos. John Chadwick, uno de los estudiosos que participó de forma destacada en el desciframiento de las tablillas en lineal B, ha sostenido esta hipótesis basándose en ciertos indicios de carácter lingüístico existentes en estos documentos que parecen avalar esta suposición. Sin embargo, dicha hipótesis crea más problemas de los que pretende resolver. No se explica bien, en efecto, que los campesinos de las regiones de Arcadia compartieran la misma lengua, el dialecto arcadio-chipriota emparentado con el antiguo micénico que sería la lengua de los señores dominantes según Chadwick, ni tampoco el parentesco existente entre el dorio y los dialectos noroccidentales en caso de suponer que los dorios ya estaban allí. Tampoco las tradiciones antiguas al respecto tendrían ya justificación alguna. Es más sencillo imaginar que éstas poseen un núcleo de verdad histórica, aunque alterado por los intereses políticos del presente.

La famosa «invasión doria» parece haber sido más bien una consecuencia más de la desaparición del mundo micénico que la causa que la provocó: las tradiciones antiguas reflejaban de alguna manera la instalación de los dorios en buena parte del Peloponeso aprovechando la desaparición del poder micénico en la zona y el relativo despoblamiento posterior de la región. Su carácter no sería, sin embargo, del todo extraño a los habitantes precedentes de la zona, lo que explicaría la falta de una identificación arqueológica propia.

VI. LA MIGRACIÓN JONIA A ASIA MENOR

Otro de los fenómenos sobresalientes de este período es el poblamiento de las costas occidentales de Asia Menor por griegos que procedían de la península helénica. De hecho, en esta zona sería donde, más tarde, tendría lugar el renacimiento griego de los siglos VIII y VII, y florecerían las primeras comunidades griegas de cierta importancia. La tradición legendaria nos habla de un movimiento colonizador que tuvo su punto de partida en Atenas y en el que tomaron parte gentes provenientes de todos los rincones del mundo micénico, entonces ya en proceso de desaparición. El testimonio de la arqueología apunta a una fecha cercana al año 1000 como la época más adecuada, ya que desde entonces se han encontrado en una gran parte de la costa minorasiática hallazgos de cerámica de tipo protogeométrico, datable en el siglo X.

El territorio, desde luego, reunía todas las condiciones adecuadas para que surgiera de modo natural la típica forma de vida griega: grandes valles de tierra cultivable, encajonados entre montañas, que iban a parar al mar siguiendo el curso de ríos como el Caístro, el Caico y el Meandro. Estos mismos sistemas montañosos aislaban en alguna medida las llanuras litorales de las altiplanicies del interior. La costa presentaba además buenos fondeaderos que podían servir como puertos y ofrecía además islotes y pequeñas penínsulas que resultaban muy adecuadas como protección y defensa contra posibles ataques de las tribus indígenas del interior del país. La región no se hallaba además muy poblada en aquellos tiempos y no existía ningún poder político organizado que pudiera obstaculizar el establecimiento de los griegos. Para colmo, algunos de estos lugares como Mileto ya habían sido visitados antes, si es que no habitados de forma regular, por cretenses y micénicos. No eran por tanto regiones desconocidas u hostiles y resulta fácil imaginar las razones que pudieron conducir hacia ellas a un conjunto de gentes procedentes del continente en unos momentos en los que la situación allí no les ofrecía demasiadas perspectivas de futuro.

La mayoría de los establecimientos no fueron otra cosa que aldeas de reducidas dimensiones instaladas en las pequeñas penínsulas que sobresalían de la costa. Un muro defensivo circundaba un conjunto heterogéneo de construcciones que se amontonaban unas contra otras sin ningún orden regular. Un ejemplo de este tipo de comunidades es Esmirna, cuyo emplazamiento arcaico ha sido muy bien excavado.

Sobre la relación de estos primeros griegos con los habitantes indígenas de la zona contamos con el dudoso testimonio de una serie de leyendas que han sido trasmitidas por historiadores de época tardía. Posiblemente reflejan, aunque de forma ciertamente difusa y distorsionada, un eco de la realidad histórica de aquellos primeros momentos. Éste podría ser el caso de la anécdota que refiere Heródoto sobre Mileto, cuyas mujeres habían establecido el acuerdo tácito de no llamar por su nombre a sus maridos ni sentarse nunca a comer en la mesa con ellos. Como motivo de esta decisión tan singular se apunta el hecho de que los griegos dieron muerte a sus padres, hermanos y maridos al establecerse en la zona. Sin duda, esta anécdota refleja de algún modo las conflictivas relaciones iniciales entre colonos e indígenas, en unos momentos en los que los recién llegados necesitaban mujeres y tomaron a la fuerza a las indígenas de la región. De hecho, muchas de estas comunidades albergaron poblaciones de carácter mixto, y todavía en pleno siglo V a.C. era posible encontrar griegos de esta región que tenían madres indígenas, como el mismo Heródoto, cuya madre era de origen cario.

También se ocuparon en estos momentos otras regiones de la zona costera occidental de Asia Menor. La región del norte fue poblada al parecer por griegos eolios, procedentes quizá de Beocia y Tesalia, a tenor de sus respectivos dialectos. El centro de mayor importancia fue sin duda la isla de Lesbos. A diferencia de lo que sucedió en la región central de Jonia, las comunidades del norte permanecieron más aisladas y en una relación distante con el pueblo indígena que habitaba la zona, los misios, que apenas mostró interés alguno por la forma de vida griega. La parte meridional de la costa fue poblada por elementos de origen dorio, quizá en un momento algo posterior a los dos anteriores. Los habitantes indígenas de la zona, los carios, acogieron favorablemente a los recién llegados y llegaron incluso a cohabitar con ellos de forma pacífica en muchas comunidades como Ceramos y Yasos.

Desconocemos, en cambio, todo lo relativo al desarrollo histórico de estas regiones, ya que estas tradiciones carecen por lo general de validez a causa de su carácter tardío y, en gran medida, ficticio. En opinión de Finley, hay que entenderlas más bien como una interpretación esquemática y sentimental de los valores del pasado y como el reflejo de las reivindicaciones de un tiempo más reciente. Para remediar en cierta medida este estado de desinformación general en que nos encontramos, podemos acudir al estudio de la situación dialectal, ya que fue a lo largo de esta época cuando se constituyó el mapa lingüístico griego que iba a predominar en los tiempos subsiguientes. Hallamos así una división horizontal en tres grandes zonas constituidas sucesivamente de norte a sur por el grupo eolio, el jonio y el dorio. Sin embargo, el valor histórico de esta clase de criterios se reduce de forma considerable al no contar con documentos contemporáneos. Sirven, no obstante, para establecer criterios de cronología relativa en la situación respectiva de unos grupos sobre otros, aunque no nos pueden proporcionar datos concretos sobre la historia de estas gentes.

La arqueología, en cambio, puede proporcionarnos noticias sobre la civilización material o el tamaño y duración de los asentamientos, pero tampoco nos revela el contenido de los acontecimientos que tuvieron lugar ni nos aporta ninguna luz sobre cuestiones tan importantes como el desarrollo político de estas comunidades nacientes o sobre las fuerzas espirituales que allí se pusieron en marcha. Un período, por tanto, difícil y oscuro del que apenas podemos más que vislumbrar sus perfiles externos y más generales.

VII. ATENAS Y EL ARTE GEOMÉTRICO

La región del Ática fue una de las que permaneció al margen de la oleada de destrucciones masivas que se produjeron en torno al 1200 y mantuvo, por tanto, una cierta continuidad con el período micénico anterior. El historiador ateniense Tucídides apunta a la escasa fertilidad del suelo ático como la razón que disuadió a los invasores y convirtió la región en un lugar de refugio para todos aquellos que huían de los lugares que habían sido arrasados. Ciertamente, en el terreno arqueológico se detecta una línea de continuidad que no permite apreciar ningún tipo de ruptura que hubiera alterado el desarrollo de la vida en esta zona. Todo indica, además, una cierta preeminencia de Atenas en todos los terrenos. Sus manifestaciones artísticas, sobre todo la cerámica desarrollada en Atenas durante la segunda mitad del siglo XI, son superiores a las de las demás regiones que adoptaron incluso sus formas y estilos. Atenas se convirtió también en el punto focal de una red de comunicaciones con el exterior, especialmente con las islas del Egeo y Chipre, que pone de manifiesto la pujanza y la prosperidad de la comunidad que habitaba por entonces la región del Ática. Estos contactos con la cuenca del Mediterráneo oriental y la existencia de una continuidad política y socioeconómica fueron la base del renacimiento cultural que se produjo hacia el año 900. Un movimiento caracterizado sobre todo por el uso de un tipo especial de cerámica de gran calidad cuya decoración predominante de carácter geométrico ha dado nombre a todo el período que se inicia en estos momentos.

La cerámica geométrica no representa, sin embargo, un fenómeno casual o repentino. Significa la culminación de un largo proceso de desarrollo que se había iniciado con la cerámica submicénica y que había continuado más tarde con la denominada protogeométrica. La mayoría de las formas de los vasos se mantienen con algunas ligeras innovaciones de carácter técnico. Los cambios afectan sobre todo al estilo decorativo y a una factura de mejor calidad. El empleo del torno de alfarero, más rápido, facilitó la producción de formas más esbeltas y mejor terminadas. Los círculos y semicírculos que predominaban en la decoración de la fase protogeométrica fueron sustituidos por una enorme abundancia de meandros, zigzags, rombos y otros motivos de carácter geométrico que se disponían en bandas a lo ancho del vaso. Un rasgo fundamental de este nuevo sistema decorativo era el contraste entre el claro y la sombra. Sin embargo, al lado de estos vasos de decoración geométrica exclusiva, se desarrollaron otros en cuya decoración predominaban las figuras de animales como caballos, cabras y ciervos. Los más evolucionados dieron entrada a las primeras escenas figurativas con personajes humanos, aunque fuera de forma estilizada y trazadas a silueta. Por lo general, el esquema básico consistía en una cabeza de perfil con un torso frontal de forma triangular del que sobresalían los brazos y las piernas.

Las piezas más representativas de todo este período son las grandes ánforas procedentes del cementerio ateniense del Dipilón. Todas ellas tienen un tamaño monumental que en algún caso alcanza hasta 1,75 m. Tenían como función servir de indicadores de las tumbas sobre las que se hallaban situados. Las representaciones que se encuentran en sus bandas decorativas son, por tanto, cortejos fúnebres, lamentaciones en torno al cadáver o escenas de batalla y de caza. Se trata en su mayor parte de escenas tipo que no corresponden a ninguna situación real concreta. La mayoría de estas ánforas fue realizada por un grupo reducido de artesanos para el consumo de un círculo también reducido de familias atenienses. En ellas aparecen reflejados, por tanto, los intereses y las preocupaciones que afectaban a este grupo social privilegiado de la sociedad ática de aquel tiempo. Constituyen de esta forma un testimonio importante para el historiador acerca de la mentalidad e incluso de las formas de vida de aquella sociedad. Estas ánforas guardan también, quizá, una cierta relación con el naciente culto a los héroes, que será una de las bases ideológico-religiosas sobre la que se constituirá la pólis.

La importancia que Atenas adquirió a lo largo de todo este período se comprueba también a través de la gran difusión que alcanzó el estilo geométrico por el resto de las regiones griegas, especialmente en la Argólide, Beocia y Corinto, que son las zonas limítrofes al Ática, o en la afluencia de nuevas formas artísticas en objetos de metal y marfil importadas de Oriente. Este ambiente de prosperidad que reflejan las manifestaciones de carácter artístico se explica por diversos motivos. Unos son de carácter político, como el proceso de unificación que tuvo lugar en el Ática, conocido con el término de sinecismo (sun-oikismos: agrupación de lugares de habitación). Otros son de tipo ideológico, como el énfasis que pusieron algunos miembros ilustres de la sociedad en establecer un vínculo con un pasado ideal, que era concebido desde una perspectiva heroica, que otorgaba prestigio y legitimidad a las clases dirigentes de la comunidad que afirmaban estar emparentadas directamente con él. Todo ello explica el papel predominante de Atenas en el inicio del período arcaico, donde aparece ya situada a la cabeza del mundo helénico en una época tan temprana como el siglo IX y los inicios del VIII a.C.

IV   El período arcaico

I. LAS FUENTES

1. Los poemas homéricos

El carácter de los poemas

Aunque no constituyen una fuente histórica en sentido estricto, a la manera de Heródoto o Tucídides, los poemas homéricos, la *Ilíada* y la *Odisea*, constituyen un documento imprescindible para el estudio de toda esta época. Su ámbito de referencia es muy amplio, ya que abarca desde la lejana época micénica, de la que reflejan algunos ecos difusos, hasta el momento mismo de su composición definitiva, que pudo tener lugar en algún momento del siglo VIII a.C. Los poemas homéricos constituyen un fenómeno cultural de dimensiones excepcionales dentro de la civilización griega que sólo puede compararse con el papel que desempeñó la Biblia dentro de la cultura judaica. Desde el momento de su creación se constituyeron como modelo en todos los terrenos y fueron la fuente de la educación cívica y moral del pueblo griego. Como ha señalado Eric Havelock, Homero contenía de alguna manera todo el saber de los griegos y constituía «el instrumento principal de la formación y de la integración del individuo en el contexto social».

Sin embargo, los poemas homéricos no son un documento histórico más a través del cual podemos detectar los acontecimientos que ocurrieron en un tiempo determinado. Son dos poemas épicos, es decir, un tipo de poesía tradicional que fue elaborada a través de un largo proceso de creación oral en el que intervinieron diferentes individuos. Más que de autores propiamente dichos, debemos hablar de intérpretes de un amplio repertorio de temas que contribuían a modificar y ampliar con su intervención particular en cada recitación. Estos intérpretes de los poemas épicos eran denominados *aedos* (cantores) y constituían uno de las escasos oficios especializados que habían obtenido un reconocimiento social dentro de la sociedad antigua, junto con el adivino, el médico o el artesano metalúrgico. Los *aedos* tenían un status particular dentro de la comunidad, ya que poseían el don divino de evocar las grandes hazañas del pasado gracias a la inspiración de las Musas, divinidades que les otorgaban su prodigiosa memoria. Las Musas transmitían la sabiduría divina a los seres humanos a través de las palabras del poeta, tal y como expresa en sus versos:

> Decidme ahora, Musas, dueñas de olímpicas moradas,
> pues vosotras sois diosas, estáis presentes y lo sabéis todo,
> mientras que nosotros sólo oímos la fama y no sabemos nada,
> quiénes eran los príncipes y los caudillos de los dánaos.
> El grueso de las tropas yo no podría enumerarlo ni nombrarlo,
> ni aunque tuviera diez lenguas y diez bocas,
> voz inquebrantable y un broncíneo corazón en mi interior,
> si las olímpicas Musas, de Zeus, portador de la égida,
> hijas, no recordaran a cuantos llegaron al pie de Ilio.
> (*Ilíada*, II, 484-492. Traducción de E. Crespo, Gredos)

A pesar de esta reconocida dependencia de las Musas, el *aedo* por su parte debía poseer también una *techne*, una habilidad especializada en el manejo de los recursos que tenía a su alcance, con el fin de poder dar forma y coherencia artísticas a los diferentes relatos orales que se habían transmitido hasta entonces. En una sociedad tradicional, que no poseía todavía el dominio de la escritura, la composición del poema sólo alcanzaba su culminación en el momento preciso de la recitación, cuando el *aedo* narraba uno de estos relatos por medio de sus habilidades «técnicas», tratando de adecuarse a los gustos y preferencias de su auditorio.

El funcionamiento preciso de la poesía de carácter tradicional oral y los diferentes mecanismos de su proceso de creación fueron puestos de manifiesto por los estudios del americano Milman Parry en la zona de Bosnia, en los Balcanes, hacia los años 50 del siglo XX, donde por entonces todavía subsistía entre los pastores un tipo de poesía semejante. Estos *aedos* balcánicos poseían una memoria prodigiosa y bien entrenada, ya que era un recurso mucho más necesario en este tipo de sociedades ágrafas, pero, al mismo tiempo, contaban también con la ayuda de una serie de recursos que les facilitaban las cosas a la hora de proceder a la recitación de largos poemas. Entre ellos estaban:

a) Las fórmulas, un conjunto de palabras que se hallaban estrechamente asociadas entre sí de forma que al evocar una de ellas, ésta arrastraba consigo hasta la memoria todo el conjunto con relativa facilidad. Expresaban generalmente una idea esencial que definía acciones, territorios, ciudades o personajes. Solían estar asociadas, además, a un determinado esquema métrico fijo, cuyo ritmo singular contribuía también sin duda a la memorización del pasaje. En la poesía homérica se trata de frases como: «Diomedes el del poderoso grito de guerra», «Aquiles el de pies ligeros», o «Héctor el de la brillante coraza».

b) Las escenas típicas que siempre se repetían a lo largo de la narración, tales como la celebración de sacrificios, los banquetes, la despedida del guerrero, un combate singular, los certámenes funerarios en honor del héroe caído.

c) Los temas recurrentes, consistentes en una serie de acciones o atributos que era siempre posible aplicar a cualquier héroe de los que protagonizaban los poemas, tales como su lealtad a los compañeros, su valor en las acciones de guerra o su confianza en la protección divina.

Los *aedos* eran capaces de componer largas tiradas de versos con ayuda de este tipo de recursos. Aunque quizá no alcanzaban las dimensiones extraordinarias de la

Ilíada y la *Odisea*, sobrepasaban con mucho las capacidades aparentes de un medio sin escritura a la hora de acumular información.

La cuestión homérica

Sobre la existencia específica de un poeta singular llamado Homero que hubiera compuesto ambos poemas existen numerosas incertidumbres ya desde la propia antigüedad. Los poemas presentan, en efecto, numerosas incongruencias, fallos y anacronismos que hicieron sospechar muy pronto que se tratara de una obra compleja desde el punto de vista de su composición. El debate acerca de la autoría concreta de los poemas se inició dentro de la erudición moderna en el siglo XVIII, por el filólogo alemán Federico Wolf, que publicó en 1795 sus célebres *Prolegomena ad Homerum* donde planteaba dicha cuestión. Dentro de una perspectiva analista, Wolf se inclinaba en favor de una autoría múltiple de los poemas. Las posibilidades en este sentido estaban claras: o se trataba de la unificación final en un poema de mayor envergadura de unidades más breves que habrían existido con anterioridad de forma independiente, o se había ido ampliando progresivamente un poema inicial de extensión más reducida. Frente a esta tesis de los analistas se alzó la denominada escuela unitaria, que atribuía la obra completa a un único autor y explicaba los aparentes fallos que se detectan en los poemas, en forma de incoherencias, repeticiones o contradicciones, como el resultado de las inevitables etapas de un largo proceso de creación o como el producto de la evolución natural de la persona del propio compositor.

Una tercera escuela, conocida como neoanalista, ha tratado de aproximar ambas posturas. Reconoce la existencia de un largo proceso de creación de los poemas con sus ineludibles etapas de naturaleza oral, pero sitúa en su etapa final el trabajo creador de un solo poeta que habría conferido a los poemas su forma definitiva tal y como hoy la conocemos. Homero estaría así en el estadio final de un largo proceso de creación oral, habría demostrado su maestría en el dominio de los recursos técnicos a su alcance y habría aportado además una concepción grandiosa a todo el conjunto. Es muy probable que en el estadio final del proceso de composición épica que culminó en la puesta por escrito de los poemas, resultase decisiva la intervención creativa de un solo poeta que compuso y reagrupó alrededor de un único tema una serie de episodios que circulaban anteriormente por separado, uniendo unos a otros mediante encadenamientos lógicos y dramáticos. Si la tradición ha dado el nombre de Homero a dicho individuo, no cabe negar su existencia a pesar del desconocimiento completo que tenemos sobre su persona.

Los temas de los poemas

Los poemas homéricos no son, efectivamente, una simple acumulación de relatos épicos más o menos habilidosamente trabados entre sí. Ambos giran en torno a un único tema que se convierte en el pivote central de toda la acción dramática que se describe en el curso de la narración. El tema central de la *Ilíada* es la cólera de Aquiles, tal y como se anuncia ya en el primer verso del poema:

«Canta, diosa, la cólera del pelida Aquiles»

El poema no narra la guerra de Troya por completo, a pesar del título con el que lo conocemos, *Ilíada*, que fue puesto con posterioridad a la propia composición de la obra. El relato se concentra en torno a un solo año de la guerra, el noveno, donde acontecen casi todos los sucesos narrados. Existen, sin embargo, ciertas alusiones al conflicto como tal en episodios célebres, como la descripción de las fuerzas aqueas en el libro II (el célebre Catálogo de las naves) o la enumeración que hace Helena de los principales caudillos aqueos desde las murallas de la ciudad asediada. Las acciones se suceden de acuerdo con una concepción de conjunto que no olvida nunca su tema principal: la cólera de Aquiles, primero contra Agamenón por haberle arrebatado a una de sus esclavas favoritas, y más tarde contra Héctor por haber dado muerte a su compañero Patroclo. Las escenas de batalla se combinan con las asambleas de los dioses en las que se toman las decisiones claves que afectan al desarrollo de los acontecimientos. Estas intervenciones divinas sirven para acentuar el encadenamiento entre las diferentes partes de la acción y ponen de relieve el sentido trágico de todo el conjunto al cumplirse de forma inexorable lo decretado por el destino. En medio, una serie de gestos y emociones profundamente humanas que sirven para subrayar la humanidad esencial de los personajes y su limitada capacidad de elección en un universo en el que priman los designios divinos y la presión colectiva de la comunidad.

La *Odisea* tiene como tema central las andanzas de Odiseo por los mares en busca del regreso a su patria. Se trata de una obra completamente diferente de la *Ilíada*. A la saga troyana, de la que Odiseo forma parte, se añaden el relato de un viaje fabuloso a través de mares y tierras desconocidos y el tema de la venganza de Odiseo sobre los pretendientes que asediaban a su esposa aprovechando su ausencia de palacio. La narración combina hábilmente diferentes escenarios y perspectivas. Nos encontramos con la evocación personal del protagonista a la hora de contar sus hazañas y con el relato en tercera persona de los distintos acontecimientos que se van sucediendo entretanto en Ítaca, la patria del héroe. El tono heroico del relato es también menor que en la *Ilíada*. Odiseo sólo cuenta con la ayuda de su hijo Telémaco, que prepara su regreso al hogar, y de la diosa Atenea, que le secunda en todas sus aventuras. El protagonista es además un tipo de héroe más moderno que Aquiles, que representa, seguramente, el espíritu de una nueva época. Odiseo, que se ve acosado por todo tipo de dificultades, va superando con astucia, paciencia y entereza las diferentes pruebas que se le presentan, demostrando en todo instante una enorme confianza en sus propias posibilidades.

Ambos poemas constituyen dos referencias inequívocas dentro de la literatura griega, donde fueron citados e imitados sin parar, y dos hitos también decisivos dentro de la literatura universal por la propia universalidad de sus personajes principales, por la extraordinaria emotividad de algunas de sus escenas, como la célebre despedida de Héctor y Andrómaca en el canto VI o el conocido episodio de Odiseo con los Cíclopes, por la permanencia de sus enseñanzas humanas y morales, y por la prodigiosa belleza de sus inigualables versos.

Homero y la realidad histórica

Los poemas homéricos nos remiten a un universo esencialmente ficticio, pero en ellos existen también abundantes referencias a la actualidad histórica de diferentes épocas y períodos, los mismos a través de los cuales continuó fluyendo el río imparable de la tradición épica. Dichas referencias no guardan, sin embargo, un carácter coherente que permita asignar los poemas a un período histórico determinado. Presentan, por el contrario, un carácter disperso y en muchos casos puramente ocasional por encajar en ellos a través de alguna de las vías tradicionales que vehiculaban dicha tradición épica como las fórmulas. Es el caso de algunos objetos determinados que han pasado de una época a otra integrados dentro de un esquema formular a pesar de haber perdido actualidad y sentido para los oyentes con el paso del tiempo y el cambio inevitable de modas y maneras.

El carácter ficticio de los poemas homéricos se revela ya en el propio lenguaje utilizado para su composición por escrito. Se trata de una forma de griego artificial que nunca se habló en ninguna parte del mundo griego. Es el resultado final de un largo proceso, en el curso del cual han ido acumulándose formas dialectales diferentes, formas arcaicas junto a otras más evolucionadas, e incluso formas completamente artificiales surgidas *ex professo* por las exigencias métricas. A la hora de analizar las referencias históricas que contienen los poemas, nos encontramos con un panorama semejante.

Para empezar, sus personajes principales no representan al hombre común de una época determinada. Son reyes y héroes que, en muchos casos, descienden de los mismos dioses. Son, por tanto, seres de una naturaleza excepcional y muy superiores a los de cualquier época. Reflejan, a todas luces, un pasado idealizado que se remonta a una edad lejana, que ha sido conscientemente embellecida y magnificada mediante la acción poética. No rememora, por tanto, unos hechos determinados que acontecieron en un momento dado del decurso histórico. Dentro de este proceso se yuxtaponen elementos muy antiguos, que evocan realidades históricas del período micénico, como el esplendor de algunos palacios, el rito de la inhumación o los escudos largos, junto a otros que reflejan la realidad de tiempos mucho más recientes, como las moradas más humildes, el rito de la incineración o los escudos redondos. Es probable, incluso, que se hayan introducido en la narración épica algunos elementos procedentes de la vida cotidiana de los tiempos del poeta, sobre todo a través de los símiles y las comparaciones que sirven para ilustrar determinadas situaciones. Podemos percibir, de esta forma, aspectos de la naturaleza, noticias sobre las costumbres de las gentes comunes o rasgos que caracterizan a los nuevos tiempos, como el uso del hierro o la práctica de la pesca. Sin embargo, el mundo de los héroes es un ámbito bien distinto en el que predomina de forma clara el uso del bronce y se consume carne en las comidas. La forma de establecer un nexo de unión entre un universo y otro, el de los héroes y el de las gentes comunes, el de la ficción poética y el de la realidad más prosaica, son los símiles, como el de las bandadas de moscas que vagan en torno de los cántaros rebosantes de leche en los establos para visualizar el avance de las tropas aqueas hacia Troya.

Un ejemplo de esta yuxtaposición es la forma de combate. La lucha cuerpo a cuerpo de los héroes, en la que primaba sobre todo el valor individual y el apoyo de la divinidad, había dado paso a una forma de combate mucho menos individualista y más corporativa, en la que el factor predominante era el mantenimiento del orden compacto de la fila de guerreros que se apoyaban mutuamente unos a otros con sus pequeños escudos. En algunos pasajes de los poemas nos encontramos de repente con alguna escena en la que aparece en primer plano de la acción esta nueva táctica, mientras como telón de fondo sigue predominando el combate singular, cuerpo a cuerpo, que libraban los reyes.

Los descubrimientos de Schliemann en la ciudadela de Micenas parecieron demostrar la validez de algunos de los calificativos épicos empleados en los poemas para referirse a la ciudad de Agamenón como «la rica en oro». Un simple paseo por las vitrinas de la sala micénica del Museo Arqueológico Nacional de Atenas, que albergan un rico y variado muestrario de objetos de oro, basta para dar fe de lo ajustado de dicha afirmación. Los hallazgos arqueológicos han confirmado incluso la existencia de algunos de los objetos más sorprendentes, como el casco de cuero recubierto de dientes de jabalí que llevaba Odiseo, el enorme escudo de Áyax hecho con siete pieles de buey recubiertas de una capa de bronce, o la famosa copa de Néstor que estaba adornada con clavos de oro y tenía dos palomas esculpidas en sus bordes. La conservación en los poemas del recuerdo de objetos de origen micénico se explica de cualquier forma de dos maneras: bien por la existencia real de estos objetos que remontarían hasta época micénica en los tesoros de las grandes familias o en los templos, bien por la permanencia de una tradición poética que remontaría igualmente hasta Micenas, siendo ésta última de las dos la hipótesis más verosímil. Eran en todo caso unos objetos de carácter excepcional, cuya rareza se fue acentuando con el paso del tiempo. Su desaparición contribuyó a promover todavía más su recuerdo esplendoroso y a mantenerlo vivo entre las nuevas generaciones que no habían tenido ya la oportunidad de contemplarlos. Algo similar debió de suceder con ciertas técnicas artesanales, como la incrustación en metales o con algún tipo de adornos arquitectónicos de los que se han encontrado ejemplos en las tumbas de Micenas y en el palacio de Tirinto. Los *aedos* trasladaron su presencia desde el ámbito cotidiano en el que habían existido, al de lo maravilloso al que iban a parar en definitiva todos los objetos de esta categoría.

Estos objetos desempeñaban una función destacada en la evocación de un pasado idealizado. El poeta, ajeno por completo a las preocupaciones históricas, se limitaba sólo a embellecer su mundo fantástico con todos los medios que tenía a su alcance. Algunos de estos objetos podían tener su correspondencia en la realidad, aunque fuera en los estratos más antiguos del largo proceso de composición oral. Otros, en cambio, eran sólo el resultado de la exageración poética habitual, que tiende a magnificar las cosas por naturaleza, o de la simple inventiva del poeta. El ejemplo más sobresaliente es quizá el célebre escudo de Aquiles, fabricado por el dios Hefesto, sobre cuya superficie se hallaba representado todo el universo. Resulta difícil imaginar que algún día podamos encontrar un objeto semejante.

Sin embargo, las coincidencias entre la poesía homérica y la realidad histórica en un momento dado dejan de ser efectivas. Los poemas no reflejan por ninguna parte la complejidad de la administración de los reinos micénicos que nos revelan los archivos conservados en las tablillas escritas en lineal B halladas en los palacios. Tampoco el célebre Catálogo de las naves refleja por ningún lado la geografía y la estructura territorial del mundo micénico, ya que faltan algunos de los centros principales. El testimonio de las tablillas muestra una vez más que los lugares que más importaban en la administración del reino de Pilos no coincidían en nada con los que suscitaron el interés del poeta compilador del Catálogo.

Una vez descartada ya a mediados del siglo XX la posibilidad de que los poemas reflejaran el mundo de los reinos micénicos tras el desciframiento del lineal B, el mejor conocimiento de las técnicas de composición oral y los continuos descubrimientos arqueológicos, se propusieron nuevas hipótesis.

El historiador americano Moses Finley, con la publicación en 1954 de la clásica monografía titulada *El mundo de Odiseo*, propuso la primera parte de la Edad Oscura como el marco histórico adecuado que podía explicar las referencias de los poemas. Su argumento principal era la coherencia que desde un punto de vista sociológico reflejaba la sociedad descrita en los poemas. Sólo quedaba esa posibilidad una vez descartado que se tratara de la propia época micénica por las razones antedichas, y también el inicio de la época arcaica, ya que por ningún lado aparecían, según Finley, signos tan característicos de este período como la presencia de los dorios, la existencia de los juegos olímpicos, el nacimiento de la escritura, el surgimiento de la ciudad o el desarrollo del comercio con Oriente y la colonización. La *Odisea* nos presenta un mundo dominado por reyezuelos y nobles que poseían las mejores tierras y los mejores rebaños, que habitaban en mansiones señoriales y dedicaban su tiempo a la práctica de la piratería o a realizar incursiones en busca de botín. Un mundo, en definitiva, cuyo centro de poder residía en el *oikos* (la casa señorial, con sus tierras y las gentes que dependían directamente de ella), desde el que emanaban todas las iniciativas y donde tenían su punto de partida las actividades sociales y económicas. Las riquezas que estos reyezuelos obtenían en sus acciones de saqueo, las hazañas gloriosas que llevaban a cabo, y la red de relaciones personales que establecían mediante alianzas matrimoniales o pactos de hospitalidad, constituían la base de su soberanía sobre la comunidad, y eran, al mismo tiempo, sus fuentes principales de prestigio y poder. Era un mundo donde reinaba un equilibrio político tremendamente frágil, tal y como reflejan las disputas por el poder que retrata la *Odisea*. La presencia constante del rey era necesaria para confirmar su autoridad frente a las aspiraciones que pudieran ponerla en entredicho.

Sin embargo, los descubrimientos arqueológicos y una mejor comprensión de los mecanismos de la tradición oral, gracias entre otros a los estudios del antropólogo Jan Vansina, han puesto en tela de juicio esta nueva ortodoxia impuesta por Finley y han conducido a hacer descender en el tiempo esta ubicación cronológica del mundo reflejado en los poemas. Las cosas han cambiado casi de manera radical con el mayor esclarecimiento de la edad oscura a partir de las excavaciones en Eubea y Macedonia que han puesto de manifiesto que desde mediados del siglo IX había tenido lugar un desarrollo de las comunicaciones en el Egeo, una reanudación de los intercambios con el Oriente próximo y el consiguiente enriquecimiento de las regiones que estaban en el centro de este movimiento como eran Eubea y el Ática. Así, Oswyn Murray ha llamado la atención sobre el lugar destacado que ocupa el comercio en la *Odisea*, especialmente con los fenicios, y ha señalado la importancia de trípodes y calderos de bronce como signos exteriores de riqueza, una circunstancia que se ajusta a estas condiciones del siglo IX con la intensificación de los contactos con ultramar y el inicio de exploraciones por las costas del Mediterráneo, que desembocarían más tarde en la instalación de emplazamientos estables en muchas de ellas.

Otros incluso se han decantado por la propia sociedad contemporánea del poeta, es decir, el siglo VIII a.C., como es el caso del arqueólogo e historiador americano Ian Morris y del holandés Jean Paul Crielaard, que acepta como una manifestación evidente de la existencia de la escritura los famosos «signos funestos» inscritos sobre una tablilla confiada a Belerofonte. En los poemas aparecerían además claros ejemplos de fenómenos propios de estos inicios del período arcaico como los combates en masa, como es el caso de los Mirmidones de Aquiles en el canto XVI; la preeminencia de una aristocracia que se mantiene en armonía, como en la tierra de los feacios, o en conflictos permanentes como en Ítaca; una religión comunitaria como las ofrendas en masa que las troyanas dedican a Atenea en el canto VI; la colonización tal y como aparece en episodios tan emblemáticos como el de los feacios o el de los Cíclopes; el plano de los establecimientos urbanos, con el trazado de una Esqueria que recuerda a la vieja Esmirna, y finalmente los juegos y santuarios panhelénicos que sugieren las carreras de carros de Élide o los oráculos de Delfos.

Por su parte, Anthony Snodgrass ha puesto en cuestión la historicidad de los poemas tratando de demostrar que la sociedad homérica es, como su lengua, una amalgama de elementos heterogéneos. Encontramos así que en Homero coexisten dos tipos diferentes de matrimonio y dos modos de transmisión de la propiedad. Esta artificialidad se pone de manifiesto cuando un mismo objeto o una misma práctica adquiere valores diferentes debidos a este efecto de superposición cronológica. Así, el bloque de hierro, que constituye una de las recompensas ofrecidas a los concurrentes en los certámenes celebrados con motivo de los funerales de Patroclo, recibe a la vez la consideración de un objeto precioso y de un objeto de uso en la vida diaria, a juzgar por el elogio subsiguiente que hace Aquiles. Algo similar sucede con las diferentes formas de combate ya comentadas.

Sin embargo, con independencia de la época concreta que pudiera haber sido su marco histórico referencial, lo cierto es que los poemas homéricos poseen un claro sentido histórico. Ésa es al menos la impresión que se desprende del extremo cuidado puesto en la correcta sucesión de las distintas generaciones de héroes o en el encadenamiento causal que domina el desenvolvimiento de la acción, en un esquema lógico en el que unos acontecimientos son la causa inmediata de los que suceden con posterioridad. Esta conciencia histórica *avant la lettre*, es decir, antes de que aquélla emergiera como tal con los primeros historiadores, es un fenómeno específicamente griego. Ciertamente, no es frecuente encontrar esta forma de ver las cosas con perspectiva histórica en otras tradiciones épicas en las que predominan sobremanera los elementos fantásticos y sobrenaturales.

El valor histórico de los poemas

Con todos sus condicionantes y limitaciones, los poemas homéricos nos permiten percibir un tipo de realidad histórica que va más allá de la referencia específica a determinados acontecimientos o del reflejo puntual de ciertas instituciones. En la *Ilíada* ha quedado reflejado todo un código de valores heroicos, punto central de toda la ética aristocrática que estuvo vigente a lo largo de toda la época arcaica y durante buena parte de los períodos posteriores. El objetivo principal era la consecución de la *areté* (un término difícil de traducir en sentido concreto, ya que significaba la excelencia en todos los terrenos, especialmente en el militar, e implicaba además la superioridad sobre los demás) y se concedía la máxima importancia a la *doxa* (la fama que comporta la buena opinión social) que se derivaba del continuo ejercicio y exhibición de estas cualidades. Esta ética de carácter esencialmente aristocrático imperaba de forma clara en todas las manifestaciones vitales, desde la demostración del valor supremo en el momento del combate, que llevaba a preferir la muerte a la deshonra que significaba la derrota, hasta escenarios más lúdicos pero no menos fundamentales en la escala de valores como eran la práctica de las competiciones deportivas.

Este código de valores queda perfectamente reflejado en el siguiente texto:

> Le dijo, a su vez, el alto Héctor, de tremolante penacho:
> 'También a mí me preocupa todo eso, mujer; pero tremenda
> vergüenza me dan los troyanos y troyanas, de rozagantes mantos,
> si como un cobarde trato de escabullirme lejos del combate.
> También me lo impide el ánimo, pues he aprendido a ser valiente

en todo momento y a luchar entre los primeros troyanos
tratando de ganar gran gloria para mi padre y para mí mismo.
(*Ilíada*, VI, 440-446, traducción de Emilio Crespo, Gredos)

Esta mentalidad de carácter esencialmente agonístico (competitivo), que será la característica definitoria de toda la cultura griega y marcará especialmente el modo de vida y comportamiento de sus elites, se encuentra expresada a modo de paradigma ejemplar en los poemas homéricos.

La *Odisea*, por su parte, nos permite vislumbrar el conjunto de experiencias, emociones y actitudes mentales que caracterizaron los últimos tiempos de la denominada época oscura y los primeros momentos de la edad arcaica. El comienzo, o el reinicio en algunos casos, de las navegaciones a ultramar con fines comerciales o simplemente en busca de mejores condiciones de vida puso a los griegos en contacto con nuevos horizontes geográficos y pueblos desconocidos que contribuyeron, sin duda, a estimular la imaginación y suscitaron entre sus protagonistas directos una serie de tensiones, temores y expectativas. Los viajes de tanteo y exploración de nuevos territorios debieron de ser frecuentes. La mayoría se realizaba dentro de un espacio desconocido y comportaba, por tanto, un alto grado de riesgo y aventura que debió de dejar sus ecos en los relatos al uso y en las tradiciones populares.

Era frecuente que los expedicionarios arribasen a tierras desconocidas después de una azarosa navegación de cabotaje, expuestos a los caprichos del mar y bajo el temor que despertaban las tormentas, los animales marinos o la actitud hostil de los indígenas. En el relato de las andanzas de Odiseo podemos detectar los ecos de esta clase de experiencias y ver reflejados en ellas la gama diversa de sentimientos y actitudes que provocaban en sus protagonistas reales. Sin embargo, este trasfondo humano real, que nos remitiría a diferentes momentos de la experiencia histórica de los griegos, ha sido recreado poéticamente y trasladado a un universo mítico en el que predominan los elementos de carácter mágico y sobrenatural.

Un ejemplo de estas experiencias queda reflejado en el relato de la llegada al país de los Lestrigones:

Cuando llegamos a su excelente puerto –lo rodea por todas partes roca escarpada, y en su boca sobresalen dos acantilados, uno frente a otro, por lo que la entrada es estrecha–, todos mis compañeros amarraron dentro sus equilibradas naves, y éstas quedaron atadas, muy juntas, dentro del puerto, pues no se hinchaban allí las olas ni mucho ni poco, antes bien había en torno una blanca bonanza. Sólo yo detuve mi negra nave fuera del puerto, en el extremo mismo, sujeté el cable a la roca y subiendo a un elevado puesto de observación me quedé allí: no se veía labor de bueyes ni de hombres, sólo humo que se levantaba del suelo.
(*Odisea*, X, 87-99, traducción de José Luis Calvo, Editora Nacional)

Los viajes de Odiseo no constituyen, por tanto, la traducción poética de una expedición concreta que pudo haberse llevado a cabo en aquellos primeros tiempos. Tampoco sus diferentes episodios pueden ser situados dentro de un mapa real aun con las debidas modificaciones, a pesar del empeño constante de la erudición antigua y moderna en este sentido. El escenario de sus hazañas no fueron, efectivamente, ni las regiones del Mediterráneo occidental, como sospechaba Estrabón, ni el espacio desconocido del océano exterior, tal y como propuso Crates de Malos, secundados en este camino por aventureros modernos con mayores o menores conocimientos, como Victor Bérard, Timoty Severin o Ernle Bradford. Los viajes de Odiseo transcurren en un ámbito mítico, un espacio puramente imaginario a cuya configuración contribuyeron de forma decisiva los cuentos de marinos, algunos elementos del folclore popular o las leyendas que circulaban por entonces en boca de los mismos *aedos*. Sin embargo, dentro de este proceso de elaboración poética también desempeñaron su papel algunos ingredientes de la propia realidad histórica, en un grado difícil de delimitar. Algunas de las experiencias individuales o colectivas que se desarrollaron dentro de este período histórico, seguramente distorsionadas por el paso del tiempo y por la ambigüedad manifiesta de los canales de comunicación utilizados para su difusión, incidieron sin duda en todo este proceso.

2. Las fuentes contemporáneas

No contamos con apenas testimonios contemporáneos de los primeros tiempos de la edad arcaica. De toda la literatura de la época, sólo han llegado hasta nosotros algunos escasos fragmentos de los poetas líricos o de los primeros filósofos jonios, que nos ofrecen un panorama desigual de la misma sin un hilo conductor que nos permita captar la secuencia de los diferentes acontecimientos que tuvieron lugar a lo largo de su desarrollo.

Hesíodo

Hesíodo, a diferencia de Homero, parece que representa una personalidad histórica concreta. Según sabemos por sus propias informaciones, era hijo de un comerciante de la región de Cumas en Asia Menor que fracasó en su actividad y acabó instalándose en la aldea beocia de Ascra. Compuso, a comienzos del siglo VII, al menos dos grandes poemas épicos, la *Teogonía* y los *Trabajos*. Ambos eran himnos cuya recitación pudo haber tenido lugar en el contexto de festivales religiosos. La *Teogonía* constituye un intento de ordenación de la genealogía divina y de la evolución del universo. Desde el punto de vista del historiador, se trata de un intento de comprender el mundo como una creación ordenada que tiene un determinado sentido para los seres humanos, establece las pautas de la conducta justa e injusta y representa una tradición de pensamiento sobre los dioses completamente diferente a la que reflejan los poemas homéricos. La preocupación de la *Teogonía* con la cosmogonía, con las luchas divinas por la supremacía en el cielo y con las batallas entre dioses tiene poco en común con los intereses de la épica homérica y mucho más en cambio con la poesía épica del mundo del Oriente próximo. Con ella comparte, en efecto, el interés por la división de la responsabilidad entre los dioses, por las luchas de sucesión entre generaciones de dioses y por la posición privilegiada que disfruta la humanidad a causa de la astuta truculencia de un individuo sabio que supo engañar a los dioses.

En los *Trabajos*, en cambio, ofrece una serie de consejos útiles acerca de la forma más adecuada de vivir a su hermano Perses, con quien Hesíodo mantenía un litigio por la herencia paterna. En un principio parece que se trata de una obra de carácter más personal y autobiográfico, ya que alude a algunas circunstancias personales. Sin embargo, muchos de estos detalles aparentemente personales pueden formar parte de lo que podría denominarse un personaje poético tradicional, construido por el propio poeta, al que se atribuyen unos sentimientos y unas circunstancias determinadas generalmente de carácter tópico, al igual que sucede con otros poetas posteriores de este mismo período. Hesíodo se convierte de esta forma en un personaje de carne y hueso que pone sobre el tapete sus problemas e inquietudes personales y nos permite atisbar, de manera indirecta, un panorama de la época que le tocó vivir. De cualquier forma, la preocupación por el mundo del trabajo y la organización de las estaciones nos ilustra sobre un ámbito que queda casi completamente al margen de los intereses de la *Teogonía*. A lo largo de este poema se describen algunas de las principales faenas agrícolas, se alude a los temores que suscitaba la navegación y a los riesgos que comportaba, o se reprueba la codicia de unos jueces arbitrarios que dictaban sus sentencias guiados por el soborno. Sin embargo, a pesar de la insistencia en las labores de siembra y en otro tipo de instrucciones agrícolas, el poema no imparte un tipo de enseñanza práctica sino moral. El mundo que describe Hesíodo no presenta signos de estratificación social y sí en cambio de una cierta movilidad social que permite pasar de la pobreza a la riqueza por medio del trabajo y si se tiene la oportunidad de contar con los apoyos adecuados. Sin embargo, no hay que olvidar tampoco el efecto distorsionante de su poesía que refleja un mundo sin conflictos bélicos en unos momentos en los que se libró posiblemente una de las guerras más célebres de la tradición griega: la guerra lelantina entre las ciudades de Calcis y Eretria por el control de la llanura de dicho nombre. Parece, por tanto, que las circunstancias externas, sólo en su derivación moral, conseguían traspasar el manto protector de su poesía.

Hesíodo era también un poeta inspirado, tal y como recuerda al inicio de la *Teogonía* cuando refiere su encuentro con las Musas en el monte Helicón mientras estaba cuidando su ganado. Tiene, por tanto, clara conciencia de su misión educadora dentro de la comunidad y esto explica en cierto modo su afán didáctico. Posiblemente ya hizo uso de la escritura para la composición de su obra, aunque la recitación oral continuaba siendo la forma de difusión entre el público. Su obra, especialmente la *Teogonía*, muestra además, como ya hemos dicho, claros indicios de influencia oriental, una tendencia que se dejó sentir con fuerza en estos primeros tiempos de la cultura griega.

Los poetas líricos

Otro de los testimonios contemporáneos del primer arcaísmo son las obras de los poetas líricos que surgen precisamente por primera vez en estos momentos de la historia. Desgraciadamente, han llegado hasta nosotros en un lamentable estado de conservación. En la mayoría de los casos sólo contamos con pequeños fragmentos que nos han trasmitido autores tardíos, como gramáticos, lexicógrafos y autores de antologías, que citan sus versos como ejemplos para ilustrar sus teorías gramaticales, sus indagaciones léxicas o para ejemplificar un tópico moral y por tanto carecen del contexto del poema original. Otros fragmentos han llegado hasta nosotros gracias al hallazgo de papiros en Egipto, aunque, por lo general, se reducen a veces a simples pedazos de palabras, sin que se pueda articular siquiera una frase con pleno sentido. En estas condiciones de transmisión no podemos saber si el fragmento conservado constituye un ejemplo representativo de la obra de un determinado poeta o se trata por el contrario de un caso excepcional, y a veces ni tan siquiera tenemos la seguridad de que las propias palabras conservadas sean las originales y no el resultado de correcciones filológicas posteriores, ya que dichos términos presentaban problemas de comprensión a causa de sus peculiaridades dialectales.

La poesía lírica era además un género, o más bien una serie de géneros literarios y hay que tener en cuenta sus convenciones y requisitos a la hora de adoptarlo como fuente de información histórica. En más de una ocasión, como ya sucedía con Hesíodo, albergamos serias dudas sobre la estricta correspondencia entre el «yo» del poeta y sus circunstancias por un lado, y su propia personalidad histórica por otro. En muchos casos se trata tan sólo de una personalidad literaria de carácter tradicional adoptada por el poeta con el fin de resaltar algunos rasgos morales o poder efectuar mejor sus reflexiones acerca del mundo circundante. De cualquier forma, los escasos fragmentos de los primeros poetas líricos griegos representan un importante testimonio histórico. A través de ellos podemos entrever los enfrentamientos políticos entre la aristocracia y los tiranos, reflejan la poderosa influencia del reino de Lidia sobre las ciudades jonias, o insinúan algunos de los acontecimientos fundamentales del período como los primeros ecos de la expansión de ultramar o la creciente importancia de los mercenarios. Sin embargo, su aportación principal es, quizá, el conocimiento que nos proporciona de los valores y las actitudes que imperaban en este período histórico dentro de las elites a quienes iban dirigidas estas reflexiones en forma de poesía, que se cantaban en el curso de los banquetes o simposia que constituían el centro de su vida social. Reflejan el código aristocrático de valores o la nueva concepción del amor y la amistad. Tenemos ahora ante nosotros, por primera vez, a unos personajes aparentemente de carne y hueso, a veces hasta con nombres y apellidos, que expresan unos sentimientos personales que sin duda podrían ser asumidos por cualquiera que formara parte de su auditorio. El intento de mover a la acción o la simple pretensión de conmover con unas pasiones y emociones que, fingidas o no, remiten a una realidad objetiva exterior, nos devuelve de esta manera al flujo viviente y doliente de la historia tras un período más anónimo y frío del que sólo afloraban algunas tendencias generales, deducidas de los testimonios arqueológicos. La historia recupera así de alguna manera a sus protagonistas más directos.

Los primeros filósofos

La conservación hasta nosotros de los escasos fragmentos de los denominados primeros filósofos jonios presenta algunas similitudes con los poetas líricos. Transmitidos por fuentes muy posteriores que incluyen sus testimonios dentro de su propia argumentación o que los utilizan para ilustrar una determinada afirmación fuera de contexto, los fragmentos de los primeros filósofos constituyen también una fuente de capital importancia para reconstruir la historia de este período. Nos permiten apreciar el apasionante debate ideológico que se estaba produciendo por aquel entonces en los principales centros urbanos de Asia Menor, como Mileto, Éfeso o Colofón. En ellos se reflejan los esfuerzos por tratar de explicar de una forma racional el universo aunque sin abandonar del todo los mecanismos del mito tradicional. Percibimos también a través de ellos el horizonte cultural de la época, en el que los países de Oriente, y especialmente Egipto, ocupaban un lugar destacado. Sus planteamientos naturalistas y cosmológicos reflejan en muchos casos la influencia creciente de las ideas orientales, pero al mismo tiempo nos revelan también el tipo de inquietudes e interrogantes que provocaba el encuentro con otras culturas dentro de la mentalidad griega. Son de nuevo sus elites intelectuales las que nos hablan a través de estos textos que reflejan la fuerza y la pasión de sus esfuerzos denodados por intentar comprender el universo de una manera racional.

Los testimonios materiales

Los restos materiales constituyen otra importante fuente para nuestro conocimiento de la época arcaica, ya que nos proporcionan un contacto directo con el mundo de la época sin pasar, al menos en principio, por ninguna clase de intermediarios como sucede con las fuentes literarias.

• Las inscripciones

La mayoría no son más que un puñado de palabras puestas en verso para expresar una dedicatoria, una conmemoración o una simple manifestación de alegría o lamento. Inscritas sobre materiales de todas clases, como piedra, cerámica, bronce o plomo, nos introducen también en el universo personal y diario de la vida y la muerte de las gentes de la época. Sabemos así acerca de las vicisitudes personales de un mercenario griego en Egipto o de los sentimientos profundos que se expresan en un epitafio. Otras inscripciones, menos numerosas desgraciadamente, consisten en registros de carácter público como leyes, decretos, tratados o cualquier otra clase de transacciones de carácter interestatal que puedan ser de interés para la comunidad. En algún caso estos documentos públicos nos han llegado a través de copias que fueron realizadas en un momento posterior. Muchas veces, el carácter venerable de una inscripción la convertía en un auténtico monumento que debía ser preservado a través de la memoria colectiva por medio de sucesivas reelaboraciones y restauraciones. Estas inscripciones, escritas en el dialecto y alfabeto locales, constituyen también un testimonio importante sobre la diversidad existente en estos momentos de la historia griega entre unos lugares y otros, y nos revelan así mismo el grado de autogobierno que estas comunidades habían alcanzado y su nivel de alfabetización, ya que la propia puesta por escrito implicaba lógicamente la posibilidad de que fuera leído por la mayoría de aquellos a quienes iba destinado el documento.

• Los restos arqueológicos

Los restos arqueológicos constituyen otra forma de acercamiento directo a la realidad inmediata de la época; sin embargo, en el caso del período arcaico, presentan importantes limitaciones. Los centros principales del período arcaico fueron habitados de manera continuada a lo largo de la historia, por lo que resulta prácticamente imposible la recuperación de los restos pertenecientes a la época arcaica. Algunos son, incluso hoy en día, ciudades importantes, como es el caso de lugares como Marsella, Tebas, Esmirna o Siracusa. Otros, como las ciudades de Jonia en Asia Menor, alcanzaron gran importancia a lo largo de la época helenística y romana y, por tanto, los restos arqueológicos que salen a la luz con más facilidad son los pertenecientes a estos períodos, como sucede en el caso de Éfeso. Es muy diferente el caso de aquellos lugares marginales que fueron más tarde abandonados, como las ciudades griegas establecidas en la costa rusa del Mar Negro o los emporios coloniales de Náucratis en Egipto o Al Mina en Siria, cuya excavación presenta prometedoras perspectivas. Además de los restos urbanos, la arqueología trata de recuperar también otro tipo de información, como la intensidad de ocupación de un territorio determinado, los esquemas de poblamiento o la delimitación de las zonas de influencia económica y cultural. El estudio intensivo de determinadas regiones, como Beocia, o la excavación sistemática de santuarios religiosos, como el de Peracora en el istmo de Corinto, constituyen importantes fuentes de información sobre las condiciones materiales de la época o sobre el mundo de las creencias religiosas.

La excavación de las regiones limítrofes del mundo griego ha deparado también importantes sorpresas para el conocimiento de la época arcaica. Los hallazgos de cerámica y otros objetos de factura griega en las tumbas de los príncipes galos, de los reyezuelos escitas o de los aristócratas etruscos constituyen una parte muy importante del material arqueológico. De hecho, se creyó en su día que la cerámica griega de figuras rojas y negras, que aparecía en grandes cantidades en las tumbas etruscas, tenía precisamente este origen, por lo que el famoso ceramista inglés Josiah Wedgwood denominó su fábrica con el nombre de esta región itálica. Esta clase de objetos, la mayoría de gran calidad, nos permite conocer no sólo las tendencias artísticas de la época y su evolución correspondiente, sino el grado de influencia que los establecimientos coloniales griegos ejercieron sobre las elites indígenas que convirtieron estos productos griegos en objetos de prestigio y poder que se llevaron consigo a la tumba. Otros, en cambio, como los numerosos objetos de adorno encontrados en las tumbas escitas, son de clara factura griega, pero están decorados con temas propiamente indígenas. Revelan así el grado de penetración de las influencias artísticas griegas en las sociedades indígenas, que en muchos casos afectaron a la forma de los objetos pero no a su contenido.

3. Las tradiciones míticas

Las tradiciones de carácter oral constituyen también un testimonio contemporáneo de la época arcaica. Sin embargo, las conocemos a través de autores posteriores, como los historiadores Heródoto o Tucídides, ya en pleno siglo V, el geógrafo Estrabón del siglo I a.C., o escritores de la época imperial como Plutarco o Pausanias. Estas tradiciones tienen su procedencia en dos ámbitos fundamentales: el de las grandes familias aristocráticas que estaban preocupadas por difundir su prestigio y asegurar su supremacía dentro de la comunidad que gobernaban, y el de algunos de los santuarios más importantes como el de Delfos, donde se fue acumulando con el paso del tiempo un conjunto considerable de noticias e informaciones de todo tipo. Ciertamente, estas tradiciones no nos proporcionan una información histórica en estado puro ya que en su origen han intervenido factores de distorsión, como la tendencia a idealizar el pasado remoto, la exageración habitual a la hora de elaborar los recuerdos, o la intromisión de elementos folclóricos procedentes del cuento popular y de la leyenda mítica. Es el caso de ciertas leyendas de fundación de ciudades que pretendían remontar a los tiempos más lejanos asociando la familia del protagonista a las figuras de los viejos héroes o integrando sus acciones dentro de cualquiera de los grandes cicloslegendarias, como la de Heracles, la de los Argonautas o la de los Regresos de los héroes desde Troya (los *Nostoi*).

Las tradiciones míticas constituyen también una fuente contemporánea con algunas salvedades. Las conocemos sobre todo gracias a autores tardíos como el desconocido Apolodoro, autor de la primera obra sistemática sobre mitología que ha llegado hasta nosotros, o a los escolios (comentarios marginales añadidos a los textos que reflejan la erudición de los antiguos gramáticos alejandrinos). Es muy posible que muchos de los datos que aparecen en estos comentarios se remonten a autores de finales de la época arcaica o de comienzos del período clásico. Tendríamos así acceso a ciertas tradiciones antiguas que tuvieron vigencia en aquellos tiempos y fueron luego conservadas por la afición anticuaria de algunos autores como Ferécides o Helánico de Lesbos. Sin embargo, la línea que une estas tradiciones de carácter mítico con la historia real se interrumpe en muchos puntos a causa del alto grado de fabulación y fantasía que caracteriza a estos relatos. A pesar de ello, los mitos reflejan algunas de las preocupaciones colectivas de los hombres de la época y, aunque algo distorsionados, también recuerdan algunos de los acontecimientos trascendentales de este período, como la acción unificadora de algunas comunidades como el sinecismo de Atenas o episodios relacionados con la expansión por la cuenca del Mediterráneo.

4. La historiografía antigua sobre este período

Los logógrafos jonios y las crónicas locales

Fue a finales de este período cuando surgieron los primeros escritores en prosa preocupados por registrar los hechos del pasado de una forma sistemática y cuando comenzó a constituirse el denominado género histórico. Sin embargo, una vez más, nuestros conocimientos de los primeros autores son muy limitados, ya que sólo sabemos de algunos nombres a los que se atribuyen determinadas obras de las que conservamos tan sólo escuetos y problemáticos fragmentos. De entre todos ellos sobresale la figura de Hecateo de Mileto, que vivió a lo largo de la segunda mitad del siglo VI y las dos primeras décadas del V a.C. Trató de imponer un criterio racional y cronológico en las genealogías míticas que en diferentes tradiciones se remontaban a los tiempos heroicos e incluso hasta los propios dioses. Intentó describir también de forma ordenada el mundo conocido hasta entonces, proporcionando informaciones acerca de las particularidades naturales, geográficas y etnográficas de los diferentes territorios y pueblos que constituían el orbe habitado. Prestaba al parecer una especial atención a las leyendas de fundación, a los héroes epónimos y a las migraciones de pueblos, asuntos todos ellos relacionados con la historia más antigua de los países y pueblos tratados.

Los dos rasgos que le avalan como pionero del nuevo género histórico son su actitud crítica respecto a la tradición, que se pone de manifiesto en su intento por someter a criterios más racionales el cúmulo de leyendas míticas transmitidas hasta entonces y su firme deseo de ordenar todas estas historias y encuadrarlas dentro de un sistema cronológico basado sobre el cálculo de las generaciones, y la importancia que concedió a la observación personal, extrayendo seguramente las observaciones pertinentes de su posible experiencia viajera, de la que sólo nos consta su estancia en tierras de Egipto.

La mayoría del resto de los denominados logógrafos son posteriores a Heródoto ya que, estimulados por su obra, trataron de aprovechar las posibilidades temáticas que ésta ofrecía y de completar las lagunas dejadas por aquél. La denominación procede seguramente de Tucídides, que criticaba a los autores de relatos del pasado porque ofrecían todo lo que era atractivo al oído pero no la verdad. Destacan autores como Acusilao de Argos y Ferécides de Atenas, que se esforzaron por reordenar las leyendas de dioses y héroes, aunque sin el recurso a la crítica racional al estilo de Hecateo. Otros se dedicaron a escribir historias locales y tratados sobre pueblos bárbaros, un claro indicio del creciente interés griego por las otras culturas a partir de finales del período arcaico. Se trata de autores como Caronte de Lámpsaco, que escribió unos *Anales de Samos* y un *Tratado sobre Persia*, o Janto de Lidia, que escribió una historia de su país. El nombre más importante es el de Helánico de Lesbos, a quien la tradición atribuye obras de carácter mitográfico, obras de historia local griega y bárbara, tratados etnográficos y geográficos y a quien se considera el fundador de la historia local ateniense, la denominada atidografía, y de la cronografía.

Son importantes las denominadas historias o crónicas locales surgidas en el último tercio del siglo v a.C. en Jonia a partir de los denominados *Anales* (*Horoi*) que derivaban a su vez de registros redactados de forma oficial en ciudades, templos y santuarios. Al parecer contenían materiales bien diversos como los mitos y leyendas de fundación de una ciudad, costumbres religiosas y genealogías. Un ejemplo de esta clase de obras, aunque tardío ya que pertenece de lleno a la época helenística, es la Crónica de Lindos.

Heródoto y la época arcaica

Sin embargo la mayor parte de nuestros conocimientos sobre la época arcaica que tienen un cierto carácter sistemático proceden de la obra de Heródoto, que ya fue considerado por Cicerón como el verdadero padre de la historia. Sin embargo sus informaciones sobre el período arcaico forman parte de las tradiciones orales, ya que escribió su obra hacia la mitad del siglo v a.C., como exiliado en Atenas. A lo largo de sus páginas desfilan todos los conocimientos que se habían ido acumulando hasta entonces en el mundo griego sobre casi todos los temas. Representa, por tanto, una especie de enciclopedia en la que aparecen recogidas todas las tradiciones orales que pudo registrar en el curso de sus viajes, como resultado de sus conversaciones con los guías locales o con los personajes influyentes de una determinada ciudad, así como todo el cúmulo de noticias que extrajo de sus antecesores.

La obra de Heródoto no es una historia tradicional en la que se van registrando de forma puntual los diferentes acontecimientos sucedidos. La palabra que el propio Heródoto utiliza para calificar su trabajo y que ha servido más tarde para dar nombre al nuevo género, *historíe*, no tiene en griego este significado. La palabra está relacionada con la raíz del verbo «ver» y expresa más bien la idea de un conocimiento que es resultado de la propia experiencia investigadora, realizada a través de los dos recursos disponibles: la propia observación personal directa de las cosas y el relato escuchado de boca de otros (*opsis* y *akoé* en los términos herodoteos). Heródoto recorrió buena parte del mundo conocido recogiendo en el curso de sus viajes toda clase de informaciones que pudieran resultar de interés para su público. Centraba su atención en aquellos hechos particularmente gloriosos que eran dignos de ser recordados y en todo lo que suscitaba su admiración y curiosidad, desde el espectáculo de la propia naturaleza hasta las construcciones humanas más sobresalientes. Registraba también todos aquellos usos y costumbres de los pueblos bárbaros que le resultaban especialmente chocantes y exóticos.

De los nueve libros que componen sus *Historias* sólo los cinco últimos están dedicados de lleno a la narración del conflicto con los persas. A lo largo de los cuatro primeros Heródoto pasa revista a la historia precedente del mundo griego y a la situación actual del mundo bárbaro, desde un extremo del orbe al otro. Nos proporciona, por tanto, noticias importantes sobre el proceso de expansión griega por el Mediterráneo, sobre la tiranía en algunas ciudades griegas o sobre las conflictivas relaciones de las ciudades de Asia Menor con sus poderosos vecinos del este, lidios primero y persas después. Sin embargo, no se trata de una mera compilación de datos y anécdotas sin una visión global que dé unidad a todo el conjunto. La obra de Heródoto, aunque compleja y abigarrada en su contenido, posee una clara estructura general tanto desde un punto de vista literario como ideológico. Toda su narración está presidida por una serie de pautas morales e ideológicas bien definidas. Los principios de la sabiduría délfica, que destacaban la importancia de la moderación en las acciones humanas y los peligros que entrañaba la demasía y el orgullo excesivo, son el *leit motiv* constante a lo largo de toda su historia y se convierten en los resortes que mueven la conducta de los diferentes personajes. A lo largo de sus páginas se deja sentir también una idea trágica del mundo, que presenta al ser humano a merced de las fuerzas superiores de un destino caprichoso e ineluctable que apenas le dejan capacidad de decisión. Sin embargo pretende introducir una cierta racionalidad en el acontecer humano que pueda paliar los condicionantes habituales que regulan el mundo del mito, como la presencia constante de los dioses o el peso ineludible de las maldiciones familiares atávicas.

Sin embargo, Heródoto no rompió con el mito de manera radical. Continuó utilizando sus formas de expresión y sus mecanismos más habituales, como la importancia determinante de los oráculos y los presagios, omnipresentes en casi todas sus historias. Sus relatos «históricos» guardan una estrecha semejanza con muchas narraciones de carácter mítico a pesar de haber sustituido a los viejos héroes de la épica por personajes de carne y hueso que habían tenido una existencia histórica fuera de los ciclos heroicos. Sus personajes son ahora reales, como el tirano Polícrates de Samos, pero su historia se convierte, en manos de Heródoto, en un nuevo relato mítico a la vieja usanza. Su destino trágico parece estar fijado ya de antemano y, a pesar de todos los esfuerzos que realiza por evitarlo, acaba cumpliendo finalmente el destino fijado. El público que constituía su auditorio estaba habituado a este tipo de esquemas por las recitaciones de los *aedos* y *rapsodas* y, por tanto, ése fue el camino que Heródoto escogió como forma narrativa para transmitir los conocimientos con los que pretendía definir un nuevo género como el histórico. Un género, no lo olvidemos, que siempre formó parte de la literatura, con todos sus tópicos y convenciones, y que nunca tuvo en la Antigüedad la consideración de una disciplina académica definida con sus propias reglas metodológicas.

El testimonio de Heródoto sobre la época arcaica no puede ser tomado al pie de la letra como si se tratara de una fuente contemporánea a los acontecimientos. Heródoto recurrió a las tradiciones orales existentes en los diferentes lugares que visitó y éstas habían sufrido las lógicas y esperadas transformaciones con el paso del tiempo. Los intereses políticos contemporáneos de mediados del siglo v a.C. no eran indudablemente los mismos que los de épocas pasadas y el recuerdo se había ido adaptando a las nuevas necesidades de los tiempos que demandaban la apología o la acusación de determinados comportamientos considerados conflictivos o reprobables en el pasado inmediato. Los intereses de los individuos miembros de las elites gobernantes y de las ciudades habían moldeado y reelaborado ampliamente el relato tradicional de los acontecimientos. La leyenda con claras intenciones moralizantes de admonición y advertencia había teñido completamente a muchos de los personajes y los acontecimientos. Sólo una lectura crítica de estas narraciones puede permitirnos apreciar las tendencias subyacentes en las mismas y desvelar así algunas de las claves originarias que fueron más o menos hábilmente deformadas sin pretender nunca llegar a un esclarecimiento completo y total de los hechos como tales.

Heródoto y las guerras médicas

Como fuente principal de información en el conflicto con los persas, el testimonio de Heródoto debe ser valorado con cierto distanciamiento. Aunque había nacido en Halicarnaso, en el sur de Asia Menor, Heródoto vivió una buena parte de su vida en Atenas y escribió allí también buena parte de su obra. Mantuvo, por tanto, con Atenas una serie de vínculos afectivos y emocionales que debieron de condicionar indudablemente el enfoque y perspectiva de su historia. Esta circunstancia incidió de manera decisiva a la hora de situar a Atenas en el primer plano de actualidad, de destacar la actuación ateniense en la guerra y de resaltar su papel determinante en la victoria final.

Su tratamiento de los demás estados griegos que tomaron parte en el conflicto no resulta, por tanto, equitativo ya que, en muchas ocasiones, juzga su actuación desde la perspectiva ateniense, teniendo en cuenta la actitud favorable u hostil que mantuvieron hacia Atenas. Su reconstrucción de los acontecimientos no se corresponde del todo con la realidad histórica de los hechos. Heródoto elaboró su relato desde una perspectiva épica que convertía en héroes a los principales protagonistas del momento. Los generales griegos vencedores se elevan así por encima del resto de los personajes a una altura mítica que convierte sus hazañas en el campo de batalla en objeto de gloria imperecedera a la manera de los viejos héroes de la epopeya. Su configuración del relato se hallaba condicionada también por esta clase de pretensiones literarias, tal y como las había formulado al inicio de su historia:

> que el tiempo no borre los hechos de los hombres y para que las grandes hazañas realizadas bien por los griegos o por los bárbaros no caigan en el olvido.

Estos condicionantes le condujeron a hacer coincidir en el tiempo a una serie de personajes y acontecimientos que en la realidad habían actuado o acontecido en momentos bien distintos. Los aspectos narrativos de la obra se impusieron, por tanto, sobre cualquier otra clase de consideraciones.

Su relato de los acontecimientos está hecho desde una perspectiva exclusivamente griega que ignora en buena medida las circunstancias del bando contrario. En Heródoto se reflejan además los ecos de la propaganda política de los vencedores, tendente a magnificar su victoria y a enaltecer las dimensiones del conflicto. A lo largo de su obra se pone también de manifiesto toda una retórica nueva que proclamaba la superioridad de lo griego frente a lo bárbaro en todos los aspectos de la vida. Los griegos, que ya se consideraban por principio superiores a los bárbaros por su propia forma de vida –la polis–, vieron ahora confirmada esta idea con su victoria en el terreno militar, sobre todo teniendo en cuenta el desequilibrio manifiesto en el número de contingentes que existía en su contra. Esta bipartición política y moral del mundo hizo, en efecto, su aparición en Heródoto y representó el triunfo de una óptica determinada que se iba a imponer durante el siguiente período en la mentalidad griega.

A pesar de todo ello, el balance general es favorable a nuestro historiador, sobre todo si tenemos en cuenta que su relato resulta insustituible a falta de otras fuentes y que su tratamiento de los persas es hasta cierto punto considerado, muy lejos del tono panfletario y partidista que en un principio cabría suponer en un autor que escribió la historia desde uno de los dos bandos en lucha. De hecho, casi la mitad de su obra está dedicada a narrar la historia del imperio persa y de las provincias que lo componían en un intento de presentar el potencial enemigo en sus verdaderas dimensiones colosales. Sus reyes fueron incluso objeto de una admiración ponderada, a excepción de Cambises que ejemplifica perfectamente las terribles consecuencias que entraña el ejercicio del poder de forma contraria a los dictados de los dioses. Ciertamente las figuras de estos reyes aparecen revestidas a lo largo del relato de actitudes y formas de proceder que resultan más propias de un griego que de auténticos persas de carne y hueso a los que Heródoto sólo pudo conocer de lejos. Su historia iba dirigida, además, a un auditorio griego y su intención era ilustrarlo moralmente. Para ello utilizó a los persas como protagonistas destacados del drama humano de su historia, prescindiendo en buena medida de los condicionantes étnicos e históricos.

Pero a pesar de todo, Heródoto dispuso, al parecer, de buenas fuentes de información sobre el imperio persa, tal y como van confirmando los diferentes hallazgos de la arqueología oriental y el estudio más detenido de las escasas fuentes persas de que disponemos, como la famosa inscripción de Behistún. El fondo de sus noticias es, por tanto, fidedigno aunque sus objetivos predominantes, tanto literarios como ideológicos, introdujeran ciertas distorsiones en la información resultante. Heródoto era, no lo olvidemos, un jonio con todas sus implicaciones a la hora de percibir el mundo exterior. Demuestra, por ello, a lo largo de sus páginas esa mezcla de curiosidad ingenua, de admiración por lo grandioso y monumental, y de respeto ante las grandes obras que habían llevado a cabo los hombres, fuesen griegos o bárbaros, tal y como proclamó al inicio de su obra.

II. EL MUNDO DE LA POLIS

El siglo VIII a.C. inicia un período decisivo en la historia del mundo griego. A lo largo del siglo IX se había iniciado un lento pero efectivo avance en diversas direcciones que se van a ir confirmando de forma sólida en el curso de este siglo mediante una serie de profundas transformaciones que afectaron a todos los órdenes vitales. La mayoría se fueron afianzando a lo largo del siglo siguiente. Reapareció la escritura, la arquitectura en piedra, una escultura rica y variada, unas artes decorativas pujantes, se reemprendieron con nuevos impulsos las navegaciones a ultramar tras un período de cierta interrupción y aislamiento, y se gestó una forma nueva de organización política que iba a marcar de forma definitiva el propio desarrollo de toda la historia griega.

Los dos fenómenos esenciales que definen toda esta época son el origen y desarrollo de la polis y la expansión griega por toda la cuenca mediterránea, desde las costas del mar Negro hasta las riberas occidentales de la península ibérica. A partir de entonces todas las costas del Mediterráneo formaron parte de una misma civilización, la helénica. Surgió así el concepto de Hélade, que abarcaba a todos aquellos que compartían una misma forma de vida, hablaban la misma lengua, aunque fragmentada en dialectos diferentes, veneraban a los mismos dioses, pero con diferentes advocaciones locales, y consideraban a los poemas homéricos como la base de su educación y de su código de valores.

Esta comunidad de valores, creencias y forma de vida constituía la línea divisoria que separaba a los griegos de los demás pueblos, que eran considerados bárbaros. Este concepto incluía por igual tanto a egipcios, babilonios o fenicios, que disfrutaban de un nivel de civilización muy superior al de los propios griegos en casi todos los campos, como a pueblos limítrofes de la península balcánica como ilirios, tracios o escitas, que se hallaban culturalmente mucho más atrasados. El mejor conocimiento de otras culturas no hizo más que acentuar esta diferencia. Fue precisamente en este período, como un resultado más de estos contactos con el exterior, cuando se desarrollaron muchas de las innovaciones de esta época como el arte de escribir, el surgimiento de la literatura, el nacimiento de las leyes escritas, unos intentos de ordenación coherente y racional del universo, la construcción de edificaciones monumentales de carácter religioso o la aparición de un instrumento decisivo como la moneda. Son todos fenómenos estrechamente interrelacionados entre sí y por ello no resulta fácil deslindar los diferentes procesos que culminaron en cada una de estas innovaciones.

1. Definición de una polis

La polis es la forma griega típica de organización sociopolítica. No es adecuado identificar el concepto de polis con el de ciudad-estado. La polis griega no era solamente un conjunto urbano de mayor o menor extensión rodeado de murallas (*astu*), sino que abarcaba también los campos de cultivo adyacentes, el territorio o *chora*, que constituía la prolongación natural del centro urbano que constituía el núcleo vital de este nuevo tipo de organización. La originalidad de la polis griega consiste precisamente en este carácter compacto e indisoluble que formaban la ciudad y el campo.

A diferencia de lo que sucedía en las ciudades-estado orientales, el centro de poder no residía en el templo ni en el palacio del rey. La expresión del poder colectivo era ante todo la asamblea de ciudadanos que se reunía en el centro urbano. La polis era una comunidad cívica, compuesta por los ciudadanos y sus respectivas familias. El centro político y religioso de la nueva ciudad griega era el ágora o espacio urbano central en cuyas proximidades se encontraba la tumba del héroe fundador y el lugar en el que se reunía la asamblea. Sin embargo, eran los propios ciudadanos los que constituían la esencia de la polis, tal y como se pudo comprobar en diferentes ocasiones en las que los griegos se vieron obligados a abandonar su territorio con motivo de la invasión persa del año 480 a.C. La polis renace allí donde se encuentran reunidos todos sus ciudadanos. De hecho las polis se denominaban no por el nombre del lugar sino por el del conjunto de sus habitantes. Se hablaba así de atenienses, corintios y tebanos en lugar de Atenas, Corinto o Tebas.

Sin embargo, existía una profunda solidaridad entre los habitantes de la polis y el territorio en el que habitaban. En él se habían erigido los santuarios a los dioses que marcaban los límites del mismo. En él se situaban también la tumba del héroe fundador a la que se rendía culto y, en general, las tumbas de todos los antepasados cuya historia común era vehiculada adecuadamente a través de los correspondientes mitos. Todo el territorio, desde la propia ciudad hasta sus límites extremos (las *eschatiai*) estaba profundamente marcado por indicadores míticos que hablaban de la presencia de determinadas divinidades en un lugar o de la celebración de un acontecimiento primordial, como una batalla decisiva o un encuentro con la divinidad. Cultos y mitos habían garantizado esta apropiación afectiva del territorio y su continua rememoración anual constituía un acto más de legitimación política de toda la comunidad en ese territorio.

Una polis poseía también instituciones y leyes que regulaban su funcionamiento interno y constituían su representación en el exterior. A los ciudadanos les unía un pasado común, enaltecido a través de los mitos y leyendas del lugar, y el culto a las mismas divinidades cuyos ritos ceremoniales comunes constituían una manera de reforzar estos vínculos colectivos y de integrar al individuo de forma sólida dentro de la comunidad. De esta forma, la autonomía, es decir, el gobierno por sus propias leyes e instituciones políticas, y la libertad constituían las señas de identidad de las polis griegas.

Estos ideales colectivos quedan bien reflejados en un momento de crisis como la batalla de Salamina contra los persas:

> Oh, hijos de los griegos; id, liberad a la patria, liberad a vuestros hijos, mujeres, los templos de los dioses ancestrales, los sepulcros de los antepasados; ahora es la lucha por todo.
> (Esquilo, *Los Persas*, 402-405)

Por lo general las polis griegas eran comunidades de reducidas dimensiones si exceptuamos los casos de Atenas y Esparta. Ambos estados controlaban territorios que eran muy superiores a la extensión media habitual. El Ática, que era el territorio que ocupaba la polis de Atenas, abarcaba 1.600 km^2, y Esparta, uno todavía mayor de 8.400. Por contra, una región como Beocia, que ocupaba 2.500 km^2, estaba repartida entre 12 polis diferentes, Fócide, con 1.600, se la repartían 22 y, por último, la pequeña isla de Cos, que apenas contaba con 173, incluía en su territorio a tres estados distintos.

Este tipo de comunidades se caracterizaban por lo que los antropólogos han denominado como una comunidad corporativa y cerrada. Los ciudadanos eran los únicos miembros de pleno derecho de dicha comunidad que tenían la capacidad de poseer tierras. Éste era, además, un derecho inalienable. Existía también una cierta tendencia a la endogamia y las instituciones existentes garantizaban una igualdad rudimentaria entre sus miembros. Otro de sus rasgos distintivos era el predominio de lo público frente a lo privado. En una comunidad de reducido tamaño como éstas todo se realizaba a la vista de todos y sólo quedaban reducidos a la esfera de la intimidad algunos actos particulares.

Eran también comunidades cerradas al exterior, volcadas sobre su propio territorio y aisladas de sus vecinos por fronteras guardadas y defendidas celosamente. Era un mundo cerrado a los extranjeros, a todos los que no pertenecían de pleno derecho a la comunidad, e incluso dentro de sus propios límites, ya que la condición de ciudadano no era aplicada al conjunto total de la población, sino que tenía un claro carácter restrictivo con grados que variaban desde el caso extremo de Esparta, donde el derecho de ciudadanía estaba restringido a la casta de los guerreros, con la exclusión de todos los agricultores, artesanos y hombres del mar, hasta el más abierto de Atenas, donde tras las reformas de Solón se introdujeron dentro del cuerpo cívico toda esta clase de elementos. Este carácter cerrado de un mundo reducido y explotado al máximo de sus recursos y posibilidades es inherente a la organización de la polis. Éste fue, por ello, el sello inconfundible de las grandes construcciones teóricas de la ciudad ideal tal y como la imaginaron filósofos como Platón y Aristóteles a lo largo del siglo IV a.C., cuando dicho modelo entró en crisis.

2. La formación de la polis

No es posible explicar la creación de la polis a partir de una única causa. En primer lugar, porque se trata de un largo proceso histórico de remodelación del espacio social y territorial que se llevó a cabo desde algún momento de la denominada Edad Oscura y que culminó a comienzos del siglo VIII a.C. En segundo lugar, porque en una época como el siglo VIII a.C., en la que tuvieron lugar profundas transformaciones en casi todos los campos de la actividad humana, es lógico imaginar que unos factores incidieran necesariamente sobre el desarrollo de los otros originándose de esta forma una situación de interdependencia mutua ciertamente compleja a la hora de desentrañar sus respectivas competencias. Una de estas explicaciones globales la ha proporcionado el arqueólogo inglés Anthony Snodgrass, que definió como «revolución estructural» los diferentes cambios que afectaron a todos los campos de la experiencia humana en estos momentos. En la agricultura se habría producido un rápido progreso tal y como parecen poner de manifiesto algunas formas de cerámica que tienen forma de graneros. En consecuencia, habría tenido lugar un importante crecimiento demográfico que habría hecho aumentar la población en algunas regiones como el Ática hasta extremos increíbles que se habría multiplicado por siete en apenas dos generaciones. La producción artesanal habría experimentado también un progreso considerable tanto en el terreno de la cerámica como en el de la metalurgia. En los santuarios nacientes parece detectarse, en efecto una gran abundancia de ofrendas en forma de trípodes, calderos (algunos de talla imponente) y armas. Este proceso de diversificación y estructuración de las nuevas comunidades se pondría también de manifiesto en la proliferación de santuarios locales consagrados a la divinidad protectora del lugar o a la persona del fundador, como sucedía en las nuevas fundaciones de ultramar.

Sin embargo, una de las más importantes transformaciones tuvo lugar en el plano ideológico. Se ha señalado en este aspecto el papel fundamental de los santuarios extraurbanos que se encontraban situados en los límites del territorio cuya principal función parece haber consistido en establecer los límites de la nueva comunidad frente a sus vecinos griegos o, en el caso de los establecimientos coloniales, frente a los bárbaros de las proximidades. Dos buenos ejemplos de esta clase son el célebre santuario de Hera en Argos o el templo de Apolo en Dídima, cerca de Mileto. Ambos estaban consagrados a divinidades como Hera y Apolo encargados de velar por la consolidación de los dominios civilizados frente al ámbito salvaje de los confines y de asegurar, por tanto, el paso gradual y adecuado desde un ámbito al otro. Esta misión protectora quedaba especialmente en manos del grupo de guerreros de la nueva comunidad, compuesto sobre todo por los jóvenes, que eran precisamente sobre los que las mencionadas divinidades ejercían también su protección. Los santuarios periféricos desempeñaron, por tanto, un papel determinante en este proceso a la hora de delimitar el territorio y definir el ámbito legítimo sobre el que la naciente comunidad había de ejercer la soberanía.

Otro elemento fundamental en este proceso de estructuración del espacio en el plano ideológico fue el desarrollo del culto heroico. Seguramente tuvo sus orígenes en el entorno de las grandes tumbas micénicas que fueron redescubiertas en aquellos momentos y constituyeron desde entonces el centro de culto que podía enraizar a una comunidad sobre un territorio determinado y crear entre sus miembros los sentimientos de posesión y pertenencia que legitimaban y vinculaban afectivamente a los ciudadanos con el territorio que habitaban. En torno a este centro se crearon rituales y mitos que fueron utilizados como instrumento de legitimación por parte de la elite dirigente de la comunidad, que tendía a identificar su propia genealogía con la de los antiguos héroes que se creía que estaban allí enterrados. Estos vínculos privilegiados con el pasado legendario, asociados a una situación de poder y predominio económico, sentaron las bases de las aristocracias locales que detentaron el dominio en estas primeras comunidades.

Existen diversas opiniones a la hora de explicar este fenómeno. Algunos como Coldstream explican este comportamiento como un fenómeno asociado a la difusión de la poesía épica. El sentimiento de inferioridad que los griegos del siglo VIII habrían experimentado con relación a sus antecesores de la edad heroica sería el responsable directo de esta actitud. Snodgrass opina, por su parte, que el objetivo del culto heroico era propiciar a los antiguos propietarios de las tierras sobre las que ahora se asentaban muchos recién llegados, que estaban además impresionados por el carácter monumental de las viejas tumbas micénicas que todavía permanecían en pie. En el Ática, en cambio, parece que el culto heroico fue un recurso del que echaron mano las viejas comunidades ante la llegada masiva de emigrantes, con la finalidad de establecer diferencias con estas comunidades más recientes que se habían formado en ella, y resaltar así su prestigio y la mayor antigüedad y vinculación con el territorio local.

El culto a las divinidades protectoras y a los héroes fundadores se convirtió de esta forma en el vínculo principal capaz de aglutinar a los miembros de la comunidad como una unidad política y social mediante la participación en sus ritos. La comunidad comenzaba así a tomar conciencia de sí misma como tal a través de esta reapropiación del pasado simbolizada en el culto heroico. Sólo un vínculo de esta naturaleza religiosa podía dotar de legitimidad y propiciar en la nueva comunidad un sentimiento de cohesión que superase la impresión de una simple coincidencia circunstancial de gentes en un lugar determinado sin otra clase de lazos que el asentamiento en aquel lugar. De esta manera, además, el individuo quedaba integrado en una comunidad que le ofrecía un sentimiento de protección y seguridad dentro de un universo hostil que era preciso ordenar.

Se ha sugerido la posibilidad de que al comienzo de este proceso existiera un cierto estímulo procedente de las regiones orientales del Mediterráneo, en concreto de Fenicia, dadas las relaciones intensas que mantuvieron griegos y fenicios en aquellos primeros momentos de la época arcaica. De hecho, las ciudades fenicias eran una serie de comunidades políticas independientes unas de otras, cada una con su divinidad correspondiente, sus instituciones propias de gobierno y su territorio dependiente. Sin embargo, sin descartar la posible incidencia de dicho estímulo, este proceso se había iniciado en Grecia ya mucho antes, favorecido sobre todo por el desarrollo de las circunstancias políticas que caracterizaron el final de la Edad Oscura y por una geografía que facilitaba el aislamiento natural. La estrecha vinculación entre la condición de ciudadano y la propiedad de la tierra indica también la importancia que en este proceso tuvo el paso a una economía fundamentalmente agrícola. La lucha por la posesión de la tierra, tanto en el propio interior de la polis como entre los diferentes estados vecinos será efectivamente una de las constantes que marcarán el desarrollo de la historia de la polis griega.

Sin embargo, dentro del largo proceso de constitución de una comunidad establecida sobre un territorio determinado que considera suyo y al que le vinculan una serie de elementos ideológicos antes definidos y que ha consolidado su unidad por la vía de los intercambios con otras comunidades, por los cultos y fiestas comunes que integran al individuo dentro de la comunidad y por la obligación de organizar su defensa de la mejor manera posible, el paso decisivo se dio cuando se dotó a su vez de unas instituciones comunes basadas sobre unas leyes que conforman una asamblea popular, un consejo y una serie de magistraturas. Dentro de la larga historia de la polis griega, iniciada con seguridad en los tiempos de la Edad Oscura, fue este último paso el que tuvo lugar en los comienzos del período arcaico.

3. Las aristocracias

La polis experimentó un importante proceso de desarrollo político tras la desaparición de la monarquía al final de la Edad Oscura. Al comienzo de la época arcaica, en la mayoría de los estados griegos, detentaban el poder clanes aristocráticos que ejercían su dominio a través de los órganos comunitarios de la polis. El paso de la monarquía a la aristocracia no tuvo, sin embargo, un carácter traumático y violento como sucedió en Roma con los Tarquinos, a la vista de la ausencia de relatos legendarios que reflejen dicha circunstancia. Como señala Finley, «los gobernantes de la Edad Oscura eran pequeños caudillos dentro de un marco de muchos reyes, cuya desaparición de escena no fue ni dramática ni memorable». El rey de la Edad Oscura era más un *primus inter pares*, que había adquirido mayor prestigio y preeminencia, que un verdadero monarca con las típicas prerrogativas reales de los gobernantes orientales o de los príncipes micénicos. La propia palabra *basileus*, que en griego significa rey, pasó a designar de hecho una de las nuevas magistraturas de la ciudad, la que tenía a su cargo todo lo relacionado con el culto y la religión.

Aunque no podemos reconstruir los diferentes pasos que condujeron al final de las monarquías, uno de los factores determinantes en todo este proceso debió de ser la acumulación progresiva de riqueza, sobre todo de tierras de labor, en manos de unas pocas familias. Lo que antes estaba bajo el dominio y control de una sola familia pasó ahora a manos de varias, que competían en prestigio y recursos en el seno de la propia comunidad. Era lógico, por tanto, que este reducido grupo al que, quizá de una forma un tanto equívoca, denominamos aristocracia acumulara todo el poder. Sin duda, no se trataba de grandes terratenientes a la manera romana ni de gentes que disponían de recursos ilimitados, tal y como pudiéramos suponer por la utilización de un término que nos remite a paralelos históricos más modernos. Dentro de un mundo de recursos escasos y de reducidas dimensiones, como era el mundo griego de entonces, podía considerarse rico a quien no precisaba del trabajo diario para subsistir. Estos clanes aristocráticos poseían las mejores tierras, ya que fueron acumulando las parcelas de sus vecinos más pobres sometidos a las incertidumbres de la cosecha anual, e incluso los utilizaron como mano de obra, convirtiéndolos de esta forma en campesinos dependientes.

Pero aun con todo, esta clase de dominios apenas alcanzaban las 30 hectáreas, que es precisamente la mayor propiedad agrícola de la que tenemos noticia. No debemos olvidar que se trataba de un mundo de pequeñas fincas, reducidas en ocasiones a un simple huerto que producía apenas lo necesario para la subsistencia de la propia familia. Las condiciones precarias habituales no permitían una mala cosecha o un período de sequía prolongado. La única solución que quedaba cuando concurrían estas desgraciadas circunstancias era el endeudamiento con los vecinos más prósperos, que disponían de propiedades más extensas y podían haber salvado una parte importante de la cosecha, ya que no existían instituciones financieras ni ayudas estatales de ninguna clase. La única garantía era la propia fuerza de trabajo y el pedazo de tierra que se tenía en propiedad. Por ello, muchos pequeños propietarios se convirtieron en auténticos campesinos dependientes que rozaban en muchos casos el nivel de la esclavitud.

Este progresivo endeudamiento de una buena parte de la población fue una de las causas que generaron disturbios y confrontaciones internas en casi todos los estados griegos a lo largo de este período. La falta de tierras fue también, no lo olvidemos, uno de los motivos que impulsaron la salida a ultramar de muchas gentes que iban en busca de medios de vida. Esta acumulación de tierras en manos de unos pocos no sólo incrementó su poder y su riqueza sino que sirvió para producir un excedente agrícola que pudo ser desviado hacia otras finalidades. Entre éstas estaban, sin duda, la adquisición de bienes de lujo importados de Oriente, que sirvieron para realzar su prestigio y para fomentar la producción artesanal local de todo tipo de objetos suntuarios. El suministro de materias primas como el metal fue más regular y fluido con la nueva apertura de las rutas comerciales que provocó la expansión griega a ultramar. Muchos aristócratas y campesinos independientes buscaron en esta nueva fuente de riqueza unos medios de vida que la posesión de la tierra no les garantizaba en unos tiempos de incertidumbre.

La pretensión de estos nuevos ricos de participar en el poder del Estado en igualdad de condiciones con la vieja aristocracia fundiaria, suscitó el rechazo de los propietarios de tierras. Esta situación se refleja en la naciente poesía lírica. Sus autores, todos de procedencia aristocrática, ponen de manifiesto un patente desprecio hacia quienes pretendían equipárseles en recursos y formas de vida, poniendo así en entredicho su supremacía política. Una aristocracia que había basado su monopolio del poder y su hegemonía social en la posesión de tierras y caballos, en una genealogía que se remontaba en algunos casos hasta orígenes divinos, y en su defensa militar del estado, veía ahora cómo las nuevas fuerzas sociales emergentes desafiaban abiertamente este predominio político y reclamaban unos derechos que hasta entonces habían sido su patrimonio exclusivo.

Este tipo de actitud queda bien reflejada en este poema de Teognis:

> Ah, Cirno, ésta es aún nuestra ciudad, pero es otra su gente.
> Los que antes no sabían de leyes ni derechos,
> los que cubrían sus flancos con pieles de cabras,
> y fuera de esta ciudad, como gamos, pastaban,
> ahora son gente de bien, Polipaides; y los nobles de antes
> ahora son pobres gentes. ¿Quién puede soportar el ver esto?
> (Teognis, *Elegías*, I, 53-59, traducción de Carlos García Gual, Alianza)

4. Leyes y legisladores

El conflicto social interno –la *stasis*, como la denominaron los propios griegos– estalló por todas partes. Dos tipos de soluciones fueron posibles en función del grado de violencia que alcanzaron los enfrentamientos. Donde la violencia no había estallado de forma clara y fue posible alcanzar un acuerdo, surgieron los legisladores, que se encargaron de redactar y poner por escrito unas leyes comunes que hasta esos momentos habían detentado en exclusiva las clases dirigentes, ejerciendo en consecuencia una justicia arbitraria y declaradamente partidista, tal y como ponen de relieve los versos de Hesíodo. Seguramente no es fruto de la casualidad que fuera precisamente en las nuevas polis coloniales fundadas en el sur de Italia, en la

Magna Grecia, donde, por primera vez, hicieron su aparición esta clase de individuos. Las figuras de Carondas, en Catana y Regio, o la de Zaleucos, en Locri, son los ejemplos más significativos, aunque desgraciadamente no sabemos casi nada de ellos ni de las reformas legales que llevaron a cabo. Sin embargo, es lógico imaginar que la organización de estas nuevas comunidades políticas a partir de cero, como era el caso de las ciudades itálicas, exigiera una ordenación legislativa explícita que estableciera el marco adecuado para un desarrollo social armonioso, libre de las contradicciones y conflictos que minaban las polis de Grecia.

Dos asuntos aparecen como prominentes en estas legislaciones arcaicas: las cuestiones relacionadas con el propio procedimiento legal y los temas de propiedad. Así, se ocuparon del castigo de las conductas violentas poniendo serias trabas a las venganzas familiares, regularon los contratos matrimoniales y las leyes de herencia y adopción y dictaron normas sobre el trabajo y las relaciones establecidas dentro de este ámbito. Mostraron una especial atención al sistema hipotecario que había ocasionado serias distorsiones en la vida comunitaria al promover la esclavitud por deudas. Otro de sus focos de atención principal era la limitación de los poderes de los magistrados, tal y como aparece reflejado en la más antigua de las leyes griegas que ha llegado hasta nosotros grabada sobre una inscripción en piedra, procedente de la ciudad de Dreros en la isla de Creta:

> Que el dios sea amable (?). La ciudad ha decidido de la siguiente manera: cuando un hombre ha sido kosmos (una magistratura), ese mismo hombre no volverá a ser kosmos durante 10 años. Y si ejerce como kosmos, cualquier clase de juicio que otorgue, deberá pagar el doble y perderá sus derechos al cargo en tanto viva, y cualquier cosa que haga en condición de kosmos carecerá de validez. Los que prestan juramento serán los kosmoi, los damioi (una especie de supervisores financieros) y los 20 de la ciudad (el consejo de la ciudad).
>
> (Meiggs y Lewis, nº 2)

El papel del legislador sabio, que pasó a ser una figura venerada y respetada por todos, era, ante todo, mediar y ejercer como árbitro de las tensiones sociales, que eran cada vez mayores según crecían y se desarrollaban los estados. Las leyes promulgadas eran, al parecer, muy severas y pretendían poner freno a la cadena interminable de venganzas y asesinatos que se sucedían casi a diario a consecuencia de las incesantes luchas internas. Sin embargo, aun a pesar de que supusieron un avance considerable en las demandas de la población, estas leyes no supusieron ni mucho menos la consecución de una igualdad absoluta. La base de toda esta legislación seguía siendo esencialmente de tipo aristocrático y plasmaba en términos jurídicos las desigualdades ya existentes en el terreno económico. Con todo, significaron un paso importante frente al estadio anterior en el que las leyes eran sólo el patrimonio del grupo gobernante, que de esta forma podía aplicarlas a su antojo. Hesíodo, en su disputa con su hermano por la herencia paterna, se queja amargamente de

> los reyes devoradores de regalos que se las componen a su gusto para administrar este tipo de justicia.

Esta obsesión por una justicia verdadera, patente a lo largo de todo su poema *Trabajos*, no debió de ser exclusiva de Hesíodo. Esta clase de preocupaciones la compartían también seguramente todos los miembros de la amplia capa de pequeños propietarios, a la que pertenecía el poeta, que afrontaban toda clase de riesgos para conservar su patrimonio y su independencia económica.

5. Los tiranos

Cuando las tensiones sociales alcanzaron una gran violencia y no hubo, por tanto, la posibilidad de encontrar un mediador en el conflicto, la solución fue la instauración de un régimen político conocido como tiranía. El debate sobre la cuestión arranca ya de la propia Antigüedad griega. La mayor parte de las fuentes con que contamos son bastante posteriores a los propios acontecimientos y ofrecen la visión de la tiranía que se tenía en épocas muy posteriores y la evalúan a la luz de los propios acontecimientos contemporáneos. Los testimonios contemporáneos como los de los poetas arcaicos adolecen de una cierta parcialidad, ya que sus autores formaban parte generalmente de las capas aristocráticas que se opusieron siempre de forma radical a un régimen que implicaba la pérdida de su poder de influencia dentro de la comunidad. El término adquirió de esta forma su carácter peyorativo, un hecho tremendamente revelador de la actitud hostil que los aristócratas gobernantes mantuvieron hacia la tiranía. De hecho, fueron muchas las previsiones de carácter legal y político que se hicieron en casi todas las constituciones para evitar su surgimiento en épocas posteriores.

La tiranía no afectó por igual a todas las comunidades griegas. Algunas de ellas como Egina o Esparta se vieron completamente libres de la misma. Su surgimiento obedeció seguramente a un intento generalizado de las comunidades griegas por romper el carácter opresivo de la autoridad arbitraria ejercida por los clanes aristocráticos, especialmente allí donde el surgimiento de los códigos legales o la acción pacificadora de los reformadores no había servido para aliviar su peso sobre el conjunto de la sociedad. Los tiranos griegos del período arcaico se hicieron en la mayoría de los casos con el poder con el apoyo indiscutible de la mayor parte de la población en un intento de solucionar, de forma violenta, la grave crisis por la que atravesaban las polis griegas. Muchos de ellos fueron, sin duda, políticos oportunistas, salidos de la propias filas de la aristocracia gobernante, que aprovecharon la ocasión para acaparar poder y riquezas y, quizá también, para tomar venganza de sus adversarios políticos dentro de la pugna constante que se daba entre los diferentes clanes aristocráticos. Su actuación política, sin embargo, estuvo dirigida a favorecer a la masa de pequeños propietarios, agobiados por las deudas, y, sobre todo, a esa creciente población urbana, compuesta por artesanos y comerciantes, que reclamaban parcelas de poder más acordes con el papel que empezaban a desempeñar dentro de la polis.

Según el testimonio de Aristóteles, éstas eran las causas y procedimientos que dieron origen a las tiranías:

> Puede decirse que la mayoría de los tiranos han surgido de demagogos, que han logrado la confianza del pueblo por sus calumnias contra las clases superiores. De las tiranías, en efecto, unas se establecieron de este modo, cuando las ciudades se habían ya desarrollado. Otras, anteriores, surgieron de reyes que rebasaban sus derechos hereditarios y aspiraban a un mando más despótico. Otras, de los ciudadanos elegidos para las magistraturas supremas (porque en un principio las democracias nombraban a los magistrados civiles y religiosos para mucho tiempo), y otras, en fin, de la elección entre los oligarcas

de uno supremo para las magistraturas más importantes. Todos estos procedimientos tenían de común la facilidad de realización, con sólo desearlo, porque disponían de antemano de la fuerza necesaria, unos de autoridad real y los otros de la de su cargo.
(Aristóteles, *Política*, 1310b14-26, traducción de Julián Marías, Instituto de Estudios Políticos)

A mediados del siglo VII a.C. surgieron también tiranías en otras ciudades del istmo, como Corinto, Mégara y Sición. Los tiranos de Corinto, Cípselo y su hijo Periandro, desarrollaron una política comercial muy activa. Construyeron una especie de calzada a través del istmo (*diolkos*) por la que los barcos eran arrastrados de una costa a la otra sin necesidad de dar la vuelta completa a todo el Peloponeso. Una prueba de la intensa actividad industrial corintia de estos momentos es la cantidad abundante de su cerámica que encontramos por todo el Mediterráneo. También surgieron tiranías en muchas ciudades del Asia Menor y de las Cícladas. Algunos nombres han llegado hasta nosotros, como el de Pítaco de Mitilene, en la isla de Lesbos, célebre por los ataques inmisericordes del poeta Alceo en sus versos; Trasibulo en Mileto, que supo mantener la independencia ante los ataques lidios; y finalmente Polícrates de Samos que, gracias a una poderosa flota, proporcionó a su patria un período de gran prosperidad.

A la vista de las ciudades citadas, parece evidente que existió una cierta correlación entre el surgimiento de las tiranías y el alto nivel de desarrollo económico y político que alcanzaron algunos centros urbanos. En todas ellas las aristocracias gobernantes habían fracasado en la resolución de los conflictos que se fueron creando con la llegada de los nuevos tiempos. No supieron dar salida al creciente endeudamiento de una buena parte de la población campesina que constituía la espina dorsal de toda polis griega. Tampoco ofrecieron perspectivas de una mayor participación política a los nuevos sectores de la población que empujaban con fuerza. No fueron capaces, por último, de poner fin a sus propios enfrentamientos internos que fueron debilitando un «estado» todavía en situación precaria. Los conflictos con otros estados vecinos fueron minando también la resistencia y la moral de la nobleza gobernante como sucedió en Corinto, donde los Baquíadas, una especie de realeza, no supo afrontar con decisión las aspiraciones de sus rivales más próximos, Argos y Mégara.

Por el contrario, los tiranos ofrecieron soluciones mediante una política exterior activa y emprendedora. Bien por medio de la conquista militar, como hicieron Fidón o Polícrates, bien a través de un sistema de alianzas matrimoniales con otros tiranos, afianzaron la posición de sus respectivas ciudades en el conjunto de los estados griegos. Fomentaron el espíritu cívico y crearon conciencia de comunidad política mucho más firme de la que existía hasta entonces gracias a las importantes obras públicas que emprendieron, como la construcción de templos, calzadas o túneles, y a la instauración de espléndidos festivales religiosos. De esta manera fortalecieron también la polis y sus instituciones. El *demos* (conjunto de la población de la que estaban excluidos los nobles) se consolidó, primero desde un punto de vista económico gracias al impulso dado al comercio y a la artesanía y posiblemente también al apoyo prestado a los pequeños propietarios rurales, segundo desde un punto de vista social al sentirse más integrado dentro de la comunidad ciudadana, y, finalmente, desde el punto de vista político, ya que, en muchos estados, las tiranías dieron paso a la democracia.

El gran problema de la tiranía era, sin duda, la continuidad de un régimen que se había impuesto por la violencia. La mayor parte apenas duraron más allá de una generación. Las conjuras aristocráticas, un medio del que había salido el propio tirano, pusieron término a esta clase de experiencia política. Los motivos desencadenantes de su desaparición hay que buscarlos en el descontento que se había generado entre los aristócratas y en la existencia de otros individuos ambiciosos que anhelaban ocupar su posición. Tras su desaparición, las luchas y rivalidades internas continuaron con fuerza, pero en muchos estados se había abierto una vía hacia profundas reformas que nada ni nadie podía ya frenar.

6. Las guerras y el nuevo tipo de armamento

Unido al importante crecimiento económico de estas capas de la población se produjo otro cambio decisivo en el aspecto militar. El combate individual de tipo aristocrático (hasta entonces habían sido los únicos capaces de costearse el equipo militar) fue sustituido por la falange o fila ordenada de guerreros que se apoyaban unos a otros con sus escudos y lanzas. Más que el valor individual importaba ahora el mantenimiento de la disciplina dentro de una táctica colectiva que exigía una armonía completa de movimientos de ataque y defensa. El valor personal y la destreza de los antiguos héroes aristocráticos, cuyas proezas se continuaban cantando en los poemas épicos, pasó, por tanto, a un lugar secundario.

Esta forma de combate aparece ya reflejada en estos versos del poeta Tirteo:

> Id todos al cuerpo a cuerpo, con la lanza larga
> o la espada herid y acabad con el fiero enemigo.
> Poniendo pie junto a pie, apretando escudo contra escudo,
> penacho junto a penacho y casco contra casco,
> acercad pecho a pecho y luchad contra el contrario,
> manejando el puño de la espada o la larga lanza.
> (Tirteo, *Elegías*, 11, 29-34, traducción de Carlos García Gual, Alianza)

La defensa del territorio de la polis implicaba ahora a la mayoría de los miembros de la comunidad, que podían costearse el equipamiento militar adecuado y, con ello, se hallaban en pie de igualdad con los nobles. Se calcula que más de un tercio de la población masculina fue capaz de responder a este tipo de exigencias. El paso siguiente fue reclamar una mayor participación política, una aspiración que constituyó un ingrediente más en el surgimiento de la *stasis*.

La introducción de la falange hoplítica (*hopla* era el nombre que recibía todo el equipo, compuesto de un escudo, una lanza, casco, coselete y grebas) se atribuye al más antiguo de los tiranos: Fidón de Argos. De Argos procede la más antigua armadura hoplítica hallada en Grecia, en la tumba de un guerrero que se fecha en torno al 720. Sin embargo, las representaciones más antiguas de esta panoplia se encuentran sobre vasos protocorintios datados entre el 675 y el 650 a.C. Hacia esa misma época aparecen en el Meneleon de Esparta y en el santuario de Ártemis Ortia del mismo lugar las primeras figuritas de plomo que representaban unos hoplitas. Todo apunta así a localizar los primeros despliegues de esta nueva forma de combate con el nuevo tipo de armamento poco antes del 700 a.C. en el Peloponeso. Aunque se ha hablado de una «revolución hoplítica», hoy en día se tiende a imaginar más una serie de reformas progresivas en la forma de armamento y el modo de combate que culminarían en la falange hoplítica. Un proceso largo en el que incidirían por igual una serie de transformaciones técnicas que afectarían al armamento en sí, y la creciente implicación de un número mayor de ciudadanos en la defensa del territorio comunal. Lo que parece fuera de toda duda es la estrecha relación existente entre el ciudadano combatiente y el campesino cultivador, una circunstancia que explica que las campañas militares fueran breves y se desarrollaran de forma preferente una vez que las cosechas habían sido recogidas.

7. La adopción del alfabeto

Un factor decisivo en los cambios y transformaciones de este período fue la adopción del alfabeto como sistema de escritura. Con la desaparición de los reinos micénicos en torno al 1200, se perdió también la escritura y durante casi cuatrocientos años la cultura griega fue completamente oral. La adopción del alfabeto fenicio fue un hecho de trascendentales consecuencias no sólo para el desarrollo de muchas de las facetas de la civilización griega arcaica, sino también para el resto de la historia occidental, pues todos los alfabetos occidentales, incluido el latino, derivan de él. El alfabeto era un instrumento de comunicación mucho más sencillo y efectivo que el complicado silabario del lineal B que utilizaban los escribas micénicos. Se difundió muy pronto por todas partes y entre un número de gentes cada vez mayor. La adopción del alfabeto tuvo lugar posiblemente en algún momento de la segunda mitad del siglo VIII, en alguno de los puntos de contacto entre fenicios y griegos, seguramente en medios bilingües, como el enclave comercial de Al Mina en la costa sirio fenicia, en la misma isla de Chipre, que desde la Edad del Bronce era un verdadero crisol de culturas, o en otros lugares del mundo griego como Creta, Rodas o Atenas que disfrutaban de un intenso tráfico comercial. Sin embargo, es probable que la puesta a punto del sistema, tal y como aparece ya desarrollado con las correspondientes notaciones vocálicas, tuviera lugar en un lugar preciso del Egeo.

Las más antiguas inscripciones griegas están incisas sobre vasos de arcilla. La mayoría se reducen a la fórmula «Yo soy la posesión de...», en la que es el objeto el que habla en primera persona. La más antigua de todas se encuentra inscrita sobre un vaso de cerámica procedente de Isquia, datable en torno al 720, que contiene la firma del ceramista. Del mismo lugar procede también la célebre copa de Néstor, de alrededor del 720, con tres líneas en forma de verso que tienen un claro tinte homérico. No es ninguna casualidad que sea precisamente en una colonia eubea donde aparecen los primeros especímenes de escritura, si tenemos en cuenta que los eubeos fueron los primeros colonizadores que entraron en contacto con Oriente y por ello quizá los primeros que adoptaron el sistema de escritura fenicio.

Es probable que el proceso de adopción del alfabeto tuviera lugar de forma independiente en diferentes puntos del mundo griego. Ello explicaría la existencia de diversos alfabetos locales, denominados *epicóricos,* que presentan leves diferencias entre sí. Una adaptación necesaria fue la introducción de las vocales que el alfabeto semítico no utilizaba. El griego tiene un sistema vocálico muy rico y diferenciado por la cantidad entre vocales largas y breves, por lo que era necesario crear signos que las representaran. Ello se consiguió mediante la utilización de signos consonánticos fenicios que el griego no necesitaba. Así, el signo semítico *aleph* que indicaba una breve aspiración se utilizó para representar la vocal «a» y lo mismo sucedió con las restantes vocales. Este desarrollo del sistema vocálico completo se encuentra ya en las más antiguas inscripciones, como la que aparece sobre un vaso del Dipilón procedente de Atenas que contiene el siguiente texto:

> que reciba esto aquél de los danzantes que divierta con mayor gracia.

Posiblemente la adopción del alfabeto la llevaron a cabo comerciantes emprendedores que vieron en él un sistema eficaz de contabilidad y recogida de datos, muy necesario para operaciones de larga distancia y más cuando el volumen de los intercambios se iba intensificando. Sin embargo, las inscripciones que han llegado hasta nosotros no son de tipo comercial. La mayor parte son ofrendas votivas, anuncios conmemorativos, firmas de artistas, marcas de propietarios sobre los vasos, maldiciones y epitafios fúnebres. Más tarde se emplearon también para redactar los nuevos códigos de leyes y posiblemente para poner por escrito los poemas épicos. Se ha sugerido incluso que la notación vocálica pudo haber sido inventada para poder llevar a efecto esta última tarea. La naturaleza métrica de las primeras inscripciones avalaría esta hipótesis de forma clara. Sin embargo, parece que su primer objetivo fue el de marcar los objetos y los lugares.

Fuese con una finalidad u otra, no hemos de olvidar que no han llegado hasta nosotros materiales perecederos como la madera, el cuero, la cera o el papiro, en los que pudieron haberse iniciado y desarrollado otros usos bien diferentes a los que se nos han conservado en materiales duros como la arcilla o la piedra. Sin embargo, es significativo que los griegos no desarrollaran un estilo de escritura cursiva más adecuado a la tinta y a la arcilla húmeda, perseverando en cambio en la línea recta y delgada del grafito. Fácil de aprender por cualquiera con un mínimo de capacidad e inteligencia, el alfabeto hizo posible la difusión de la cultura. El propio carácter personal de muchas de las inscripciones conservadas constituye una prueba evidente de la extensión que alcanzó la alfabetización. Este instrumento capital resultó decisivo en una sociedad en desarrollo, como era la polis, con una forma de vida comunitaria cada día más consolidada.

El uso de la escritura se convirtió en seguida en una práctica habitual, tal y como lo prueban los numerosos abecedarios existentes y la enorme variedad de asuntos que tratan las inscripciones. Sin embargo, la cultura griega siguió siendo fundamentalmente oral hasta bien entrado el siglo V a.C. En la literatura no se redactaron textos largos en el curso del período arcaico sino más bien composiciones poéticas breves y la lectura en público dentro de banquetes o festivales continuó siendo el contexto tradicional de difusión de las obras literarias. Sin embargo, el alfabeto impulsó, junto con otros factores, una verdadera revolución intelectual marcada por el nacimiento del pensamiento crítico racional y sus derivaciones más lógicas, como son el individualismo, la conciencia histórica y el espíritu democrático.

8. La invención de la moneda

Junto con el desarrollo del comercio y de la producción artesanal, en muchos centros urbanos surgió un nuevo elemento que se iba a convertir, con el tiempo, en el factor decisivo de la economía: la moneda. Las primeras emisiones surgieron en la segunda mitad del siglo VII en Asia Menor y circularon entre el reino de Lidia y las ciudades griegas de la zona. A partir de mediados del siglo VI a.C. algunas ciudades griegas dieron los primeros pasos en este terreno con emisiones como las de

Corinto o las de Egina (las célebres «tortugas», por la representación que llevaban grabada). Se creía hasta hace poco que la primera función de la moneda había sido la de manifestar de manera simbólica la independencia de la polis en consonancia con otras medidas similares, como la adopción de un sistema de pesas y medidas o el calendario. Sin embargo, parece hoy un hecho admitido que las emisiones monetarias fueron el resultado de una iniciativa comunitaria cuya finalidad era responder a las necesidades inmediatas de la ciudad tales como el pago de salarios, los gastos del armamento naval, el pago de multas y la recepción de impuestos y tasas, especialmente de carácter portuario. La moneda habría sido de esta forma un útil de gestión política puesto al servicio del bien común, de un «estado» que todavía por entonces no estaba completamente bien definido y separado de los intereses particulares y lógicamente desprovisto de todo el aparato administrativo y financiero que solemos asociar automáticamente a la palabra estado en nuestro lenguaje moderno. Se explicaría de esta forma que los autores griegos posteriores del siglo IV atribuyeran la paternidad de este invento a las figuras de los grandes legisladores y reformadores de las comunidades, cuya contribución a la creación de este «estado» había sido ciertamente considerable a través de sus reformas y leyes.

Aunque la escasez de pequeñas acuñaciones, unida a su escasa difusión exterior y a la diversidad de patrones monetarios, hacía improbable su utilización como instrumento de intercambio en el comercio con ultramar, la moneda fue progresivamente integrándose en las actividades comerciales intercomunitarias. Con el correr del tiempo fue adquiriendo una importancia cada vez mayor gracias al desarrollo del papel fiscal del Estado (cobro de tasas aduaneras, impuestos y multas) o de la financiación de ejércitos mercenarios, para quienes era la única forma viable de pago. Sin embargo, fue necesario esperar a los inicios del siglo V a.C. para que la moneda se convirtiera en un elemento de peso en la vida económica de las comunidades griegas. La unidad básica del sistema ponderal griego era el talento, que tenía una equivalencia variada según las comunidades griegas o próximo orientales entre los 28 y los 35 kg.

III. EL MUNDO DEL *ETHNOS*

La polis no constituye la única realidad política del mundo griego. Junto a ella coexistió durante largo tiempo otra forma de vida y de organización sociopolítica a la que denominamos *ethnos*, probablemente más antigua y que perduró a lo largo del tiempo en lugares como las regiones noroccidentales de Grecia como el Epiro, Etolia, Acarnania y en buena parte también de la Grecia central, como los locrios ozolas, los focidios y los beocios, a pesar de que en estas últimas regiones se impuso con el paso del tiempo el modo de organización en polis. Se trata de una forma de organización más amplia y más abierta que la polis que no tiene por qué ser considerada un estadio menor o más primitivo de la evolución política del mundo griego, trazada casi siempre con respecto al modelo ateniense, que es con mucho el mejor conocido y documentado.

Al igual que en el caso de la polis, el *ethnos* constituye una comunidad humana unida por una historia común, que se reúne alrededor de grandes santuarios con sus propios cultos y concursos de ámbito local o federal, como los de Pasaron y Dodona en el Epiro, Termo para los etolios y Accio para los acarnanios. Conoce igualmente las actividades económicas que suponen el funcionamiento de mercados regulares, está provisto de lugares fortificados de defensa y dotado de una administración de carácter local y federal.

A diferencia de la polis, esta forma de organización aparece implantada en regiones bien diferentes por su clima, su vegetación y su forma de vida de las de la Grecia egea, que era el escenario preferente de la vida «política». Un clima más frío y húmedo favorecía en efecto un tipo de vegetación más abundante y variada que permitía tanto el bosque de coníferas como las praderas de altura favorables a la cría de ganado. La población, que vivía esencialmente de este tipo de actividad, se hallaba mucho más dispersa y diseminada que en las regiones egeas y practicaba una forma de vida trashumante entre la llanura y la montaña, obligada por el carácter estacional de la cría de ganado. La necesidad de contar con territorios más amplios impedía una forma de organización cerrada como la de la ciudad. Existía también una repartición de los papeles entre el hombre y la mujer dentro de la vida económica de la comunidad, que entrañaba a su vez la práctica de usos jurídicos diferentes a los de la polis. Las mujeres, que se ocupaban de la agricultura como complemento indispensable de la supervivencia, podían disponer libremente de sus bienes y las decisiones que concernían al patrimonio familiar eran adoptadas normalmente por todos los miembros de la comunidad afectada, mujeres incluidas.

El ethnos presenta además un carácter mucho más abierto frente a la polis a causa de su necesidad imperiosa de espacio geográfico que facilitara sus largas migraciones temporales que tenían lugar todas las primaveras y otoños. Destaca así su gran capacidad de ampliación e integración dentro de su marco político de nuevas poblaciones que contribuían a dotarle de un extraordinario dinamismo en el terreno histórico.

A pesar de las diferencias existentes entre una forma de vida y la otra, no existió nunca en ningún momento de la historia una ruptura absoluta y total entre ambos mundos y sí en cambio una cierta evolución o transición progresiva de una forma a la otra. Así, la polis se desarrolló en algunas de estas regiones como fue el caso de Beocia, Acaya y Acarnania, pero el cuadro organizativo del *ethnos* mantuvo casi intacto su vigor originario, ya que se superpuso una estructura federal a las nuevas células locales que constituían las ciudades. La influencia colonial como en el caso de Acarnania y en algunas regiones del Epiro, fue considerable pero no hizo desaparecer del todo los vínculos de carácter étnico. En algunas regiones como en Etolia las polis siguieron siendo minoritarias con el paso del tiempo y en regiones más al norte, como entre los molosos y los caones en el Epiro, prácticamente inexistentes.

IV. EL MUNDO GRIEGO DE ULTRAMAR

1. La expansión griega: una definición del fenómeno

A partir de mediados del siglo VIII a.C. las riberas del Mediterráneo comenzaron a poblarse de comunidades griegas desde un extremo al otro. La Hélade dejó de ser un término aplicable únicamente a la península balcánica y a algunas regiones costeras de Asia Menor, para abarcar en su conjunto a casi toda la cuenca mediterránea. Este movimiento migratorio tuvo una escala mucho mayor que los movimientos de la Edad Oscura, que concluyeron con la implantación de las ciudades jonias

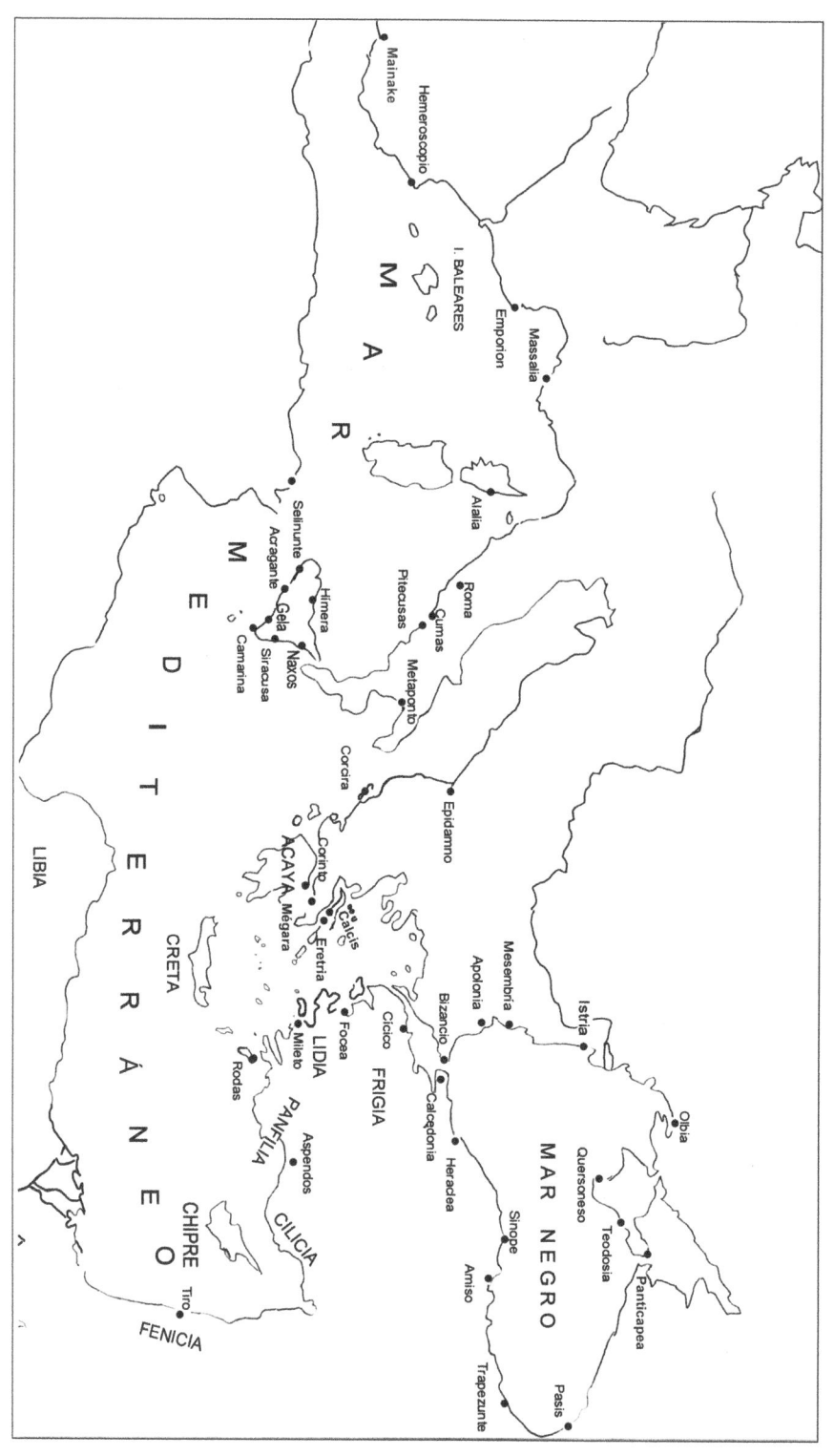
LA EXPANSIÓN GRIEGA

en Asia Menor, y estuvo vinculado a la constitución de la nueva forma de comunidad que se había desarrollado en buena parte de Grecia, la polis. Tenemos también mucha más información acerca de este fenómeno, bien a través de las fuentes literarias, aunque contaminadas por ciertos elementos legendarios, o de la arqueología, que cada día que pasa va aportando nuevos materiales de estudio.

Hasta no hace mucho este fenómeno expansivo de la polis griega se ha venido denominando como «colonización griega». Sin embargo, hoy en día existe una cierta unanimidad a la hora de reconocer la inadecuación de dicho término para calificar y explicar este fenómeno. Los propios griegos designaron a estas nuevas fundaciones con el término *apoikía*, que implica el traslado de la casa a otro lugar y no establece por ninguna parte la estrecha relación de dependencia que lleva implícito el término colonia, cuya significación viene además seriamente condicionada por las connotaciones económicas que el fenómeno colonial adquirió en otros momentos de la historia, como en los siglos XVI y XVII en América y a lo largo del XIX en Asia y África.

En el caso de Grecia, cada una de las nuevas comunidades mantenía su total independencia y autonomía respecto a la vieja metrópoli de la que habían partido los primeros fundadores, y en todo caso los únicos vínculos que permanecían activos a este respecto eran de carácter sentimental o religioso. En algunos casos, incluso, la nueva fundación no procedía en su integridad de un único lugar del viejo solar griego, sino que la formaron elementos procedentes de diferentes partes que habían confluido de manera casual o no en aquel lugar. En la mayor parte de los casos no sólo no se dio esa dependencia política y socioeconómica entre metrópoli y colonia, sino que se suscitaron guerras declaradas entre la nueva fundación y su comunidad de origen, como entre Corcira y Corinto. Quizá, por ello, sea preferible utilizar el término más genérico de expansión, que aparece menos marcado desde el punto de vista histórico e ideológico.

2. Las causas

Las causas que propiciaron la salida masiva de gentes en busca de nuevas tierras son complejas y no pueden reducirse a un único motivo. El estudioso inglés Graham ha optado por hablar más bien de los condicionantes activos y pasivos que posibilitaron la ocurrencia del fenómeno. Un condicionante activo fue sin duda la necesidad de salir en busca de nuevas tierras. Dicha necesidad se explica dentro del marco de la nueva polis. En un período de crecimiento demográfico, la escasez de tierras cultivables y un régimen de propiedad fundiaria que concentraba la propiedad en manos exclusivas del primogénito provocaron la existencia de numerosos elementos marginales en las ciudades griegas que no tuvieron otra opción que la salida en busca de mejores oportunidades en el exterior. Las polis donde se originó este fenómeno eran por lo general pequeños estados que disponían de un territorio escaso y reducido que no podía dar cabida y alimento a una población numerosa. Resulta ciertamente significativo a este respecto el escaso o nulo papel que los dos grandes estados territoriales griegos, Atenas y Esparta, desempeñaron dentro de este fenómeno de expansión.

La dinámica particular de la lucha por el poder en el seno de las aristocracias dominantes en los diferentes estados griegos ocasionó frecuentes luchas internas que provocaron también un número considerable de exiliados políticos. Muchos de ellos se sumaron también al movimiento migratorio de estos momentos e incluso a veces lo encabezaron convirtiéndose en sus líderes. Junto a estos elementos obligados a la emigración por la fuerza de las circunstancias, no hay que descartar ni mucho menos la existencia de cierto número de simples aventureros que optaron por emprender este camino en busca de un enriquecimiento fácil, seducidos quizá por las historias que se contaban de los países de ultramar. No se puede descartar, en efecto, el componente estrictamente psicológico en una decisión tan trascendental como partir hacia tierras desconocidas. La inquietud, la ambición, la esperanza o el simple deseo de conocer otras tierras pueden y deben haber desempeñado un papel destacado dentro de ese complejo de motivaciones que impulsó a muchos individuos a lanzarse a esta arriesgada aventura.

Sin embargo, todos estos impulsos no se hubieran podido llevar a la práctica sin la existencia de ciertos condicionantes pasivos que resultaban favorables en estos momentos. En primer lugar, era preciso conocer la ruta a seguir así como los posibles obstáculos que uno podía encontrar en su camino. En la mayoría de los casos las expediciones de ultramar que tenían por objeto la fundación de una *apoikía* no partían exactamente hacia lo desconocido. Había habido viajes de exploración previos, la mayoría de carácter esporádico y algunos incluso escasamente organizados, que en un principio sólo perseguían una finalidad comercial a corto plazo. A este fenómeno se le ha denominado «precolonización», algunas de cuyas experiencias han quedado reflejadas para nosotros en muchos pasajes de la *Odisea* homérica. Algunas iniciativas fueron quizá fruto tan sólo del azar, como la de Coleo de Samos que es narrada por Heródoto. El navegante samio, desviado por los vientos en el curso de su viaje hacia Egipto, consiguió atravesar el estrecho de Gibraltar y llegar hasta Tartesos, donde obtuvo cuantiosas ganancias. Los hallazgos arqueológicos confirman la existencia de esta clase de iniciativas individuales o colectivas que precedieron en el tiempo al establecimiento de emplazamientos fijos en determinados puntos de la cuenca mediterránea. La importancia desempeñada en el proceso de expansión por el santuario de Delfos tiene también su importancia en este terreno. Los expedicionarios acudían allí antes de iniciar su viaje con el objetivo de buscar la protección de Apolo, pero, al tiempo, podían recabar diferentes informaciones, que se habían ido acumulando progresivamente a partir de los testimonios de aquellos que habían conseguido regresar con vida y fortuna de sus aventuras por ultramar y habían acudido a dar por ello las gracias al dios.

Un factor decisivo fue también la técnica y los recursos navales de que disponían para llevar a cabo largos viajes por mar. La mejora considerable de las condiciones de la navegación fue determinante a este respecto. No es extraño, por tanto, que las primeras polis que iniciaron el fenómeno de la expansión ultramarina reunieran dos condiciones esenciales, como el reducido tamaño de su territorio y su favorable posición junto al mar como las ciudades de Eubea, Calcis y Eretria, que fueron las pioneras en la expansión hacia el sur de Italia, o Corinto y Mégara que dominaban el istmo y con ello todo el tráfico que circulaba por él, o por último Focea o Mileto en las costas de Asia Menor, que emprendieron la expansión por el Mediterráneo occidental y las costas del mar Negro respectivamente.

3. Prácticas de fundación

Cuando la comunidad adoptaba la decisión de fundar una *apoikía*, se procedía en primer lugar a la elección de un fundador –*oikistés*– que se convertía así en el líder de la expedición con plenos poderes. Se trataba, por lo general, de miembros de las clases dirigentes que contaban con el suficiente prestigio como para encabezar con ciertas garantías una operación de esta envergadura. Su misión principal era la de proporcionar una sensación de seguridad al cuerpo expedicionario y ofrecer las soluciones requeridas en los momentos de peligro que podían presentarse en el curso del viaje. Con anterioridad a esta designación o a renglón seguido se procedía a la obligada consulta del oráculo de Delfos, que al tiempo que otorgaba legitimidad religiosa a la nueva fundación y justificaba su apropiación de las tierras, proporcionaba también a los expedicionarios el grado de confianza necesario para emprender con garantías esta aventura, al contar con la sanción divina correspondiente. La elección del cuerpo de los expedicionarios se llevaba a cabo bien mediante el sorteo o mediante una leva de carácter forzoso. Por lo general, el número inicial de expedicionarios era reducido ya que nunca debió de superar el millar de hombres. Posteriormente, ya una vez establecida la nueva fundación, acudían desde la metrópoli nuevos contingentes que servían de refuerzo a los primeros colonos y completaban la población de la nueva polis. Por fin, se cumplimentaban dos actos rituales obligados, como el sacrificio destinado a obtener buenos augurios y el traslado del fuego del hogar sagrado de la ciudad madre para trasladarlo a la nueva fundación. El viaje se realizaba en naves de guerra de un tamaño relativamente reducido en las que se amontonaban las gentes y los utensilios correspondientes, con las consiguientes carencias e incomodidades.

Se elegían tres tipos diferentes de emplazamiento: pequeñas islas frente a la costa, penínsulas o promontorios que sobresalían de ella, y lugares situados en la desembocadura de los ríos. Los tres emplazamientos presentaban características similares, ya que permitían una fácil defensa contra posibles ataques de los indígenas de los alrededores y posibilitaban al mismo tiempo el establecimiento de contactos regulares con esas mismas gentes, pero sin correr ningún tipo de riesgos innecesarios. Con el paso del tiempo la mayoría de estos establecimientos acabaron trasladándose a la costa, donde finalmente se fundaron estas nuevas polis. Aunque al comienzo se elegía un promontorio de fácil defensa que pudiera controlar las tierras de cultivo colindantes, el trazado de estas nuevas ciudades se hizo posteriormente completamente regular. De esta forma se aseguraba la igualdad en la distribución de los lotes de tierras –*kleros*– entre los recién llegados que partían de cero en la nueva fundación, dejando atrás las viejas situaciones de privilegio que condicionaban la estructura de las viejas polis continentales. Sin embargo, a pesar de esta situación de partida, pronto empezaron a constituirse también en estas nuevas fundaciones aristocracias dominantes, tal y como atestigua la riqueza de algunas tumbas que no parecen encajar con una sociedad de patrones igualitarios.

La fundación de una *apoikía* no era en el fondo otra cosa que el establecimiento de una nueva polis y por tanto se volvía a poner en marcha el proceso que ya había dado lugar en la península griega a este tipo de comunidades. Se establecía el culto al fundador a la manera del viejo culto heroico, se propiciaba su protección mediante ofrendas y sacrificios, y se erigía también un santuario en los límites del territorio, cuyo objetivo principal era delimitar el espacio cívico de la nueva ciudad frente al mundo indígena, al tiempo que establecía también a través de él una vía de apertura hacia aquél. Como en muchos de estos establecimientos se partía de una situación social igualitaria, se experimentaron algunas novedades en el terreno legislativo, tal y como revela el hecho de que los primeros legisladores que conocemos pertenecen a este mundo de las nuevas fundaciones de ultramar como Zaleuco y Carondas en el sur de Italia y Sicilia.

4. El sur de Italia y Sicilia

Es la zona mejor conocida y de la que poseemos mayor información. Los primeros establecimientos se fundaron a mediados del siglo VIII a.C. Las condiciones climáticas y geográficas de la zona resultaban enormemente familiares a los griegos y por ello pudieron trasplantar allí su forma de vida sin experimentar apenas variaciones. El único poder organizado que existía por entonces en la región capaz de obstaculizar la penetración griega eran los etruscos, que constituían un conjunto de ciudades independientes regidas por aristocracias que dominaban el centro y el norte de la península itálica. El resto de los pueblos indígenas apenas representaban una amenaza seria para los planes de establecimiento griegos. Algunos de ellos incluso adoptaron pronto ciertas formas de vida griega, como los élimos en sus centros de Segesta y Érice, o fueron sometidos con facilidad convirtiéndose en la fuerza de trabajo dependiente de los grandes propietarios de tierras, como sucedió con los sículos en Sicilia. Otros hubieron de ser sometidos a la fuerza como los sicanos.

La primera fundación griega fue Pitecusas en la isla de Isquia, a la altura de Nápoles, hacia mediados del siglo VIII a.C. Poco después se fundó Cumas sobre la costa norte de esta misma bahía. Ambas fueron fundaciones de las ciudades de Eubea. La zona ofrecía enormes ventajas desde todos los puntos de vista: tierras fértiles en su proximidad, fácil suministro de materias primas y grandes oportunidades de comerciar con las comunidades itálicas del interior y en especial con los establecimientos etruscos de la zona como Capua. Muchas de las familias que se establecieron allí poseían esclavos y, al parecer, el uso de la escritura se encontraba muy difundido, como lo prueban hallazgos como la célebre copa de Néstor, que lleva inscrita una de las primeras inscripciones griegas, o la primera firma conocida de un ceramista. Se importaban bienes a gran escala desde los lugares más variados y existía también una poderosa industria local que incluía la metalurgia y la cerámica. Probablemente vivían también allí elementos fenicios, lo que explicaría el alto nivel existente de importaciones de tipo oriental. Las buenas relaciones con la aristocracia etrusca de la zona fueron quizá los fundamentos que facilitaron el establecimiento griego en este lugar.

En el sur de la península itálica los calcidios fundaron Regio en la segunda mitad del siglo VIII a.C. Parece que el motivo principal fue el deseo de controlar el paso de los estrechos. Los aqueos fundaron Síbaris y Crotona. Síbaris disfrutó de una riqueza casi legendaria a causa de su privilegiada posición en medio de una llanura aluvial extraordinariamente fértil. Crotona ocupaba un promontorio con puertos a ambos lados que ofrecían la mejor protección para las naves del golfo de Tarento. Por último, Tarento constituyó la única fundación espartana. Ocupaba una excelente posición estratégica, instalada en una pequeña península que separaba dos grandes puertos unidos por un estrecho canal.

El resto de las fundaciones griegas en el sur de la península son todas posteriores al 700 a.C. Locri fue fundada por los locrios de Grecia central en el primer tercio del siglo VII en un lugar que ya estaba habitado por los sículos. Una curiosa historia de fundación nos da a entender que el procedimiento seguido para la fundación fue el fraude a la población indígena al engañarles mediante un falso juramento. Siris fue fundada por los jonios y resulta todavía problemática de identificar, aunque parece que se trata de la posterior ciudad de Heraclea. Por último, Metaponto fue una fundación aquea en el centro del golfo de Tarento. Las excavaciones han revelado el plano de la ciudad y constituye el mejor ejemplo de la organización de un territorio colonial que tenemos a nuestra disposición.

La mayoría de estas colonias se expandieron hacia el interior o hacia otras zonas de costa con el fin de agrandar su territorio o de ampliar su área de influencia comercial. Fundaron así nuevos establecimientos como Poseidonia, la colonia mayor de Síbaris situada en la costa occidental de la península. Los restos de sus templos, que despertaron la admiración emocionada del poeta alemán Goethe, nos muestran una ciudad grande y próspera. Su fundación se remonta muy posiblemente al último cuarto del siglo VII. El único obstáculo serio para este proceso de expansión fueron los etruscos y cartagineses, ya que la mayoría de los pueblos indígenas de estas regiones no pudieron contener la creciente presencia griega en sus regiones, que desde aquellos momentos pasaron a formar parte de un mundo griego en continua expansión.

Las colonias principales de Sicilia, Naxos, Leontini y Catana, fueron fundadas por los calcidios de Eubea y controlaban la parte noroccidental de la isla con tierras muy fértiles bajo sus dominios. Siracusa, la colonia principal, fue fundada por los corintios en un lugar excepcional por sus posibilidades defensivas. La base de su riqueza agrícola era la fértil llanura del río Anapo. Mégara Hiblea fue fundada por los megarenses mediante una especie de acuerdo con los habitantes de la región. La ciudad nos muestra el esquema regular de las calles trazadas a cordel con un centro público como núcleo. Por fin, al norte de la isla se estableció Zancle, fundada por unos piratas de Cumas, aunque fue poblada luego por gentes venidas de Eubea.

Las fundaciones de la parte occidental de la isla son ya posteriores al 700 a.C. y fueron además obra de los establecimientos ya existentes en la costa oriental. El deseo de controlar estas regiones fértiles y establecer comercio con los cartagineses que dominaban el extremo occidental de la isla fueron los motivos que impulsaron esta expansión. Los establecimientos más importantes fueron Gela, fundada por los rodios y los cretenses; Acragante, fundada por los rodios de Gela, que se convirtió con el tiempo en una de las ciudades más prósperas de Occidente; Selinonte, fundada por colonos de Mégara Hiblea; y finalmente Hímera, fundada por los calcidios de Zancle, situada en una posición inmejorable para el comercio con la península ibérica o como escala en la ruta comercial que unía Etruria y Cartago.

5. El norte del Egeo y los estrechos

Las regiones situadas al norte del Egeo y en la zona de los estrechos atrajeron desde muy temprano la atención de los griegos. Aunque guardaban todavía cierta similitud con el territorio propiamente griego, presentaban también, sin embargo, importantes diferencias. Los veranos eran más lluviosos, los inviernos más fríos y existían grandes ríos que fluían con un curso regular de manera constante a lo largo del año. Se trataba de una región provista de grandes llanuras en la desembocadura de estos ríos con valiosos recursos agrícolas, y con montañas que proporcionaban abundante madera y albergaban considerables recursos minerales, especialmente de metales preciosos. Los habitantes indígenas de la zona eran los tracios, que habitaban en ciudades fortificadas y eran reputados guerreros. Su actitud hacia los griegos fue generalmente hostil, si bien con el tiempo empezaron a adquirir productos griegos y fueron muchos los esclavos tracios que llegaron hasta Grecia, especialmente mujeres, ya que al parecer eran muy apreciadas como amas de cría. Se las puede reconocer en las representaciones de la cerámica por los numerosos tatuajes que llevan en su cuello, brazos y piernas.

La península calcídica, con sus tres promontorios sobresalientes, fue colonizada por las ciudades de Eubea, Calcis y Eretria, probablemente a lo largo del siglo VIII a.C. Sin embargo, quizá la acción colonizadora más importante en esta zona norte del Egeo fue llevada a cabo por la isla de Paros con su conquista, hacia mediados del siglo VII, de la isla de Tasos, situada frente a la costa tracia, en cuyas proximidades se encontraban importantes yacimientos de oro. La colonización de esta región fue llevada a cabo mediante el uso de la fuerza, según podemos deducir del testimonio contemporáneo del poeta Arquíloco que al parecer combatió en la zona.

Toda la región quedó abierta a la colonización griega de algunas islas del Egeo como Andros o Quíos. La isla de Samotracia, famosa por su santuario de los grandes dioses, fue colonizada durante el siglo VI por los samios. El carácter mixto del enclave puede comprobarse a través de las dedicaciones religiosas halladas en el santuario. A pesar de los muchos atractivos que toda esta región ofrecía a la colonización, la actitud hostil de los tracios desalentó a muchos y sólo consiguieron su objetivo aquellas ciudades próximas que podían suministrar refuerzos y contingentes con cierta regularidad.

La región de los estrechos fue colonizada por dos ciudades, Mileto y Mégara, que se hicieron con el completo control de toda la zona. Mileto fundó Cícico en el primer cuarto del siglo VII y Mégara estableció cuatro importantes colonias, Ástaco, Selimbria, Calcedonia y Bizancio. Tanto Mileto como Mégara vieron obstaculizada su expansión hacia el interior de sus respectivos territorios por otras potencias vecinas más poderosas como el reino de Lidia y la ciudad de Atenas respectivamente. La gran importancia que tenían estos estrechos para el control del tráfico marítimo que circulaba por estos pasos impulsó a los atenienses a fundar su primera colonia en Sigeo, en el lado sur de la entrada al Helesponto, en la segunda mitad del siglo VI.

6. La región del mar Negro

Las condiciones geográficas de estas regiones del norte no resultaban en principio muy favorables para el establecimiento de los griegos. Su clima era más frío y húmedo que el de Grecia y sus riberas orientales y meridionales resultaban prácticamente inaccesibles a causa de las montañas que descienden casi hasta la propia costa. Sólo los estuarios de los grandes ríos ofrecían buenas condiciones para un establecimiento colonial. Sin embargo, había otro tipo de ventajas, como puertos protegidos, pescado abundante, sal y una vía de penetración hacia el interior del país. Tampoco la actitud de los pueblos indígenas que habitaban la región constituía un aliciente. Las riberas del mar Negro estaban ocupadas sucesivamente, en el sentido de las agujas del reloj, por tracios, escitas, taurios y colquios. Los más importantes eran, sin duda, los escitas, un conjunto de pueblos nómadas y semisedentarios que basaban su forma de vida en la cría de caballos, de ovejas y de vacas, en un poco de agricultura y en la caza. Su carácter nómada y su espíritu guerrero –la guerra era un rasgo endémico de la vida en la estepa– suscitaron extrañeza y temor entre los griegos. Según algunos relatos griegos, los escitas comían carne humana, bebían en los cráneos vaciados de los enemigos muertos y practicaban sacrificios humanos con los extranjeros.

Se han encontrado grandes tumbas principescas bajo una especie de túmulos –los célebres kurganes– que contenían gran cantidad de riquezas, como adornos personales, utensilios de montar, armas e incluso caballos. Muchos de los objetos encontrados son de clara factura griega. Entre las costumbres escitas destaca la práctica de una técnica de carácter mágico-religioso conocida como chamanismo, por medio de la cual podía realizarse un viaje al más allá, se podía interrogar a los dioses y espíritus, se conseguía la familiaridad con el mundo animal, tan importante en su forma de vida, y se adquirían unos poderes especiales de curación. Este tipo de práctica religiosa puede haber influido en algunos aspectos extáticos de la religión griega.

Las relaciones de los griegos con los escitas tuvieron una doble vertiente. Con los poderosos reinos escitas del interior, los griegos mantuvieron relaciones políticas, religiosas y comerciales a través de los establecimientos griegos de la costa. Estas colonias se hallaban bajo la protección de estos reyes, que conseguían de este modo los objetos de lujo importados que realzaban su prestigio, y el vino, que al parecer era uno de los productos más apreciados. Sin embargo, la helenización más intensa se produjo entre los indígenas que vivían en los territorios próximos a las fundaciones griegas, que fueron utilizados como campesinos dependientes. La lejanía de estas regiones no dejó, sin embargo, de despertar la fantasía y el temor, como lo muestran algunos de los relatos legendarios que tienen por escenario la zona. Es el caso de la saga de los Argonautas que fueron en busca del vellocino de oro, que se localizaba en la Cólquide, la región más oriental del mar Negro. Que el mito constituye a veces un cierto reflejo de la realidad lo demuestran los importantes hallazgos arqueológicos realizados en esta región que ponen de manifiesto la existencia de una brillante y sorprendente civilización indígena con una agricultura desarrollada y una metalurgia floreciente.

Las fundaciones de la región del mar Negro fueron fundamentalmente obra de Mileto. Sus esfuerzos se concentraron, sobre todo, en las costas occidental y septentrional donde destacan los establecimientos de Istro, Olbia y Panticapeo. En la costa meridional los milesios fundaron también Sínope, quizá una de las primeras fundaciones griegas en la región. En la costa meridional se hallaba también Heraclea Póntica, que fue fundada por los megarenses hacia mediados del siglo VI. Un rasgo peculiar de esta fundación fue el sometimiento de la población indígena local, los llamados mariandinos, que fue utilizada como fuerza de trabajo servil. La función principal de la mayor parte de estas colonias fue, sin duda, el comercio. A través de ellas, siguiendo el curso de los grandes ríos, fluían hacia el interior los productos manufacturados griegos, el vino y el aceite. Los griegos obtenían a cambio grano, pescado salado, pieles y esclavos. Las ciudades griegas de la región se convirtieron pronto en comunidades ricas y prósperas, y a ello contribuyó de forma decisiva la buena relación existente con los indígenas, deseosos la mayoría de ellos de acoger los productos griegos.

7. La zona adriática

La colonización griega de la costa noroccidental de Grecia y de toda la región adriática presenta algunas singularidades. En primer lugar, la parte más meridional de esta zona se hallaba habitada por poblaciones griegas dispersas cuya forma de organización era el *ethnos*. En segundo lugar, la mayor parte de las fundaciones que se establecieron en esta zona mantuvieron desde el principio una relación de dependencia respecto a su metrópoli. Casi todas ellas fueron fundadas por Corinto y más tarde por Corcira, que había sido en un principio una colonia eubea, pero pasó más tarde a manos corintias. Los establecimientos más importantes fueron Apolonia y Epidamno, fundadas por Corcira a finales del siglo VII. La población indígena de la región eran los ilirios, un pueblo indoeuropeo que, a pesar de su reconocida hostilidad inicial, mostró pronto su afición por los productos griegos. El interés de Corinto por esta región pudo haber tenido como objetivo el control de la ruta de la plata que discurría por el área iliria. Algunos tesoros hallados en el interior del país revelan la influencia corintia y constituyen un testimonio elocuente del interés ilirio por los productos griegos. En el lado italiano del Adriático sólo se han hallado dos establecimientos del período arcaico, Adria y Spina, situados en el delta del río Po. Tienen gran interés porque representan dos establecimientos de tipo comercial y de carácter mixto, compuestos de elementos etruscos y griegos, que gozaron de una gran prosperidad.

8. El norte de África

En el norte de África la colonización griega quedó reducida al delta del Nilo y a una pequeña parte de la actual costa libia. El caso de Egipto es ciertamente singular. El único establecimiento griego en el país, Náucratis, fue un enclave comercial (*emporion*), organizado bajo el estricto control del faraón. Confluyeron allí diferentes mercaderes procedentes de todas las ciudades griegas de Asia Menor y de las islas en busca del grano egipcio, que intercambiaban por vino, aceite y plata. La influencia griega en la región apenas se hizo notar ya que, a diferencia de lo que sucedía en las demás áreas de expansión, en Egipto los griegos debieron adaptarse a las exigencias de los gobernantes del país que deseaban la presencia de mercenarios y comerciantes en su territorio.

La costa libia, denominada Cirenaica, presentaba mejores condiciones. Sus fértiles tierras costeras estaban habitadas por una población mixta de beréberes, dividida en tribus y gobernada por reyes. Su modo de vida era esencialmente de tipo pastoril y no existían por ello centros de población importantes. Conocemos muy bien la historia de la fundación de Cirene, tal y como nos la ha trasmitido Heródoto, y además contamos con una cantidad respetable de testimonios arqueológicos y con un documento epigráfico que contiene, al parecer, el decreto de fundación original de la ciudad. Fue fundada por los griegos de Tera, que se vieron obligados a salir de su patria a causa de una prolongada sequía. Después de varias tentativas fracasadas, se establecieron en el lugar que más tarde sería Cirene gracias a la colaboración de los indígenas de la zona. La prosperidad de la colonia estuvo basada en su riqueza agrícola y ganadera, así como en el monopolio comercial de una planta llamada silfio que tenía al parecer propiedades curativas. Su historia fue muy turbulenta desde el punto de vista político, ya que las guerras civiles se sucedieron y hubo continuos cambios de régimen, desde la monarquía inicial a la democracia. Con el tiempo, Cirene fundó a su vez otros establecimientos en la región en detrimento de la población indígena que quedó reducida a las zonas áridas del interior del país. Los establecimientos más importantes fueron Barca, Euhespérides, Tauquira y Apolonia, que se convirtió en el puerto de Cirene. Gracias a la riqueza de sus recursos, a las buenas relaciones iniciales con la población indígena, y a su inmejorable posición estratégica, la ciudad llegó a ser una de las comunidades griegas más prósperas y florecientes.

9. El extremo occidente

La presencia griega en estas regiones del Mediterráneo occidental no se hizo sentir con tanta fuerza como en el resto de las zonas. Hubo cuantitativamente pocos establecimientos y sólo Massalia, la actual Marsella, destacó de manera especial entre todos ellos. El desconocimiento casi proverbial de estas regiones extremas, mucho menos frecuentadas que las otras, y la presencia estable de los fenicios primero y de los cartagineses después constituyeron serios obstáculos para que la presencia griega se consolidase en la fundación de emplazamientos estables y duraderos. Los relatos legendarios sobre los confines occidentales del orbe, aderezados con todas las connotaciones de carácter fabuloso, alcanzaron en seguida una gran difusión entre los griegos de la época arcaica como muestra la poesía de Estesícoro y su relato del mito de Gerión, localizado en aquellas remotas regiones. Estos lugares habían sido el escenario de algunos de los episodios más espectaculares de la saga de Heracles, como el del mencionado Gerión o el del jardín de las Hespérides. El peso del imaginario desempeñó sin duda su papel en la presencia griega sobre esta parte del orbe y de alguna manera condicionó también los relatos e historias acerca de su descubrimiento.

Los griegos entraron por primera vez en contacto directo con las regiones extremoccidentales hacia mediados del siglo VII a.C. Es en este período cuando se sitúa la supuesta hazaña del ya mencionado Coleo de Samos que llegó hasta el mítico reino de Tartesos y obtuvo grandes beneficios de su visita. Sin embargo, fuera de esta clase de visitas ocasionales y esporádicas que pudieron haber tenido lugar a lo largo de estos primeros momentos, puede afirmarse que los verdaderos artífices de la presencia griega en estas apartadas regiones fueron los focenses. Según el testimonio de Heródoto, fueron los primeros griegos que emprendieron largos viajes y quienes descubrieron de forma sucesiva los mares Adriático y Tirreno, Iberia y el mencionado reino de Tartesos. Viajaban en naves de guerra y establecieron muy buenas relaciones de amistad con los indígenas de aquella remota región. Sin embargo, no se ha encontrado ningún establecimiento griego en las proximidades de Tartesos ni en toda la costa andaluza. Los únicos establecimientos focenses reconocidos son los de Massalia (la actual Marsella) y Emporion (Ampurias). Ambos eran enclaves comerciales que apenas contaban con territorio adyacente. Desde Massalia, fundada hacia el 600, los focenses establecieron un fructífero comercio con los reyezuelos indígenas del interior del país, celtas que poseían una cultura que se hallaba en la última fase de la Edad del Hierro. El testimonio más impresionante de este comercio a larga distancia es la magnífica crátera de Vix hallada en el centro del país. Muchos de los objetos de lujo hallados en la región debieron desempeñar la función de regalos destinados a atraerse el favor de los gobernantes locales para el comercio griego.

Sobre la incidencia de Massalia sobre el territorio bárbaro circundante es ciertamente significativo el resumen que nos ofrece Trogo Pompeyo, un historiador romano de esta procedencia, que fue resumido por Justino en el siglo IV d.C.:

> Bajo la influencia de los focenses, los galos suavizaron y abandonaron su barbarie y aprendieron a llevar una vida más grata, a cultivar la tierra y a rodear las ciudades de murallas. Se habituaron también a vivir más bajo el imperio de las leyes que bajo el de las armas, a podar las viñas, a plantar el olivo, y el progreso de los hombres y de las cosas en general fue tan brillante que parecía no que Grecia hubiera emigrado a la Galia sino que la Galia hubiera pasado a Grecia.
>
> (Justino, *Epítome de las Historias Filípicas*, XLIII, 4, 1)

Emporion fue fundada por los mismos focenses desde Massalia poco después del 600. Su mismo nombre es claramente indicativo de la naturaleza comercial del emplazamiento. Primero se establecieron sobre una isla frente a la costa hasta que con el paso del tiempo se trasladaron a ella y erigieron una ciudad en la que habitaba una comunidad mixta de griegos e indígenas de la región. El caso de Emporion representa un buen ejemplo de las complejas relaciones que era preciso mantener con los indígenas de la zona a la hora de conseguir un emplazamiento favorable y próspero desde un punto de vista comercial.

La llegada masiva de refuerzos a estos establecimientos occidentales procedentes de Focea, cuando ésta cayó en manos de los persas, constituyó el inicio de serios problemas con sus rivales etruscos y cartagineses, que se coaligaron para poner freno a los desmanes comerciales y a las razias piráticas de los focenses. La derrota sufrida en Alalia por los griegos, hacia el 540, redujo de forma definitiva las posibilidades de expansión griega en estas regiones del Mediterráneo occidental.

10. Griegos e indígenas en el mundo colonial

El establecimiento de una nueva fundación griega en territorios de ultramar estuvo altamente condicionado por la actitud de los indígenas que habitaban la región. Sin embargo, hubo diferencias muy significativas entre unas regiones y otras. En unos casos, como en Sicilia y el sur de Italia, los indígenas no representaron un gran peligro y fueron sometidos por los recién llegados con relativa facilidad. En otros, en cambio, como en las costas del mar Negro, los asentamientos griegos tuvieron que contar siempre con el beneplácito de los reyezuelos indígenas de la zona. Hubo incluso lugares de esta misma región, donde los griegos ni siquiera intentaron establecerse a causa del temor que despertaban en ellos sus temibles habitantes, especialmente tracios y tauros. Hubo, por tanto, una gama de relaciones muy variada, desde una buena relación que facilitaba los intercambios, hasta la imposición violenta de los recién llegados. Algunas de estas poblaciones fueron utilizadas como mano de obra servil y en alguna ocasión los griegos se sirvieron del engaño y del fraude para establecerse en una zona y expulsar de ella a sus habitantes.

Sin embargo, en la mayoría de los casos, las relaciones a largo plazo fueron buenas y se basaron de forma fundamental en el activo papel de intercambio que las fundaciones griegas desempeñaban de cara al mundo indígena circundante. Los indígenas buscaban los productos griegos manufacturados como la cerámica u otra clase de objetos de metal. Para ello acudían en masa al propio establecimiento o los encargaban a través de intermediarios. La célebre crátera de Vix, hallada a casi 500 km de la costa, en el interior de Francia, es una muestra de la escala monumental que podía adquirir este intercambio de bienes. Es muy posible que los propios griegos transportasen hacia el interior del país esta clase de objetos. Una prueba de esta penetración comercial puede ser la presencia de algunos santuarios griegos en zonas del interior en el seno de comunidades indígenas. Se trataba, quizá, de lugares de parada y posta para estos aventurados comerciantes que viajaban hacia el interior utilizando vías de penetración como los grandes ríos como el Ródano en Francia o los ríos rusos de la ribera del mar Negro. Son significativos, en este sentido, los hallazgos de Garaguso en el interior de Lucania (sur de Italia), donde se han encontrado en las tumbas depósitos votivos de carácter genuinamente griego en el seno de una comunidad indígena, o los de Peschanove en el interior de Rusia, donde se hallaron los restos del naufragio de un pequeño bote que transportaba 15 vasos de bronce completos.

Los reinos indígenas obtuvieron de esta forma una gran cantidad de bienes de lujo que luego eran enterrados con sus dueños como un signo indicativo de su riqueza y prestigio. Los sensacionales hallazgos de las tumbas escitas del sur de Rusia, los numerosos objetos griegos procedentes de las tumbas etruscas del norte de Italia, o hallazgos más esporádicos como los de Francia o España, constituyen una muestra patente del nivel que alcanzaron estos intercambios. No sabemos, sin embargo, lo que los griegos recibían a cambio de este tipo de mercancías. Posiblemente se trataba de productos perecederos o textiles que no han dejado rastro alguno, o de esclavos, como en las ciudades del mar Negro. La riqueza agrícola de las regiones circundantes a los establecimientos griegos, la abundancia de ganado con excelentes pieles, el suministro de metales o la mera existencia de tribus indígenas enfrentadas entre sí, que producían prisioneros que podían venderse luego como esclavos, constituían razones más que suficientes para interesar a los griegos establecidos en sus proximidades. De hecho, los griegos proporcionaron también en muchos casos una importante ayuda militar a reyezuelos de la zona en los enfrentamientos con sus vecinos. Esta utilización de los griegos como fuerza mercenaria se pagaba con esclavos, que eran vendidos en el propio establecimiento, o con moneda que era acuñada también allí para estos gobernantes nativos. De esta forma, un establecimiento griego proporcionaba una amplia gama de servicios al mundo indígena de sus alrededores y a un nivel que iba mucho más allá del mero intercambio de bienes.

Las relaciones con la población indígena en muchos casos eran, sin embargo, poco claras y suscitaban precauciones y recelos. Sabemos así que en Epidamno, en la costa adriática, fue necesario elegir un magistrado especial para que se encargase de los intercambios comerciales con los indígenas ilirios por los problemas que suscitaba su llegada masiva hasta la propia ciudad. Otro caso curioso es el de Emporion, en España, donde a pesar de que una misma fortificación defensiva protegía a la ciudad griega y a una comunidad indígena, sin embargo, ambas se hallaban a su vez separadas entre sí por otro muro transversal. La existencia de comunidades mixtas parece que fue un hecho corriente en muchos lugares. En algunos casos se habla de «griegos mezclados» (*mixéllenes*) para designar a algunas poblaciones de la costa del mar Negro. Los matrimonios mixtos debieron de ser frecuentes y este hecho propició la existencia de una abundante población mestiza que habitaba por lo general en la periferia de las zonas rurales cercanas y dependientes del establecimiento griego. Éste fue el caso de la mayoría de los establecimientos del mar Negro, donde se llegó a crear incluso un reino a base de este tipo de población: el del Ponto cuyo centro era la ciudad de Panticapeo.

Los elementos griegos ejercieron una dominación cultural importante. La helenización de formas y costumbres fue la regla general en todas las comunidades indígenas que entraron en contacto con los griegos a través de la expansión a ultramar. Las vías habituales de esta penetración cultural fueron el intercambio comercial y los centros de culto. Muchos santuarios griegos se establecieron en los límites de la comunidad griega o en el seno de comunidades indígenas del interior. Así, se convirtieron en una vía de acceso cultural tanto para los indígenas, que adoptaron formas, objetos y lugares de culto griegos, como para los propios griegos, que asimilaron algunas de las divinidades locales. El caso del templo inacabado de Segesta, en el interior de Sicilia, parece un caso claro de apropiación de un elemento de culto griego, como era la forma exterior de un templo que nunca se llegó a construir, para albergar en su interior un antiguo culto indígena. El santuario de los grandes dioses en Samotracia, al norte del Egeo, fue un establecimiento mixto en el que griegos e indígenas ofrecieron culto de forma indiscriminada. Uno y otro caso nos ilustran sobre la actitud, a veces compleja, en el encuentro de las dos culturas.

A pesar del abundante material arqueológico de que disponemos, resulta difícil valorar la extensión que alcanzó esta corriente helenizadora entre los pueblos de cada una de las regiones coloniales. En la mayor parte de los casos es casi imposible distinguir entre verdaderos griegos, nativos helenizados, nativos a los que simplemente les gustaban los objetos griegos e hicieron uso de ellos con asiduidad, o comunidades mixtas de unos y otros. Se trata, por lo general, de material procedente de las tumbas y la cuestión de los nombres tampoco es definitiva, ya que en muchos casos un nombre griego podía esconder un indígena helenizado, como parece que sucedió con las mujeres que los primeros colonos tomaron de entre los nativos. El secreto del «éxito» griego entre la población indígena hay que achacarlo a la eficacia de su forma de organización social y política, la polis, que se mostró como un sistema fácil de exportar y adaptar a condiciones diversas, y a la posesión de un modelo cultural mucho más cohesionado y fuerte que el de las poblaciones con las que entraron en contacto. Es significativo en este sentido el hecho de que sólo Egipto, que poseía una cultura y una forma de vida avalada por una tradición milenaria, resistió a los encantos de la cultura griega. En efecto, a diferencia de lo que sucedió en otras partes, los griegos se vieron aquí obligados a someterse al dominio político de los faraones y al influjo de la poderosa tradición cultural del país.

11. La influencia oriental en la cultura griega

Los contactos con otras culturas, especialmente con el mundo oriental, resultaron decisivos en el terreno cultural, como reflejan algunos fenómenos de este momento, como la adaptación del alfabeto, la presencia de temas y motivos orientales en el arte y la literatura y la adopción de ciertas ideas y creencias en el terreno mítico y religioso. Se ha hablado incluso de un período orientalizante en la historia de la civilización griega que ha sido calificado por Walter Burkert como una verdadera revolución.

La existencia a lo largo de la Edad del Bronce de estrechos contactos entre Anatolia, el Oriente semítico, Egipto y el mundo egeo constituye hoy en día un hecho admitido por todos. Aunque estos contactos se interrumpieron bruscamente debido a los cambios producidos al final de dicho período, se reiniciaron poco después y se extendieron paulatinamente al inicio de la época arcaica. En este sentido, han sido definitivos los descubrimientos arqueológicos realizados en el norte de Siria y en la isla de Isquia. En ambos lugares han aparecido establecimientos griegos que revelan la presencia abundante de objetos de importación oriental. Al mismo tiempo, los avances realizados en el mejor conocimiento de las lenguas orientales han permitido establecer comparaciones y evaluar la influencia de la cultura oriental dentro de la cultura griega. Una influencia que se ha revelado significativa en el terreno de la religión y la literatura. Se ha podido detectar en el mundo griego la presencia de adivinos itinerantes y expertos en purificaciones de origen oriental que transmitieron no sólo sus particulares habilidades en este terreno sino también algunos elementos de su sabiduría mitológica. Se ha podido comprobar igualmente la influencia de las altas civilizaciones orientales en la fase final de la épica homérica.

Recientemente Martin L. West ha elaborado un amplio listado de estas influencias que constituye un impresionante muestrario de los campos a los que afectó o de los motivos y objetos que la delatan. Conviene, sin embargo, definir también las vías que siguió este proceso y, en la medida de lo posible, explicitar sus diferentes etapas. La documentación arqueológica, cada vez más numerosa aunque no exenta de problemas, resulta fundamental en este terreno. Algunos objetos van adquiriendo en este sentido una importancia cada vez mayor según progresan las excavaciones, como los célebres bronces del Luristán, que aparecen en algunos santuarios griegos, los calderos de Urartu o algunos objetos de origen frigio.

La existencia de relaciones frecuentes entre el mundo griego y el ámbito fenicio, que ya se vio reflejada en la tradición épica (*Odisea*) y legendaria (la historia de Cadmo), ha sido confirmada por la arqueología (dedicaciones de Lindos). También gracias a la arqueología conocemos hoy en día la gran importancia que tuvo el activo comercio griego con las costas de Cilicia, en el sur de Asia Menor, y con el norte de Siria, con la instalación consiguiente de algunas factorías como Tarso o Al-Mina. La presencia de cerámica de Eubea en este último enclave y los hallazgos de origen oriental en la propia isla vienen a confirmar el papel decisivo que desempeñó en todo este proceso de intercambio comercial y cultural. Por fin, una fuente importante de estos contactos fue también la presencia de mercenarios griegos en algunos puntos del Oriente próximo (Babilonia y Asiria) al servicio de los monarcas locales.

Una de estas vías de influencia pudo haber sido el mundo indígena de Asia Menor, donde los reinos frigio y lidio desempeñaron un papel fundamental como transmisores y conservadores de tradiciones culturales mucho más antiguas como la hitita en el caso de los frigios. Su influencia fue decisiva sobre las ciudades costeras jonias. Muchos de los motivos artísticos, formas e ideas pueden haber sobrevivido desde la Edad de Bronce, una época en la que se produjo un arte común egeo-anatolio en el que incidían los motivos orientales. La relevancia de la ruta terrestre anatolia parece cobrar nueva actualidad sin descartar la importancia de puntos intermedios como las islas de Chipre y Creta. Por fin la identificación precisa de los puntos de llegada ya dentro del mundo griego tiene también enorme importancia. En este sentido se apunta hacia Corinto, Eubea o Argos como los candidatos más idóneos.

Otro punto esencial es el estudio de los vehículos de transmisión de estas influencias. Aquí hay que destacar el papel que desempeñaron los artesanos emigrantes, el efecto difusor que tuvieron algunos objetos exóticos asociados a modos de vida suntuarios, y la función difusora de los grandes santuarios griegos del momento, algunos de los cuales gozaron de un prestigio internacional considerable debido a sus funciones oraculares, como los santuarios consagrados a Apolo. Todas estas circunstancias, consideradas globalmente dentro de su marco histórico correspondiente, aumentan nuestras expectativas de conocer mejor las dimensiones de un proceso histórico de tanta envergadura, complejo y multidireccional, que determinó en buena medida el futuro desarrollo de la civilización griega.

12. El descubrimiento del mundo

Los intensos contactos con el exterior suscitaron los primeros problemas acerca del preciso conocimiento y representación del mundo. Estos esfuerzos de representación se dejan ya sentir en los poemas homéricos. En la *Ilíada* aparece una primera imagen del mundo grabada sobre el célebre escudo de Aquiles y en el célebre Catálogo de las naves o en la lista de los contingentes troyanos se pone de manifiesto un cierto interés etnográfico por la catalogación de pueblos diversos. Esta misma tendencia se deja sentir también en la *Odisea* a través del relato del protagonista, sin importar que sus viajes discurran por un espacio completamente imaginario y fantástico. A un nivel más abstracto, Hesíodo procedió en la *Teogonía* a ordenar el cosmos de una forma inteligible que permitiera explicar el estado actual del universo, aunque fuera a base de imágenes extraordinarias extraídas del mito y de la genealogía.

Sin embargo, a lo largo del siglo VI en Jonia los esfuerzos se encaminaron en otra dirección. Los primeros filósofos trataron de sustituir los modelos tradicionales de explicación del mundo, basados en el mito, por un nuevo tipo de discurso más racional. En lugar de la inspiración procedente de los dioses, que caracterizaba a los poetas épicos, eligieron un proceso diferente para la transmisión de los saberes, de maestro a discípulo, y utilizaron la escritura como forma habitual de fijar esos conocimientos y dar a conocer sus resultados. En su búsqueda de modelos inteligibles utilizaron la geometría y las matemáticas, en particular imágenes como la del círculo o la esfera que se prestaban bien a diferentes operaciones de cálculo.

Dentro de esta corriente de pensamiento se suele situar el primer esbozo de un mapa de la tierra, atribuido a Anaximandro. Es muy difícil reconstruirlo a base de las informaciones fragmentarias que tenemos al respecto, pero parece que se trataba de un modelo geométrico de la tierra, que la reducía a algunas líneas y formas esenciales con el objetivo de hacer visible su estructura. El logro conseguido por Anaximandro se inscribe en medio de un debate teórico abierto en aquellos momentos en Jonia acerca de la forma de la tierra, en el que las opiniones variaban desde un disco plano y algo cóncavo hasta la forma esférica. En todas estas preocupaciones tuvo mucho que ver también la influencia de la sabiduría oriental al respecto, sobre todo en forma de observaciones astronómicas sobre el movimiento del sol y el curso de los astros. También se dejó sentir la influencia imponente del mito a pesar de los esfuerzos por sustituir sus esquemas explicativos. La imagen del océano primordial que rodeaba toda la tierra, tal y como aparece en los poetas, reaparece sin duda en las concepciones de Tales, que imaginaba la tierra surgida de las aguas y flotando en medio de ellas como una tabla de madera. Anaximandro en cambio la concebía como una especie de tambor de columna que flotaba sin sujeción alguna en medio del universo.

Este tipo de especulaciones fueron complementadas con una descripción pormenorizada de las diferentes regiones que conformaban la ecúmene o tierra habitada. En este terreno tuvieron enorme importancia las informaciones de los primeros viajes de ultramar que fueron recogidas en los denominados *Periplos*. Eran narraciones que describían una navegación lineal a lo largo de las costas en las que se proporcionaban noticias acerca de los principales accidentes geográficos, como golfos, cabos y promontorios, sobre lugares apropiados para el refugio o el aprovisionamiento, y acerca del carácter favorable u hostil de los pueblos indígenas de los alrededores. Aunque al principio eran simples guías de navegación de carácter práctico, poco a poco fueron adquiriendo mayores pretensiones literarias y se introdujeron descripciones sobre los pueblos del interior, poniendo el acento sobre todo en sus costumbres más exóticas. A pesar de que no ha llegado hasta nosotros ninguna de estas obras, conocemos algunos de sus nombres más significativos, como Escílax de

Carianda, que escribió una descripción de las costas del océano Índico como resultado de una expedición emprendida bajo las órdenes del rey persa Darío, o el de Eutímenes, que navegó desde Marsella hacia las aguas del mar exterior, el océano Atlántico, introduciendo en la imaginación griega las fantasías y los terrores que circulaban acerca de aquellos confines extremos del mundo.

Sin embargo, el nombre más importante en este campo es el de Hecateo de Mileto, que compuso una *Periegesis*, en la que describía los pueblos y tierras del mundo habitado, y establecía además una división de los tres continentes principales, Europa, Asia y Libia (como los griegos designaban a África). Sólo conocemos escasos fragmentos de dicha obra que proceden del Léxico bizantino de Esteban de Bizancio. Consisten en la simple mención de un lugar que se adscribe a uno de los tres continentes sin otro comentario adicional. Sin embargo, esta obra debió de influir de manera considerable en Heródoto que constituye nuestra única referencia completa acerca de los conocimientos geográficos de este período y de los viajes de exploración que se llevaron a cabo. A lo largo de su relato podemos comprobar el alto grado de ficción que se mezclaba en estas historias, resultado muchas veces de la interpretación a la griega (*interpretatio graeca*) de las tradiciones legendarias locales o de las noticias procedentes de los informantes del lugar.

La obra de Heródoto nos permite conocer los principales descubrimientos de esta época, así como la representación del mundo que imperaba en aquellos momentos. Era una imagen mítica del mundo, con unos confines misteriosos en los que abundaban por igual las maravillas y los terrores, y por el que sólo deambulaban los héroes. Sin embargo, la inclusión de las ciudades de Asia Menor dentro del marco político del imperio persa tuvo un doble efecto en este proceso de conocimiento y representación del mundo exterior. Por un lado, favoreció la circulación de las informaciones a través de sus inmensos territorios, ampliándose considerablemente el número de viajeros que se trasladaban de unas partes a otras. Por otro, esta forzada sumisión a un poder extranjero suscitó la necesidad de reforzar su autoconciencia de afirmación griega, que veía confirmadas sus aspiraciones en este sentido mediante la diferenciación evidente de la forma de vida griega frente a las del resto de los pueblos que les rodeaban. Fueron, por tanto, cada vez más frecuentes y abundantes las descripciones del mundo o de países bárbaros individuales, que destacaban sobre todo las costumbres singulares de los pueblos bárbaros en contraste con las maneras típicamente helenas, inaugurándose así todo un género de literatura geográfica y etnográfica que continuaría en vigor a lo largo de toda la Antigüedad.

V. EL MUNDO GRIEGO ARCAICO

1. Los griegos de Jonia

Jonia, como los griegos denominaban a la zona central de la costa de Asia Menor, donde se habían instalado desde una época temprana, posiblemente al inicio de la edad oscura, era una de las regiones griegas más florecientes a lo largo del período arcaico. La región, que ocupaba los fértiles valles que forman los ríos Hermo y Meandro, quedó dividida en 12 ciudades después de un período oscuro inicial de luchas y conflictos por los asentamientos para el que no contamos con informaciones seguras. Dos de estas ciudades jonias, Quíos y Samos, se hallaban situadas en islas frente a la costa asiática. Las otras 10 restantes se escalonaban a lo largo de la

EL ASIA MENOR GRIEGA

costa, de norte a sur, en el siguiente orden: Focea, Clazómenas, Eritras, Teos, Lébedos, Colofón, Éfeso, Priene, Miunte y Mileto. Esmirna, situada al norte de Jonia y de origen eolio, fue también absorbida por los jonios en época temprana. La mayoría de estas ciudades poseían amplios territorios en el interior y utilizaban como mano de obra a la población indígena. Esta circunstancia pudo resultar decisiva a la hora de explicar el rápido desarrollo de estas comunidades y la importancia que alcanzó su vida intelectual. Liberados de la imperiosa necesidad del trabajo agrícola, muchos de sus habitantes tuvieron la oportunidad de disfrutar del ocio necesario para desarrollar otro tipo de actividades.

Otra circunstancia importante que favoreció el desarrollo de estas comunidades griegas fue sin duda su proximidad a las rutas comerciales con Oriente, especialmente a través del reino de Lidia, lo que les permitió entrar en contacto con las ideas y formas artísticas de las civilizaciones del Oriente próximo que se hallaban en un estadio de civilización más avanzado que los griegos. De los lidios adoptaron cultos como el de Baco y Cibeles y una parte apreciable de su cultura musical. Estos contactos incidieron también en su forma de vida que era al parecer más refinada y lujosa que la del resto de los griegos. Los objetos de lujo importados de Oriente, las ropas cuidadas y la suntuosidad de algunos edificios públicos fueron otras consecuencias de su privilegiada situación. Resulta muy reveladora a este respecto la áspera crítica del poeta Jenófanes de Colofón hacia sus conciudadanos:

> Habiendo aprendido de los lidios inútiles lujos
> mientras estaban exentos de odiosa tiranía,
> acudían al ágora no menos de mil en total,
> con mantos teñidos de púrpura todos,
> jactanciosos, ufanos de sus muy cuidadas melenas,
> impregnados de ungüentos de aroma exquisito.
> (Jenófanes, fr. 3 West, traducción de Carlos García Gual, Alianza)

Seguramente no fue casualidad que hicieran su aparición en esta región los poemas homéricos, una buena parte de la poesía lírica y los primeros filósofos. Las condiciones materiales e históricas eran las más favorables para que tuviera lugar un importante impulso cultural. A la riqueza agrícola de la región y la fácil disponibilidad de una fuerza de trabajo servil se sumaron otras actividades como el comercio y las empresas de ultramar. Mileto emprendió la colonización en las riberas del mar Negro, Focea lanzó sus barcos de guerra hacia el lejano occidente, y algunas de las islas, como Samos y Quíos, comenzaron a desarrollar un importante comercio. La pujanza de estas actividades se pone de manifiesto a través de la difusión de la cerámica jonia por todo el Mediterráneo y de la presencia notoria de comerciantes jonios en el enclave comercial de Náucratis en el delta del Nilo. Como resultado de todos estos contactos y de su apertura hacia el exterior, el ambiente de Jonia se caracterizó por un cierto cosmopolitismo social que se refleja en la posición de las mujeres dentro de la sociedad. A través de los versos de la poetisa Safo podemos percibir el alto grado de refinamiento material y psicológico que la mujer disfrutaba en esos momentos:

> Dicen algunos que un ecuestre tropel, la infantería
> otros, y ésos, que una flota de barcos resulta

> lo más bello en la oscura tierra, pero yo digo
> que es lo que uno ama.
>
> (Safo, fr. 16 Page, traducción de Carlos García Gual, Alianza)

El espíritu abierto de las gentes de Jonia se puso también de manifiesto en la curiosidad que demostraron hacia todo tipo de fenómenos, desde las exóticas costumbres de los pueblos bárbaros, tal y como aparecen descritas en Heródoto, hasta las especulaciones cosmológicas sobre la forma y composición del universo por individuos, como Tales o Anaximandro. Jonios fueron también los primeros viajeros hasta tierras lejanas, como el samio Coleo, que navegó hasta los confines occidentales, o Escílax de Carianda que, por cuenta del rey persa Darío I, exploró las aguas del Índico hasta el golfo pérsico.

Conocemos, sin embargo, muy poco de su historia, salvo la aparición a finales del período arcaico de una serie de tiranos de los que sólo unos pocos han conservado alguna consistencia histórica como Trasíbulo de Mileto, Mírsilo y Pítaco de Mitilene, y Polícrates de Samos. Posiblemente el término genérico «tirano» ocultaba en cada lugar realidades políticas e institucionales bien diversas. Todo el conjunto de la región proporciona la misma impresión de un proceso de adaptación un poco caótico no exento de conspiraciones y violencia a un mundo en rápida mutación que se hallaba además enfrentado a presiones de orden interno como los conflictos crecientes entre los antiguos propietarios de tierras y los nuevos y emprendedores comerciantes y artesanos, y externo como la conflictiva situación de algunas poblaciones indígenas y la creciente expansión de las potencias orientales como Lidia y Persia. A pesar de las noticias referidas a la existencia de un santuario panjonio que habría constituido la sede estable de una Liga de los jonios durante todo el período arcaico, un examen atento de la información que nos proporcionan al respecto tanto las fuentes literarias como las arqueológicas no permite conceder crédito histórico a las mismas. Sin embargo, ello no impide afirmar la existencia de un fuerte sentimiento de pertenencia a un misma comunidad, la griega, que se acentuó de forma considerable con el aumento de las amenazas exteriores.

Conocemos en cambio bien su cultura material gracias a la exploración arqueológica de algunos sitios importantes como el santuario de Hera en Samos, Mileto, Didima, Éfeso o Sardes. Se han encontrado además numerosos objetos de toda naturaleza que fueron exportados a los cuatros rincones del mundo griego, desde las ciudades del Mar Negro fundadas por los jonios hasta Egipto y algunos lugares de la costa norteafricana. A pesar de las diferencias locales que presentan todas las manifestaciones artísticas procedentes de Jonia existe entre todas ellas una cierta homogeneidad que reivindicaba su identidad propia con relación al resto de los griegos. Uno de sus rasgos más significativos es el gusto manifiesto por el gigantismo, tal y como delatan algunos de sus principales templos como el Hera en Samos o el de Ártemis en Éfeso.

La vecindad con los reinos orientales más próximos presentaba, en efecto, también sus graves inconvenientes. Las ambiciones expansionistas de los grandes estados se centraron muy a menudo en estas regiones de Asia Menor. Con Frigia las relaciones fueron cordiales, como revelan los numerosos objetos de metal de esta procedencia que se encuentran en las ciudades griegas o las ofrendas hechas en el santuario de Delfos por el más conocido de sus reyes, el semilegendario Midas. Pero a comienzos del siglo VII el reino frigio se vino abajo ante las incursiones de los cimerios, nómadas procedentes del norte que tras atravesar el Cáucaso arrasaron Asia Menor y algunas partes del Oriente próximo. Sus incursiones de saqueo afectaron a las ciudades jonias durante la primera parte del siglo VII. Una de ellas, Magnesia del Meandro, sufrió los efectos de esta oleada invasora y otras como Colofón debieron realizar grandes esfuerzos defensivos para protegerse de ella.

Tras la caída de Frigia, Lidia ocupó el lugar de primera potencia en la zona. Muy pronto se convirtió para los griegos en un centro de atracción al que los poetas líricos de este período aluden de continuo. Sus relaciones con las ciudades griegas fueron cambiantes. En ocasiones, la tendencia expansionista de la dinastía Mérmnada chocó frontalmente con las aspiraciones de las ciudades griegas y algunas de ellas pasaron, al menos temporalmente, bajo la órbita del dominio lidio como Colofón y Esmirna. Las presiones que ejercieron los sucesivos monarcas lidios incidieron en la política interna de las ciudades jonias, dando lugar al surgimiento de tiranías en algunas de ellas como la de Trasibulo en Mileto, que supo hacer frente a los ataques del rey Aliates. Éfeso, otra de las grandes ciudades de la región, supo mantener buenas relaciones con este monarca lidio y sacar partido de las desgracias de sus vecinos anexionándose su territorio. El tirano local llevó a cabo una alianza matrimonial con Aliates y comenzó a edificar el imponente templo de Ártemis, que se iba a convertir con el paso del tiempo en una de las siete maravillas de la antigüedad.

El grado de interpenetración entre griegos y lidios se hizo todavía más patente con Creso, el último de sus reyes. Con Creso, todas estas ciudades jonias se encontraron reunidas bajo un mismo estado cuya capital era la ciudad de Sardes, la sede del poder lidio y centro de referencia para muchos exiliados griegos como Alceo o para el matrimonio de jóvenes griegas con miembros de la aristocracia lidia como parece deducirse de los poemas de Safo. Dentro de este nuevo marco la cultura griega ocupó un lugar destacado. Después de varios intentos por apoderarse de Éfeso, finalmente Creso hizo un tratado con la ciudad y colaboró ampliamente en la construcción del gran templo. Algunos de los enormes tambores de las columnas de este templo que se conservan en el Museo Británico de Londres llevan grabada la inscripción recordatoria: «Creso erigió esto». Con las restantes ciudades jonias desarrolló una política más agresiva y se hizo pronto con el control de la zona. Las ciudades que quedaron a salvo, como Mileto, sufrieron en cambio importantes conflictos internos en los que se mezclaban las causas de tipo económico y étnico, posiblemente motivados por una rebelión de la población campesina que era utilizada como mano de obra servil.

Sin embargo, hacia el año 540 a.C. el reino de Creso y sus posesiones griegas cayeron en manos de Ciro el viejo, el fundador del imperio persa. Sólo Mileto, que conservó al parecer sus derechos y las comunidades insulares como Samos, Quíos, Lesbos y Rodas, permanecieron al margen de la conquista. Aunque desconocemos el estatuto concreto del resto de las comunidades sometidas, lo cierto es que sabemos que algunas de ellas como los foceos optaron por la emigración hacia los nuevos territorios de ultramar donde ya existían algunas fundaciones o partieron hacia las regiones del norte del Egeo para fundar nuevos establecimientos como los habitantes de Teos, en lugar de permanecer en su territorio bajo el nuevo dominador. De esta forma se abría un nuevo período de la historia griega para las ciudades jonias y los griegos del continente, que pronto iban a sentir sobre sus cabezas la amenaza persa.

EL MUNDO GRIEGO

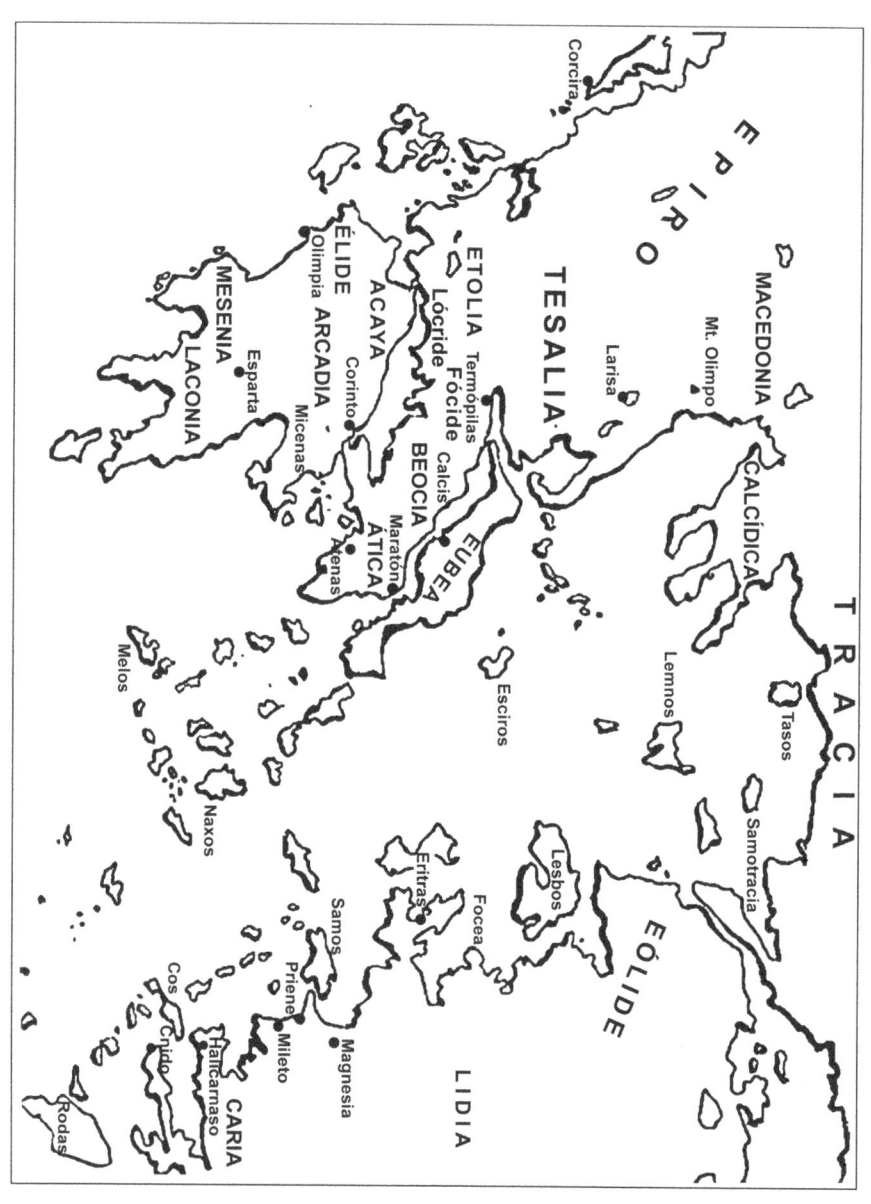

2. Atenas y Esparta: una historia de dos ciudades

La diversidad regional que caracteriza al mundo griego durante todo este período y la falta de testimonios hacen prácticamente imposible una historia detallada de cada una de las polis que conformaban el panorama helénico. La mayoría de nuestras informaciones se concentran sobre los dos estados más grandes, que alcanzaron desde muy temprano un protagonismo destacado a pesar de no haber tomado apenas parte en la gran aventura que significó la expansión a ultramar. Podemos seguir con cierto detalle el desarrollo de las instituciones en ambas polis entre los siglos VII y VI a.C., un período en el que sufrieron una serie de decisivas transformaciones. El resultado final será la emergencia a comienzos del siglo V de las dos grandes potencias que van a protagonizar preferentemente la disputa por la hegemonía dentro de la Hélade.

Eran dos estados muy diferentes, con formas de vida diametralmente opuestas. Atenas, con un aspecto cada vez más urbanizado, se fue abriendo al exterior a través del desarrollo imparable de su producción artesanal y artística. Esparta, por el contrario, permaneció dentro de un cierto hermetismo en su intento por reforzar unas instituciones de naturaleza arcaica que garantizaban su autonomía e integridad territorial frente a sus cada vez más numerosos enemigos. Su apariencia exterior era la de un campamento militar en el que el urbanismo desempeñaba un escaso papel. De las dos, sólo Atenas podría responder al esplendor de su fama pasada por sus restos, como recordaba el historiador Tucídides:

> «si Esparta quedara desierta y sólo quedaran los templos y los cimientos de los edificios, las generaciones futuras nunca creerían que su poder fue equivalente a su fama».

3. El desarrollo político de Atenas

La consolidación como comunidad

La consolidación de Atenas como estado unitario se remonta posiblemente a la Edad Oscura cuando tuvo lugar la reunificación de todo el territorio del Ática, que la tradición mítica posterior atribuía al héroe Teseo. Este proceso, conocido como el *sinecismo* de las diferentes comunidades que compartían este espacio geográfico bajo la dirección de Atenas, cuya datación precisa desconocemos así como su duración, resultó un acontecimiento fundamental para el desarrollo futuro de Atenas como polis. Las diferentes comarcas y aldeas de esta extensa región pasaron a depender desde entonces del centro urbano que se fue desarrollando a los pies de la Acrópolis de Atenas, que se convirtió en el núcleo fundamental de la nueva polis. Este proceso de unificación debió necesariamente implicar ciertas anexiones territoriales y algunas transferencias de población que quedaron camufladas bajo los relatos míticos posteriores que pretendían hacer referencia a estos acontecimientos del remoto pasado. Sin embargo, todos los habitantes del Ática poseían por igual la condición de atenienses, sin que el proceso de unificación diera lugar a la creación de una clase de súbditos internos o poblaciones de status inferior como sucedió en Esparta y en otros lugares de Grecia, como Tesalia o Creta.

Atenas pudo solucionar con relativa facilidad los problemas habituales de este período, como el aumento de la población y la crisis agraria consiguiente, gracias a la extensión territorial de sus dominios y al alto nivel de desarrollo artesanal. Una buena parte de la población rural, que fue desposeída de sus tierras y que contaba con escasos recursos, al igual que sucedía en el resto de Grecia, pudo haber encontrado salida a su situación en los talleres artesanales de la ciudad de Atenas que, a juzgar por la difusión que alcanzó su cerámica, desarrollaron una importante actividad. Sin embargo, estas posibilidades no libraron a la comunidad ateniense de los conflictos habituales que implicaba la lucha por el poder entre diferentes clanes de la elite aristocrática dirigente, que en Atenas se denominaban Eupátridas. El camino elegido por los atenienses fue el de las reformas de su constitución interna, de forma que fueran soldándose las grietas que impedían la formación de una comunidad política sólida y socialmente integrada.

Es relativamente poco lo que conocemos con seguridad de las instituciones de la Atenas anterior a Solón a pesar del amplio debate a que estos temas dieron lugar en épocas posteriores. La desaparición de la realeza, de cuya existencia histórica no tenemos demasiadas constancias, debió de dar paso a una serie de magistraturas de origen aristocrático dotadas de cargos anuales conocidas como *arcontes*. Al principio eran tres: el *basileus* que tenía a su cargo el calendario litúrgico que regulaba toda la vida comunitaria; el *epónimo* que daba nombre al año y que era considerado, quizá con no mucho fundamento, el más importante; y finalmente el *polemarco* que poseía amplias competencias en el ámbito de las relaciones de la ciudad con los no ciudadanos. Otro pilar decisivo de la vida política ateniense era el Consejo aristocrático del Areópago al que se atribuyen diferentes funciones. Junto a ellos existía también otro tipo de magistraturas conocidas con el nombre de *náucraroi* que tenían al parecer atribuciones de tipo financiero. Como ha señalado el historiador francés Claude Baurain, es necesario evitar la aplicación de conceptos y categorías modernas a la situación política y social de la Atenas arcaica. Seguramente se trataba de una sociedad inmersa en numerosas prácticas de carácter ritual, tradicionalmente muy solidaria, en la que los grupos aristocráticos poseían tantas obligaciones como derechos y que se vio pronto superada por los profundos cambios que se estaban operando por todas partes en el mundo griego.

De los escasos acontecimientos que conocemos de este período destacan el intento por establecer una tiranía, hacia el 630 a.C., por parte de un noble llamado Cilón. Este asunto revela la existencia en Atenas de un poderoso grupo de familias que al menos desde mediados del siglo VII a.C. ocupaban altas responsabilidades en la gestión de la comunidad ateniense. La serie de venganzas sangrientas que siguieron al fracaso del golpe de estado pusieron de manifiesto la existencia de luchas enconadas por el poder dentro de este mismo medio social. La tradición atribuye al clan de los Alcmeónidas, quizá la más poderosa de estas familias aristocráticas atenienses, la realización de ciertas acciones sacrílegas por haber dado muerte en el interior de un recinto sagrado a los partidarios de Cilón. Sin embargo, el predominio de los Alcmeónidas no era exclusivo a juzgar por otro de los acontecimientos referidos a este período como es la irrupción del legislador Dracón, quien en torno al 620 intentó poner término a la cadena de matanzas partidistas por medio de la promulgación de un código de leyes, escrito «más con sangre que con tinta», según el testimonio de Plutarco. Dichas leyes ponen también de manifiesto el firme deseo de los atenienses de poner freno a los conflictos desatados a causa de la constante lucha de los clanes aristocráticos en busca de la gloria que implicaba la posición hegemónica dentro del naciente estado ateniense. Apenas sabemos nada de esta legislación y es muy probable que la mayoría de las reformas atribuidas a Dracón fuesen instauradas por Solón, el verdadero artífice de las reformas, en la generación siguiente.

Las reformas de Solón

Los instrumentos jurídicos aportados por las leyes de Dracón se revelaron insuficientes a la hora de poner término a las luchas fratricidas que libraban los diferentes clanes aristocráticos y al malestar social general que parece haberse apoderado de la sociedad ateniense en la segunda mitad del siglo VII a.C. Solón ocupa un lugar excepcional dentro de la historiografía antigua a pesar de que sólo conocemos su figura a través de los fragmentos que han llegado hasta nosotros de su obra poética, de la alusión a algunas de su leyes y de lo que dicen de él algunos autores antiguos como Aristóteles y Plutarco. A pesar de esta aparente abundancia de referencias, hay que recordar que sus poemas y sus leyes, expresados en sus propios términos, van dirigidos a un auditorio que conocía bien la situación en la que se integraban y no necesitaba, por tanto, ningún tipo de contextualización, como nos sucede a nosotros.

Solón era un miembro más de los Eupátridas que fue elegido magistrado supremo (*arconte*) en el 594 a.C. Para su elección mediaron sin duda sus propios poemas, donde defendía su posicionamiento e instaba a la adopción de determinadas medidas, y sus éxitos militares contra los megarenses, contra quienes Atenas libraba un duro y prolongado conflicto por la posesión de Salamina y Eleusis. Su misión era poner freno a los disturbios por medio de un arbitraje justo que diera a cada uno de los bandos en conflicto la parte adecuada a sus posibilidades y merecimientos, tal y como él mismo pone de manifiesto en uno de sus versos:

> Al pueblo le di toda la parte que le era debida,
> sin privarle de honor ni exagerar en su estima.
> Y de los que tenían el poder y destacaban por ricos,
> también de éstos me cuidé para que no sufrieran afrenta.
> Me alcé enarbolando mi escudo entre unos y otros
> y no les dejé vencer a ninguno injustamente.
>
> (Solón, *Elegías*, fr. 5 West, traducción de Carlos García Gual, Alianza)

A la vista de la documentación con que contamos, no resulta nada fácil asignar con seguridad a la persona de Solón todas las medidas y reformas que la tradición posterior le atribuye. Se ha hablado de su decisiva intervención para solucionar la grave crisis agraria por la que Atenas pasaba en aquellos momentos. Parece muy probable que, aunque se opuso a una medida radical como la redistribución de tierras, como quizá le reclamaban ya los afectados, habría procedido a la anulación de las rentas que gravaban los campos y sus respectivas cosechas, y habría puesto igualmente fin a la esclavitud por deudas. En concreto se habla de una medida denominada *seisáchtheia*, consistente en la liberación de las cargas que esclavizaban a una buena parte de la población campesina del Ática, que con el paso del tiempo, dentro de una economía esencialmente agraria regida por una red de obligaciones y solidaridades que implicaban tanto a la tierra como a quienes la trabajaban, habían pasado a la condición dependiente de *hectémoros* (un término que se interpreta en el sentido de que estaban obligados a pagar un sexto de su cosecha anual a su acreedor). Habría rescatado además a otros muchos que habían sido esclavizados a causa de las deudas y liberado a muchos otros que habían sido vendidos en el exterior por este mismo motivo. Con estas medidas habría conseguido en opinión de algunos la desaparición casi definitiva de las formas tradicionales de explotación personal del campesino libre que, en opinión de Finley, «iba a ser la base de la sociedad ateniense a lo largo de su historia como polis independiente».

Se le atribuye también la promulgación de un código de leyes escritas que habría reemplazado al código de Dracón, ampliando el dominio de competencias de la justicia común de la polis a otros casos aparte del asesinato, como el matrimonio, las sucesiones, herencias, sacrificios o funerales. Debido a la importancia que Solón adquirió dentro del debate político en Atenas a lo largo del siglo IV, es muy posible que muchas de estas leyes, que fueron en realidad promulgadas en tiempos mucho más recientes, le fueran atribuidas sin motivo justificado. Como todos los legisladores arcaicos, parece que sus principales preocupaciones giraban en torno a las cuestiones de propiedad y de la herencia con referencias explícitas a las condiciones de legitimidad, al orden de sucesión, a las condiciones de validez de los testamentos y a las condiciones de adopción. Sin embargo, sus medidas más decisivas habrían sido una serie de reformas constitucionales que introducían la riqueza como criterio decisivo a la hora de establecer la jerarquía social y determinar en función de ella la participación en los cargos políticos y militares. Solón habría repartido a la población ateniense en cuatro clases censitarias que tenían como base la riqueza expresada en medimnos, una medida de producción agrícola correspondiente a unos 36 litros. De esta forma, la posición superior la ocupaban los denominados *pentakosiomédimnoi* o ciudadanos que poseían una cantidad de 500 medimnos. Les seguían en rango los *hippéis* o caballeros, con una cantidad de riqueza tasada en más de 300 medimnos. A continuación venían los *zeugitai* (palabra que tiene que ver con yugo y por tanto propietarios de un tiro de bueyes o arreos) con una riqueza superior a los 200 medimnos. Por último en la parte baja de la escala social estaban los *thetes*, los pequeños campesinos y artesanos con ingresos inferiores a los 200 medimnos.

Los cargos más altos quedaron restringidos a la primera de las cuatro clases. Los cargos principales, los nueve arcontes, eran anuales, pero al finalizar el año sus ocupantes pasaban a formar parte del consejo del Areópago, que era el cuerpo vitalicio de los nobles y ostentaba, aunque de una forma imprecisa, el dominio y el control del estado ateniense. Las dos clases siguientes podían acceder a cargos menores y podían formar parte de un nuevo consejo establecido por Solón, denominado *Boulé*, compuesto por 400 miembros, cuya primera función parece que era preparar los decretos y reuniones de la asamblea. Por fin, los *thetes* quedaban excluidos de todo cargo y sólo tenían libre acceso a una asamblea desprovista de poderes reales y ejecutivos.

El objetivo de las reformas era poner trabas a las partes en conflicto imponiendo límites claros sobre las ocasiones y motivos que podían ser objeto de disputa y determinando el grado hasta el que cualquier conducta discrepante podía ser castigada. Sus medidas trataron también de configurar un marco regular para la vida ateniense codificando los rituales religiosos a través de un calendario fijo de festivales que establecía la naturaleza de los sacrificios a realizar en ellos y controlaban, por tanto, los objetivos y la gloria que podían derivarse de los mismos. Los Eupátridas perdían así una buena parte de la exclusividad del poder que ahora se veían obligados a compartir con nuevos ricos de linaje plebeyo. Los pequeños propietarios, una buena parte de la población del Ática y miembros de la falange hoplítica, recibían una cierta participación en el gobierno de la comunidad, pero sin que ello significara el final del predominio aristocrático. Por último, el *demos*, que incluía a la mayoría de la población, era reconocido como parte integrante de la ciudadanía y adquiría de este modo un papel político aunque ciertamente todavía muy reducido. La polis ateniense empezaba así a tomar forma y el sentido de comunidad cívica, apoyada en las libertades personales y en la existencia de un código de leyes accesible a todos, comenzaba a hacerse realidad. Es posible, además, que algunas medidas, como la instauración de un tribunal popular, la *Heliea*, o el reconocimiento de la asamblea como electorado activo, reforzasen de modo considerable la posición del *demos* de cara al futuro desarrollo de los acontecimientos.

La posición social de los Eupátridas no sufrió, sin embargo, serios reveses por causa de las medidas solonianas. Marcadores funerarios de características monumentales como los *kouroi* de gran tamaño y una serie de estelas coronadas por una esfinge se despliegan impasibles a lo largo de todo este tiempo sin que parezcan haber sufrido ningún tipo de restricciones a pesar de que la tradición atribuye a Solón un gran interés en frenar la extravagancia funeraria. Como ha señalado Robin Osborne, la crisis que Solón trató de solucionar con sus medidas era más una crisis de tipo político y social que económico. Atenas formaba parte por aquel entonces de una red de intercambios comerciales, tal y como sugiere la amplia distribución de su cerámica por todos los rincones del Mediterráneo. Sus efectos sobre la sociedad ateniense fueron más bien el incremento de la competitividad entre los miembros de la elite dirigente que la creación de un nuevo grupo social con estos mismos objetivos. Esta competitividad puede haber impulsado a potenciar al máximo la producción agrícola de aceite de oliva y vino, dos de los productos exportables, aumentando la presión sobre el campesinado a la hora de dedicar mucha más tierra a este tipo de cultivos intensivos. Las consecuencias de dichas medidas pueden haber estado en la base de la crisis política y social que las medidas adoptadas por Solón trataron, con mayor o menor fortuna, de resolver.

La tiranía de Pisístrato

La obra de Solón no duró lo suficiente para garantizar la paz social en Atenas. Sus medidas habían aliviado las condiciones de vida de los pequeños campesinos, pero sus condiciones económicas seguían siendo lo bastante precarias como para generar amplio descontento. Como no había tenido lugar ninguna redistribución de tierras, muchos de los que habían regresado a la ciudad tras su liberación como esclavos carecían por completo de recursos. El dominio de la elite aristocrática permanecía casi intacto y cada vez se enconaban más los conflictos y rivalidades internas, sacando el máximo partido de este descontento generalizado. Algunos nobles ambiciosos, conscientes de esta situación explosiva, supieron jugar con habilidad sus bazas y trataron de atraerse de su lado a la mayoría de la población.

Éste fue el caso de Pisístrato, que supo aprovechar su prestigio como *polemarco* tras su victoria sobre los megarenses y la recuperación de Salamina para sacar partido de las disensiones y enfrentamientos regionales entre los miembros de la elite. En Atenas había al parecer en esos momentos dos grandes grupos que se oponían violentamente entre sí: «los de la llanura», que agrupaban sobre todo a los grandes propietarios de tierras, y «los de la costa», compuesto especialmente por pequeños propietarios y gentes con intereses en los intercambios comerciales por mar. Pisístrato creó una nueva facción a la que denominó *huperákrioi* (los que habitan más allá de las colinas), compuesta sobre todo por pequeños campesinos que habían sido víctimas de la *seisáchtheia* y artesanos. Gentes en definitiva que servían como hoplitas, muy cercanas por condición y aspiraciones a las que gravitaban en torno a la facción de los Alcmeónidas, «los de la costa», encabezados ahora por Megacles. Aristóteles calificó a Pisístrato como *demotikótatos* (el más próximo a los ciudadanos) y resumió su ejercicio en el poder de la siguiente forma: «gobernó la ciudad con moderación y más como ciudadano que como tirano».

Tras varias tentativas fallidas de hacerse con el poder, finalmente lo consiguió con el apoyo de los tebanos, los argivos y el tirano Lígdamis de Naxos hacia el 545 a.C. Tras la instauración efectiva de la tiranía en Atenas, se adoptaron una serie de medidas que no siempre es posible atribuir con completa certidumbre a la persona de Pisístrato o a las de sus inmediatos sucesores, sus hijos Hipias e Hiparco. A pesar de su imposición por la fuerza, parece que respetó en lo esencial el cuadro institucional preexistente y sólo adoptó algunas medidas de carácter moderado que implicaban la política, la justicia y la religión, cuyo alcance preciso no podemos determinar con precisión. Sus objetivos principales parecen haber sido debilitar las prerrogativas tradicionales de la oposición aristocrática y atenuar las injusticias flagrantes que sufría una parte considerable de la población. A través de una percepción moderada sobre los ingresos de la agricultura y con la ayuda de los recursos generados, primero por las minas del Pangeo en Tracia y después con los de Laurión en el Ática, obtuvo los fondos necesarios para financiar sus iniciativas, tales como las campañas exteriores en el Quersoneso tracio, en la región de la Tróade en Asia Menor y en las Cícladas, que impulsaron al tiempo la actividad comercial, sus planificaciones de carácter urbanístico y los préstamos a los pequeños campesinos.

El centro urbano de Atenas experimentó importantes cambios gracias a la actividad de carácter edilicio antes aludida. Se construyó el primer gran templo de Atenea sobre la colina de la acrópolis y se iniciaron los trabajos del templo de Zeus Olímpico. Se erigieron diversos santuarios, un altar a los 12 dioses en el ágora, un circuito de carácter defensivo y una fuente que aseguraba el suministro de agua a la ciudad. Estrechamente ligadas a este tipo de actividades urbanísticas están sus iniciativas en el terreno más puramente religioso tendentes a favorecer a las divinidades de tipo políada, especialmente la diosa Atenea. Organizó las Grandes Panateneas, en el curso de las cuales tenían lugar competiciones deportivas y los recitales de los poemas homéricos. Mostró también un especial interés por Apolo con la construcción del templo de Apolo Patroos en el ágora y la purificación de Delos, el santuario por excelencia de los jonios. Dichas medidas atestiguan la creciente reivindicación ateniense por situarse en el origen del pueblo jonio. También desarrolló su actividad en el santuario de Eleusis, donde construyó la gran sala de reuniones cuadrangular denominada *telesterion*. Este tipo de medidas rituales tuvo una enorme importancia en sus intentos por reforzar la cohesión de las poblaciones y territorios diversos que componían el Ática. Poniendo de relieve los lugares de culto que estaban instalados en las regiones periféricas y vinculándolos de manera ritual con los que tenían su sede en el centro urbano de Atenas, contribuyó de manera decisiva al establecimiento de sentimientos de fidelidad de estas regiones respecto al centro mismo de la polis con el efecto ulterior de reducir de manera efectiva el papel preponderante de las aristocracias locales en aquellos territorios. Ése fue el papel impulsor que jugaron festivales como las Panateneas y las Dionisias que implicaban una gran carga de espectacularidad y propaganda política. Una muestra de la importancia que adquirió la figura de Dioniso en estos momentos nos la proporcionan las abundantes representaciones de la iconografía de este dios en la pintura de la cerámica.

En el terreno económico, ya se ha destacado el impulso que sufrieron las actividades marítimas y comerciales bajo el dominio de los pisistrátidas. Fue en estos momentos cuando la cerámica ática de figuras rojas confirmó su éxito y su supremacía sobre sus competidores corintios en mercados cada vez más lejanos y numerosos. Fue entonces también cuando gracias al aflujo de recursos argentíferos de las minas de Pangeo y Laurión se acuñaron las célebres «lechuzas», los tetradracmas áticos de plata que portaban el símbolo de la diosa Atenea en sustitución de los antiguos emblemas familiares aristocráticos, que contribuyeron de manera decisiva a la potencia y engrandecimiento económico de Atenas.

Bajo los pisistrátidas se sentaron también las bases del esplendor cultural ateniense del siglo V a.C., que otorgó a la ciudad la supremacía sobre el resto del mundo griego en este terreno. Hiparco, uno de los hijos de Pisístrato, fue el más activo en este aspecto, a juzgar por la acogida que dispensó a los poetas Anacreonte de Teos y Simónides de Ceos. La política de los tiranos en este campo tenía como objetivos tanto el embellecimiento de la ciudad como la ilustración práctica de las virtudes del régimen político. Todo ello se completó con una acertada política exterior de carácter pacífico, con buenas relaciones con las más importantes ciudades griegas y con algunos reinos extranjeros, como Lidia o el imperio persa.

A la muerte de Pisístrato le sucedieron sus hijos Hiparco e Hipias, que no supieron conservar el poder heredado de su padre. El endurecimiento del gobierno de Hipias a causa del asesinato de su hermano Hiparco, que estuvo motivado al parecer por un asunto de celos, fue un factor determinante. Sin embargo, el final de la tiranía en Atenas fue el resultado directo de la intervención espartana que en un segundo intento, en el año 510 a.C., bajo el mando del rey Cleómenes, puso fin al gobierno de los pisistrátidas. La tradición ateniense atribuye una gran parte del mérito en la caída definitiva de la tiranía a dos jóvenes aristócratas, llamados Harmodios y Aristogitón, autores del asesinato de Hiparco, que fueron encumbrados a la posición de héroes y a quienes se erigió una estatua en medio del ágora. Ambos fueron celebrados en canciones de simposio tales como la que nos ha trasmitido Ateneo:

«Llevaré mi espada en una rama de mirto, como Harmodio y Aristogitón cuando juntos asesinaron al tirano y trajeron la igualdad ante la ley a Atenas».

(Ateneo, *Banquete de los sabios*, 695 ab)

Hipias adoptó medidas muy severas contra los sospechosos del complot, desterrando a unos y ejecutando a otros. Fueron precisamente los aristócratas exiliados quienes dirigieron a partir de entonces los ataques para derribar al tirano con la decisiva colaboración de Esparta. Hipias, que se había atrincherado en la acrópolis, se vio obligado a abandonarla y a salir de Atenas.

El gobierno de los pisistrátidas no tuvo, sin embargo, un carácter absoluto ni ejercieron el monopolio total del poder en Atenas. A pesar de las pretensiones alcmeónidas de las que se hace eco Heródoto de haber permanecido en el exilio durante el tiempo que duró el dominio pisistrátida, lo cierto es que sabemos a través de un fragmento de la lista de los arcontes atenienses que entre los arcontes epónimos de la década del 520 figuraron junto a Hipias, el hijo de Pisístrato, Alcmeónidas como Clístenes, el hijo de Megacles, y Milcíades hijo de Cimón. Seguramente, como ha señalado Robin Osborne, los pisistrátidas trataron de mantener su supremacía en el poder mediante una delicada combinación de amenazas y promesas. Muchas de las medidas adoptadas, como la construcción de templos, constituyeron una forma de asegurar que todos los actos destacados de la vida ateniense les fueran atribuidos sin ningún género de dudas.

Las reformas de Clístenes

Una buena parte de la población había salido fortalecida del régimen tiránico de los pisistrátidas y, por tanto, resultaba prácticamente inviable cualquier intento de acceder al control del poder sin contar con este apoyo mayoritario. Éste fue el procedimiento seguido por Clístenes que al frente de su respectiva facción aristocrática supo ganarse el apoyo del demos frente a su rival Iságoras, partidario al parecer de una restauración aristocrática.

> Por su parte, Clístenes de Atenas [...], cuando, por aquellas fechas, consiguió ganarse para su causa al pueblo ateniense (que hasta entonces se había visto marginado sistemáticamente), modificó los nombres de las tribus y aumentó su número, antes exiguo. En este sentido estableció 10 filarcos en lugar de cuatro y, así mismo, distribuyó los demos, repartidos en 10 grupos, entre las tribus. Y, como se había ganado al pueblo, poseía una notable superioridad sobre sus adversarios políticos.
> (Heródoto, *Historias*, V, 69, traducción de Carlos Schrader, Gredos)

Clístenes, a la cabeza de los Alcmeónidas, se había dado cuenta de los profundos cambios que demandaba la situación política de aquellos momentos si la elite aristocrática dirigente pretendía seguir ocupando posiciones de privilegio dentro de una comunidad que estaba sufriendo importantes transformaciones sociales y económicas. Para ello Clístenes puso en marcha una verdadera *isonomía* (igualdad de derechos ante la ley) que, sin ser todavía una verdadera democracia en el sentido moderno de la palabra, suponía sin duda un paso decisivo hacia este tipo de gobierno.

Dentro del marco general de la polis existían una serie de estructuras comunitarias como las tribus y las fratrías que funcionaban como sistemas de parentesco en sentido amplio y servían como marcos de la organización militar, política y religiosa de cada comunidad. En Atenas había cuatro tribus divididas en tercios (*tritias*). Es poco lo que sabemos acerca de su concreto funcionamiento, ya que la mayor parte de nuestros testimonios proceden de época tardía y retrotraen hasta tiempos más antiguos estructuras y organizaciones que eran corrientes en su propia época. Estudios recientes, como los de Denis Roussell, han puesto de manifiesto la complejidad y variedad de estas estructuras del parentesco arcaico que se desarrollaron al parecer a la par que la polis con la función de integrar al individuo en grupos locales que iban vertebrando la comunidad en un sentido corporativo. La mayor parte se agrupaban en torno a las grandes familias aristocráticas y se estructuraban quizá por un mismo culto común. Este tipo de agrupaciones sociales se convirtieron en verdaderas clientelas políticas de los clanes aristocráticos dominantes en cada uno de los distritos territoriales debido a la propia dinámica de los grupos de presión locales en pro de sus intereses concretos. Los vínculos de dependencia política y socioeconómica supeditaban a una gran parte de su población a la política seguida por las grandes familias aristocráticas dominantes en cada uno de los distritos naturales que conformaban el Ática. Por tanto, si se pretendía romper o al menos aminorar de forma importante estos lazos naturales de dependencia, había que proceder a una remodelación territorial de la misma, a una verdadera reconfiguración del espacio político.

Las nuevas estructuras cívicas ingeniadas por Clístenes tomaron como punto de partida las pequeñas comunidades rurales denominadas *demos*. Todo el territorio del Ática se vio dividido de esta forma en una centena de *demos* que agrupaban en su seno a un número determinado de ciudadanos. Cada ateniense se convertía en ciudadano de pleno derecho tras su integración en el *demos*. Cada una de estas unidades poseía su propia asamblea, su propio máximo dirigente (*el demarco*) y sus propios cultos. Estas unidades de base fueron reagrupadas en tres grandes conjuntos que, aunque no constituían verdaderas entidades geográficas, representaban a grandes rasgos a los diferentes grupos de la población del Ática: los del interior, los de la costa y los de la ciudad. Cada una de estas tres grandes unidades administrativas fue dividida a su vez en 10 distritos (*tritias*) dotados de sus propios cultos y compuestos de un número variable de demos. Esta reagrupación de los demos en tritias sobrepasaba los límites de las antiguas zonas de influencia aristocrática.

Procedió a continuación a una reforma en profundidad de las tribus, que aumentó hasta un número de 10. Estaban compuestas ahora por la asociación de tres tritias extraídas respectivamente de cada una de las nuevas zonas territoriales en que había sido dividida el Ática. De este modo cada una de las nuevas tribus, como ha señalado Claude Baurain, constituían un verdadero microcosmos de toda la comunidad del Ática. Con la reforma de las tribus Clístenes perseguía un doble objetivo: mezclar por un lado a los atenienses para debilitar los antiguos lazos de clientela regional y asegurar sobre unas bases nuevas el sentimiento de unidad de la ciudad por medio de estas nuevas formaciones territoriales. A partir de entonces, una vez que estaban inscritos en los registros de los *demos*, los atenienses se denominaban desde esos momentos con el nombre del *demos* en lugar del patronímico o nombre del padre, que había constituido siempre un claro indicio de pertenencia a la aristocracia. Todos aquellos que no habían formado parte de las fratrías, agrupaciones religiosas y políticas que tomaban como punto de origen un antepasado común, campesinos pobres y artesanos venidos del exterior, accedían ahora a la ciudadanía por medio de las nuevas corporaciones cívicas.

Sin embargo, toda esta remodelación territorial y esta reestructuración del espacio cívico del Ática tenía un claro objetivo político. Para neutralizar el Areópago, que era el instrumento esencial del poder aristocrático, Clístenes creó el Consejo de los 500, la *Boulé*, que se convirtió en el instrumento de la futura soberanía del *demos*. Su función era ocupar el lugar del Areópago como consejo restringido encargado de llevar a cabo el trabajo legislativo preparatorio y asegurar la permanencia del poder estatal que ninguna asamblea podía aspirar a desempeñar. Era un órgano supremo de carácter representativo y ejecutivo. Estaba constituido por 50 ciudadanos de cada una de las tribus, elegidos por sorteo entre todos aquellos varones de al menos 30 años de edad, sin que fuera precisa ninguna clase de distinción por nacimiento o censo. Los magistrados supremos, los arcontes, aumentaron también hasta 10, uno por cada una de las tribus. También se atribuye a Clístenes la institución de los 10 estrategos o comandantes militares supremos, que procedían igualmente de cada una de las tribus. El Areópago, baluarte fundamental del poder político aristocrático, iba viendo mermadas sus atribuciones de forma creciente con la asunción de funciones por parte de la *Boulé*. Sin embargo, el definitivo golpe de gracia estaba todavía por llegar y, aunque se habían dado importantes pasos hacia la democracia, faltaban todavía algunos aspectos fundamentales. Fuesen cuales fuesen los motivos personales o políticos que impulsaron a Clístenes a llevar a cabo toda esta serie de reformas, la realidad es que confirió su fisonomía definitiva a la ciudad griega al conceder la igualdad jurídica (*isonomía*) a todos los ciudadanos atenienses y depositar el poder en el centro de la propia comunidad.

4. Esparta

La singularidad espartana

Esparta presenta una serie de características particulares que la convierten en un caso ciertamente singular dentro del panorama griego. Poseemos además abundantes informaciones sobre su historia a lo largo de la época arcaica gracias a la poesía de Tirteo y Alcmán, a las excavaciones de los santuarios de Ártemis Ortia y del Meneleo, y a las tradiciones tardías que fueron generadas por esta ciudad, que fue siempre percibida por el resto de los griegos, especialmente por sus grandes rivales los atenienses, como algo excepcional. Su característica más singular fue, como ha señalado Finley, la peculiar relación existente entre polis y territorio. Toda la historia de Esparta aparece dominada por dos factores decisivos como el control de Mesenia, una región especialmente fértil con relación a la media griega habitual que había sido absorbida tras un largo proceso de conquista dentro del estado espartano, y el consiguiente sometimiento de su población a un status de dependencia servil. Un grupo reducido de espartanos, que se autodenominaban «los iguales» (*homoioi*) y que residían en la ciudad de Esparta, ejercían el dominio sobre un amplio territorio de más de 5.000 km^2 compuesto por las regiones de Laconia y Mesenia.

La imperiosa necesidad de controlar esta población servil, siempre dispuesta a la rebelión, condicionó tanto la política interior como la exterior del estado espartano. Esta circunstancia impulsó además una serie de reformas dentro de la constitución espartana, que otorgaron a esta polis su particular fisonomía a los ojos de los restantes griegos. El estado espartano se convirtió así en un verdadero campamento militar con el fin de disponer de un ejército bien disciplinado presto siempre a la autodefensa para evitar una sublevación masiva de hilotas. Esta vigilancia continua de la delicada situación interna impedía constantemente el envío de tropas espartanas al exterior, ya que no parecía oportuno dejar tras de sí un peligro tan considerable como era una masa sometida por la fuerza, dispuesta siempre a la rebelión.

El resto de la población estaba repartida en dos grandes grupos: el de los periecos y el de los hilotas. Los periecos, literalmente «los que habitan alrededor», eran hombres libres que vivían en sus propias comunidades pero carecían de autonomía política exterior y de capacidad militar propia, ya que estaban obligados a formar parte del ejército regular espartano y a ponerse bajo las órdenes de sus generales. Dentro de sus propias comunidades gozaban de plenos derechos y no tenían status de dependencia alguno en otro terreno. Practicaban el artesanado y el comercio además de las actividades agrícolas. Se les denominaba lacedemonios, ya que sólo se integraban de manera parcial dentro de la comunidad cívica de los espartanos. Los hilotas, que constituían la mayor parte de la población, eran esclavos del estado espartano. Se ocupaban del cultivo de las tierras y de los pastos de los espartanos y carecían de todo tipo de libertades, incluida la de movimiento dentro del propio territorio. El manifiesto desequilibrio numérico entre hilotas y espartanos condicionó de manera decisiva todo el desarrollo posterior de la historia de Esparta.

Sin embargo, la característica institucional verdaderamente sorprendente del sistema espartano es la existencia de una doble realeza. Su principal misión era la dirección de las tropas y su poder estaba de hecho estrechamente relacionado con la fortuna habida en el curso de las operaciones militares. Su poder hereditario parece haber sido más bien frágil ya que estuvo siempre sometido a un cierto control, primero de la asamblea popular de carácter guerrero (*apella*) y después al de unos magistrados especiales denominados éforos. Eran cinco y eran elegidos por la asamblea para un año. Con el paso del tiempo consolidaron su autoridad en materia judicial y controlaban la vida cotidiana de sus compatriotas. Existía también un Consejo de ancianos denominado *gerosía* al que al parecer sólo tenían acceso ciertas familias destacadas.

La constitución de Licurgo

Esparta conoció al menos desde finales del siglo VIII a.C. importantes tensiones políticas internas que derivaban a menudo de las conflictivas relaciones entre los dos reyes, entre ellos y los éforos, o entre ellos y la gerosía. A ellos se unía también la continua tensión exterior con sus rivales por el dominio del Peloponeso, especialmente Argos y Tegea, y el interminable conflicto mesenio. Las continuas exhortaciones al combate y la apelación al buen gobierno (*eunomía*), que aparecen con insistencia en los poemas de Tirteo, constituyen una prueba inequívoca de las dificultades por las que atravesaba Esparta en aquellos momentos. A la vista de las circunstancias, los espartanos o algunos miembros de su elite optaron por buscar una solución definitiva que pusiera término a la *stasis* interna, garantizara su seguridad interior frente a las posibles rebeliones y asegurase su supremacía militar frente a sus enemigos más inmediatos. Se adoptaron así una serie de medidas que cambiaron la fisonomía política y social de Esparta que la tradición antigua atribuía a la enigmática figura de Licurgo.

Para Plutarco, que escribió una biografía del legislador espartano a comienzos del siglo II d.C., el personaje de Licurgo formaba ya parte indisociable del mito. La tradición espartana de mediados del siglo V a.C., cuando escribió Heródoto, le atribuía las medidas constitucionales que derivaron en el ordenamiento peculiar de la sociedad espartana en época clásica. Se menciona también la existencia de un oráculo délfico en el que se expresaba la incertidumbre acerca de la condición divina o humana de Licurgo, lo que parece a todas luces un claro intento por otorgar a esta legislación el mayor prestigio posible que la pusiera a resguardo de cualquier intento de cambio posterior. El nombre de Licurgo no aparece mencionado, sin embargo, en los poemas de Tirteo que han sobrevivido hasta nosotros. Conocida bajo el término de Gran Retra, la *politeia* ideada por Licurgo ha sido conservada por Plutarco en su biografía antes mencionada. En un lenguaje algo oscuro establece la reunión regular en un lugar fijado de una asamblea que gozaba de poderes de decisión, aunque con la posibilidad de que fueran recortados por los reyes y el consejo de ancianos. Esta regulación constitucional, que por las alusiones de Tirteo debía hallarse en funcionamiento antes de su propio tiempo, constituye la *politeia* más antigua de toda Grecia. Para su datación se ha sugerido la fecha de la primera mitad del siglo VIII a.C. Sin embargo, parece más aconsejable asociar la adopción de estas medidas a la figura del rey Teopompo, que habría asegurado la conquista de Mesenia a finales del mismo período.

El sistema educativo espartano

Una de las consecuencias de la adopción de las medidas atribuidas a Licurgo fue la conversión de los espartanos, «los iguales», en un cuerpo militar cuyas vidas estaban dedicadas íntegramente a salvaguardar la seguridad del estado. La importancia decisiva de la formación militar de los futuros ciudadanos para la propia supervivencia de Esparta impuso una serie de restricciones a la forma de vida habitual. Se propiciaba así la selección natural de los más fuertes mediante el abandono o la eliminación de los más débiles y de aquellos que tenían algún defecto físico. Se reducían al mínimo los afectos y vínculos de carácter familiar mediante la temprana separación del niño de los padres y la escasa convivencia matrimonial de los esposos ya que, aparte de esporádicas visitas, los hombres debían convivir toda la jornada en el campamento con sus compañeros de armas. Esta austera formación militar estaba basada en una disciplina férrea, en la obediencia a todo trance, y en una resistencia a toda clase de contrariedades, lo que hizo de los espartanos un ejército formidable, bien preparado siempre para el combate.

Esta concentración exclusiva en el aspecto militar determinó también el abandono de las actividades económicas en manos de los periecos y los hilotas, que se ocupaban respectivamente del comercio y de la provisión de alimentos. No utilizaron la moneda ni desarrollaron un urbanismo acorde con el de las demás ciudades griegas. La pervivencia de este complejo sistema tenía su base en un sistema de educación e integración social ciertamente singular, la llamada *agogé*, encaminado a crear individuos hábiles y capaces desde el punto de vista físico, y a alentar las virtudes del patriotismo y la camaradería entre los compañeros de armas. A los siete años comenzaba la crianza del niño bajo la supervisión del Estado. Cada joven era integrado en una especie de grupo a cuyo frente figuraban los muchachos de mayor edad, que sometían a duras y complicadas pruebas a los recién llegados con el fin de comprobar su valentía. La austeridad era la norma de vida y en muchos casos se les obligaba a robar para alimentarse con el objetivo de que demostraran su capacidad de supervivencia. Quienes fracasaban eran castigados de forma severa y humillados por los jóvenes mayores, que ejercían un control casi absoluto sobre sus vidas.

Los que a la edad de 20 años habían superado con éxito la *agogé* pasaban a formar parte de la *sisutía*, o comedores comunes de la comunidad adulta espartana, que debían ser financiados por sus propios miembros. La pertenencia a una de estas instituciones era la condición que daba acceso a la plena ciudadanía del estado espartano y a formar, por tanto, parte del grupo dominante de «los iguales». Cada uno de ellos recibía además una parte de tierra (*kleros*) por parte del estado, que constituía su principal fuente de ingresos. Sin embargo, las desigualdades subsistieron y fueron muchos los que se fueron quedando al margen de las instituciones, bien por el fracaso en las difíciles pruebas que se veían obligados a afrontar, por la derrota en el ejercicio de las armas o por la pérdida de recursos que les impedía seguir contribuyendo al mantenimiento de su correspondiente *sisutía*.

Hasta un momento dado de la época arcaica, Esparta fue uno más de los muchos estados griegos en el que la vida discurría por los cauces habituales, tal y como se comprueba a través de los fragmentos del poeta lírico Alcmán, de los restos de algunos santuarios y de la tradición que otorga a Esparta un papel preponderante en la evolución de la música griega. Las cosas, no obstante, cambiaron de manera radical tras la conquista de Mesenia a lo largo del siglo VII, sobre todo con la denominada segunda guerra mesenia que tuvo lugar en la parte final de esta época.

Sin embargo, en medio de este ambiente de austeridad generalizada, todavía subsistía en algunos sectores de la sociedad espartana un cierto modo de vida aristocrático como revelan los objetos de lujo importados hechos en marfil que se han encontrado en el santuario de Ártemis Ortia, la famosa cerámica laconia, que constituía un bien de tipo suntuario, la fina estatuaria en madera, los trabajos en bronce o, finalmente, la mención de algunos vencedores espartanos en las carreras de carros de Olimpia. Pero la mayor parte de estos refinamientos desaparecieron en la última parte del siglo VI, cuando quizá el sistema se cerró sobre sí mismo y se agudizaron las presiones sobre el cuerpo militar dirigente que constituía el núcleo básico del estado.

La propia estructura organizativa del estado favorecía además la existencia de conflictos por su misma naturaleza. El solo hecho de poseer una realeza doble era ya en sí mismo un elemento de tensión. Ambos reyes eran los líderes militares del ejército, poseían privilegios especiales y recibían honores públicos en sacrificios y banquetes. Sin embargo, estaban bajo el control casi permanente de los éforos, que disfrutaban de poderes especiales y eran los principales cargos legislativos. El conflicto casi permanente entre los monarcas y los éforos es una de las constantes de la historia espartana. Esta magistratura de origen oscuro estaba compuesta por cinco miembros y era el resultado de una extraña combinación de rituales arcaicos de iniciación, que resultaban muy adecuados al sistema educativo antes descrito, y de funciones populares que se expresaban a través de su capacidad de supervisión de todo el funcionamiento del estado.

Todo el conjunto de la sociedad espartana estaba distribuido en tres tribus dorias (*Pámphuloi*, *Hilleis* y *Dumanes*) y se organizaban de cara a su actividad militar sobre una base territorial, en cuatro *obas* o aldeas. Una sociedad, en suma, articulada en un solo cuerpo dirigente, aparentemente homogéneo, que imponía su predominio sobre una gran mayoría de status semidependientes (periecos) o completamente servil (hilotas), pero en la que subsistían también profundas diferencias de riqueza, status o de tipo étnico en el seno del núcleo dirigente. Un episodio como el de la fundación de Tarento, la única colonia espartana, revela la existencia de estas tensiones internas y el tipo de soluciones radicales con que se solventaban. Los *partheniai* o nacidos de las vírgenes, posiblemente de la unión de mujeres espartanas con elementos ajenos al cuerpo espartiata durante la larga campaña militar contra Mesenia, fueron excluidos de la comunidad y enviados a ultramar a finales del siglo VIII. Esta tendencia a una creciente exclusividad y la enorme capacidad de crear status marginales o dependientes acabaron siendo la causa principal de la decadencia de Esparta con el correr de los tiempos.

VI. EL MUNDO DEL IMAGINARIO

1. Una cuestión de definiciones

Todas las manifestaciones de la civilización griega, desde su propia forma de organización característica, la polis, hasta la mayor parte de sus logros literarios y artísticos están altamente condicionados por la religión. El conjunto indiscernible de prácticas y creencias que solemos denominar bajo el título genérico de religión griega formaba parte indisoluble de la vida cotidiana de la polis. El individuo se integraba dentro de su propia comunidad a través de su participación en los ritos comunes que la ciudad organizaba en honor de la divinidad protectora o en el culto al héroe fundador. Los tiranos trataron de sacar partido de esta clase de vínculos de naturaleza religiosa, promocionando la creación de festivales religiosos de carácter cívico que implicasen a toda la comunidad y dieran sentido a sus instituciones. La religión desempeñó entre los griegos un papel fundamental a la hora de integrar a sus ciudadanos en la colectividad y de dotarles del sentido de cohesión social necesario.

La religión constituyó también uno de los rasgos de identidad colectiva que diferenciaba a los griegos, junto con su lengua, de los demás pueblos. Era en la práctica el único vínculo que podía unir, aunque fuera de forma esporádica, a un mundo fragmentado en pequeños particularismos políticos. En todas partes se reconocía a los mismos dioses, a pesar de la diversidad existente, y una serie de santuarios panhelénicos, a los que acudían estacionalmente gentes desde todos los rincones de la Hélade, adquirieron muy pronto un prestigio y una importancia enormes en el conjunto de la vida griega.

La experiencia moderna en el terreno religioso, asociada a las religiones monoteístas de ámbito universal, constituye un serio obstáculo para entender la naturaleza politeísta de la experiencia religiosa griega. Lo primero que nos sorprende es la enorme variedad de cultos y divinidades en el mundo griego. Sin embargo, es necesario entender que los dioses griegos no eran divinidades de carácter absoluto sino que pertenecían de lleno al orden natural del mundo. Cada uno de ellos representaba una potencia que se concretaba en una forma de acción o un tipo de poder. No eran omnipotentes ni habían creado el mundo. Por el contrario, se hallaban sujetos al orden natural y apenas podían modificarlo o alterarlo sin que ello conllevara graves consecuencias. Eran, en definitiva, una serie de poderes que eran reconocidos como tales desde siempre y por ello la expresión corriente entre los griegos no era la de «creer en los dioses» (la más frecuente entre nosotros) sino la de «reconocer su poder» (*nomízein toús theoús*). Desde esta perspectiva no resulta sorprendente que tras el contacto con otros pueblos y el conocimiento de otras divinidades, éstas fueran «reconocidas» y asimiladas, y en consecuencia entraran a formar también parte del panteón divino helénico. A diferencia de lo que sucede con las religiones de carácter monoteísta, no existía diferenciación entre dioses verdaderos y falsos, simplemente se trataba de distinciones cronológicas, de unas potencias reconocidas y veneradas desde tiempos antiguos y otras que procedían de una experiencia más reciente.

2. Los dioses griegos

Los principales dioses griegos presentan la apariencia de un grupo familiar fuertemente jerarquizado en el que puede reconocerse la propia experiencia humana. El panteón olímpico era una forma de ordenar y conceptualizar el universo. Los griegos percibían así de una manera ordenada y jerarquizada las manifestaciones del mundo exterior, en el que una serie de fuerzas favorables y hostiles conformaban y condicionaban su propia existencia. El individuo integraba así su propia experiencia vital dentro de un orden natural que estaba sancionado por los dioses alejando de la mente el temor a un universo absurdo y sin sentido en el que las cosas sucedían por puro azar. Los griegos experimentaban esta omnipresencia de la divinidad por todas partes con una intensidad singular (el *thambos*), a través de un sentimiento ambiguo en el que entremezclaban el temor y el asombro ante lo maravilloso.

Los griegos supieron fraccionar la presencia divina en individualidades diferenciadas concebibles a la medida humana gracias a su poderosa imaginación creadora y a su racionalismo práctico. Fueron los poetas y los artistas plásticos los que crearon las imágenes antropomórficas de los dioses que desde Homero en adelante dominaron todo el panorama cultural helénico. Los griegos, a partir de entonces, imaginaron a sus dioses bajo un aspecto humano ideal, como prototipos de la belleza física. Sin embargo, les atribuían también un comportamiento humano, con las respectivas pasiones, deseos y rencores que ocasionaban frecuentes peleas y conflictos entre ellos. En el fondo, sólo su condición de inmortales separaba de forma irreversible a los dioses de los hombres. Los seres humanos se sentían de esta forma, a un mismo tiempo, cercanos y distantes de los dioses. Los podían tratar con relativa familiaridad en sus plegarias e himnos pero, al final, aparecía la clara conciencia del abismo infranqueable que separaba a unos y otros, y se veían obligados a reconocer que los dioses eran sin duda poderosos y omnipotentes.

Formaban un conjunto de 12 dioses que tenían como morada el monte Olimpo, situado al norte de Grecia. Celebraban asambleas en las que decidían sobre el destino de los hombres y en alguna ocasión tuvieron que actuar en grupo en defensa de su sede contra el ataque de las fuerzas del caos representadas por los gigantes. Los 12 dioses olímpicos eran los siguientes:

Zeus presidía y gobernaba con suprema autoridad el panteón olímpico. Era un dios celeste de origen indoeuropeo que, según Homero, había recibido en el reparto del universo «el cielo inmenso, a la vez con su esplendor y sus nubes». Sus principales atributos aluden precisamente a este dominio de soberanía: «lluvioso», «el que envía los vientos favorables», «el que amontona las nubes», «el que truena», o «el que fulmina con el rayo». Zeus había impuesto su dominio sobre una serie de divinidades oscuras de carácter primordial, entre las que se encontraba su propio padre Cronos, que había devorado a toda su prole. Contrajo una serie de matrimonios con diosas de diversa índole como Metis (la inteligencia), Temis (la equidad), Mnemósine (la memoria), Eurínome, Leto, Deméter y finalmente Hera, que fue considerada su esposa oficial. Tuvo innumerables amores con diosas de carácter ctónico (relacionado con la tierra) como Dia, Europa o Sémele, que aseguraban su predominio sobre todos los ámbitos. Muchos han visto en esta clase de uniones el reflejo del proceso de asimilación por parte de los griegos de las deidades prehelénicas locales. Zeus fue acumulando con el tiempo casi todas las atribuciones y significados. Así, el poeta Esquilo proclama:

> Zeus es el éter, Zeus es la tierra, Zeus es el cielo. Sí, Zeus es todo lo que está por encima de todo.

Señor de los fenómenos atmosféricos, protector del hogar y de la abundancia (pues rige también la fertilidad de los campos), era también garante de las leyes y defensor de la ciudad. Zeus aparece así como el señor absoluto de todo el universo. Su carácter panhelénico queda patente a través de la multiplicidad de santuarios consagrados a él por toda Grecia e incluso contaba con un oráculo en Dodona, en la región del Epiro, donde se practicaba la adivinación mediante la interpretación del movimiento de las hojas del roble sagrado.

Tras el triunfo de Zeus sobre los titanes, el universo quedó repartido entre él y sus dos hermanos, Poseidón y Hades, quienes controlaban respectivamente los mares y el mundo subterráneo de los muertos. Poseidón era, por su nombre, un antiguo dios de la tierra. Su relación con los caballos, animales de carácter infernal, y la condición monstruosa de muchos de sus hijos, como Polifemo, Tritón, Erecteo o las Arpías, revelan su carácter de antiguo espíritu masculino de la fertilidad, que fue reducido posteriormente al ámbito marino.

Hades era el dios de los muertos. Era prácticamente invisible, apenas se le podía nombrar para no atraer la atención de una potencia tan nefasta y recibió culto en muy pocos lugares. Existen muy pocos episodios legendarios asociados a su figura. Tampoco existen apenas representaciones artísticas, salvo una placa de terracota procedente de Locri en el sur de Italia en la que aparece de perfil, sentado junto a Perséfone. Sus dominios eran subterráneos y sus súbditos, los muertos, sólo meras sombras, carentes de vida (fantasmas de personas gastadas).

De la segunda generación de dioses, destaca especialmente Apolo a quien se ha considerado como la encarnación más perfecta del genio helénico por ser el exponente de la mesura, el justo medio que promueve el respeto de la ley y el orden y conduce a la armonía. Era también el dios de la purificación ritual, una de las obsesiones de la mentalidad religiosa griega. La historia mítica de Apolo está repleta de desmanes que el propio dios se vio obligado después a purgar. En muchos lugares donde tenía santuarios parece que sustituyó a divinidades anteriores de carácter ctónico, de origen prehelénico, como en Delfos, donde tenía su principal santuario. Era, al tiempo, el dios de la música y las artes. Aparece representado con la lira como uno de sus atributos esenciales. Comunicaba el conocimiento de esta serenidad, que constituye el centro de la religión apolínea, a través de sus oráculos, algunos de los cuales, como el de Delfos, desempeñaron un importante papel en la vida griega. Sin embargo, presenta también un aspecto extático que lo pone en relación con taumaturgos como Aristeas, Abaris o Hermótimo, capaces de desaparecer y reaparecer en lugares distantes, o con personajes casi legendarios como Pitágoras, que también obraba milagros y reflejaba en sus enseñanzas todos los aspectos de la religión apolínea.

El resto de los dioses tienen menor importancia. Hermes era el mensajero de los dioses, pero al mismo tiempo desempeñaba funciones tan diferentes como guía de los viajeros, señor de los confines y de las propiedades, dios de los mercados, y por tanto mentiroso y ladronzuelo, y conductor de las almas al Hades (*psicopompós*). Hefesto se distinguía del resto de los olímpicos por su habilidad artística y su condición deforme. Ares era el dios de la guerra y se caracterizaba por su extrema crueldad y violencia que le convertían en un ser odioso.

De las diosas destaca Atenea, que nació completamente armada de la cabeza de Zeus. Era una diosa de condición casi varonil que iba siempre armada y era acompañante habitual de los grandes héroes como Aquiles u Odiseo, a los que continuamente protegía y aconsejaba. Su atributo más característico era la inteligencia práctica. Revelaba el carácter sagrado de ciertos oficios y habilidades, y con el tiempo pasó a convertirse en el símbolo de la ciencia divina y de la sabiduría humana. Hera era inicialmente la diosa protectora de la ciudad de Argos. Al convertirse en la esposa oficial de Zeus, pasó a ser la protectora tutelar del matrimonio. Toda su mitología consiste básicamente en la serie continuada de las infidelidades de su esposo y en la saña con que persiguió a sus rivales más destacadas como Leto, la madre de Apolo y Ártemis, o a alguno de los hijos bastardos de Zeus como Heracles. Ártemis parece a todas luces una diosa oriental. Sus dominios eran los bosques y las fieras que en ellos habitaban. Su atributo de señora de los animales, tal y como aparece representada en el célebre vaso François, recuerda a algunas diosas orientales de la vegetación. En Grecia era la diosa virgen por excelencia, pero al mismo tiempo presentaba también rasgos inconfundibles de una antigua diosa madre. Así, en su célebre santuario de Éfeso fue representada con una multitud de pechos que reflejaban su antigua función como diosa madre. Compartía con Hera la función de educadora de los jóvenes (*kourótrofos*). Una divinidad como tantas otras con claros rasgos arcaicos y primitivos que pasó a convertirse finalmente en la divinidad tutelar de los cazadores, de los animales salvajes y de las muchachas.

Otra diosa de origen oriental era Afrodita. Mostraba claras analogías en su iconografía y sus atributos con divinidades cananeas y babilonias, como Tanit o Istar. De hecho, su nacimiento se asociaba a la isla de Chipre, que fue un lugar de encuentro y mezcla entre las diferentes culturas del Mediterráneo oriental. Afrodita insuflaba el deseo sexual en animales, hombres y dioses por igual y basaba, por tanto, su dominio en la universalidad de este impulso. Como ha señalado el historiador de las religiones Mircea Eliade, «se trata en definitiva de una justificación religiosa de la sexualidad».

3. Al margen del Olimpo

Fuera de los límites estrictos del panteón olímpico se encontraban otros dioses como Dioniso, divinidad de carácter contradictorio, relacionada con la fecundidad vegetal y con el poder embriagador y extático del vino. Su condición enigmática y paradójica queda reflejada en su propio origen híbrido (su madre Sémele era una mortal). La experiencia religiosa asociada a su culto estaba ligada al éxtasis que ponía fuera de sí a los hombres. Sus ritos los celebraban por la noche en el campo mujeres en trance, denominadas ménades o bacantes. Su mitología nos habla de la resistencia y oposición que el dios tuvo que afrontar para imponer finalmente su culto. Relacionado con los misterios fundamentales de la vida, el nacimiento y la muerte, Dioniso representaba una experiencia religiosa total que, dada la forma y calidad de su culto, encontró pronto una enorme difusión por toda Grecia.

Deméter, junto con su hija Perséfone, recibieron culto en Eleusis y constituyeron un tipo de experiencia religiosa diferente a la de los olímpicos, a pesar de que la diosa se contaba entre ellos. Los misterios celebrados en Eleusis desempeñaron un papel importante dentro de la religión griega. Todos podían participar en ellos, mujeres y esclavos incluidos, con la única condición de hablar griego debido a la importancia decisiva que tenían las palabras pronunciadas en el curso de las ceremonias. Se trataba de una experiencia singular en la vida de todo ser humano, como leemos en el *Himno homérico a Deméter*:

> ¡Feliz aquel de entre los hombres que sobre la tierra viven que llegó a contemplarlos! Mas el no iniciado en los ritos, el que de ellos no participa, nunca tendrá un destino semejante, al menos una vez muerto, bajo la sombría tiniebla.
> (*Himno homérico a Deméter*, 480-482, traducción de Alberto Bernabé, Gredos)

Apenas sabemos nada de lo que sucedía en Eleusis, ya que estaba prohibido bajo pena de muerte el hablar de ello en público. Se ha supuesto que pudo tratarse de una serie de ritos relacionados con la esperanza de inmortalidad. Sin embargo, hay que ser cauteloso a la hora de adjudicar un tipo de espiritualidad superior a manifestaciones religiosas que solían tener un carácter mucho más prosaico a juzgar por lo que sucedía en otros lugares similares, como los misterios de Dioniso o los de Gran Madre. Parece que existía un ceremonial vistoso que impresionaba profunda y duraderamente a los asistentes. Es probable que a ello contribuyeran también otras circunstancias como el paisaje singular en el que se desarrollaban las ceremonias y el ambiente nocturno y misterioso. Algunos han sugerido incluso que los participantes tras la ingestión de algún tipo de sustancia alucinógena alcanzaban un estado tal de excitación que provocaba en ellos una visión colectiva y les proporcionaba un sentimiento de profunda solidaridad con las dos diosas. A pesar de las sugerencias que apuntan que después de lo visto y vivido en Eleusis las almas de los iniciados podían gozar de una existencia bienaventurada después de la muerte, la extraordinaria parquedad de nuestros testimonios no nos permite extraer una conclusión clara al respecto.

Otros dioses menores, pero que tuvieron alguna importancia en diferentes regiones o aspectos de la vida griega, fueron Hestia, identificada con el Hogar sagrado y convertida así en el centro del culto familiar; Pan, divinidad arcadia de los pastores y las montañas que era representada con los cuernos, orejas y patas de una cabra; Cibeles y Atis, divinidades de clara procedencia oriental y ligadas a cultos de la fertilidad; por último, una serie de divinidades de la naturaleza como ninfas y musas que poblaban bosques, montes, árboles y aguas.

4. Hombres y dioses

Los hombres establecían sus relaciones con la divinidad a través del sacrificio y la plegaria. El sacrificio conmemoraba la separación primordial entre dioses y hombres, pero servía, al mismo tiempo, para restablecer un vínculo de unión entre ambos mundos. Justificaba la estricta repartición de las porciones del banquete y destacaba la posición particular del hombre frente a los dioses. Los animales que se sacrificaban eran quemados ante el altar de la divinidad situado delante del templo. A los dioses se les ofrecían las entrañas de las víctimas que cubiertas de grasa y humeantes ascendían hasta el cielo. El resto del animal era consumido en un banquete ritual por toda la comunidad. El sacrificio constituía un hecho excepcional en la vida monótona del campesino griego.

Los hombres se dirigían a la divinidad mediante la plegaria. Lo hacían utilizando toda la precisión y cortesía posibles, sin olvidar la explícita mención de los diferentes títulos y atributos de cada uno de los dioses. A través de ella trataban de establecer un vínculo de obligaciones mutuas con los dioses recordándoles los sacrificios realizados con anterioridad. El sacrificio y la plegaria constituyen, por tanto, las dos respuestas rituales adecuadas a la doble experiencia que el hombre griego tenía de la divinidad, a la vez cercana y distante, que caracterizaba a la religión griega.

Los dioses se comunicaban con los hombres a través de los sueños, los presagios, los oráculos y una serie de signos casuales, como algunas palabras escuchadas al azar o el simple vuelo de los pájaros. Se trataba ciertamente de un tipo de lenguaje ambiguo y contradictorio susceptible de recibir diversas interpretaciones. Se requería, por tanto, una clase especial de intérpretes autorizados que transmitieran el mensaje divino de la forma más clara y correcta a los fieles. Ésa es la razón por la que los adivinos e intérpretes de sueños desempeñaron un papel tan destacado en la vida griega. Se les consultaba prácticamente cualquier clase de actividad que se fuera a emprender, por cotidiana y trivial que fuese, y era algo frecuente que un ejército en campaña fuera siempre acompañado de un personaje de esta clase. En caso de una desgracia o catástrofe, como una plaga o una epidemia, eran los únicos intermediarios válidos para entenderse con la divinidad y averiguar las causas que la habían provocado y las formas de ponerle remedio.

Un aspecto particularmente importante dentro de la relación del hombre con los dioses, que llegó a convertirse casi en una verdadera obsesión, es la purificación ritual. Para establecer una relación adecuada con los dioses había que liberarse previamente de cualquier tipo de impureza, como las provocadas por la comisión de un acto sacrílego o criminal, o por el simple contacto con los misterios inquietantes del nacimiento y la muerte. Esto explica la necesidad imperiosa de purificación que recaía sobre las mujeres embarazadas o sobre aquellos que habían mantenido relaciones sexuales antes de iniciar cualquier acto religioso. La idea de impureza (*míasma*) hacía referencia en su origen a una verdadera suciedad de carácter físico que acabó convirtiéndose con el paso del tiempo en una mancha de tipo moral. La enorme importancia que tenía el acto de purificación explica por sí sola la presencia de una pila de agua a la entrada de los grandes templos y santuarios griegos.

5. Los festivales

El rasgo más sobresaliente y significativo de la religión griega en su aspecto público son los festivales religiosos. Ocupaban casi un tercio del calendario griego. Conocemos más de 300 festivales en 250 lugares diferentes. Su origen se remonta a los tiempos más antiguos, especialmente a ceremonias de tipo agrario, cuya finalidad principal era propiciar la fecundidad de las fuerzas naturales. Posteriormente se fueron formalizando como celebraciones de carácter público que eran fijadas en el calendario cívico de forma más bien arbitraria. Los festivales constituían el marco de participación del individuo en la polis. Consistían fundamentalmente en representaciones de carácter ritual, sacrificios, procesiones, comidas en común, danzas, y competiciones y certámenes de carácter atlético y musical. Su finalidad expresa era ahora la de estimular la prosperidad de la comunidad, propiciando el cambio y dejando atrás el pasado. Los individuos participantes se sumergían en un universo diferente al cotidiano en el que quedaban momentáneamente en suspenso el tiempo y las restricciones sociales. A pesar de su carácter periódico, se trataba de un acontecimiento excepcional.

6. El carácter de la religión griega

A la vista de algunas de las características más definitorias del pensamiento religioso griego, da la impresión de que toda ella exhala un evidente pesimismo sobre la propia condición humana. La vida es concebida como un momento del tiempo efímero y cargado de miserias, sometida por completo al capricho y voluntad de unos dioses que no demostraban una especial preocupación por los seres humanos. Toda la literatura arcaica se halla repleta de esta clase de amargas constataciones, tal y como lo expresa el poeta Mimnermo de Colofón:

«No hay un solo hombre al que Zeus no envíe los males por millares».

También Semónides de Amorgos consideraba que los hombres no eran otra cosa que:

«criaturas de un día que no saben por qué camino llevará el dios a cada uno de nosotros hasta su destino».

Esta concepción pesimista de la vida se vio reforzada por la conciencia de la existencia de un destino implacable que cumplía sus previsiones incluso por encima de la propia voluntad de los dioses. Los griegos lo designaban como *moira*, es decir, la parte de destino que a cada uno le ha tocado en suerte. Sin embargo, al lado de estas constataciones más bien poco esperanzadoras, existía igualmente la firme convicción de la existencia de un equilibrio custodiado por los dioses al que los griegos denominaban *dike*, que sería en seguida identificado con la justicia. Existían, en efecto, unos límites establecidos para el comportamiento humano que los hombres no podían traspasar impunemente ya que se exponían al castigo terrible de los dioses. Los griegos definían este atrevimiento o desmesura como *hubris*, traducido a veces de manera inadecuada como simple orgullo. La célebre máxima délfica «conócete a ti mismo», que ha sido malinterpretada como una especie de rudimentaria psicología introspectiva, tendía precisamente a conservar este precario equilibrio conociendo los límites fijados para el ser humano para no traspasarlos y atraer así la ira de los dioses.

Los efectos inmediatos de esta autoconciencia de las limitaciones de la vida humana no fueron todos negativos desde el punto de vista psicológico. En opinión de Mircea Eliade, produjo más bien el efecto contrario al pesimismo, ya que impulsó el deseo de vivir el presente con la máxima intensidad posible. Eliade definió esta actitud como la sacralidad de la condición humana: «El gozo de vivir, descubierto por los griegos, revela la bienaventuranza de existir, de participar en la espontaneidad de la vida y en la majestuosidad del mundo».

Esta intensidad vital, estrechamente relacionada con la percepción religiosa del hombre griego, afectaba a todos los ámbitos existenciales, desde su relación con la naturaleza a la mayor parte de las actividades humanas como juegos, danzas, competiciones, espectáculos, banquetes, el trabajo cotidiano o incluso el amor, pasando por todas aquellas que pudieran parecer más específicamente religiosas, como los himnos a los dioses, las plegarias y los sacrificios. Todas ellas en conjunto adquirieron un elevado sentido religioso que al hombre moderno, más habituado a la separación entre lo religioso y lo profano, le resulta muy difícil de entender.

7. Los grandes santuarios panhelénicos

Desde una época muy temprana que cabe fijar a lo largo del siglo VIII a.C., una serie de santuarios importantes concentraron la atención religiosa del mundo griego y se constituyeron en verdaderos escaparates de la competición por el prestigio y la gloria a través de sus esplendorosas ofrendas y conmemoraciones y de los juegos y competiciones que tenían lugar en el curso de su celebración. Se trataba de santuarios que se hallaban situados en lugares desprovistos de toda significación política con el fin de mantener separadas la supremacía de carácter político-militar y el prestigio religioso. Eran regidos habitualmente por un consejo compuesto por delegados enviados por diferentes comunidades. Eran lugares de asilo donde se encontraban en un tiempo de tregua establecida por los embajadores sagrados que eran enviados a todos los rincones del mundo griego unas comunidades que habitualmente se hallaban siempre en conflicto. La aparición de estos santuarios, denominados panhelénicos porque se hallaban abiertos a todas las comunidades griegas, fue seguramente una de las respuestas políticas al espectacular crecimiento de las comunidades griegas que estaban regidas por aristocracias animadas por un poderoso espíritu competitivo. Los más importantes fueron los santuarios de Zeus en Olimpia, los de Apolo en Delfos y Delos, el de Poseidón en el istmo de Corinto, el de Zeus en Nemea y el de Epidauro dedicado a Asclepio.

El santuario de Delfos

El santuario de Apolo en Delfos figura sin duda a la cabeza de este tipo de santuarios por su enorme importancia en el desarrollo histórico de todo el período arcaico y por su significación posterior en toda la cultura griega. Situado en el corazón mismo de la Grecia central, en las laderas del monte Parnaso, el santuario de Delfos había albergado originariamente un culto a la Tierra-madre antes de ser ocupado por el dios Apolo. Quizá fue ya la sede de un santuario venerable en época micénica. Sin embargo, su importancia panhelénica se inició a finales del siglo IX a.C y en los inicios del VIII, quizá por obra de los corintios que divulgaron su importancia por todas partes. Se hallaba situado en un importante cruce de caminos y ocupaba un paraje natural de características ciertamente excepcionales que ya debieron impresionar considerablemente a los fieles que acudían a consultar el oráculo y ejercer sobre ellos una poderosa atracción. Se convirtió en seguida en un centro oracular muy reputado, en un centro de competición y conciliación excepcional, y en punto de referencia religiosa, cultural y política de todo el mundo griego, según testimonian las más diversas ofrendas llegadas de todas partes, incluidas regiones no griegas como los reinos de Frigia y de Lidia.

Las ofrendas reunidas tenían a veces dimensiones excepcionales como el gran toro de plata descubierto bajo la vía sagrada o las enormes cráteras de bronce ofrendadas por los reyes de Lidia o por el samio Coleo. Las consultas al oráculo se canalizaban a través de la Pitia, la sacerdotisa de Apolo, función que desempeñaba una mujer de condiciones psíquicas un tanto especiales. Se sentaba sobre un trípode y para entrar en trance aspiraba una especie de gas que emanaba de una grieta en el suelo y masticaba laurel, que era el árbol representativo de Apolo. Pronunciaba una serie de palabras ininteligibles e incoherentes que los sacerdotes del dios interpretaban y escribían en verso sobre una tablilla, que era entregada después como respuesta al consultante. La mayoría tenía un carácter ambiguo que facilitaba la posibilidad de su cumplimiento. Era necesario, no obstante, utilizar una cierta racionalidad a la hora de interpretar el vaticinio. Un buen ejemplo lo encontramos en el oráculo dado a los atenienses antes del ataque persa del 480. El oráculo había respondido que la única posibilidad de salvación residía en unas murallas de madera que protegerían la ciudad. En la asamblea ateniense se desató el debate acerca de la correcta interpretación de su significado, si se refería a unas murallas que rodearan la acrópolis o a la construcción de una flota como propugnaba Temístocles. En realidad el papel esperado de la divinidad era el de sancionar con una solemnidad relativa las soluciones formuladas por los consultantes a preguntas que implicaban el futuro incierto de algunas comunidades en busca de cohesión. Delfos se convirtió de este modo, con el consentimiento cómplice de las elites gobernantes, en un lugar privilegiado de encuentro y diálogo bajo la vigilancia divina cuyo papel tutelar era reconocido por todos. Sin embargo, aunque Delfos estuvo seguramente implicado en los múltiples y frecuentes sobresaltos políticos y sociales que agitaron el período arcaico, el carácter relativamente tardío de nuestras informaciones y la sospecha más que factible de remodelaciones interesadas de muchos de los oráculos emitidos, realizadas a posteriori de los acontecimientos y desde preocupaciones diferentes a las que motivaron la consulta original, o a causa de simples embellecimientos literarios, invitan a la prudencia en este terreno a la hora de tomar al pie de la letra las historias que han llegado hasta nosotros sobre la imparable actividad del santuario délfico. Su reconocido prestigio contribuyó sin duda a añadir el soporte y el aval del oráculo a muchas de las decisiones y reformas adoptadas a lo largo de toda esta época plena de transformaciones y cambios por todas partes.

El santuario de Olimpia

El santuario de Olimpia se hallaba en la región de Élide, al noroeste del Peloponeso, en el fértil valle del río Alfeo. En sus orígenes parece haber sido un santuario de carácter regional que reunía a las comunidades eleas de los alrededores. Sin embargo, a lo largo del siglo VIII a.C. y los tiempos siguientes las ofrendas se multiplicaron así como su condición excepcional, dando así prueba del carácter cada vez más «internacional» del santuario, donde cada vez más sus ilustres visitantes deseaban dejar constancia de su presencia en esta área sagrada a través de la magnificencia o del carácter excepcional de sus dedicatorias, especialmente los célebres trípodes y las armaduras. Un papel importante en esta capacidad de atracción panhelénica lo desempeñaron los célebres juegos atléticos, a veces de carácter violento, que allí tenían lugar. Según el cómputo tradicional, que remonta a las investigaciones del sofista Hipias de Élide, se habrían iniciado en el año 776 a.C. y tenían lugar cada cuatro años. Los heraldos griegos iban por todas las ciudades proclamando una tregua sagrada que, temporalmente, ponía término a los conflictos existentes en esos momentos. De esta forma podían acudir a Olimpia innumerables peregrinos y atletas venidos de todas las partes de Grecia. El santuario se convirtió en un verdadero escaparate de las excelencias de cada una de las polis griegas. Los aristócratas de cada ciudad competían en los juegos y conseguían con el triunfo una gloria personal y un considerable prestigio para su ciudad. Las magníficas ofrendas presentadas al dios iban acumulándose en el santuario y la rivalidad existente en el estadio se trasladó también a este terreno. La prueba más importante y prestigiosa era la carrera de carros. También se celebraban otras pruebas, como carreras a pie, saltos de longitud, lanzamiento de jabalina y de disco, una especie de boxeo y una lucha, denominada pancratio, en la que todo estaba permitido.

Destaca especialmente la presencia de las nuevas ciudades griegas de Occidente, de Sicilia y la Magna Grecia que parecen haber elegido este santuario como escaparate de sus recientes éxitos «colonizadores». El santuario de Olimpia se convirtió en el marco apropiado de una vida diplomática donde los aristócratas participantes en los juegos establecían sus vínculos de amistad y sus correspondientes relaciones de hospitalidad recíproca (*xenia*). Estas relaciones sobrepasaban a veces el alcance del gesto individual para implicar también a sus comunidades de origen.

Otros santuarios

A partir del siglo VI a.C. los dos santuarios citados junto con el de Zeus en Nemea y el de Poseidón en el istmo de Corinto establecieron una red de concursos atléticos que ponían en contacto regular a los griegos venidos de todas partes. Éstos dos últimos celebraban sus competiciones cada dos años. El santuario del istmo se hallaba situado también en un lugar excepcional, en el cruce de la ruta terrestre que ponía en comunicación la Grecia central con el Peloponeso con la vía marítima que ponía en contacto el mar Egeo con el golfo de Corinto. La organización de sus competiciones estaba en manos de los corintios y se habrían iniciado en torno al 581 a.C. También los corintios, con la colaboración de los argivos, habrían sido los organizadores de los juegos de Nemea.

Otro santuario importante era el de Apolo en la isla de Delos, que se convirtió en el punto por excelencia de convergencia de los jonios. Es probable que dispusiera también de un oráculo y de un consejo anfictiónico al igual que sucedía en Delfos pero no tenemos informaciones suficientes al respecto como para afirmarlo con plena seguridad. En él se desarrollaban las denominadas *panegirias* jónicas que implicaban competiciones de carácter deportivo, y certámenes de cantos y danzas.

Otro santuario importante fue el de Epidauro, dedicado al dios médico Asclepio, que ocupó el lugar de un culto más antiguo de Apolo Maleatas. Aunque sus inicios se remontan al siglo VI a.C., su apogeo no llegó hasta el IV a.C. A él acudían toda clase de enfermos en busca de una curación que se producía a través del sueño. Los sacerdotes lo interpretaban y prescribían los remedios adecuados si es que la curación completa no había tenido lugar. Epidauro no era exactamente un lugar de curación milagroso al estilo de Fátima o Lourdes, sino que hizo las veces de un auténtico hospital y de hecho fue allí donde la medicina griega dio sus primeros pasos como ciencia.

8. Los mitos: usos e interpretaciones

El mito es uno de los elementos definitorios más característicos de la cultura griega. Su comprensión afecta prácticamente a todos los ámbitos de la misma, pero especialmente al de la vida religiosa. El interés por el estudio del mito viene ya desde la propia Antigüedad. Son incontables las definiciones, reflexiones e interpretaciones que se han dado del mismo, en particular en el curso de los dos últimos siglos. Un definición operativa fue la propuesta por el historiador suizo Walter Burkert, que definió el mito como un relato tradicional de carácter oral que implica las preocupaciones e instituciones sociales fundamentales. Estos relatos, pues como tales los conocemos con independencia de su posible origen ritual como han propuesto algunos antropólogos, mezclan elementos reales con otros puramente imaginarios. Se distinguen de los cuentos populares, con los que guardan algunos elementos en común, por su carácter concreto e histórico, ya que siempre aparecen situados en un lugar determinado y en un momento dado dentro del curso de las generaciones divinas y humanas, frente a la indefinición y vaguedad absoluta que caracteriza a los cuentos populares. Destaca por su gran coherencia narrativa y por la rica simbología que lleva estrechamente asociada y que favorece la diversidad de las interpretaciones. Su principal objetivo era la explicación etiológica de la experiencia humana y la justificación del lugar que el hombre, entre los animales y los dioses, ocupaba dentro del universo. Junto con los rituales, entre los que destaca el sacrificio, el mito constituía uno de los canales preferentes por los que discurrían los saberes y los sentimientos de cohesión de la sociedad griega arcaica.

Los mitos griegos constituían una justificación y explicación del pasado. Sin duda, en su constitución originaria pudieron haber mediado determinados acontecimientos históricos concretos; sin embargo, no puede extraerse ninguna historia factual del mito griego. Los relatos míticos no tienen como objetivo reconstruir la historia con mayúsculas, sino la construcción de identidades mediante la localización de individuos en un lugar determinado, la creación de personajes epónimos que proporcionan una visión personal de entidades más abstractas, como la fundación de ciudades o el origen de las tribus o pueblos, o la invención de contrarios ficticios, como pueblos salvajes o seres monstruosos que definen por inversión la condición humana o la de griego.

Se ha definido la mitología griega como un verdadero «intertexto», es decir, un sistema de ideas y motivos que se encuentran estrechamente interrelacionados entre sí de tal forma que sólo pueden entenderse unos a la luz de la comparación y el contraste con los otros. Se fueron creando ciclos de historias agrupadas en torno a determinados héroes o acontecimientos, se establecieron las relaciones familiares y genealógicas entre los héroes de las diferentes historias y se desarrolló de esta forma un cierto sentido de cronología mítica. A diferencia de lo que sucede con esta clase de relatos en otras culturas como las orientales, por ejemplo, los mitos griegos tratan fundamentalmente de hombres y mujeres, de acontecimientos humanos, como la guerra de Troya, que desempeña un papel crucial como punto de referencia inevitable dentro de todo el sistema. La mitología griega es un medio de comunicación entre todos los que la asumen. Y el hecho de asumirla es una forma más de reconocerse como griego de la misma forma que lo era hablar dicha lengua.

Los griegos utilizaron el mito como medio constante de reflexión sobre los problemas esenciales del individuo en sus relaciones con los demás y con la comunidad como conjunto. De esta forma se convirtió desde muy temprano en el material básico fundamental de toda la literatura y el arte griego. Sin embargo, su papel y su status no fueron siempre los mismos. De su papel central como articulador de la vida dentro de la época arcaica pasó a desempeñar una función didáctica y ejemplificadora. Algunos autores, como Platón o Plutarco, consideraban que el mito era la forma más adecuada de educar a los jóvenes, a causa de su inmadurez intelectual. A partir del período helenístico, el mito dejó de ser un elemento vivo para convertirse en un mero entretenimiento de carácter literario, al servicio de los eruditos y los poetas. Ésta es la forma en la que han llegado hasta nosotros. Al mismo tiempo, poseían un considerable poder imaginativo y una gran capacidad educativa que hizo de ellos el tema adecuado de pintores, escultores y poetas. Sin embargo, el papel fundamental del mito dentro de la cultura griega fue servir de vehículo de expresión a toda una concepción particular del mundo.

9. El mundo de los héroes

Los protagonistas principales de los mitos griegos son los héroes, una categoría de seres intermedia entre los dioses y los hombres que constituyen una de las peculiaridades más distintivas de la mitología griega. En muchos lugares de Grecia fueron objeto de culto. Según la propia definición griega, eran personajes excepcionales que lucharon en las guerras libradas en torno de Troya y de Tebas y que fueron a parar tras su muerte al Hades o a las islas de los Bienaventurados. Según el estudioso italiano Angelo Brelich, los héroes eran personajes cuya muerte tuvo un relieve especial, y que mantenían una estrecha relación con los aspectos fundamentales de la civilización como la medicina, la adivinación, la fundación de las ciudades, la iniciación en la pubertad, o con ciertas actividades humanas de carácter esencial. Habían vivido en un tiempo anterior al de los hombres, tal y como señala Hesíodo en su célebre mito de las edades, que inserta la edad heroica entre la edad del bronce y la del hierro. En su mayoría eran descendientes de los dioses y tuvieron un nacimiento irregular o fueron abandonados al nacer para ser posteriormente criados y alimentados por fieras salvajes. Sus vidas estuvieron llenas de aventuras y hazañas innumerables, como viajes a países lejanos. Gozaban de una creatividad especial, ya que eran capaces de inventar nuevas técnicas como la navegación, la escritura o la apicultura, fundaban ciudades y establecían nuevas leyes. Murieron por lo general de forma violenta, y tras su muerte se convirtieron en genios tutelares que protegían a la ciudad y a sus habitantes de toda clase de males. La gloria de sus hazañas les hizo gozar de la inmortalidad a través del canto de los poetas épicos.

Poseían rasgos monstruosos y una naturaleza excepcional y ambivalente que los colocaba en el límite entre la humanidad y el mundo de los animales. Los héroes se convirtieron en los antepasados ilustres de las aristocracias que gobernaban las polis. Muchos mortales incluso, que llevaron a cabo grandes hazañas, fueron heroizados a su muerte y recibieron culto en sus comunidades respectivas. El más conocido y popular de todos los héroes griegos fue, sin duda alguna, Heracles. Su rasgo más característico y definitorio era el uso de la fuerza. Sus numerosas representaciones iconográficas destacan esta cualidad, presentándole vestido con una piel de león y armado con un enorme garrote. Su aventura más célebre fue la realización de los 12 trabajos que le fueron impuestos, a modo de pruebas, por instigación de su mortal enemiga la diosa Hera. Por medio de estas acciones, Heracles limpió la tierra de monstruos y se convirtió en el benefactor de la humanidad por excelencia. Fue, por tanto, un héroe civilizador que compaginaba a un mismo tiempo un comportamiento extremadamente generoso con acciones desenfrenadas y excesos de toda índole. Esta ambivalencia, que constituía una de las características definitorias del héroe, fue posiblemente una de las razones de su inmensa popularidad.

Otro héroe importante fue el ateniense Teseo, fundador de la ciudad de Atenas. Sus hazañas más importantes fueron la unificación del Ática y la muerte del monstruoso minotauro, liberando así a la ciudad de Atenas del yugo minoico. Los héroes como Aquiles u Odiseo, relacionados con la saga troyana, gozaron también de un indiscutible prestigio. Aquiles representaba el paradigma de los ideales aristocráticos que ensalzaban las cualidades del valor y la amistad. Odiseo era un héroe más popular e incorporaba las cualidades de la sagacidad y la astucia necesarias para la supervivencia en un mundo hostil. Otras importantes sagas mitológicas fueron la tebana, de la que sobresale especialmente Edipo, posiblemente el más trágico de todos los héroes griegos, la fabulosa expedición de los Argonautas, con Jasón a la cabeza, en busca del vellocino de oro, la de Perseo, un personaje de cuento popular que dio muerte a la terrible Gorgona, o la de Meleagro, implicado en la célebre cacería del jabalí de Calidón. Sin embargo, no ha llegado hasta nosotros ninguno de los poemas heroicos de las dimensiones de la *Iliada* y la *Odisea* que tuvieron como tema principal estas historias.

10. Un estilo de vida

El código de conducta heroico marcó, al menos en el plano ideal, las pautas de comportamiento de todo este período. Era un estilo de vida de carácter esencialmente competitivo, cuyo objetivo final era la consecución de la *areté* (la capacidad de ser el mejor en todos los terrenos). Evidentemente sólo una reducida elite podía aspirar a emular este modelo, pero este ideal competitivo se convirtió en uno de los rasgos más característico de la forma de vida griega. La palabra clave que define esta mentalidad es la de *agón* (competición o certamen). Como señala Finley, «era la expresión excepcional ritualizada, no militar, de un sistema de valores en el que el honor era la virtud más alta por la que uno lucha, incluso a costa de su propia vida, y la pérdida del honor, la vergüenza, era el desastre más intolerable que podía ocurrirle a un hombre».

Sin embargo, la nueva forma de combate no dejaba ya mucho espacio para las gestas individuales del pasado tal y como habían sido cantadas y celebradas por los poemas épicos. La disciplina colectiva de la falange de guerreros obligó a canalizar por otras vías este tipo de ideales. Uno de estos caminos era la celebración de los juegos atléticos que disputaban en los grandes festivales panhelénicos los miembros de las familias más ilustres de las ciudades griegas. La propia posesión de caballos y de carros, dos de los elementos centrales para la participación en los juegos, o al menos en sus principales y más prestigiosas pruebas, ya constituía uno de los signos exteriores más evidentes de este status superior. Son numerosas sus representaciones en el arte de la época especialmente en la cerámica y eran también abundantes entre los miembros de la elite los nombres compuestos con el elemento Hipo– que detectaba la estrecha relación con el ambiente hípico. Pero era la victoria en los juegos la que representaba el momento culminante de gloria para esta mentalidad aristocrática tal y como ponen de manifiesto las odas compuestas por Píndaro en honor de los vencedores:

> Ahora, padre
> Zeus, que reinas sobre las lomas
> del Atabirio, otorga tu favor a la tradición del himno
> de la victoria olímpica
> y al hombre que con sus puños ha logrado el triunfo,
> concédele gloria respetable
> por parte de sus conciudadanos y de los extranjeros.
> (Píndaro, *Olímpica* VII, 87-90, traducción de Emilio Suárez, Cátedra)

Estas prácticas deportivas que canalizaban el ideal competitivo de la mentalidad aristocrática griega tenían su centro habitual en el gimnasio, donde los jóvenes realizaban todo tipo de ejercicios desnudos en presencia de sus *pedagogos* (hombres ya maduros encargados de su educación en todos los terrenos). Esta clase de establecimientos se hallaban bajo la protección de dos divinidades como Hermes, que representaba la astucia, y Heracles, símbolo ideal de la fuerza física. En ellos se enseñaba esta cultura agonística del combate en la que lo único importante era vencer y sobresalir sobre los demás. Con el paso del tiempo, y en particular a lo largo del período helenístico, el gimnasio se convertirá en el centro educativo principal de la cultura griega. Se ha asociado a la práctica de los ejercicios físicos y a la institución del gimnasio o la palestra, donde se entrenaban los más jóvenes, el fenómeno de la pederastia, es decir, la relación amorosa entre adolescentes a partir de los 12 años y hombres ya maduros que no sobrepasaban los 40. El historiador francés Henri Marrou consideró que este tipo de prácticas sexuales se explicaban bien dentro de un contexto en el que la compañía masculina era exclusiva y en un ambiente donde la mujer permanecía relegada a un plano secundario del protagonismo social. Sin embargo, al menos en Esparta, uno de los lugares junto con Creta donde dicha práctica se había erigido en verdadera institución social, las mujeres se hallaban presentes al lado de los hombres. Por eso es más probable que haya que situar dichos comportamientos dentro de un contexto diferente de iniciación ritual que aparece atestiguada en numerosos pueblos primitivos o dentro de las relaciones educativas entre el pedagogo y sus discípulos. No se trataba, sin embargo, de una simple relación homosexual sin ningún tipo de normas, ya que existía un límite para los jóvenes que eran objeto del deseo amoroso, como era la aparición del vello. Una vez que se había traspasado dicho umbral, la práctica de la pederastia se consideraba socialmente reprobable.

Otro centro habitual de esta forma de vida aristocrática era el banquete o *simposio*, entendido como el grupo de hombres que expresaba su identidad a través de una sesión ritual en la que la bebida de vino desempeñaba un papel capital. Los comensales, presididos por un maestro de ceremonias que se encargaba de definir algo tan esencial como la adecuada mezcla del vino que se iba a consumir, pasaban su tiempo en medio de charlas informales acompañados de danzantes y músicos. Las mujeres tenían completamente vedada la entrada al simposio y sólo asistían a ellos las *heteras* –mujeres generalmente extranjeras que, además de su disponibilidad amorosa, poseían habilidades musicales y una cierta capacidad de conversación–. La mayor parte de la poesía y el arte arcaico estaba destinada de manera específica a este contexto o se hallaba de una u otra manera estrechamente relacionada con las prácticas y rituales asociados al mismo. La evidente supremacía de la cerámica con sus típicas formas de copas y cráteras sobre otras formas artísticas está relacionada con las demandas de este tipo de reuniones. En opinión del historiador inglés Oswyn Murray, el simposio era el órgano de control social que garantizaba el poder de las elites aristocráticas griegas y el que otorgaba al mundo griego arcaico en conjunto sus cualidades más características. Era a través de la generosidad demostrada por el anfitrión en esta clase de celebraciones como se adquiría el prestigio y la influencia sociales necesarios para la práctica política. La aristocracia de las armas que había sido cantada en la épica se transformó con los cambios operados dentro del ámbito de la guerra en una aristocracia del ocio. El *simposio* se convirtió en un refugio del mundo real, una huida hacia la diversión y el lujo por sí mismos, en el que se introdujeron costumbres orientales, como el hecho de reclinarse en lugar de sentarse a la mesa y un refinamiento cada vez mayor en los utensilios necesarios para su realización como la vajilla o el mobiliario. Los diálogos platónicos constituyen un reflejo ciertamente estilizado de esta clase de reuniones. Conocemos también abundantísimas representaciones en la cerámica de este tipo de reuniones altamente ritualizadas que conservaron su importancia política y social a lo largo de todo el período arcaico.

Este sistema de valores se extendió a todos los órdenes de la vida griega, desde los festivales religiosos con sus diferentes tipos de certámenes, hasta la propia vida política de cada ciudad. Sin embargo, este ideal competitivo provocó también la tensión inevitable entre individuo y comunidad, que constituye el núcleo central de toda la reflexión política griega a partir de entonces.

VII. CULTURA Y MENTALIDADES

1. Testimonios de su tiempo

La época arcaica vio nacer, junto al nacimiento y consolidación de la comunidad, el de la individualidad como tal. El anonimato que impera en las manifestaciones artísticas de las épocas precedentes, que afectaba incluso al más grande de los poetas, Homero, de quien no sabemos nada, se rompió de forma definitiva y comienzan a aparecer ante nosotros las primeras personalidades definidas de la historia griega que manifiestan conciencia de sí mismos en la poesía lírica y en las obras de arte que aparecen firmadas. Los poetas arcaicos son ciertamente testigos de su propio tiempo y muestran sin tapujos sus afectos o su odio y rencor hacia sus adversarios políticos o personales. Sin embargo, al mismo tiempo evidencian también su conciencia de pertenecer a una comunidad determinada de la que se sentían miembros efectivos. La mayoría de estos poetas eran de condición aristocrática, tal y como se aprecia por su campo de referencias al simposio y su actitud de hostilidad política hacia la tiranía. Para nosotros constituyen los testigos excepcionales de una época de cambios y aunque no es mucha la información que nos proporcionan de forma directa, constituyen un testimonio inapreciable sobre la mentalidad de este importante momento histórico.

Uno de los ejemplos más notorios es el de Arquíloco de Paros. Sus escuetos pero intensos versos nos transmiten algunas de las vicisitudes principales del período, como la salida a ultramar y la lucha constante con los indígenas por el control de los nuevos territorios. Arquíloco participó directamente en la expansión de su ciudad, la isla de Paros, y refleja en sus versos algunos ecos de la peripecia colonial en la isla de Tasos. Uno de sus fragmentos más célebres es aquel en el que alude a un combate con un pueblo tracio y expresa con descarada franqueza su desprecio absoluto del ideal heroico que exigía, en caso de derrota, la muerte en combate como única salida honrosa:

> Algún Sayo alardea con mi escudo, arma sin tacha,
> que tras un matorral abandoné, a pesar mío.
> Puse a salvo mi vida. ¿Qué me importa el tal escudo?
> ¡Váyase al diantre! Ahora adquiriré otro no peor.
> (Arquíloco, fr. 5 West, traducción de Carlos García Gual, Alianza)

Arquíloco, que vivió en la primera mitad del siglo VII a.C., constituye un testimonio más de la enorme difusión social que había alcanzado el sistema de valores heroico, cuando podía considerarse toda una provocación a las normas establecidas el hecho de contradecirlo de forma tan evidente. Esta sinceridad aparentemente total se pone también de manifiesto en otro de sus fragmentos más conocidos, hallado recientemente en un papiro que se encuentra en Colonia, donde relata con toda crudeza y detalles su unión amorosa con la hermana de la joven a la que pretendía. En su poesía ocupa un lugar destacado la expresión de las alegrías y las penas de su vida personal. No conviene, sin embargo, tomar al pie de la letra todas y cada una de sus afirmaciones en este sentido, ya que en muchos, si no en todos, los casos se trata más de la persona literaria que adopta el propio poeta. Éste es el caso de Hiponacte de Éfeso, que «personifica» al mendigo al que la fortuna ha dado la espalda. Su escasos fragmentos reflejan algunas formas de la lengua coloquial y ecos dispersos de la vida en Jonia en el curso del siglo VI a.C.

Otros poetas como Safo y Alceo, de la isla de Lesbos, parecen estar abrumados por sus sentimientos personales, cuya expresión constituye uno de los elementos centrales de su poesía. Sin embargo, ambos reflejan también en su obra algunas de las circunstancias históricas de su tiempo, como el sofisticado estilo de vida de las ciudades jonias o el odio de los aristócratas hacia los tiranos. En el caso de Safo, la importancia histórica de su poesía depende sobre todo del tipo de experiencias que resultaron familiares a su auditorio y de la composición específica de éste último. Se trataba sin duda de un tipo de audiencia interesado en la diversa casuística de las relaciones personales vistas desde el plano afectivo y que era capaz de apreciar la sensualidad de la naturaleza. El universo femenino, que tan escasa incidencia tiene en la narrativa política, hace así su aparición para confirmar que el proceso de creación de las comunidades griegas que estaba teniendo lugar a lo largo de todo este período dejaba un espacio importante para la exploración y el análisis de valores mucho más íntimos y personales.

Los poetas son también testigos excepcionales de los importantes cambios que se produjeron a lo largo de la época arcaica dentro de la sociedad espartana. Alcmán, que compuso cantos corales para muchachas que se cantaban en el curso de los festivales religiosos a mediados del siglo VII a.C., refleja un ambiente sensual y festivo en el que se destacan los goces que proporcionan la canción y la bebida, propios de un ambiente de paz. Muy diferente es el tono que reflejan los poemas de Tirteo que compuso su obra poco después en medio de la segunda guerra contra los mesenios. Sus poemas aparecen dominados por este ambiente de guerra. Sus temas principales son la exhortación a los jóvenes guerreros para luchar en favor de su patria, y la insistencia en los ideales heroicos con especial énfasis en la vergüenza y deshonor que implicaba la cobardía:

> ¡Ah jóvenes, pelead con firmeza y codo a codo;
> no iniciéis una huida afrentosa ni cedáis al espanto;
> aumentad en vuestro pecho el coraje guerrero,
> y no sintáis temor de hacer frente al enemigo!
> (Tirteo, fr. 10 West, 15-18, traducción de Carlos García Gual, Alianza)

Otro poeta, Teognis de Mégara, es quizá uno de los que mejor refleja el código de valores heroico dentro de la mentalidad aristocrática griega en la primera mitad del siglo VI a.C. Se trata de un tipo de poesía muy adecuada al contexto del simposio en la que se expresa un apasionado apoyo a los valores aristocráticos. La poesía de Teognis refleja un mundo de violencia y confusión en el que el deseo desaforado de riquezas predomina sobre cualquier clase de lealtad y en el que la propiedad de la tierra se ve amenazada. Sus versos ponen de manifiesto algunas de las transformaciones que estaba experimentando la sociedad griega en aquellos momentos y evidencian el recelo y la desconfianza que suscitaban entre los miembros de la vieja aristocracia dominante. Una de sus características más señaladas es su desprecio manifiesto hacia los nuevos ricos y los recién llegados que chocan con el viejo sistema de valores aristocráticos que era ahora puesto en entredicho:

> «No te angusties en exceso porque anden las gentes del pueblo
> revueltas, Cirno. Tú toma el camino del medio, como yo».
> ....
> « Si la inteligencia de un hombre forjarse e implantarse
> pudiera, jamás de un buen padre un mal hijo saldría,
> al atender a razones virtuosas. Mas por aprendizaje
> nunca harás de un villano un hombre de bien».
> ....
> «Para la masa de gente tan sólo un modo hay de excelencia:
> ser rico. No ve en lo demás provecho ninguno».
> (Teognis, *Elegías*, traducción de Carlos García Gual, Alianza)

Es una de las obras más completas que han llegado hasta nosotros, ya que bajo su nombre se han agrupado un conjunto más o menos homogéneo de poemas pertenecientes a épocas posteriores.

La poesía de Solón, conservada en las citas de autores más tardíos como Aristóteles, no nos proporciona un comentario sistemático sobre la situación de Atenas en esos momentos, la primera mitad del siglo VI a.C., o sobre sus propias iniciativas. Sin embargo, a través de ella conocemos algunos de los valores reconocidos como la importancia de la patria, de la libertad y de la justicia, y las serias advertencias sobre los peligros que acechan a la estabilidad de la comunidad política como los conflictos internos. Hay una cierta insistencia en las tensiones que se generan entre los individuos y la comunidad, y un interés preferente sobre la necesidad de un buen gobierno (*eunomía*).

> Mi corazón me impulsa a enseñarles a los atenienses esto:
> que muchísimas desdichas procura a la ciudad el mal gobierno,
> y que el bueno lo deja todo en buen orden y equilibrio,
> a menudo apresa a los injustos con cepos y grillos;
> alisa asperezas, detiene el exceso y borra el abuso,
> y agosta los brotes de un progresivo desastre,
> endereza sentencias torcidas, suaviza los actos soberbios,
> hace que cesen los ánimos de discordia civil,
> y calma la ira de la funesta disputa, y con Buen gobierno
> todos los asuntos humanos son rectos y ecuánimes.
> (Solón, *Elegías*, fr. 4 West, 30- 39, traducción de Carlos García Gual, Alianza)

Es importante tener conciencia de la posición que ocupaban los poetas dentro de la sociedad arcaica griega. El estudioso francés Marcel Detienne los ha calificado de «maestros de verdad». A través de la inspiración detentaban una clase especial de sabiduría de la que hacían partícipe a toda la comunidad desde su posición destacada como jefes del coro, legisladores, simposiarcas en el banquete o generales al frente de un ejército. El poeta era, en resumidas cuentas, un auténtico jefe religioso, moral y político que comunicaba a la comunidad su conocimiento del pasado, le explicaba el curso de la vida y le proporcionaba unas normas de comportamiento, tal y como ha puesto de relieve Rodríguez Adrados. Desde esta perspectiva se explica la importancia de los poemas homéricos y de la *Teogonía* de Hesíodo en la conformación definitiva del universo religioso griego, asignando una figura definida a sus dioses y ordenando el relato de sus orígenes. Aunque nunca existió un libro sagrado ni tampoco dogmas inmodificables, todo el conjunto de la mitología y la religión griegas quedaron desde entonces fijados a un determinado esquema, que a pesar de las variaciones introducidas por otros poetas y artistas clásicos, se mantuvo en lo esencial gracias a la autoridad especial de que gozaron ambos poetas durante toda la civilización griega.

2. La revolución «filosófica»

En una posición similar a la de los poetas se hallaban también los primeros filósofos, a los que los propios griegos denominaron «físicos». Estos primeros pensadores, que surgieron en Jonia y la Magna Grecia, curiosamente las regiones limítrofes por oriente y occidente del mundo griego, trataron de romper con la tradición mítica y comenzaron a desarrollar el camino de una forma de pensamiento más racional. No siempre es posible catalogarlos de manera explícita de acuerdo con nuestras categorías modernas como filósofos, poetas, místicos u hombres sabios que abarcaban varios campos del conocimiento. Así, algunos, como Jenófanes de Colofón y Parménides de Elea, utilizaron el verso como vehículo de expresión para sus ideas. Otros, como Anaximandro o Heráclito, escribieron al parecer un libro cuya autoría guardaban celosamente. Otros, en fin, como Pitágoras, no escribieron obra alguna, pero la popularidad de sus doctrinas fue tal que muy pronto hicieron de él una figura casi legendaria y misteriosa.

La verdadera revolución que estos primeros pensadores llevaron a cabo consistió sobre todo en los problemas que plantearon y en el modo en que los formularon, más que en las respuestas que dieron. Mediante la formulación de algunas preguntas esenciales como ¿Qué hubo al principio?, o ¿Cuál es el papel del hombre dentro del universo?, iniciaron una forma de pensar que les apartaba de la tradición mítica como único recurso explicativo que habían utilizado los poetas como Hesíodo a la hora de hallar respuestas a algunas de estas cuestiones. A pesar de que se ha hablado de que en estos momentos se habría producido el paso decisivo del mito a la razón (del mito al logos), las cosas en la realidad fueron mucho más complejas. Aunque todos estos pensadores propusieron una explicación racional del mundo, sustituyendo las viejas narraciones míticas por una teoría más racional, lo cierto es que conservaron intactos muchos de los mecanismos y estructuras básicas del mito, como el esquema ternario de las antiguas cosmogonías para explicar el origen del mundo, del hombre y de la ciudad. Algunos de los primeros principios propuestos como esquemas explicativos, por ejemplo el agua o el fuego están también todavía muy cerca de los principios cosmogónicos. Su actitud era sin embargo, diferente, ya que admitían la existencia de regularidades en el seno de la naturaleza, lo que abría la posibilidad de explicaciones más generales y daba lugar a argumentos más racionales.

Sus primeros intereses se centraron en la naturaleza del universo (*kosmos*) y el ser de las cosas, tal y como reflejan los fragmentos de las obras de los milesios Tales y Anaximandro o las de Heráclito de Éfeso. Otros, como Jenófanes, expresaron sus primeras críticas a los excesos que la poesía homérica había atribuido a la divinidad. Otros, como Heráclito, cuestionaron abiertamente lo absoluto y enfatizaron la importancia del contexto en el que se producen los diferentes fenómenos, considerando la coexistencia de principios opuestos como una parte esencial del orden del mundo. Hubo incluso quienes, como Pitágoras de Samos, que desarrolló la mayor parte de su actividad en el sur de Italia, centraron su atención en aspectos más espirituales y elaboraron toda una doctrina mística de la transmigración de las almas después de la muerte.

Se ha subrayado la estrecha relación existente entre este tipo de nueva racionalidad y la ciudad como comunidad cívica de iguales, cuyo poder de decisión se hallaba en el seno de la misma. Sin duda alguna las analogías con el mundo político contemporáneo, junto con las analogías tomadas del mundo de la naturaleza, desempeñaron un papel importante en el pensamiento de estos autores. La importancia de la argumentación como modo eficaz de solventar debates constituyó sin duda un aspecto importante a la hora de desarrollar sus teorías físicas del mundo. Estos pensadores habían sometido los fenómenos de la naturaleza a examen y habían planteado el problema del origen del mundo en términos de debate, abriendo así la vía a una forma de pensamiento independiente de la religión que más adelante hallará también su propio lenguaje y acabará centrándose en el hombre como preocupación fundamental.

3. Las expresiones artísticas

La manifiesta propensión a la singularidad y a la individualización que aparecen en la poesía y la filosofía griegas de este período caracterizan también a las producciones artísticas. Sin embargo, esta tendencia evidente a la atribución a un individuo concreto de una obra como autor y/o dedicante contrasta aparentemente con la «imitación distante» de la realidad que caracteriza también, todo este arte arcaico que condujo a una figuración idealizada de carácter genérico que, más que representar de manera realista a una persona o acontecimiento determinados, evocaba o simbolizaba a todos en su conjunto. Esta tendencia no impidió que muchos de estos artistas alcanzasen una gran precisión en el detalle y sus obras reflejasen una observación minuciosa de la realidad. Destaca la finalidad pública de este arte que dejaba relegadas a la esfera privada sólo algunas piezas excepcionales de carácter suntuario y pequeños objetos de adorno personal. El ámbito artístico no fue una excepción a la hora de manifestar este triunfo constante de los ideales y aspiraciones comunitarios sobre lo puramente individual. Se trata, por último, de un arte de carácter religioso, dado que la mayor parte de sus manifestaciones pertenecen de lleno a este ámbito de la vida griega tan difícil de delimitar o se hallan de alguna manera estrechamente relacionadas con el mismo.

Arquitectura

En arquitectura los templos fueron los primeros edificios monumentales que se construyeron en este período. La emergencia de un edificio de carácter sagrado independiente, dedicado por entero a su principal ocupante divino, que lo utilizaba como morada, constituye una de las principales rupturas en la historia religiosa del mundo griego. Su aparición se suele situar a finales del siglo VIII a.C., dentro del mismo marco en el que surge la ciudad. La tesis que sostiene que hay que buscar el origen de los templos en las antiguas moradas suntuarias de los príncipes en cuyo interior se celebraban sacrificios y ceremonias rituales, se apoya básicamente sobre los hallazgos del gran edificio absidal de Lefkandi ya mencionado. El plano absidal que caracteriza estas primeras edificaciones, como la de Nicoria en Mesenia y Kukunaries en Paros, fue abandonado lentamente como atestiguan los templos de Eretria, Tegea o Peracora, para ser sustituido más tarde por el esquema rectangular bien conocido de todos.

A partir del siglo VII a.C., los griegos tuvieron ya los medios disponibles para emprender la construcción de grandes edificios de más de 30 m exclusivamente dedicados a esta finalidad cultual. A lo largo de este período se elaboró la estructura del templo griego que iba a predominar a lo largo de la historia posterior. Al comienzo se trataba simplemente de una sala rectangular precedida por un porche con dos columnas. Más adelante, posiblemente en la primera mitad del siglo VII a.C., hicieron su aparición otros elementos más distintivos como el *peristilo* (columnas alrededor de todo el edificio) y el plano interior se dividió en tres estancias (*pronaos, cella* y *opistodomos*). A mediados del siglo VI a.C. surgieron los dos órdenes arquitectónicos principales, el dórico en el nordeste del Peloponeso y el jónico en Asia Menor. No existió una neta y total separación entre ambos, como se había pensado en un principio siguiendo los dictados de Vitruvio, autor del único tratado de arquitectura antiguo llegado hasta nosotros. Por el contrario, ambos estilos conocieron numerosas «contaminaciones» mutuas y dependieron en buena medida de las variantes regionales como el denominado orden corintio surgido en Ática. Los templos se llenaron también de esculturas que decoraban casi todas sus partes altas: frontón, frisos y metopas.

El templo griego era tan sólo la morada de la divinidad que albergaba su estatua de culto y las ofrendas que se le hacían. A diferencia de las iglesias cristianas, los fieles celebraban los diferentes ritos en el exterior del edificio, normalmente en el altar situado delante de la fachada principal. Para la construcción de estos grandes edificios sagrados fue necesario movilizar una determinada tecnología, una numerosa mano de obra y unos considerables recursos financieros. Precisamente por ello los templos encarnan la imagen que la ciudad pretendía ofrecer de sí misma, como reflejo de su ideología y de su historia. La construcción de templos de grandes dimensiones está asociada al período de florecimiento de las tiranías, de cuya política el templo constituía la expresión más visible. Por ello también, los establecimientos griegos de ultramar construyeron imponentes templos que reflejaban la grandeza y opulencia de estas comunidades recientes y destacaban su carácter helénico frente a las comunidades indígenas de los territorios vecinos. Las magníficas ruinas del sur de Italia y Sicilia son ilustrativas de esta clase de tentativa. El templo era en definitiva el único edificio prominente de una ciudad y el único elemento arquitectónico que podía convertirse en un símbolo exterior. Los esfuerzos de la comunidad se centraron, por tanto, de forma especial en la edificación de estos conjuntos monumentales cuyas ruinas podemos contemplar todavía en la actualidad.

Escultura

La escultura arcaica cumplió esencialmente, al igual que la arquitectura, una función pública y religiosa. Las estatuas que representaban a los dioses sirvieron de culto y se utilizaron como ofrendas en los grandes santuarios o como pequeñas dedicatorias más modestas en templos y recintos sagrados. Representaban tipos ideales que no correspondían a ninguna fisonomía personal. Uno de los tipos más comunes está representado por una serie de estatuas de jóvenes desnudos, conocidas como *kouroi*, algunas de ellas de grandes proporciones, cuya significación precisa desconocemos. Se ha supuesto que podrían representar al dios Apolo o que habrían sido simplemente estatuas de carácter funerario destinadas a conmemorar la muerte de un miembro de la aristocracia. De hecho, muchos de ellos aparecen representados como jóvenes atletas en una clara alusión a una de las actividades principales de este grupo social. Una función similar, relacionada con el deseo de prestigio y exhibición de esta clase, tenían también las estatuas de los vencedores en los grandes juegos que eran luego dedicadas en los santuarios de Delfos u Olimpia. Sin embargo, estas ofrendas cumplían de igual modo un papel comunitario ya que la gloria alcanzada por el individuo implicaba también a su comunidad.

Se ha señalado la existencia de una serie de estilos diferenciados que recorren la estatuaria arcaica desde los primeros tiempos hasta su culminación, estableciéndose así una separación de talleres «regionales». Las ciudades arcaicas encontraron en la escultura y en el resto de las artes una manera más de afirmar su identidad frente al resto de las demás ciudades, con las que, además, se hallaban frecuentemente en conflicto. Se constituyen de esta manera grandes talleres en ciudades como Samos, Naxos, Paros, Corinto o Argos. Los santuarios panhelénicos se convertían en los espacios adecuados donde las ciudades podían reivindicar su originalidad. Tanto las ciudades como los propios particulares recuerdan de forma explícita en la obra que consagran su pertenencia a una comunidad determinada, de forma que el prestigio de la ofrenda salpicaba también a aquélla.

La escultura monumental en mármol hizo su aparición en la isla de Delos a partir de la segunda mitad del siglo VII a.C. Era una escultura sobria y estática que apenas delata el movimiento. Su gran tamaño parece que tenía como finalidad afirmar el prestigio y prosperidad de las grandes familias aristocráticas. Sin embargo, a partir del siglo VI comenzó a adaptarse a la escala humana, puesta de manifiesto en piezas célebres como el *Moscóforo* (oferente con un carnero sobre los hombros) hallado en la acrópolis de Atenas, o el conjunto de esculturas femeninas conocidas como *Korai*, caracterizadas por una sonrisa particular. La gran mayoría son ofrendas religiosas, tal y como revelan las inscripciones de sus bases; sin embargo, resulta ciertamente enigmático el hecho de que fueran normalmente hombres quienes llevaran a cabo la ofrenda.

Cerámica

La cerámica, que había ido desarrollándose de una forma ininterrumpida desde el final de la época oscura con el llamado estilo geométrico, alcanzó su máxima expresión en el siglo VI con el definitivo triunfo de la alfarería ateniense. Los estilos y técnicas habían sufrido una larga y constante evolución. Las escenas figuradas se impusieron sobre cualquier otra clase de motivo decorativo en el siglo VII y se elaboraron piezas con enormes paneles decorados con historias míticas y diferentes personajes. Un célebre ejemplar es el famoso Olpe Chigi, en donde se representa una escena de hoplitas en formación. A comienzos del siglo VI surgió la técnica de figuras negras que permitirá verdaderas composiciones sobre los vasos. Escenas heroicas y de la vida cotidiana empiezan a aparecer por doquier constituyendo una preciosa fuente de información.

VIII. GRIEGOS Y PERSAS

1. El encuentro con Persia

La aparición de Persia en el horizonte griego constituye uno de los acontecimientos más decisivos de toda su historia, hasta el punto que condicionó en buena medida su desarrollo a finales del período arcaico y en los comienzos del clásico. Hasta esos momentos, a mediados del siglo VI a.C., los griegos no habían tenido que afrontar ninguna amenaza exterior de esta envergadura. Las ciudades griegas de Asia Menor habían sufrido en el curso del siglo VII las devastaciones causadas por los cimerios, pero fueron de corta duración y no supusieron la implantación de un dominio exterior sobre la zona. Las relaciones con el reino lidio fueron tensas en muchos momentos y desembocaron en varias ocasiones en conflictos armados que culminaron con el sometimiento griego a los dictados de Sardes. Sin embargo, estas acciones de envergadura local no implicaron en ningún caso mayores consecuencias. La caída del reino de Creso en manos de los persas significó, sin embargo, un verdadero aldabonazo en la conciencia griega, a juzgar por las hondas repercusiones que dejó tanto en su arte como en su literatura. Todavía a comienzos del siglo V a.C., cuando ya habían transcurrido casi 50 años del evento, perduraba entre los griegos el recuerdo del destino trágico del monarca lidio que había representado durante buena parte de la primera mitad del siglo VI la imagen de la riqueza y el esplendor del poder absoluto, tal y como reflejan algunas alusiones que aparecen en los poetas líricos de la época.

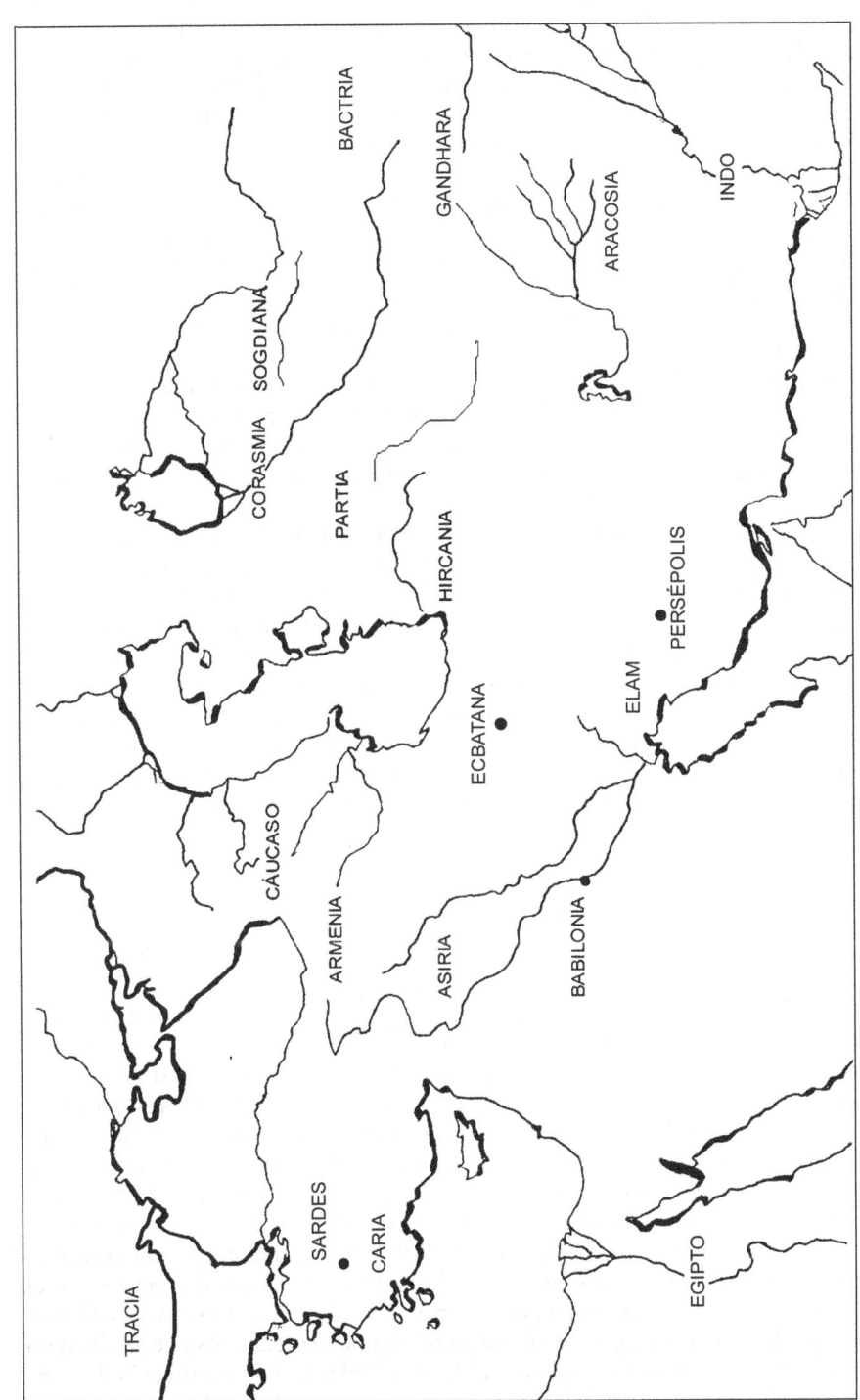

EL IMPERIO PERSA

Creso aparece representado en la pira sobre un ánfora ática de comienzos del siglo V, obra del pintor Misón, y constituye un tema frecuente de meditación sobre la fragilidad de la prosperidad humana en la poesía de Baquílides y en las *Historias* de Heródoto. Todos estos testimonios reflejan la profunda impronta dejada en los griegos por las acciones persas de estos momentos. Los griegos quedaron profundamente impresionados por la habilidad persa para tomar las ciudades fortificadas. Tras la caída de Sardes, el ejército persa se apoderó sin grandes dificultades aparentes de las ciudades griegas de Asia Menor que poseían unas defensas mucho más imponentes que las de las ciudades de la Grecia continental. Los persas rodeaban las ciudades con sus máquinas de asedio, levantaban rampas de asalto y llevaban a cabo importantes obras de excavación que minaban completamente las murallas defensivas contrarias, herederos de una vieja tradición oriental que habían perfeccionado los asirios. Por el contrario, los griegos habían demostrado en este campo una cierta incompetencia, avalada quizá por una repugnancia a la hora de destruir del todo una comunidad enemiga. A esta habilidad poliorcética se añadían además la mayor variedad de armamento con que contaban los ejércitos persas, su mayor flexibilidad en el empleo de los diferentes contingentes que los constituían y, evidentemente, el número mucho mayor de efectivos.

El pavor que inspiraban los persas, evocado por el coro de *los Persas* de Esquilo, llegó a alcanzar tal magnitud que incitó incluso en algunas ocasiones a transgredir verdaderos tabúes de la conducta griega tradicional como la entrega al enemigo de un suplicante que había buscado refugio en la ciudad de Cumas, la renuncia de los milesios a defender el acceso a su territorio tradicional o la huida en masa de los naxios a las montañas ante la llegada de la flota real. El carácter pesimista de los oráculos, que hicieron que se acusara a Delfos de haber pactado con los persas, revela igualmente la extensión por muchas partes de Grecia de un cierto sentimiento de inferioridad ante el ataque de una potencia considerablemente superior cuya victoria final parecía inevitable. Una sensación derrotista generalizada que sólo las victorias de los años 480 conseguirían cambiar de manera radical.

2. Jonia y los persas

La conquista persa de las ciudades jonias tuvo algunos efectos devastadores tanto en el terreno humano como material. A las pérdidas humanas habidas en la guerra, se sumaron las emigraciones en masa hacia el exterior como las de Focea y Teos que decidieron emprender el camino de ultramar en lugar de resistir a la dominación persa. Tampoco en el terreno económico las cosas fueron mucho mejor, ya que si bien no puede hablarse de un evidente declive económico provocado a instancias de la propia decisión real de favorecer el comercio fenicio en detrimento del jonio, sí es cierto en cambio que la dominación persa minó de forma seria el comercio jonio sin que fuera el resultado de una política conscientemente adoptada en este sentido. La conquista persa significó el final del sistema de intercambios vigente que las ciudades jonias mantenían con el reino lidio en el que desempeñaban el papel de intermediarias con el mundo exterior a través de las relaciones marítimas y en el que los tributos pagados retornaban de alguna manera a los griegos, bien en forma de ofrendas a los dioses como en Delfos y Didima, de construcción de templos como el Artemision de Éfeso, o de donaciones particulares. Aunque el tributo impuesto por los persas era moderado, los ingresos obtenidos se encaminaban directamente a Susa y no incidían en nada en el mundo griego ya que, aunque la actitud religiosa del soberano persa era habitualmente respetuosa con los cultos locales, no se traducía nunca en el tipo de piedad ostentadora de un Creso con sus dedicatorias en los santuarios griegos.

Sin embargo, a pesar de la presencia persa en la región, la actividad edilicia de construcción de grandes templos, un claro indicio de prosperidad, parece más intensa en Jonia que en otras partes del mundo griego en esta segunda mitad del siglo VI. No hay que olvidar que fue también durante este mismo período cuando adquirieron un impulso extraordinario las diferentes escuelas jonias en el terreno filosófico o histórico y que es hacia finales de esta época cuando Heródoto sitúa el grado máximo de prosperidad de una ciudad tan importante como Mileto.

La presencia persa en la zona modificó sin duda algunos circuitos comerciales que hasta entonces habían discurrido por mar. Su control de las rutas terrestres favoreció esta alternativa con la célebre ruta real que enlazaba Sardes con Susa, que fue seguramente una de las vías privilegiadas. Las ciudades jonias que se hallaban antes junto al centro del poder en Sardes, se veían ahora desplazadas a su extremo occidental, lejos de la capital y de su inevitable tráfico de riquezas. La implantación del dominio persa en Asia Menor implicó su organización en satrapías, especie de provincias en las que se hallaba dividido el imperio persa, al frente de las cuales se situaba un personaje importante perteneciente a la más alta nobleza persa y a menudo emparentado directamente con la propia familia real. Los griegos conocieron la monarquía persa y sus fastos sobre todo a través de los sátrapas cuyos palacios constituían una réplica modesta de los grandiosos complejos de Susa, Persépolis o Ecbatana. Sin embargo, esta curiosa combinación de una serie de poderosos dinastas locales provistos de abundantes recursos y siempre deseosos de acrecentar su prestigio, su poder y su independencia, y por otro lado un rey con los máximos poderes instalado en la lejana corte de Susa y siempre temeroso de la traición y deslealtad de sus máximos dirigentes provinciales, significó para los griegos un cúmulo de nuevas oportunidades. Las historias de conspiración e intriga que constituyen el relato de Heródoto sobre los acontecimientos en Jonia antes de las guerras persas revelan la gama de opciones y posibilidades que tanto los individuos como las comunidades en su conjunto tenían a su disposición dentro de la nueva trama política del imperio. Un ejemplo ilustrativo de estas circunstancias lo ofrece el asunto del lidio Pacties, a quien Ciro había dejado al cargo de las finanzas locales y que, aprovechando las ventajas de su situación, inició una rebelión contra el dominio persa. Las ciudades griegas tenían la opción de apoyar la revuelta o demostrar una lealtad sin fisuras a los nuevos dominadores. Cuando Pacties fue derrotado y buscó refugio en las ciudades griegas, la cuestión se trasladó al terreno moral, ya que se trataba de decidir si se entregaba o no un suplicante en manos de sus perseguidores. La negativa aparente a acogerlo en muchas ciudades y la solución práctica adoptada por los quiotas, que tras su entrega obtuvieron al parecer ciertas ventajas territoriales en el continente, ilustran bien las opciones disponibles y las consecuencias que podían derivarse tanto en sentido positivo como negativo.

Para los individuos se abrieron también nuevas oportunidades ante la demanda de especialistas que requería la administración aqueménida. Los registros conservados sobre las tablillas de arcilla de Persépolis revelan la presencia de numerosos jonios en la corte persa, algunos de ellos ocupando posiciones de gran responsabilidad y otros detentando oficios menores como artesanos, labores de irrigación o de transporte de materiales de construcción. Es probable que muchos de ellos acudieran a la llamada del rey con el objetivo de colmar sus ambiciones personales, pero seguramente se produjeron también numerosos casos de deportación obligada. El caso del médico Democedes de Crotona, bien conocido a través del relato de Heródoto, podría constituir un buen ejemplo ilustrativo si no fuera por la más que posible remodelación de la historia en función de los intereses posteriores del propio protagonista que deseaba ofrecer una visión apologética de sus intervenciones junto a los persas, presentándose como un cautivo que ansiaba recuperar su libertad a todo trance.

Otra oportunidad importante se les presentaba a todos aquellos miembros de la elite dirigente que deseaban reforzar su posición política dentro de su ciudad contando con el apoyo persa. Muchos se establecieron así como tiranos en sus respectivos estados, como fue el caso de Silosonte en la isla de Samos, que contó con el apoyo de Darío.

3. La rebelión jonia

En el año 499 a.C. estalló una rebelión contra el dominio persa en las ciudades griegas de Jonia. Nuestro único testimonio es el relato de Heródoto basado en tradiciones orales elaboradas tras los propios acontecimientos y teñidas de un evidente carácter apologético, tendente a justificar el fracaso de la rebelión sobre todo a la vista del posterior triunfo de la resistencia griega continental. El centro principal de los acontecimientos fue la ciudad de Mileto. Su tirano Aristágoras, al igual que el resto de dinastas locales que basaban su poder en el soporte persa, se hallaba plenamente implicado en un delicado juego de equilibrios políticos consistente en demostrar continuamente su carácter indispensable para los nuevos dominadores y apartar así cualquier tipo de sospecha sobre sus ambiciones personales de poder que podían resultar trágicas. Aristágoras decidió apostar fuerte y ofreció a los persas una oportunidad de extender sus dominios en el Egeo mediante la anexión de la isla de Naxos. La empresa parecía sencilla a la vista de las informaciones que le habían suministrado los exiliados naxios que habían acudido a solicitarle ayuda para favorecer su retorno. La expedición resultó un fracaso estrepitoso. Aristágoras, por tanto, lejos de afianzar su posición, como pretendía, mediante esta infeliz iniciativa, sólo había conseguido implicar a los persas en un dispendio militar y financiero que no había tenido utilidad alguna.

Tras fracasar en su intento y ver así seriamente comprometida su posición, Aristágoras optó por una vía diferente de carácter político. Cedió el gobierno de la ciudad y adoptó una serie de medidas internas que favorecían una forma de gobierno popular. Al mismo tiempo incitó al resto de las ciudades jonias a que expulsaran a sus respectivos tiranos e iniciaran de esta forma una rebelión generalizada contra el dominio persa. Las consecuencias de este llamamiento fueron diversas. Algunos se limitaron a expulsar a los tiranos sin más iniciativas ulteriores. Otros emprendieron un ataque decidido contra la representación más visible del poder persa asaltando la ciudad de Sardes, que era la capital de la satrapía, e incendiando su templo. No faltaron tampoco los que, como el propio Aristágoras, buscaron implicar en la empresa al resto de las ciudades griegas del continente, especialmente a las más poderosas como eran Esparta y Atenas. Sin embargo, sólo los atenienses y los eretrieos acudieron a su llamada de ayuda con el envío de veinte barcos. Esta aparente indiferencia se explica una vez más por la preponderancia de los intereses y conflictos regionales dentro del propio mundo griego sobre cualquier otro tipo de razones más generales.

La confederación cultural panjónica se transformó en un organismo político provisto de un Consejo común e incluso se puso en circulación una moneda común. Sin embargo, fallaron aspectos esenciales como la existencia de un único mando en las operaciones militares, una estrategia bien definida y, lo más importante, una idea clara de los objetivos reales que perseguía la rebelión. Algunos éxitos militares por mar consiguieron aumentar el número de insurrectos de una rebelión que se extendía ahora desde los estrechos del Helesponto hasta Chipre. Sin embargo, con ello despertaron también mayores recelos en la corte persa, ya que con la pérdida de enclaves tan decisivos veía en peligro su control del comercio. De esta forma, el contraataque persa comenzó por estos extremos: primero, sometieron de nuevo Chipre y más tarde las ciudades de los estrechos. Tras el restablecimiento del orden en estos enclaves decisivos, todo el potencial persa se concentró sobre la Jonia rebelde. La batalla decisiva se libró en las aguas de Lade, cerca de Mileto, hacia el 495. Los jonios fueron derrotados, Mileto fue tomada al asalto en el 494 y su población fue deportada masivamente a Mesopotamia.

Tras el restablecimiento de su soberanía en la región, los persas actuaron con cautela y una cierta moderación política. Abandonaron el sistema basado en regímenes tiránicos de origen aristocrático que tantos enemigos les había granjeado entre los jonios y establecieron regímenes que gozaban de una cierta autonomía cívica que Heródoto describe, quizá un poco alegremente, como democracias. El pago del tributo se determinó sobre bases catastrales fijas y equitativas. De esta forma, la situación política no sólo no empeoró con relación a la situación precedente, sino que incluso mejoró en algunos aspectos. Sin embargo, el declive económico que se había iniciado con la conquista persa se acentuó y el gran período de florecimiento de Jonia pasó a la historia. Sería necesario esperar hasta los inicios del período helenístico para que esta región volviera a resurgir de nuevo.

4. Los persas y Europa

El interés de los persas por Europa no fue el resultado directo de la rebelión jonia, como los propios griegos pretenden hacernos creer. Heródoto atribuye la intervención al deseo de venganza de Darío por el envío de la ayuda ateniense a la sublevación jonia. Menciona al respecto una anécdota ciertamente significativa. Con el objeto de no olvidar el agravio sufrido, Darío habría encargado a uno de sus servidores que le recordara a diario a los atenienses. Sin embargo, el asunto es mucho más complejo que una simple cuestión personal de afrenta y deseos de venganza.

Todo el reino de Darío I (522-486) está caracterizado por una estrategia de expansión egea firmemente definida. Primero se apoderó de Samos, donde situó en el poder al mencionado Silosonte, y después, hacia el 513 a.C., decidió emprender una gran expedición contra los escitas que finalmente no respondió a las expectativas creadas. Sin embargo, sus resultados no fueron del todo baldíos, ya que a su regreso de la misma conquistó todas las ciudades y pueblos de Tracia, que comprendía las regiones situadas entre los estrechos y el río Axio. Los persas instalaron guarniciones en todas las ciudades costeras y de esta forma muchas ciudades griegas del Helesponto y de las costas del norte del Egeo pasaron, por tanto, bajo la dominación persa, con las consiguientes restricciones que ello significó para su autonomía política y sus posibilidades comerciales. Dentro de esta línea de expansión europea, le llegó más tarde el turno a Macedonia, que selló un acuerdo de dependencia con un matrimonio entre la hija del rey macedonio Amintas y el representante de los intereses persas en aquellos momentos. Estas regiones sometidas constituyeron una especie de protectorado persa y tenían la obligación de pagar tributo y aportar contingentes militares al ejército persa con hombres y naves. Los persas controlaban así toda la ruta costera desde los estrechos hasta la baja Macedonia. Aunque parece que los tributos eran ciertamente moderados, el control que los persas empezaron a ejercer en el Egeo, tras su conquista militar de los puestos del Helesponto y del enclave de Náucratis en Egipto, se dejó sentir con fuerza en el mundo griego.

La preocupación generada por el imparable avance persa había penetrado ya desde antes en el continente griego a juzgar por el envío de apoyo naval, aunque limitado, a la rebelión jonia. Es posible, por tanto, que cuando los atenienses retiraron tempranamente su contingente de ayuda, experimentasen cierto temor a una represalia por parte persa. Quizá hay que interpretar como un intento de apaciguar las intenciones hostiles persas la elección al poder en Atenas de uno de los Pisistrátidas. A fin de cuentas, el tirano Hipias se hallaba entonces bajo el patrocinio del sátrapa de Sardes y todos veían en él a uno de los instigadores principales de la animadversión persa hacia Atenas. Sabemos también, por otro lado, que la caída y destrucción de Mileto causó una profunda impresión entre los atenienses a juzgar por la multa que impusieron a Frínico, un autor trágico que se había atrevido a poner en escena este dramático acontecimiento.

Las actividades persas en el norte del Egeo a finales de la década de los noventa suscitaron también una cierta inquietud entre los griegos, que comprendieron que el restablecimiento persa en el Egeo podría implicar su progresiva intromisión en los asuntos internos de Grecia. Desde esta perspectiva resulta mucho más comprensible la actitud beligerante de muchos griegos ante el restablecimiento persa y la oposición frontal a todos aquellos que desde el interior de las ciudades griegas propiciaban un acercamiento a los persas. Dentro de este contexto desempeñó un papel decisivo la figura de Milcíades, que había sido obligado a abandonar sus posesiones en Tracia a causa del avance persa. Agrupó a su alrededor a todos aquellos para quienes la consolidación de las posiciones persas en el norte del Egeo representaba una seria amenaza o temían el restablecimiento de la tiranía como forma política auspiciada por los persas. También fue por entonces cuando Temístocles debió de hacer su aparición en el escenario político ateniense y comenzó a destacarse ya como uno de los adversarios señalados de toda posibilidad de entendimiento con los persas, una postura que estaba, al parecer, auspiciada por el clan aristocrático de los Alcmeónidas.

Los propios persas eran bien conscientes de las rivalidades regionales que desgarraban continuamente la vida política griega, ya que contaban con informadores de primera fila, como el tirano ateniense Hipias, y quisieron sacar partido de ellas interviniendo como factor de la discordia, bien mediante la realización de alianzas o por el simple empleo de la intimidación y la fuerza. Era una oportunidad excelente de ampliar su área de influencia y consolidar así también una zona de seguridad en la frontera occidental de su imperio, instalando regímenes favorables a su dominio. A estas circunstancias corresponde el relato de Heródoto sobre el envío de heraldos persas a todas las ciudades de Grecia, para solicitar «la tierra y el agua» como expresión simbólica del acto de sumisión, que fue violentamente contestada por atenienses y espartanos (arrojaron al heraldo a un pozo). A pesar de esta oposición, los persas cumplieron en buena parte sus objetivos, ya que muchos estados griegos se pusieron de su lado o adoptaron una posición neutral. Muchos dirigentes griegos, conscientes de la ineluctabilidad de la conquista persa, la aceptaron como tal anticipadamente y supieron encontrar su lugar apropiado dentro de la jerarquía del imperio. Ése fue el caso del ya mencionado Silosonte en Samos, de los Aléuadas en Tesalia o de Góngilo en Eretria. La acusación de «medismo», que calificaba el hecho de haber adoptado el bando persa, se convirtió desde entonces, y especialmente al finalizar la guerra, en una verdadera arma arrojadiza en las continuas discordias que enfrentaban a los griegos entre sí, sirviendo además de excusa para un castigo o una intromisión en sus asuntos internos.

Sin embargo, en la realidad las cosas fueron mucho más complejas, ya que incluso dentro de la propia Atenas se produjeron varios intentos de apelación a los persas antes del conflicto, como el de la embajada que tras las reformas de Clístenes acudió a Sardes en busca de un tratado con el rey o el supuesto intento de traición de los Alcmeónidas en los momentos decisivos que culminaron en Maratón. El propio Milcíades, el futuro vencedor de Maratón, parece haber jugado también en su momento la carta persa aceptando su supremacía cuando era tirano en el Quersoneso. Sólo su posterior implicación en la rebelión jonia le hizo decantarse de forma clara del lado de los adversarios del rey. Incluso en Esparta, uno de los campeones junto a Atenas en la lucha contra los persas, el factor persa interfirió de forma clara en el desarrollo de su política interna. Uno de los reyes, Demarato, tras haber sido desposeído de la realeza dentro de los conflictos por el poder que desgarraban Esparta, buscó refugio en la corte de Darío, que al parecer le acogió con magnificencia y le hizo donación de tierras. No hubo, sin embargo, lo que podríamos denominar con un cierto anacronismo «partidos» declaradamente propersas o antipersas dentro de la política griega de estos momentos, sino que la cuestión persa se convirtió de repente en un factor más de la estrategia política dentro de la lucha constante entre las elites aristocráticas por la conquista del poder y la gloria.

5. Los condicionantes del conflicto

El enfrentamiento de las ciudades griegas con el imperio persa fue a todas luces un conflicto claramente desigual. Se enfrentaban un puñado de comunidades rurales con escasos recursos y carentes de toda organización interestatal que aglutinase de forma organizada esfuerzos e iniciativas, a un imperio en toda regla, bien estructurado y organizado, que había conquistado en un período relativamente corto todo el mundo oriental. La superioridad técnica, militar y financiera del imperio persa era completamente apabullante.

Existían además serios obstáculos de índole ideológica que impedían la consecución de firmes acuerdos o alianzas entre las diferentes ciudades griegas a la hora de afrontar un peligro exterior común. Para la inmensa mayoría de los griegos, la integración dentro de un estado unitario de amplias dimensiones como los que habían conocido de Lidia, Egipto o Persia, constituía una contradicción evidente con el ideal de autonomía que implicaba la independencia plena de la ciudad en todos los terrenos. Ni siquiera una alianza de carácter duradero eliminaba del todo este tipo de suspicacias particularistas. La política exterior de las ciudades griegas continuó siendo en estos momentos extraordinariamente limitada, prevaleciendo de forma clara las luchas ancestrales con los vecinos inmediatos sobre una cuestión más general como eran las relaciones con los persas. El odio ancestral de Argos hacia Esparta determinó su negativa a formar parte de la coalición griega en el 480. Esta «miopía» de las ciudades griegas, como ha recordado Olivier Picard, les condujo a anteponer sus mediocres querellas locales a la seria amenaza exterior, que se consideraba más bien lejana en muchos de los casos. Esta estrechez de miras del horizonte político griego se puso también de manifiesto a lo largo del propio conflicto con los persas, al tratar de definir una estrategia común o de determinar las posiciones de privilegio que cada uno debía ocupar dentro de la formación de combate. La estrategia tradicional de defender a toda costa el territorio propio de cada ciudad impedía la asunción de una estrategia de miras más amplias que podía haber situado la línea de combate en lugares estratégicos, como los desfiladeros del Olimpo o el paso de Termópilas. Las sospechas de traición a la causa griega o de una búsqueda por separado de soluciones fueron constantes a lo largo del propio conflicto, como revelan las amenazas de los atenienses a los espartanos de renunciar a su defensa en el caso de que el esfuerzo de los espartanos a la hora de colaborar en la lucha no estuviera a la altura de lo esperado.

Sin embargo, a pesar de estas importantes disparidades y limitaciones, las ciudades griegas resistieron de forma victoriosa el avance persa. Por una parte están los errores estratégicos cometidos por los propios persas, que infravaloraron las posibilidades de un enemigo aparentemente muy inferior y fracasaron de manera estrepitosa a la hora de proveer los recursos necesarios que la conquista de Grecia demandaba, como un número superior de fuerzas navales. Por otro lado hay que contar también con la conducta militar de las elites dirigentes educadas en el respeto escrupuloso a un código moral que situaba en primer lugar los ideales de defensa y protección de la patria contra toda agresión exterior y que consideraba el valor en la guerra como una de las virtudes humanas fundamentales a la hora del alcanzar la inmortalidad y la gloria. La extensión de esta clase de ideales heroicos a capas más amplias de la población, como los que componían la falange hoplítica y más tarde los remeros de las naves, desempeñó probablemente su papel, no desdeñable, a la hora de explicar las razones de la victoria griega.

6. Maratón y su importancia ideológica

El relato de los sucesivos enfrentamientos entre griegos y persas, que encontramos fundamentalmente en las *Historias* de Heródoto, no constituye una reconstrucción absolutamente fiable de lo que aconteció en realidad en aquellos momentos. La mitificación de estas campañas como resultado de la demoledora acción propagandística emprendida por Atenas al final de las mismas y la incidencia evidente de los intereses políticos posteriores a la hora de justificar algunas decisiones constituyen dos importantes obstáculos. Lo que parece claro es la constante interacción de la política interna de Atenas con el avance de la amenaza exterior persa en una medida que no siempre estamos en condiciones de determinar adecuadamente. No se trata, por tanto, de la historia lineal de un enfrentamiento abierto entre dos bandos homogéneos que no presentaban ninguna fisura interna, ya que del lado griego las decisiones adoptadas desde el interior de las ciudades en lucha y sus mutuos recelos y rivalidades condicionaron ampliamente el desarrollo y resultado final de los acontecimientos.

En el año 490 a.C. los persas partieron de Cilicia con un contingente relativamente modesto en dirección hacia el Egeo, con el propósito de establecer regímenes vasallos por todas partes. Como táctica, supieron combinar hábilmente el uso de la fuerza, como muestran los casos de Naxos y Eretria, con acciones de calado propagandístico dentro del terreno religioso, como su respeto del santuario de Apolo en Delos. En el caso de Atenas aparecen ya con motivo de este primer conflicto las claras interferencias de la política local con el desarrollo de los acontecimientos exteriores. La presencia de Hipias en las filas enemigas implicaba de forma activa esta interferencia y pudo desempeñar un papel decisivo a la hora de decidir las operaciones militares. Convenció así al almirante persa Datis para que desembarcara en Maratón, una llanura de la costa norte del Ática que no contaba con ninguna defensa, con la expectativa de encontrar escasa resistencia, dadas las divergencias existentes en el interior de la ciudad en estos momentos. Sin embargo, sus cálculos fallaron ya que uno de los diez generales, Milcíades, logró que triunfara en la asamblea la propuesta de resistencia armada frente al invasor.

A comienzos de septiembre, los atenienses acudieron a Maratón con cierta rapidez y atacaron con furia a los persas sin esperar a que llegaran los refuerzos que Esparta les había prometido. Tras una larga batalla, los persas se vieron obligados a retirarse precipitadamente de nuevo a las naves. Esta escaramuza adquirió en seguida tintes de gloria insospechados. La victoria de los hoplitas atenienses, obtenida además sin ninguna ayuda exterior, salvo el millar de aliados plateos, inspiró a los atenienses una sensación de orgullo y confianza en su propio valor y en la fuerza de sus instituciones. Las leyendas de colaboración divina asociadas con la batalla, como la presencia entre las filas atenienses del héroe local Equetlo o del propio Teseo, héroe fundador de Atenas, y la ayuda del dios arcadio Pan, revelan también el sentimiento generalizado de que la nueva ciudad gozaba de la protección de los dioses. Los propios combatientes se convirtieron en un nuevo tipo de héroes y la batalla simbolizó a partir de entonces a toda una generación, la de los Maratonomacos (los combatientes en Maratón), que fue considerada modélica e insuperable en los tiempos posteriores. Maratón quedó así grabado en las mentes griegas como la hazaña gloriosa por antonomasia del nuevo estado isonómico ateniense. Es ilustrativo de este tipo de conciencia el célebre epitafio del poeta trágico Esquilo, que resalta como su único mérito su participación en la batalla:

> Esquilo, hijo de Euforión, ateniense, está cubierto
> por esta tumba; murió en Gela productora de trigo.
> El famoso bosque de Maratón puede hablar de su valor
> al igual que el persa de larga cabellera que lo conoció.
> (Ateneo, *Banquete de los sabios*, 627c)

Maratón fue la primera gran victoria de los griegos contra los persas y fue al tiempo, como ha señalado Edouard Will, «la última manifestación ateniense de una cierta sociedad militar, de la comunidad hoplítica [...], en definitiva, la victoria de una clase social».

Desde el lado persa, la visión de las cosas tuvo que ser forzosamente diferente. No había sucedido ningún desastre irreparable ni había tenido lugar ninguna derrota afrentosa, como pretenden presentar las fuentes griegas. Para el almirante persa Datis, la cosa no pasó de un mero incidente desafortunado que empañaba someramente una brillante campaña por el Egeo. Datis regresó a Susa como vencedor en su expedición contra las islas, ya que había logrado el objetivo de afianzar sus posiciones en Tracia y aislar las costas de Jonia del continente europeo mediante una tierra de nadie insular, con lo que afianzaba las fronteras occidentales del imperio. Los propósitos iniciales, que no parecen haber sido otros que una amplia operación de control y vigilancia de sus posesiones egeas, se habían cumplido razonablemente y sólo la frustrada expedición contra Atenas, en la que había mediado Hipias, había resultado fallida. El balance general seguía inclinándose de su lado y, como en otros muchos rincones limítrofes del vasto imperio persa, quedaban por someter algunos pueblos marginales que, vistos desde la lejanía de la corte de Persépolis, poco podían inquietar a su rey. De hecho, la atención preferente del imperio se concentró en seguida en otros asuntos más relevantes, como las rebeliones de Egipto y Babilonia, que obligaron al sucesor de Darío, Jerjes, a olvidarse de Grecia por un tiempo considerable. Sólo a finales de la década de los 80, cuando se había restablecido de nuevo el orden en el imperio, reaparecieron los afanes imperialistas en el Egeo y se reanudaron las hostilidades.

7. Las batallas decisivas: Salamina y Platea

La incidencia de los acontecimientos políticos internos de Atenas y Esparta en la evolución y el desarrollo del conflicto a gran escala con los persas se mantuvo en vigor tras la victoria de Maratón. A lo largo de estos últimos años Atenas había sido escenario de una incesante lucha política por el poder entre las elites aristocráticas dirigentes que afectó de forma clara al desarrollo de las instituciones. Fue quizá en esos momentos o inmediatamente antes cuando se instauró un procedimiento denominado ostracismo que se había ingeniado para proteger la soberanía del demos y librar a la comunidad de todo individuo que resultara sospechoso de aspirar a detentar un poder tiránico. Se denominó así porque se escribía el nombre de la persona encausada sobre un trozo de teja o cerámica (óstrakon). Si dicha votación conseguía reunir 6.000 votos, el individuo acusado era expulsado de la ciudad durante 10 años. Se trataba simplemente de una suspensión de sus derechos cívicos durante este período de tiempo, ya que el individuo afectado por la decisión no perdía su condición de ciudadano, ni sus bienes eran confiscados ni su familia incomodada en el curso de su ausencia de la ciudad. Con el tiempo se convirtió en un arma política que los implicados en la lucha por el poder no dudaron en utilizar en momento alguno contra sus adversarios.

También por aquel entonces, en el 487, los nuevos arcontes fueron elegidos por primera vez por medio del sorteo entre una lista de candidatos previos que habían sido seleccionados por los demos. Las consecuencias de esta medida afectaron de forma importante al Areópago, que constituía el baluarte fundamental del poder de la aristocracia ateniense donde tomaban asiento todos los exarcontes. Ahora entre sus filas se hallaban también personajes de rango secundario que ponían en entredicho el predominio tradicional de los Eupátridas y debilitaban, en consecuencia, el poder de influencia tradicional de este viejo organismo institucional ateniense.

En el resto de Grecia seguían imperando las preocupaciones de carácter regional que no parecen evidenciar ningún tipo de inquietud o preocupación ante una nueva invasión persa. En Esparta prevalecían sus inquietudes sobre la situación interna del estado con la constante amenaza de rebelión hilota y sus preocupaciones giraban especialmente sobre su papel a la cabeza de la liga peloponesia y las conflictivas relaciones con su rival y vecina Argos. También la situación interna de la ciudad resultaba preocupante con los sucesivos intentos de su ambicioso rey Cleómenes I por restablecerse en el poder, tras su forzado exilio del año 490.

En el 480 se produjo una nueva expedición persa, esta vez de una envergadura mucho mayor que la anterior y encabezada por el propio monarca. La invasión se inició desde el norte, tras atravesar el ejército persa los estrechos del Helesponto mediante un puente de barcas. Jerjes trató de sacar partido de las tensiones internas de las ciudades griegas y de sus rivalidades regionales haciendo uso simultáneo de la intimidación y la propaganda. Su exhibición de poder tan impresionante tenía como objetivo obtener el apoyo de los indecisos y oportunistas que podían ver reforzadas sus aspiraciones con la presencia del rey. En el terreno propagandístico desempeñó un papel destacado la ambigua actitud del oráculo de Apolo en Delfos, que fue posteriormente acusado de filopersa. La expedición de Jerjes contribuyó, por tanto, a acentuar todavía más los interminables conflictos internos y regionales que acaparaban la atención de los minúsculos estados griegos.

En medio de este ambiente, en el que predominaban los deseos de neutralidad o la simple indiferencia, sólo 30 estados de los numerosos que conformaban el panorama político griego accedieron a firmar una alianza militar en Corinto para afrontar de nuevo el peligro persa. La fuerza más considerable estaba constituida por los espartanos y sus aliados peloponesios. Atenas, el otro pilar de la alianza helénica, contaba por su parte con importantes recursos financieros que procedían de la explotación de las minas de Laurión en el Ática. Temístocles supo convencer a la asamblea para que tales recursos fueran desviados hacia la construcción de una potente flota naval de 200 trieres (naves de guerra de tres filas de remeros a ambos lados) que iba a convertirse en la base de la futura hegemonía ateniense en todo el Egeo.

El primer obstáculo serio que los persas tuvieron que afrontar fue el paso del desfiladero de las Termópilas, que constituía la puerta de acceso hacia la Grecia central desde las regiones del norte. Los contingentes griegos bajo el mando de los espartanos ocuparon el desfiladero con la idea de cerrar el paso al ejército persa. En paralelo situaron la flota griega a la entrada del estrecho del Euripo con el objetivo de impedir el avance de la escuadra persa. Las intenciones griegas se vinieron abajo cuando los persas consiguieron franquear el paso con ayuda de guías locales y redujeron con facilidad la tenaz resistencia espartana. La autoinmolación del contingente espartano bajo las órdenes del rey Leónidas se convirtió en un hecho heroico que fue objeto de canto para los poetas, tal y como testimonia el célebre epigrama erigido en memoria de los caídos:

> Oh, extranjero, anuncia a los Lacedemonios
> que aquí yacemos por haber obedecido sus órdenes.

Cuando los persas irrumpieron en Grecia central, sus partidarios aumentaron de forma sensible entre beocios, tesalios, locrios y dorios. Toda la suerte griega parecía quedar a expensas de la flota que había podido retirarse tras el desastre de Termópilas hacia la bahía de Salamina. Hubo diferentes opiniones entre los aliados a la hora de situar estratégicamente la flota, pero los atenienses consiguieron hacer valer sus posiciones amenazando a los demás con abandonar la resistencia y presentaron batalla en Salamina.

Ante el imparable avance persa, los atenienses se habían concentrado en la isla con todas sus pertenencias, tras abandonar la ciudad a los invasores. Los persas saquearon e incendiaron una ciudad vacía. La batalla de Salamina se decidió a favor de los griegos, que conocían mucho mejor los estrechos donde se libró a instancias del astuto Temístocles y de la mayor capacidad de maniobra de sus naves. El número excesivo de naves persas constituyó en esta ocasión un obstáculo más que una ventaja. La tradición atribuye a Temístocles una célebre estratagema para atraer a los persas hacia los estrechos que separaban la isla de la costa del Ática. Al parecer, habría utilizado para ello un falso traidor que habría anunciado a Jerjes la intención griega de huir ante el avance enemigo y le habría convencido de la necesidad de bloquear la salida para impedirlo. El resultado final de la contienda fue un auténtico desastre naval para los persas.

Jerjes emprendió la retirada hacia el norte para invernar en Tesalia. La victoria griega fue completa, pues se había salvado Atenas y al tiempo se había disipado de momento todo el peligro que pendía sobre el Peloponeso. Un factor decisivo en la batalla, junto a la habilidad táctica de los almirantes griegos y a la estratagema urdida por Temístocles, fue sin duda el espíritu de lucha griego. Sin embargo, quedaba todavía un poderoso ejército persa en tierra que, bajo el mando de Mardonio, constituía una seria amenaza para los griegos. La táctica persa no había variado con el desastre de Salamina. Mardonio intentó negociar con los atenienses tratando de atraerlos hacia el bando persa. Los atenienses supieron aprovechar estas tentativas persas en su negociación con los espartanos a la hora de decidir el lugar en el que habría de librarse el combate decisivo. El temor a una defección ateniense aceleró los preparativos para la batalla, que se libró finalmente en la llanura de Platea a comienzos de septiembre del año 479 a.C.

El avance persa obligó a una nueva evacuación de Atenas. Los casi 50.000 hoplitas griegos que se reunieron en Platea, la mayor concentración de tropas de la historia griega hasta esos momentos, consiguieron bajo el mando del espartano Pausanias una victoria total sobre el ejército persa. Su general Mardonio cayó en la lucha, el campamento persa fue arrasado y los supervivientes se retiraron hacia el norte. La victoria de Platea resultó tan decisiva para el futuro de la historia griega como lo habían sido las de Maratón y Salamina, pero el papel destacado de los hoplitas espartanos en la batalla marginó el evento de las loas y fastos atenienses que concentraron las glorias del triunfo sobre las dos batallas anteriores en las que los atenienses habían desempeñado el papel protagonista. En el curso del mismo año, la flota griega cruzó el Egeo hacia Asia Menor ante la llamada de ayuda de Samos y destruyó la escuadra persa que estaba estacionada en el promontorio de Micale en las cercanías de Mileto. Con la destrucción del contingente persa se aseguraba el dominio griego sobre el Egeo, pues poco tiempo después se eliminaron también las guarniciones persas del Helesponto, en las ciudades de Sesto y Bizancio. El gran ataque persa había sido definitivamente rechazado y, al menos de momento, la amenaza persa dejó de estar pendiente sobre el mundo griego.

8. Las consecuencias de la guerra

La victoria griega sobre los persas, que alejó durante unos años la amenaza de invasión sobre la cuenca egea, tuvo también importantes consecuencias en el aspecto ideológico. Con la destrucción del mito del conquistador invencible que rodeaba a los persas, la victoria condujo a los griegos a modificar su propia imagen y a exaltar su posición e importancia dentro del mundo mediterráneo. El relato de las campañas se repitió continuadamente por las lecciones de toda clase que podía ofrecer acerca del poder de la unidad, de la capacidad de unos pocos para hacer frente y derrotar a un ejército infinitamente superior, de las diferentes cualidades que engendran la pobreza y la opulencia, o de la superioridad indiscutible de la astucia griega. La conducta durante las campañas sirvió también de eje referencial a todo el debate político posterior a la hora de establecer traiciones y lealtades. Desde el final del conflicto hasta el final de la historia griega, las guerras persas constituyeron un tema constantemente reutilizado y reinterpretado en función de las circunstancias presentes como el modelo proverbial de la victoria griega sobre el bárbaro. Las guerras persas se convirtieron de este modo en el elemento articulador de todo el pasado griego que traducía en gloria o deshonra la conducta de una comunidad determinada.

El conflicto con los persas impulsó también una profunda revisión del pasado traducido en términos míticos, al exaltar la talla sobrehumana de los vencedores y establecer una nítida frontera entre los griegos y los «otros». Los vencedores fueron rápidamente equiparados en grandeza y gloria a los antiguos héroes de la epopeya cuyas inmemoriales gestas aparecían representadas en templos y santuarios por todos los rincones de Grecia. Esta ecuación permitió que las guerras persas se convirtieran en uno de los temas de la gran literatura de la época, como la poesía coral de Simónides o el teatro de Frínico y Esquilo. Los vencidos, por su parte, pasaron a convertirse en el modelo paradigmático del bárbaro oriental que arrastraba consigo a ciertos elementos míticos del pasado como los troyanos o pueblos fantásticos de la talla de las Amazonas, que adquirían ahora una polarización desconocida hasta entonces. Los troyanos, por ejemplo, que habían sido considerados hasta entonces como simples adversarios de los aqueos en el terreno puramente bélico, adquirieron a partir de entonces la caracterización de auténticos bárbaros que derivaba de su condición de asiáticos, con las consiguientes connotaciones negativas de esa «invención del bárbaro» de la que ha hablado Edith Hall. La victoria sobre los persas generó la creación del mito del oriente despótico y decadente que resulta finalmente derrotado por una Europa libre y racional que contó en todo momento con la ayuda de los dioses.

La victoria sobre los persas significó también un considerable engrandecimiento del prestigio de Atenas. En medio de la evidente exageración parcial de nuestras fuentes, casi todas de procedencia ateniense, y de la mitificación llevada a cabo de forma cuidadosa y premeditada en los tiempos inmediatamente posteriores, permanecen inalterados algunos hechos incuestionables. La victoria fue posible gracias a la flota ateniense y, sobre todo, a la estrategia que Temístocles impuso en el combate. La ciudad afrontó además importantes sacrificios materiales ya que sufrió las destrucciones de sus campos y sus templos y tuvo que ser evacuada en dos ocasiones por sus habitantes. Es muy posible que, sin estas decididas y dolorosas contribuciones atenienses, a las que hay que sumar sin duda la tenaz resistencia a las tentadoras ofertas de paz de los persas en los momentos más difíciles, no hubiera bastado el papel de los batallones peloponesios y la disciplina espartana para conseguir la victoria contra el numeroso ejército enemigo. No hay que olvidar tampoco la contribución involuntaria de otros factores igualmente decisivos, como los errores tácticos que cometieron los generales persas o la ocurrencia de algunos elementos naturales, como las tempestades que diezmaron la flota persa en dos ocasiones frente a las costas griegas.

Sin embargo, es preciso relativizar los términos de la victoria griega así como la evaluación de su papel dentro del desarrollo de la historia posterior. El mito de la victoria griega ha hecho también estragos en alguna parte de la investigación moderna que ha adoptado, quizá sin saberlo, el simple papel de portavoz de una determinada propaganda ateniense que secuestró la causa de la libertad griega. Se ha valorado así en ocasiones el triunfo griego como la victoria definitiva de un Occidente libre sobre un Oriente opresor y se han extraído incluso algunas consecuencias indeseadas en el caso de haberse producido una hipotética victoria persa. Por lo que sabemos del imperio aqueménida y de sus estrategias de dominación, los persas no utilizaron la fuerza a la hora de imponer sus ideas, sus formas políticas o sus creencias religiosas. Ejercieron el control sobre su imperio mediante el uso de la tolerancia en el terreno religioso e implantaron una forma de dominación que permitía cierto margen de acción a la propia autonomía política y económica. El mismo carácter mixto de la civilización persa, compuesta a partir de diversas y diferentes influencias, resulta ciertamente revelador del trato que dieron a los pueblos y naciones sometidos. Por otra parte, incluso en el caso de que se hubiera producido una victoria persa, es muy probable que ésta hubiera tenido un carácter precario. Tarde o temprano la crisis que afectó al imperio de Asia habría acabado también por influir en sus dominios europeos y, por tanto, los griegos habrían contado con nuevas ocasiones para emanciparse de su dominio.

En el terreno de los hechos, las consecuencias fundamentales de la victoria contra los persas afectaron de manera principal al propio desarrollo interno de la historia griega. Atenas evolucionó hacia una democracia radical, gracias al poder ascendente del colectivo de remeros que tanta importancia había tenido en la victoria final de Salamina. Su posición como potencia hegemónica del mundo griego empezó a tomar forma y con ello se suscitaron también las rivalidades y recelos entre los miembros de la confederación peloponesia que tenía a Esparta como indiscutible líder. Las líneas centrales de la época clásica se habían diseñado, por tanto, a lo largo de estos años complicados, difíciles y decisivos de las campañas contra Persia a lo largo de las dos primeras décadas del siglo v.

IX. GRIEGOS Y CARTAGINESES

Uno de los obstáculos aparentes a la expansión griega en Occidente fue sin duda el poder de Cartago que había desarrollado, especialmente al final del período arcaico, un importante imperio marítimo en toda la zona. Aunque no tuvo ni la envergadura ni las consecuencias históricas e ideológicas de las guerras contra los persas, el encuentro griego con los cartagineses desempeñó también un papel destacado en la conformación de la historia del mundo griego occidental. Las condiciones sociopolíticas y económicas de las ciudades griegas de occidente eran muy diferentes a las de la Grecia continental. Por lo general ocupaban amplios territorios fértiles que estaban habitados por poblaciones no griegas y tenían la posibilidad de acceder al occidente púnico con todas las ventajas e inconvenientes que esta situación comportaba. De la historia arcaica de estas comunidades destacan especialmente las figuras de los tiranos sicilianos de los que nos da cuenta Heródoto. Eran regímenes tiránicos mucho más poderosos que los de la Grecia continental y presentaban unas características de tipo monárquico y militar que parecen prefigurar las futuras monarquías del período helenístico. A través de sus acciones de carácter expansionista el marco tradicional de la polis quedó algo difuminado en favor de agrupamientos territoriales más amplios bajo el dominio de un poderoso caudillo militar.

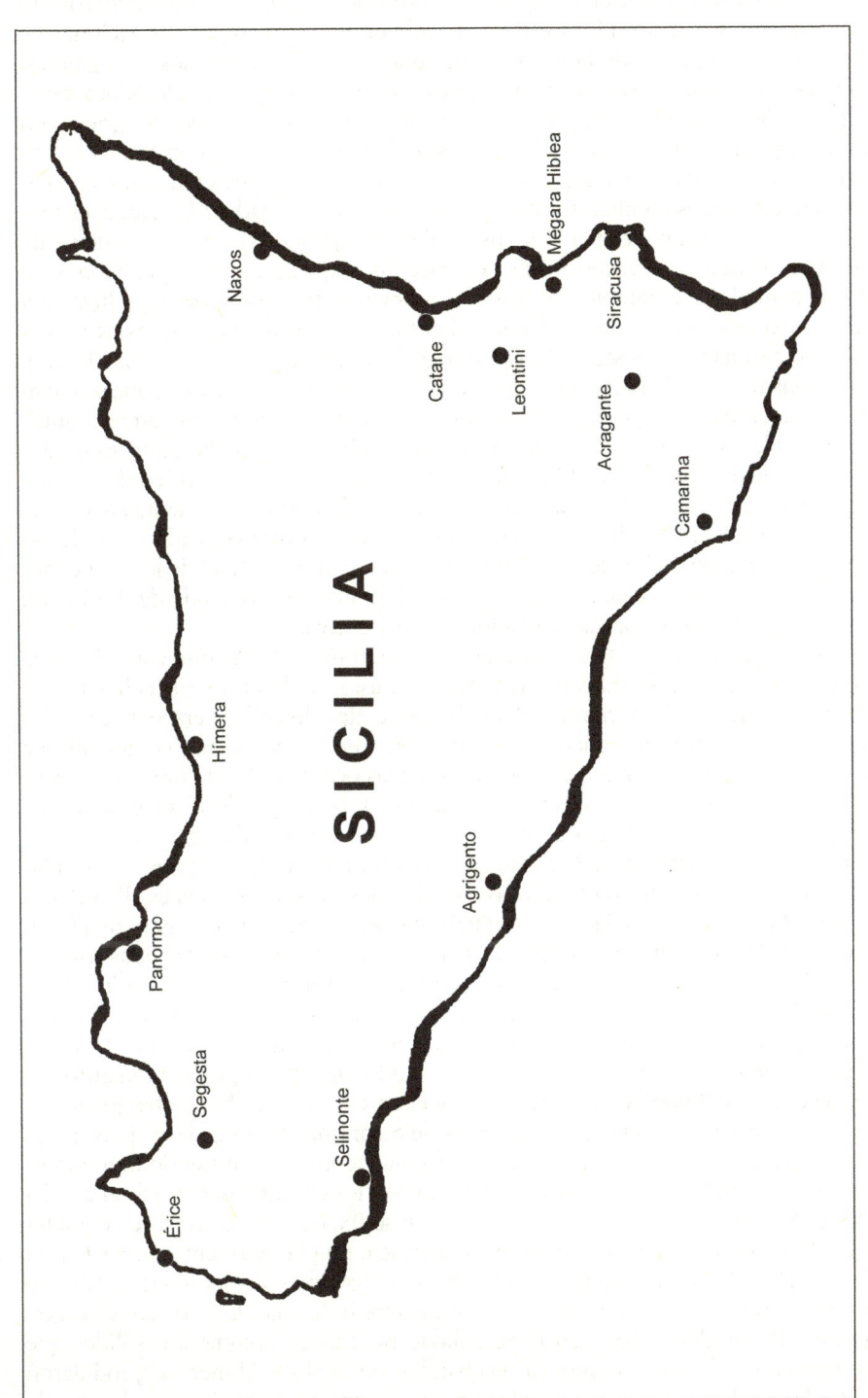

SICILIA

Algunos de ellos, como Gelón de Gela y Terón de Acragante, desempeñaron un papel protagonista en los últimos tiempos del período arcaico por sus acciones de expansión sobre el resto de la isla y el consiguiente conflicto con los cartagineses.

La historia del acceso al poder de Gelón, tal y como nos la relata Heródoto, revela algunos de los rasgos característicos de la historia de las comunidades griegas en Sicilia, tal y como ha señalado Robin Osborne. Uno de ellos es el constante enfrentamiento entre ricos y pobres en el interior de las ciudades que culminaba en ocasiones en auténticos conflictos armados. Otro es la capacidad de las ciudades más poderosas de eliminar del mapa a sus rivales más pequeñas con la consiguiente absorción de nuevos territorios bajo el poder de aquéllas. Estas operaciones de expansión implicaron también el traslado masivo de población de unos lugares a otros o su venta como esclavos. Dentro de este contexto de ambiciones expansionistas, los cartagineses desempeñaron un papel similar al de los persas en Oriente, ya que constituyeron la baza a jugar por aquellos líderes o comunidades que se hallaban en franca desventaja ante sus rivales y consideraban su apoyo como la única salida factible para evitar su absorción o desaparición a favor de los ambiciosos planes de un Gelón o un Terón. El conflicto principal sucedió con motivo del ataque de Terón a la ciudad de Hímera, cuyos gobernantes llamaron en su ayuda a los cartagineses. La célebre batalla de Hímera, que la tradición hizo coincidir sospechosamente en el tiempo con la de Salamina, determinó la derrota final de los cartagineses a manos del tirano Gelón, que había acudido a su vez en ayuda de Terón con quien había contraído alianzas matrimoniales respectivas.

Existen, sin embargo, algunas diferencias importantes. El imperio cartaginés era muy diferente del persa. El fantasma de la sumisión política que acechaba a las comunidades griegas de Oriente parecía bastante alejado de las perspectivas de los griegos de Occidente que encontraban más bien en la amplia red comercial que proporcionaba el imperio de Cartago en las aguas occidentales una buena oportunidad para la prosperidad y el enriquecimiento. Los griegos de Occidente vivían codo con codo con los púnicos al menos en la parte occidental de Sicilia y sus relaciones habituales parecen haber sido pacíficas a pesar de las noticias trasmitidas acerca de las aventuras colonizadoras individuales de dos personajes, Pentatlo y Dorieo, sobre cuya historicidad existen más que serias dudas. El conflicto de Hímera debe toda la resonancia propagandística, que alcanzó gracias a las odas triunfales de Píndaro o a las dedicatorias en los grandes santuarios griegos continentales como Delfos u Olimpia, al interés de los tiranos sicilianos, causantes directos del conflicto, por presentar su victoria como un acto de «liberación nacional» frente al bárbaro en una escala similar a la que había tenido lugar por aquellos momentos en Grecia continental con la lucha de resistencia ante los persas. Sin embargo, la victoria de Hímera no tuvo las consecuencias de Salamina. A pesar de la derrota, los cartagineses mantuvieron su presencia en Sicilia y continuaron siendo una importante potencia militar en la zona. El conflicto con los cartagineses, a diferencia del de los griegos continentales con los persas, se inscribe dentro de un marco completamente diferente de una mayor diversidad étnica, en el que se entremezclaban la colaboración y la competencia y en el que los griegos de Occidente eran sólo una parte más junto con otros pueblos como los pueblos indígenas, los etruscos y los cartagineses. Puede decirse que en la actualidad no existen argumentos sólidos que permitan apoyar la tesis de que tras las batallas de Alalia e Hímera se produjeron en occidente alteraciones sustanciales en los dominios reservados a cada uno de estos protagonistas.

V   El período clásico

I. LAS FUENTES

1. El siglo de Atenas

La historia del período que se inicia tras la victoria sobre los persas a finales de la década de los ochenta del siglo V a.C. se identifica prácticamente con la historia de una sola ciudad: Atenas. Sobre Atenas se concentra, en efecto, la mayor parte de nuestra documentación tanto de carácter literario como epigráfico o arqueológico. Conocemos las fases importantes del desarrollo de su historia gracias a las obras fundamentales de los grandes historiadores griegos del período, Heródoto, Tucídides y Jenofonte que se han conservado íntegras hasta nosotros. Conocemos con un cierto detalle sus instituciones democráticas gracias a tratados teóricos, como el de Aristóteles sobre la constitución de Atenas, o a curiosos panfletos, como el del llamado Viejo oligarca donde se describe con ironía su funcionamiento. Poseemos numerosas y a veces puntuales informaciones sobre su vida diaria a través de géneros como el teatro o la oratoria donde quedaban reflejados los principales problemas, intereses y preocupaciones de sus ciudadanos. La comedia nos proporciona numerosas claves de carácter sociológico para entender correctamente la vida política e intelectual de Atenas en aquellos momentos, como los prejuicios hacia la nueva educación impulsada por los sofistas o el descrédito popular de que gozaban algunas figuras políticas. De la misma forma, la oratoria pública y privada se hacía eco de los problemas y conflictos socioeconómicos que agitaban la intensa vida judicial de los atenienses a lo largo de aquel período. Conviene no olvidar, sin embargo, que a la hora de utilizarlos como testimonios directos de la realidad histórica ateniense tanto un género como el otro presentan importantes limitaciones, como la visión distorsionada y paródica de la realidad en el caso de la comedia o el partidismo descarado de los autores de discursos que se hallaban implicados de lleno en la vida política del momento con todas las pasiones e intereses que ello comporta.

También se concentran en Atenas la mayor parte de los hallazgos epigráficos y arqueológicos. El desarrollo de la vida política ateniense había propiciado desde hacía tiempo una importante cantidad de documentación de carácter público, sobre todo a partir de los años 460 a.C., que ha quedado reflejada sobre la piedra en forma de inscripciones o trasmitida a través de los textos que a veces se hacen eco de esta clase de manifestaciones. Algunas de estas inscripciones, que fueron expuestas al público en el ágora o depositadas en los recintos sagrados de los grandes santuarios, se han conservado hasta nosotros. Sólo para el siglo IV conocemos cerca de 800 decretos votados por la asamblea, de los que 490 han sido conservados a través de inscripciones en piedra y 219 citados o parafraseados en los textos literarios. Contamos también con listas de magistrados que nos permiten establecer ciertas precisiones en la cronología, con listas de tributos que ponen de manifiesto las complejidades de la financiación del sistema democrático, con inventarios de construcciones públicas como los templos en las que se detallan algunos de los gastos invertidos en su construcción, y con numerosas dedicatorias públicas o privadas de carácter conmemorativo que ilustran las diferentes facetas de la vida pública ateniense a lo largo de toda esta época. Toda esta documentación nos ilustra de manera importante acerca de la gestión de la vida pública en Atenas y revela el tipo de asuntos cuya importancia y trascendencia requería su conservación y registro en la piedra como testimonio imperecedero para la posteridad.

Atenas ha resultado también privilegiada por la calidad y cantidad de los hallazgos arqueológicos. Dos lugares emblemáticos de la democracia ateniense, como la Pnix, donde se reunía la asamblea, y el ágora, han sido objeto de sucesivas y cuidadosas excavaciones que han puesto de relieve algunas formas de su utilización o la capacidad y dimensiones de los edificios situados en ellas. Se han recuperado así los restos de edificios como el buleuterion, donde tenía su sede el Consejo, la Heliea o tribunal popular, un tholos destinado a servir como sala de recepción oficial de los prítanos, que eran las cabezas visibles del estado ateniense, una casa de armas y de monedas, una serie de paseos porticados o stoas, entre las que destaca la *poikile,* denominada así a causa de las pinturas que decoraban su interior, y una serie de santuarios consagrados a las divinidades protectoras de la ciudad como Atenea, Zeus o Apolo. Las excavaciones del ágora ilustran también algunas de las instituciones públicas a través del hallazgo de algunos de los instrumentos del ejercicio democrático, como los pequeños discos de bronce que servían como fichas de voto, una clepsidra o reloj hidráulico que servía para medir el tiempo de palabra de los oradores ante los tribunales, un *kleroterion* o máquina de votar mediante la que se designaba a los ciudadanos que se constituían como tribunal judicial, y casi 11.000 tejuelos u *óstraca* sobre los que los ciudadanos inscribían el nombre de un personaje público a quien deseaban expulsar de la ciudad. Sobre ellos aparecen nombres tan importantes como los de Megacles, Temístocles, Cimón o el mismísimo Pericles. Este tipo de hallazgos nos informa también sobre el procedimiento seguido en estos casos, ya que la gran variedad de soportes induce a pensar en una preparación individual del voto antes de acudir al lugar de decisión, si bien en algún caso las circunstancias invitan a sospechar la existencia de camarillas que preparaban de forma organizada y acorde el voto encaminado en una determinada dirección. Ésta es la impresión que se desprende de un lote de tejuelos grabados por muy pocas manos que contiene el nombre de Temístocles. Es muy probable que los magistrados procedieran a la ruptura de un vaso, una teja o un plato y entregaran a los ciudadanos los trozos respectivos así obtenidos para que ellos por su cuenta procedieran a la votación consiguiente, aunque es también fácil de suponer que muchos hubieran de recurrir a los servicios de un escriba si no eran capaces de escribir por ellos mismos el nombre deseado.

La arqueología nos proporciona también una gran cantidad de grafiti inscritos por doquier que nos acercan a los pormenores de la vida cotidiana, una serie de recipientes para medir líquidos, pesos y medidas que nos ilustran sobre la pujante vida económica de la ciudad, utensilios tan diversos como sandalias, peines, objetos de tocador, herramientas, adornos, juguetes y hasta una sillita de niño hecha en cerámica, que nos ponen en contacto directo con la vida privada de los atenienses.

El estudio desde el punto de vista arqueológico se ha extendido de la ciudad propiamente dicha a su territorio y se conocen hoy mucho mejor algunas cuestiones centrales, como las características del paisaje rural o la distribución de la población en los asentamientos rurales. La extraordinaria documentación material de Atenas ha permitido también trasladar al terreno arqueológico cuestiones que afectan a la comprensión de la estructura social, como el estudio de la forma en que los vasos cerámicos eran depositados en las tumbas, los santuarios y las casas o las nuevas propuestas de explicación de los elementos decorativos a partir de criterios estrictamente iconográficos.

2. Tucídides y su tiempo

Tucídides constituye un testimonio de primera mano para el estudio de la historia de Atenas en la última parte del siglo V a.C., en especial a la hora de abordar el estudio del conflicto que la enfrentó a su gran rival, Esparta, en la denominada guerra del Peloponeso. Aunque era ateniense y participó directamente en el conflicto en calidad de estratego, su visión de los hechos no se vio drásticamente condicionada por estas circunstancias aparentemente decisivas en cualquier otro caso. Tuvo que exiliarse de Atenas a raíz de su fracaso como general al mando de la colonia ateniense de Anfípolis, que constituía un punto clave para la estrategia política y comercial de Atenas en la costa norte del Egeo y fue finalmente capturada por los espartanos. Esta desafortunada circunstancia personal le permitió, sin embargo, conocer otros puntos de vista diferentes ya que estuvo durante cierto tiempo en terreno enemigo. Sólo pudo regresar a su patria natal tras el final de la guerra y la capitulación definitiva de Atenas ante los espartanos.

La concepción de la historia de Tucídides parece completamente diferente de la de sus antecesores como Heródoto, aunque apenas existía una generación de separación entre ellos. Tucídides quiso marcar las distancias con la forma de escribir historia que era corriente por aquel entonces. Su principal objetivo era la búsqueda de la verdad y no el puro y simple entretenimiento del auditorio, como sucedía en el caso de los poetas y logógrafos que construían sus relatos del pasado basándose en buena medida en el repertorio mítico. La historia de Tucídides era, en cambio, el resultado de un largo proceso de investigación en el que habían intervenido su propia observación de los hechos, el testimonio que había podido recabar de otros testigos presenciales y la confrontación crítica de las tradiciones paralelas existentes. Su finalidad última era ilustrar a través de su historia los mecanismos que rigen el comportamiento humano en todo momento, convirtiendo así su obra en una adquisición para siempre (*ktema es aei*) en lugar de una pieza ocasional de concurso destinada a la diversión.

Los méritos historiográficos de Tucídides son considerables. Quizá el primero de ellos fue su propia concepción de la guerra como un único conflicto global que se había desplegado a lo largo de los años en diferentes contiendas y enfrentamientos separados por las treguas y tratados correspondientes. No era ésta la conclusión inmediata a la que podía llegar cualquiera que se hallara en su situación, implicado como protagonista de forma directa y vital en los propios acontecimientos. La evidencia invitaba más bien a imaginar la existencia de una serie de conflictos separados que se escalonaron a lo largo de casi 30 años de historia.

Tucídides intentó además determinar las verdaderas causas (*aitíai*) que provocaron el conflicto por encima de los simples pretextos (*prófasis*) que constituyeron el desencadenante de los enfrentamientos. Estableció también un claro y coherente marco cronológico al describir el desarrollo de la guerra año a año, distinguiendo además entre las campañas de verano e invierno. Trató además de fijar con precisión este marco al mencionar a los magistrados epónimos principales de los estados contendientes como Atenas y Esparta, lo que nos permite fijar con absoluta precisión el inicio del conflicto. Destacan igualmente sus pretensiones didácticas de inducir al lector hacia una mejor comprensión del desarrollo de los acontecimientos históricos y a diagnosticar las claves de la evolución política.

Con estas credenciales cabría incluir a Tucídides dentro de la categoría de los historiadores modernos, preocupados fundamentalmente por someter los acontecimientos a un análisis frío y racional que determine sus verdaderas causas, apartándose conscientemente de todo aquello que parecen simples rumores sin mayor fundamento o mitos y leyendas carentes de todo sentido. Sin embargo, tras una lectura atenta de su historia dentro de su propio contexto genérico, las apariencias resultan completamente engañosas. Tucídides formaba parte de una tradición historiográfica que se remontaba a los mismísimos poemas homéricos y poseía sus propias convenciones literarias, como la orgullosa proclamación de independencia con relación a sus predecesores y la afirmación de la mayor importancia de su tema, generalmente una guerra, con relación a las anteriores.

Tucídides eligió como tema central de su obra una gran guerra de la misma forma que ya lo habían hecho antes que él Homero y Heródoto. Esta guerra, la del Peloponeso, superaba en magnitud y trascendencia a la guerra de Troya y a la guerra contra los persas, que habían sido el tema elegido por sus dos grandes predecesores. Sus protagonistas alcanzaban también el tono heroico de sus antecesores, si bien en este caso se trataba de toda una ciudad, Atenas, en lugar de individuos destacados. Los artificios literarios estaban también a la orden del día a través de la elaboración de los discursos que, como elementos centrales de la obra, marcan el avance y el desarrollo de los acontecimientos descritos. En palabras del propio Tucídides, los discursos incluidos en su historia, más que reflejar de manera puntual y concreta las palabras que fueron pronunciadas en aquellos precisos momentos, se adecuan al carácter de sus personajes y a las circunstancias dramáticas que rodearon su puesta en escena. De hecho están todos redactados en un estilo homogéneo, que delata su autoría común, y contienen pensamientos propios de nuestro historiador, como sus reflexiones acerca del poder y la justicia, o las consideraciones habituales sobre las causas y motivos de los acontecimientos.

Su obra presenta también importantes limitaciones. Su narración de los acontecimientos se reduce casi de manera exclusiva al aspecto político-militar, dejando relegados a un segundo plano los aspectos económicos, sociales, culturales o religiosos y marginando casi por completo las habituales digresiones de carácter geográfico y etnográfico que aparecen en las obras de sus predecesores. Han quedado así fuera de su narrativa temas tan importantes como la gestión financiera y administrativa del imperio ateniense, el desarrollo puntual de la política interna de Atenas, cualquier clase de consideraciones religiosas que afectaron el desarrollo de los acontecimientos, o el asunto de las relaciones atenienses con el imperio persa.

A pesar de todas sus proclamas de imparcialidad, Tucídides pone también de manifiesto sus propias simpatías políticas e ideológicas hacia la figura de Pericles y el sistema democrático e imperialista de Atenas. Su costumbre de presentar tan sólo aquella versión de los hechos que él considera la más probable y la mejor fundamentada nos ha privado de poder constatar las visiones alternativas existentes, a diferencia de lo que sucede con Heródoto en este respecto. En algunas ocasiones revela también ciertas limitaciones en sus juicios de carácter histórico o en sus capacidades como historiador militar.

Nuestra valoración de Tucídides debe mantenerse, sin embargo, en su justo punto tras el típico movimiento pendular que ha pasado desde la idolatría absoluta que le consideraba como el modelo de historiador a una cierta evaluación hipercrítica que pone en tela de juicio su reputación. Constituye un claro testimonio de la actividad intelectual de su tiempo con evidentes influencias de los nuevos saberes como la sofística o la medicina que se reflejan en su concepción del progreso humano desde condiciones mucho más primitivas hacia un estadio más avanzado de civilización o en la disección de circunstancias, síntomas o causas de los acontecimientos a la manera de los tratados hipocráticos contemporáneos. Aunque no resulta fácil extraer de su obra y sus discursos sus propias opiniones, parece que Tucídides consideraba que la aspiración a detentar el poder constituía el impulso fundamental de todas las acciones de un individuo o de una comunidad hasta el punto de que todos los aspectos de carácter jurídico y moral que formaban parte del debate político eran tan solo una cortina de humo destinada a enmascarar aquella aspiración esencial. Sin embargo, el ejercicio del poder acaba corrompiendo y en manos inadecuadas conduce de forma irremediable a una conducta inmoral, a la ruina del estado y al enfrentamiento civil. Estas ideas se hallaban ya presentes en la tradición griega y habían sido expresadas por filósofos y poetas. La novedad en el caso de Tucídides es, como ha señalado Finley, su esfuerzo por presentarlas en una forma nueva, escribiendo la historia de su propio tiempo. Su obra es el resultado final de un largo proceso de elaboración literaria y resulta compleja y difícil para un lector moderno, pero por encima de estas aparentes dificultades, destacan sobre todo la fuerza moral de muchos de sus planteamientos y la calidad artística y literaria con la que supo llevarla a cabo.

3. Otros historiadores

Aparte de la obra fundamental de Tucídides, nuestros testimonios sobre la historia del período clásico se complementan con otros autores cuyas obras continuaron la estela dejada por Tucídides, cuya obra se vio interrumpida de manera brusca en el año 411 a.C., pero que no alcanzaron ni mucho menos su altura de miras ni su profundidad de análisis. Casi todos ellos son autores ya del siglo IV a.C., por lo que para escribir su historia del período clásico debieron recurrir a fuentes anteriores, como las obras cómicas y los discursos forenses o a la utilización de documentos originales que se habían conservado en su época o de historias de carácter local. Algunos de ellos se han conservado tan sólo de forma fragmentaria como es el caso de Teopompo, que escribió unas *Helénicas* en las que se ponen de manifiesto sus inclinaciones retóricas y su afición a los aspectos más sensacionalistas y maravillosos, o Éforo de Cumas, autor de la primera *Historia Universal* que se escribió en la Antigüedad, que fue utilizada como fuente de información por autores posteriores del período helenístico, como Polibio o Diodoro, y que destacaba por su aprovechamiento de las tradiciones orales todavía existentes en su tiempo, por su interés en el establecimiento de una cronología precisa y por sus preocupaciones de carácter moral.

Junto a la comedia antigua y la oratoria, los autores de historias locales fueron otra de las fuentes de información principal de autores más tardíos como Plutarco, que dedicó algunas de sus célebres Vidas paralelas a personajes destacados de la historia clásica, como Temístocles, Pericles, Nicias, Alcibíades o Lisandro. Entre ellos cabe mencionar los nombres de Helánico de Lesbos, que escribió una historia del Ática en el siglo v a.C. desde sus inicios míticos hasta la guerra del Peloponeso, de Estesímbroto de Tasos, que escribió algunas biografías de los principales estadistas atenienses, como Temístocles, Tucídides y Pericles, en las que se concedía un amplio espacio a las anécdotas y habladurías, o de Ion de Quíos, autor de una historia local de su patria y de una curiosa obra titulada *Epidemíai,* en la que registraba sus encuentros con ilustres personalidades de la época clásica. Siguiendo los pasos de Helánico surgió la corriente denominada atidografía, que produjo una serie de historias de Atenas escritas a la manera de anales que narraban los acontecimientos año por año. Su principal tarea era reunir y clasificar las tradiciones familiares y sacerdotales, así como todos los antiguos textos en los que se hubiera tratado de la historia de Atenas. Esta tradición, continuada con figuras como las de Cleidemo o Androción, culminó con la obra de Filocoro en 17 libros donde aparecían mencionados los acontecimientos principales de la época. A pesar de que recogían en sus obras documentos que de otro modo se hubieran perdido de forma irremediable, es igualmente cierto que incorporaban también como historia algunas tradiciones falsas o claramente partidistas que tienen poco de verdad o en las que predominaban otra clase de intereses.

Dentro del terreno de la historia local hay que mencionar también a los historiadores sicilianos Hipis de Regio, y a los siracusanos Antíoco y Filisto, que escribieron acerca de la historia de la isla. Filisto se centró al parecer en la sucesión continuada de tiranías que caracterizó a la historia siciliana a lo largo del siglo v a.C. Aunque su obra no se ha conservado, el hecho de que fuera utilizada de manera extensiva por Éforo puede haber dejado sus huellas en la obra de Diodoro de Sicilia. Esta misma tradición siciliana, que tiene sus orígenes en Filisto, es quizá la fuente que utilizó Plutarco en algunas de sus biografías que trataban de personajes de este ámbito geográfico, como era el caso del tirano Dion.

Es igualmente importante el testimonio de Jenofonte, autor de unas *Helénicas* que, si bien se centran de forma especial en el siglo IV a.C., afectan de lleno a la parte final del siglo V, durante los momentos de crisis que siguen a la derrota de Atenas frente a Esparta. Jenofonte redactó su historia por el puro placer del relato como la ocupación predilecta de un hombre de recursos que pasó sus últimos tiempos retirado en su hacienda espartana dedicado de lleno a la literatura. Se trata de una narración continuada en la que se suceden casi de forma ininterrumpida los diferentes personajes y acontecimientos. Poseía una concepción limitada de la historia al dejar fuera de su relato acontecimientos tan trascendentales como la muerte de Sócrates, que consideró más adecuado incluir en una monografía aparte, y una evidente inclinación filoespartana que le condujo a tratar de forma alusiva o a eliminar abiertamente todos aquellos acontecimientos que podían suponer un evidente menoscabo de la gloria y el prestigio espartano. Hay que destacar, en cambio, sus virtudes como historiador militar en la descripción de batallas o su interés por las grandes personalidades históricas y su análisis psicológico.

4. La Constitución de Atenas de Aristóteles

La *Constitución de los atenienses* atribuida a Aristóteles, que fue encontrada a finales del siglo XIX sobre un papiro en Egipto, no es una obra de carácter estrictamente histórico, pero constituye una preciosa fuente de información sobre el desarrollo de las instituciones básicas de la democracia ateniense. Al parecer, figuraba entre la serie de 158 constituciones que fueron recopiladas para su estudio dentro de la escuela aristotélica. Contiene una historia del desarrollo constitucional de Atenas desde los tiempos míticos hasta la reinstalación del sistema democrático tras el gobierno de los 30 tiranos, y una detallada descripción del funcionamiento del sistema democrático ateniense en época de Aristóteles. Para su composición Aristóteles se basó en fuentes literarias como las historias de sus predecesores, Heródoto, Tucídides o los atidógrafos, especialmente Androción, o los poemas de Solón, como en documentos oficiales a los que pudo tener acceso. Aunque existen serias dudas acerca de la paternidad de Aristóteles y en la obra existen algunas inexactitudes, errores y contradicciones, que son propias de una obra de carácter colectivo, el tratado refleja el habitual sentido crítico del maestro del Liceo. El autor de la obra no se limitó a yuxtaponer el material, sino que intentó extraer conclusiones válidas mediante la confrontación y el paralelismo de los testimonios divergentes, tratando de desvelar al mismo tiempo los motivos que podían haber conducido a la deformación o a la parcialidad manifiesta de muchas de estas fuentes.

5. La Constitución de los atenienses del Pseudo-Jenofonte

Entre el corpus de escritos de Jenofonte se ha transmitido un breve opúsculo que ha sido considerado el primer ensayo político de la literatura mundial por el estudioso alemán Reinhardt. La obra pertenece de lleno al siglo V, aunque su datación precisa constituye un motivo de polémica, por lo que su autor no puede ser de ningún modo Jenofonte. Los intentos por identificar a su autor han sido hasta la fecha baldíos. Es muy probable que él mismo desease permanecer dentro del anonimato. Se trata de un ensayo de carácter político que contiene violentas acusaciones contra los abusos del sistema democrático ateniense, obra seguramente de un individuo de tendencias claramente oligárquicas que precisamente a causa de este motivo ha sido denominado por los estudiosos modernos «el viejo oligarca». Pasa revista a los diferentes logros del sistema que son convenientemente criticados desde la perspectiva aristocrática de su autor, a pesar de que no deja de reconocer los sólidos fundamentos sobre los que se hallaba asentado al resultar beneficiada la mayoría de la población. Es posible que se tratara de uno de los muchos panfletos que debieron de circular en los últimos años del gobierno de Pericles entre los medios aristocráticos relacionados con los gimnasios, en los que se reflejaban las severas críticas de los enemigos del sistema democrático. La obra es de reducida extensión, está escrita con gracia e ironía y representa uno de los primeros ejemplos de la prosa ática.

6. La iconografía

La iconografía constituye también una importante fuente de informaciones para el estudio de la ideología dominante en Atenas a lo largo de todo este período que aparece reflejada en las pinturas de la cerámica ática o en los programas escultóricos que adornaban los edificios públicos y los santuarios. Destacan así algunos monumentos de carácter emblemático en este sentido, como la estatua que representaba a los tiranicidas Harmodio y Aristogitón que fueron objeto de un culto heroico en el ágora. Son igualmente significativas las numerosas representaciones del héroe ateniense Teseo, que pasaba por haber ayudado a los atenienses en la batalla de Maratón contra los persas y cuyas hazañas empezaron a constituirse en un verdadero ciclo heroico que rivalizaba con el del héroe peloponesio Heracles.

Desde el punto de vista iconográfico, son también interesantes para la historia de la democracia ateniense los encabezamientos que se tallaban en la parte superior de las estelas que se exponían sobre la acrópolis conteniendo algún decreto. Se trata de relieves que traducen a un lenguaje iconográfico simple, expresado a través de imágenes familiares, las grandes decisiones adoptadas. Aparecen así las grandes divinidades tradicionales como Atenea, los héroes epónimos que encarnan los demos o las tribus e incluso algunas personificaciones como las del Pueblo (*Demos*), del propio sistema político (*Boulé, Demokratía, Eutaxía*) o de algunas localidades del Ática (Salamina). Demos, que aparece representado como un hombre anciano que incorpora los rasgos prototípicos de la sabiduría, era objeto de culto desde las reformas de Efialtes en el año 462 a.C.

Sin embargo, el lugar emblemático por excelencia es sin lugar a dudas la acrópolis, donde en la segunda mitad del siglo V a.C. se llevan a cabo importantes construcciones como los propileos, el Erecteon, el templo de Atenea Nike y sobre todo el Partenón. Su programa iconográfico es plenamente partícipe de los valores de la democracia exaltados particularmente durante el período de supremacía ateniense. Todo parece concebido para que el espectador asociara a los mitos representados sobre los frontones, las metopas o el friso un acontecimiento histórico reciente. Tanto la centauromaquia, la amazonomaquia o la guerra de Troya son representaciones sublimadas del combate reciente de los griegos contra los persas. De la misma forma el friso, interpretado tradicionalmente como una representación de procesión de las Panateneas encarnaría más bien diferentes instituciones militares y culturales de la época, como la creación por Pericles de una falange de 3.000 caballeros que tenían la misión de proteger el Ática de cualquier ataque del exterior. El friso constituiría de esta forma la ilustración ideológica de una ciudad en plena expansión y la exaltación iconográfica de sus valores e instituciones fundamentales. De la misma forma, la representación gigantesca de la diosa Atenea Pártenos, cuya estatua albergaba el Partenón, con la victoria en su mano derecha y el escudo y la lanza en la izquierda, encarnaba la imagen de una divinidad generosa y bienhechora de un lado, pero dispuesta también a castigar con las armas del otro. Una imagen muy adecuada al contexto histórico en el que el tesoro de la Liga de Delos se había transferido a Atenas, transformando así de manera casi definitiva la alianza inicial en un verdadero imperio.

II. LA HEGEMONÍA ATENIENSE

1. Esparta y Atenas tras la batalla de Platea

El período que transcurre desde la victoria de Platea (479) sobre los persas hasta el inicio de la guerra del Peloponeso (431) ha sido denominado *pentecontecia* (período de 50 años). A lo largo del mismo se produjeron dos hechos determinantes de la historia de este período: el desarrollo de la potencia ateniense y la ruptura de las relaciones entre Esparta y Atenas. Las dos principales potencias helénicas se situaron frente a frente, cada una de ellas a la cabeza de una confederación formada por otros estados, y experimentaron una evolución política interna diametralmente opuesta. Atenas fue consolidando cada vez más el sistema democrático y poniendo en marcha una política de carácter claramente expansionista. Esparta, por su lado, encerrada cada vez más en sí misma por las evidentes limitaciones de su particular sistema político, trató de imponer una política más prudente y conservadora, que la retuvo confinada dentro de los límites del Peloponeso. Su doble papel a la cabeza de las dos alianzas, la peloponesia y la griega contra los persas, no podía conjugarse de forma adecuada. La victoria sobre los persas exigía la continuación de la ofensiva con el fin de prevenir una nueva invasión. Para ello era necesaria una flota que controlara el Egeo y mantuviera bajo su esfera de influencia las islas y ciudades de la costa de Asia Menor. Sin embargo, la unidad de la confederación peloponesia requería la presencia constante del ejército espartano dentro de los límites de su territorio para mantener dentro de su seno a todos sus componentes. La propia estabilidad interna del Estado espartano, con la amenaza siempre latente de una sublevación hilota, desaconsejaba también cualquier tipo de aventura exterior. De este modo, Esparta llevó a cabo una elección decisiva sólo un año después de su victoria en Platea sobre los persas. Su hegemonía en el interior del Peloponeso se impuso de forma definitiva sobre sus intereses hegemónicos de carácter helénico. Su retirada dejaba el campo libre a un expansionismo ateniense que supo aprovechar en su favor las ventajas de esta coyuntura favorable.

2. El inicio de la hegemonía ateniense

Aunque Atenas había demostrado su potencial naval en la batalla de Salamina, convirtiéndose en el artífice de la victoria sobre los persas, no poseía todavía las condiciones necesarias que pudieran garantizar su seguridad y hegemonía dentro el contexto helénico. Necesitaba proveerse de un sistema de fortificaciones que la protegieran del eventual ataque de rivales más poderosos como Esparta o Tebas y constituirse en el centro de una coalición de aliados que reforzara sus posiciones dentro del panorama internacional griego. Atenas emprendió de este modo un ambicioso programa defensivo que implicaba la construcción de murallas que protegiesen la ciudad y su puerto, construido en el Pireo, uniendo luego ambos a través de los denominados largos muros que recorrían una distancia cercana a los 8 km. Estas fortificaciones le permitieron a Atenas acceder al rango de gran potencia y llevar una política independiente, a salvo de las constantes interferencias de los estados vecinos.

El segundo paso era la creación de una confederación de estados que le otorgase la superioridad marítima y financiera sobre sus potenciales rivales. La torpeza de los espartanos al frente de la alianza griega, con actuaciones de carácter tiránico como las de su regente Pausanias, y su negativa a continuar las hostilidades contra Persia pusieron en manos de Atenas el mando supremo de los estados griegos coaligados contra los persas. Así nació la denominada Liga de Delos en el año 477 a.C. en forma de una alianza orgánica de carácter defensivo que aseguraba a los jonios su inclusión dentro de la alianza helénica y la prosecución de la lucha contra el persa, dentro de cuyo territorio se hallaban emplazadas sus principales ciudades. Era una alianza militar y política bajo la dirección y el mando de Atenas que establecía además una serie de contribuciones (*phoroi*) entre sus miembros destinadas en principio a sufragar los costosos gastos de las expediciones marítimas contra el enemigo común. Aunque no conocemos la lista exacta de los aliados que tomaron parte en el primer congreso de la alianza celebrado en el año 476 a.C., a buen seguro figuraban ya dentro de ella la mayor parte de las Cícladas, Eubea, las ciudades de la Propóntide como Bizancio y las islas de Lesbos, Quíos, Samos, Tasos, Samotracia y Rodas. La sede de la liga era el santuario jonio de la isla de Delos donde tenían lugar las reuniones de los aliados y donde se guardaba también el tesoro de la liga. No está del todo claro si existía una igualdad de voto entre los diferentes aliados o si Atenas participaba directamente en el consejo de los aliados, pero de cualquier modo, dada la supremacía de Atenas en el terreno militar y su influencia política, ya que era ella la encargada de determinar el montante de la contribución y de proceder a su recaudación, la liga de Delos se convirtió en seguida en un instrumento político y militar al servicio de la potencia y la hegemonía atenienses.

3. La figura de Cimón

Cimón fue el verdadero artífice de la confederación ático-délica. Su papel dentro de la política interna ateniense se vio enormemente facilitado tras el ostracismo sufrido por su principal rival, Temístocles, que le llevó primero a Argos, donde instigó una guerra contra Esparta, y más tarde a Persia, donde terminó sus días. Con su resonante victoria sobre los persas en la desembocadura del río Eurimedonte en el año 467 ó 466 a.C., que alejaba de manera definitiva la amenaza persa directa sobre el mundo griego, Cimón pasó a ocupar un lugar de honor dentro del cuadro de ilustres vencedores atenienses contra los persas, al lado de Milcíades o Temístocles. Esta victoria permitió también la incorporación de las ciudades de Licia y Caria a la liga ático-délica que alcanzaba de esta forma su máxima expansión. Cimón se preocupó de acrecentar al máximo la potencia ateniense tratando de mantener al mismo tiempo unas buenas relaciones con Esparta.

Sin embargo la política claramente expansionista de Atenas, que había instalado colonias atenienses en Tracia y en la isla de Esciros y había obligado a la ciudad eubea de Caristos a incorporarse a la liga, despertó un enorme recelo entre los aliados. La victoria del Eurimedonte parecía hacer ya innecesaria la conservación de la liga y muchos de los aliados prefirieron proporcionar una suma de dinero en lugar de su habitual contribución militar en naves de combate. De esta manera se fue incrementando todavía más la manifiesta desproporción de fuerzas entre Atenas y el resto de los aliados, que se veían así sometidos por la fuerza a acatar las decisiones de aquélla. Tuvieron lugar los primeros intentos de defección de la liga por parte de ciudades como Naxos o Tasos que fueron sometidas por la fuerza de las armas y obligadas a permanecer dentro de la alianza en condiciones que parecían más propias de un súbdito que de un verdadero aliado.

Las buenas relaciones con Esparta, que habían sido uno de los pilares de la política seguida por Cimón, se fueron al traste después de la fracasada expedición de ayuda conducida por el propio Cimón cuando los mesenios e hilotas se rebelaron tras el terremoto que tuvo lugar en el 464 a.C. A pesar de que fueron los espartanos quienes habían solicitado la intervención de Atenas, finalmente la rechazaron a causa del recelo que provocaban sus eventuales aliados. La expedición ateniense, por tanto, se vio obligada a regresar a Atenas con el consiguiente oprobio que este rechazo significaba. Su política proespartana fracasó rotundamente de esta forma, y el propio Cimón en persona acabó siendo objeto de ostracismo en el 461 a.C.

4. Las reformas de Efialtes

A su regreso de Esparta en el 462 a.C., Cimón se encontró con una nueva situación política en Atenas. Tras las reformas de Clístenes, el nuevo Consejo democrático de los 500 había coexistido con el Areópago, que era el viejo baluarte de las clases dirigentes aristocráticas de Atenas, y con el que muy pronto debió entrar en competencia. El punto central de la disputa era el control de las magistraturas. Todos los que desempeñaban un cargo debían realizar una rendición de cuentas a su salida del mismo (*euthune*) que conllevaba en caso de mala gestión la correspondiente sanción o castigo. Las fuerzas democráticas exigían el traspaso de esta función decisiva al Consejo, pues argüían que de otra forma la gestión escapaba del todo al control popular. Los cargos de las magistraturas, que estaban sólo al alcance de las dos clases censitarias superiores, eran desempeñados por los miembros de la aristocracia, y por tanto, se había desarrollado un cierto espíritu «de clase» dentro del Areópago, que era el destino final de los exmagistrados y los cargos salientes. El Areópago había intervenido de manera activa en la vida política interna de la ciudad tras la victoria contra los persas, seguramente en un intento de impedir la democratización radical del sistema al que parecía abocar necesariamente el triunfo de los remeros de la flota en Salamina. El ostracismo de Temístocles, la continuada hegemonía de Cimón o el asesinato de Efialtes son quizá algunas de las consecuencias prácticas de dicha intervención. Sin embargo, el reclutamiento de los arcontes por sorteo a partir del año 487 y el traspaso efectivo de los poderes militares del polemarco a los estrategos fueron minando su posición dentro del sistema y disminuyendo de forma clara su influencia.

En el 462 un oscuro personaje llamado Efialtes llevó a cabo el golpe decisivo contra esta institución. Despojó al Areópago de todas las competencias relacionadas con la justicia política y las puso en manos de las nuevas instituciones democráticas. El Consejo recibió el control de las magistraturas y algunos poderes judiciales destinados a asegurar el orden público. De esta forma, aunque los cargos seguían en poder de la aristocracia, su desempeño no escapaba ya al control popular que se ejercía a través del Consejo. En la asamblea y en los tribunales recayó la misión de juzgar los procesos políticos. Al Areópago sólo le quedaron algunas atribuciones, como la jurisdicción sobre los crímenes de sangre y algunos asuntos relativos al derecho sagrado. Se trataba en definitiva de una de las reformas capitales para el futuro desenvolvimiento del sistema democrático.

5. La figura de Pericles

Pericles fue sin duda el principal político ateniense que rigió los destinos de la ciudad durante los 30 años que siguieron al ostracismo de Cimón y al asesinato de Efialtes. Impulsó al máximo el desarrollo del sistema democrático y llevó a cabo las obras que dieron un gran esplendor artístico e intelectual a Atenas, convirtiéndola en la pólis griega por antonomasia en casi todos los terrenos. Aunque era de origen aristocrático y estaba relacionado familiarmente con la poderosa familia de los Alcmeónidas, había colaborado con Efialtes en la ofensiva contra el poder del Areópago y había intentado un proceso contra Cimón. Militaba, por tanto, en la facción de los demócratas radicales, que pretendían desarrollar al máximo las prerrogativas del *demos* (entendido aquí como el conjunto de las clases populares, formado fundamentalmente por las dos clases inferiores de Solón) dentro de las instituciones ciudadanas y extender la hegemonía ateniense en el exterior. Poseía destacadas cualidades para el mando, como la perseverancia en el mantenimiento de su programa, la energía en la adopción de las decisiones y un impresionante poder de convicción de la multitud. Fue reelegido como *estratego* durante 15 años seguidos y aunque siempre respetó la legalidad vigente, gozó de poderes tan amplios que el mismo Tucídides pudo llegar a decir:

> en apariencia se trataba de una democracia; en la realidad era el gobierno de uno solo.
> (Tucídides, *Historia de la guerra del Peloponeso*, II, 65,9)

La imagen física de su personalidad ha quedado plasmada en el célebre busto, obra del escultor Crésilas, de cuyo original perdido han llegado hasta nosotros tres copias. Frecuentó la compañía de grandes intelectuales y artistas del momento como el músico Damón, que le habría enseñado los principios de la armonía y habría inspirado alguna de sus más célebres medidas políticas como la *misthophoría* o sueldo de los jueces populares, Anaxágoras que le habría inculcado el predominio del principio racional en la organización del universo y quizá también un cierto agnosticismo, el sofista Protágoras, el escultor Fidias, el historiador Heródoto y los poetas trágicos Esquilo y Sófocles. Sin embargo, a pesar de su enorme poder e influencia, de esa dictadura de la inteligencia y la elocuencia como se ha catalogado su gobierno, Pericles fue objeto de numerosos ataques por parte de sus adversarios políticos que, incapaces de alcanzar a su persona, se canalizaron muchas veces en contra de sus allegados. Fidias y Anaxágoras sufrieron de esta forma la pena del exilio a causa de su estrecha relación con el estadista ateniense. Compartió su vida afectiva con una mujer de Mileto llamada Aspasia, que poseía unas aptitudes intelectuales y un talante bien diferentes al prototipo habitual de la mujer ateniense. Los poetas cómicos la hicieron blanco de sus chanzas crueles, transformando su salón ateniense que daba cobijo a muchos de los intelectuales y artistas citados en una simple casa de citas. Tampoco la propia persona de Pericles salió bien librada de las burlas de los cómicos que calificaban su cráneo alargado, que trataba de disimular mediante el casco, como una cebolla marina o le comparaban jocosamente a Zeus olímpico por su gravedad y su porte solemne.

Sin embargo, la gran mayoría de los atenienses le escuchaban con atención y seguían sumisos sus dictámenes políticos. Su poderosa elocuencia hacía estragos en las filas de sus adversarios y su elección continuada al cargo de estratego, que le daba el control de las fuerzas militares, permitía su libre acceso al Consejo y posibilitaba la convocatoria de la asamblea, ratificaba esta supremacía política sobre el demos ateniense. Las dos grandes medidas adoptadas por Pericles fueron la ya mencionada *misthophoría*, o sueldo de los jueces de los tribunales populares, y la ley sobre la ciudadanía, que requería la condición de ateniense de ambos progenitores para conseguir el pleno derecho de ciudadanía. Fue calificado como sabio (*phrónimos*) por un analista tan fino como Aristóteles y es cierto que fue bajo su mandato cuando Atenas alcanzó el cenit de su poderío y esplendor.

6. La política exterior de Atenas

Los dos grandes frentes de Atenas en el panorama internacional tras la instauración de la democracia eran fundamentalmente Persia y Esparta. Los demócratas radicales ahora en el poder quisieron sacar partido de las dificultades por las que atravesaban ambos estados, sumidos en crisis y rebeliones internas, para llevar a cabo una política belicosa un tanto temeraria que puso en peligro la seguridad de Atenas. La ofensiva contra Persia, que había reabierto Cimón tras su victoria en el río Eurimedonte, continuó ahora con la expedición a Egipto, donde había estallado una rebelión contra el dominio aqueménida. Los objetivos atenienses iban más allá de la simple colaboración antipersa ya que Egipto constituía una importante reserva de grano cuyo control podía resultar decisivo a la hora de asegurar el abastecimiento de Atenas, cuyo crecimiento demográfico la había hecho completamente dependiente en este aspecto de las importaciones del exterior. Esta circunstancia se había además acentuado en estos momentos cuando la otra zona de provisión, el mar Negro y Tracia, estaban sufriendo una evolución política incierta con el desarrollo de nuevos poderes locales en estas regiones. La aventura egipcia culminó en un estrepitoso fracaso cuando una parte importante de la flota ateniense, cerca de 90 barcos, fue aniquilada en el delta del Nilo en el 454 a.C. implicando la desaparición de numerosos hombres en un desastre de tal magnitud que no tendría paralelo hasta la debacle de Sicilia en la guerra del Peloponeso 40 años después.

Atenas quiso también aprovechar las dificultades de Esparta para extender por tierra la política hegemónica que ya ejercía por mar sobre una parte del mundo griego a través de la Liga de Delos. Intentó así ejercer su influencia en zonas tan diferentes como Acaya en el Peloponeso, en Delfos y Grecia central, y en Tesalia. Para ello se alió siempre con todos aquellos que podían serle útiles en este cometido, con independencia de su tendencia o de su régimen político. Trató de impedir por todos los medios el predominio de Tebas en Beocia, que era una ciudad enemiga, y se hizo con el control de sus vecinos inmediatos, Mégara y la isla de Egina, que el propio Pericles calificó como «esa mota sobre el ojo del Pireo» ya que se encontraba a la vista de Atenas y su población era de origen dorio. Estos acontecimientos suscitaron la enemistad de Corinto, cuyas buenas relaciones con Atenas se habían basado hasta ahora en su común enemistad con Mégara. Atenas hubo de afrontar de este modo diversos frentes de conflicto que originaron guerras que resultaron muy costosas en pérdidas humanas y obtuvieron un resultado final un tanto decepcionante para sus formidables expectativas iniciales.

El conflicto con Esparta fue continuo a lo largo de todos estos años. Las victorias y las derrotas se sucedieron unas a otras de forma intermitente, hasta que ambos optaron por la firma de un tratado de paz que puso término momentáneo a las hostilidades. En el año 446 se firmó una paz de 30 años de duración. La vulnerabilidad de Atenas en estos momentos aconsejaba esta capitulación aparente, después del desastre de Egipto y de que se hubieran producido varias rebeliones consecutivas de algunos de sus aliados. La paz significaba el final de sus aspiraciones hegemónicas en la Grecia central, así como de sus intentos de avanzada en el propio Peloponeso. Sin embargo, se reconocía de manera implícita su hegemonía naval en el Egeo y en el este, donde Atenas obtenía carta blanca para sus actuaciones futuras. Poco tiempo antes, en el 449, la llamada Paz de Calias, puso término también al enfrentamiento con los persas. Entre sus cláusulas se reconocía la autonomía de las ciudades jonias de Asia Menor. Con esta medida, la Liga de Delos perdía gran parte de su justificación ideal y de hecho muchas ciudades así debieron de manifestarlo. Sin embargo, para los atenienses la Liga resultaba en estos momentos algo mucho más vital que un mero organismo ideal destinado a la defensa de Grecia contra el invasor persa. En la práctica, se había convertido en un auténtico imperio puesto al servicio de la reciente democracia radical.

7. El imperio ateniense

La organización del imperio se reforzó entonces de modo considerable mediante algunas medidas de carácter excepcional. Hacia el 454 se transfirió el tesoro de la Liga desde Delos a la misma Atenas en una decisión unilateral que empezaba a poner de manifiesto los verdaderos objetivos atenienses. En los primeros años de la década de los cuarenta se impusieron por decreto a toda la Liga las monedas, pesos y medidas atenienses y se estableció un riguroso sistema para la percepción del tributo. Además, se dividió todo el territorio de la Liga en cinco distritos diferentes para facilitar precisamente la recaudación de los tributos. Los inspectores y las guarniciones atenienses aumentaron con el objeto de someter a un mayor control a todos los aliados.

De esta forma, el dominio se extendía así a todos los terrenos. En el plano político, el verdadero centro de decisión se trasladó a la asamblea ateniense. Desde el punto de vista jurídico, también los atenienses ejercían el control total desde el momento en que los aliados estaban obligados a trasladarse a Atenas para dirimir sus querellas y demandas legales. Por último, se instalaron colonias militares en el territorio aliado, las denominadas *cleruquías*, a cuyos habitantes se les hacían importantes concesiones de tierras en la localidad respectiva a despecho de la autonomía de los habitantes locales. Todos los atenienses, tanto ricos como pobres, obtenían importantes beneficios con la posesión del Imperio y su dominio. Las gentes acaudaladas evitaban de esta forma tener que contribuir con su fortuna personal al pago de los impuestos públicos como las *liturgias,* consistentes en la financiación de un servicio público, como fletar una nave o formar un coro para el teatro. También se les abría la posibilidad de conseguir propiedades inmobiliarias en ultramar. Las clases bajas extraían también un considerable provecho. Las *cleruquías* significaban la oportunidad de poseer unas tierras que en la patria ateniense estaban lejos de conseguir. La cantidad de juicios a que la primacía jurídica de Atenas había dado lugar, convirtió la ciudad en un continuo mercado legal, del que los numerosos tribunales populares sabían beneficiarse. Por último, el tributo era gastado en construcciones públicas que además de trabajo y riqueza proporcionaban a toda una mayoría de ciudadanos el sentimiento orgulloso de sentirse atenienses, ya que podían constatar de manera visible la hegemonía de su ciudad, en la que tomaban parte de una forma activa.

III. EL SISTEMA DEMOCRÁTICO ATENIENSE

1. Las medidas definitivas

Con la reforma de Efialtes de las atribuciones del Areópago en la que había tomado parte Pericles, la democracia ateniense empezó a adquirir su forma definitiva. El asesinato de aquél no impidió el avance de quienes defendían la plena participación popular. Hacia el 457-456 se abrió el acceso al arcontado a la tercera clase de ciudadanos establecida por Solón, los *zeugitas*. Se instituyó el sorteo como forma de selección de todos los cargos, salvo aquellos que requerían competencias técnicas específicas, como los mandos militares o los puestos relacionados con las finanzas, que permanecieron sujetos al procedimiento electoral. Todos los ciudadanos, o al menos una gran mayoría de ellos, tenía así la posibilidad de acceder a uno de los principales cargos públicos. Sin embargo, el paso decisivo fue posiblemente la asignación de una paga o un sueldo para quienes desempeñaban esas funciones públicas, lo cual permitía que cualquier ciudadano, fuese cual fuese su fortuna particular, participara en la gestión efectiva de los asuntos públicos. Los *thetes*, o clase inferior de Solón, quedó excluida del arcontado, si bien sus posibilidades reales de participación se vieron incrementadas por el poder ascendente de la asamblea, el Consejo de los 500 y los tribunales populares y, sobre todo, a través de los diferentes órganos correspondientes que regían y actuaban en cada uno de los *demos* que constituían la polis de Atenas. Las ventajas del ciudadano se incrementaron también con la posesión del Imperio pues, como ya se ha dicho, existía la posibilidad de poseer tierras en el exterior y de un modo u otro a todos alcanzaban los múltiples beneficios que se derivaban de los tributos de los aliados. Eso hizo que se diera una ley restrictiva para el acceso a la ciudadanía, quedando ésta reservada solamente a aquellos que habían nacido de padre y madre ateniense. Los nuevos beneficios obligaban a aplicar un mayor rigor a la hora de proceder a su reparto entre un número reducido de ciudadanos.

2. Los problemas del sistema

La democracia ateniense era una democracia directa que se ejercía mediante la participación directa de los ciudadanos en las instituciones. Sin embargo, era también una democracia restringida a un número reducido del total de los habitantes del Ática. Sólo los que poseían la condición de ciudadanos, de la que se hallaban excluidos la mayor parte de la población, prácticamente tres cuartos del total, compuesta por mujeres, metecos y esclavos, podían disfrutar de estas prerrogativas. Se ha calculado que en esta época habría en Atenas unos 40.000 ciudadanos frente a los más de 300.000 habitantes del Ática. Incluso la participación efectiva en las instituciones estaba también limitada dentro de este colectivo privilegiado por factores tan esenciales como la distancia de la ciudad, donde tenían lugar las asambleas, o la disponibilidad de tiempo libre, pues si bien se remuneraban los cargos públicos no así la asistencia a la asamblea, que implicaba una considerable pérdida de tiempo laboral efectivo para quienes dependían de su trabajo diario como forma de subsistencia.

También la complejidad de algunos asuntos dejaba su discusión, resolución y gestión en manos de unos pocos expertos que, de esta forma, iban acumulando importantes parcelas de poder. A pesar de todas las reformas realizadas, y en particular la de Clístenes, la influencia de las grandes familias y de algunos individuos carismáticos siguió mostrándose decisiva a la hora de ocupar cargos y ganar elecciones, tanto a nivel local como de la propia polis. El sorteo de los cargos era, a veces, un procedimiento sujeto a manipulación en el que podían interferir factores como el soborno, la coacción o la simple influencia. La gran diferencia con los tiempos anteriores radicaba en que en estos momentos era preciso granjearse el favor de la mayoría, pero existían múltiples procedimientos para conseguir este objetivo.

Davies ha establecido tres tipos de dependencias mediante las que las familias aristocráticas podían ejercer su influencia sobre la gran mayoría del cuerpo cívico. En primer lugar, a través del culto, mediante la influencia ejercida por ciertas familias que detentaban una especie de sacerdocio hereditario en algunos cultos locales. En segundo término, a través del poder social que ejercían a través de las instituciones intermedias como fratrías y tribus. Y por último, a través del poder de la riqueza, que se dejaba sentir en la estrecha dependencia de una buena parte de los pequeños campesinos del Ática con respecto a algunos importantes propietarios. No resultaba difícil, además, ganarse la gratitud y el consiguiente apoyo de un buen número de gentes. Rhodes ha señalado algunos de estos procedimientos, como convertirse en garante de quien había sido acusado o había tomado un contrato público; efectuar préstamos a quien los necesitaba; conseguir una cierta reputación mediante la actuación como árbitro mediador de disputas; el simple hecho de conocer por sus nombres a la gente; cualquier clase de gesto en favor de la comunidad, como pagos para la construcción de edificios públicos o ciertas contribuciones voluntarias en respuesta a una apelación especial.

Estos mecanismos de la vida comunitaria permitieron el dominio continuado de los grupos aristocráticos dentro de la vida política ateniense. La mayoría de sus componentes hicieron uso continuo de sus recursos para ganar influencia, prestigio y poder en cuotas y niveles que, normalmente, se hallaban vedados a individuos con escasos medios. Aunque durante la época de Pericles se extendió considerablemente la participación democrática, la «carrera política» resultaba mucho más corta y fácil para quien tenía a su favor riqueza, conexiones sociales o una posición destacada.

Un individuo sólo podía empezar a ocupar cargos públicos a partir de los 30 años. Hasta entonces podía ir adquiriendo una cierta experiencia en el ejercicio de cargos secundarios de los muchos que existían en la justicia o en las finanzas. Sin embargo, las mejores oportunidades se conseguían en el ejército. La reputación militar continuó siendo un elemento fundamental en el *curriculum* de cualquier ciudadano que aspirase a desempeñar puestos de importancia. De hecho, el poder ejecutivo de la democracia residía en manos de los estrategos, que eran además los únicos que podían resultar reelegidos. Todos los demás cargos eran anuales y sólo podían ser desempeñados dos veces a lo largo de la vida.

El Consejo de los 500, o *Boulé*, constituía un freno importante para el ejercicio de la plena soberanía de la asamblea. Su misión principal era la de preparar el trabajo de aquélla sometiendo a su aprobación los decretos pertinentes. Sin embargo, sabemos que, en ocasiones, actuó de forma autónoma con pleno control sobre asuntos tan importantes como la llegada y salida de embajadores extranjeros. Su poder y su influencia fueron creciendo gracias al desequilibrio notable existente entre el número de reuniones de la *Boulé*, casi 300 al año, y el más reducido de la asamblea, que podían alcanzar las 40. Por último, el Consejo, por su composición social, fue un cuerpo selecto que llegó a desarrollar un cierto carácter elitista. Aunque tenía una función representativa dentro de la constitución ateniense (estaba compuesto por 50 miembros de cada una de las diez tribus, elegidos a sorteo entre los diferentes *demos* que componían cada una de ellas), sus miembros efectivos eran, en buena parte, políticos ricos y resueltos. Era, por tanto, factible que en su seno se crearan grupos de presión o dinastías políticas que, mediante los mecanismos indicados, podían perpetuarse en el poder durante años. Empezaron a existir, además, una especie de políticos profesionales que, gracias a su dominio de la oratoria y a su pericia técnica en determinados asuntos, como las leyes o las finanzas, adquirieron pronto un enorme poder entre la multitud a expensas de la asamblea. Se trata de los llamados demagogos, cuya significación precisa entonces era la de líderes del *demos*, sin las connotaciones peyorativas que luego adquirió dicho término. La complejidad de los asuntos hizo necesaria su presencia y de hecho ejercieron funciones valiosas y definidas, como las actividades fiscales, dentro de una maquinaria estatal que se hallaba casi enteramente en manos de aficionados.

3. Democracia e imperialismo

Atenas era, además, una democracia basada sobre un imperio. Estos dos términos que parecen incompatibles en la mentalidad moderna, no lo fueron a los propios ojos de los atenienses. No debemos olvidar que nuestra noción de libertad, que implica la reciprocidad absoluta de atribuciones, proviene de la revolución francesa y, por tanto, no puede retrotraerse a la mentalidad helena. Para los atenienses, como para cualquier otro griego probablemente, el ejercicio de la libertad implicaba tan sólo la libre capacidad de acción aunque ésta significase la esclavitud de los demás o su sometimiento a la propia hegemonía. Como ha señalado Levêque, «la democracia ateniense era imperialista no por accidente sino por esencia. Su principal objetivo era el de asegurar una vida decente a los ciudadanos, incluso a los menos favorecidos». Para ello, Atenas necesitaba disponer de grandes recursos que sólo le podía proporcionar la posesión de un imperio. La opinión que compartían muchos atenienses era que consideraban lógico que el funcionamiento de la democracia fuese financiado con el tributo de los aliados, ya que los atenienses habían realizado con antelación importantes y costosos sacrificios en beneficio de todos en la lucha contra los persas.

4. Una valoración final

Sin duda, la democracia ateniense presentaba importantes limitaciones y acabó generando, además, un cierto carácter absentista entre los ciudadanos, que dejaron el control de las instituciones en manos de profesionales y desocupados. Pero, a pesar de todo ello, en opinión de algunos estudiosos como Finley, el balance general ha de ser necesariamente satisfactorio. Por primera vez en la historia, un pueblo se hacía cargo de su propio destino mediante una experiencia que facilitaba el paso de todos los ciudadanos por alguno de los muchos cargos existentes. A lo largo de sus vidas la mayoría de los atenienses podía tener la doble experiencia de ejercer el poder y obedecer a sus dictados. A la cabeza del estado ateniense estaba la Asamblea y por encima de ella no existía ninguna otra cabeza visible. La representación efectiva del estado la desempeñaba el cuerpo de los prítanos, formado por los 50 miembros de cada tribu que se iban turnando a lo largo del año en el desempeño de esta función. Un elemento esencial en el éxito pragmático de la democracia ateniense fue el sentido comunitario reforzado por la religión con sus mitos y tradiciones. Una experiencia política plena en el mejor sentido de la palabra que, con sus muchos defectos y limitaciones, tuvo el valor de constituirse en ejemplo y modelo histórico, difícil de trasladar a otros contextos, pero rico en enseñanzas de toda clase.

Otros, en cambio, menos optimistas, consideran que las limitaciones humanas, el amateurismo general de los cargos e instituciones, la ineficacia y el abuso que se puso de manifiesto en algunas decisiones clave, la contundencia demostrada en el ejercicio del imperio, así como otros defectos ya señalados en la propia antigüedad por los críticos del sistema, presentan las cosas de un modo mucho más crítico y menos ejemplar.

IV. LA ATENAS DE PERICLES

1. La ciudad y sus monumentos

La ciudad de Atenas había sufrido importantes destrucciones con las invasiones persas. Su centro cívico y sagrado, la acrópolis, había sido saqueada y sus templos incendiados. Con la llegada de Pericles al poder se inició un ambicioso plan de construcciones públicas, cuya financiación recaía en los tributos de los aliados que, como ya se ha dicho, a partir de mediados del siglo V fueron depositados en Atenas. El programa de construcciones públicas no sólo afectó a la ciudad. Se edificó también el *telesterion* de Eleusis, los templos de Poseidón en Sunio y de Némesis en Ramnonte, los largos muros que unían la ciudad de Atenas con el Pireo, y por último, en la propia Atenas, el Odeón y los templos de Hefesto y Dioniso. Sin embargo, el punto central de todo el programa fue la reordenación de la acrópolis con la edificación del nuevo templo de Atenea, que se iba a convertir en el símbolo fundamental de la cultura griega: el Partenón.

El templo dedicado a la diosa Atenea Párthenos (virgen), fue construido entre los años 447 y 438. Todo el conjunto presenta una grandiosidad incomparable. Ningún otro templo griego, ni siquiera los grandes santuarios de Asia Menor con sus dimensiones colosales, produce la misma impresión. La pericia de sus arquitectos, Ictinos y Calícrates, se pone de manifiesto en algunos detalles técnicos como la ligera curvatura del basamento cuya finalidad era corregir la ilusión óptica que podía deformar su aspecto exterior. La sabia mezcla de los estilos dórico y jónico, el ensanchamiento de la fachada al crear siete intercolumnios y su disposición interior, constituyen otros de sus rasgos destacados. El edificio no tenía otra finalidad que la de albergar la estatua de la diosa, obra de Fidias, que fue también el auténtico supervisor de toda la labor arquitectónica de la acrópolis. La gigantesca estatua de Atenea (unos 12 m) estaba hecha de oro y marfil y representaba a la diosa armada, sosteniendo sobre la palma de su mano derecha una victoria alada. Tanto su pedestal como su escudo estaban decorados con representaciones mitológicas que reflejaban el conflicto entre la civilización y la barbarie, entre la inteligencia y mesura griegas (*sophrosune*), y el uso desmedido e irracional de la fuerza bárbara (*hubris*). Sólo conservamos de tan impresionante obra algunas réplicas en tamaño reducido de época tardía y las descripciones de autores como Pausanias o Plinio el Viejo.

La decoración escultórica se extendió a casi todas las partes del edificio. Los dos frontones, los frisos interiores y las metopas, contienen todos ellos representaciones de carácter mítico, alusivas al triunfo de la diosa y al engrandecimiento y prosperidad de la ciudad. El nacimiento de Atenea de la cabeza de Zeus y su disputa con Poseidón por el patrocinio del Ática son los temas de ambos frontones. A lo largo del friso interior se representa aparentemente la procesión de las Panateneas, que desde el ágora ascendía hasta el templo para ofrendar a la diosa el peplo sagrado que durante un año había sido tejido por las mujeres atenienses, si bien existen importantes diferencias entre las imágenes esculpidas y las referencias literarias que nos informan acerca de dicha ceremonia. Por último, en las metopas vuelven a aparecer los temas relativos al triunfo de la civilización sobre la barbarie, representada esta vez por gigantes, amazonas y centauros. Puede incluso que exista una alusión simbólica al pasado reciente de Atenas si se acepta que las 192 figuras podrían representar al número de atenienses caídos en la por entonces mítica batalla de Maratón. Se ha llegado incluso a sugerir que la procesión del friso se habría concebido como un vivo contraste con la interminable hilera de personajes que aparecían representados en la apadana del palacio de Persépolis.

Todo un mensaje de ideología cívica y patriotismo ateniense traducido en piedra en una obra que a partir de entonces iba a constituir el símbolo por antonomasia de la ciudad. La agitada historia del edificio (fue sucesivamente iglesia, mezquita y polvorín bombardeado por los venecianos) no ha impedido que haya llegado en buena parte hasta nosotros, aun a pesar de haber sufrido serios deterioros en su estructura y haber perdido elementos tan significativos como sus relieves escultóricos y su policromía. Como ha señalado C.M. Bowra, «los artistas del Partenón, dirigidos por Fidias, tradujeron en piedra lo que Pericles y su círculo íntimo pensaban de Atenas y de su significado». Toda la ciudad se sentía representada en el templo y en un primer plano se destacaba la protección divina que Atenea ejercía sobre sus gentes.

2. El fenómeno teatral

El teatro en su contexto

El desarrollo de las representaciones dramáticas, particularmente de la tragedia, constituye uno de los fenómenos culturales más característicos de este período de florecimiento de la cultura y de la vida ateniense en general. A diferencia del teatro moderno, el teatro griego no era un mero espectáculo regular, destinado al entretenimiento ocasional de los atenienses. Por encima de todo se trataba de un fenómeno de carácter religioso, ya que surgió en el contexto de un festival religioso y era durante su celebración cuando las representaciones tenían lugar en Atenas. Los festivales cívicos habían sido ya potenciados por el tirano Pisístrato como una forma de fomentar la conciencia ciudadana y el sentimiento de vinculación afectiva respecto a su ciudad. Un elemento capital de estos festivales era la competición, el *agón*, desarrollada en múltiples terrenos, como los ejercicios físicos y deportivos, la recitación, la danza o los certámenes musicales. Y fue dentro de uno de estos festivales, las grandes Dionisias, o Dionisias urbanas, donde se desarrollaron los concursos dramáticos anuales que dieron origen al teatro.

Todo el teatro está lleno de significación religiosa. El mismo edificio estaba situado en el interior de un santuario o junto al templo de Dioniso, el dios en cuyo honor tenían lugar los mencionados festivales. En el centro de la *orquestra* (espacio circular destinado para la danza del coro) había un altar donde se oficiaba un sacrificio antes de comenzar las representaciones. Éstas se sucedían de forma ininterrumpida a lo largo de toda la jornada en medio de una atmósfera en la que se entremezclaban el fervor religioso, la concienciación cívica y el debate político, la más viva expresión de la vitalidad ateniense, y un deseo de diversión y entretenimiento que rompiera con la monotonía cotidiana. Unos días, en suma, donde casi todo estaba permitido y en los que cada individuo se sumergía dentro de un universo colectivo que no presentaba trabas ni limitaciones. Resultaba lógico, por tanto, que tales festivales se celebraran en honor de una divinidad como Dioniso, dios de la fertilidad y de la naturaleza, vinculado a ritos donde predominaban las expresiones emotivas fuertes y todas aquellas manifestaciones ajenas a la pura razón o al dominio del intelecto.

Los espectadores

El público acudía en masa a las representaciones en una media de 13.000 ó 14.000 personas. Como se celebraban en primavera, cuando se había abierto de nuevo la estación propicia para la navegación, arribaba a Atenas una gran cantidad de visitantes procedentes de otras partes de Grecia. Todo el mundo tenía acceso libre al teatro, incluidas las mujeres, que estaban al margen de otras actividades públicas de la polis. El Estado, además, sufragaba la entrada de los más pobres por medio de un fondo común denominado el *theórico*. El público permanecía en sus asientos desde las primeras horas de la jornada hasta el final de la representación de las tres tragedias y un drama satírico que cada uno de los autores participantes presentaba a concurso. La inmensa mayoría acudía pertrechada de alimentos que consumía *in situ* en el curso de las representaciones. El público vociferaba y manifestaba su aprobación o desacuerdo a lo que se decía en escena por medio de silbidos, abucheos o pataleos. No era al parecer infrecuente que tuviera que intervenir el servicio de orden, que estaba compuesto por arqueros escitas provistos de largos bastones, para restablecer la calma entre el auditorio. La distensión del ambiente y la posibilidad de exteriorizar las emociones hacía soportable la prolongada estancia en el teatro. Durante el siglo V la cultura griega continuó siendo esencialmente de carácter oral y este continuo foro en que se había convertido Atenas, con sus tribunales populares en continua sesión, los debates de la asamblea, los discursos del ágora y el teatro, hizo de los atenienses unos buenos «catadores y degustadores» de palabras. La voz humana, combinada con la danza o la música, era el único medio de comunicación, persuasión y entretenimiento que estaba al alcance de todos. El exquisito cuidado dispensado a la prosa revela que su finalidad principal era ser leída en público y no captada en la lectura solitaria y silenciosa de cada individuo. Esta masiva asistencia se explica por el carácter excepcional de las representaciones, la popularidad del dios en cuyo honor se celebraban los festivales, la gratuidad del espectáculo y la condición de escaparate social que la ocasión deparaba a todos los ciudadanos para establecer relaciones sociales.

Las obras a escena

Las obras que se representaban poseían cierta complejidad y estaban repletas de sutilezas literarias. Seguramente la percepción intelectual y estética de las mismas variaba considerablemente de unos espectadores a otros. El poeta cómico Aristófanes se burla de la incapacidad del público para escapar de la representación de las tragedias, al no disponer de alas que le permitieran salir del teatro por unos momentos, y regresar más tarde, cuando empezaba la comedia, que según su testimonio, interesado y partidista sin duda, era la preferida del auditorio. Sin embargo, el hecho de que los temas tratados fuesen de interés general, ya que implicaban cuestiones fundamentales de la vida en comunidad, y el que hayan llegado hasta nosotros los mejores autores y sus obras más destacadas, parecen indicar la existencia de un nivel elevado entre el público ateniense que era capaz de apreciar convenientemente las piezas mejores. El teatro se convirtió así en un auténtico foro de debate en el que se exponían los problemas políticos principales, como el conflicto entre la razón de estado y los sentimientos y deberes individuales que retrata la Antígona de Sófocles. Los personajes de las tragedias, a diferencia de lo que ocurre en el teatro de Shakespeare, apenas importan frente a los problemas o las acciones que plantean. El mito traducía en escena a términos dramáticos y concretos las grandes cuestiones morales que preocupaban a la sociedad de aquel tiempo. Su carácter paradigmático servía para generalizar la cuestión planteada y para facilitar el distanciamiento de los espectadores de la problemática específica de la trama, lo que permitía concentrar la atención del espectador en el desarrollo de la acción y en las reflexiones que se hacían sobre las cuestiones de fondo. De esta forma, el teatro se convirtió también en un importante medio educativo de la sociedad.

Los grandes autores

Esquilo, que pertenecía a la generación gloriosa de Maratón, pone de manifiesto su orgullosa conciencia de ser miembro activo de la ciudad de Atenas. Sus personajes colectivos, encarnados en los coros, revelan también la supremacía evidente de los aspectos comunitarios sobre los puramente individuales. Algunas de sus tragedias aluden de forma expresa a acontecimientos contemporáneos, como *Los Persas,* en la que se hace un relato heroico de la reciente guerra, o su trilogía *La Orestea,* en la que se ponen de manifiesto las tensiones y conflictos que ha sido necesario superar para el establecimiento de la plena democracia.

Sófocles era prácticamente contemporáneo del gran momento ateniense que se vivió bajo Pericles. Desempeñó incluso importantes cargos dentro del sistema, como la *estrategia*. En uno de los coros de una de sus tragedias más célebres, la *Antígona,* se refleja el optimismo humanista de este período de esplendor en la historia de la ciudad:

> Muchas cosas maravillosas existen
> pero ninguna más maravillosa que el hombre.
> (Sófocles, *Antígona,* 332-333)

Como ciudadano ejemplar fue considerado el más digno para albergar en su casa al dios Asclepio cuando su imagen llegó hasta Atenas. Su interés se centraba en los grandes problemas de la existencia humana. La lucha del hombre contra un destino que le resulta ininteligible es un tema repetido a lo largo de sus obras. Los dioses están también omnipresentes y a pesar de la simpatía aparente que despiertan sus héroes rebeldes (Edipo, Antígona, Áyax, Filoctetes...), al final acaba imponiéndose un sentimiento profundo de la omnipotencia divina. Lo divino y lo humano se entremezclan de tal modo que resulta muy difícil superar la contradicción entre ambos términos. La propia existencia de Sófocles, el prototipo del hombre feliz que se debate, sin embargo, entre cuestiones terribles y dolorosas, es quizá, un ejemplo del complicado antagonismo entre las dos esferas.

Eurípides, aunque comenzó a producir durante este momento, pertenece por su mentalidad a una época algo posterior. Los grandes ideales cívicos iban dejando paso a cuestiones de carácter más individualista. La irracionalidad de las pasiones humanas y el trastorno que ocasionan en las vidas de los personajes constituyen su tema de reflexión preferido. Su propia leyenda biográfica que nos presenta al autor como un personaje curioso, misógino y amargado, que tenía como rareza su amor a los libros, es representativa del nuevo momento que le tocó vivir. Consiguió pocos triunfos en los concursos dramáticos a diferencia de sus dos antecesores, y al final tuvo que abandonar Atenas. La doctrina cívica y moral que se desprende de las obras de Esquilo y Sófocles está ausente de la de Eurípides. Sólo le interesaba la búsqueda y el análisis de las cuestiones, no su resolución definitiva. La crítica mordaz a que le sometieron los cómicos, en especial Aristófanes, ilustra su «incapacidad» para continuar el papel de educador público que los autores trágicos desempeñaban.

El teatro como propaganda política e ideológica

Los festivales dramáticos constituían también un acto de propaganda ideológica en favor del ideal cívico ateniense. La ceremonia de apertura de los festivales se convertía en una manifestación del poderío ateniense. Se hacía desfilar armados a los huérfanos de los caídos en combate, cuya educación corría a cargo del Estado, y se proclamaban los honores de todos aquellos que habían beneficiado de alguna forma a la ciudad. Los principales cargos públicos ocupaban las primeras filas de asientos y la concesión de un asiento preferente (la *proedría*) se consideraba uno de los grandes honores a los que un ciudadano podía aspirar. Para la financiación de los concursos dramáticos se recurría al apoyo de los ciudadanos más ricos por medio de una *liturgía*. Los ciudadanos con mayores recursos aprovechaban la ocasión para aumentar su prestigio, exhibiendo orgullosos el triunfo que sus protegidos habían conseguido en el certamen. Se estimuló de este modo la competencia por el triunfo entre las clases dirigentes, que luego rememoraban ante toda la comunidad por medio de unos monumentos corégicos (así se llamaba esta clase de *liturgía*), que ilustraban la gloria obtenida. Como ceremonia pública, todo el certamen estaba bajo la supervisión de un magistrado designado al efecto que al final del mismo debía rendir cuentas ante la asamblea. Un jurado, elegido entre los ciudadanos por medio de un complicado sistema, premiaba al ganador, que era coronado por su triunfo en el Odeón, construido al pie de la Acrópolis por Pericles. Toda la ciudad, por tanto, desde el principio hasta el fin estaba implicada plenamente en los festivales. Todos los demás asuntos de Estado se posponían y esos días se dedicaban a ensalzar y promover los valores cívicos y el orgullo ateniense a través de una experiencia singular, irrepetible, que todos los ciudadanos podían compartir.

V. LA SOCIEDAD ATENIENSE

1. Los metecos

La sociedad ateniense, como todas las sociedades antiguas, se hallaba dividida entre hombres libres y esclavos. Sin embargo, aun a pesar de ser la más importante y decisiva, no era la única barrera que separaba a los habitantes de Atenas. Los ciudadanos de pleno derecho eran, como ya se ha dicho, una minoría con relación al total de la población del Ática. También los extranjeros residentes en la ciudad (denominados metecos) estaban excluidos de este grupo privilegiado que detentaba todos los derechos políticos y tenía en exclusiva el derecho de poseer tierras, y sobre el que recaían todos los beneficios directos del Imperio. Los metecos eran fundamentalmente gentes libres que se habían instalado en Atenas de forma definitiva. Por lo general, se ocupaban de tareas relacionadas con la artesanía y el comercio, que controlaban prácticamente a causa de la repugnancia griega por ocuparse de esta clase de actividades manuales. Debían pagar impuestos y estaban obligados a prestar servicio con las armas en caso de necesidad. El gran número de metecos en Atenas fue la causa del decidido impulso comercial e industrial que la convirtió también en la ciudad más poderosa de Grecia. El Pireo se convirtió en uno de los grandes puertos del Mediterráneo como centro de importación y redistribución de mercancías. Muchos metecos ejercieron incluso funciones financieras al fomentar mediante préstamos el comercio a gran escala. Una empresa que, en caso de tener éxito, proporcionaba unos sustanciosos beneficios.

2. Los esclavos

Los esclavos, en cambio, eran simplemente un cuerpo, un instrumento que podía comprarse y venderse con plena libertad. La existencia de la esclavitud era una práctica admitida de forma casi unánime por todos y apenas existen críticas abiertas contra esta institución, a pesar de las muchas voces disonantes que aparecen reflejadas a lo largo de la literatura antigua en tantos otros aspectos. No existe así contradicción entre la práctica de la esclavitud y la existencia de la democracia dada la naturalidad con que se aceptaba su existencia. Los esclavos atenienses fueron por lo general bien tratados. Podían asistir al teatro y tomar parte en algunos ritos como los misterios de Eleusis. Sus ocupaciones en los talleres de Atenas o en los campos apenas diferían de las que desempeñaban los artesanos y los pequeños campesinos de condición libre. Sólo los que trabajaban en las minas de plata de Laurión recibían un trato diferente, debido más a las duras condiciones en las que se realizaba este trabajo que a su calidad de esclavos. De hecho, muchos esclavos escaparon a menudo de las minas y acudieron en busca de refugio al cercano santuario de Poseidón en el cabo Sunio. Fue precisamente en las minas donde se produjo la única rebelión de esclavos de que tenemos noticia en todo el siglo V.

La ausencia de grandes propiedades agrícolas o de grandes factorías industriales impidió la concentración de un número considerable de esclavos. Los atenienses tenían además algunas restricciones legales en el trato de sus esclavos y no poseían sobre ellos el derecho absoluto de vida y muerte. La mayor parte de los esclavos eran prisioneros de guerra, infelices capturados por los piratas o nativos procedentes de las regiones del mar Negro que se habían especializado en este comercio. Podían ser adquiridos en mercados destinados a tal efecto y al propio estado, que también poseía un cierto número de ellos y los empleaba en funciones de policía, guardianes de prisión o como empleados públicos en las construcciones y limpieza de la ciudad. Aquellos que desempeñaban tareas domésticas, como pedagogos o acompañaban a los niños a la escuela, recibían un trato agradable y podían ser considerados incluso como miembros de la familia.

3. Las mujeres

La vida de las mujeres era muy diferente de la de los hombres. La mayor parte del tiempo pasaban su vida recluidas en su casa, en una habitación interior denominada *gineceo*. Se ocupaban principalmente de la administración de la casa y del control de los esclavos, dado que era normal que cada familia tuviera al menos uno o dos. Pasaban su tiempo tejiendo e hilando los vestidos para toda la familia. Desde el punto de vista político y social permanecieron en un segundo plano ya que el tipo de sociedad que imperaba en Atenas favorecía el dominio en exclusiva de los varones. Esta disparidad de funciones aparece recogida en los consejos que suministra Jenofonte en su tratado sobre la administración de la hacienda:

> A la mujer le trae más honra recogerse en el hogar que callejear, al varón le reporta mayor baldón permanecer en casa que ocuparse de los negocios de fuera.
> (Jenofonte, *Económico*, VII, 30, traducción de Juan Gil, Sociedad de Estudios y Publicaciones)

Esta separación entre el mundo de los hombres y el de las mujeres se confirmaba paradójicamente en la práctica del matrimonio. Dentro de la sociedad ateniense se detecta además una cierta preocupación masculina por la defensa de su honor personal que se traducía en la responsabilidad de proteger de cualquier ofensa a todas las mujeres que se hallaban bajo su custodia directa (esposa, hermana, hija...). Para salvaguardar esta situación, se habían articulado algunas válvulas de seguridad que ejercían su labor preventiva sobre unos y otras. Cuando la mujer alcanzaba su período de madurez sexual, los padres acordaban el matrimonio. De esta forma se evitaban riesgos innecesarios y se traspasaba al tiempo esta responsabilidad al marido. Los matrimonios se hallaban, por tanto, claramente descompensados desde el punto de vista de la edad, ya que se unían un marido ya entrado en la cuarentena y bien curtido en todas las cosas de la vida, y una esposa que acaba de acceder a la pubertad y tenía por ello su primera experiencia sexual dentro del matrimonio. La diferencia entre ambos cónyuges era así tremendamente abismal, tanto en el plano de las emociones y de los sentimientos como en el de las actitudes vitales.

Existía también un sistema de dote que actuaba a modo de chantaje moral de carácter preventivo sobre la conducta de las muchachas núbiles. Dado que una buena dote significaba un buen matrimonio, aquella ejercía un control efectivo sobre su conducta hasta el momento de las nupcias, del mismo modo que la herencia lo hacía sobre los jóvenes herederos. Tras el matrimonio las mujeres quedaban confinadas en el hogar y sus salidas al exterior se reducían a las actividades tradicionales que les estaban encomendadas. Ciertamente esta evidencia se refiere sobre todo a las mujeres del sector social que podríamos definir como clase media, que era a todas luces el estrato mayoritario de la sociedad ateniense. Sin embargo, estas normas apenas afectaban a la conducta diaria de los muy ricos o de los que carecían de recursos, ya que quedaban supeditadas a la conveniencia del momento o a la necesidad de trabajar para sobrevivir.

Hombres y mujeres llevaban vidas separadas por completo, que solamente confluían en determinadas ocasiones muy señaladas. Las mujeres se hallaban excluidas de actividades sociales como el simposio y no era frecuente que acudieran al ágora donde los hombres solían encontrarse para realizar las compras del día o simplemente para charlar entre sí. La actividad política, otro polo de atracción de la vida comunitaria griega, era también una esfera reservada en exclusiva a los hombres. Las mujeres, por su parte, celebraban cultos y festivales a los que los hombres no tenían acceso y pasaban las horas del día reunidas en el *gineceo* o en lugares muy determinados, como el lavadero o el telar, donde realizaban algunas de las actividades principales que les estaban encomendadas. La impresión general que se desprende de las pinturas sobre la cerámica que representan escenas de la vida cotidiana o ritual, o de los poemas de Safo de Lesbos, en cuyo universo afectivo los hombres no parecen ocupar un lugar muy relevante, es la de una sociedad femenina cerrada en sí misma que permanecía ajena o indiferente a las tensiones cotidianas que generaba el mundo de los hombres.

La situación de la mujer no era la misma en todas las partes de Grecia. Nuestros testimonios se concentran de modo casi exclusivo sobre la sociedad ateniense; sin embargo, lo poco que sabemos de otros lugares como Jonia, Esparta o las regiones noroccidentales griegas nos indican que disfrutaban de un status superior y de una mayor independencia. De cualquier forma, no conviene extrapolar criterios y valoraciones modernas a la mentalidad griega. La posición de la mujer en todas las sociedades arcaicas se veía altamente condicionada por su condición «pasiva» en la defensa de la comunidad frente a cualquier tipo de agresión exterior. La guerra era sólo cosa de hombres, como le recuerda Héctor a su esposa Andrómaca en la célebre escena de despedida que encontramos en el Canto VI de la *Ilíada*, quedando reservadas para las mujeres las labores del hogar y la tutela de los hijos. La mujer formaba parte integral del botín de guerra de los vencedores, tal y como se aprecia también en el mismo poema homérico, cuyo desencadenante de la acción es la obligada cesión de la cautiva de Aquiles a Agamenón, lo que origina la cólera del héroe contra los aqueos y su rey.

En todas las culturas ha existido, además, una cierta tradición popular de carácter misógino que aparece reflejada en refranes, canciones, fábulas o parodias locales. En este sentido la cultura griega no constituye ninguna excepción a la regla y ofrece la misma gama de motivos dentro de este ámbito como el célebre yambo contra las mujeres del poeta Semónides de Amorgos. Casi toda la literatura griega es obra de hombres y en ella se expresa, por tanto, de forma preferente el universo mental masculino. Ni siquiera tenemos la completa seguridad de que los escasos alegatos en defensa de la condición femenina, como el célebre discurso de Medea en la tragedia de Eurípides, reflejen con total fidelidad la opinión real de las mujeres de la época. Lo más probable es que se trate de la idea que Eurípides se hacía de ella y en este sentido resulta ciertamente llamativa la tradición que lo presenta como un personaje misógino que tuvo reiterados problemas con el sexo contrario a lo largo de su vida.

Las actitudes masculinas hacia la mujer estaban compuestas de una extraña mezcla de superioridad y temor. El primero de estos componentes se explica bien por la marginación política y social de la mujer. El segundo se basa en la creencia griega acerca del poderoso atractivo de la sexualidad femenina, capaz de imponer su dominio sobre el varón en este terreno con una pasmosa facilidad. Este poder irresistible de la mujer aparece reflejado en mitos como el de Tiresias, que reveló el gran secreto de las mujeres a Zeus al afirmar por su experiencia hermafrodita que la mujer obtenía nueve veces más placer que el hombre en el acto amoroso y fue castigado por ello con la ceguera, o en escenas como la seducción de Zeus por parte de Hera con el fin de distraerle de la acción de guerra y poder ejecutar sus planes con más libertad.

Esta capacidad sexual femenina no era ningún calificativo halagüeño dentro de una cultura que tenía la moderación como uno de sus principales valores. De hecho, en una de las comedias de Aristófanes, en el curso de un diálogo entre el razonamiento justo y el injusto, se alude a la historia de Peleo, el padre de Aquiles, que fue abandonado por Tetis cuando comprobó que el héroe no era *hubristés* (que habría que entender en este contexto como «lujurioso») y no estaba por tanto dispuesto a pasar toda la noche en la cama. Del mismo modo, el mito de las Amazonas, un pueblo compuesto exclusivamente por mujeres que practicaban la guerra y abominaban de su condición de madres y esposas, representante paradigmático de las fuerzas del caos y la barbarie, ilustra bien el peligro que representaba la mujer fuera de las condiciones de sumisión social en que vivía dentro de la ciudad griega.

Este recelo hacia la sexualidad femenina lo encontramos también reflejado en la tipología de la mujer que nos presenta el mencionado yambo contra las mujeres de Semónides de Amorgos. En él se asimila la figura de la buena esposa a la abeja por la supuesta indiferencia al sexo que los griegos atribuían a dicho insecto, cuya repulsa en este campo era tal que llegaban a atacar a todos aquellos que utilizaban perfumes, un símbolo evidente de incitación a la sexualidad. La propia palabra que designa a la abeja en griego, *melissa*, fue utilizada por los filósofos neoplatónicos para designar las almas puras.

Paralelamente existía dentro de la mentalidad griega un intento de sublimación de la virginidad femenina que permitiera satisfacer las necesidades afectivas fundamentales sin necesidad de quedar expuesto a las tentaciones y peligros que entrañaba su sexualidad. Éste se tradujo en la imagen de diosas como Atenea, que no tenía madre real, mostraba continuamente una apariencia masculina y se ocupaba siempre de las acciones guerreras. Su preferencia por el hombre se pone de manifiesto en su protección infatigable de los principales héroes griegos y en ocasiones tan significativas como el célebre juicio de Orestes por matricidio en el Areópago, donde se decantó por el perdón de aquél. El lugar de la mujer dentro de la cultura griega debe ser valorado, por tanto, dentro de su propio contexto histórico, intelectual e ideológico, a pesar de las dificultades de enjuiciar una situación y una sensibilidad que han experimentado una evolución radical desde entonces hasta nuestros días.

4. La vida cotidiana

La vida diaria de los atenienses, especialmente en el campo, era modesta y monótona. La lucha incansable por la supervivencia en medio de una naturaleza implacable y hostil apenas permitía respiro. Sólo los numerosos festivales que llenaban el calendario concedían un momento de tregua y diversión. La dureza y la sequedad del suelo ático exigían un enorme esfuerzo para obtener sus frutos. La tecnología era también rudimentaria y el ganado se reducía a unas pocas cabezas, sobre todo de cabras, cerdos y carneros. Cada campesino cultivaba su pequeña parcela de tierra ayudado por su familia y quizá con el apoyo de algún esclavo. En Atenas y el Pireo existían numerosos talleres artesanales de reducido tamaño. En algún caso estos talleres se agrupaban por especialidades en determinadas zonas de la ciudad, como el célebre barrio del Cerámico, cuya producción en vasijas de todas clases se difundió por todo el Mediterráneo. Había también metalúrgicos que fabricaban armas y estatuas de bronce, astilleros en el Pireo, herreros, zapateros, tejedores, curtidores, carniceros y toda clase de oficios necesarios para el desarrollo de las actividades diarias. Por lo general, se trabajaba de encargo, pues era imposible almacenar mercancías dada la falta de espacio y recursos. Patronos y aprendices compartían la misma tarea en largas jornadas de trabajo. Al Pireo, sin embargo, afluían toda clase de productos y mercancías procedentes del exterior gracias al dominio ateniense de los mares. El nivel de los intercambios comerciales fue creciendo hasta alcanzar un grado que hizo necesaria la presencia de una nueva figura como el banquero que, sobre una mesa, cambiaba moneda, efectuaba pequeños préstamos y recibía dinero en depósito.

El aspecto urbanístico de Atenas era bastante descuidado, con callejuelas estrechas y empinadas que ascendían hacia las laderas de la Acrópolis. La basura y la suciedad, que se amontonaban con facilidad, y la falta de agua corriente acentuaban los peligros de epidemias. Sólo el ágora, donde tenían lugar todo tipo de reuniones y encuentros, constituía un espacio abierto y bien ordenado desde el punto de vista urbanístico. En su centro se desarrollaban los mercados, las exhibiciones más diversas y las lecturas y discursos públicos, y se hallaba rodeada por los edificios de carácter público, que eran las únicas construcciones que poseían un cierto empaque en la Atenas de aquellos momentos. Todos aquellos que podían vivir de las rentas de sus propiedades rústicas, pasaban su tiempo libre paseando y charlando de forma incesante por sus entornos. Este tipo de personajes es el que aparece continuamente en los diálogos literarios o representados como espectadores en talleres y mercados en la pintura de la cerámica.

Las casas eran, por lo general, pequeñas y contenían un mobiliario escaso. La forma de vestir no constituía tampoco un índice de distinción social ya que casi todo el mundo vestía de la misma forma, con excepción de unos pocos que podían permitirse unos tejidos de mejor calidad. La dieta alimentaria era frugal. El menú diario estaba compuesto por una especie de puré de legumbres con higos secos y olivas. La carne era más bien una rareza que sólo se consumía con motivo de los sacrificios celebrados en los grandes festivales, como las Panateneas o las fiestas en honor de Dioniso. El vino era también poco corriente, con excepción de los banquetes o *simposia*, que constituían una de las escasas formas de diversión masculina. Esta simplicidad en la forma de vida neutralizaba en buena medida las diferencias de riqueza existentes entre unos atenienses y otros. La pobreza era la compañera inevitable de todos los griegos y, por tanto, la sociedad ateniense en su conjunto presentaba una cierta imagen de homogeneidad en la mediocridad de sus formas y medios de vida.

Los niños permanecían en el seno de la familia hasta los siete años, momento en que pasaban a la escuela, donde recibían una instrucción elemental basada fundamentalmente en el entrenamiento físico y en el aprendizaje de la música y la recitación poética. Aquellos que disponían de recursos suficientes pasaban a los 13 años al gimnasio, donde los filósofos y los poetas impartían lecciones y pláticas al tiempo que se practicaba también el ejercicio físico. El gimnasio era también, junto con el simposio, el lugar apropiado donde surgían relaciones pederásticas entre los pedagogos, que eran generalmente hombres ya adultos, y sus jóvenes discípulos. Este tipo de prácticas sexuales fueron, sin embargo, el patrimonio exclusivo de la aristocracia, que era quien frecuentaba con asiduidad ambas instituciones. De la relación entre el *erastés* (normalmente el adulto que desempeñaba la parte activa en dicha relación) y el *erómenos* (el joven que era objeto de sus atenciones) surgió la imagen idealizada que aparece reflejada en tratados como el célebre *Simposio* de Platón.

Los jóvenes efebos escanciaban el vino a los comensales después que el simposiarca hubiera preparado hábilmente la mezcla precisa en la crátera o vasija destinada a tal efecto. El vino griego era espeso y se le añadía además especias diversas, por lo que resultaba necesario rebajarlo con agua para que no resultara perjudicial al beberlo. El gusto por la charla era uno de los principales condimentos de estos banquetes o *simposia*. También acudían bailarinas y músicos que amenizaban la reunión, que se prolongaba muchas veces hasta altas horas de la madrugada. Las abundantes representaciones en la cerámica griega de este tipo de celebraciones ponen de manifiesto su enorme popularidad y aceptación.

5. La pervivencia del estilo de vida aristocrático

A pesar del triunfo evidente del sistema democrático a lo largo del siglo V a.C., el estilo de vida competitivo de clara matriz aristocrática se mantuvo en vigor entre las clases dirigentes de Atenas. El sistema democrático no hizo más que trasladar el ámbito de competición a la escena política, en una lucha sin cuartel por conseguir el apoyo de la mayoría y recibir en homenaje el reconocimiento de toda la comunidad. La importancia que tenía la concesión de determinados honores, como el derecho de *proedría* o la exhibición del triunfo en un certamen dramático, son ilustrativos de la manera de proceder de una clase dirigente que seguía rigiéndose por los mismos principios competitivos.

Las clases aristocráticas dirigentes se autodesignaban con la expresión *kaloí kagathoí* (literalmente, los hermosos y buenos) indicativo de una excelencia cívica general que pudo haberse aplicado también a atenienses que no eran de orígenes aristocráticos. El segundo término ya había tenido antes un matiz ético y político, pero el primero de ellos no había desarrollado hasta entonces este tipo de valores sociales referentes a un determinado segmento social. La expresión que combinaba los dos términos surgió en el siglo V como forma de designación de un nuevo valor social que refleja la evolución sufrida por este código de valores desde el ámbito de la individualidad arcaica hasta el universo más colectivo de la polis democrática, aunque percibida ésta también desde una perspectiva aristocrática. Como ha señalado Robin Seager, a través de un proceso elaborado y sutil la democracia adoptó el lenguaje aristocrático del triunfo individual y redefinió sus conceptos clave de una forma consistente con el principio fundamental de la supremacía de la ciudad.

Los clanes aristocráticos seguían rigiendo los destinos de la ciudad aun a pesar del triunfo aparente del sistema democrático. La posesión de la tierra, que constituía la base principal y a veces exclusiva de su riqueza, les daba la posibilidad de establecer una red de clientelas dentro de sus respectivos distritos en el seno de las cuales podían ejercer su influencia. Este tipo de relaciones de dependencia política y social se hizo sentir tanto a nivel de la política local como en el terreno político más amplio de la polis. Su monopolio de determinadas funciones, como el desempeño de las liturgias, que no siempre eran consideradas una carga, aupaba también a sus miembros al primer plano de la sociedad. Las acciones militares de renombre, que eran una fuente esencial de prestigio social, eran también llevadas a cabo habitualmente por miembros de las clases dirigentes, ya que eran quienes desempeñaban los cargos de la *estrategía*. El triunfo colectivo de la armada, en la que participaban de forma activa las clases bajas de la población, era siempre, por necesidad algo mucho más gris y difuminado que escapaba a la gloria personal.

La pervivencia del código de valores aristocrático y de su forma de vida se deja sentir en la importancia que se concedía a la victoria en los juegos, como ponen especialmente de manifiesto los poemas de Píndaro o Baquílides, que elogiaban a los triunfadores equiparando su gloria a la de los grandes héroes del pasado. Esta mentalidad, que en un principio era patrimonio exclusivo de un grupo social reducido, con la democracia se fue difundiendo a través de la escala social, transformando por completo un código de valores y un modo de vida que habían definido y caracterizado a toda la cultura griega en general.

VI. LA GUERRA DEL PELOPONESO

1. Causas y dimensiones del conflicto

La guerra del Peloponeso constituye seguramente el conflicto bélico más importante que se libró dentro del mundo griego, tanto por sus dimensiones, ya que implicó a la mayor parte del mundo griego en uno u otro bando, como por la violencia exhibida por ambos contendientes que alcanzó en muchos momentos cotas difícilmente superables. El conflicto se extendió a lo largo de casi 30 años, del 431 al 404 a.C., si bien hubo un tratado de paz tras los primeros diez años de guerra que no fue respetado en sus términos y abocó de nuevo a la reanudación completa de las hostilidades y al desastre final de Atenas, que hubo de capitular frente a sus enemigos. El propio Tucídides, que constituye nuestra principal fuente de información para el conflicto, destaca al inicio de su obra el carácter global de la guerra y los preparativos de ambos contendientes:

> ambos bandos se aprestaban a ella, estando en su pleno apogeo y con toda suerte de preparativos y [...] el resto de los pueblos de Grecia se coaligaban a uno u otro. Ésta vino a ser la mayor convulsión que vivieron los griegos y una parte de los bárbaros y por así decir la mayoría de la humanidad.
> (Tucídides, *Historia de la guerra del Peloponeso*, I, 1, traducción de A. Guzmán, Alianza)

La verdadera causa de la guerra, en opinión de Tucídides, fue el temor suscitado entre los espartanos y sus aliados por el crecimiento imparable del imperio ateniense dentro del mundo griego. Atenas había empezado a extender sus miras hacia Occidente estableciendo alianzas con algunas ciudades sicilianas e interfiriendo de forma clara en el imperio colonial de Corinto en el Adriático. A lo largo de la década de los treinta, Atenas estableció una alianza con Acarnania, una de las colonias corintias, e intervino en una disputa entre Corcira y Epidamno, que eran también colonias de Corinto, ayudando a la primera de ellas en su conflicto con la metrópoli. Por esos mismos años obligó a Potidea, situada al norte del Egeo, que, aunque miembro de la Liga de Delos continuaba recibiendo sus magistrados desde Corinto, a despachar a aquellos y a derruir sus murallas con la entrega de rehenes. También las propias ciudades vecinas de Atenas como Mégara experimentaron la creciente amenaza que implicaba la potencia económica y naval del imperio ateniense tras el célebre decreto que cerraba a los megarenses los puertos del imperio y el mercado del Ática, provocando así la asfixia económica de la ciudad. La escalada ateniense no podía quedar sin respuesta si Esparta deseaba continuar ejerciendo su papel hegemónico dentro de la Liga peloponesia, cuyo cimiento principal era precisamente la oposición a Atenas. Cualquier viso de inercia o cesión ante las acciones de Atenas habría tenido graves consecuencias en este terreno con la más que posible desagregación de la Liga por parte de aliados tan activos e implicados como Corinto, que fueron sin duda los principales adalides del desencadenamiento de las hostilidades.

La responsabilidad ateniense parece también fuera de toda duda. A pesar de los enfrentamientos de carácter local que estaban teniendo lugar entre los miembros de ambos bandos en los últimos años de la década de los treinta y de que la guerra se había ya decretado casi por ambas partes, hubo una serie de negociaciones que demoraron todavía por un tiempo el estallido de las hostilidades generales. Aunque algunas de las embajadas espartanas enviadas a Atenas no eran otra cosa que simples maniobras propagandísticas, es más que probable que entre ellas haya que contemplar también algunos intentos serios de evitar el conflicto si se accedía a una serie de peticiones entre las que destacaba el levantamiento del decreto megárico. El hecho de que el propio Pericles, partidario convencido del carácter ineluctable de la guerra, invite a los atenienses a no ceder ante las demandas espartanas con el argumento de que en ese caso éstas serían cada vez más exigentes parece indicar efectivamente que aquéllas fueron en algún momento razonables y podían haber sido aceptadas. Sin embargo, no eran éstas las pretensiones de Pericles, que deseaba presentar a los espartanos como agresores y proseguir el conflicto hasta sus últimas consecuencias, seguro como estaba de la potencia de Atenas que contaba con la fuerza de su poderosa flota y con el imponente sistema defensivo que unía a la ciudad con el puerto del Pireo convirtiendo todo el conjunto en una verdadera isla a salvo de los posibles ataques del exterior. De hecho, ya se habían adoptado algunas medidas de carácter preventivo en Atenas que apuntaban de forma clara a la inminencia de un conflicto a gran escala, como el traslado a la acrópolis de Atenas de los tesoros de los templos de los diferentes *demos* del Ática por un decreto promovido por un tal Calias en el año 434 a.C.

2. El desarrollo de las hostilidades

Durante casi 30 años el mundo griego se dividió en dos campos irreconciliables. Del lado ateniense estaban casi todas las islas del Egeo y las ciudades jonias de Asia Menor. En el bando espartano militaban casi todo el Peloponeso y una buena parte de Beocia y del mundo griego de Occidente. Atenas, gobernada por una democracia de tipo radical en la que un *demos* relativamente compacto y uniforme disfrutaba de las ventajas de todo tipo que el sistema le ofrecía, en cuanto a participación política y beneficios económicos, controlaba un verdadero imperio marítimo. El dominio de los mares estaba en su poder, ya que contaba con una poderosa flota y tenía la mayor parte del Egeo a su disposición. Esparta se hallaba a la cabeza de una liga de estados desiguales que se hallaban sometidos además a graves presiones internas a causa de los componentes étnicos heterogéneos que componían su población. La propia Esparta vivió siempre en medio del temor de que se produjera una rebelión generalizada de sus súbditos tanto hilotas como mesenios. Sin embargo, contaba con un excelente ejército de infantería que le daba la completa superioridad por tierra. La propia naturaleza militar del Estado espartano, convertido desde hacía ya tiempo en un auténtico campamento, había producido una generación de excelentes y disciplinados soldados, que resultaban muy difíciles de batir en campo abierto.

La táctica de Pericles frente a la guerra fue la conservación a toda costa de su hegemonía marítima. Consciente de la superioridad espartana por tierra, hizo que la mayor parte de la población del Ática se concentrara tras las murallas de Atenas, que tenía asegurado el abastecimiento gracias a los largos muros que la unían con el Pireo. De esta forma, cada año los espartanos invadían el territorio ateniense y devastaban las cosechas y posesiones de los pequeños campesinos que lo habitaban, que debían contemplar impávidos desde los muros de la ciudad cómo sus pertenencias eran arrasadas y con ellas todo el trabajo de un año. Sin embargo, Atenas no se abstuvo totalmente de emprender acciones militares por mar contra el territorio peloponesio. Se llevó a cabo una expedición de saqueo contra Epidauro y se intentó establecer guarniciones permanentes en territorio enemigo (*epiteichismós*).

El gran acontecimiento de los primeros años de guerra fue la propagación de una terrible epidemia de peste en la ciudad de Atenas, que diezmó de modo considerable su población y minó la moral de sus habitantes. El hacinamiento producido por la avalancha de gentes procedentes de todos los puntos del Ática fue uno de los factores que facilitaron la propagación de la epidemia. Todos los edificios y espacios públicos estaban ocupados e incluso a lo largo de los muros que unían Atenas y el Pireo se habían establecido chabolas para albergar este exceso de población. El propio Pericles fue una de sus muchas víctimas. Tucídides nos describe una vez más el estado lamentable de la ciudad durante estos terribles momentos:

> La concentración de gente venida de la campiña a la ciudad agravó la situación de la población y no menos la de los propios refugiados: como no había viviendas se alojaban en chozas asfixiantes, en plena canícula, por lo que la mortandad se producía entre un completo desorden. Según iban muriendo, se acumulaban los cadáveres unos sobre otros, o bien deambulaban medio muertos por los caminos y en torno a las fuentes todas, ávidos de agua. Los templos en los que se les había instalado estaban repletos de cadáveres de gente que había muerto allí. Y es que como la calamidad les acuciaba con tanta violencia y los hombres no sabían qué iba a ocurrir, empezaron a sentir menosprecio tanto por la religión como por la piedad.
> (Tucídides, *Historia de la guerra del Peloponeso*, II, 52, traducción de A. Guzmán, Alianza)

A los males causados por la peste se vinieron a sumar otros reveses en el terreno militar. Platea, una de las ciudades beocias aliada de Atenas, sucumbió ante Tebas sin que los atenienses pudieran acudir en su ayuda y se produjo una nueva rebelión entre los aliados, esta vez en la ciudad de Mitilene, en la isla de Lesbos. Atenas llevó a cabo una feroz represión y puso así de manifiesto la naturaleza claramente imperialista de su dominio sobre sus aliados. Esparta, por otro lado, intentó cortar la ruta hacia el norte del Egeo y estableció una colonia al sur de Tesalia, en Heraclea de Tráquide, en el 426. Las alternativas se sucedían de uno a otro bando. Un movimiento estratégico pudo haber variado el curso de la guerra. Uno de los generales atenienses, Demóstenes, consiguió tomar Pilos y capturar a unos 400 espartanos. El hecho causó una gran alarma en Esparta. No sólo se había mermado considerablemente el reducido colectivo de los verdaderos espartiatas (los *homoioi*), sino que el dominio ateniense en aquella posición estratégica implicaba también un riesgo creciente, pues podía alentar una nueva insurrección de la población servil y de los mesenios. Los atenienses completaron además su éxito con la toma de la isla de Citera, que se hallaba próxima a la costa espartana.

Sin embargo, el bando ateniense sufrió también importantes reveses. Su intento de reconquistar Beocia fracasó estrepitosamente con su derrota en Delión, en el 424, y el activo general espartano, Brásidas, capturó importantes plazas de la costa norte del Egeo, que suponían una importante pérdida para los recursos atenienses. En este estado de cosas, la paz, aunque fuera transitoria, pareció la salida más oportuna a ambos contendientes. En el año 421 a.C. se firmó la llamada Paz de Nicias, que ponía término a los primeros diez años de guerra, conocida también como guerra arquidámica, y dejaba las cosas como al principio. En efecto, el imperialismo ateniense sobre el Egeo se mantuvo inalterado a pesar de algunas concesiones mutuas y, por tanto, la causa profunda de la guerra conservaba intacto su potencial para el futuro.

La guerra afectó también de forma importante a la política interna de los estados griegos. Las facciones enfrentadas en su lucha por el poder en el interior de las ciudades tenían ahora la posibilidad de solicitar la ayuda de una u otra de las dos grandes potencias en lucha por la supremacía. Oligarcas y demócratas dirimían sus enfrentamientos con una violencia inusitada que Tucídides refleja de forma admirable con sus propias palabras:

> Recayeron sobre las ciudades con motivo de las revueltas muchas y graves calamidades, como las que se suceden y sucederán siempre, mientras la naturaleza humana siga siendo la misma, con violencia mayor o menor y cambiando de aspecto de acuerdo con las alteraciones que se presenten en cada circunstancia. En efecto, en tiempos de paz y en situación de prosperidad, tanto las ciudades como los individuos tienen mejores disposiciones de ánimo, porque no deben hacer frente a necesidades ineluctables. En cambio la guerra, al eliminar las facilidades de la vida cotidiana, es una maestra de modales violentos y modela el comportamiento de la mayoría de los hombres en consonancia con la situación del momento.
>
> (Tucídides, *Historia de la guerra del Peloponeso*, III, 82, traducción de A. Guzmán, Alianza)

3. La figura de Alcibíades

Tras la desaparición de Pericles, el liderazgo ateniense había estado alternativamente en manos de hombres de facciones contrarias, como las que dirigían Cleón y Nicias. Cleón se mostró partidario de la continuación de las hostilidades y sólo tras su muerte, a finales del 422, en una batalla contra Brásidas, el general espartano más activo en el exterior, que también perdió la vida en este mismo lance, fue posible la tregua que la ya citada paz de Nicias ratificó por escrito. Sin embargo, a Cleón le sustituyó Alcibíades, una figura un tanto curiosa y enigmática que iba a desempeñar un papel decisivo en los futuros acontecimientos. Se trataba de un personaje que representaba bien el espíritu de los nuevos tiempos, cínico y descreído hasta el extremo que no parecía albergar otras convicciones que la persecución implacable de sus propios intereses personales. Era el típico exponente de la educación sofística que proclamaba la relatividad de todo y el carácter reversible de los argumentos empleados.

Adquirió pronto un gran carisma y prestigio entre los atenienses. A ello contribuyó, sin duda, su condición de vencedor en los Juegos Olímpicos del año 416. Fue el impulsor de una política de continua expansión territorial y, por tanto, uno de los adalides de la expedición contra Sicilia en el año 415. Su poder de persuasión fue suficiente para convencer a la asamblea y conseguir su voto favorable a pesar de la oposición de Nicias. Utilizó como argumentos más convincentes la promesa de una fácil victoria en Sicilia y las esperanzas suscitadas en una amplia mayoría sobre las inmensas riquezas de la isla, dos circunstancias que podrían contribuir de forma decisiva a la victoria final sobre Esparta.

Los preparativos para la expedición fueron considerables. Una flota compuesta por 134 trirremes y numerosas naves de carga, con 5.000 hoplitas y 1.500 infantes, partió hacia Sicilia en el mes de agosto del año 415 a.C. La expedición no pudo empezar peor su andadura. Uno de sus tres comandantes, el propio Alcibíades, fue acusado de un acto sacrílego cometido la víspera de la partida y fue, por tanto, reclamado a Atenas. Alcibíades huyó a refugiarse en Esparta, donde secundó sin escrúpulos la causa enemiga, poniendo de manifiesto su individualismo amoral.

La flota ateniense quedó bajo el mando de Nicias y Lámaco, que no estuvieron a la altura de las circunstancias. Siracusa, el verdadero enemigo siciliano a causa de su enorme potencial, resistió los ataques atenienses. La lucha continuó con la llegada de refuerzos a ambos bandos, pero la suerte ya estaba echada. Las excelentes fortificaciones de la ciudadela siracusana y la pericia de sus naves bloquearon a la flota ateniense que se vio forzada a desembarcar y a emprender una retirada por tierra en busca de refugio en alguna ciudad aliada de la isla, como Camarina. Atrapados por los siracusanos, los atenienses fueron severamente derrotados y masacrados. Los escasos supervivientes se vieron obligados a sufrir una lenta y pavorosa agonía hacinados en unas enormes cuevas de piedra denominadas latomías, que se convirtieron en la tumba de la mayoría de ellos. El desastre siciliano, en el que no sólo se habían comprometido los mejores recursos humanos y materiales, sino también las principales esperanzas, significó un duro e irreversible golpe en la moral de guerra de Atenas.

A pesar del desastre de Sicilia, los atenienses consiguieron todavía importantes éxitos en los años siguientes con la reaparición de la figura de Alcibíades, que se había reconciliado con su patria. Tras superar un golpe oligárquico, en el año 411, los atenienses reconstruyeron su flota y de nuevo, bajo su mando, obtuvieron importantes éxitos militares en la zona del Helesponto, recuperando así la primacía ateniense en el Egeo. Poco más tarde, en el 406, se consiguió una importante victoria en las islas Arginusas, al sur de Lesbos, que terminó de afianzar su hegemonía naval. Esta victoria, sin embargo, tuvo consecuencias negativas en la política interna de la ciudad. Los avatares políticos llevaron a la asamblea a condenar a muerte a los generales que obtuvieron la victoria por haber abandonado a los caídos tras haberse levantado una fuerte tormenta que podía poner en peligro la salvación general. Esta tempestad política interior se vio además aderezada por los intentos de deserción de los cada vez más forzados aliados y la creciente frecuencia con que se sucedían las conjuras aristocráticas.

4. El final de la guerra

Esparta reforzó considerablemente sus posiciones con la ayuda financiera del rey persa Ciro. Pudo reconstruir de esta forma la flota, que bajo el mando de Lisandro consiguió la victoria decisiva en Egospótamos, en el 405. El imperio marítimo ateniense se hundió así de forma definitiva y la derrota final era ya sólo cuestión de tiempo. Lisandro invadió el Ática y tras unos meses de resistencia, la ciudad se vio obligada a capitular en el 404. A pesar de las intenciones tebanas y corintias, que propugnaban la destrucción definitiva de la ciudad, Esparta jugó en esta ocasión el papel de moderador de las intenciones destructivas de sus aliados y permitió la supervivencia de Atenas. En cambio, se la obligó a demoler sus fortificaciones, especialmente los largos muros, y a renunciar a todas sus posesiones más allá del Ática. Con la entrega de su flota y su alianza forzada con Esparta, Atenas concluía un período de esplendor, que se había iniciado a finales de la época arcaica, cuando las sucesivas reformas institucionales empezaron a reafirmar el poder creciente del *demos*.

El imperio que había sido uno de los factores determinantes de su grandeza y prosperidad durante toda la primera mitad del siglo, especialmente bajo el mandato de Pericles, fue también la causa determinante de su ruina. Algunos han pensado que no se armonizaban bien un régimen de naturaleza democrática en el interior con la dirección de un imperio en el exterior y es probable que en esta extraña disonancia residan algunas explicaciones. Sin embargo, las causas de la derrota final son mucho más complejas. Factores como la dirección correcta desde el punto de vista militar, los desastres sufridos por la peste y la expedición a Sicilia, las presiones internas de aristócratas y aliados, y el mismo potencial militar de un enemigo algo más compacto aunque no menos conflictivo en su propia dinámica interna, deben ser tenidos en cuenta de forma global e integrada.

5. Las consecuencias de la guerra

La guerra del Peloponeso, como señaló en su día el estudioso francés Pierre Levêque, desquició todas la estructuras. Sus consecuencias en el terreno político, socioeconómico y moral fueron efectivamente considerables. Las destrucciones sucesivas de los campos del Ática que los espartanos llevaron a cabo anualmente, al menos durante la primera parte de la guerra, terminaron de arruinar a numerosos campesinos que se vieron así obligados a emigrar a la ciudad de forma irreversible. El equilibrio que había creado Pericles entre la ciudad y el campo se rompió así de manera definitiva. La pérdida de vidas humanas fue otro factor considerable, pues a diferencia de las guerras anteriores, donde el vencedor solía contentarse con la puesta en fuga del vencido, en esta ocasión los combates fueron especialmente virulentos y se buscaba en ocasiones la aniquilación física del rival y su ruina definitiva. El hundimiento moral ocasionado por la peste que asoló Atenas no hizo sino aumentar con la derrota decisiva del 404 y la imposición consiguiente de un régimen oligárquico bajo la supervisión espartana. El espíritu cívico, que desde Pisístrato se había ido imponiendo con fuerza en Atenas, decayó de forma notoria y cada vez más se pusieron de relieve elementos individualistas que buscaban el beneficio y la salvación personal en perjuicio de los intereses públicos.

Estas profundas perturbaciones sociales tuvieron también algunos efectos menos negativos, como el hecho de que se produjera una cierta emancipación de la mujer, obligada por las necesidades de la guerra a adoptar un nuevo protagonismo social, que condujo, por ejemplo, a una intensificación de los sentimientos familiares. La sumisión total del ciudadano a los intereses comunes de la ciudad había dado paso a nuevas preocupaciones más personales que derivaron en importantes reflexiones de carácter literario o filosófico. Por muchos motivos, este final del siglo V presenta una imagen de Atenas bien diferente a la de la Edad de Pericles, pero no menos interesante, debido a la trascendencia y vigor de los resultados intelectuales que se alcanzaron en estos momentos.

VII. LA REVOLUCIÓN MORAL E INTELECTUAL

1. Los sofistas

Buena parte de la responsabilidad de la destrucción de los valores tradicionales y en consecuencia de la crisis moral e intelectual que experimenta Atenas en la segunda mitad del siglo V a.C. y sobre todo después de la catástrofe que significó la guerra del Peloponeso hay que achacársela a los sofistas. Eran una especie de maestros-conferenciantes profesionales e itinerantes que impartían sus enseñanzas a cambio de una buena remuneración a todos los que podían costearlas. Su público habitual eran los jóvenes aristócratas deseosos de novedades y de acción, a quienes las enseñanzas sofísticas proporcionaron un importante instrumento para sus fines políticos: la técnica de la persuasión. Eran, en efecto, maestros de retórica que enseñaban las artes del discurso y la manipulación hábil de cualquier tipo de argumentos. Sin embargo, poseían también una cierta ideología que no resulta fácil de reconstruir a causa de la pérdida casi completa de sus obras, que sólo podemos conocer a través de una serie de cortos fragmentos que aparecen además casi siempre separados de su contexto. Su principal adversario, Platón, ha trazado de ellos una visión altamente deformada que no nos permite captar su verdadera dimensión histórica e ideológica.

A pesar de las apariencias, muchos de ellos fueron gentes respetables a los que se encargó la redacción de leyes, como fue el caso de Protágoras en la colonia ateniense de Turio, o a quienes se envió como embajadores, como les sucedió a Gorgias o a Hipias. Como ha señalado Edmond Lévy, es importante no confundir sus enseñanzas con las consecuencias que algunos extrajeron de ellas o la caricatura que nos presentan Aristófanes o Platón en sus respectivas obras. Aunque cada uno de ellos poseyó su propia originalidad, existen una serie de rasgos generales que caracterizan su pensamiento. Su principal preocupación era el mundo sensible y de la opinión, ya que reconocían la imposibilidad de conocer el ser o la verdad absoluta. De esta forma, el discurso único de la verdad dejaba paso a los discursos opuestos, antilogías, que tienen todos su parte de verdad. Sin embargo, este relativismo no tenía un carácter absoluto ya que, al menos en el pensamiento de Protágoras, siempre había unas leyes que eran mejor que otras y, por tanto, el papel del buen orador era el de cambiar las disposiciones de la ciudad con el fin de mejorar lo que consideraba justo y convertirlo, por tanto, en objeto de decreto legal.

Sin embargo, la consecuencia principal de sus enseñanzas fue la idea de que la elocuencia permitía hacer triunfar cualquier tipo de causa y el carácter puramente artificial de las leyes que se basaban únicamente en la costumbre, sin otra clase de fundamento natural. El descubrimiento entusiasta del poder persuasivo de la retórica por los jóvenes aristócratas, la devaluación de la ley como norma absoluta y el relativismo moral subsiguiente crearon una gran inquietud social que se ve reflejada en las críticas de la comedia o en la visión estereotipada y negativa de los diálogos platónicos. Los sofistas habían creado un tipo de individuos escépticos y cínicos que, con un enorme desprecio de las leyes e instituciones vigentes, representaban un serio peligro para la estabilidad social.

Entre los sofistas destacan algunas figuras como Protágoras de Abdera, cuya célebre afirmación: «el hombre es la medida de todas las cosas», se ha tomado, equivocadamente, como el símbolo de este nuevo racionalismo humanista; Gorgias de Leontini, que representaba el escepticismo más completo y se especializó en el arte de la palabra, fijando las reglas del discurso; Pródico de Ceos, que fue un estudioso de la lengua; Hipias de Élide, un geómetra; o Antifonte y Calicles, que llevaron el pensamiento aristocrático a sus extremos con la doctrina del triunfo del más fuerte sobre el débil. Sus intereses variaron de unos sofistas a otros, desde la física y la biología hasta la lógica y la ética. Sin embargo, el interés más concreto de quienes se convertían en sus discípulos era conseguir el predominio político en la asamblea o en los tribunales mediante el uso de la habilidad retórica. En una sociedad como la ateniense, en la que la palabra hablada gozaba de tanta preeminencia, el arma empleada por los sofistas los convertía en un verdadero peligro para las instituciones.

2. La figura de Sócrates

Otra de las figuras fundamentales que contribuyeron con sus enseñanzas a la crisis moral e intelectual de estos momentos finales del siglo V a.C. es la de Sócrates. A pesar de la enorme influencia que ejerció posteriormente a través de algunos de sus discípulos más célebres como Platón, lo cierto es que conocemos mal su pensamiento, ya que nunca llegó a escribir una sola línea. Su figura es altamente contradictoria. Mientras Platón le convierte en el adversario más distinguido de los sofistas, la comedia antigua le sitúa como uno más de ellos. Compartía con ellos el interés por el ser humano y la sociedad, en abierto contraste con el estudio de la naturaleza que había caracterizado a los pensadores del período anterior, a quienes se denomina precisamente presocráticos. Como los sofistas, también se dirige a la juventud aristocrática a la que pretendía enseñar el arte de la discusión, si bien en lugar de lanzarse a largas demostraciones retóricas pretendía desconcertar a su interlocutor mediante cuestiones embarazosas que le obligaban a plantearse la incoherencia de sus propias convicciones. Sin embargo, sobrepasaba ampliamente su relativismo moral esforzándose por restablecer un cierto criterio absoluto por encima de las simples opiniones propugnadas por los sofistas.

Sus ideas sólo las podemos conocer a través de las interpretaciones personales de sus más célebres discípulos, Platón y Jenofonte. Sobre el primero ejerció una profunda y duradera influencia que marcó el desarrollo de su pensamiento. Sobre Jenofonte, que era un personaje mucho más superficial, no dejó una impronta tan grande, pero su recuerdo se mantuvo también vivo a lo largo de su obra como revela el tratado que dedicó a rememorar su persona. Su popularidad en Atenas debió de ser considerable. Participó activamente en la vida pública de la ciudad, combatió en batallas tan decisivas como las de Potidea y Delión en la guerra del Peloponeso, y formó parte del jurado popular que condenó a muerte a los generales vencedores en la batalla de Arginusas, siendo uno de los pocos que optó por su absolución. Recorría además las calles de Atenas dialogando incansablemente con sus conciudadanos con la idea de extraer de sus almas toda la verdad interior que cada uno lleva dentro de sí.

Aunque se le ha asociado a veces con los grandes reveladores de doctrinas de salvación, Sócrates no pretendía salvar al hombre en general, sino a cada individuo en particular. En su curiosa actividad, hay, como ha señalado Bastide, una incitación a la vida del espíritu, un intento por hacer reflexionar a cada uno de los ciudadanos de Atenas, despertándoles de su somnolencia habitual, motivo por el que el mismo Sócrates se hacía comparar con el tábano. Su coherencia vital le hizo aceptar sin inmutarse la decisión del tribunal que dictaminó su condena a muerte ante la desesperación de sus discípulos que habían sobornado al guardián para que le dejase escapar de la cárcel. Fue acusado de corromper a los jóvenes y de no reconocer a los dioses de la ciudad, introduciendo nuevas divinidades. Su condena refleja las inquietudes en las que se debatía Atenas en aquellos cruciales momentos. Las nuevas creencias y actitudes de carácter personal e individualista, que echaban por tierra el viejo ideal político y ponían en entredicho todos los valores de la comunidad, eran percibidos como una grave amenaza para la supervivencia de las instituciones democráticas. Es probable que Sócrates fuera elegido como chivo expiatorio de unas tendencias que él mismo abominaba, pero con las que fue identificado de forma errónea gracias a la incansable crítica de los cómicos. Sin embargo, lo cierto es que sus ideas y su actividad completaron la obra destructiva de los sofistas, ya que su dialéctica desembocaba también en una conclusión negativa al mostrar que ninguna de las definiciones propuestas resultaba plenamente satisfactoria y se contentaba con provocar la incertidumbre (*aporía*) en los demás. Su personalidad inquebrantable y su desafiante genialidad debieron de hacer el resto, constituyendo una seria provocación para el común de los ciudadanos, que seguían creyendo en la sumisión total del individuo a los dictados de la comunidad.

3. La comedia antigua

La comedia antigua refleja igualmente la profunda crisis de valores políticos y morales que vivía Atenas a finales del siglo V a.C. Surgió de las procesiones burlescas o *komoi* que tenían lugar en el curso de los ritos agrarios, donde hombres disfrazados de animales cantaban y danzaban, tal y como aparecen representados en algunos vasos del siglo VI a.C. El coro ocupaba así un papel central dentro de la comedia. A diferencia de la tragedia, que situaba la acción en el remoto pasado mítico, la comedia se actualiza y pone en escena los problemas del momento que preocupaban e inquietaban al ateniense de a pie. En un momento dado de las obras, el corifeo o el protagonista se despojaban de sus máscaras y se dirigían al público para hacer comentarios acerca de la actualidad más palpitante o para transmitirle algún tipo de enseñanza política o moral. A pesar de que sólo conocemos algunas obras de Aristófanes, que se convierte así para nosotros en el gran poeta cómico del siglo V a.C., sabemos que sus rivales Cratino y Éupolis gozaron también de la estimación del auditorio.

Aristófanes, a quien le tocó vivir en el período más incierto de la historia ateniense, durante la guerra del Peloponeso, y tuvo que contemplar el estado lamentable en que se hallaban casi todos los asuntos de la ciudad, tomó partido contra la guerra y el imperialismo, abogó reiteradamente por la paz con Esparta y exaltó la defensa de la educación tradicional que había propiciado en su día la grandeza y el esplendor de Atenas. Todas sus obras conservadas hasta nosotros, 11 en total de unas 44, reflejan el malestar y la crítica hacia el momento presente de Atenas. En las *Avispas* censura el desmedido afán por los juicios populares que había convertido la ciudad en un tribunal permanente en el que los numerosos jurados populares sólo buscaban la paga instituida por Cleón. En las *Nubes* ataca la nueva educación sofística que había acabado con los valores tradicionales y sólo buscaba el beneficio personal a expensas de la misma justicia. En los *Caballeros* su objetivo principal son los líderes políticos del momento, a quienes considera corruptos y miserables, que se amoldaban con facilidad a los caprichos de un *demos* voluble al que no sabían dirigir con acierto. En las *Tesmoforias* y las *Ranas* su blanco es el arte nuevo que había degradado las tradiciones más venerables para ocuparse de toda clase de incontinencias y pasiones.

La consecución de la paz, que es quizá uno de sus temas más constantes, aparece en varias de sus comedias. En los *Acarnenses*, su héroe Diceópolis, con cuyos modestos ideales se identificaba el propio Aristófanes, llegaba a firmar una paz individual por separado que colmaba todas sus aspiraciones. En *Lisístrata*, la búsqueda obsesiva de la paz llevaba a las mujeres a realizar una huelga de sexo con sus maridos para obligarles a firmar el armisticio. En *La Paz*, el protagonista debía cabalgar a lomos de un escarabajo hacia los cielos en busca de la diosa inaccesible de la Paz, añorada ampliamente por las gentes del campo, que estaban ya cansadas de los años de guerra y de sus secuelas negativas.

Sin duda, una de las principales aspiraciones de Aristófanes era la de divertir a su auditorio, y para ello utilizaba recursos habituales como la broma fácil, la obscenidad atrevida, la parodia, la imaginación desbordante o su extraordinario dominio del lenguaje con la creación de palabras ridículas o inusuales. Sin embargo, es muy probable que sus objetivos fuesen también mucho más allá del mero entretenimiento. A través del recurso a una fantasía ilimitada que se plasma a veces en lo absurdo e inverosímil de algunas de sus historias, como un acuerdo privado con los enemigos, la huelga amorosa de las mujeres, el proyecto de fundar una ciudad en el cielo, el descenso a los infiernos de Dioniso para traer a la tierra un poeta trágico, o la toma del poder por las mujeres, Aristófanes consigue ilustrar la gravedad de la situación contemporánea de la ciudad y la necesidad imperiosa de encontrar una solución urgente a estos problemas.

4. Los nuevos cultos

Uno de los ámbitos más afectados por la crisis moral fue, sin duda, el de la religión cívica tradicional. Los desastres y calamidades de todo tipo provocados por la guerra del Peloponeso generaron la creciente sensación de que la divinidad se hallaba muy distante de los intereses más inmediatos de los seres humanos. Esta sensación cada vez más generalizada dio paso a un cierto escepticismo sobre el culto a las divinidades protectoras que se pone de manifiesto en las ideas de los sofistas y en algunas de las obras de Eurípides. La polis como tal ya no ofrecía esa sensación protectora de cohesión social, que arropaba al individuo y le hacía sentirse miembro de un colectivo a través de su participación en las brillantes ceremonias cívicas. Además, las críticas a la religión tradicional por parte de los sofistas y, en general, por todo el movimiento intelectual de estos momentos, minaron de forma decisiva los ideales sociopolíticos que servían de sustento ideológico a la ciudad. Como consecuencia, las corrientes religiosas de carácter más individualista que propugnaban un contacto personal más intenso con la divinidad como forma de conseguir la salvación individual empezaron a cobrar fuerza dentro de la sociedad ateniense.

Uno de los cultos que alcanzó mayor difusión fue el de Asclepio, considerado el dios de la medicina. Aunque su centro de culto más importante siguió siendo Epidauro, que se llenó de hermosas construcciones como el teatro, el mejor, sin duda, de los que se han conservado hasta nosotros, en la propia Atenas se le dedicó un santuario al pie de la Acrópolis. Asclepio era la representación del dios bienhechor que se compadece de las miserias humanas y asiste y consuela a los hombres en sus tribulaciones y enfermedades. Muy a tono, por tanto, con la sensibilidad religiosa de estos nuevos tiempos. La mayoría de las gentes prefería acudir a dioses menores, pero más cercanos a su corazón, que a las grandes divinidades cívicas. En medio de este ambiente de inseguridad se entienden hechos como el proceso a Sócrates por ateísmo o la reacción contra Alcibíades por la profanación de los misterios de Eleusis o incluso la histeria colectiva que precedió a la expedición ateniense contra Sicilia por la mutilación de los *hermas* (pilares de piedra situados en las encrucijadas). El proceso que abría el camino de las religiones orientales hacia el mundo griego, con sus dosis de superstición, astrología y misticismo, comenzaba a ponerse en marcha. Su culminación llegaría a lo largo de la época helenística.

VIII. LOS OTROS GRIEGOS.

1. Beocia y Tesalia

A pesar de la supremacía ateniense a lo largo de todo el siglo V a.C., tanto en la historia política y militar como en el desarrollo institucional y cultural, el resto del

LOS OTROS GRIEGOS

mundo griego continuó también con su historia a pesar de que nuestros testimonios al respecto son mucho más escasos y fragmentarios que los que contamos para Atenas. Éste es el caso de dos grandes estados griegos como Beocia y Tesalia que, al igual que atenienses y espartanos, intentaron con éxito cambiante unificar un amplio territorio que sobrepasaba ampliamente la superficie habitual de las ciudades griegas.

Beocia, una gran llanura que contaba con importantes recursos agrícolas, mantuvo a lo largo de su historia unas relaciones conflictivas con sus vecinos del norte y del sur, tesalios y atenienses respectivamente. Su principal problema para concluir una unificación de carácter definitivo fue siempre el papel hegemónico de la ciudad de Tebas, que si bien sobresalía ampliamente sobre el resto de las ciudades beocias, no contaba sin embargo con la suficiente fuerza como para impedir cualquier iniciativa secesionista, amparada siempre por sus potenciales enemigos. El *koinón* beocio, que aparece atestiguado ya en el siglo VI a.C. con su moneda y sus cultos comunes, sobrevivió a la postura propersa adoptada durante la guerra con los persas y a los constantes ataques de Atenas por aglutinarlo dentro de su imperio a lo largo de todo el siglo V a.C.

En cada una de las ciudades había cuatro consejos los que sólo tenían derecho a participar los ciudadanos que poseían una determinada cantidad de bienes. Cada uno de ellos, por turnos rigurosos, preparaba las decisiones que debían adoptarse, pero sólo adquirían fuerza de ley si eran aceptados por los tres restantes. Todo el país se hallaba dividido en 12 distritos que proporcionaban los magistrados y el contingente militar. La sede de las instituciones federales se hallaba en la ciudad de Tebas. El sistema beocio presentaba claros elementos oligárquicos, como la existencia de un censo que restringía el acceso al consejo y quizá también a la asamblea, el poder soberano de los consejos, que no debían someter sus proposiciones a la asamblea, y la importancia de los beotarcas, los magistrados encargados de dirigir el ejército, tratar con el extranjero y ejercer de manera general el poder ejecutivo. Sin embargo, existían también algunos elementos democráticos, como el reducido montante del censo, la rotación de los consejos y la indemnización de los consejeros federales a cargo de su propio distrito. En definitiva, un tipo de oligarquía moderada que pudo haber inspirado a los teóricos de la oligarquía atenienses. Sin embargo, a pesar de este aparente alto grado de integración que revelan estas instituciones federales, el predominio tebano se fue acrecentando con el paso del tiempo hasta convertirse en una verdadera hegemonía que se asemejaba cada vez más al caso de Atenas o Esparta dentro de sus respectivos estados.

Tesalia era uno de los estados más poderosos de Grecia por su extensión, su población y sus recursos. Al igual que los espartanos, Tesalia contaba con poblaciones de status dependiente como los periecos y los penestas que sin embargo presentaban sus propias peculiaridades. Los periecos tesalios poseían verdaderos estados que podían acuñar moneda y eran reconocidos como tales dentro del plano internacional como la anfictionía délfica y sólo tenían como obligación la de proporcionar una contribución financiera y tropas. Los penestas se hallaban estrechamente vinculados a la tierra y eran vendidos juntamente con el dominio al que pertenecían. Eran mucho menos numerosos que los hilotas espartanos y eran utilizados en las guerras, constituyendo de esta forma una seria amenaza para la estabilidad de las instituciones.

Tesalia se hallaba dividida en cuatro regiones que eran gobernadas por un polemarco de carácter anual que disponía de todos los contingentes proporcionados por los diferentes distritos. Los cuatro polemarcos ejercían el poder sobre toda Tesalia si bien en período de guerra se designaba un magistrado especial denominado *tagos* que podía ser nombrado de por vida y ejercía el mando supremo sobre el ejército y los periecos, tal y como señala uno de ellos conocido bajo el nombre de Daoco que ejerció dicha magistratura durante la guerra del Peloponeso:

> Yo soy Daoco, hijo de Hagias, cuya patria es Farsalo, que ha ejercido el poder sobre toda Tesalia, no por la violencia sino de acuerdo con la ley y Tesalia ha disfrutado de todos los bellos frutos de la paz y de la riqueza.
>
> (SIG, 274, 6)

Sin embargo, la debilidad de Tesalia eran los conflictos perpetuos entre las grandes familias aristocráticas de los Aléuadas y los Echecrátidas, a los que se vinieron a sumar con el tiempo las luchas ideológicas entre los partidarios de la oligarquía o la democracia, o el enfrentamiento entre sus principales ciudades, como Larisa, Feras o Farsalo, por la hegemonía sobre toda la región.

2. El mundo griego de occidente

Las ciudades griegas de occidente, instaladas en el sur de la península itálica y en la isla de Sicilia, habían experimentado un progreso considerable desde la fundación de los primeros establecimientos a lo largo de los siglos VIII y VII. Aunque etruscos y cartagineses habían constituido serios obstáculos para su expansión territorial, las resonantes victorias de Himera contra los cartagineses y de Cumas contra los etruscos en el primer cuarto del siglo V a.C. habían despejado ampliamente el panorama en este sentido. Su riqueza agrícola convirtió pronto a estas ciudades en comunidades prósperas que edificaron bellos templos en honor de sus dioses, como los de Posidonia (Paestum), Acragante, Selinonte o Siracusa. Sus talleres de escultura produjeron también obras importantes, como el famoso trono Ludovisi. Los santuarios de la región contenían magníficos exvotos, en especial las famosas placas de terracota halladas en el santuario de Locri dedicado a Perséfone, donde aparece una de las escasas representaciones del dios Hades.

Sus gobernantes triunfaban en las pruebas atléticas de los grandes festivales panhelénicos y dedicaban en ellos magníficas ofrendas como el célebre Auriga de Delfos, dedicado por el tirano Polízalo de Gela, en el año 474 a.C. Un poeta como Píndaro, dedicado por completo a cantar las gloriosas hazañas de los ganadores en los juegos dentro del más puro estilo aristocrático, encontró buenos clientes en toda esta zona, como los tiranos Hierón de Siracusa o Terón de Acragante. En algunos lugares, como Elea, se desarrolló toda una escuela de filosofía cuyos más famosos representantes fueron Parménides y Zenón, que se ocuparon principalmente de problemas relacionados con el ser y la identidad. Los seguidores de Pitágoras fundaron sectas de tipo místico-filosófico que se extendieron por el sur de Italia y participaron de forma activa en la política de sus ciudades, y en Crotona vivió un médico tan destacado como Alcmeón, que fue muy apreciado por Aristóteles.

Este pujante desarrollo económico, artístico, intelectual y urbanístico constituye tan sólo una de las dos caras de la moneda. Las victorias obtenidas sobre cartagineses y etruscos afianzaron el poder de los tiranos, que habían empezado a resurgir con nueva fuerza a comienzos del siglo V a.C. por toda la zona. Pusieron en práctica una política de alianzas matrimoniales, trasladaron de lugar a poblaciones enteras y emprendieron una gran actividad constructiva. Contaron con el apoyo militar de numerosos mercenarios, lo que les permitió emprender ciertas aventuras expansionistas, como la de los tiranos de Siracusa, que sometieron toda la isla bajo su dominio. Su prestigio dentro del mundo griego fue enorme, como atestiguan sus triunfos en los juegos ya comentados y la vitalidad cultural de sus cortes, a las que supieron atraer poetas de la fama de Píndaro, Esquilo, que murió precisamente en Gela, Simónides o Baquílides. Las magníficas monedas emitidas por Siracusa son otro testimonio indudable de la riqueza y poderío de la ciudad en estos momentos.

Estas tiranías, que habían constituido uno de los períodos más gloriosos de la historia de Sicilia, desaparecieron a lo largo del segundo cuarto del siglo V a.C. Las democracias emergentes tuvieron que hacer frente a otro de los grandes problemas del mundo griego occidental, como era la heterogeneidad étnica y social de sus respectivos territorios. Las transferencias masivas de población efectuadas por los tiranos, los numerosos mercenarios a quienes habían concedido el derecho de ciudadanía y las crecientes oposiciones sociales en el interior de las ciudades fueron un importante motivo de conflictos. El hundimiento de las hegemonías regionales y las continuas luchas civiles dieron paso al surgimiento de «la conciencia nacional» de los sículos, que crearon su propio estado federal a iniciativa de uno de sus dirigentes, un tal Ducetio, que basó buena parte de su fuerza tanto en su poder sobre la mayor parte de las ciudades sículas como en las propias fluctuaciones políticas de los siracusanos que dudaban entre aprovechar el peligro sículo contra otros griegos de la zona o combatirlo conjuntamente con el resto de las ciudades griegas de Sicilia.

Siracusa alcanzó en seguida una posición claramente hegemónica tras su victoria sobre Agrigento y su control de los sículos. Contaba con una población casi tan numerosa como la de la misma Atenas, con la ventaja adicional de que podía mantenerla con sus propios recursos locales a diferencia de aquélla, que se veía obligada a importar el grano de otros lugares del exterior. La ciudad llevó a cabo una política expansionista sobre el resto de la isla que implicó un enfrentamiento entre dorios, que parecían sus aliados naturales, y jonios, que convocaron la ayuda de Atenas. Finalmente, Siracusa consiguió el establecimiento de una paz general en la isla y reforzó su posición hegemónica a pesar de algunas concesiones territoriales. La oposición interna entre demócratas y oligarcas no fue lo suficientemente fuerte como para impedir el aglutinamiento de todos sus habitantes en la lucha contra la invasión ateniense del 415, echando por tierra las previsiones en este sentido de Alcibíades que esperaba contar con cierto apoyo dentro de la ciudad.

En este mundo complejo de rivalidades vino a entrometerse Atenas. La ciudad estuvo interesada por el Occidente ya desde muy temprano y parece que incluso Temístocles concibió esperanzas en este sentido. Sicilia y el sur de Italia representaban una seria tentación a causa de su riqueza agrícola, un bien precioso para un estado como el ateniense, siempre con problemas de suministro de grano. Atenas firmó pactos de alianza con algunas ciudades no dorias, como Segesta y Leontini, e incluso llegó a fundar en el sur de Italia una colonia como Turio. A pesar de su fecha de fundación, en pleno siglo V, responde a las características de los establecimientos arcaicos de los siglos VIII y VII, es decir, como la típica respuesta a una crisis agraria. Precisamente esta intromisión creciente en los asuntos occidentales iba a desempeñar un importante papel en la guerra contra Esparta, culminando con la célebre expedición siciliana que concluyó en desastre, en el 415, y significó una de las brechas decisivas en la derrota ateniense.

VI El siglo IV

I. EL SIGLO IV, UNA CUESTIÓN HISTORIOGRÁFICA

El siglo IV a.C. constituye un período de la historia de Grecia un tanto peculiar ya que se encuentra encajado entre el denominado siglo de Pericles, la época clásica por antonomasia, considerada el momento de mayor brillantez y esplendor de la civilización griega, y el nuevo mundo que inaugura con sus conquistas Alejandro Magno. Por un lado ha sido presentado tradicionalmente como una especie de apéndice de la gran época anterior, la época de Pericles, tras la cual se abre un largo período de crisis a todos los niveles que culminará en la derrota de Queronea ante las tropas macedonias comandadas por Filipo II en el 338 a.C. A partir de esos momentos comienza una nueva época en la historia del mundo griego con la dominación macedonia que permanecerá ya casi de forma ininterrumpida hasta la conquista romana a mediados del siglo II a.C., en la que la vieja polis será absorbida por el nuevo estado monárquico que alcanzará su máximo esplendor bajo el período helenístico. Por otro lado, se le ha considerado también como un simple preludio, sin personalidad histórica propia, al momento culminante en que Alejandro lleva a cabo la invasión y conquista del imperio persa.

Esta visión del siglo IV como una época de crisis y decadencia se extiende desde los ilustres historiadores ingleses del siglo XIX como Mitford, Thirlwall y Grote, que mostraron escaso interés por este período, hasta una buena parte de la literatura académica del siglo XX que ha seguido en este terreno las pasos marcados por el siglo anterior, influida sin duda por una percepción de la historia que debe mucho a los conceptos filosóficos de la Ilustración. Hoy en día, sin embargo, se tiende a estudiar dicho período sin la amenaza latente del espectro de la decadencia, que condicionaba invariablemente todo su desarrollo, y desde una perspectiva que valora sus propias circunstancias y su particular idiosincrasia histórica. No tiene efectivamente ningún sentido considerar que un período de casi un siglo de duración pueda ser catalogado como una crisis ya que, como señaló con su habitual y aguda ironía el estudioso francés Edouard Will, parece tratarse más bien de una larga enfermedad. Las ciudades griegas prosiguieron además su intensa actividad política a lo largo de todo este período y, aunque en una forma algo diferente de la del siglo anterior, nada impide continuar catalogando como democracia al régimen imperante en una buena parte del mundo griego, como han demostrado los estudiosos de la epigrafía Louis Robert o Phillipe Gauthier. La impresión general es más la de la permanencia que la del cambio brusco y radical, si bien se producen una serie de diferencias con el período anterior cuya evolución precisa desconocemos, ya que contamos con un número mucho mayor de testimonios para la historia del siglo IV, sobre todo en el capítulo relativo a la documentación epigráfica, que respecto al período precedente.

Existe también continuidad con el siglo anterior en el terreno religioso. Se celebran los mismos sacrificios en honor de las mismas divinidades con ocasión de los mismos festivales y los fieles continúan consagrando sus ofrendas en los mismos santuarios. Incluso una ciudad fundada en el primer cuarto del siglo IV como Megalópolis consagra los santuarios situados alrededor del ágora a las divinidades arcadias tradicionales como Zeus Liceo o Hermes Acacesio, o a divinidades panhelénicas que protegen la ciudad como es el caso de Atenea Políada. Algunos cultos nuevos, como el de Asclepio, que había sido acogido solemnemente en Atenas en el 420, confirma su imparable avance a lo largo del siglo en numerosas ciudades griegas. Tampoco el incipiente auge de las religiones de carácter mistérico constituye una novedad absoluta si tenemos en cuenta que ya existían dentro del calendario religioso oficial ateniense las ceremonias de Eleusis.

Desde un punto de vista cronológico tampoco tiene demasiado sentido la división habitual en siglos, estableciendo una especie de frontera clara entre los acontecimientos de un período y otro como si se hallaran condicionados y presididos por un espíritu o una mentalidad diferentes. El gran cambio a todas luces se produjo con la guerra del Peloponeso, que se sitúa todavía dentro del siglo anterior y todos los acontecimientos que se producen a lo largo de la primera mitad del siglo IV no son sino la consecuencia directa de la derrota final de Atenas en el 404 y el ascenso consiguiente de Esparta a la hegemonía sobre los estados griegos. Por lo que respecta al mundo griego de Occidente, los cambios se producen a partir del fracaso de la expedición ateniense contra Sicilia en el año 413 a.C., momento en el que las cosas empiezan a adoptar un giro sensiblemente diferente a la época precedente. Algo similar sucede con el final del período y el inicio de la época propiamente helenística. La fecha mágica de la batalla de Queronea, considerada por muchos como el final de la historia de las ciudades griegas como entidades independientes, no significó de hecho la desaparición de las instituciones democráticas y la eliminación de toda actividad política de carácter autónomo. La adopción del título real por los sucesores de Alejandro en el año 306 a.C. o la batalla de Ipsos, en la que se dirimió de manera definitiva la continuidad del imperio de Alejandro con la muerte de Antígono del Tuerto, quizá el único que ambicionaba y se hallaba capacitado para recibir dicha herencia, pueden ser en este sentido fechas mucho más determinantes a la hora de establecer una línea de separación entre uno y otro período.

El siglo IV a.C. constituye un período ciertamente apasionante de la historia de Grecia para el que contamos, además, con una relativamente importante cantidad de documentación que va desde los discursos de los oradores atenienses y los relatos históricos de Jenofonte, Diodoro y el denominado historiador de Oxirrinco, a las muchas inscripciones que nos transmiten importantes fragmentos de la vida pública e internacional de la época. Constituye igualmente un momento privilegiado para analizar el funcionamiento efectivo de las instituciones democráticas de Atenas y para conocer las ideas políticas que circulaban en aquellos momentos.

II. LAS FUENTES HISTORIOGRÁFICAS

1. Jenofonte

El único historiador del siglo IV a.C. cuya obra ha llegado completa hasta nosotros es Jenofonte. Aunque no es comparable en modo alguno a sus ilustres predecesores Heródoto y Tucídides, Jenofonte es sin lugar a dudas el historiador más importante de todo este período por la variedad y cantidad de las obras que han llegado hasta nosotros. Sus *Helénicas*, con las que pretendía continuar a Tucídides y a las que ya hemos hecho antes referencia, constituyen una de las fuentes fundamentales de este período. La obra presenta importantes defectos desde el punto de vista historiográfico, como la imprecisión cronológica, la clara tendencia filoespartana que le induce a dejar de lado importantes acontecimientos que podían suponer un menoscabo de la gloria espartana, como la creación de la segunda liga ática y la fundación de Megalópolis, o la superficialidad de sus análisis históricos en los que la intervención divina vuelve a cobrar una importancia fundamental. Estos defectos no son simplemente el resultado de la negligencia, ya que obedecen al propósito definido de la práctica del «arte de la deformación histórica», como ha señalado con acierto Edmond Lévy. Las *Helénicas* son el relato secuenciado más completo de la historia de este período y constituyen al tiempo un documento histórico fundamental ya que las numerosas anécdotas detalladas que contienen nos proporcionan una idea aproximada de la sociedad y la mentalidad del siglo IV a.C. La obra presenta también indudables méritos propios, como sus eficaces descripciones de batallas que reflejan su óptimo conocimiento de las cuestiones militares, su agudo análisis psicológico de las grandes personalidades históricas o la extraordinaria viveza con que sabe representar determinadas escenas.

Desde el punto de vista histórico tiene también un gran interés su biografía del monarca espartano *Agesilao*, que fue uno de los personajes más activos de la política exterior espartana de estos momentos y el precursor con sus campañas en Asia Menor del proyecto de invasión del imperio persa que trataría de llevar a la práctica Filipo II de Macedonia.

Sin embargo, la obra más célebre de Jenofonte es quizá la *Anábasis*, donde plasmó su experiencia como miembro de una expedición militar compuesta por mercenarios griegos que, contratados por el príncipe rebelde Ciro, marchó hasta el corazón del imperio persa. La muerte del joven Ciro en la batalla decisiva dejó a los griegos sin objetivo y les obligó a emprender una larga y dura retirada hacia el norte, desde las cercanías de Babilonia hasta la costa septentrional de Asia Menor, atravesando territorios hostiles y desconocidos. La obra resulta interesante por diferentes motivos. Ofrece un cuadro vivo de las operaciones militares y de las difíciles condiciones que tuvo que afrontar la expedición. Presenta también una cierta descripción puntual de los países y pueblos que fueron encontrando en el trayecto, constituyendo de esta forma uno de los ejemplos más célebres de relato de viajes con tintes etnográficos. Proporciona también una serie de noticias interesantes acerca de la organización territorial del imperio persa, como la abundancia y distribución de las aldeas a lo largo de todo el territorio. La obra constituye finalmente la descripción pormenorizada del funcionamiento de una asamblea permanente en marcha, tal y como se comportaba el cuerpo expedicionario a la hora de adoptar decisiones.

La *Ciropedia* o tratado sobre la educación de Ciro, el fundador del imperio persa, presenta igualmente un gran interés desde el punto de vista histórico. Se trata esencialmente de lo que podríamos denominar la primera novela histórica en la que la ficción desempeña un papel predominante. Sin embargo, a través de ella podemos vislumbrar algunas de las tradiciones orales que circulaban en aquellos momentos acerca del imperio persa, algunas de las cuales han demostrado su carácter verídico. Desde el punto de vista ideológico, la obra presenta también un enorme interés ya que nos proporciona un claro ejemplo de la imagen del buen gobernante que comenzaba a imperar por entonces en algunos círculos ilustrados de Atenas a la vista de la crisis del sistema de la polis, que acabará dando paso en época helenística a la figura del monarca ideal. Constituye también una buena reflexión sobre la conquista de un imperio y sobre las consecuencias que implicaba dicha decisión.

El intenso debate acerca de la mejor forma de gobierno, que contaba ya con una amplia tradición dentro del pensamiento griego y que ahora había cobrado especial actualidad tras la crisis del sistema democrático que sucedió a la guerra del Peloponeso, ha quedado reflejado también en obras como la *Constitución de los lacedemonios* o en su biografía del tirano siciliano *Hierón*. La primera de ellas constituye un intento de analizar los factores que han provocado la grandeza y decadencia del sistema espartano. En la segunda, Jenofonte reflexiona acerca de cómo puede transformarse una tiranía ilegal en una monarquía legítima.

Otras obras de carácter más heterogéneo que pueden tener también interés desde el punto de vista histórico son su tratado sobre la organización y gestión de un dominio patrimonial, el *Económico*, que nos permite conocer numerosos detalles acerca de la vida cotidiana y de las costumbres sociales de la época, sus *Recuerdos de Sócrates*, en el que aparecen reflejados los conflictos ideológicos existentes en la Atenas de finales del siglo V a.C. que condujeron a la condena a muerte del filósofo, o su breve opúsculo sobre los ingresos estatales, *Póroi*, en el que debate acerca del saneamiento del sistema financiero del estado ateniense.

Jenofonte no era un hombre de ideas profundas, pero escribía en un estilo fácil que nos permite acceder sin demasiadas dificultades a los problemas capitales de su tiempo, tal y como aparecen reflejados a lo largo de sus obras. Estaba interesado por temas muy diversos como revela la extraordinaria variedad de su obra, y pretendía presentarlos de la manera más didáctica posible, convirtiéndose así en un precursor de los nuevos tiempos del Helenismo.

2. Las Helénicas de Oxirrinco

Una tradición histórica paralela a Jenofonte pero independiente de él es la que contienen dos grupos de fragmentos papiráceos del siglo II d.C. procedentes de Oxirrinco que, por el contenido y el estilo, forman parte de una misma obra histórica de autor desconocido que constituye un importante testimonio sobre los acontecimientos finales del siglo V a.C. y los comienzos del IV. A pesar de las lagunas que presenta, proporciona una crónica objetiva e imparcial en la que destacan en primer plano los acontecimientos bélicos. El autor ha basado su trabajo sobre la visión directa de los hechos y su propia investigación personal a la manera de Tucídides, de quien parece seguir también los pasos a la hora de establecer una cronología precisa de los acontecimientos partiendo de la conquista de la hegemonía por parte de los espartanos en el 403 a.C. La comparación con Jenofonte revela a su favor un mayor cuidado en la aportación de los datos y en ocasiones también una mayor extensión en las informaciones tratadas. Su contenido, a pesar de su aparente sequedad, no se limita a la narración precisa de los eventos militares, sino que abunda también en otros campos como el constitucional. Gracias a sus noticias podemos conocer algo acerca de la constitución federal beocia a finales del siglo V a.C. Demuestra interés por las instituciones y es consciente del importante papel que las luchas faccionales internas desempeñaron en la política exterior de aquellos momentos.

Se ha desatado una intensa polémica entre los estudiosos a la hora de intentar identificar al autor de esta obra. Uno de los candidatos con mayores probabilidades, aunque siempre dentro de un cierto marco de incertidumbre general, es el ateniense Cratipo, que era coetáneo de Tucídides y trató de proseguir con su obra. La tendencia filoateniense del autor de las *Helénicas* y su polémica contra la presencia de discursos dentro de una obra histórica parecen dos indicios claramente favorables a dicha identificación. Las *Helénicas de Oxirrinco* constituyen la fuente principal de Éforo que fue a su vez la base fundamental del relato de Diodoro de Sicilia y el otro pilar fundamental de nuestras fuentes de información acerca de este período.

3. Éforo y Teopompo

La tendencia didáctica que se pone ya de manifiesto en las obras de Jenofonte tiene su origen en las escuelas de retórica de la época y en especial en la de Isócrates, que fue uno de los más grandes oradores de este período. La historia se convirtió poco a poco en una acumulación de anécdotas de carácter ejemplar cuyo principal objetivo era la ilustración moral del público. Los propios oradores utilizaban la historia en sus debates y discursos como material idóneo que les proporcionaba ejemplos para ilustrar sus argumentos. Esta influencia de la retórica se puso de manifiesto entre los historiadores más importantes de la época, como Éforo y Teopompo.

Éforo era discípulo de Isócrates y parece haber trasladado a su historia las enseñanzas de su maestro. Su *Historia universal* es, a través de Diodoro de Sicilia, que utilizó ampliamente la obra de Éforo, nuestra fuente principal de información continuada sobre la historia de Grecia desde el 480 hasta el 340 a.C. A pesar de que sólo conocemos su obra a través de fragmentos, parece que la historia contemporánea ocupaba en ella un lugar preponderante. A diferencia de sus predecesores abandona el marco cronológico de tipo analístico para narrar en bloque los acontecimientos acaecidos en un mismo lugar durante un período de tiempo bastante amplio. A pesar de que da cabida en su obra a documentos de carácter oficial y privado, como inscripciones o epigramas, su falta de control directo sobre los mismos le conduce a numerosas imprecisiones e inexactitudes, como su versión de la inscripción sobre la tumba de los espartanos en Termópilas que demuestra que nunca llegó a ver en persona dicho epigrama. Éforo era además un verdadero historiador de gabinete carente de la experiencia política y militar y sin un conocimiento directo de los acontecimientos que narraba. Ya en la Antigüedad se le criticó por su amplio desconocimiento de los detalles específicos de las contiendas militares puesto de manifiesto en la presentación un tanto retórica de las batallas. Fue así el primer historiador griego que dejó de lado la indagación de primera mano para confiar por entero su trabajo a la lectura de fuentes históricas anteriores.

Teopompo fue otro de los discípulos de Isócrates que dejó patente la influencia de la retórica en el curso y desarrollo de su obra, caracterizada de forma general por el gusto por las descripciones ampulosas y detallistas, en las que la fantasía y la exageración primaban de forma clara sobre la veracidad histórica. Dejando a un lado sus *Helénicas,* que continuaban la historia de Tucídides y constituían una versión de los hechos muy diferente a la de Jenofonte, difícil de conocer por los escasos fragmentos que se han conservado hasta nosotros, su obra histórica más importante es su *Historia de Filipo*. Se trataba al parecer de una especie de historia universal cuyo centro de atención preferente era la figura del monarca macedonio Filipo II, a quien consideraba el hombre más importante que había producido la historia europea. La obra contenía numerosas digresiones de carácter geográfico, mitográfico, cultural y hasta paradoxográfico, ya que todo un libro de sus historias, el VIII, que circuló por separado, consistía en una recolección de hechos de carácter curioso y maravilloso. Destacan también sus ataques continuos a la inmoralidad de los gobernantes, incluido el propio Filipo, a través de los cuales pretendía al parecer educar a sus lectores. Para la composición de su obra se basó ampliamente en su propia experiencia personal, ya que había viajado por toda Grecia y había estado presente durante un tiempo en la corte de Filipo, recurriendo a las fuentes literarias anteriores para la elaboración de sus numerosas digresiones. Su enorme influencia sobre la historiografía antigua posterior, griega y romana, no se ha correspondido con la valoración generalmente negativa de que ha sido objeto por parte de los estudiosos modernos.

4. Los historiadores griegos de occidente

Entre los historiadores griegos del mundo occidental, especialmente de la isla de Sicilia, destaca en primer lugar la figura de Filisto de Siracusa, que escribió una historia de la isla desde sus inicios míticos hasta los años 363/362 a.C. Relacionado estrechamente con los tiranos sicilianos, especialmente con Dionisio el viejo, su obra muestra las huellas de una tendencia claramente favorable a dicho régimen político. Sin embargo, a pesar de esta manifiesta parcialidad, Filisto demuestra su competencia en el tratamiento de las cuestiones políticas y militares. Fue considerado por los antiguos entre los imitadores de Tucídides, si bien resulta difícil comprobar en la práctica dicha tendencia ya que sólo se han conservado hasta nosotros unos pocos fragmentos de su obra. Es probable que sus huellas se dejen sentir en el relato de Diodoro y en las biografías de Plutarco dedicadas a personajes de la historia siciliana.

Sin embargo, el principal historiador griego occidental es sin lugar a dudas Timeo de Tauromenio, que compuso una *Historia de Sicilia* que abarcaba desde los tiempos míticos hasta la muerte del tirano Agatocles en el 289 a.C. La obra no trataba sólo de la historia de Sicilia sino que incluía también la narración de los acontecimientos en Italia meridional y en Cartago, y algunas digresiones sobre la situación en Grecia. Parece que compuso su historia en Atenas, donde pasó 50 años de su vida tras haber sido desterrado de su patria. Conservamos un número relativamente elevado de fragmentos de su obra, que ha sido también fuente fundamental de Diodoro para la historia de Sicilia, por lo que podemos obtener una idea aproximada de su modalidad narrativa y de sus características principales. Aunque Timeo nos interesa aquí como fuente de los acontecimientos sicilianos y occidentales de todo el siglo IV a.C., su obra pertenece de lleno a la historiografía helenística con la que comparte muchas de sus características formales, como su excesiva afición a los efectos dramatizantes y su propensión a incluir dentro de su historia relatos de carácter sensacionalista. A pesar de sus reconocidos esfuerzos por la meticulosa búsqueda de la verdad histórica, su obra revela importantes defectos historiográficos, como su exagerado patriotismo siciliano, su implacable odio hacia los tiranos y los cartagineses, la inclusión de discursos completamente ficticios y la crítica exagerada hacia sus predecesores. Su obra ha dejado ecos manifiestos en la obra de Diodoro de Sicilia y quizá también en las biografías de Plutarco que se refieren a personajes del mundo siciliano como el tirano Timoleón. Interesado en las relaciones del mundo helénico occidental con los pueblos bárbaros de la región, fue quizá el primero que destacó la importancia de Roma como potencia emergente dentro de este contexto.

5. Ctesias de Cnido y la historia de Persia

La historia del imperio persa, que constituye uno de los protagonistas históricos principales de este período, nos es parcialmente conocida a través de algunas obras compuestas por historiadores griegos de esta época, como Ctesias de Cnido y Dinón. Ctesias era un médico griego que prestó sus servicios durante largo tiempo en la corte persa y escribió más tarde, a su regreso a Grecia, una *Historia de Persia* en la que abundan los elementos de carácter sensacionalista y maravilloso. Conocemos su obra a través del amplio resumen que hizo de ella el patriarca bizantino Focio. A pesar de las credenciales que podían avalar su testimonio histórico por su prolongada estancia entre los persas y la posibilidad de haber utilizado ampliamente alguna documentación oficial del imperio, la historia de Ctesias se concentra sobre todo en los aspectos más truculentos y fantásticos, como las intrigas y conjuras de harén, las descripciones de países fabulosos como la India y la polémica incisiva contra sus predecesores, especialmente Heródoto, con quien pretende competir y al que trata de desautorizar repetidamente. Su obra gozó de escasa credibilidad entre los antiguos, que la tacharon de una simple compilación de fantasías y mentiras de todas clases. Esta afición por lo fantástico se pone especialmente de manifiesto en su obra *Sobre la India*, en la que conjuntó algunas de las leyendas populares que circulaban en Oriente sobre aquel país fabuloso con algunos de los elementos procedentes del rico repertorio imaginativo griego, incorporados y adaptados ahora a aquellos territorios lejanos. Su popularidad fue enorme y su imagen fantástica de la India sobrevivió durante largo tiempo en nuestra tradición occidental.

III. OTROS TESTIMONIOS

1. Los oradores

La oratoria griega, que ya había iniciado un desarrollo espectacular en el siglo V a.C., completó su desarrollo a lo largo del siglo IV, al que pertenecen además la mayor parte de los testimonios conservados. El desarrollo de la democracia ateniense y sus instituciones, como la asamblea y los tribunales populares, favoreció la proliferación del género oratorio en todas sus clases, desde el discurso político pronunciado ante la asamblea hasta el puramente judicial leído delante de los tribunales populares. La intensa vida de los tribunales populares atenienses queda parcial pero significativamente reflejada en los numerosos discursos de los principales oradores que han llegado hasta nosotros. A través de sus palabras penetramos en muchos de los problemas cotidianos que acechaban la vida pública y privada de los atenienses durante todo este período. Sin embargo, dichos discursos no son siempre el reflejo fiel y preciso de las diferentes alocuciones que fueron efectivamente pronunciadas ante los tribunales de Atenas en aquellos momentos. La mayoría de ellos constituyen más bien una serie de obras de carácter literario, que han sido conservadas por la tradición posterior precisamente por este motivo. A pesar de estas convenciones genéricas y literarias, su valor como testimonio histórico continúa siendo considerable, ya que nos proporcionan una idea más inmediata de los problemas que preocupaban a la sociedad ateniense contemporánea y destacan ante nuestros ojos los perfiles humanos de una serie de personalidades de carne y hueso con sus disputas y emociones reales por encima de la artificialidad de los estereotipos sociales y literarios.

Uno de los oradores más importantes fue Lisias, el hijo de un meteco rico que poseía en Atenas un próspero negocio de fabricación de escudos, cuyos discursos constituyen nuestra mejor fuente de información sobre la vida privada de la Atenas de este período. La simpleza efectiva de su estilo y su célebre «encanto» (*charis*) le granjeó una enorme popularidad ya que compuso cerca de 200 discursos de carácter forense de los que tan sólo conservamos 35. Sus discursos recogen una gran variedad de temas, desde el adulterio y el asesinato a la malversación de fondos públicos. Otro orador interesante desde el punto de vista histórico es Iseo. Sus discursos nos proporcionan información acerca de las leyes relacionadas con la herencia que regían en la Atenas de la época y, al tiempo, nos informa de manera indirecta sobre las actitudes y costumbres que imperaban en el ámbito de las relaciones familiares de aquellos momentos. Mucho más relevante es sin duda la figura de Isócrates por la enorme influencia que tuvo en el terreno de la historiografía posterior, como ya hemos señalado anteriormente, y en el de la educación en general, al haber abierto una escuela de retórica en Atenas a comienzos del siglo IV a.C. que incidía especialmente sobre la educación moral. A través de sus discursos asistimos al debate intelectual del momento sobre la pertinencia de un determinado modelo educativo, entre el de la retórica, impulsado por Isócrates, y el de la filosofía, que propugnaba Platón. Era un apasionado defensor de la causa de la unidad griega en su lucha permanente contra el bárbaro persa. Sus discursos reflejan su búsqueda incansable de un líder adecuado que condujera la expedición común contra el imperio persa, que, tras diversas tentativas fallidas, creyó haber encontrado en la persona de Filipo II de Macedonia. Destacan especialmente el *Panatenaico*, en el que lleva a cabo un largo análisis histórico de carácter laudatorio de toda la historia reciente de la democracia ateniense, el *Panegírico*, donde defiende la idea de una hegemonía conjunta entre Esparta y Atenas a la cabeza de las ciudades griegas, el *Filipo*, donde apela al liderazgo del monarca en la expedición contra Persia, y *Sobre la paz*, en el que denuncia la política imperialista de Atenas y aboga en defensa de una paz común en toda Grecia.

El más relevante de todos los oradores griegos de este período fue sin lugar a dudas Demóstenes. Estuvo activamente implicado en el desarrollo de la vida política de la ciudad en unos momentos cruciales en los que se jugaba su propia supervivencia como entidad estatal autónoma frente al creciente expansionismo macedonio. Poseía una poderosa personalidad y una extraordinaria fuerza persuasiva en la exposición de sus ideas. Dejó sus huellas en casi todos los campos de la oratoria, desde los discursos de carácter privado a los de carácter público, pasando por los de tipo más deliberativo o propiamente judicial. Sus discursos más célebres son aquellos reunidos bajo el título genérico de *Filípicas*, en los que Demóstenes trató de advertir a sus conciudadanos acerca del peligro que la política expansionista de Filipo II suponía para la seguridad e independencia de Atenas. En ellos han quedado reflejados los intensos debates que tenían lugar en aquellos momentos entre las diferentes facciones de la elite política ateniense, entre los que abogaban en favor de un entendimiento con el monarca macedonio y los que propugnaban, como el propio Demóstenes, una decidida y enérgica resistencia. La conflictiva y cambiante relación con Macedonia constituyó también el tema principal de otros discursos célebres como las *Olínticas*, *Sobre la paz* o *Sobre la embajada fraudulenta*. Sus numerosos discursos privados se ocupan de aspectos tan diversos de la vida económica y financiera de la ciudad como los préstamos, los derechos de explotación, los desfalcos, los fraudes, la intromisión en asuntos ajenos, y algunas reformas de impuestos. Destaca *En favor de Formión*, que nos proporciona interesantes noticias acerca de la vida económica de esos momentos y sobre las actitudes atenienses sobre los esclavos y libertos, *Contra Aristócrates*, que constituye nuestra principal fuente de información sobre la complicada situación política de las regiones del norte del Egeo, en especial de Tracia, a mediados del siglo IV a.C. y acerca de las leyes áticas sobre el homicidio, y *Contra Leptines*, que nos proporciona información acerca de los problemas financieros del estado ateniense.

Uno de los principales adversarios de Demóstenes fue Esquines, partidario de conseguir una honrosa entente con Macedonia que conservara la paz para Atenas. Su discurso *Contra Timarco* constituye una buena fuente de información acerca de la prostitución homosexual en la sociedad ateniense de aquellos momentos y al tiempo nos proporciona también una visión algo diferente de quienes se manifestaban en contra de las tesis defendidas por Demóstenes en la asamblea, que son presentados en los discursos de su adversario político como simples traidores a la ciudad. Otro orador que desempeñó también un activo papel dentro de la vida política ateniense de aquellos momentos decisivos fue Hipérides, cuya obra se ha recuperado parcialmente gracias a los hallazgos papiráceos en Egipto a mediados del siglo XIX. Fue también, junto a Demóstenes, un destacado activista en contra de Macedonia. Su reducida obra presenta gran interés desde el punto de vista sociolingüístico, ya que utiliza un vocabulario enriquecido con palabras procedentes de la lengua popular vigente en la calle y en medios como la comedia, permitiéndonos así vislumbrar una forma de comunicación diferente de la que aparece habitualmente en los medios literarios. Su discurso *En favor de Euxenipo* nos ofrece detalles acerca de un asunto tan poco corriente y curioso como la incubación durante el sueño en los templos.

2. Los filósofos

Las obras de los dos grandes filósofos de la época, Platón y Aristóteles, poseen también una enorme importancia desde el punto de vista histórico. Los numerosos diálogos platónicos reflejan de manera más o menos directa los debates intelectuales de la época, los principales problemas de la sociedad que se intentan solucionar mediante utopías y numerosos detalles de la vida cotidiana de aquellos momentos. Así, debemos a Platón nuestra visión fundamental de figuras tan sobresalientes como Sócrates o los sofistas, que aparecen constantemente protagonizando sus diálogos. Comprobamos también a través de ellos el desencanto creciente por las instituciones y el sistema democrático entre una buena parte de la elite política e intelectual de Atenas que buscaba desesperadamente soluciones alternativas a la imparable crisis del sistema. El recurso a la utopía aparece perfectamente ilustrado en su tratado denominado la *República*, que constituye el único ejemplo completo de este tipo de literatura tan abundante en este período que tenemos a nuestra disposición. Platón, que trató de trasladar sus ideas a la práctica en Sicilia con el apoyo de los tiranos de la época, constituye también una fuente de información nada desdeñable acerca de la historia de estas tiranías sicilianas. Por último, a través de los diálogos, podemos percibir también el reflejo de algunas actitudes de carácter general ante la vida, bien a través de los comentarios formulados por los personajes o de los estereotipos sociales que presentan.

Ya hemos señalado anteriormente la enorme importancia de algunas de las obras de Aristóteles como la *Política* o la *Constitución de los Atenienses* como fuentes de información insustituibles acerca del desenvolvimiento de las principales instituciones de la democracia ateniense. La variada producción de su escuela, el Liceo, constituye un testimonio sobre la vitalidad intelectual de aquellos momentos en que surgían nuevos intereses y se organizaban y sistematizaban nuevos campos del saber que irían adquiriendo su peculiar fisonomía en el período helenístico. De esta producción de la escuela aristotélica son especialmente interesantes desde un punto de vista exclusivamente histórico tratados como el *Económico*, en el que encontramos interesantes reflexiones acerca de las actividades económicas y financieras de aquellos tiempos ilustradas con ejemplos históricos, o los *Caracteres*, escrita por su discípulo Teofrasto que le sucedió en la dirección de la escuela, en la que se nos presenta un vívido bosquejo de 30 clases de tipos humanos que representaban desviaciones de la conducta habitual, lo que nos permite obtener una idea general acerca de los comportamientos sociales y de las normas imperantes en este terreno.

3. La comedia

La comedia media, representada para nosotros por las dos últimas obras de Aristófanes, el *Pluto* y las *Asambleístas*, o por algunos fragmentos de sus principales autores que han llegado hasta nosotros, constituye también una importante fuente de información sobre la vida cotidiana de las gentes de entonces, poniendo de manifiesto algunas de sus inquietudes y preocupaciones, o resaltando nuevos estereotipos sociales que empezaban a proliferar en aquellos momentos de cambio social, que luego darían paso a los personajes tópicos y de género que son característicos de la comedia nueva de Menandro. Los fragmentos que nos quedan de la comedia media, que floreció en la primera mitad del siglo IV a.C., presentan una serie de parodias de la edad de oro imaginada ahora como un paraíso culinario en el que los alimentos se conseguían con facilidad y se cocinaban por sí solos sin necesidad de ningún esfuerzo. Esta obsesión por la comida refleja quizá las penurias por las que atravesó Atenas a comienzos del siglo en los años confusos que siguieron a la pérdida de su hegemonía sobre el Egeo y de su control sobre el tráfico marítimo que garantizaba la llegada de los suministros a la ciudad.

La comedia nueva era muy diferente de las anteriores, con una clara tendencia a parodiar tipos y costumbres de una sociedad que se había cerrado sobre sí misma, dejando a un lado los grandes temas colectivos de la vida pública, que constituían los temas principales de la comedia antigua, para ocuparse casi en exclusiva de los asuntos privados de cada individuo. Una comedia, en suma, centrada sobre las realidades de la vida burguesa y doméstica de la clase media de pequeños propietarios que constituían una parte sustancial de la sociedad ateniense de esta época, cuyas preocupaciones principales eran la búsqueda del bienestar fácil y conseguir un ascenso en la escala social mediante un golpe de fortuna.

4. Otros géneros

Un testimonio importante sobre algunos de los personajes principales de la época son los fragmentos de las biografías de Sátiro, que han llegado hasta nosotros a través de obras de carácter heterogéneo, como las *Vidas de los filósofos,* de Diógenes Laercio, o el *Banquete de los sabios,* de Ateneo, que constituye el repertorio más completo de fragmentos de toda la literatura antigua. Sátiro, que vivió en Alejandría en la segunda mitad del siglo III a.C., consagró amplias biografías a los personajes más destacados de la vida literaria, filosófica y política de la historia griega, como los poetas Sófocles y Eurípides, filósofos como Anaxágoras, Sócrates y Platón, y políticos como Alcibíades y Filipo II de Macedonia. Uno de sus fragmentos más célebres describe la política matrimonial del monarca macedonio mencionando por orden las diferentes nupcias que contrajo a lo largo de su vida.

Es igualmente interesante el testimonio de Eneas el Táctico, autor de un tratado de estratagemas para asediar una ciudad y de las formas de defensa para impedir su conquista. La obra contiene interesantes detalles sobre algunos de los acontecimientos históricos de este período y pone de manifiesto la actualidad de la lucha política en el interior de las ciudades, a la vista de la importancia que se concede a este factor entre los riesgos potenciales con que cuenta una ciudad en caso de ataque enemigo, ya que siempre era previsible una traición desde el interior.

5. Los testimonios materiales

Las inscripciones constituyen una importante fuente de información histórica para todo este período, dada su relativa abundancia para este época en comparación con las anteriores y la variedad de asuntos sobre los que nos ilustran. Proporcionan noticias acerca de la vida internacional de las ciudades mediante la conservación de algunos tratados o decretos, sobre las actividades diversas de la vida social o económica, como el juramento de los efebos atenienses, o detalles concernientes a la exportación de algunos bienes como el miltos (un ocre rojo que servía como pintura impermeable para las naves). El testimonio de las inscripciones resulta también muy importante en el terreno de la vida religiosa de esta época. Nos proporcionan información acerca de las curaciones realizadas en el santuario de Epidauro, de la construcción de templos en algunos lugares como la isla de Chipre, de las leyes que regían determinadas comunidades de carácter religioso o sobre la extensión y popularidad que alcanzaron algunas prácticas de tipo mágico-religioso, como las tablillas de maldición del Ática o algunas otras de origen órfico-pitagórica halladas en el sur de Italia.

Por lo que respecta a la arqueología, remitimos a las consideraciones realizadas en el capítulo anterior, dado que una parte sustancial de las excavaciones llevadas a cabo en el ágora de Atenas afecta por completo a edificios datados en el siglo IV y a esta misma época pertenecen también una gran cantidad de los objetos de todo tipo que se encontraron en el curso de las mismas. De hecho, es muy frecuente que muchos de los restos visibles que hoy podemos contemplar todavía en muchos puntos de la geografía griega antigua se remonten como mucho hasta el siglo IV, siendo ésta la época límite hasta la que es posible recuperar partes de antiguas edificaciones o plantas definidas de viejas construcciones. Además conocemos los esquemas básicos del urbanismo griego gracias a las ciudades que bien fueron fundadas en esta época, como Mesenia en el Peloponeso, bien fueron reconstruidas, como es el caso de Priene en Asia Menor, o fueron arrasadas, como le sucedió a Olinto en el norte del Egeo. Sus ruinas han permitido avanzar considerablemente en el conocimiento de las formas concretas de hábitat y la manera de vivir de los griegos de este período.

IV. LA SUCESIÓN DE HEGEMONÍAS

1. Lisandro y la hegemonía espartana

La historia de la primera mitad del siglo IV a.C. se caracteriza por la interminable sucesión de hegemonías a la cabeza del mundo griego que tras la guerra del Peloponeso van sucediéndose unas a otras de manera frenética. El triunfo de Esparta tuvo importantes consecuencias de carácter negativo para todo el conjunto del mundo griego. En primer lugar, las ciudades griegas de la costa de Asia Menor pasaron de nuevo bajo el dominio persa gracias a los acuerdos establecidos por Esparta con el rey persa en los últimos años de la guerra. El hundimiento del imperio ateniense, que aseguraba el mantenimiento del orden en los mares, trajo consigo la reaparición de la piratería, que puso en serio peligro la regularidad de las actividades comerciales. Por último, la pretendida liberación de las ciudades griegas del yugo ateniense, que Esparta había utilizado como lema propagandístico durante la guerra, se transformó en la realidad en la simple sustitución del poder hegemónico ateniense por el de la ciudad rival. Sin embargo, esta nueva hegemonía resultó de corta duración debido a la rudeza del régimen espartano, que demostró su incapacidad para ejercer dicho papel con el tacto político necesario que hiciera olvidar a los nuevos aliados las penalidades sufridas bajo la hegemonía ateniense anterior. Los espartanos emprendieron una política exterior de corte claramente imperialista que instalaba en las ciudades griegas «liberadas» del dominio ateniense gobernadores espartanos (*harmostas*), reemplazaba las democracias existentes por regímenes oligárquicos e imponía un tributo de carácter anual para costear los gastos militares de la campaña y el propio sostenimiento de las guarniciones espartanas que vigilaban y apoyaban la nueva situación política en cada una de las ciudades sometidas. Lisandro, el verdadero artífice de la victoria espartana con el apoyo financiero de Persia a través de su amistad con el príncipe Ciro, instaló en las ciudades las denominadas *decarquías*, grupos de oligarcas extremistas que gobernaban de manera arbitraria, masacrando, exiliando y confiscando en beneficio descarado de sus propios intereses y de los de Esparta a la que iba a parar una parte del botín obtenido de esta manera. Los evidentes excesos cometidos por estas camarillas aristocráticas que contaban con el beneplácito de Lisandro fueron la causa de la mala reputación de la hegemonía espartana entre sus nuevos aliados, que consideraban ahora, de forma retrospectiva, la dominación ateniense anterior como mucho más soportable y moderada.

Lisandro ejerció una influencia personal sin precedentes en el conjunto del mundo griego. Bajo la aureola de su triunfo sobre Atenas recibió honores de carácter excepcional como coronas de oro y estatuas, se alzaron altares en su nombre, se le hicieron sacrificios a la manera de un dios, se cantaron peanes e himnos en su honor e incluso se dio su nombre a las tradicionales celebraciones en honor de la diosa Hera que tenían lugar en Samos. Construyó en su favor toda una red de clientelas fundada en las relaciones personales influyentes que había establecido con las elites de las ciudades griegas sometidas que escapaba en gran medida al control de las autoridades espartanas y representaba en consecuencia un evidente peligro de iniciativa individual fuera del control regular de las leyes y magistrados de Esparta. La reacción de la elite espartana no se hizo esperar y la posición de Lisandro se debilitó de forma considerable tras su alejamiento del poder y de los cargos oficiales a partir del año 403 a.C. El caudillo militar más brillante de Esparta había sido finalmente víctima de sus propias ambiciones y del recelo provocado por sus actividades entre los reyes y los notables espartanos.

2. Agesilao y el expansionismo espartano en Asia

El imperialismo espartano centró sus miras en Asia en los primeros años del siglo IV a.C. La confusa situación política de la parte más occidental del imperio persa, con los enfrentamientos entre los sátrapas locales y las intrigas del joven Ciro para ocupar el poder, que se concretaron en la famosa expedición de los 10.000 en la que tomó parte el historiador Jenofonte, favorecía la actuación espartana en la zona y alentaba sus aspiraciones a detentar en ella una cierta hegemonía. El cambio operado en la política exterior de Esparta, que se atrevía a emprender ahora expediciones militares lejos de su territorio, a diferencia de lo que había sucedido en el siglo precedente, tiene su explicación en el desarrollo de las diversas categorías de inferiores, intermedias entre los espartanos con plenos derechos y los hilotas, que, entrenados en la disciplina militar y en posesión de armamento, constituían una seria amenaza para la estabilidad interna del estado espartano. Estas categorías intermedias, que habían adquirido cuerpo en el curso de la guerra del Peloponeso, cuando Esparta había necesitado imperiosamente el concurso de las poblaciones sometidas para reforzar sus tropas, representaban, en efecto, un peligro evidente para Esparta, como demostró la conspiración de un tal Cinadón, un prestigioso personaje que no poseía la categoría de espartiata, que estuvo a punto de sublevar tras de sí a toda la población sometida del estado en un proyecto revolucionario.

Las campañas espartanas en Asia, que se habían iniciado con Tibrón en el 400 a.C., cuando acudió en apoyo de las ciudades griegas de Asia Menor atacadas por el sátrapa Tisafernes, alcanzaron su máxima expresión con la figura de Agesilao, que había obtenido la realeza espartana con la ayuda de Lisandro. Aunque pretendió dotar a su expedición del aura de una cruzada de carácter panhelénico, sus verdaderas intenciones eran, sin embargo, sacar el máximo partido de las rivalidades internas que asolaban en aquellos momentos la parte occidental del imperio persa. A pesar de sus éxitos iniciales contra Tisafernes, que hacían prever un relativamente cómodo avance hacia el interior del país, la campaña espartana en Asia se vio bruscamente frenada por la creciente hostilidad contra Esparta en el propio interior de Grecia, fomentada y auspiciada por los inagotables recursos financieros persas que contrarrestaban de esta forma su ineficacia aparente en el terreno militar.

3. La guerra de Corinto y la paz de Antálcidas

Se constituyó así una coalición antiespartana formada por los principales enemigos de Esparta, Atenas, Tebas, Corinto y Argos que hizo la guerra a Esparta, poniendo así en grave peligro su propia seguridad. Se la conoce con el nombre de guerra de Corinto por haber sido ésta la zona donde se concentraron los principales enfrentamientos. Agesilao fue obligado por los éforos a regresar de Asia ante la gravedad de la situación. Su regreso comporta una serie de victorias en tierra sobre los enemigos, pero la creciente superioridad marítima de la flota ateniense bajo el mando de Conón, que contaba con el soporte financiero y logístico persa, restableció el equilibrio. Perdida su influencia sobre las ciudades de Asia Menor, abandonadas ahora a su suerte tras el regreso de la expedición asiática de Agesilao, perdido también el dominio de los mares que había conseguido tras su aplastante victoria en Egospótamos al final de la guerra del Peloponeso, y amenazada seriamente su hegemonía en Grecia continental, a Esparta no le quedó un recurso mejor que buscar la paz. Una paz inteligente e interesada conseguida tras las hábiles negociaciones de Antálcidas, que había sabido atraerse la alianza persa suscitando en el gran rey el recelo y la suspicacia sobre los proyectos atenienses, que contaban entonces con su ayuda financiera, y la tentación de conseguir una situación *de facto* mucho más favorable para sus propios intereses.

La denominada paz de Antálcidas, conocida también como la paz del rey, fue firmada finalmente en el año 386 a.C. por todos los contendientes tras una serie de alternativas diversas que habían significado, entre otras cosas, un grave revés espartano en tierras del istmo frente a los atenienses y el reforzamiento de la flota espartana en la región de los estrechos que significaba una seria amenaza para el avituallamiento regular de Atenas. La paz confirmó la soberanía persa sobre las ciudades griegas de Asia Menor y el reconocimiento de la autonomía para el resto, con la excepción de algunas pocas concesiones al antiguo dominio ateniense. Jenofonte afirma proporcionar en sus Helénicas una citación literal del edicto real:

> Artajerjes, el rey, considera justo que sean suyas las ciudades de Asia y las islas de Clazómenas y Chipre, que queden libres las otras ciudades griegas, pequeñas o grandes, excepto Lemnos, Imbros y Esciros; que éstas sean de los atenienses como antaño. A cuantos no acepten esta paz, a ésos yo les declararé la guerra, junto con quienes la acepten, por tierra y por mar, con naves y con dinero.
> (Jenofonte, *Helénicas*, V, 1, 31, traducción de Orlando Guntiñas, Gredos)

El éxito diplomático conseguido por los persas, resultado final de sus constantes apoyos financieros a unos y otros, según convenía a sus propios intereses, fue considerable si tenemos en cuenta que de esta forma se les reconocían unos derechos de soberanía que habían sido contestados desde el año 479 cuando tuvo lugar la victoria de Platea sobre los ejércitos de Jerjes. Era el rey persa quien imponía sus condiciones al mundo griego a la manera de un ultimátum y aparecía ahora como el dispensador de justicia que presentaba la tradición aqueménida anunciando sus decisiones finales y amenazando duramente a quienes no estuvieran dispuestos a cumplirlas.

4. El final de la hegemonía espartana

La paz de Antálcidas dejó a los espartanos en una posición claramente hegemónica sobre el resto de Grecia. El apoyo persa y su casi indiscutible superioridad militar le garantizaban un lugar privilegiado a la hora de interpretar los términos del tratado, sobre todo por lo que respecta a la cláusula referente al mantenimiento de la autonomía de las ciudades griegas. Disolvió la confederación beocia en detrimento de Tebas, obligó a Corinto y Argos a renunciar a su pretendida unión bajo la amenaza de intervención militar, destruyó Mantinea y obligó a sus habitantes a dispersarse en cuatro nuevas aldeas, y exigió la restauración de los oligarcas exiliados de Fliunte. Junto a estas curiosas interpretaciones del mantenimiento de la autonomía de las ciudades griegas, Esparta emprendió amplias operaciones en el exterior, en el Epiro contra los ilirios, en Asia Menor a favor de un sátrapa rebelde o en Calcídica contra las aspiraciones hegemónicas de Olinto, obligada de nuevo por la necesidad de mantener ocupados a los contingentes militares de los estratos inferiores de su población que habían sido desmovilizados con la firma de la paz.

Sin embargo, el carácter arbitrario y brutal del imperialismo espartano se puso especialmente de manifiesto con la célebre captura de la Cadmea tebana, la fortaleza de la principal ciudad beocia que fue tomada en un golpe de fuerza espartano que contaba con la connivencia de la facción proespartana interior en el año 382 a.C. El hecho constituía además una flagrante violación del principio de autonomía sellado en la paz de Antálcidas y una impiedad manifiesta a los ojos de todos los griegos, ya que se habían violado de esta forma los juramentos realizados por los espartanos. Esparta, que se había convertido en el patrón (*prostátes*) de la paz común y que debía vigilar en consecuencia el mantenimiento de la autonomía de las ciudades griegas, utilizó esta posición para construir una nueva hegemonía invocando diversos pretextos según las circunstancias.

Sin embargo, dos acontecimientos decisivos supusieron un desafío evidente al nuevo orden espartano en Grecia: la liberación de la Cadmea tras una sublevación de los tebanos y la fundación de la segunda confederación ateniense. El progresivo restablecimiento de los dos viejos enemigos de Esparta, arropado además por el descontento generalizado ante la actuación espartana como patrón de la autonomía griega, abría nuevas perspectivas dentro de la política internacional estableciendo a partir de entonces una acelerada competición entre sus respectivas aspiraciones hegemónicas, pendientes siempre de la alianza más oportuna entre ellos para contrarrestar de esta forma la supremacía ocasional más peligrosa de uno de los contendientes. Este enfrentamiento a tres bandas tuvo diferentes alternativas, como el desastre espartano en Tegira en el 375 a.C., cuando dos batallones espartanos fueron derrotados por un contingente beocio dos veces menor, o varias derrotas navales a manos de los atenienses. Finalmente, tras el establecimiento de la paz entre Esparta y Atenas en el 371 a.C., que trataba de conseguir un reparto equilibrado de la hegemonía entre las dos grandes potencias, los espartanos sufrieron un importante desastre militar en Leuctra frente a los tebanos que habían quedado aislados desde el punto de vista diplomático al quedar fuera de la paz. Esta derrota sellaba el final de las aspiraciones hegemónicas de Esparta y el inicio de una nueva etapa dentro de la historia griega.

5. Atenas y la segunda confederación ateniense

A pesar de su derrota frente a Esparta en la guerra del Peloponeso y los severos términos de su rendición final, la destrucción de su imponente sistema de fortificaciones y el abandono de todos sus dominios imperiales en el Egeo, Atenas permaneció como una de las grandes potencias en la escena griega internacional a lo largo de todo el siglo IV a.C. La sorprendente decisión espartana de no proceder a su destrucción completa, como solicitaban el resto de sus aliados, especialmente Corinto y Tebas, no le ahorró, sin embargo, otro tipo de consecuencias. Sufrió los efectos directos de la dominación espartana en la inmediata postguerra con la imposición de un régimen oligárquico apoyado por Esparta al que se conoce con el nombre de los 30 tiranos por los numerosos desmanes de toda índole que llevaron a cabo en su corto período de gobierno. Redujeron el cuerpo cívico a tan sólo 3.000 ciudadanos y emprendieron numerosas confiscaciones de bienes y condenas a muerte o destierro completamente arbitrarias. La tenaz resistencia de los exiliados, conducidos por Trasíbulo, que se habían apoderado del puerto del Pireo, y la colaboración de Esparta, que había sustituido a Lisandro por Pausanias, mucho más moderado en su actitud política respecto a Atenas, dieron pronto al traste con el régimen tiránico y restituyeron el sistema democrático a la ciudad.

La recuperación de Atenas al más alto nivel fue facilitada por las ambiguas relaciones de Esparta con Persia, cuyo apoyo financiero durante la guerra traicionó después con las intervenciones en Asia de los 10.000 y Agesilao, y por el creciente descontento entre sus aliados, especialmente Corinto y Tebas. Las intrigas con los sátrapas y el apoyo financiero del gran rey se convirtieron pronto en un arma arrojadiza que los atenienses supieron también utilizar contra sus enemigos. La reconstruida flota persa, bajo el mando del ateniense Conón, derrotó a los espartanos en Cnido y se presentó ante el Pireo tras apoderarse en su camino de la isla de Citera, cuya posesión comprometía seriamente la seguridad de Esparta. Con el dinero persa procedió a la reconstrucción de los largos muros, devolviendo así a Atenas uno de los instrumentos que habían sustentado su posición hegemónica al abrigo de los posibles ataques de sus enemigos más próximos. El hecho de que se le honrara con la erección de una estatua en la ciudad nos proporciona una idea de la importancia que tuvieron estas acciones de Conón en la moral ateniense, que habría sufrido un serio descalabro tras la derrota en la guerra.

Su participación en la alianza antiespartana encabezada por Tebas, Corinto y Argos, que culminó en la ya mencionada guerra de Corinto y concluyó con la denominada paz del rey, significó el reinicio de sus enfrentamientos con Esparta, participando activamente en batallas tan decisivas como la emboscada del istmo en el 390 a.C., donde las mejoras realizadas en la infantería ligera ateniense por parte de Ifícrates se dejaron sentir de manera dramática para los espartanos en el campo de batalla. Las operaciones de Trasíbulo en el Egeo, atrayendo de nuevo hacia la órbita ateniense a numerosos estados de la región y recaudando importantes fondos mediante la imposición de una tasa comercial, reforzaron este sentimiento de seguridad ateniense hasta tal punto que se permitieron el lujo de rechazar la oferta de paz espartana que reconocía su posesión de Lemnos, Imbros y Esciros. Sin embargo, el bloqueo espartano en el Helesponto, que comprometía el avituallamiento de Atenas, y las continuas operaciones de castigo desde Egina la empujaron finalmente a la firma del tratado de paz.

A pesar de las apariencias, el tratado favoreció la posición y las aspiraciones de Atenas como potencia dentro del marco griego. La concentración persa en sus asuntos internos, como las rebeliones de Chipre y Egipto, y la dedicación espartana a sus deseos de hegemonía territorial le dejaron las manos libres en el Egeo, donde pudo proseguir su política de incorporación de nuevas alianzas que habría de culminar en la fundación de la segunda confederación ateniense. Su colaboración con Tebas en la expulsión de la guarnición espartana que había ocupado la ciudad de manera sacrílega, según la opinión griega más generalizada que ha dejado ecos en nuestras fuentes, y la fracasada expedición del general espartano Esfodrias contra el Pireo desataron las hostilidades. El largo proceso de nuevas alianzas iniciado hace tiempo por Atenas culminó en la formación de una nueva liga de la que formó también parte Tebas y en la que Atenas accedía a la abolición definitiva de las cleruquías y al mantenimiento oficial del status de aliado de todos sus miembros. Los atenienses se comprometieron además a no adquirir posesiones fuera de su territorio, tal y como señala el decreto de Aristóteles que contiene las cláusulas de fundación:

> «... para que los lacedemonios permitan que los griegos vivan tranquilos, libres y autónomos y vean garantizada la propiedad de todo el territorio que les pertenece, para que dure siempre la paz común que han jurado los griegos y el rey de acuerdo con los tratados, el pueblo ha decretado: si uno de los griegos o de los bárbaros del continente o las islas, que no pertenezcan al rey, desea ser aliado de los atenienses y sus aliados, que pueda hacerlo conservando su libertad y su autonomía, gobernándose según las reglas de la constitución que desee, sin tener que acoger guarnición o recibir un gobernador, sin tener que pagar tributo, en las mismas condiciones que los quiotas, los tebanos y los otros aliados; a los que hagan alianza con los atenienses y sus aliados, el pueblo devolverá todas las propiedades que pertenezcan a los atenienses a título privado o a título público, sobre el territorio de aquellos que hayan establecido la alianza, y se pone como garante de esta restitución...».
>
> (IG II, 43 = Tod 123)

Estas estipulaciones tenían evidentemente la finalidad de asegurar a los aliados que Atenas no reemprendería el camino de la liga anterior, la de Delos en el siglo V a.C., recurriendo a prácticas tan impopulares como la implantación de las cleruquías o la recaudación forzosa de los tributos que provocaron el creciente descontento y la defección progresiva entre buena parte de sus miembros. Los generales Timoteo e Ifícrates fueron los principales artífices del nuevo apogeo del poderío de Atenas en el Egeo con la constante incorporación de nuevos aliados tras sus victoriosas campañas. Calístrato desde el interior de Atenas modificó la denominación del antiguo tributo (*phoros*) por el mucho más suave de «contribución» (*súntaxis*) que servía además para financiar exclusivamente los gastos militares necesarios en lugar de las costosas construcciones de la acrópolis de Atenas.

Sin embargo, el nuevo enemigo a batir era ahora Tebas. Aunque había formado parte, si bien de manera un tanto reticente, de la alianza ateniense contra

Esparta, la firma de un tratado de paz entre los dos viejos enemigos en el 371 a.C., que reconocía sus respectivas zonas de influencia, sacó a la luz las profundas desavenencias existentes entre los dos estados a causa de los manifiestos deseos de Tebas de consolidar su hegemonía sobre toda Beocia. El subsiguiente desastre espartano en Leuctra en ese mismo año cambió de manera evidente la perspectiva ateniense de la política internacional griega de estos momentos. Aunque en un principio los atenienses sacaron también ventaja de la derrota espartana con una serie de intervenciones en el Peloponeso que debilitaban a la potencia rival, como el reforzamiento de Tegea o la reconstrucción de la ciudad de Mantinea, en el 369 a.C. llevaron a cabo una nueva alianza con Esparta con el fin de poner freno a la preocupante espiral de las aspiraciones tebanas que podían en un momento dado afectar de lleno a la seguridad de las propias fronteras de Atenas. Dicha alianza no produjo grandes resultados y sí en cambio diversas actuaciones de carácter ambiguo que dejaban insatisfechos a los dos lados. Sólo la decisiva batalla del año 362 en Mantinea puso fin a este largo e incierto período de hostilidades mutuas. La derrota de los tebanos puso fin a sus pretensiones hegemónicas en Grecia, pero supuso también el inicio de una época de gran confusión, tal y como señala Jenofonte al final de las *Helénicas*:

Concluida esta batalla, ocurrió lo contrario de lo que todos los hombres creían que iba a ocurrir. Pues cuando estaba concentrada y enfrentada casi toda la Hélade, no había nadie que no creyera, si se combatía, que dominando unos mandarían y dominados otros serían súbditos; mas el dios obró de tal modo que ambos erigieron un trofeo como vencedores, y ninguno de los dos obstaculizó a los que los erigían, ambos devolvieron como vencedores los cadáveres bajo treguas, ambos como derrotados los recogieron bajo treguas, y aunque cada uno afirmó que había vencido, ninguno de los dos se vio con algo más que antes de que ocurriera la batalla ni en territorio ni en ciudades ni en imperio. En consecuencia, en la Hélade hubo aún mayor indecisión y confusión después de la batalla que antes.
(Jenofonte, *Helénicas*, VII, 5, 26-27, traducción de Orlando Guntiñas, Gredos)

La recuperación de la hegemonía ateniense se veía definitivamente frenada por una serie de circunstancias, como la mayor igualdad existente entre los estados griegos, como reflejaba la emergencia de Tebas, y el número creciente de participantes en la escena internacional donde a los ya tradicionales atenienses y espartanos se habían sumado ahora nuevos protagonistas, como los tiranos tesalios de la ciudad de Feras, primero Jasón y luego Alejandro, que pusieron de manifiesto sus aspiraciones hegemónicas en las regiones del norte de Grecia, el sátrapa Mausolo de Caria, que apoyó la rebelión de Rodas, Quíos o Cos en su intento por construir una potencia en el Egeo suroriental, o el nuevo monarca macedonio Filipo II, que iba a dar definitivamente al traste con todos los proyectos imperialistas de Atenas. La denominada guerra social del 357-355 librada entre Atenas y algunos de sus antiguos aliados significaba en buena medida la culminación de la segunda confederación ateniense que, tras la desaparición de sus dos más ilustres generales, los ya mencionados Timoteo e Ifícrates, se vio obligada a confiar el mando total de las operaciones en la persona del traidor Cares que actuó de forma poco clara contra los propios rebeldes, los aliados que habían permanecido fieles y sus mismos colegas de mando. En el 355 Atenas renovó la paz del rey y se vio obligada a reconocer la autonomía de las ciudades sublevadas.

6. Epaminondas y la hegemonía tebana

El surgimiento de la potencia tebana al primer plano de la política internacional griega va ligado indiscutiblemente al nombre de Epaminondas. En su figura se dan la mano el hombre de acción y el pensador, a pesar de la creciente distancia que empezaba a existir entre ambas facetas en los personajes griegos de aquellos momentos. Ciertamente hay que mencionar también los nombres de Pelópidas y Górgidas, que con sus destacadas intervenciones militares en los diferentes frentes en los que estuvo implicada Tebas a lo largo del primer cuarto del siglo IV a.C. contribuyeron considerablemente al engrandecimiento de la potencia tebana. Las aspiraciones de Tebas eran constituirse como potencia hegemónica en Grecia central al frente de la confederación beocia a pesar de las reticencias de algunos de sus miembros como Orcómenos o Platea. Su implicación en la política internacional griega era también importante, ya que las circunstancias del momento inclinaban su alianza del lado de Atenas o Esparta en función de cuál de las dos potencias representaba entonces un peligro mayor para el mantenimiento de sus pretensiones hegemónicas.

La inesperada victoria de una pequeña unidad tebana sobre un contingente espartano mucho mayor en Tegira en el 375 a.C. puso ya de manifiesto la extrema vulnerabilidad de la supremacía militar de Esparta y las evidentes ventajas de la nueva táctica militar implantada por los generales tebanos. Pelópidas, que mandaba en aquella ocasión las tropas tebanas y que se había granjeado una posición preeminente dentro de la política tebana tras la expulsión de la facción proespartana de la ciudad tras la sacrílega ocupación de la Cadmea, inició así una serie de distinguidas victorias militares en las que brilló de manera especial el célebre batallón sagrado, un cuerpo de elite de las tropas tebanas compuesto por 150 parejas homosexuales que a su disciplina táctica y a su ordenada y estudiada estrategia unían su deseo de emulación y competencia ante sus amados. Sin embargo, la victoria más resonante que dio paso a la hegemonía tebana en el panorama político y militar helénico fue la de Leuctra en el año 371, también frente a los espartanos. La dirección militar correspondió en esta ocasión a Epaminondas, que gozaba ya de un reconocido liderazgo dentro de la política tebana por sus negociaciones con atenienses y espartanos en los años precedentes. Su estrategia fue sencilla, ingeniosa y terriblemente arriesgada. Consistía en situar a sus tropas al final del ala izquierda de la línea de combate beocia frente a los espartanos. Dada la tendencia de la falange hoplítica a ladearse hacia la derecha debido a la posición del escudo y la espada, Epaminondas reforzó el ala izquierda mediante una doble fila de soldados, consiguiendo de esta forma un éxito militar sin precedentes contra la poderosa Esparta. La victoria tuvo una gran significación para los tebanos, a juzgar por el hecho de que por vez primera se erigió un trofeo en bronce conmemorativo de una batalla entre griegos.

El crecimiento de la influencia tebana en Grecia central y el Peloponeso fue inmediato gracias al buen hacer de sus dirigentes ya mencionados. Sus repetidas campañas en el Peloponeso consiguieron logros importantes, como la liberación de los mesenios del yugo espartano y la fundación subsiguiente de la nueva ciudad de Mesene que aseguraba que el poderío espartano no volvería a recobrar de nuevo el potencial que había tenido antes del desastre de Leuctra. Conscientes de que el mantenimiento de la hegemonía en Grecia dependía en buena medida de las buenas relaciones con los persas, que podían prestar de esta manera su impresionante apoyo financiero, Pelópidas consiguió atraerse el favor del rey persa del lado de

Tebas e impulsar así la proclamación de un nuevo edicto de paz propiciado por el monarca en el que se invitaba a los estados griegos independientes a sumarse al mismo, consiguiendo de esta forma un nuevo tratado de paz que continuaba sin resolver de manera definitiva las hostilidades existentes. Tebas consiguió, sin embargo, importantes avances en los diferentes frentes en que luchaba como su campaña tesalia, en la que además de reforzar su posición estratégica en la zona se aseguró la lealtad de la mayoría de los representantes del Consejo anfictiónico que regía los destinos del santuario de Delfos. Emprendieron también acciones navales en el norte del Egeo con el fin de desafiar, y en la medida de lo posible desmantelar, la hegemonía ateniense en la zona.

Sin embargo, la hegemonía tebana se hallaba tan estrechamente ligada a las personas de sus principales líderes políticos y militares que su repentina desaparición en combate significó también su canto de cisne definitivo. Pelópidas murió combatiendo en Tesalia contra el tirano Alejandro de Feras en el 364 y dos años más tarde cayó también Epaminondas en la batalla de Mantinea frente a atenienses y espartanos. Aunque la batalla dejó todo tal y como estaba, la desaparición de Epaminondas resultó decisiva para el destino de Tebas. Los tebanos quedaban ahora privados del genio carismático de sus grandes líderes, iniciando de esta forma el lento pero ineluctable camino hacia su declive como potencia hegemónica dentro del panorama griego. La hegemonía tebana, basada únicamente sobre la continua intervención militar de sus destacados líderes, mostró así también su extrema fragilidad ya que su predominio en Grecia central o el Peloponeso no tenía ningún otro tipo de fundamentos políticos, económicos o culturales.

V. EL ASCENSO DE MACEDONIA

1. El país y sus recursos

Macedonia era una vasta región situada al norte de Grecia que durante mucho tiempo permaneció al margen de la historia griega. La mayoría de los griegos la consideraban como uno más de los países bárbaros del norte, a pesar de que su dinastía gobernante, los Argéadas, que había ejercido el dominio sobre la baja Macedonia desde el final del período arcaico, pretendían descender nada menos que del mismísimo Heracles, conectando así su dinastía con la gloriosa ciudad de Argos. Sus intentos tuvieron cierto éxito a juzgar por la admisión de Alejandro I en los juegos olímpicos, cuya participación estaba reservada exclusivamente a griegos. La necesidad imperiosa de la extraordinaria madera procedente de los bosques macedonios tuvo seguramente mucho que ver en ello. Su status parece haber estado en una zona intermedia entre griegos y bárbaros a juzgar entre otras cosas por el testimonio de Tucídides, que nunca otorga ninguno de los dos calificativos a los macedonios.

A diferencia de Grecia, era un país de abundantes recursos de todo tipo, desde buenas tierras de cultivo y de pasto, a ricos bosques que producían la mejor madera de todo el Mediterráneo, según afirmaba Teofrasto, el discípulo de Aristóteles, y una gran riqueza mineral. Sin embargo, debido a las condiciones de aislamiento que imponían las formidables barreras geográficas que jalonaban su territorio como imponentes cadenas montañosas o caudalosos ríos, el país vivía en medio de unas condiciones políticas y sociales mucho más atrasadas que las que imperaban en el resto de Grecia. Los diferentes distritos que componían el país estaban gobernados por monarquías tribales carentes al parecer de otra clase de instituciones constitucionales a la manera de los estados griegos contemporáneos. El monarca contaba con el apoyo constante de sus compañeros (*hetairoi*), un selecto grupo de nobles macedonios que se hallaban estrechamente asociados a su persona desde la juventud por la práctica de la guerra, de la caza y de la bebida en común en los banquetes.

Sin embargo, a la muerte del rey se sucedían los disturbios por la sucesión entre las diferentes ramas de la dinastía o con la intromisión de otros aspirantes al trono procedentes de dinastías rivales de la alta Macedonia. La demostración de fuerza por parte del nuevo monarca y la rápida eliminación de los rivales más directos eran los únicos procedimientos válidos para conservar el poder en manos de una misma línea dinástica. Esta forma aparentemente tiránica de gobierno que tanto escandalizó a los griegos sólo se entiende desde las difíciles y complicadas circunstancias ambientales que rodeaban el acceso al poder de los monarcas macedonios. La constante amenaza de invasión de las tribus del norte y la implicación activa de las potencias helénicas como Tebas, Olinto o Atenas en la política interna del estado macedonio, instigando o alentando a algunos de sus monarcas en función de sus propios intereses estratégicos en la zona tuvo también importantes consecuencias en el desarrollo de los acontecimientos futuros.

Se trataba básicamente de una sociedad rural sin apenas ciudades, salvo los establecimientos griegos de la costa del Egeo que habían entrado muy pronto en su órbita de influencia. Sus costumbres y tradiciones eran las propias de un pueblo de frontera habituado a defender con las armas su propia supervivencia frente a los constantes ataques procedentes de los pueblos bárbaros del norte y del este, especialmente ilirios y tracios, que amenazaban continuamente su seguridad como comunidad organizada. Macedonia fue siempre en este sentido la principal válvula de seguridad de todo el mundo griego frente a los bárbaros y esta circunstancia se convirtió en uno de los elementos decisivos de toda su historia posterior, ya que sólo la presencia de un gobierno estable y poderoso en el país garantizaba la seguridad del resto de Grecia frente a las incursiones de los pueblos del norte.

2. Su historia reciente

El siglo IV a.C. se inicia en Macedonia con la muerte de Arquelao, que dio grandes pasos para el establecimiento y consolidación de Macedonia como una verdadera potencia. Estableció un sistema de caminos que ponía en comunicación los diferentes distritos del país que habían permanecido hasta entonces en un relativo aislamiento mutuo que favorecía la dispersión del poder y los conflictos dinásticos y regionales. Trasladó además la capital administrativa del país a la nueva fundación de Pela, una ciudad de corte griego situada además en un punto estratégico de comunicaciones, que sustituyó a la antigua capital de Egas, que permaneció sin embargo como ciudad sagrada donde los reyes contraían matrimonio y eran enterrados a su muerte. Reforzó también la apuesta de la dinastía a favor del pleno reconocimiento de su carácter helénico con la invitación a su corte de relevantes personalidades, como el poeta Eurípides o el pintor Zeuxis. Sin embargo, su debilidad militar frente a las grandes potencias griegas del momento le impidió llevar a término algunos de sus proyectos de expansión y consolidación del reino de cara al exterior.

Las habituales luchas dinásticas que sucedían a la muerte del rey culminaron en el acceso al trono de Amintas III, que se vio continuamente obligado a defender su trono de la amenaza de invasión de sus peligrosos vecinos del norte y de las intrigas y desafíos de sus rivales dinásticos. Su estrategia defensiva contra todas las posibles injerencias le condujo a buscar la alianza y el apoyo de los estados griegos con mayores intereses en la región como Olinto, la ciudad que había conseguido aglutinar a su alrededor la poderosa liga calcídica en el norte del Egeo, o Atenas, con la que llegó a establecer un tratado. Esta estrategia le permitió conservar el trono sobreviviendo a los constantes conflictos dinásticos y a los intentos de potencias vecinas como Tesalia por absorber el país en su órbita de dominio.

Su hijo Alejandro II heredó la situación de su padre y tuvo que depender en buena medida del apoyo de una potencia griega como Tebas para garantizar su poder. Consciente de la debilidad estructural de sus tropas frente a los rivales exteriores, inició importantes reformas militares influidas por el batallón sagrado de Tebas que conducía Pelópidas, creando así la infantería pesada macedonia de los *pezétairoi* o compañeros de a pie. Sin embargo, cometió dos importantes errores que determinaron su destino. Exilió a su principal rival en la lucha por el trono, Tolomeo de Aloro, que había sido consejero de su padre, en lugar de eliminarlo. Tras regresar al país con el apoyo de Pelópidas, Tolomeo asesinó a Alejandro y se hizo con el trono. En segundo lugar, trató de llevar a cabo su expansión más allá de las fronteras macedonias interfiriendo activamente en los asuntos de Tesalia sin haber consolidado previamente su ejército con las reformas mencionadas.

Estos dos importantes problemas, las disputas dinásticas y la existencia de una infantería pesada insuficientemente entrenada, continuaron dirigiendo los destinos de Macedonia durante el reinado de Tolomeo, que se vio obligado a establecer alianzas con las potencias griegas, Atenas y Tebas, para conservar el poder en sus manos. Su sucesor Pérdicas III, otro de los hijos de Amintas, se vio igualmente obligado a establecer una alianza con los atenienses para reforzar su posición en el trono macedonio. Sin embargo, llevó a cabo una política exterior mucho más agresiva que sus antecesores, afianzando la influencia macedonia en el norte y resistiendo los ataques de Atenas, que deseaba recuperar la importante ciudad de Anfípolis que había caído en manos macedonias. Sin embargo, murió combatiendo contra los ilirios, que en una nueva incursión contra el país arrasaron completamente a la todavía debilitada infantería macedonia.

3. La figura de Filipo II

Tras la muerte de Pérdicas accedió al trono Filipo II, el tercero de los hijos de Amintas, que transformó Macedonia de un estado dividido y sin defensas en la potencia más poderosa de su tiempo. Según Teopompo, nunca se había dado en Europa un hombre como aquél. Sin embargo, no resulta fácil captar su personalidad histórica ya que nuestras noticias al respecto proceden sobre todo de la propaganda griega hostil a su persona o de los elogios de la literatura posterior que le consideró un modelo de gobernante. La severidad de los juicios atenienses se halla además ampliamente condicionada por la política expansionista de Filipo en las regiones del norte del Egeo, donde chocaba frontalmente con los intereses de Atenas, y por las grandes diferencias existentes entre los modos de vida de unos y otros. Toda la propaganda griega gira alrededor de diferentes tópicos como la intemperancia, la embriaguez y la violencia desenfrenada que reflejan la total incomprensión de las condiciones históricas que condicionaban el comportamiento político y personal de un monarca macedonio.

Sin embargo, Filipo contaba en este terreno con ventajas considerables sobre sus rivales, ya que conocía perfectamente los mecanismos y comportamientos habituales de la mentalidad griega tras su estancia en Tebas, donde había pasado tres años como rehén en virtud de los pactos alcanzados por su hermano Alejandro cuando ocupaba el trono. Supo valorar así la enorme importancia que la cultura tenía como instrumento de la acción política y operó en consecuencia como un auténtico príncipe griego, con un conocimiento sorprendente de la sociedad griega y de las relaciones que existían entre los diversos estados, explotando en su favor las habilidades diplomáticas adquiridas.

Poseía un gran instinto político y una capacidad enorme para analizar el balance de fuerzas existente en Macedonia y en los territorios de sus vecinos griegos y bárbaros. Para conseguir sus objetivos, hizo uso tanto de la fuerza como de la diplomacia. Durante su estancia en Tebas desarrolló importantes vínculos con la aristocracia tebana y aprendió importantes lecciones políticas, sociales y militares que le serían de enorme utilidad en el futuro. Asistió al entrenamiento de la falange tebana y pudo comprobar *in situ* las ventajas y posibilidades que poseía dicha táctica militar que aplicaría más tarde a la naciente infantería pesada macedonia. Pudo comprobar también en persona el funcionamiento interno de la política griega, ya que su estancia en Tebas coincidió casualmente con el período de máximo esplendor de la potencia tebana dentro del panorama griego. Esta experiencia en relaciones internacionales le sería de gran utilidad posteriormente en sus complicadas relaciones con Atenas. Pudo así mismo valorar el poderoso impacto de la ideología y la propaganda dentro de la opinión pública griega, un arma que luego supo aplicar también de la forma adecuada a la hora de construir la hegemonía macedonia sobre estas nuevas bases.

Aunque su reinado se inició con los mismos problemas que los de sus antecesores, Filipo supo afrontar cada uno de ellos con un extraordinario sentido del pragmatismo y la oportunidad política. Se deshizo progresivamente de sus diferentes rivales al trono y estableció los pactos y alianzas convenientes con sus principales enemigos, los bárbaros del norte y los atenienses, recurriendo al soborno y a los regalos en el caso de los primeros o renunciando temporalmente a sus aspiraciones hegemónicas sobre Anfípolis en el caso de los segundos. Sin embargo, bien consciente como era de la importancia de contar con un poderoso ejército para preservar su estabilidad interna y extender la influencia macedonia en el exterior, procedió a llevar a cabo importantes reformas militares. La principal de ellas fue desarrollar la infantería pesada macedonia a partir de los fundamentos iniciados por su antecesor Alejandro II. La innovación táctica más destacada fue la adopción de la *sarissa*, una lanza larga de casi 4 m de longitud que permitía afrontar las líneas enemigas desde una importante distancia que impedía además toda posibilidad de respuesta. Redujo también el tamaño del escudo y de la armadura para compensar el enorme peso de la *sarissa*, lo que comportó además dos importantes ventajas, como la mayor movilidad de la falange en su capacidad de maniobra frente a los hoplitas griegos y el abaratamiento del armamento, posibilitando así el reclutamiento de un número mayor de unidades.

La asamblea de los soldados era consultada con motivo de cualquier empresa y sobre el conjunto del ejército recaían también los beneficios de las conquistas y anexiones a través del reparto del botín o de la concesión de tierras. De esta forma creó un verdadero ejército nacional, cuyos componentes guardaban fidelidad al monarca y, hasta cierto punto, representaban a todo el país. Toda Macedonia fue, de hecho, dividida en cuatro circunscripciones que debían aportar obligatoriamente los contingentes militares correspondientes. Los principales puestos, tanto de la administración como del ejército, los ocupaban nobles vinculados muy de cerca al rey, los *hetairoi* (compañeros). Mejoró también de forma considerable la que sería una de las más importantes armas del ejército macedonio en las futuras conquistas de Alejandro: la caballería. Junto al cuerpo de elite de los compañeros, que era básicamente una unidad de caballería pesada, organizó un cuerpo de caballería ligera armados también de la *sarissa* que actuaba en perfecta conjunción con la infantería a la hora de aprovechar los huecos producidos en las filas enemigas. Procedió igualmente a mejorar la maquinaria de asedio con la incorporación de catapultas que funcionaban mediante el sistema de torsión y podían lanzar enormes piedras contra las murallas enemigas

Reforzó también de manera considerable el poder de la propia monarquía mediante la adopción de algunas medidas en esta dirección, como la constitución de un cuerpo de guardias reales que luchaban bajo el mando del propio monarca y le proporcionaban al tiempo protección personal, o la institución de los denominados pajes reales, que eran hijos de las principales familias nobiliarias macedonias que pasaban a depender directamente del rey, estableciéndose así importantes vínculos personales con su figura y garantizándose además la lealtad incuestionable de sus parientes. Llevó también a cabo una importante tarea de urbanización de los territorios conquistados, especialmente en Tracia, donde fundó algunas ciudades que además de controlar y pacificar la región, servían también para proporcionar importantes ingresos al tesoro a través del potencial agrícola y comercial de la zona. Supo sacar el máximo partido de los numerosos recursos con que contaba Macedonia, tanto desde el punto de vista humano, ya que se calcula que su población pudo haber alcanzado cerca del millón de habitantes, como financiero, gracias a las rentas que proporcionaban las minas del Pangeo en Tracia tras la definitiva incorporación de Anfípolis a su reino, o la reorganización de las aduanas, sobre todo, tras el control de toda la región al norte del Egeo. Su moneda, el filipo, una magnífica estatera de oro, llegó a competir con el dárico persa y la lechuza ateniense como instrumento de cambio y sirvió como forma de pago para todos aquellos griegos, sobre todo artistas, que visitaron su corte.

Tras solventar los problemas que le planteaban sus vecinos del norte con una estruendosa derrota de los ilirios, Filipo consiguió el dominio sobre la alta Macedonia y la incorporó de manera definitiva a su reino. Más tarde se anexionó también las regiones del norte del Egeo con la captura de Anfípolis y la destrucción de Olinto, que constituían las principales amenazas a su expansión en la zona, la primera por ser una de las piezas eternamente codiciadas por los atenienses y la segunda por haberse convertido con el paso del tiempo en la principal potencia griega en la región. Su entrada en la escena política griega internacional tuvo, sin embargo, lugar a través de un conflicto local que adquirió en seguida proporciones panhelénicas. La denominada tercera guerra sagrada, suscitada por el castigo impuesto a los focidios por la anfictionía délfica, se implicó de lleno con la guerra civil de Tesalia entre el tirano Licofrón de Feras y los Aléuadas de Larisa. Filipo intervino a favor de los segundos y derrotó de forma contundente a los aliados atenienses y focidios que habían tomado partido por sus rivales. Su victoria le granjeó además una cierta oleada de prestigio por haber defendido teóricamente los intereses de Delfos. Con ello daba un paso más en su campaña propagandística a favor del pleno reconocimiento del carácter helénico de su persona, que ya había iniciado con su triunfo en la carrera de carros de los juegos olímpicos en el 356 a.C. que le daba el prestigio necesario para intervenir con autoridad en los asuntos griegos. Con su victoria contra los focidios, Filipo consiguió adueñarse de los escaños que les correspondían en el Consejo anfictiónico del santuario, entrando así a formar parte de uno de los organismos político-religiosos de mayor prestigio y tradición dentro de toda la Hélade.

La destrucción de Olinto en el 348 constituye todo un símbolo de la marcha imparable del rey macedonio en su camino hacia la hegemonía completa sobre los estados griegos. Todo estaba a su favor en el panorama griego de aquel entonces ya que no existía ninguna otra fuerza capaz de oponerle una seria resistencia. Las tres grandes potencias, Atenas, Esparta y Tebas, tenían sus propios problemas internos que resolver y existía además un estado de ánimo general en favor de la paz. Ésta se firmó en el 346 bajo los auspicios de Filipo y se la conoce con el nombre de la paz de Filócrates por el embajador ateniense que medió en su consecución final. Aunque se trataba de una paz general, una *koiné eirene*, que debía terminar de una vez por todas con los conflictos y guerras que estaban asolando Grecia a lo largo de todo este período, lo cierto es que dejó las cosas como estaban antes de la guerra, pero abría a Filipo el camino de su próxima y definitiva intromisión en los asuntos griegos.

4. Queronea y la Liga de Corinto

El conflicto de Filipo con Atenas venía desde atrás con la disputa constante en torno a la posesión definitiva de Anfípolis. Sin embargo, éste se acentuó todavía más con la intromisión de Filipo en los asuntos de Tracia, donde también se hallaba implicada Atenas tras su tratado con los tres reyezuelos que sucedieron a Cotis, el poderoso rey de los odrisios, que suponía un peligro importante tanto para las aspiraciones de expansión macedonia en la región como para la consolidación de los dominios atenienses en el norte del Egeo. La intervención de Filipo amenazaba las cleruquías atenienses instaladas en el Quersoneso y suponía además una seria amenaza para el control del abastecimiento de alimentos a la propia ciudad de Atenas que discurría por los estrechos del Helesponto procedente de las regiones del mar Negro. La alarma provocada en Atenas por esta situación suscitó una cierta reacción del *demos* que votó medidas enérgicas para impedir que los planes de Filipo se llevaran a término.

Filipo supo aprovechar bien sus mayores recursos y oportunidades. El uso de la fuerza, la diplomacia y el dinero le hicieron cobrar una gran ventaja sobre sus adversarios. Sólo la energía inigualable exhibida por Demóstenes en sus diferentes alegatos contra la política expansionista de Filipo consiguió movilizar finalmente a los atenienses a pesar de que contaban en su contra las calumnias e intrigas de los partidarios de Filipo, como su gran rival Esquines, y una cierta apatía y falta de iniciativa atenienses, debidas en parte a la buena gestión financiera de Eubulo, que había provocado un adormecimiento de las energías belicistas puestas de manifiesto en otras etapas de la historia ateniense a favor de una paz sustentada en el ahorro de recursos y en la mejor distribución de los fondos públicos. Demóstenes consiguió, sin embargo, finalmente su objetivo y constituyó una liga antimacedónica en torno a Atenas de la que formaban parte, entre otros, estados como Eubea, Acaya, Corinto, Mégara y las regiones occidentales. Tras una serie de provocaciones de Filipo, la guerra se declaró en el 340. Demóstenes reorganizó y dio nuevos bríos a la marina y a las finanzas, haciendo funcionar al máximo la capacidad de los impuestos fijos y de las contribuciones de los más ricos. Sin embargo, la batalla decisiva que tuvo lugar en Queronea, en Beocia, en el 338, supuso la derrota más completa para la liga helénica, a la que se habían sumado a última hora los tebanos. La superioridad militar y táctica de los macedonios resultó en esta ocasión completamente determinante. Parece que Filipo y Alejandro, éste al mando de la caballería, supieron explotar de forma magistral la falta de coordinación entre los aliados griegos.

Filipo supo también sacar el máximo partido a su victoria. Desplegó todas sus habilidades diplomáticas en el trato a los vencidos, a los que dispensó un castigo moderado con excepción de Tebas. Atenas salió sorprendentemente bien librada del conflicto, ya que ni se le impuso una guarnición macedonia ni se suprimió el sistema político imperante. Su territorio no sufrió tampoco ninguna amputación dolorosa sino que vio incluso acrecentada su extensión con la incorporación de Oropo, que había sido siempre motivo de litigio y disputa con los tebanos. Vio, eso sí, disuelta la segunda confederación y tuvo que renunciar a todas sus aspiraciones sobre la región del Quersoneso, pero conservó intactas sus cleruquías de Samos, Lemnos, Imbros y Esciros y la administración del santuario de Apolo en la isla de Delos. Con independencia de las habilidades diplomáticas de un Foción o de un Demades que pudieron facilitar la conclusión de un rápido tratado de paz, parece evidente que Filipo deseaba evitar a todo trance el largo y prolongado asedio de una ciudad como Atenas con todas las dificultades que ello hubiera implicado, dada la actitud de resistencia a ultranza que imperaba en la ciudad y las buenas condiciones defensivas de que gozaba debidas a las medidas adoptadas previamente por Demóstenes e Hipérides.

Filipo pretendía dotar a su hegemonía de una cierta legitimación jurídica al integrar a la mayor parte de los estados griegos sometidos ahora a su incontestable dominio dentro de un amplio programa de carácter panhelénico que apuntaba sus miras hacia Persia, situándose a la cabeza de una nueva cruzada contra el antiguo invasor. Algunas de las claves de este modelo se las había proporcionado Isócrates, quien había llegado a señalar expresamente a Filipo como líder ideal de una operación de esta envergadura. De esta forma convocó un congreso panhelénico en Corinto durante el invierno del 338 al 337 con el objeto de proceder a la pacificación y reordenación del agitado mundo griego y preparar la expedición contra Persia. En Corinto se proclamó la paz general tan deseada, la autonomía de todas las ciudades y la constitución de una nueva Liga, cuya dirección pasaba ahora directamente a manos de Filipo, que se convertía de esta forma en el máximo mandatario (*hegemón*) y en su comandante militar supremo en caso de guerra dotado de plenos poderes (*strategós autokrátor*). La liga estaba dirigida por una asamblea de delegados (*sunedrion*) compuesta por una representación proporcional de cada uno de los estados miembros que, según el texto del tratado conservado en dos fragmentos de una estela encontrada en la acrópolis de Atenas, adquiriría los siguientes compromisos:

> «... permaneceré en la paz y no romperé los tratados de alianza con Filipo de Macedonia, ni haré la guerra para perjudicar a cualquiera de aquellos que permanezcan fieles a los juramentos, ni por tierra ni por mar me apoderaré de ninguna ciudad, ni de ningún fuerte, de ningún puerto que pertenezca a aquellos que participan de la paz, haciéndole la guerra ni con ingenios ni estratagemas y no derribaré la realeza de Filipo ni de sus descendientes, ni los sistemas de gobierno existentes en cada uno de los estados participantes, desde el momento en que hayan prestado los juramentos de la paz. Yo no haré nada

en contra de los tratados ni permitiré a nadie hacerlo, en tanto que ello se halle en mi poder. Si alguno hace algo contrario a los juramentos y a los tratados, contribuiré con toda la ayuda que me soliciten las víctimas y combatiré contra quien transgreda la paz común según las decisiones del consejo común y según las órdenes del comandante en jefe...».

(Tod, 177)

La habilidad política y diplomática de Filipo se puso así una vez más de manifiesto al conseguir la unificación de casi toda Grecia dentro de un mismo organismo, que pudo haberse convertido en un gran estado de carácter federal. El tratado establecido no sólo tenía como objetivo garantizar la integridad territorial de los participantes y su respectiva independencia, sino asegurar también el mantenimiento de las constituciones políticas que se hallaban en vigor y la estabilidad del orden social mediante el compromiso colectivo de no tolerar o dar cabida a las aspiraciones revolucionarias que demandaban el reparto de la tierra, la abolición de las deudas o la liberación de los esclavos. Sin embargo, su innovación más destacada era que el respeto de la paz común debía ser asegurado por un consejo y por un caudillo con poderes militares.

Sus proyectos de invasión del imperio persa habían dado ya los primeros pasos con el envío de Parmenión a Asia Menor como avanzadilla del grueso de la expedición general. Sin embargo, no pudo llevarlo a efecto al ser asesinado durante la boda de su hija por un personaje de su entorno que quizá culminaba de esta forma una conspiración cortesana de mayor envergadura. Su matrimonio con la joven Cleopatra, sobrina de Átalo, uno de los personajes más relevantes de la corte macedonia, significó el inicio de una serie de conflictos dinásticos que implicaron de alguna manera a su anterior esposa Olimpíade, que había ejercido hasta entonces un cierto predominio dentro del harén real, y a su hijo Alejandro, destinado a heredar el trono y a culminar con éxito las viejas aspiraciones de expansión asiática de su padre.

VI. PERFILES SOCIOECONÓMICOS

1. ¿Una sociedad en crisis?

La guerra del Peloponeso provocó ciertamente importantes cambios a todos los niveles pero quizá sea excesivo hablar de una crisis profunda para caracterizar el estado de la sociedad y la economía a lo largo del siglo IV a.C. como han hecho numerosos estudiosos modernos. Se ha supuesto así que la mayoría de los pequeños campesinos del Ática se vieron obligados a endeudarse progresivamente o a vender finalmente sus tierras para acabar instalándose en la ciudad como emigrantes sin ocupación definida. El caso de Iscómaco, extraído del *Económico* de Jenofonte, no parece concluyente a este respecto si tenemos en cuenta que si su padre se había enriquecido comprando tierras cuyo cultivo había sido interrumpido, lo cierto es que después las revendía de nuevo y, por tanto, su caso no da pie alguno para deducir una acumulación progresiva de tierras en unas pocas manos. Tampoco los célebres lindes hipotecarios encontrados en el Ática apoyan la tesis de un endeudamiento generalizado de los más pobres. Finley ya demostró en su momento que las tierras implicadas eran vastos dominios que pertenecían a ricos propietarios atenienses que se veían necesitados ocasionalmente de liquidez para cumplimentar algunas de sus obligaciones fiscales o simplemente para llevar a buen término asuntos delicados e importantes desde el punto de vista del *status* social, como era la dote de una hija.

Tampoco la crisis económica sugerida por Rostovtzeff debida a la caída en picado de las exportaciones de cerámica parece probada por los documentos de la época que han llegado hasta nosotros. Es cierto que las regiones de Italia y Escitia, que constituían los principales importadores de esta clase de bienes, habían desarrollado sus propias industrias locales a lo largo del siglo IV a.C., pero conviene recordar, como hace Pierre Carlier, que la cerámica, a pesar de ser la mejor documentada de dichas exportaciones por la arqueología, no era ni mucho menos la única y exclusiva producción de los talleres áticos. Las posibles consecuencias de esta pérdida de mercados y del consiguiente nivel de paro que habría originado pasan completamente desapercibidas para nuestros mejores testimonios al respecto como el tratado sobre los ingresos de Jenofonte o los discursos en los que se reflejan las preocupaciones económicas de la época, que muestran en cambio como preocupaciones fundamentales de estos momentos el incremento de los recursos fiscales de la ciudad y el avituallamiento en grano de la población. Los problemas habidos en estos dos campos en determinados y puntuales momentos del siglo IV, como en los primeros años del mismo o a partir del 330, pueden justificar el que se hable de crisis, pero aplicada exclusivamente a ellos.

Es igualmente cierto que el antagonismo creciente entre ricos y pobres se deja sentir con fuerza en los discursos presentados ante los tribunales. El *Contra Midias* de Demóstenes, que nunca llegó a ser pronunciado, constituye una áspera denuncia de la arrogancia de los ricos que amenaza seriamente los propios fundamentos de la democracia e incita incluso a los tribunales populares a tratar a los ricos de la misma forma en la que un tribunal compuesto por ellos trataría a los pobres. Sin embargo es la excepción que confirma la regla, ya que en la mayor parte de sus discursos Demóstenes apela más bien a la concordia social con el fin de reforzar la solidaridad de la ciudad contra el enemigo exterior. La búsqueda de la concordia social era también el principal objetivo de las medidas del magistrado Eubulo, que pretendía disminuir las cargas de los ricos, pero garantizando al mismo tiempo que los pobres recibieran sus subsidios procedentes del fondo de espectáculos (*theórico*). La impresión general que se desprende de los diferentes testimonios que tenemos sobre la Atenas del siglo IV a.C. es que este antagonismo creciente entre ricos y pobres no llegó a degenerar nunca en un abierto enfrentamiento como sucedió en otros lugares de Grecia, debido sobre todo a que la democracia aceptó siempre el orden social establecido con su correspondiente reparto desigual de las riquezas. La terrible experiencia sufrida durante el gobierno de los 30 tiranos a finales del siglo anterior descalificaba por completo antes de entrada cualquier movimiento de tendencia abiertamente oligárquica. Por otro lado, los principales lemas revolucionarios que se escuchaban por doquier en estos tiempos, el del reparto de tierras y el de la abolición de las deudas, constituían al parecer el objeto de un juramento especial por parte de los heliastas atenienses, tal y como aparecen en el discurso *Contra Timócrates* de Demóstenes.

Fuera de Atenas las cosas eran diferentes. El juramento impuesto por Filipo en la constitución de la Liga de Corinto de no proceder a las medidas revolucionarias mencionadas más arriba indica claramente la existencia de movimientos sociales que apuntaban en aquella dirección. Los continuos enfrentamientos entre unas ciudades y otras con la consiguiente sucesión de hegemonías habían provocado importantes trastornos en todos los terrenos. Las devastaciones de los campos habían sumido a muchos pequeños propietarios en una profunda crisis de la que no pudieron recuperarse totalmente. Las sucesivas parcelaciones debidas a la herencia y el creciente endeudamiento debieron de obligar a muchos campesinos a abandonar sus tierras. El número de individuos carentes de medios de subsistencia debió de aumentar considerablemente por todas partes. El aumento del número de mercenarios disponibles en esta época no es ciertamente ninguna casualidad. El oficio de las armas en el exterior era la única salida que les quedaba a muchas de estas gentes. La célebre expedición de los 10.000 en la que tomó parte Jenofonte o el abundante contingente de mercenarios griegos al servicio de los persas constituyen dos ejemplos claramente ilustrativos de esta tendencia.

Sin embargo, la misma existencia de un gran número de mercenarios en suelo griego cuando se producía una desmovilización o el final de una campaña entrañaba considerables riesgos para la estabilidad política y social, ya que podían ser enrolados por cualquiera que dispusiera de los medios necesarios para afrontar con garantía sus soldadas como el tirano tesalio Jasón de Feras, los focidios en la tercera guerra social o el propio Filipo II de Macedonia. Por otra parte, los mercenarios que permanecían sin empleo constituían también un riesgo importante ya que se organizaban en bandas de saqueo que se entregaban indiscriminadamente al pillaje o favorecían el estallido de una revolución en sus respectivas ciudades de origen. La importancia que alcanzó el problema la percibimos a través de los discursos de Isócrates cuando aboga por la conquista del imperio persa y la instalación de estos elementos sociales peligrosos, los individuos sin medios de vida y los mercenarios, como colonos en las franjas de territorio intermedias como una solución definitiva a los problemas que acuciaban a Grecia por aquel entonces.

2. La estructura de la sociedad ateniense

La sociedad ateniense del siglo IV a.C. constituye una de las menos mal conocidas de toda la historia de la Antigüedad, como ha señalado con acierto Pierre Carlier. Sin embargo, la cantidad relativamente alta de testimonios con que contamos al respecto no siempre nos asegura que la imagen transmitida por ellos corresponde enteramente a la realidad habitual y no refleja el hecho de carácter excepcional que merece por ello ser resaltado en los discursos. De cualquier modo, parece que a lo largo del siglo IV se produjeron numerosas fluctuaciones coyunturales e importantes evoluciones que determinaron ciertos cambios en la composición social, a pesar de que los status jurídicos permanecieron prácticamente invariables a lo largo de todo este período y la mentalidad colectiva evolucionó de forma muy lenta para que aquellos se trasladaran a esta esfera de la percepción colectiva. Aunque no puede aplicarse a la sociedad antigua el moderno concepto sociológico de clase como grupo que ocupa un lugar determinado dentro de la escala social, que desempeña un papel determinado en la producción y que posee además un sentimiento de solidaridad y oposición frente a otros grupos sociales diferentes, lo cierto es que en la sociedad ateniense del siglo IV se detectan al menos dos grandes sectores sociales, los ricos y los pobres, por utilizar un tipo de denominación general, que aunque con importantes diferencias entre el status jurídico y su actividad económica, definen bien las características generales de la época.

Los ricos atenienses se definían por su obligación de contribuir al sostenimiento de la comunidad mediante sus aportaciones fiscales y las denominadas liturgias. Parece que puede hablarse de una cierta cuantificación de este sector de la sociedad cifrado en unos 1.200 individuos que eran sometidos al sistema de las *summorías*, según el cual se veían obligados a afrontar sus obligaciones fiscales de forma colectiva adelantando el montante global del impuesto aquellos con más recursos que figuraban a la cabeza de esas asociaciones, que luego recaudaban a su vez la suma adeudada del resto de los componentes. Dentro de este reducido grupo existía al parecer otro todavía menor compuesto por 300 personas que detentaban la máxima riqueza dentro de la sociedad y que eran los situados a la cabeza de cada una de las 100 *summorías* establecidas tras la reforma de las finanzas atenienses por Calístrato en el año 378. Esta división entre los ricos atenienses ha sido también cuantificada tras los estudios de J. K. Davies, estableciendo un patrimonio superior a los 3 ó 4 talentos para los 300 y uno superior a 1 talento para los 1.200 restantes.

Existían, sin embargo, importantes diferencias de fortuna entre los propios ricos si juzgamos por el ejemplo de un tal Dífilo, un concesionario de minas que había conseguido amasar una fortuna de 160 talentos. Eran igualmente diversas las fuentes de estas fortunas. Así, encontramos ricos propietarios cuya riqueza depende exclusivamente de la posesión de tierras frente a otros cuyos recursos procedían de otras fuentes, como el padre de Demóstenes, dueño de talleres que producían cuchillos y muebles, cuyo único bien inmobiliario era su propia casa. Fuera de algunas excepciones como la mencionada, lo habitual es que los ricos poseyeran fuentes de ingresos muy diversificadas, como tierras agrícolas que eran arrendadas, casas de alquiler en la ciudad, talleres en los que trabajaban esclavos, fondos invertidos en el comercio marítimo del que obtenían elevados intereses que alcanzaban hasta el 30%, créditos a particulares, depósitos bancarios y la concesión de las minas argentíferas del Laurión. A pesar de algunas reticencias mentales en este aspecto, los artesanos que habían hecho fortuna, como era el caso del mencionado padre de Demóstenes o del mismísimo Cleón en el siglo precedente que tenía un taller de curtidores, habían conseguido una situación respetable dentro de la sociedad ateniense que había diversificado considerablemente los medios de obtener fortuna y posición social. La posesión de la tierras continuaba siendo de todas formas el medio más honorable de riqueza, a juzgar por los esfuerzos del banquero Pasión por adquirir dominios fundiarios una vez que alcanzó la ciudadanía ateniense.

A pesar de la aparente estabilidad numérica de este sector social en la Atenas del siglo IV, su composición interna sufrió importantes renovaciones a lo largo de todo este período, ya que numerosas familias ricas se empobrecieron a causa de la constante presión fiscal, de las parcelaciones sucesivas a que daba lugar la herencia, de una mala gestión, de la elección de la carrera política sin haber evaluado los considerables riesgos que implicaba o de la acción de los tribunales que procedían a menudo a ciertas condenas y confiscaciones. Pero al mismo tiempo otras familias se enriquecían y pasaban a incorporarse de pleno a este mismo sector procedentes del medio artesanal como propietarios de talleres o del nuevo medio de los banqueros, como refleja el ejemplo de Pasión.

La presión social ejercida sobre los ricos era ciertamente considerable, ya que se veían obligados a contribuir con sus recursos al buen funcionamiento de la comunidad ateniense a través de las liturgias, de las contribuciones especiales en caso de guerra (la *eisphorá*), o de ciertas contribuciones voluntarias (*epidoseis*) como gastos más específicos destinados a pagar el rescate de ciudadanos cautivos en el exterior o a proporcionar la dote a jóvenes atenienses pobres para que pudieran contraer matrimonio. Este uso social de la riqueza o evergetismo, que era una característica de la sociedad ateniense, dio paso a un uso mucho más individual consistente en la mera acumulación de riquezas cuyo principal objetivo era su exhibición ante los más pobres como forma de diferenciación social, que recibe las críticas de Demóstenes en su discurso *Contra Midias* ya mencionado antes. El creciente escapismo de estas obligaciones sociales se percibe a través de los procesos de *antídosis*, según los cuales cualquier ciudadano rico encargado de una liturgia podía denunciar a otro con mayores recursos para que se hiciera cargo de la misma, ofreciéndole en caso de negativa el respectivo intercambio de fortunas. Esta huida de las obligaciones sociales se deja sentir también en las críticas de Aristóteles hacia lo que denomina el nuevo espíritu crematístico que persigue únicamente la acumulación ilimitada de riquezas convirtiendo el uso de la moneda, que era un simple medio, en un fin en sí mismo.

Respecto a los pobres no existe la posibilidad de establecer un grupo numéricamente definido como sucedía con los ricos sometidos a la presión fiscal. Parece que el cuerpo cívico ateniense conoció un cierto crecimiento demográfico a lo largo del siglo IV pasando de los 25.000 ciudadanos de la época de la guerra del Peloponeso a los poco más de 30.000 que había en el año 322. La mayoría de ellos disponían de unos recursos muy modestos que se evalúan por debajo de los 2.000 dracmas. Desde un punto de vista sociológico, esta mayoría pobre del demos era muy variada ya que abarcaba pequeños propietarios agrícolas, jornaleros, artesanos, obreros, marineros, tenderos y gentes que se ganaban la vida ejerciendo diversos oficios. Aunque compartían con los ricos su dedicación a la política a tiempo parcial, favorecida ahora por la implantación del sueldo por asistir a las sesiones de la asamblea (*misthós ekklesiastikós*), sus medios de subsistencia eran más bien precarios y dependían por completo para su supervivencia de su trabajo diario y de los subsidios que les proporcionaba la ciudad. La preocupación constante por asegurar el avituallamiento de la ciudad y la *trophé* (el alimento) indican claramente cuál era el estado general de la población ateniense a lo largo de todo este período.

VII. LOS GRIEGOS DE OCCIDENTE

La historia de los griegos de Occidente en el siglo IV arranca desde unos años antes del inicio del mismo, en el 413, con el estrepitoso fracaso de la expedición ateniense contra Sicilia emprendida en la parte final de la guerra del Peloponeso. Siracusa, a pesar de su victoria final en el conflicto, tuvo que pagar por ella un precio considerable, con el empobrecimiento y debilitamiento de la poderosa ciudad siciliana que había mantenido hasta entonces una clara hegemonía sobre casi toda la isla. A los ya tradicionales problemas que habían caracterizado la reciente historia de la isla, como los enconados enfrentamientos entre ricos y pobres, las tensiones crecientes entre los ciudadanos de viejo cuño, descendientes de los primeros colonos, y la oleada de nuevos recién llegados a través de las transferencias masivas de población que habían efectuado los tiranos o de la implantación de los mercenarios que habían colaborado activamente en el poder de aquéllos, se sumaron ahora la nueva amenaza de una invasión cartaginesa que deseaba recuperar la influencia y hegemonía sobre buena parte de la isla que había perdido con la derrota de Hímera en el primer cuarto del siglo pasado, la expectativa renovada de las pequeñas ciudades itálicas y sicilianas de recuperar su independencia, o la numerosa presencia en la isla de mercenarios campanos que constituían un nuevo factor de inestabilidad política y social.

Sin embargo, la historia siciliana de este siglo se encuentra estrechamente asociada al nombre del tirano Dionisio el viejo, que, aprovechando los fracasos siracusanos contra los ataques cartagineses, se hizo con el poder e instauró un gobierno de carácter tiránico que iba a ocupar casi toda la primera parte del siglo. Consolidó su tiranía a través de pactos con los cartagineses que garantizaban su permanencia en el poder, en detrimento de la ocupación púnica del resto de la isla y del desmantelamiento defensivo de sus más importantes rivales dentro de ella, de numerosas confiscaciones de las propiedades de sus adversarios políticos en el interior de la ciudad que le permitieron distribuir entre sus partidarios los correspondientes beneficios que aseguraban su fidelidad y la concesión masiva del derecho de ciudadanía a los kilirios, los campesinos esclavizados que trabajaban las tierras con un status jurídico muy similar al de los hilotas espartanos. Para reforzar su posición, construyó una verdadera fortaleza en la isla de Ortigia, separándola de la ciudad propiamente dicha con imponentes murallas que protegían su aislamiento y garantizaban su seguridad de cualquier intento de ataque procedente del interior de Siracusa.

Tras asegurar su posición en Siracusa, Dionisio emprendió la reconquista de la posición hegemónica sobre el resto de la isla. Aprovechando en su propio beneficio la corriente anticartaginesa que se respiraba en buena parte de Sicilia, se presentó como liberador de los griegos y el verdadero caudillo de una cruzada panhelénica. Los serios problemas que debieron afrontar los cartagineses en aquellos momentos, entre ellos unas más que sospechosas y oportunas epidemias subrayadas constantemente por los historiadores griegos que buscaban resaltar así la impiedad cartaginesa castigada por la divinidad, permitieron que Dionisio extendiera su control sobre la mayor parte de Sicilia, haciendo así realidad sus proclamas previas que habían conducido a los atenienses a calificarle en un decreto honorífico como «el arconte de Sicilia».

Se apoderó igualmente de las dos riberas del estrecho de Mesina y de buena parte de la región de Calabria tras su victoria sobre la liga italiota, formada por las ciudades griegas de la zona que se había constituido para frenar el creciente empuje indígena en la región. Consiguió también el control del Adriático aprovechando el vacío dejado por la derrota ateniense del 403 y el retroceso etrusco tras la batalla de Cumas. Su dominio de estas regiones le permitió reclutar nuevos mercenarios entre los galos y recaudar importantes tasas aduaneras sobre los productos comerciales, como el estaño y el ámbar, que circulaban a través de aquellas regiones. Sus aspiraciones hegemónicas le condujeron incluso hacia el mar Tirreno con una incursión de saqueo en el santuario etrusco de Pirgi y a cruzar el Adriático, con el restablecimiento de su amigo Alcetas en el trono de los molosos en el Epiro y la fundación de la colonia de Lisos en Iliria meridional. El comercio entre Grecia e Italia pasó a depender de esta forma por completo de su decisión.

El gobierno de Dionisio el viejo es contemporáneo de una reflexión en profundidad sobre la tiranía entre los intelectuales griegos del momento. Seguramente el arquetipo del tirano debe mucho a la figura histórica de Dionisio, pero de la misma forma es igualmente probable que muchas de las anécdotas que se relacionan con el comportamiento y las actividades del tirano procedan indiscriminadamente de este mismo arquetipo en un proceso de retroalimentación en el que resulta difícil dilucidar la parte que corresponde a la estricta veracidad histórica y la que debe su existencia a la especulación teórica y a la propaganda. Al lado de las tradiciones hostiles destinadas a ennegrecer la reputación de Dionisio, existieron en paralelo otras corrientes que exaltaban su obra representadas por Isócrates, que destacó la construcción de Siracusa como gran potencia y su defensa de la Sicilia griega contra los cartagineses, proponiendo su figura como cabeza de una coalición panhelénica contra los persas.

A Dionisio le sucedió en el poder su hijo Dionisio el joven, que contó con la colaboración momentánea de Platón entre sus consejeros y la molesta presencia de Dion, uno de los principales personajes del entorno de su padre, que aspiraba por su experiencia y su magnífica reputación a ejercer una cierta tutela sobre los designios del joven gobernante. Los conflictos entre ambos arrastraron a Sicilia a un nuevo período de confusión y violencia de la que no estuvo exento el propio Dion, asesinado por uno de sus colaboradores cuando había conseguido hacerse con el poder. La salida de la aguda crisis provocada por estos acontecimientos vino de la mano del corintio Timoleón, que intervino en los asuntos internos sicilianos a petición de uno de los adversarios de Dionisio el joven en el 346. Obtuvo una resonante victoria sobre los diferentes tiranos que se habían instalado en las pequeñas ciudades sicilianas aprovechando los momentos de confusión anteriores. Consiguió también un importante triunfo sobre los cartagineses en el río Crimiso en el año 339 que pudo explotar considerablemente desde el aspecto propagandístico al proclamar que los dioses le habían manifestado así su apoyo incondicional. Tras someter las diferentes tiranías sicilianas, estableció unas constituciones peculiares que podían ser catalogadas tanto como democracias como oligarquías. Así, en Siracusa un consejo compuesto por 600 miembros desempeñó un papel destacado al lado de la asamblea popular. Construyó finalmente la preeminencia de Siracusa sobre el resto de la isla sobre una base de tipo federal que guardaba grandes similitudes con las hegemonías que imperaban entonces en Grecia, marcando de esta forma una clara ruptura con la política de anexiones y deportaciones masivas que había caracterizado el proceder de los tiranos siracusanos del siglo anterior. Con la repoblación de las ciudades sicilianas mediante la afluencia de nuevos colonos procedentes de Grecia y la reconstrucción de las ciudades que habían sido arrasadas en el curso de los enfrentamientos pasados, como Agrigento y Gela, el gobierno de Timoleón significó el inicio de la recuperación económica de Sicilia, que vio circular por su suelo numerosas monedas de tipo corintio destinadas a pagar los suministros de grano. En consonancia con su propaganda como restaurador de las libertades, abdicó de su poder en el 337.

La buena situación en que el gobierno de Timoleón dejó a Sicilia no iba a durar mucho, ya que tras su desaparición de la escena política, los disturbios y enfrentamientos entre las diferentes facciones que separaban a la población de Siracusa volvieron a estallar con virulencia hasta la llegada al poder en el 319 de un nuevo personaje característico de estos tiempos como Agatocles, que consolidó su posición al frente de la ciudad mediante medidas de corte revolucionario como la cancelación de las deudas y la redistribución de las tierras. Sin embargo, Agatocles optó por seguir los pasos de Dionisio el Viejo en lugar de los de su antecesor más inmediato, Timoleón, con todos los riesgos y brutalidades que ello implicaba para toda la población griega de la isla. Su deseo de intervenir más allá de las fronteras sicilianas y su implicación con los nuevos poderes del momento, como el reino tolemaico de Egipto, el de Pirro en el Epiro o los dominios de Ofelas en Cirene en el norte de África, le sitúan ya completamente dentro del marco de la historia política del mundo helenístico que se inició tras la desaparición de Alejandro Magno en el año 323.

VIII. LOS OTROS GRIEGOS

El mundo griego no se reducía a los grandes estados de Atenas, Esparta, Argos, Corinto o Tebas, que ocupan el primer plano de actualidad en nuestras fuentes de información. A pesar de que todos nuestros testimonios se concentran de manera abusiva sobre dichos estados y en particular sobre Atenas en cuya órbita giran el resto de las noticias concernientes a los demás estados griegos, poco a poco hacen su aparición en el escenario histórico otros estados griegos aparentemente marginales a lo largo de todo el período clásico, pero que estaban llamados a desempeñar un importante papel en los siglos posteriores. La historia no había pasado por delante de ellos sin implicarles de lleno en el desarrollo diario del drama humano, sólo nuestro desconocimiento de sus peripecias, debido a la casi total falta de información al respecto, produce esa falsa impresión. Este es el caso de los estados de las regiones noroccidentales de Grecia, donde predominaba la forma política del *ethnos* de carácter tribal, que estaban regidos por monarcas o agrupados en una confederación cuyo centro político era un santuario, contaban con una potencia militar considerable que era empleada a veces como mercenarios o en expediciones de saqueo y pillaje sobre los territorios vecinos y que eran, por tanto, contemplados por el resto de los estados griegos como una amenaza latente para la estabilidad y seguridad de las comunidades más sedentarias y civilizadas que constituían el corazón de la Hélade.

Uno de estos estados «étnicos» era la confederación etolia, que ocupaba una de las regiones más montañosas y agrestes de las costas noroccidentales del continente griego. Los escasos testimonios que tenemos sobre la historia etolia a lo largo de la época clásica coinciden en su descalificación como semibárbaros que hablaban un dialecto ininteligible, habitaban en aldeas fortificadas y llevaban constantemente las armas consigo. Quizá no es una casualidad que su aparición en escena coincida con la ruptura de una tregua sagrada, un acto que a la mayoría de los ojos griegos aparecía como algo injustificado y execrable. La completa incomprensión de una forma de vida que no se adecuaba a los patrones helénicos establecidos y constituía una amenaza potencial para los mismos es la tónica habitual que encontramos en los escasos testimonios que tenemos acerca de este estado.

Sin embargo, estas diferencias llamativas resultan perfectamente explicables desde el punto de vista histórico. La propia topografía del territorio etolio no favorecía la práctica de la agricultura y empujaba a su numerosa población a buscar en otra parte los recursos que la tierra les negaba, a través de los saqueos periódicos sobre los territorios más cercanos o en su empleo como mercenarios. La propia dinámica que generaba dicha forma de vida impulsaba el surgimiento de instituciones y comportamientos que extraídos de su contexto aparecían bajo el estigma del puro bandidaje o de la piratería. Los etolios se convirtieron así en el blanco predilecto del desprecio y animadversión de los restantes griegos que aparecen reflejados en una serie de anécdotas y dichos como el que nos trasmite Plutarco acerca de la proclamación que llevaba a cabo el guardián del recinto de Leucótea en Queronea, su ciudad natal, quien con un látigo en la mano decía en voz alta: «no entre esclavo ni esclava, ni etolio ni etolia». La equiparación de los etolios con el estrato social más bajo de la población de cualquier sociedad griega refleja a las claras la valoración que merecían a los habitantes de polis estas comunidades más atrasadas.

Sin embargo, la confederación etolia desempeñó un papel determinante en la historia griega posterior convirtiéndose incluso en una de las principales potencias a la que paradójicamente le tocó defender la integridad e independencia del suelo griego frente a los bárbaros del norte con motivo de la invasión gala a comienzos del siglo III a.C. que llegó hasta el mismísimo santuario de Delfos.

IX. LA CIUDAD IDEAL

El desencanto de los intelectuales griegos con el sistema democrático vigente en Atenas y a través de su influencia en otros estados de la confederación ateniense o en regiones vecinas como Beocia o la Argólide, se acentuó todavía más con las desastrosas consecuencias del imperialismo ateniense que culminaron en la guerra del Peloponeso. Una de las principales críticas al sistema era que la toma de decisiones se hallaba en manos de una multitud ignorante y apasionada cuando se precisaba un cierto conocimiento de carácter específico y una mayor capacidad de reflexión para adoptar las decisiones adecuadas para una comunidad de la envergadura de Atenas. La persecución de algunos de los sofistas, las burlas de que eran objeto en la comedia y la condena a muerte de Sócrates debieron de acrecentar de forma considerable todos estos recelos hacia un sistema que ponía por encima de la capacidad el peso numérico de la muchedumbre.

Era de esperar, por tanto, que la reflexión de los intelectuales se encaminase a la búsqueda incesante de una forma de comunidad más perfecta que permitiera afrontar con garantías los desafíos de los nuevos tiempos y fuera capaz de corregir las evidentes deficiencias que la polis había puesto de manifiesto tanto a nivel interno como externo. Una de las soluciones elegidas fue la monarquía, un sistema del que la mayoría de los griegos apenas tenían memoria histórica pero que se había conservado en las regiones del norte. Los textos que tratan acerca de la realeza en el siglo IV son bastante numerosos, desde los discursos de Isócrates y algunos de los tratados de Jenofonte hasta algunos de los diálogos de Platón y de las obras teóricas de Aristóteles. Obras como la *Ciropedia* de Jenofonte presentan ya la imagen del monarca ideal que tendrá una gran importancia en la configuración ideológica de las nuevas monarquías helenísticas. Sin embargo, la falta de referentes reales que impulsaran la elaboración de los nuevos modelos políticos condujo a algunos a especular sobre el nuevo tipo ideal de comunidad desde un punto de vista exclusivamente teórico. Las especulaciones de Platón acerca del estado ideal responden sin duda a estos planteamientos abogando por la existencia de un rey-filósofo como única solución viable y definitiva a los incurables males de la sociedad humana.

Sin embargo, ya antes de Platón se habían planteado algunas iniciativas en esta dirección que debieron de dejar alguna huella en su reflexión sobre el estado ideal. Parece que fue el arquitecto y urbanista Hipodamo de Mileto el que por primera vez en el siglo V dedicó sus energías a la investigación de la mejor forma de gobierno sin estar implicado en la práctica política de forma directa. A juzgar por el testimonio de Aristóteles su propuesta consistía en una comunidad de reducidas dimensiones que incluía a unos 10.000 ciudadanos divididos en tres clases, artesanos, campesinos y defensores armados. El territorio de este estado ideal quedaría igualmente dividido en tres partes. Una parte sagrada debía proporcionar las ofrendas debidas a los dioses; una comunal a los defensores, y finalmente una privada que estaría en manos de los campesinos. Así mismo, también serían tres las clases de leyes relativas a las injurias, los daños y perjuicios, y la muerte los que deberían regir la administración de justicia. Aquellos casos cuya resolución no pareciera conveniente quedarían en manos de un tribunal supremo que estaría constituido por un cierto número de ancianos elegidos. Establecía también una ley que protegía a aquellos que hubiesen llevado a cabo algún invento beneficioso para el estado y otra que ponía en manos del mismo estado el cuidado de los huérfanos de guerra. Los magistrados elegidos por el pueblo debían mostrar su atención particular a los asuntos de la comunidad, a los extranjeros y a los huérfanos. Se detectan aquí ya algunos de los rasgos esenciales que van a presidir toda la especulación teórica subsiguiente; sin embargo, como ha señalado Ferguson, su sistema parece implicar en cierto modo una crítica de la práctica democrática ateniense llevada a su extremo, que sin duda disgustaba a un teórico de las características de Hipodamo.

Otro de estos teóricos fue Faleas de Calcedonia que, según nos informa Aristóteles, estaba más preocupado por la cuestión social de la propiedad, proponiendo que las posesiones de los ciudadanos fuesen iguales. Este procedimiento, fácil de llevar a cabo en las nuevas fundaciones, presentaba mayores dificultades en los estados ya consolidados desde antiguo. Sin embargo, Faleas proponía remediar este desequilibrio mediante la dotación por parte de los ricos sin que las recibieran a cambio por parte de los pobres. A esta igualdad de propiedades Faleas añadía la igualdad de educación. Se trataba en definitiva de una sabia combinación de iniciativas extraídas de la experiencia cotidiana de la vida política con ciertos retoques idealistas procedentes de la especulación teórica sobre la naturaleza y condiciones del estado ideal.

Sin embargo, las especulaciones más importantes sobre la ciudad ideal son indudablemente las de las dos principales figuras intelectuales del momento, Platón y Aristóteles. La vida de Platón fue un reflejo de las distintas vicisitudes de aquellos tiempos. Recibió una buena educación y viajó ampliamente por el mundo griego. Tras su amarga experiencia en Sicilia en su fracasado intento de llevar a la práctica el estado ideal en la persona del tirano Dionisio el Joven, que le había invitado a la isla, se dedicó de lleno a la filosofía. De nuevo en Atenas, fundó una escuela en los jardines de Academo en la que se debatían cuestiones de matemáticas y filosofía. Además de sus muchos Diálogos, en los que se ponen de manifiesto las cuestiones centrales que se debatían y trataban en la Academia, sus dos grandes obras son la *República* y *Las Leyes*. En su estado ideal de la *República* los filósofos constituían la clase dirigente con el objeto de conseguir hacer mejores a sus ciudadanos. La solución de Platón al problema de la estructura del estado ideal consistía en dividir a los ciudadanos en tres clases diferentes que tenían asignada una función específica. A los gobernantes, encargados de dirigir el estado, se añadían una segunda clase de soldados que tenían a su cargo su defensa y protección, y una tercera en la que entraría el resto de los ciudadanos, cuya misión era proporcionar todos los bienes y servicios que requería el estado. Los guardianes del estado debían estar sometidos a un riguroso proceso educativo que desarrollara las cualidades necesarias para el desempeño de su misión. Tenían prohibida la posesión de riquezas y debían carecer de toda clase de vínculos familiares. Para ello era preciso llevar a cabo un proceso de crianza cuidadosamente programado presidido por razones eugenésicas. La comunidad de bienes y de familia eliminaría de raíz toda posibilidad de conflictos. La vida de la tercera clase podía discurrir en cambio por caminos menos austeros, pues podían disponer de los recursos necesarios sin llegar a caer en la pobreza extrema ni adquirir una riqueza excesiva y peligrosa.

Estas tres clases se corresponden con los tres elementos que según Platón dominan el alma individual. La clase gobernante correspondería a la inteligencia, la de los guerreros al valor, y la tercera expresaría el poder de los apetitos corporales. La salud política del estado requería la coexistencia armoniosa de las tres clases a través de una relación ordenada bajo el gobierno y control de la clase dominante. El diseño de este estado ideal se había hecho con el propósito de conseguir la permanencia y la estabilidad tras haber minimizado toda fuente potencial de conflicto. Este estado ideal representaría, en suma, la encarnación social de la justicia, cuya naturaleza constituía el tema inicial de debate de todo el diálogo.

Se ha señalado en la construcción ideal platónica la existencia de ciertas características totalitarias, pero para valorar adecuadamente todo el conjunto hay que tener en cuenta el contexto histórico específico en el que se originó la solución propuesta por Platón a la cuestión del estado ideal, en un mundo en el que la vieja polis se veía amenazada desde el exterior por el creciente auge de grandes potencias como Persia o Macedonia, y desde el interior por las continuas guerras civiles. Se trataba de encontrar un sistema político y una legislación estables que proporcionaran a la comunidad las mayores y mejores oportunidades de supervivencia. Y ése fue, sin duda, el empeño platónico, pero el terrible desencanto de su actuación en Sicilia puso de manifiesto la enorme distancia existente entre la especulación teórica y la realidad.

Otra de las soluciones propuestas a la aparente crisis del sistema era la idealización de las viejas instituciones espartanas que, en opinión de algunos medios intelectuales atenienses, podían garantizar mejor la estabilidad social y la supervivencia en el futuro. Sus valedores, entre los que se contaba Jenofonte, vieron confirmadas sus expectativas en este terreno tras el triunfo militar espartano en la guerra del Peloponeso, que traducía la superioridad de las instituciones espartanas sobre las atenienses. Entre los adalides de esta tendencia hay que situar quizá a la oscura figura de Critias, de quien deriva posiblemente la *Constitución de los Lacedemonios* escrita por Jenofonte, donde se expresa la creencia de que la superioridad de Esparta residía en sus particulares leyes acerca de la familia y la propiedad. Se ensalzaban así ciertas prácticas colectivistas como las comidas en común, que obligaban a la moderación y facilitaban el adoctrinamiento de los jóvenes produciendo mejores soldados. Incluso el entrenamiento físico de las mujeres era contemplado con buenos ojos, pues se creía que podía tener consecuencias positivas desde un punto de vista eugenésico. La homogeneidad en las formas de vida y las restricciones sobre la propiedad eliminaban las posibles diferencias entre ricos y pobres que estaban minando ahora la estabilidad interna de la mayoría de las ciudades griegas. Esta idealización de Esparta, que no correspondía a la realidad mucho más cruda del estado espartano real con todas sus miserias, ilustra, en cambio, el profundo malestar existente entre los medios intelectuales atenienses por las carencias y defectos del sistema democrático.

A diferencia de lo que había hecho Platón, el otro gran filósofo del siglo, Aristóteles, trató de abordar el tema de la ciudad ideal desde perspectivas más realistas. Pasó casi 20 años de su vida en Atenas junto a Platón, estuvo en la corte macedonia como tutor del joven Alejandro y a su regreso a Atenas fundó una nueva escuela conocida como Liceo. Su enorme interés por toda clase de fenómenos observables y su deseo de explicarlos a través de leyes de carácter físico y biológico, le llevó a escribir sobre toda clase de temas, desde la física a la poética, pasando por la lógica, la retórica, la ética, la biología y la política. A la hora de emprender su diseño de comunidad ideal, recopiló los diferentes tipos de sistemas políticos existentes en aquel entonces en todos los rincones del mundo griego, incluyendo también otros lugares del exterior como Cartago. Partió de la base familiar (el *oikos* griego) como primer núcleo humano natural y defendió la propiedad, ya que consideraba que era el motor principal de toda la vida económica. En armonía con su concepción de la vida moral, que definía la virtud como el ejercicio del justo medio, mostró su preferencia por el predominio político de la clase media, por hallarse a resguardo de los excesos y desórdenes de todo tipo que imperaban entre ricos y pobres. Sin embargo, toda su teoría siguió manteniéndose, al igual que sucedía con Platón, dentro del marco estrecho de la polis. Los hechos en cambio iban discurriendo claramente en otra dirección y estaba próximo el triunfo de formas estatales más amplias, concretadas en las ligas y confederaciones o en las poderosas monarquías helenísticas.

También Isócrates trató de aportar soluciones a la crisis política y social que afectaba en aquellos momentos al mundo griego. Su nombre está asociado sobre todo a la educación ya que, como ha señalado Marrou, su propósito fue el de «formar a la élite intelectual de la que tenía necesidad la Grecia de su tiempo». Vio en la retórica la verdadera filosofía y el instrumento necesario para el progreso y la civilización. Sin embargo, alejándose de la mera elocuencia sofística, dio a su enseñanza un valor político y moral. Su programa educativo será el de los tiempos helenísticos y romanos, y por tanto, el de las humanidades futuras. A pesar de su nostalgia de un pasado ideal en el que las instituciones atenienses funcionaban, era consciente de los problemas del momento, para los que propuso algunas soluciones, como la conquista de territorios bárbaros en los que fundar colonias, cuya población estaría constituida básicamente por los elementos sociales más inestables de las ciudades que provocaban problemas de orden público, y cuya creación supondría el establecimiento de un cinturón defensivo contra un ataque bárbaro del exterior.

X. LAS MANIFESTACIONES ARTÍSTICAS

Aunque en el terreno artístico existe también una cierta continuidad con el período anterior, a lo largo del siglo IV se confirman algunas tendencias iniciadas ya a finales de la época anterior y aparecen algunas innovaciones destacadas en los diferentes campos. En este período se construyen ciertamente menos templos que en el anterior y de un tamaño y dimensiones mucho más modestos. Sin embargo, las razones de este descenso en la actividad constructiva no obedecen a una disminución de la piedad o el fervor religioso. Por un lado, la mayoría de los espacios sagrados estaban ya ocupados por los monumentos construidos a lo largo del período anterior. En otros casos, como sucedió en Atenas en determinados momentos, faltaron los recursos financieros necesarios para emprender grandes y costosas obras como las que habían constituido el programa de Pericles. Los medios financieros disponibles se canalizaron además hacia otros proyectos más acuciantes como la urbanización y equipamiento del ágora, donde las actividades comerciales y urbanas que habían alcanzado un gran auge tenían su centro de actividad.

A pesar de estas apariencias se realizaron, sin embargo, importantes obras arquitectónicas en este siglo, como el santuario de Epidauro, cuyo complejo sagrado incluía un teatro y un estadio, el templo de Atenea Alea en la ciudad arcadia de Tegea, cuyas esculturas ornamentales fueron diseñadas por el gran escultor del momento Escopas, el ambicioso programa de la nueva ciudad de Megalópolis en

Arcadia, con un impresionante edificio destinado a albergar su consejo federal, que tenía las dimensiones de una asamblea, o el recinto teatral más grande de Grecia, con capacidad para 21.000 espectadores, que debió de ser utilizado también para las reuniones políticas del numeroso consejo local. Destacan también los recintos fortificados como el de Mesenia, cuyos impresionantes restos pueden contemplarse todavía en la actualidad, o algunas de las fortalezas de la frontera ático-beocia como Eléuteras, destinadas a impresionar a los posibles enemigos además de cumplir a la perfección con su misión protectora. Los teatros constituyen otro de los elementos arquitectónicos privilegiados durante este período, a juzgar por las imponentes construcciones llevadas a cabo en Atenas, Delfos, Epidauro y en la ya mencionada Megalópolis. Resurge también con fuerza a lo largo de este período un tipo de edificio de planta circular denominado *thólos*, cuya precisa función desconocemos pero que pudo haber servido para albergar banquetes rituales. Destacan los ejemplos de Delfos, Epidauro y Olimpia, éste último construido por orden del rey macedonio Filipo II. En este período también, especialmente en su segunda mitad, se desarrolló la stoa de carácter monumental como las de Olimpia, el Anfiareo de Oropo o la de Megalópolis. La estructura urbana en su conjunto, dispuesta en damero, que había sido concebida ya en el siglo anterior por el mencionado Hipódamo de Mileto, se generalizó ahora por todas partes desde las viejas ciudades reconstruidas, como Priene, a las nuevas fundaciones del período, como Megalópolis o las numerosas Alejandrías.

Una característica de toda esta época es el auge que alcanzan los monumentos de carácter funerario, desde el gigantismo desmesurado del célebre mausoleo de Halicarnaso construido en honor del sátrapa cario Mausolo, que formó parte de las siete maravillas del mundo, hasta las magníficas estelas funerarias del Cerámico ateniense, en un tal despliegue de lujo y magnificencia que condujeron a la prohibición expresa de este exhibicionismo por parte del tirano filósofo Demetrio de Falero en la parte final del siglo. Esta espectacularidad escultórica fue también la característica definitoria de los monumentos conmemorativos dedicados en los grandes santuarios griegos, como el de Lisandro en Delfos, para recordar su victoria sobre los atenienses en la guerra del Peloponeso, que instauró todo un estilo a imitar en el curso del siglo, como los monumentos erigidos tras la batalla de Mantinea en el 362 por argivos y arcadios o la dedicación de nueve estatuas por parte del dirigente tesalio Daoco en Delfos pocos años después de Queronea.

En la escultura aparecieron también numerosas innovaciones, como el desnudo femenino, la expresión del movimiento y la pasión, la preocupación por reflejar la exactitud de los retratos individuales o la representación de alegorías como la paz o la democracia. Nombres como los de Praxíteles, Escopas, Leocares o Lisipo, cuyas obras conservadas tan sólo en copias de época romana o conocidas por sus cualidades teóricas a través de los autores romanos como Vitruvio o Plinio el Viejo y que sirvieron de punto de partida para toda la evolución de la escultura posterior, constituyen una clara muestra de la calidad y perfección alcanzada en este terreno durante todo este período. Aunque se han perdido casi por completo las obras más célebres y representativas de los grandes maestros del siglo IV, contamos, sin embargo, con alguna muestra concreta de su gran talento, como el famoso Hermes hallado en Olimpia, que se atribuye a Praxíteles, o los relieves del Mausoleo de Halicarnaso, obra en parte de Escopas. Otra clase de obras originales, como los relieves votivos como la Atenea pensativa de la Acrópolis de Atenas, las muchas estelas funerarias del Cerámico ateniense o el famoso relieve de Eleusis donde aparecen

Deméter, Triptólemo y Perséfone, nos dan también una buena muestra de la pericia artística alcanzada.

Otro arte especialmente floreciente en esta época fue la gran pintura, cuya pérdida total nos impide comprobar en la práctica la altura alcanzada en este campo por los grandes artistas griegos del siglo como Polignoto, Apeles, Zeuxis o Parrasio. La cerámica representa para nosotros el único testimonio accesible a la gran pintura griega y, al tiempo, nos revela la maestría alcanzada por los artesanos ceramistas en el dominio de las formas y volúmenes de los vasos. Junto a la belleza plástica consiguieron también la funcionalidad, pues casi toda la amplia gama de formas tenía una utilidad concreta y estaba en principio concebida para adecuarse a ella. Sin embargo, la decoración pictórica sobre sus paredes convirtió a muchas de ellas en verdaderas obras de arte que eran apreciadas por sí mismas. En la última parte del siglo V y a lo largo del IV surgió en el sur de Italia toda una escuela de ceramistas que compitió con éxito con la cerámica ática. Se desarrollaron estilos locales como el apulio, el lucanio, el campanio, el de Paestum o el siciliano. También en la zona de las colonias del mar Negro surgió el estilo llamado de Kertsch, que se difundió rápidamente por toda la región. Sin embargo, al final del período la calidad de los vasos comenzó a decaer y las obras fueron cada vez más mediocres. La mezcolanza de colores y la excesiva decoración de las cerámicas itálicas antes mencionadas, con esa obsesión por las guirnaldas, constituye una verdadera prefiguración de lo que va a ser el período venidero. Sus temas favoritos, tomados con frecuencia del teatro, reflejan de hecho los gustos de una sociedad que ya ha empezado a cambiar. A diferencia de la cerámica ática, estos talleres itálicos se mantuvieron activos hasta bien entrado el siglo III a.C.

Hay que mencionar, por último, la rica variedad de las llamadas artes menores, en especial la serie de figurillas hechas de terracota. Producidas en Beocia, en la localidad de Tanagra, revelan el aumento de la elegancia y el refinamiento de la nueva época. Constituyen un magnífico testimonio de la vida cotidiana con su representación de todo tipo de gentes y su enorme variedad de ropas, formas y actitudes. Es posible que no hallemos, como ha señalado Levêque, ninguna otra representación de estos aspectos de la vida diaria tan amable y sonriente a la vez como estas pequeñas obras maestras de psicología y arte.

Hay que señalar finalmente la especial posición de los «artistas» griegos dentro de su contexto social. La mayoría de ellos, aunque fueron admirados por la belleza de sus creaciones, no tuvieron nunca los privilegios y el prestigio que se otorgaban a otras actividades del espíritu como la poesía, la música o la filosofía. A diferencia de lo que sucede en la actualidad, los creadores artísticos griegos sólo alcanzaron la consideración de buenos artesanos, gentes que a fin de cuentas estaban obligadas a trabajar con sus manos, una circunstancia que suscitaba el desprecio de la aristocrática mentalidad helénica. No se les atribuía ninguna inspiración divina como a los poetas y no parece que sus retratos y efigies fuesen erigidos en las ciudades como sucedía con aquéllos en los casos de Homero, Píndaro o Sófocles o de oradores como Demóstenes. Muchos de ellos trabajaban además en equipo, como sucedió en monumentos tan grandiosos como el ya mencionado mausoleo de Halicarnaso, en los que colaboraron estrechamente mano con mano arquitectos, escultores, orfebres, ebanistas y pintores. El artista, por tanto, más en el papel de artesano, llevó a cabo su oficio bien aprendido de sus maestros y cumplió una función social, tanto pública como privada, en un aspecto tan esencial para el mundo griego como fue la religión.

VII La época de Alejandro

I. ALEJANDRO Y LA HISTORIA

La figura de Alejandro comenzó a ser ya objeto de leyenda en su propio tiempo para acentuar todavía más este proceso de deformación histórica en los momentos inmediatamente posteriores a su muerte y continuar así de forma imparable hasta nuestros propios días. Recuperar su perfil histórico constituye una tarea casi imposible debido a la intensa campaña propagandística auspiciada por el propio Alejandro, que pretendía presentar su gesta como una hazaña heroica, a la fusión casi insoluble de sus objetivos políticos con su forma de comportamiento, a la interferencia de los estereotipos literarios a la hora de describir su carrera, y a la completa ausencia de fuentes de información contemporáneas que nos obligan a depender de relatos muy posteriores, que fueron elaborados ya bajo unas coordenadas históricas diferentes y en los que predominaban unas preocupaciones e intereses completamente ajenos a la recuperación de la verdad histórica.

El proceso de mitificación de Alejandro se acentuó después de su muerte. Los principales autores que escribieron sobre su persona lo hicieron durante este período y, por tanto, inevitablemente condicionados por la influencia directa que su figura había ejercido sobre ellos, por las presiones de su entorno y por sus propias intenciones de reivindicación o apología. La mayor parte de ellos formaron parte de la expedición oriental y desempeñaron determinados cargos dentro de su corte. Estuvieron así sometidos a las variaciones que experimentó su carácter, desde los momentos brillantes del triunfo a la exasperación de tantas situaciones difíciles. Otros escribieron su historia *a posteriori*, desde una distancia prudencial que evitaba una implicación directa en el curso de los acontecimientos, pero les obligaba en cambio a basar su información en testimonios ajenos que ya habían realizado su propia selección y valoración de los hechos narrados.

El resultado final fue la superposición de una serie de personajes que coincidían en la realización de determinadas acciones, pero mostraban en cada momento actitudes y comportamientos diferentes en función de la perspectiva adoptada para enfocar y evaluar su conducta. Detrás de este variable caleidoscopio existía ciertamente una personalidad histórica que se había ido recubriendo progresivamente de finas capas sucesivas adheridas firmemente al núcleo original en forma de eslóganes propagandísticos, de interpretaciones personales e interesadas, de incomprensión y calumnias, de simples rumores y habladurías nunca confirmadas, o de tópicos legendarios extraídos de la literatura o el folclore tradicional.

A estas dificultades hay que sumar una cierta incapacidad por parte de los estudiosos modernos para entender y valorar en su contexto adecuado algunos comportamientos antiguos, como la incidencia de una actitud religiosa sincera en numerosas circunstancias como las frecuentes intervenciones de prodigios u oráculos, que no pueden ser considerados únicamente desde un ángulo positivista y pragmático como simples actos de cinismo interesado, gestos propagandísticos o meras convenciones formales sin mayor trascendencia. Lejos de las interpretaciones más románticas que presentaban a Alejandro como un soñador impenitente que deseaba alcanzar los confines del orbe y aun asumiendo el frío pragmatismo que caracterizaba la mayor parte de sus decisiones, su comportamiento personal no se explica del todo por esta clase de esquemas maquiavélicos. A fin de cuentas, era un hombre de su tiempo con todas las connotaciones que implicaba desde el punto de vista de las creencias y actitudes hacia el papel determinante de la divinidad dentro de la vida humana y no cabe desechar, por tanto, como simples oropeles ornamentales todos los aspectos de su conducta directamente relacionados con este aspecto.

La figura de Alejandro ha sobrevivido así con grandes dificultades al paso de la historia. Cada época ha ido apropiándose de su persona para dotarla de nueva vida y significación propia que le han ido alejando cada vez más de sus orígenes. El modelo de príncipes en el que se reflejaban los sucesivos emperadores romanos o el caballero medieval que persigue desesperadamente la inmortalidad son sólo algunas de las más célebres recreaciones. Todos los que han escrito sobre su figura, desde Calístenes de Olinto, su historiador oficial que luego cayó en desgracia, hasta los historiadores modernos, han ido recreando un Alejandro a su medida que se adaptaba a las exigencias de la época en que escribían o a sus propias inclinaciones personales. Como ya señaló brillantemente en su día el estudioso americano Ernst Badian, cada autor ha construido su propio Alejandro en función de sus propias inquietudes y ensoñaciones. Los medios de comunicación han aportado también su granito de arena a través de series de televisión o de internet contribuyendo a difundir bien una imagen de Alejandro heroica y colosal como la de cualquier protagonista estelar de hazañas sobrehumanas, bien la de un ser humano excepcional en el que coexistían las más altas cualidades con la perversidad más extrema. El proceso de construcción de la leyenda prosigue así su camino de forma continua e imparable. La tarea de reconstruir su historia con mayúsculas se presenta así como un camino largo y lleno de obstáculos de toda índole. Sólo una identificación precisa de los tópicos legendarios y de las distorsiones históricas manifiestas, la integración dentro de un contexto histórico coherente de los pocos datos disponibles, y la eliminación progresiva de los diferentes obstáculos que impiden una valoración desapasionada y equilibrada de las pocas cuestiones que son susceptibles de esta clase de enfoque, constituyen, como ha recordado recientemente Brian Bosworth, el camino viable para conseguir este objetivo.

II. LAS FUENTES

1. Las historias contemporáneas

No ha llegado hasta nosotros ninguna de las historias contemporáneas del tiempo de Alejandro. La más antigua de las fuentes conservadas es la historia de Diodoro de Sicilia, escrita durante el siglo I a.C., es decir, casi 300 años después de la desaparición de Alejandro. El espectacular vacío de todos estos años intermedios sólo puede ser cubierto mediante la generosa suposición de que la mayor parte de las informaciones transmitidas por las fuentes conservadas, casi todas ellas de época imperial romana, derivan en su origen de las historias originales escritas en su momento durante la propia campaña oriental o en el curso de los años inmediatamente posteriores. Sin embargo, no siempre resulta posible identificar con precisión los fragmentos directamente atribuibles a la pluma de los historiadores contemporáneos de Alejandro. La mayor parte de lo que solemos calificar como fragmentos de estos historiadores perdidos no son en el mejor de los casos más que simples paráfrasis de escritores secundarios que adaptaron el contenido original de la cita al contexto narrativo y literario de sus propias obras. Unas obras que si hasta hace bien poco eran valoradas únicamente como transmisoras de las historias perdidas originales, los estudios más recientes han puesto de manifiesto que se trataba, por el contrario, de obras que tenían su propia originalidad y sus propios objetivos literarios y que, por tanto, procedían a adaptar la cita original a sus propios esquemas con un grado de complejidad y sofisticación mucho mayor del que tradicionalmente se había supuesto.

En el caso de Alejandro, además, las principales fuentes disponibles son obras literarias de reconocido prestigio que no entrarían de modo alguno en esa categoría de «escritores secundarios». Tanto Arriano como Plutarco, dos de los pilares fundamentales de nuestra información sobre la historia del monarca macedonio, son dos escritores destacados del período imperial, autores de una obra extensa y variada, que utilizaron la figura de Alejandro con unas intenciones determinadas que iban mucho mas allá de la simple preocupación de proporcionar a las generaciones venideras la necesaria información histórica. Alejandro se convirtió para ellos en un material literario de primera clase que podían manipular y adaptar en función de sus propios intereses literarios e ideológicos.

Calístenes y los primeros historiadores

El primer autor que escribió sobre Alejandro fue, sin duda, Calístenes de Olinto, historiador oficial de la campaña, que había sido encargado de redactar, a instancias del propio Alejandro, un relato de la misma que sirviera para difundir por doquier las hazañas gloriosas de su protagonista. Calístenes era el único hombre de letras profesional, hablando en sentido estricto, que tenía como oficio específico dentro de la expedición la elaboración de su relato, junto a Anáximenes de Lámpsaco, que desempeñaba al parecer un cometido semejante. Su historia abarcaba desde el paso de Alejandro a Asia hasta la batalla de Gaugamela en el 331 ya que fue ejecutado posteriormente a causa de su negativa a aceptar el ritual de la *proskúnesis*. Era una obra de carácter eminentemente propagandístico que fue publicada posiblemente por partes con el fin de acrecentar dicho efecto. Iba dirigida fundamentalmente a los griegos, ante quienes Alejandro deseaba aparecer como el campeón de la causa helénica frente al bárbaro que tenía por objetivo la venganza de las ofensas inferidas más de un siglo antes con motivo de la invasión del 480 a.C. Como ha señalado Klaus Meister, Calístenes tocaba todas las cuerdas necesarias para demostrar la descendencia divina de Alejandro a través de un relato de tono altamente dramático y retórico en el que Alejandro trataba de emular las hazañas de los antiguos héroes griegos.

Es muy difícil valorar el peso de Calístenes en la tradición historiográfica posterior sobre Alejandro. Los candidatos principales son aquellas noticias de la expedición que destacan el espíritu panhelénico de la misma o el proceso de divinización del monarca macedonio como algunos gestos simbólicos, al estilo del envío como ofrenda a los atenienses del escudo capturado a los persas como primer botín de guerra o la visita al oráculo de Siwah en pleno desierto egipcio. Su obra quedó inacabada, ya que, como se dicho antes, Calístenes fue acusado de tomar parte en una conspiración y fue consiguientemente ajusticiado en el año 327 a. C.

La obra de Anáximenes de Lámpsaco, caracterizada al parecer por una clara tendencia adulatoria hacia la persona de Alejandro, ha dejado reducida huella en la tradición posterior a juzgar por la escasez de fragmentos conservados. Otra figura importante que debiera figurar también a la cabeza de la tradición primaria sobre Alejandro es sin duda el tirano y filósofo peripatético ateniense Demetrio de Falero, que compuso un tratado *Sobre la fortuna* a finales del siglo IV a.C. en el que dedicaba un gran espacio a la figura del conquistador macedonio. Como ha demostrado recientemente Richard Billows a partir de una mención de Polibio, el más importante de los historiadores helenísticos, su interpretación de Alejandro como el favorito de la fortuna más que como un hombre de genio constituyó seguramente uno de los principales elementos conformadores de toda la tradición posterior, tal y como quedó reflejado en la obra de Clitarco y en sus derivaciones en Diodoro y Quinto Curcio. También es más que probable que el historiador helenístico Jerónimo de Cardia, del que nos ocuparemos en el siguiente capítulo, consagrase un espacio considerable a tratar de la carrera de Alejandro al inicio de su historia de los tiempos posteriores a la muerte del conquistador macedonio. Su información, extraída de testimonios tan directos como el propio canciller de Alejandro, Éumenes de Cardia, compatriota, por tanto, del propio Jerónimo y a quien sirvió durante un período de tiempo, debe ser considerada también entre las fuentes primarias de Alejandro. Su visión de Alejandro, escasamente apologética o adulatoria, parece menos impresionada por las gestas del macedonio y ha dejado sus ecos en historiadores posteriores como Polibio, algunas de cuyas menciones sobre el monarca macedonio derivan seguramente de la obra de Jerónimo de Cardia.

Tolomeo y Aristobulo

Ambos historiadores son las fuentes principales del relato de Arriano que constituye sin duda alguna nuestra principal fuente de información sobre la historia de Alejandro. Tolomeo era uno de los compañeros (*hetairoi*) de Alejandro que participó en la campaña como uno de sus generales más destacados. Es muy probable que en su relato concediese la primacía al desarrollo militar de la campaña, con abundantes descripciones pormenorizadas de las diferentes batallas y asedios. De hecho, había tomado parte destacada en muchos de los combates decisivos y era por su dedicación un conocedor de primera de esta clase de temas.

Parece lógico imaginar que concentrara su atención preferente en aquellos episodios que permitían poner de relieve su propia actuación personal y demostrara, en cambio, ciertas reticencias a la hora de dar cuenta de las hazañas de otros generales con los que luego entraría además en competencia directa por la asunción de la herencia de Alejandro tras la desaparición de éste. Tolomeo deseaba ocupar un lugar privilegiado entre los sucesores de Alejandro con el fin de legitimar su gobierno de Egipto y para ello adoptó una serie de instancias de carácter marcadamente propagandístico como el traslado del cadáver de Alejandro a Alejandría, tras haberlo desviado intencionadamente de su ruta hacia Macedonia. Es muy probable que la redacción de su historia, que reflejaba de forma evidente su cercanía a Alejandro y el destacado papel que había desempeñado en determinados momentos clave de la campaña, como su decisiva actuación en la ciudad de los Malos en la India, donde salvó a Alejandro de la muerte, responda también a este tipo de iniciativas.

Tolomeo presentaba a Alejandro como un destacado caudillo militar provisto de todas las cualidades marciales. Su relato de la campaña oriental ponía de relieve el valor, la rapidez, la previsión y el dominio del factor sorpresa que Alejandro demostraba en todas sus acciones. Sin embargo, existe la impresión de que no llegó a profundizar en el trasfondo de los acontecimientos que narraba dejando fuera de su análisis las tragedias personales que rodearon el entorno de Alejandro en los últimos años con la sucesión casi ininterrumpida de conspiraciones y asesinatos. Como la mayoría de los dirigentes macedonios, reflejó en su obra la falta de simpatía por la política orientalizante de Alejandro que nunca llegó a comprender y presentó la campaña desde una perspectiva exclusivamente macedonia que dejaba a un lado la tendencia panhelénica manifiesta en Calístenes. Sin embargo, movido quizá por sus propias circunstancias personales como gobernante a la cabeza de Egipto, donde los aspectos religiosos tenían una importancia tan grande, destacó la piedad religiosa de Alejandro como uno de los principales factores en su comportamiento a lo largo de toda la campaña. Su principal objetivo fue una imagen de Alejandro sobria y objetiva que contrarrestara las tradiciones mucho más fabulosas que empezaban a florecer por aquel entonces. Se basó principalmente para la elaboración de su historia, cuyo título preciso y amplitud desconocemos, en sus propios recuerdos personales y en los Diarios reales. Se trata en definitiva de la «versión oficial» de los hechos en la que la fidelidad a la persona de Alejandro y su propia autojustificación desempeñan un papel determinante.

Aristobulo era, por su parte, una especie de técnico del estado mayor macedonio, que estuvo también presente a lo largo y ancho de toda la campaña oriental. Su versión de los hechos difería sin duda de la de Tolomeo, ya que fue utilizado también por Arriano para complementar su información. Parece que su atención se centraba de forma particular en los aspectos más humanos de la campaña y de su protagonista principal. Se interesó así por los sufrimientos y penalidades de las tropas en momentos tan cruciales como la travesía del Hindu-Kush en pleno invierno o la marcha a través del agobiante desierto de Gedrosia en el viaje de regreso. Alejandro aparecía dibujado como un personaje que se comportaba de forma caballeresca con las mujeres, que disfrutaba de los frecuentes actos sociales que tenían lugar en el campamento real, como las diferentes fiestas y banquetes, y que demostraba una preocupación constante por la suerte de sus soldados. Quizá se vio obligado a realizar una cierta apología de Alejandro frente a las diversas acusaciones de crueldad e intemperancia que se lanzaban en su contra, tratando de mostrar las facetas más sensibles de su conducta. Es probable que dedicara amplio espacio a tratar los momentos finales de Alejandro en Babilonia. Su principal objetivo, coincidente con Tolomeo, era corregir los excesos de la tradición fabulosa presentando una imagen mucho más realista y cercana del soberano macedonio.

Su obra reflejaba toda la fascinación de quien se adentraba por vez primera en territorios desconocidos y contemplaba admirado la inmensidad de sus paisajes y la grandeza de las realizaciones humanas allí presentes, como la tumba de Ciro en Pasargada, el templo de Bel en Babilonia o el puerto de esta misma ciudad. Estaba interesado también por las vías comerciales que discurrían a través de todo este inmenso territorio y por la regulación del caudal de los ríos.

Onesícrito y Nearco

Onesícrito y Nearco ocuparon cargos importantes al frente de la flota real de Alejandro. Sus historias parecen haber incidido en menor manera dentro de la tradición posterior, si bien sus huellas se dejan sentir respectivamente en las obras de Plutarco y Arriano. Onesícrito, que formaba parte del séquito de literatos y filósofos que acompañaban a Alejandro, compuso una historia completa del monarca macedonio que abarcaba desde su nacimiento hasta su muerte. Su obra mereció ya en la Antigüedad severas críticas por su inclinación hacia los aspectos más sensacionalistas y maravillosos. Su relato no puede catalogarse como una obra histórica en el sentido estricto del término. Siguiendo los pasos de la *Ciropedia* de Jenofonte se inscribe más bien dentro de una particular categoría intermedia que mezcla la historia y la utopía filosófica, como ya destacó acertadamente Felix Jacoby. Sus concepciones cínicas le condujeron a presentar a Alejandro como un filósofo en armas que se disponía a comunicar al mundo los principios de la filosofía y las ventajas de la civilización griega. La expedición oriental no era para Onesícrito una guerra de venganza panhelénica como para Calístenes, sino una empresa pacificadora que tenía como último objetivo conseguir la hermandad de los pueblos del orbe. Destacaba, por tanto, la formación intelectual de Alejandro, su gran curiosidad como descubridor de nuevos territorios y su espíritu civilizador. A su pluma se deben probablemente episodios tan célebres como el encuentro de Alejandro con los gimnosofistas, los sabios indios que eran considerados como la representación máxima de la sabiduría, que pusieron a prueba su capacidad en este terreno, y la entrevista con la reina de las míticas Amazonas, que ponía de manifiesto la llegada de Alejandro a los confines del orbe. Su interés por los aspectos naturalistas de la expedición quedan reflejados en las informaciones sensacionalistas sobre la fauna y la flora de la India como las serpientes gigantescas, los enormes elefantes o los árboles de tamaño descomunal como el célebre banián que era capaz de proporcionar sombra a casi 10.000 personas.

Nearco, otro de los compañeros de Alejandro que tuvo a su cargo la flota que mandó construir para el regreso desde el Indo hasta el golfo pérsico, escribió un relato en el que describía las diferentes peripecias acontecidas en el curso de la travesía que estaba profundamente influido por sus modelos literarios como la *Odisea* homérica y Heródoto. Basada en su propio testimonio ocular, la obra de Nearco contenía abundantes descripciones de carácter etnográfico sobre los pueblos que habitaban aquellas regiones así como algunas noticias de carácter naturalista y geográfico-astronómico. Su objetivo era resaltar su estrecha relación con la persona de Alejandro y en alguna medida entretener a su auditorio con el relato de algunos episodios sorprendentes, como su encuentro con las ballenas o su paso por islas misteriosas y encantadas a lo largo de la ruta. Fue utilizado como fuente de información por numerosos autores posteriores como Teofrasto, Eratóstenes, Estrabón y Arriano.

Ecos de corte y propaganda

Otros historiadores que escribieron acerca de Alejandro han dejado una huella notoriamente menor dentro de la tradición posterior. En muchos casos son poco más que simples nombres asociados a determinadas anécdotas transmitidas por autores tardíos que representan los ecos de los rumores que circulaban por la corte o de la propaganda a favor o en contra del conquistador macedonio. Cabe mencionar entre ellos a Cares de Mitilene, un chambelán de la corte que conocía a la perfección por su cargo todos los acontecimientos relacionados directamente con el comportamiento del rey dentro de este ambiente. Posiblemente, debido a esta circunstancia, sirvió de fuente de información a historiadores posteriores como Tolomeo, Aristobulo o Clitarco. Destaca también la figura de Efipo de Olinto, una especie de supervisor a cargo de los extranjeros que cargó las tintas sobre los aspectos más negativos de la conducta de Alejandro, como la extravagancia de sus banquetes o los excesos de todas clases a los que se entregaba con frecuencia. En la dirección opuesta hay que mencionar a Medeo de Larisa, uno de los trierarcas de la flota, cuya obra fue catalogada como uno de los mayores ejemplos de adulación hacia el monarca macedonio. Resta citar, por último, a Marsias de Pela, que además de una historia de su país compuso un tratado específico sobre Alejandro con el objetivo de contraponer una visión exclusivamente macedonia del rey a la imagen cínica que había propagado Onesícrito. En algunas de estas obras, especialmente las que a la manera de Efipo se encargaron de resaltar con evidente hostilidad los defectos de Alejandro, hay que situar el inicio de la leyenda negra sobre el macedonio que gozó al parecer de una cierta popularidad entre los medios intelectuales griegos, que nunca mostraron ningún tipo de simpatía hacia la figura del monarca.

Clitarco

Aunque no tomó parte en la expedición oriental, como la mayoría de sus predecesores, el historiador de Alejandro que gozó de una mayor popularidad en el mundo antiguo fue sin duda alguna Clitarco, que vivió en Alejandría bajo el gobierno de los primeros tolomeos. Su historia de Alejandro ejerció un enorme influjo en la tradición inmediatamente posterior, como refleja el hecho de que haya sido identificado como la base principal de la denominada Vulgata, es decir, de la tradición popular más difundida acerca del soberano macedonio que ha dejado sus huellas en autores como Diodoro, Curcio o Justino. Es muy probable que compusiera su obra unos años antes que las de Tolomeo y Aristobulo que son tenidas como las representantes de lo que podría considerarse la versión oficial de la historia, elaborada quizá, en opinión de algunos, para contrarrestar las mentiras, exageraciones y fantasías que contenía la historia de Clitarco.

Clitarco pudo utilizar las informaciones orales de muchos testigos directos de los acontecimientos como algunos de los veteranos macedonios e incluso alguna de las historias de sus antecesores como Calístenes, Onesícrito y Nearco. Su posición dentro de la tradición antigua es ambigua, como pone de manifiesto la afirmación del tratadista latino Quintiliano, que le reconocía el genio pero le negaba la credibilidad. Con una narración extraordinariamente hábil y sugestiva trataba de impresionar al lector por medio de todos los recursos a su alcance en la línea de la historiografía dramática y retórica que ya había practicado su padre, el historiador Dinón, que compuso una obra sobre el imperio persa, y que se impondría como tendencia general a lo largo de los siglos venideros.

De su obra podrían derivar algunos pasajes tan significativos desde el punto de vista fantástico como algunas descripciones de animales y aves de la India, o episodios de carácter mítico como el encuentro de Alejandro con la reina de las Amazonas y su deseo de seguir los pasos de Dioniso durante su viaje a la India. A ella se han remitido también historias con cierto sabor romántico, como el papel decisivo que la cortesana ateniense Taíde desempeñó en el incendio de Persépolis. Es posible que su enorme popularidad se debiera en buena parte a ese rasgo tan característico de toda la historiografía griega de saber combinar adecuadamente el relato de acontecimientos plausibles como el asedio de Tiro, con otros completamente fantásticos como el encuentro con la reina de las Amazonas, que recibían un tratamiento parecido. Resulta tremendamente difícil apreciar en su integridad una obra tan compleja como la de Clitarco, en la que se combinaban aspectos aparentemente contradictorios a través de su derivación más que problemática en las obras de autores posteriores conservados.

2. Los documentos contemporáneos

Aparte de las fuentes literarias, existió también una serie de documentos oficiales que pudieron tener también cierta incidencia en la conformación de la tradición posterior. Uno de ellos son los diarios reales conocidos como *Efemérides,* que según algunas opiniones podrían derivar del relato redactado por el griego Éumenes de Cardia, que ocupaba el puesto de canciller de la corte. Proporcionaban al parecer una información puntual día por día de la última enfermedad fatal de Alejandro en Babilonia. Es muy probable que se tratase de una obra de propaganda encaminada fundamentalmente a despejar los insistentes rumores que hablaban de un envenenamiento como causa de la muerte del conquistador macedonio o de su excesiva propensión al alcohol que habría acelerado el fatal desenlace de su enfermedad. Fueron poco usados por los historiadores posteriores por considerar que sus informaciones no añadían nada nuevo a lo ya sabido o por las sospechas que suscitaba su composición interesada.

También se atribuye un cierto valor documental a las cartas de Alejandro, que fueron muy pronto objeto de una serie de recopilaciones en las que se entremezclaban los documentos auténticos con falsificaciones manifiestas. Otros testimonios cuyo valor documental debe ser destacado son los informes redactados por los bematistas, que tenían como misión medir las distancias de la expedición haciendo constar la extensión y duración de cada una de sus etapas. Sus precisas informaciones geográficas fueron utilizadas para la redacción de la *Geografía* de Eratóstenes, que intentaba llevar a cabo una descripción del mundo habitado sobre bases más precisas. Es probable que no se limitaran tan sólo a proporcionar los escuetos datos numéricos de las distancias y contuvieran también noticias acerca de la flora y fauna locales que iban encontrando a lo largo del itinerario. Dentro de este campo destacan los nombres de Baetón, Diogneto y Amintas.

3. La tradición conservada

De entre las fuentes de información de que efectivamente disponemos para reconstruir la historia de Alejandro destaca en primer lugar la obra de Arriano de Nicomedia, un senador romano de origen griego que escribió hacia mediados del siglo II d.C. la *Anábasis de Alejandro* en ocho libros. Constituye la narración más completa que tenemos sobre la campaña oriental de Alejandro. Se basó principalmente en las obras anteriores de Tolomeo y Aristobulo aunque no de manera exclusiva. Recurrió también a otros testimonios que no aparecen tan claramente identificados como los anteriores, entre los que podrían estar las obras de Calístenes y Nearco. No se trata, sin embargo, de un relato absolutamente veraz y objetivo de los acontecimientos. Arriano tenía sus propias pretensiones y objetivos literarios condicionados por los gustos y expectativas del público al que la obra iba dirigida. Sus deseos de rivalizar con los grandes historiadores del pasado, especialmente Heródoto, Tucídides y Jenofonte, condicionó también de manera evidente su tratamiento de la figura del conquistador macedonio, que utilizó abiertamente como material idóneo para superar en el terreno literario a sus antecesores. Utilizó, por tanto, sus fuentes de manera discriminada con el fin de apuntalar e ilustrar su propia visión de Alejandro.

Otra fuente de gran importancia es la biografía consagrada a Alejandro por el maestro de este género en la Antigüedad, Plutarco de Queronea, autor de las célebres *Vidas paralelas*. Al inicio de la misma manifiesta claramente su intención de escribir biografía con claros perfiles moralizantes y no obras de historia. Se interesaba así de forma preferente por aquellos hechos anecdóticos que ponían mejor de manifiesto los rasgos más destacados de la personalidad del sujeto biografiado y no concedía en consecuencia ningún tipo de prioridad al relato cronológicamente secuenciado de los acontecimientos. Para su composición utilizó una amplia gama de testimonios entre los que se cuentan probablemente Aristobulo, que ofrecía abundantes observaciones sobre la conducta y el carácter de Alejandro, Onesícrito y Clitarco.

Dentro de una rama de la tradición diferente que arrancaría en su origen de Clitarco y que se ha venido en denominar la Vulgata de Alejandro se hallan las obras de Quinto Curcio Rufo, la historia de Diodoro de Sicilia y el resumen de Justino de la historia universal de Trogo Pompeyo. La obra de Curcio, cuya datación precisa sigue constituyendo un verdadero problema, es un relato de carácter marcadamente retórico repleta de discursos elaborados y comentarios moralizantes que interpretaba los acontecimientos del reino de Alejandro en clave contemporánea de la Roma imperial. Sus temas recurrentes, como son la omnipresente influencia de la fortuna y el problema de la independencia del individuo dentro de un régimen despótico, han condicionado de manera evidente su elección y conformación del material utilizado.

La historia de Diodoro, que ha sido considerada como el conducto más auténtico de transmisión de la Vulgata, presenta también sus propios problemas. El predominio de un vocabulario uniforme y recurrente a lo largo de toda su obra y su preferencia evidente por determinados tipos de episodios revelan que su relato de Alejandro forma parte indisociable de todo un conjunto en el que cuesta trabajo deslindar de manera específica la presencia inequívoca de una determinada fuente anterior. Diodoro muestra además una clara tendencia a abreviar de manera drástica y caprichosa el contenido de sus fuentes y manifiesta una decidida inclinación por los aspectos más sensacionalistas.

El Epítome de Justino presenta características similares a la hora de determinar la fuente concreta que sirvió de guía principal a su historia de Alejandro. A pesar de tratarse de un resumen, su autor no se limitó a transcribir la obra original de Trogo Pompeyo, sino que impuso su propio vocabulario y hasta algunas de sus ideas.

Ecos de las fuentes originarias han quedado también subsumidos dentro de una serie de obras de carácter más o menos heterogéneo como la *Geografía* de Estrabón, especialmente en sus libros sobre Egipto o la India, donde aparecen algunas noticias sobre sus campañas en aquellos países, o como las obras de Ateneo, Plinio el Viejo o Eliano, donde se recogen algunas anécdotas y ciertos episodios de carácter sensacionalista.

La figura excepcional de Alejandro ha dejado también sus huellas en otro tipo de literatura procedente de las escuelas de retórica, cuyo objetivo era elaborar ingeniosos argumentos capaces de persuadir al auditorio. Los muchos lugares comunes que contenía la historia de Alejandro ofrecían un amplio abanico de posibilidades en este sentido para ser desarrollados en los ejercicios correspondientes. Una de estas obras es el célebre tratado de Plutarco *Acerca de la fortuna de Alejandro*, que trata acerca de las razones del sorprendente éxito de las campañas del macedonio. De la misma forma, Alejandro constituyó un tema inagotable para la reflexión de las escuelas filosóficas acerca de los excesos del comportamiento humano y la forma de conducta más adecuada. Los peripatéticos explicaron así los cambios experimentados en su carácter por su sorprendente éxito y su afición al lujo oriental, mientras que los estoicos lo consideraron el clásico ejemplo del triunfo de un individuo que se hallaba constantemente bajo la protección de la fortuna.

4. La tradición legendaria

Al lado de esta tradición histórica, que no siempre estuvo bien definida y delimitada, existió ya en la propia antigüedad una literatura de carácter abiertamente legendario sobre la figura de Alejandro en la que predominaban de forma clara los elementos de carácter fantástico y maravilloso. Su origen hay que situarlo en la ciudad de Alejandría, donde se desarrolló a lo largo de todo el período helenístico. En su formación tuvieron una enorme importancia las acciones propagandísticas emprendidas por Tolomeo, situado ya a la cabeza del nuevo reino de Egipto y deseoso de establecer una vinculación estrecha con la figura del propio Alejandro para reafirmar su legitimidad dinástica. También contribuyeron de manera destacada en su desarrollo algunos de los episodios de las obras de historiadores como Onesícrito y Clitarco del tipo de las supuestas entrevistas de Alejandro con personajes como los filósofos indios o algunas aventuras completamente imaginarias que habían ocurrido en los lugares más alejados, de las que empezaron a circular versiones completamente ficticias. No hay que descartar tampoco el papel de algunos de los supuestos documentos originales, como las cartas de Alejandro dirigidas a personajes tan destacados como Aristóteles, o algunas citas literales que se decían extraídas supuestamente de los diarios reales. El gusto por todo lo exótico y sensacional que imperaba dentro de la literatura helenística contribuyó sin duda enormemente al desarrollo de este tipo de leyendas.

Esta tradición legendaria y fabulosa se remonta a la obra del llamado Pseudo Calístenes, compuesta posiblemente en Alejandría en los últimos siglos de la época helenística (con seguridad posteriormente al 200 a.C.). Para su composición utilizó fuentes literarias ya existentes y tradiciones de carácter oral que habían alcanzado por aquel entonces una enorme difusión. La versión original de esta obra fue reelaborada más tarde y ampliada con la adición de nuevos materiales, como las cartas atribuidas a Alejandro y ciertos elementos de propaganda procedentes de la filosofía cínica. El texto que hoy tenemos a nuestra disposición se encuentra dividido en cinco versiones diferentes, todas ellas ya de época imperial. Sus tres componentes esenciales son una biografía de Alejandro escrita posiblemente en época helenística en un tono sensacionalista, una novela de carácter epistolar en la que los diferentes episodios de la conquista se veían reflejados en los comentarios personales de algunos de los principales protagonistas, y, por último, un conjunto de cartas dirigidas a Olimpíade, la madre de Alejandro, o a su maestro Aristóteles, en las que se daba cuenta de las aventuras maravillosas del héroe que habían tenido lugar en la India y de otros acontecimientos claramente fabulosos como su viaje a la tierra de los afortunados en el cielo ayudado por unos pájaros, o su descenso al fondo del mar provisto con una escafandra de buzo.

La obra está repleta de inconsistencias de tipo geográfico y cronológico y probablemente las intenciones de su autor no eran otras que las de entretener a su público mostrando las increíbles andanzas de su héroe, conquistador del mundo y explorador de regiones desconocidas. Fue traducida a 35 lenguas y alcanzó una gran popularidad en la Edad Media a través de ilustraciones que figuraban en los diferentes manuscritos. Estas ilustraciones provienen posiblemente de un ciclo pictórico antiguo que pudo haberse añadido a la novela en Alejandría hacia el siglo IV d.C.

Hay que mencionar dentro de esta tradición legendaria, surgida al amparo de los hechos históricos reales, un curioso texto conocido como el Epítome de Metz, que es la versión latina de un texto griego original compuesto a los pocos años de la muerte de Alejandro dentro del contexto político de las luchas por la sucesión entre Antípatro y Pérdicas, en donde se narran los últimos momentos de su vida y su testamento final. Ha aparecido una versión del original griego en un papiro del siglo I.

5. Las fuentes materiales

La evidencia material con que contamos a la hora de reforzar el testimonio de las fuentes literarias no es, desgraciadamente, muy abundante. Apenas tenemos unas cuantas inscripciones que pueden datarse con relativa seguridad en el período contemporáneo a los acontecimientos. La mayoría de ellas contiene cartas de Alejandro a las ciudades griegas de Asia Menor en las que expone la política a seguir con cada una de ellas.

También las monedas constituyen un importante testimonio acerca de la imagen que Alejandro deseaba trasmitir de su persona y de su aventura al mundo griego. A través de sus emisiones se expresan, en efecto, algunos de sus ideales propagandísticos, como su descendencia divina de Zeus a través de Heracles o sus pretensiones de emprender una guerra de represalias contra el imperio persa. Tenemos así los famosos tetradracmas con la cabeza de Heracles y Zeus sentado en el trono junto a otros en los que figura la cabeza de Atenea y una Victoria alada. En un principio sólo las cecas macedonias produjeron las monedas, pero más tarde fueron extendiéndose por todas las tierras del imperio, reflejando sus deseos de construir una monarquía de alcance universal que abarcara todo el orbe conocido. Sin embargo, el valor financiero de estas emisiones, que se hallaban bajo el control directo del tesorero central, Hárpalo, y no de Alejandro, que se hallaba lejos de los centros de emisión durante su expedición al Oriente, se nos escapa en buena medida debido a la escasez de testimonios a este respecto.

Nos resta mencionar los restos arqueológicos de las numerosas ciudades que Alejandro fue fundando a lo largo de su expedición. Plutarco le atribuye 70 nuevas fundaciones. Sin embargo, tampoco en este terreno nos hallamos en mejores condiciones. La más célebre de todas es la Alejandría egipcia, en la que los recientes trabajos de exploración submarina han permitido conocer mejor algunos de los aspectos centrales de la gran capital de los Tolomeos, cuyos restos se hallan bajo la ciudad actual. La mayoría permanece aún sin identificar o no se han descubierto sus emplazamientos en medio de la meseta irania o de las estepas del Asia central. Un claro ejemplo de las posibilidades que todavía aguardan en este campo nos la proporcionan las excavaciones francesas en Ai-khanum, en pleno Afganistán, que podría identificarse con la Alejandría del Oxo o tratarse, por el contrario, de una nueva fundación seléucida. Se trata de una ciudad claramente de tipo griego con su teatro y su gimnasio, que se estableció sobre un área de gran riqueza agrícola que se hallaba ya en cultivo gracias a un complejo sistema de irrigación artificial que data de los períodos precedentes.

6. Incertidumbres e interrogantes

La historia completa del imperio de Alejandro no puede ser restituida por nuestras fuentes de información. Los condicionantes y limitaciones de las historias conservadas hasta nosotros son considerables. Su principal óptica de enfoque eran las hazañas militares de Alejandro y los rasgos más destacados de su personalidad. Su interés se centraba en aquellas acciones y acontecimientos que ilustraban de la mejor manera los perfiles de una personalidad de carácter heroico y excepcional. Quedaban, por tanto, fuera de su consideración cualquier otra clase de informaciones relativas a los aspectos sociológicos o económicos de la campaña, como las medidas de tipo administrativo o financiero que sirvieron para gestionar la conquista o la dinámica de sus relaciones con los persas y las demás etnias que constituían su gigantesco imperio.

Se trata además de una historia parcial, ya que es el resultado exclusivo de la versión de los vencedores. Los persas sólo aparecen en el relato como el antagonista pasivo destinado a la derrota final. Desconocemos por completo sus reacciones a la conquista fuera del esfuerzo militar. Ignoramos también la medida en que las disposiciones de Alejandro tendentes a establecer un puente de unión con la nobleza persa recibieron aceptación o generaron el rechazo. Sabemos que la figura de Alejandro despertó la hostilidad de las poblaciones sometidas, a juzgar por los ecos que han quedado en las leyendas populares y en la tradición folclórica de toda la zona. Alejandro aparece en ellas como un bandido terrible que saqueó y arrasó todos los territorios a su paso.

Nuestras fuentes son además, no lo olvidemos, obras literarias que se enmarcan dentro de una determinada tradición que tiene sus orígenes en la épica homérica. El peso evidente de dicha tradición se deja sentir con fuerza en casi todos los relatos a la hora de reflejar las hazañas de Alejandro y sus diferentes reacciones. La relación entre Alejandro y su compañero de armas Hefestión está diseñada, por ejemplo, sobre el modelo homérico a imitar de la estrecha amistad entre Aquiles y Patroclo. Desconocemos, por tanto, en qué medida el deseo de reproducir estos esquemas tradicionales ha condicionado o distorsionado gravemente la versión de los hechos reales y nos hallamos simplemente ante una recreación literaria de un episodio mítico.

La concentración exclusiva sobre una determinada personalidad constituía dentro de la literatura histórica griega un tema inédito que apenas contaba con precedentes. Ninguno de los personajes históricos anteriores había acaparado por sí mismo tanta atención por parte de los autores contemporáneos a pesar de la importancia que el elemento personal había tenido siempre en la historiografía griega con ejemplos tan destacados como los de Creso, Darío o Jerjes en Heródoto, Pericles y Cleon en Tucídides, Agesilao en Jenofonte o Filipo en Teopompo. La importancia excepcional de la expedición en todos los terrenos, desde el puramente militar y estratégico hasta el más exótico y geográfico, atrajo la atención de toda clase de autores que encontraron en ella material suficiente para desarrollar sus gustos e inclinaciones particulares.

III. LA FIGURA DE ALEJANDRO

1. Alejandro y Macedonia

A pesar de todas las apariencias de la tradición, no conviene olvidar que Alejandro era a todas luces un príncipe macedonio con todas las implicaciones que dicha condición tenía en su conducta y maneras de proceder. Era hijo del rey macedonio Filipo II y de la princesa epirota Olimpíade, dos poderosas y singulares personalidades que debieron dejar su impronta en el carácter de su hijo. El valor, la energía y la inteligencia política heredados de su padre se mezclaron seguramente con los rasgos maternos, que demostraban una sensibilidad especial hacia los cultos religiosos. Aunque recibió una educación griega de la mano de algunos destacados preceptores como Aristóteles y Anaxímenes y se familiarizó desde muy temprano con los grandes poetas griegos, desarrolló toda su actividad dentro del contexto macedonio con los deberes y obligaciones que su condición real comportaba. Su temprana participación en la ambiciosa política expansionista diseñada por su padre debió de condicionar en buena medida su carácter y expectativas de futuro. Comenzó también desde muy joven a tomar parte en las empresas militares del reino, tanto en su lucha incesante contra los enemigos fronterizos del norte, dárdanos e ilirios, como en el sometimiento progresivo de los estados griegos del sur. Con sólo 18 años estuvo al frente de la caballería macedonia en la decisiva batalla de Queronea, donde se decidió el destino final de las ciudades griegas que pasaron bajo la incuestionable hegemonía macedonia.

El inesperado asesinato de su padre le hizo acceder al poder antes de lo previsto obligándole a adoptar una posición de fuerza para superar con éxito la intermitente oposición de una parte de la nobleza macedonia y las conjuras cortesanas que habían provocado la muerte de Filipo y para afrontar el desafío constante de sus principales enemigos del exterior, que, siempre atentos a cualquier muestra de debilidad de la realeza macedonia, trataban de minar progresivamente por medio de la fuerza o la diplomacia la estabilidad de la monarquía y la integridad del país. Alejandro tuvo que hacer frente de manera enérgica e implacable a todas estas circunstancias hostiles. Sometió la resistencia interior y solventó con relativa facilidad la rebelión de las ciudades griegas encabezadas por Tebas y Atenas. La ciudad de Tebas fue arrasada hasta sus cimientos por las tropas macedonias, que sólo dejaron en pie la casa del poeta Píndaro y los templos de los dioses. Atenas, sin embargo, recibió un tratamiento mucho más moderado, seguramente con una clara intencionalidad política, ya que todavía era la ciudad más importante dentro del panorama griego y Alejandro precisaba de la flota ateniense para hacer frente al poder marítimo de los persas.

Alejandro quería llevar a término los planes de expansión en Asia que había concebido su padre. Su perspectiva era en este sentido exclusivamente macedonia, pero para poder afrontar con posibilidades de éxito una expedición de semejante envergadura necesitaba neutralizar en la mayor medida posible cualquier foco de resistencia griega. La campaña oriental tenía también unos evidentes objetivos propagandísticos que precisaban de la colaboración de Atenas, que había sido el principal impulsor de la resistencia griega contra el persa. Si se pretendía presentar la expedición como una campaña de represalias emprendida por una liga helénica dirigida y comandada por el rey macedonio, el papel de Atenas dentro de la misma resultaba imprescindible. Alejandro trató de convertir de este modo un proyecto macedonio y una aventura personal en un proyecto de dimensiones panhelénicas que implicaba a la mayor parte de las ciudades griegas.

2. La personalidad de Alejandro

Intentar descubrir la personalidad de Alejandro es uno de los mayores retos a que se han enfrentado los historiadores antiguos y modernos. Su figura aparece desde el principio magnificada o distorsionada por los excesos de la propaganda y la leyenda. La herencia paterna y materna condicionaron ciertamente su carácter, pero no estamos en condiciones de determinar en qué medida y hasta qué punto muchas de sus acciones se explican desde esta perspectiva genética y psicológica. A partir de los relatos conservados emerge una personalidad compleja, difícil de explicar a través de un solo rasgo dominante. Las numerosas anécdotas que ilustran tal o cual comportamiento configuran un personaje de infinitos registros, cuya forma de proceder oscila a menudo entre demostraciones de generosidad y humanismo y puntuales arrebatos de cólera y crueldad que provocaban irremediables consecuencias.

Algunos intentos más serios han tratado de abordar el problema desde una perspectiva más sólida que la simple evaluación *a posteriori* de unos relatos altamente condicionados desde el punto de vista literario e ideológico. Éste es el caso del estudioso alemán Victor Ehrenberg, que ha centrado sus investigaciones en la expresión del célebre *póthos*, entendido como un deseo irracional e irrefrenable de sobrepasar todos los límites, tanto espaciales como personales, imbuido también de un cierto componente nostálgico que le impulsaba a igualar las hazañas de los viejos héroes de la mitología griega. En opinión de Ehrenberg, esta confusa noción, que reflejaría una frase favorita del rey para resumir sus aspiraciones más difusas e inalcanzables, podría constituir un principio de explicación de toda su conducta. Alejandro habría elegido a conciencia dicha expresión para expresar sus más profundos deseos y aspiraciones y así lo habría repetido en sus correspondientes discursos y proclamas pronunciados ante sus tropas, sobre todo a partir del año 327 a.C. Habría dotado así a la palabra de un significado peculiar que la diferenciaba de su uso más corriente dentro de la lengua griega como expresión de la nostalgia, transformándola en el anhelo constante por lo desconocido, lo distante o lo inalcanzable. Con la constante remisión a ella resolvía además cualquier clase de conflicto a la hora de adoptar una decisión determinada.

No es fácil, sin embargo, interpretar toda la actuación de Alejandro a la luz exclusiva de este concepto. Con independencia del peso que algunas tendencias de carácter romántico o irracional tuvieran en la conducta y proceder de Alejandro a la hora de afrontar la expedición oriental, lo cierto es que la campaña parece haber estado planificada en buena medida por otro tipo de criterios mucho más realistas. Imbuido por los proyectos de su padre desde muy joven, había obtenido la información necesaria de tipo logístico y estratégico que podía garantizar un éxito razonable a su expedición. Conocía bien las rutas a seguir así como los dispositivos de defensa y los puntos estratégicos que debía neutralizar. Asestó con contundencia los golpes decisivos en los momentos adecuados y actuó siempre guiado por un enorme pragmatismo político que medía las consecuencias de todas sus decisiones. Tenía bien presentes los modelos de dominación precedentes a la hora de poner en marcha la administración de los nuevos territorios conquistados y jugó siempre con habilidad las bazas políticas cuando se trataba de imponer su hegemonía ante la oposición o resistencia de sus inmediatos colaboradores.

A la vista de estas circunstancias es muy probable que su compleja personalidad no pueda ser explicada desde una única perspectiva y, sin descartar del todo el papel determinante de la fortuna en muchas de sus actuaciones o el concurso inesperado de los errores tácticos de sus rivales, haya que concluir por imaginar un Alejandro mucho más realista y pragmático del que retratan algunos relatos antiguos y modernos, impulsado por místicos desvaríos de grandeza y románticos deseos de aventura en busca de un objetivo que nunca alcanzó a satisfacerle del todo. Su proyecto era al parecer mucho más específico de lo que se imagina, como era la creación de un imperio universal con base en Oriente que debía contar para su buen funcionamiento con la inevitable colaboración de las elites dirigentes iranias y con un importante incremento de los ingresos fiscales mediante la exploración de nuevas rutas comerciales y el control y explotación de las ya conocidas y existentes.

IV. LA CONQUISTA DEL IMPERIO PERSA

1. Perfiles de una hazaña

La figura de Alejandro va estrechamente asociada a la conquista del imperio persa. Tras la pacificación de Grecia inició en el año 334 a.C. una larga campaña oriental que habría de durar hasta su muerte en el año 323 a.C. Alejandro recorrió desde su partida de Pela, la capital macedonia, casi 20.000 km. Atravesó todas las regiones que separan el Mediterráneo de la cuenca del Indo, donde detuvo su marcha obligado por el cansancio de sus tropas. Combatió contra poderosos ejércitos persas que le superaban en efectivos al menos en tres ocasiones y salió victorioso de ellas. Penetró en regiones desconocidas y afrontó situaciones extremadamente delicadas que pusieron en serio peligro la continuidad de la campaña. Tuvo que superar terribles pruebas personales, como enfermedades y peligros que casi le costaron la vida, y se vio obligado a afrontar el creciente descontento de sus hombres que se tradujo en una sucesión casi ininterrumpida de conspiraciones que costaron la vida a algunos de sus colaboradores más próximos, como el general Parmenión y su hijo Filotas o el historiador Calístenes. Consultó importantes oráculos que vaticinaban su grandeza y fundó numerosas ciudades. Perdió a muchos de sus hombres en el curso de la campaña, incluidos algunos de sus compañeros más apreciados como Clito el Negro o Hefestión. Llevó a cabo hazañas prodigiosas que superaban las gestas atribuidas a dioses y héroes. Todo un impresionante bagaje que significó una profunda transformación del mundo conocido hasta entonces.

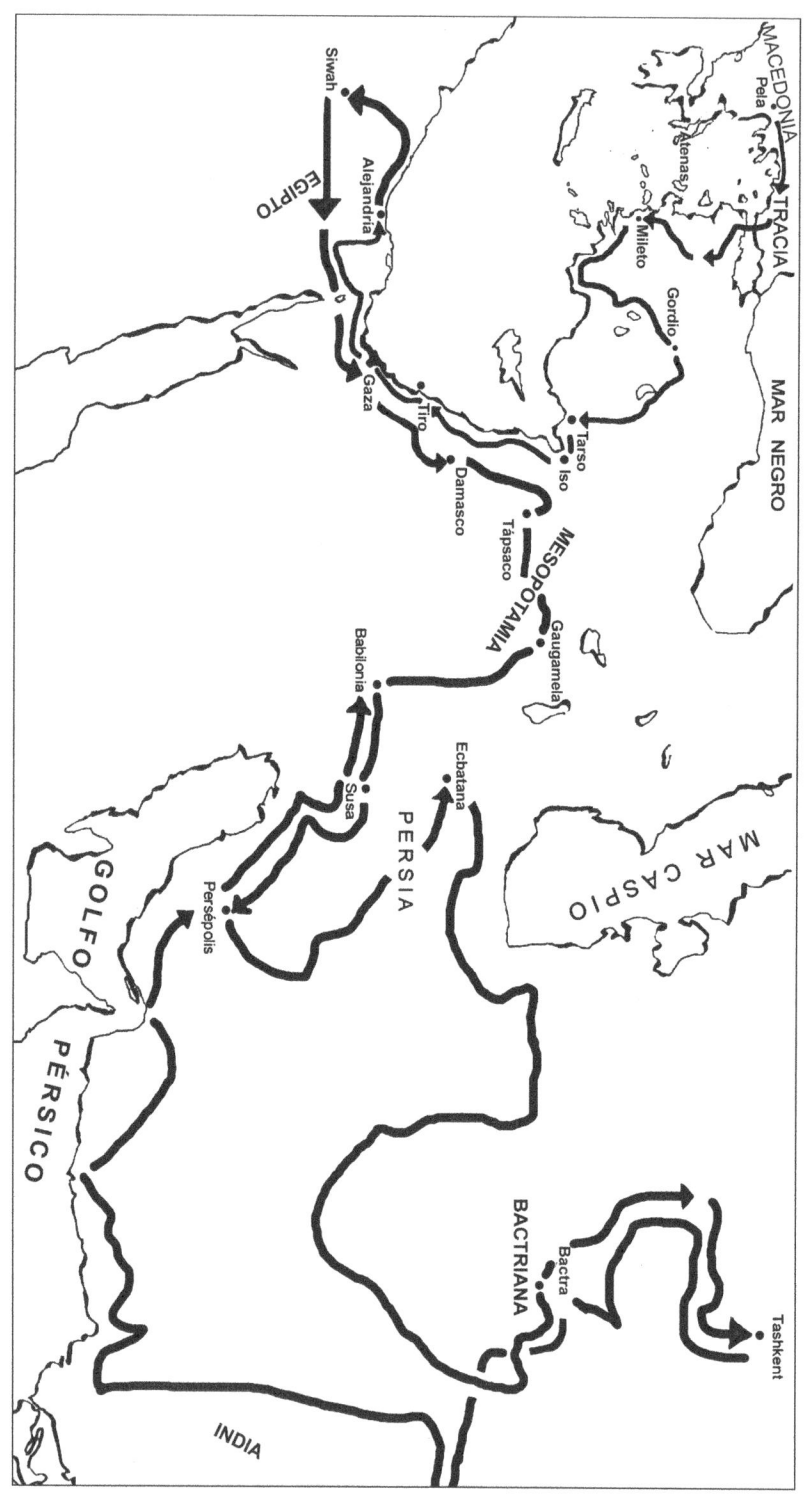

LA RUTA DE ALEJANDRO

Su adversario constituía un imperio imponente que ejercía su dominio sobre la mayor parte del Asia conocida y contaba con recursos prácticamente ilimitados. Dotado de una estructura administrativa perfectamente organizada, poseía además un magnífico sistema de comunicaciones terrestres que permitía un fácil traslado de tropas de unos lugares a otros. Una serie de puestos fortificados garantizaban la seguridad de sus fronteras y el control de todas las provincias sometidas que aportaban regularmente sus tributos al tesoro imperial. Alejandro disponía, por su parte, de unos recursos mucho más modestos que apenas le garantizaban la viabilidad en el inicio de las operaciones y dejaba a sus espaldas una situación política complicada, tanto en Macedonia y sus fronteras del norte como en la propia Grecia, que distaba enormemente de poseer la unidad y cohesión política del imperio aqueménida. La propia campaña debía proporcionar mediante el botín obtenido los recursos necesarios para su continuidad. No cabía siquiera la posibilidad de un fracaso ocasional.

2. La conquista de Asia Menor

A pesar de que las tropas enviadas por Filipo bajo el mando de Parmenión no habían conseguido importantes avances, su control de la región de los estrechos facilitó el paso de la expedición de un continente al otro sin mayores problemas. Tras atravesar el Helesponto y desembarcar en tierra asiática, Alejandro clavó su lanza en el suelo en un gesto simbólico que declaraba esta tierra como objeto de conquista. Inició allí su política de gestos con la visita a la tumba de Aquiles y la reconstrucción del templo de Atenea en Ilión, el lugar que había ocupado antaño la antigua Troya. Las ciudades griegas no manifestaron ningún entusiasmo ante la irrupción de las tropas macedonias en sus territorios. Su principal enemigo a batir no eran en esta ocasión las tropas persas propiamente dichas sino un ejército compuesto básicamente por mercenarios griegos bajo el mando del estratego Memnón de Rodas. Su estrategia de poner por medio tierra quemada, que habría provocado serios problemas a Alejandro al verse desprovisto de avituallamiento, ya que la flota persa controlaba todavía el mar, no fue aceptada por los sátrapas de la región, que antepusieron sus intereses personales a la salvaguarda general del imperio. Ninguno de ellos deseaba ver devastados sus propios territorios, sobre los que ejercían el control y el dominio y en los que practicaban sus actividades de caza en los célebres *«parádeisoi»*.

La batalla librada a orillas del río Gránico en el 334 concluyó en una gran victoria de los macedonios que les permitió apoderarse con todas las facilidades de las capitales satrápicas de Dascilio y Sardes con todas sus respectivas riquezas. La guerra, como había previsto Alejandro, empezaba así a proporcionar los recursos necesarios para el resto de la campaña. Tras su victoria inició el proceso de «liberación» de las ciudades griegas de la zona restableciendo los regímenes democráticos y expulsando a los tiranos y oligarcas propersas que las gobernaban, en un nuevo gesto de propaganda política que no ocultaba la cruda realidad de los hechos. Las ciudades griegas cambiaban ahora simplemente de dominador al sustituir las guarniciones persas por las macedonias. Respecto al tributo que se veían obligadas a pagar al tesoro real persa, Alejandro lo sustituyó hábilmente por una «contribución» de guerra, retomando de esta forma la innovación semántica de la segunda confederación ateniense que había cambiado el *phóros* por la *súntaxis*. En un nuevo gesto propagandístico emprendió también la reconstrucción de algunos de sus templos.

Algunas ciudades griegas como Mileto y Halicarnaso, que había sido fortificada por Memnón, ofrecieron seria resistencia al avance macedonio y recibieron por ello una respuesta igualmente contundente. En Mileto, Alejandro licenció la flota griega y en el invierno del 334-333 sometió a las regiones del sur, Licia, Panfilia y Pisidia. Su estrategia era clara: apoderarse de los puertos del Mediterráneo oriental con el objetivo de aislar a la flota persa de sus bases.

Desde el sur Alejandro dio un giro inesperado a su ruta y volvió a adentrarse de nuevo hacia el interior de Anatolia, donde aún quedaban importantes focos de resistencia. A estos momentos pertenece el célebre episodio del nudo gordiano, cuando Alejandro cortó de un solo tajo en Gordion, la antigua capital del reino de Frigia, el enrevesado nudo que auguraba a quien lo hiciera el dominio completo de Asia. A comienzos del verano del año 333, Alejandro emprendió de nuevo la ruta de Cilicia con el propósito de seguir avanzando hacia Oriente, pero en Tarso sufrió una enfermedad que le tuvo al borde la muerte. Esta inesperada circunstancia provocó una enorme incertidumbre entre las filas macedonias poniendo así de manifiesto la fragilidad de toda la campaña, ya que toda la expedición dependía por completo de la persona de Alejandro.

3. Las costas fenicias y Egipto

Tras atravesar un estrecho desfiladero que se denominaba Puertas Cilicias, Alejandro alcanzó las llanuras del norte de Siria, donde tuvo que hacer frente a una nueva batalla en toda regla frente a las tropas persas. Por primera vez en la campaña se enfrentaba Alejandro al rey persa, Darío III, que había desechado por influencia de sus consejeros la propuesta del griego Caridemo de hacer frente a Alejandro al mando de un ejército compuesto en su tercera parte por mercenarios que evitaría el riesgo de poner en peligro todo el imperio en una sola batalla. El combate tuvo lugar en Iso en noviembre del año 333 a.C. Alejandro consiguió de nuevo la victoria gracias a los errores tácticos del enemigo, que no supo sacar partido a su superioridad numérica utilizando el terreno adecuado y planteó el combate en un espacio mucho más reducido que daba clara ventaja a las tropas macedonias.

La batalla tuvo importantes consecuencias desde el punto de vista anímico, estratégico y económico. La moral de las tropas macedonias experimentó un fuerte espaldarazo tras conseguir la primera victoria sobre las tropas reales persas comandadas por el propio monarca y partiendo además de una situación de aparente desventaja. Con esta victoria Alejandro conseguía también franquear los obstáculos que impedían su avance hacia el Oriente y el sur. Finalmente sus finanzas recibían una inyección importante de recursos al haber capturado tras el combate el tesoro real que se encontraba en Damasco junto con toda la familia real. Alejandro continuó hacia el sur, camino de Egipto, con el objetivo principal de establecer su control sobre los importantes puertos de la costa fenicia, donde el imperio persa tenía la base de su potencia naval. En su trayecto sólo encontró dos serios obstáculos: las ciudades de Tiro y Gaza que le ofrecieron una enconada resistencia. La posición de Tiro se explica desde su intento de sacar el máximo partido a una situación todavía incierta a pesar de la reciente victoria de Iso, consiguiendo una neutralidad que no entraba en los planes de Alejandro. La de Gaza resulta mucho más difícil de entender a no ser que se conceda un peso relativo a la conciencia étnica de los árabes nabateos que componían una buena parte de su guarnición a la hora de mantener la fidelidad hacia el gran rey frente al invasor macedonio. El asedio de Tiro, que se hallaba entonces situada sobre una isla, duró seis largos meses. La demora de sus planes y las numerosas pérdidas ocasionadas por las operaciones encendieron la cólera de Alejandro que cuando tomó finalmente la ciudad ordenó masacrar a 8.000 de sus habitantes y vendió como esclavos a otros 30.000. La conquista de Gaza le costó dos meses de asedio.

Entre tanto la fortuna de Alejandro parecía favorable. La importante contraofensiva persa en Asia Menor se vino abajo con la muerte del general rodio Memnón y la derrota de las tropas persas a manos de uno de sus más célebres generales, Antígono el Tuerto, en Capadocia y Paflagonia en el año 332 a.C. Alejandro recibió una embajada de Darío que le ofrecía unas condiciones de rendición aceptables que fueron rechazadas sin más contemplaciones. Se producía así el primer atisbo de ruptura entre las expectativas de los macedonios, que veían ya realizadas la mayor parte de sus aspiraciones, y los deseos de Alejandro, cuyas miras iban mucho más lejos.

La entrada de Alejandro en Egipto resultó un auténtico paseo triunfal. La población indígena, cansada del dominio persa, lo acogió como un verdadero liberador y lo coronó como nuevo faraón del país. Su gran tacto político le impulsó a mantener buenas relaciones con el clero, que constituía la piedra angular para consumar su dominio sobre todo el territorio egipcio. Prosiguió con su política de propaganda procediendo a la restauración y reconstrucción de los templos y reorganizó toda la administración del país dividiéndolo en tres grandes distritos denominados *nomos*, a cuya cabeza situó a un egipcio si bien el mando militar quedó en manos macedonias. Sin embargo los dos acontecimientos principales de su estancia en Egipto son la fundación de la ciudad de Alejandría y la visita al oráculo de Amón en Siwah.

Los dos episodios tienen una importancia enorme desde el punto de vista simbólico y propagandístico. La fundación de Alejandría significaba el inicio de un cambio en la estructura del poder territorial egipcio al trasladar el centro principal desde Menfis, la vieja capital faraónica, a la nueva fundación macedonia. La visita al oráculo de Siwah, que se hallaba situado en un oasis en medio del desierto a unos 300 km de la costa, tuvo enormes consecuencias sobre la propia autoestima de Alejandro que, según la mayor parte de las versiones antiguas, habría sido reconocido entonces por primera vez como el hijo de Zeus, poniendo así la primera piedra en el proceso de divinización del conquistador macedonio. La consulta de un oráculo como el de Siwah, que ya gozaba de un reconocido prestigio dentro del mundo griego, debió de tener importantes implicaciones en el comportamiento posterior de Alejandro que resultan casi imposibles de entender desde nuestra perspectiva moderna, fundamentalmente laica y escéptica sobre este tipo de cuestiones. Seguramente la propaganda política de la cancillería real y los grandiosos designios difundidos por la historia oficial de Calístenes contribuyeron todavía más a acrecentar el sentimiento religioso de un personaje como Alejandro, profundamente imbuido de la creencia en el valor de los designios y presagios divinos, quizá mucho más sincero y auténtico de lo que imaginamos.

4. El corazón del imperio persa

Tras su estancia en Egipto, Alejandro emprendió de nuevo el camino hacia el corazón del imperio persa. En el trayecto rechazó una nueva oferta del rey Darío, esta vez mucho más sustanciosa que la anterior, con lo que abrió también mucho más la brecha que separaba sus grandiosos planes de construir un gran imperio universal en sustitución del aqueménida, de las aspiraciones mucho más modestas del resto de sus tropas. La gran batalla contra un ejército persa especialmente reforzado que aspiraba a dar el golpe definitivo al invasor tuvo lugar en la llanura de Gaugamela en el mes de Octubre del año 331 a.C. La victoria volvió a sonreír de nuevo a Alejandro que sin embargo no pudo capturar con vida a Darío. Su entrada como vencedor de los persas en la ciudad de Babilonia fue ciertamente espectacular. De nuevo fueron de la mano también los gestos políticos y propagandísticos. Fue coronado rey de la ciudad e inició una política de colaboración con la nobleza irania. Mantuvo nuevamente como en Egipto buenas relaciones con el clero local y emprendió la restauración del templo de Marduk, que era el dios principal de la ciudad.

Más tarde conquistó también Susa, la capital del imperio, donde cayó en sus manos el tesoro real. La conquista de Persépolis, la ciudad escaparate de los persas donde los pueblos súbditos rendían anualmente tributo y homenaje a la persona del rey entre grandes fastos, presentó mayores problemas. Sus accesos estaban bien fortificados y en su camino tuvo que someter a una tribu nómada, los uxios, iniciando así su política de sedentarización de este tipo de poblaciones que dificultaban su control de los territorios sometidos. La ciudad fue finalmente capturada e incendiada a comienzos del año 330 a.C. en un oscuro asunto cuyas precisas motivaciones son difíciles de establecer. El valor simbólico del gesto era importante para la sensibilidad griega que veía así culminadas sus expectativas de venganza por las campañas de Jerjes más de un siglo antes. Sus efectos en la opinión pública griega se dejan sentir efectivamente en una dedicación de la ciudad de Tespias que celebra la destrucción de Perseóplis como un acto de venganza ancestral:

> Los de la espaciosa Tespias enviaron una vez estos hoplitas
> vengadores de sus antepasados, hacia la bárbara Asia,
> los que con Alejandro destruyeron las ciudades de los persas
> erigieron un trípode artísticamente trabajado a Zeus que resuena profundamente.
> (*Antología Palatina*, VI, 344)

El gesto tenía seguramente en cualquier caso un doble destinatario. La destrucción de Persépolis anunciaba a los persas el final del dominio aqueménida y la creación de un nuevo reino bajo la estela de Alejandro. No hay que descartar tampoco la idea de que Alejandro, bien consciente de que se hallaba en el mismísimo corazón del territorio enemigo cuya población no le recibiría ya como había sucedido en otros lugares del imperio como liberador, optase por la estrategia del terror, entregando el lugar más emblemático del poder persa al saqueo y destrucción por parte de sus tropas. En el año 330 Alejandro se apoderó de Ecbatana, la última de las grandes capitales, culminando de esta forma la conquista del imperio persa. Licenció las tropas de los aliados griegos de la Liga de Corinto al dar por culminada su campaña política de represalia contra los persas. Empezaba a partir de esos momentos una aventura de carácter personal con sello exclusivamente macedonio.

5. La conquista de las satrapías superiores

Alejandro emprendió a partir de entonces una persecución implacable de Darío hacia las regiones más septentrionales del imperio aqueménida, Bactriana y Sogdiana, denominadas también satrapías superiores. Darío fue abandonado y asesinado por unos sátrapas rebeldes, Besós y Nabarzanes, que habían mostrado ya su descontento hacia las decisiones reales. Ante la perspectiva de un nuevo pretendiente a la realeza aqueménida en la persona del usurpador Besós, que adoptó en seguida el nombre dinástico de Artajerjes, Alejandro decidió erigirse en el vengador del monarca rindiéndole los homenajes fúnebres debidos a su condición real en Persépolis y emprendiendo a continuación una persecución sin tregua de sus asesinos por los últimos rincones del imperio. El avance por aquellas desconocidas regiones fue sumamente costoso y difícil. El territorio era montañoso y escarpado, las condiciones climáticas, en pleno invierno, extremadamente duras, y las largas marchas que era preciso realizar para superar las enormes distancias, terriblemente agotadoras. El acoso constante de las poblaciones nómadas que habitaban la zona resultaba además desgastador para los macedonios que no tenían nunca enfrente un ejército regular y en orden de combate y debían enfrentarse constantemente a una guerra de guerrillas para la que no estaban bien preparados. Alejandro impuso además un ritmo frenético a sus operaciones que provocaba entre las agotadas tropas numerosas bajas y defecciones. El descontento, cada vez más abundante por las difíciles condiciones que debían afrontar, fomentó las continuas conspiraciones contra el rey.

La reacción de Alejandro no se hizo esperar y a partir del año 330 a.C. emprendió una política de urbanización en toda esta zona, obligando al asentamiento a poblaciones nómadas como los coseos, uxios o mardos. Su objetivo era integrar a estas poblaciones rebeldes mediante su asentamiento en un territorio agrícola dentro del circuito económico y fiscal al convertirlas en sujetos de tributación. Alejandro irrumpió de forma inesperada en Bactriana, donde Besós había concentrado su resistencia al avance macedonio, en el año 329 a.C., provocando su retirada apresurada hacia el río Oxo. Besós fue finalmente abandonado por sus aliados escitas y cayó en poder de Alejandro que lo ajustició tras someterle a suplicio.

Sin embargo, a pesar de la captura y muerte de Besós, la tremenda dureza de la campaña no decreció ni un ápice. El sátrapa Espitámenes continuó la resistencia en Sogdiana mediante la táctica de la guerra de guerrillas. Alejandro reaccionó con extremada violencia adoptando la estrategia del terror mediante masacres indiscriminadas y destrucciones masivas de los pueblos y aldeas sometidos. Procedió, al mismo tiempo, a una reorganización de sus tropas en contingentes más reducidos que disponían de mayor movilidad y resultaban así mucho más operativos en el difícil terreno en el que se veían ahora obligados a actuar. La dureza de la campaña queda bien ilustrada por el episodio de la captura de la Roca de los sogdianos. Alejandro, en una operación extraordinariamente arriesgada, se vio obligado a escalar una escarpada atalaya para conseguir su captura final. La caída de esta fortaleza puso término a esta larga etapa de la conquista que se había caracterizado por su enorme crueldad y su larga duración. Alejandro contrajo matrimonio con una princesa local llamada Roxana que sellaba los acuerdos de paz alcanzados. Finalmente, en el año 327 a.C. Espitámenes fue asesinado por los escitas, que entregaron su cabeza a Alejandro.

La dureza y prolongación de la campaña y el creciente descontento de sus hombres provocaron numerosas conjuras y conspiraciones durante este período de la expedición oriental. El progresivo empeoramiento de las condiciones de vida y el abandono forzado durante el frenético avance de numerosos heridos y enfermos que quedaron así abocados a una muerte segura acrecentó considerablemente la brecha ya existente entre Alejandro y sus tropas. Además, algunas de las medidas políticas de Alejandro, como la aparente orientalización de su ceremonial de corte o su matrimonio con Roxana, todas ellas tendentes a conseguir el soporte de la nobleza irania, no fueron entendidas por los macedonios, que las consideraban simplemente una de las muchas extravagancias de su soberano o muestras de su inclinación y favoritismo hacia los nuevos súbditos en detrimento de sus viejos compañeros de armas. El amplio descontento generado entre sus tropas se tradujo en una serie de conjuras fallidas que provocaron la eliminación de importantes personajes de su entorno, como el viejo general Parmenión y su hijo Filotas o el historiador griego Calístenes que había rehusado la ceremonia de la *proskúnesis*. Resultado también de estas crecientes tensiones internas hay que considerar el desgraciado episodio que provocó la muerte de Clito el Negro, otro de sus compañeros de armas, a manos del propio Alejandro en el curso de un banquete en el que ambos iban seguramente bien cargados de bebida. Sin embargo, no hay que descartar tampoco la importancia política de estas medidas de «limpieza» si tenemos en cuenta que la eliminación de Parmenión y su hijo libraba a Alejandro de un poderoso clan que debía su posición preeminente dentro del estado mayor macedonio a Filipo, con quien había colaborado desde un principio y que había mostrado sus reticencias hacia la política seguida por Alejandro en repetidas ocasiones, como revelan significativamente las diferentes anécdotas que reflejan la oposición frontal entre las aspiraciones de unos y otros. De hecho, a partir del 330 todos los mandos destacados de las tropas son confiados a amigos de Alejandro. Por otro lado, mandó reclutar a partir del 328 a 30.000 jóvenes iranios que fueron entrenados y armados como hoplitas macedonios y a los que hizo aprender la lengua griega, como estrategia que compensara el descontento creciente de sus tropas y la desafección progresiva de sus mandos más destacados.

6. La conquista de la India

La India no formaba parte en aquellos momentos del imperio aqueménida y, por tanto, no existía ningún tipo de necesidad estratégica que justificara su conquista. Esta decisión se inserta así dentro de una lógica diferente a la que había imperado hasta entonces en las campañas precedentes. Una de sus motivaciones puede haber sido el deseo de Alejandro de estrechar los vínculos con sus nuevos contingentes iranios a través de una campaña común contra un territorio que había pertenecido a sus ancestros y prometía además un importante botín. Es probable que las noticias que llegaban acerca de sus portentosas e inagotables riquezas incitasen su interés por el control de estos apartados territorios. Alejandro conocía los importantes obstáculos que podía encontrar en su camino y preparó la campaña a conciencia a través de disposiciones militares y diplomáticas. Estableció relaciones diplomáticas con algunos de los reyezuelos indios que se mostraban en principio propicios a la sumisión. Tras superar la enconada resistencia de algunas plazas fuertes como Aornos, donde se decía que había fracasado el mismísimo Heracles, alcanzó finalmente el río Indo en la primavera del año 326 a.C. Sin embargo, la batalla decisiva la libró a orillas del Hidaspes, uno de los afluentes del Indo, contra el rey indio Poro. De nuevo consiguió la victoria a pesar de las imponentes fuerzas con que contaba el enemigo, con sus 200 elefantes y sus 300 carros de guerra. El camino hacia la llanura del Ganges quedaba ahora abierto, pero la negativa de sus tropas a seguir adelante le obligó a emprender el regreso.

Alejandro erigió sobre la ribera izquierda del Hífasis 12 altares a los dioses, que marcaban los límites de la dominación macedonia. Restauró las fronteras del imperio aqueménida y conquistó las regiones colindantes imponiendo durísimos castigos a los rebeldes. Fundó nuevas ciudades y situó guarniciones en los puntos estratégicos de la zona. En el año 325 a.C. emprendió decididamente el regreso a través de tres rutas diferentes. Cratero marcharía por el norte con destino a Aracosia, el propio Alejandro, tras descender a lo largo del Indo, recorrería la costas de toda esta región hasta el golfo pérsico, por fin una flota que había mandado construir, bajo el mando de Nearco, bajaría por el Indo hasta el océano para alcanzar desde allí la desembocadura del Éufrates. La ruta más complicada era la de Alejandro que debía atravesar el espeluznante desierto de Gedrosia y llevar a cabo campañas militares contra las poblaciones de la región con el fin de proporcionar apoyo logístico a la flota. Los tres contingentes acabaron confluyendo en Carmania en el año 325 a.C., donde tuvo lugar una fastuosa celebración por el feliz retorno.

V. EL INSTRUMENTO DE LA CONQUISTA

El factor determinante de la conquista del imperio persa por Alejandro fue sin lugar a dudas su ejército. Su base era la célebre falange macedonia, que había creado su padre, Filipo II, tras haber tomado buena nota de las innovaciones estratégicas y tácticas de la falange tebana durante su estancia como rehén en la ciudad beocia. Filipo introdujo también su arma esencial, la *sarisa*, una lanza de madera de cornejo de una longitud superior a los 4 metros. Los componentes de la falange procedían del reclutamiento realizado entre el campesinado de los diferentes distritos que componían el reino macedonio.

Aunque conocemos los componentes fundamentales del ejército macedonio, algunas de sus unidades presentan algunos problemas de interpretación. Así, el cuerpo de los denominados *pezétairoi* habría sido un cuerpo selecto de elite que formaba la guardia de palacio y que, entrenados después en la táctica de la falange, habrían constituido el núcleo germinal del que se desarrollaría el gran ejército macedonio. El nombre se extendió después a toda la infantería macedonia, pero el cuerpo original conservó algún signo exterior que pusiera de manifiesto su estrecha relación con el rey y asumió quizá el nombre de *hipaspistas*. Otro cuerpo importante eran los llamados *asthétairoi*, cuya denominación plantea ya algunos problemas de interpretación. Correspondería a la propia falange o, en concreto, a alguna de sus unidades destacadas, que habría recibido este título honorífico a causa de sus destacadas actuaciones en batallas señaladas. Posiblemente todos estos cuerpos y distinciones responden a la necesidad evidente que tenía Alejandro de vincularse a los macedonios mediante estrechas relaciones personales a la vista de las dificultades que ensombrecieron su acceso al poder en medio de luchas dinásticas y territoriales entre los diferentes clanes que componían el reino macedonio.

Otros importantes componentes del ejército de Alejandro son los denominados agrianes, la caballería, los aliados, los mercenarios y las tropas auxiliares. Los constantes refuerzos enviados desde Macedonia fueron capaces de renovar el contingente de la expedición tras el desgaste y las pérdidas que iba sufriendo a lo largo de su avance. Alejandro fue introduciendo además sobre la marcha importantes reformas, especialmente en los momentos más difíciles de la campaña en su ruta por las satrapías superiores. Sin embargo, nuestras fuentes no nos proporcionan una información precisa a este respecto. Posiblemente más que de verdaderas reformas del ejército se trató más bien de readaptar los recursos disponibles a las nuevas circunstancias, en una demostración más del indiscutible talento estratégico y táctico de Alejandro, que supo dotar a las operaciones militares en aquellas apartadas regiones de la flexibilidad y operatividad que requerían.

VI. ALEJANDRO Y LOS GRIEGOS

La relación de Alejandro con los griegos a lo largo de su corto reinado constituye una cuestión compleja que no siempre resulta fácil de dilucidar. A nivel institucional, Alejandro era el comandante supremo de la Liga de Corinto, un puesto que había heredado de su padre, que había sido el fundador de la liga. Los contingentes griegos que acompañaron a Alejandro en su expedición oriental marchaban, por tanto, en calidad de aliados, si bien es muy probable que, tal y como habían ido las cosas, la realidad fuera bien diferente. Parece que su verdadera función era servir de rehenes que garantizasen la tranquilidad de los estados griegos más que contribuir de forma efectiva al desarrollo militar de la campaña. Su actuación sobre el terreno fue poco destacada ya que fueron utilizados solamente como fuerzas de cobertura o refresco sin que llegaran al parecer a tomar parte en los combates decisivos. Alejandro licenció además las tropas griegas tras la captura de Ecbatana, una vez que había dado por terminados sus objetivos propagandísticos de la guerra de represalias y tenía ya la plena seguridad de que sus planes en Oriente no se verían perturbados por una posible revuelta en suelo griego. No hay que olvidar que Esparta no se sumó en ningún momento a la Liga de Corinto y permaneció en estado de rebelión hasta su derrota final a manos de Antípatro.

Uno de los aspectos principales de la relación de Alejandro con los griegos es la posición de las ciudades de Asia Menor dentro del nuevo imperio. Aunque existía ya un marco institucional de referencia, como la mencionada Liga de Corinto, no parece claro que las ciudades griegas minorasiáticas entraran a formar parte de la misma tras su liberación del dominio persa. Estas ciudades se hallaban dentro del territorio asiático que formaba parte de los dominios aqueménidas y eran, por tanto, también sujetos de conquista. Su condición de griegos obligaba, sin embargo, a Alejandro a adoptar una postura diferente que con el resto de las regiones conquistadas. Llevó a cabo acciones de carácter indudablemente propagandístico como la restitución de la democracia y las leyes ancestrales, la devolución de su autonomía o la abolición de tributos. Sin embargo, su autonomía real quedaba supeditada por completo a la voluntad de Alejandro. La proclamación de la libertad quedaba constreñida de hecho por la presencia de una guarnición macedonia en la ciudad, y la abolición de impuestos se había transformado en la práctica en una simple sustitución del perceptor de los mismos. Fue necesario proceder así a una nueva formulación del marco de relaciones jurídicas existente entre estas ciudades y la persona de Alejandro, algunos de cuyos documentos se han conservado hasta nosotros como esta carta de Alejandro a la ciudad de Quíos:

En la pritanía de Desiteo, del rey Alejandro al demos de Quíos.
Que todos los exiliados de Quíos retornen y que la forma del gobierno en Quíos sea una democracia. Que se elijan legisladores que redactarán y corregirán las leyes para que nada sea contrario ni a la democracia ni al retorno de los exiliados; y que las leyes que hayan sido corregidas o redactadas sean remitidas a Alejandro. Que los quiotas propor-

cionen 20 trirremes con sus equipamientos correspondientes a su propio cargo y que éstas naveguen hasta que el resto de la flota de los griegos haga campaña con nosotros. De los que entregaron a traición la ciudad a los bárbaros todos los que hayan escapado, que sean exiliados de todas las ciudades que comparten la paz y que sean sujetos a captura de acuerdo con el decreto de los griegos; todos los que hayan sido capturados que se los conduzca y se los juzgue en el consejo de los griegos. Y si surge cualquier disputa entre los que retornan y los de la ciudad, que se dirima entre nosotros. Hasta que los de Quíos se reconcilien, que haya una guarnición entre ellos del rey Alejandro, lo suficientemente fuerte y que los quiotas la mantengan.

(SIG 283)

A diferencia de las ciudades integradas en la Liga de Corinto, que eran, al menos sobre el papel, estados libres y verdaderamente autónomos que mantenían unas obligaciones, sobre todo de carácter militar, respecto al *hegemón* de la Liga, las ciudades griegas de Asia Menor se hallaban incorporadas por completo dentro del imperio de Alejandro y, por tanto, a pesar de sus proclamas y de su propaganda prohelénica, carecían de la posibilidad de ejercer por sí mismas cualquier tipo de política exterior. Tuvo con ellas gestos de benevolencia personal que estuvieron siempre condicionados por la actitud que habían mantenido en los momentos previos a la conquista. Sus concesiones particulares eran, por tanto, un privilegio personal que cada una de ellas adquiría por separado en función de su actitud y de las necesidades estratégicas del momento.

La actitud general de los griegos hacia la figura de Alejandro fue claramente hostil. Era un rey macedonio que había puesto fin a la independencia de las ciudades griegas y que ejercía su dominio mediante el uso de la fuerza con la presencia constante de las guarniciones macedonias. Encarnaba la figura odiosa del tirano que pisoteaba valores griegos tan esenciales como la libertad y la autonomía. Los continuados gestos propagandísticos de Alejandro tendentes a captar el favor griego hacia su persona mediante el carácter aparentemente vengativo y liberador de la campaña oriental constituyen una clara prueba de la actitud hostil existente por todas partes. Los griegos fueron además los únicos de todo el imperio que se rebelaron abiertamente contra el dominio macedonio tras conocer la noticia de su muerte. Los casos de brutalidad como el arrasamiento de Tebas, ejemplos de resistencia heroica como los de Mileto, Halicarnaso o Aspendos, y el heroísmo personal de algunos individuos como Memnón, que murió combatiendo contra Alejandro, o el propio Calístenes, ejecutado por haberse opuesto a la *proskúnesis*, contribuyeron a alimentar, sin duda, esta clase de sentimientos hostiles. Se formó a partir de entonces una verdadera leyenda negra que ponía el acento en los excesos y defectos de toda clase que caracterizaban la conducta de Alejandro y que constituye, en cierto modo, su venganza póstuma sobre su memoria, resultado del rencor y de la frustración experimentada bajo su dominio.

VII. ALEJANDRO Y LOS PERSAS

La relación de Alejandro con los persas estuvo presidida por su objetivo de conseguir la dominación política del imperio aqueménida y la construcción subsiguiente de un nuevo imperio universal que lo sustituyera. Alejandro era bien consciente de que la creación de un imperio de esta envergadura sólo era posible con la colaboración de la nobleza irania. A fin de cuentas, las estructuras básicas del poder aqueménida se mantuvieron vigentes bajo la dominación macedonia. Por ello jugó sus cartas en este sentido con la adopción de una serie de medidas simbólicas y ceremoniales que tenían como objetivo presentar su figura ante los persas como el sucesor legítimo de los antiguos reyes a los que había destronado tras sus brillantes victorias militares. Su política de orientalización, regida por un evidente sentido pragmático, fue interpretada por algunos estudiosos, como el historiador escocés Tarn, como un intento de llevar a la práctica la idea de concordia universal según la cual griegos y bárbaros debían vivir en completa armonía. Esta supuesta política de fusión de las razas no es sino el resultado de someter los hechos antiguos a interpretaciones modernas que arrancan a veces de las escuelas de retórica de la época imperial y que han dejado huellas evidentes en las obras de Plutarco o Quinto Curcio.

Desde un punto de vista más rigurosamente histórico las cosas son, sin embargo, bien diferentes, como ha demostrado con contundencia el estudioso australiano Brian Bosworth. A pesar de la adopción de las prácticas ceremoniales persas y de su supuesta orientalización en la apariencia personal, Alejandro mantuvo en todo momento una neta distinción entre macedonios y persas, y conservó para los primeros su posición privilegiada frente a los segundos. La adopción de tales medidas se explica dentro de su propio contexto histórico, en unos momentos cruciales de la campaña, como el año 330 a.C., en el que la aparición en escena del usurpador Besós constituía un serio obstáculo a sus aspiraciones de reclamar la herencia real aqueménida. Alejandro pretendía legitimar con tales medidas su aspiración a detentar el trono alejando de su persona cualquier indicio que le presentara a los ojos persas como un simple usurpador extranjero que había invadido el país. Fue, sin embargo, hasta cierto punto al menos, respetuoso con los recelos que los macedonios demostraban hacia la exhibición de tales emblemas orientales, mediante la adopción de una especie de compromiso mixto que se reflejaba incluso en el propio atuendo real, en el que coexistían los símbolos orientales con elementos tradicionales de la casa real macedonia. Sus aparentes excesos dentro de este terreno se explican también por el mismo contexto histórico ya que en el curso de los años 325-324 a.C., Alejandro se hallaba viajando por las capitales aqueménidas y necesitaba presentarse bajo la figura del nuevo rey que esperaban sus súbditos orientales, especialmente tras la confusión provocada por las usurpaciones e insurrecciones que había propiciado su larga ausencia durante la expedición a la India.

Alejandro utilizó además su relación con los iranios con otra finalidad política. Era bien consciente de la situación de descontento generada entre sus tropas con motivo de la larga campaña y, de esta forma, con su política de acercamiento a los persas, pretendía neutralizar esta situación. Consiguió por medio de esta clase de procedimientos desactivar el importante motín de sus tropas en Opis. Con esta política reforzaba también de paso su aspiración a consolidar su poder autocrático y personal, que encajaba más con el estilo oriental y chocaba, en cambio, frontalmente con la tradición macedonia, más propensa a establecer cierto control sobre las decisiones reales a través de la asamblea.

Otras medidas excepcionales dentro de este terreno como los famosos matrimonios mixtos o la incorporación de contingentes iranios en su ejército tienen igualmente una clara explicación política. El matrimonio con la princesa bactriana Roxana, con independencia del aspecto romántico que adquiere el asunto en alguna de nuestras fuentes, sirvió para sellar un período de la campaña complicado y difícil de hostilidades mutuas entre los grandes barones de la zona y las tropas macedonias. Con este matrimonio Alejandro reforzaba además sus pretensiones de legitimidad dinástica dentro de las perspectivas aqueménidas. Una intención similar se esconde tras las fastuosas bodas de Susa en las que los compañeros de Alejandro se casaron con princesas iranias, legitimándose de este modo como los nuevos barones del imperio. La incorporación de contingentes iranios cumplía una misión estratégica fundamental ya que hacían el papel de rehenes políticos, garantizando de este modo la tranquilidad y la pacificación completa de sus respectivos territorios. Su aportación militar fue también importante si tenemos en cuenta que cada vez resultaba más difícil hacer llegar desde Macedonia nuevos refuerzos al desgastado ejército de Alejandro. La admisión de nobles iranios entre los compañeros y dentro del cuerpo privilegiado del *ágema* le servía a Alejandro para reforzar su absoluta independencia de las decisiones finales del estado mayor macedonio, no siempre concordante con las suyas, ya que en caso de defección por su parte siempre le quedaba la posibilidad de recurrir al apoyo de sus nuevos compañeros.

Si Alejandro deseaba construir un verdadero imperio en Oriente, cuya capitalidad estaría seguramente basada en la ciudad de Babilonia, necesitaba crear un ejército de carácter indígena y mixto, completamente desarraigado de Europa, que no viera con malos ojos su permanencia indefinida en suelo asiático. Se garantizaba así su plena lealtad hacia su persona, que era quien había creado dicho cuerpo, sin otra clase de referencias afectivas, como les sucedía a los macedonios que ansiaban el regreso a la patria y mostraban su descontento por la larga duración de la campaña. Su firme deseo de imponer su poder personal y autocrático explica la mayoría de estas decisiones políticas que fue adoptando en el curso de los años finales de la campaña oriental. Su inteligencia política le permitió reaccionar siempre con celeridad a los diferentes desafíos que se le planteaban. El motivo ideal de una fusión de las diferentes razas, conquistadores y conquistados, quedaba más bien en la mente de los filósofos. En el plano de la realidad, sólo los niveles inferiores de la sociedad experimentaron este fenómeno con la inevitable mezcla de los soldados macedonios con las mujeres indígenas. A nivel de las elites dirigentes, la política de acercamiento a los persas fue sólo una medida política perfectamente calculada que dependía por entero de las decisiones autocráticas del propio Alejandro y de la situación más o menos fuerte en la que se encontraba en cada momento preciso.

VIII. LA ORGANIZACIÓN DEL IMPERIO

Nuestras fuentes apenas nos proporcionan datos acerca de la organización administrativa y financiera del imperio de Alejandro. El nuevo imperio macedonio heredó la gran diversidad de situaciones que caracterizaba el antiguo imperio aqueménida. Alejandro mantuvo las líneas fundamentales de la estructura administrativa anterior, ya que la división del imperio en satrapías facilitaba enormemente la tarea de control sobre un territorio tan enorme. Alejandro ejercía todo el control rodeado de un grupo de fieles colaboradores como el archicanciller Éumenes de Cardia, el quiliarca, cargo que desempeñaba su amigo y compañero Hefestión, o Hárpalo, el encargado general de las finanzas del imperio. En algunos territorios Alejandro ejerció su dominio de manera indirecta, manteniendo en el poder a sus antiguos dirigentes y conservando el status de autonomía que ya habían disfrutado anteriormente bajo el dominio de los aqueménidas. Sus obligaciones se limitaban a veces a proporcionar ciertos contingentes militares o a aportar un número determinado de contribuciones al tesoro real. Las situaciones iban variando, de cualquier modo, según avanzaba el proceso de conquista y no debemos olvidar en ningún momento que el imperio de Alejandro era, como ha señalado Briant, un estado en creación permanente, supeditado, en suma, a los desplazamientos constantes del ejército y de la propia persona del rey. Si su presencia garantizaba la estabilidad y el control de la zona, su ausencia propiciaba por el contrario las revueltas y defecciones. Para evitar estas últimas, procedió al reparto de las atribuciones entre diferentes titulares o concentró las competencias militares en manos macedonias como una forma más de garantizar la lealtad y el control.

Alejandro estaba enormemente interesado en mejorar las vías de recaudación fiscal por todos los medios a su alcance. Esta preocupación esencialmente fiscal explica en buena medida la mejora de canales y puertos o los intentos de exploración de territorios lejanos, cuyo mejor conocimiento podía redundar en una mayor obtención de beneficios. La fundación de ciudades nuevas se explica también en parte desde esta misma perspectiva, ya que las poblaciones asentadas en ellas quedaban bajo control y aportaban a partir de entonces al tesoro fiscal su cuota correspondiente de tributación. Mantuvo así intactas las viejas estructuras económicas del imperio aqueménida y trató de desarrollar nuevas vías comerciales que garantizasen el control y la percepción de nuevos ingresos.

IX. LA VISIÓN DE LOS VENCIDOS

Aunque la abrumadora mayoría de nuestras fuentes de información sobre la campaña oriental de Alejandro son de procedencia grecomacedonia, existe alguna posibilidad de atisbar las reacciones persas a la expedición macedonia y valorar, por tanto, desde un ángulo diferente, toda la aventura personal del macedonio. La imagen del imperio persa que presentan las fuentes ha sido, además, deformada en función de las propias concepciones ideológicas griegas. Nos ofrecen la visión de un reino en decadencia que era gobernado por un monarca débil y cobarde que siempre huyó ante el avance implacable de Alejandro. El mejor conocimiento de las realidades de la historia persa puede contribuir a variar sustancialmente el panorama.

El imperio persa en época de Alejandro distaba mucho de ser el estado en descomposición que las fuentes griegas nos describen, una presa fácil, por tanto, para el primero que llegara. Poseía todavía un potencial impresionante a todos los niveles que resulta todavía mucho más llamativo si se lo compara con el reino macedonio de aquel entonces. Alejandro sólo disponía de menos de 40.000 hombres, mientras por su parte Darío III podía poner en pie de guerra a varias decenas de miles de hombres procedentes de todos los rincones del imperio. Son igualmente significativas de esta disparidad las cifras de mercenarios griegos que podían movilizar unos y otros. Los 5.000 de Alejandro contrastan abiertamente con los 50.000 que se hallaban bajo el mando del monarca persa. Tampoco la situación interna era mucho más homogénea desde el punto de vista político en el lado grecomacedonio frente a la heterogeneidad proverbial del bando persa compuesto por multitud de etnias diferentes. Las tropas macedonias contaban con aliados griegos que habían acudido forzados a una campaña hacia la que sentían escaso interés y siempre existía el peligro latente de una defección generalizada encabezada por una Esparta que no se había sumado a la Liga de Corinto en ningún momento. De la misma forma, las tropas auxiliares del ejército macedonio estaban compuestas por tribus del norte de los Balcanes como ilirios, tracios o peonios.

Desde un punto de vista económico, la campaña oriental de Alejandro constituyó una impresionante expedición de saqueo de todo el imperio persa. Cada operación de conquista comportaba la obtención del correspondiente botín de guerra, incluidos los tesoros reales persas que se hallaban en Damasco o en las grandes capitales persas, y, una vez concluida aquélla, se procedía a la exacción fiscal continuada de los inmensos territorios sometidos bajo su dominio. Los sátrapas eran los encargados de recaudar para el tesoro real hasta seis tipos de impuestos diferentes que gravaban la producción agrícola de unas tierras que eran por definición propiedad del rey. Este derecho absoluto sobre la tierra se extendía también a las personas que la trabajaban en calidad de campesinos dependientes, que estaban obligados desde antiguo a aportar una buena parte de su producción y su trabajo a las arcas reales. La percepción de impuestos iba acompañada de pillajes, extorsiones, chantajes y especulación sobre los alimentos.

Juzgada desde la perspectiva persa, es probable que la expedición de Alejandro no revistiera en un principio la importancia que le conceden las fuentes griegas. Así podrían explicarse los errores estratégicos y tácticos que cometieron los generales persas en las primeras batallas. Bien informados acerca de la fragilidad de la situación política griega, donde habían intervenido activamente desde el final de las guerras médicas del siglo V a.C., los mandos persas debieron de interpretar erróneamente la amenaza que representaba el contingente macedonio. Sus cálculos debieron de errar igualmente a la hora de valorar en su justa medida los talentos políticos y militares que poseía el joven monarca macedonio que, quizá contra lo esperado, fue capaz de superar los desafíos que se le plantearon en cada momento. Las ofertas hechas por Darío encajarían dentro de este marco una vez que había podido comprobar *in situ* lo erróneo de sus cálculos y expectativas. De cualquier forma, hay que valorar adecuadamente dichas ofertas dentro de su contexto, ya que no se trataba simplemente de una capitulación sin más. Con la oferta de la mano de su hija a Alejandro, añadiendo como dote de la misma los territorios que ya tenía en su poder, Darío pretendía que, de alguna manera, estas posesiones continuaran estando bajo la órbita de dependencia persa ya que podían ser recuperados en cualquier momento, una vez que el matrimonio se diera por concluido.

La conquista de Alejandro debe ser, por tanto, contextualizada dentro de la historia del Oriente próximo a lo largo del primer milenio, de la que forma sin duda uno de sus más importantes capítulos. Sólo dentro de este marco encuentran explicación una serie de acontecimientos decisivos en la marcha de la expedición y se comprenden mejor algunas de las medidas adoptadas a lo largo de la campaña. El buen conocimiento que Alejandro tenía de las estructuras fundamentales del imperio aqueménida, de sus rutas principales y de sus posiciones estratégicas más importantes, le facilitó enormemente las cosas.

X. LOS PROYECTOS INCONCLUSOS

Los últimos años de Alejandro no fueron precisamente fáciles. Tuvo que hacer frente a sucesivas rebeliones de los sátrapas locales, algunos de los cuales aspiraban a reinstaurar la dinastía aqueménida. El descontento de sus tropas por su política de acercamiento creciente a la nobleza irania, que le había conducido a situar en importantes cargos a algunos de sus miembros, y la creación de un contingente de tropas mixto, desembocó en la rebelión abierta de Opis. Alejandro no abandonó, sin embargo, sus grandes proyectos y todavía tuvo tiempo de organizar suntuosas ceremonias de carácter simbólico como las bodas de Susa. Tampoco abandonó al parecer sus grandes proyectos de conquista, que preveían incluso expediciones al Occidente mediterráneo. Parece seguro su firme proyecto de conquista de la península arábiga, cuyo principal objetivo era apoderarse de las considerables ganancias que deparaba el comercio de las especias que controlaban los árabes de las regiones del sur.

Sin embargo, en el año 323 a.C. la enfermedad dio el golpe de gracia a un cuerpo ya muy debilitado por el esfuerzo continuado, por las heridas sufridas en combate y por los excesos inevitables que conllevaba una vida tan apresurada e intensa. Con él moría también la idea de un imperio universal que abarcara toda la ecúmene, un proyecto que, al parecer, concebía en su interior en los últimos tiempos de su vida, y, al mismo tiempo, cualquier esperanza futura de poder mantener bajo un único dominio las conquistas realizadas.

La figura de Alejandro pasó en seguida al mundo de la leyenda y su personalidad apareció muy pronto diseccionada como en un prisma del que partían imágenes bien diferenciadas. Aparecen así facetas tan diferentes como la del enérgico rey macedonio, el conquistador incansable del orbe, el nuevo dios surgido en las arenas del desierto egipcio, el héroe de la tradición griega que trataba de emular a Aquiles, el filósofo en armas que superaba en sabiduría a los sabios indios, el científico educado por Aristóteles que quedó impresionado por las maravillas que iban surgiendo ante sus ojos, el profeta visionario que auspiciaba grandes ideales de hermandad entre los pueblos, el brillante estadista que había concebido una nueva forma de organización universal, pero también la del borracho impenitente, el parricida impávido, el ladrón de pueblos, el despiadado asesino o el depravado príncipe adornado con toda clase de vicios.

VIII   El mundo helenístico

I. EL HELENISMO Y LA HISTORIOGRAFÍA MODERNA

El concepto histórico de Helenismo fue acuñado por el historiador alemán Gustav Johan Droysen en el siglo XIX, que consideraba dicho período como la edad moderna de la Antigüedad. Habían hecho su aparición grandes estados monárquicos, las ciudades habían adquirido un desarrollo considerable, se había originado una cultura literaria que era patrimonio exclusivo de una elite intelectual y unos saberes científicos que aparecían ya completamente desvinculados de la filosofía. Existía además un paralelismo extraordinario con su propio tiempo ya que ambos períodos aparecían caracterizados por el predominio de una cultura superior que había invadido, dominado y tratado de asimilar grandes territorios que estaban habitados por poblaciones más antiguas, cuya civilización se hallaba ahora en declive y los estados monárquicos de la época presentaban un nivel de desarrollo similar al de su Prusia natal. Sin embargo, el interés de Droysen era el estudio de la situación cultural en la que había nacido el cristianismo, en medio de una mezcla de elementos griegos y orientales que en su opinión habían caracterizado la dinámica histórica de aquella época.

Los intereses de Droysen se vieron además favorecidos coyunturalmente por el prodigioso avance que experimentaron los estudios acerca de dicho período a lo largo de todo el siglo XIX. Se reunió una gran cantidad de inscripciones que proporcionaron importantes datos para el conocimiento de la vida política internacional de la época, se desarrolló la nueva ciencia de la papirología que permitía el planteamiento de cuestiones relacionadas con la vida económica, jurídica y cotidiana, a diferencia de lo que sucedía con los períodos históricos precedentes, mucho más huérfanos de esta clase de documentos. Se emprendieron excavaciones a gran escala en algunas de las ciudades más importantes del oriente helenístico como Pérgamo, Priene, Mileto, Éfeso o la isla de Delos, y se comenzaron a apreciar las posibilidades que las excavaciones de Pompeya, que se habían iniciado mucho antes, y en particular el estudio de las pinturas murales que aparecían en sus casas, podían tener para una mejor comprensión del mundo helenístico desde un punto de vista artístico y social, gracias a los trabajos del alemán Helbig.

La concepción moderna del helenismo se acentuó todavía más al establecerse un cierto paralelismo con las sociedades coloniales más recientes de la historia moderna. Barthold Niebuhr había convertido el encuentro entre los dos mundos que Droysen había definido en términos ideales de fusión y mezcla de culturas en una relación mucho más realista entre una elite de dominadores y una gran masa de pueblos dominados. El énfasis en los aspectos exclusivamente económicos de este nuevo mundo iniciado con las conquistas de Alejandro se concretó en los estudios de Julius Beloch a comienzos del siglo XX, que centró su atención en el impulso económico que supuso la conquista para el mundo oriental, destacando los aspectos relativos al comercio, al fisco o a la economía monetaria. Sin embargo su particular idea de Alejandro como un visionario que había extendido por todas partes la cultura helénica y su pleno convencimiento de la superioridad de la misma frente a las culturas orientales sometidas le condujo a mostrar un cierto desprecio por éstas últimas.

Esta visión un tanto idealizada de la conquista de Alejandro, a quien se presentaba como un auténtico apóstol de la cultura y la civilización griegas cuyo objetivo final era conseguir la fraternidad universal llegó a su máxima expresión con el historiador escocés Tarn. Según su visión de las cosas, Alejandro habría extendido la cultura griega por todas partes de Asia y habría impulsado el progreso material de las civilizaciones indígenas mediante la fundación de ciudades como centros de florecimiento y expansión de la nueva civilización. Esta imagen ideal del mundo helenístico se impuso en la historiografía moderna durante toda la primera mitad del siglo XX, tal y como revelan los trabajos de importantes historiadores como el francés Pierre Jouguet, el alemán Eduard Meyer o el británico A.H.M. Jones, quien, en su célebre estudio sobre la ciudad griega, la consideraba el vehículo del helenismo en su proceso de difusión por Oriente.

La publicación en 1941 de la imponente obra del historiador ruso Mihail Rostovtzeff, titulada *Historia social y económica del mundo helenístico*, cambió considerablemente la perspectiva. Rostovtzeff, haciendo gala de una impresionante erudición y de una excepcional familiaridad con todo tipo de fuentes, aportó datos concretos sobre los grandes fenómenos económicos que caracterizaron aquel período que en el estudio anterior de Beloch se habían quedado en meras elucubraciones teóricas. Siguiendo los pasos del ilustre filólogo alemán Ulrich von Willamowitz, que había señalado el carácter esencialmente burgués de la literatura de este período de la historia griega, Rostovtzeff centró su atención en el estudio de los fenómenos urbanos que en su opinión eran la característica más definitoria de la época. Sin embargo este enfoque casi exclusivo le hizo dejar de lado los problemas del campo en un mundo que a pesar de las numerosas y prósperas ciudades existentes continuaba siendo predominantemente rural. A pesar de esta importante limitación, la obra de Rostovtzeff significó un avance considerable en el estudio de los fenómenos sociales de este período, como las frecuentes agitaciones de carácter revolucionario o la sorprendente variedad de la vida religiosa de la época con un desarrollo notable de la magia y la superstición.

Sin embargo, el acercamiento a la realidad histórica de la ciudad helenística se hizo de la mano del gran epigrafista francés Louis Robert, que con sus estudios sobre las ciudades de Asia Menor reveló la unidad cultural y lingüística de este mundo, al tiempo que puso de manifiesto la enorme diversidad local en costumbres e instituciones.

La perspectiva cambió de forma sustancial tras la Segunda Guerra Mundial en medio de un cierto ambiente intelectual anticolonialista. La supremacía política grecomacedonia, que había constituido motivo de elogio e idealización en las décadas anteriores, se convirtió de repente en el centro de todos los problemas. Estudiosos como la belga Claire Préaux centraron su interés en las conflictivas relaciones existentes entre griegos e indígenas y se empezó a prestar mucha mayor atención a estos últimos, que dejaron de ser meros receptores pasivos de la beneficiosa influencia cultural griega para pasar al primer plano los fenómenos de resistencia al helenismo dentro de las culturas orientales.

La asimilación del mundo helenístico a una sociedad de carácter colonial se impuso de manera definitiva con los trabajos de estudiosos franceses como Pierre Briant y Edouard Will. Briant, que ha estudiado las ciudades desde un punto de vista socioeconómico, las interpreta como un elemento decisivo dentro de la estrategia global de dominación y conquista de los territorios orientales, en lugar de como el marco ideal donde tenía lugar la integración social y cultural de los indígenas. Will ha apuntado algunos planteamientos sociológicos para comprender la dinámica histórica de este período, como la contradicción existente entre la visión ideal que nos trasmite la propaganda regia y la propia realidad socioeconómica de los países conquistados, o la necesidad de estudiar las condiciones sociales reales en las que se produjo la política de explotación económica o en las que se difundieron las ideas y corrientes religiosas. El elemento metodológico más innovador de dicha propuesta es la utilización de los estudios antropológicos más recientes acerca de la sociología de la dependencia, que ofrecen un marco teórico adecuado para la comprensión de aquellas realidades lejanas, siendo siempre conscientes del peligro de generalizar o extrapolar al mundo antiguo los resultados de sociedades más modernas.

Dentro de esta perspectiva innovadora hay que incluir también su propuesta de utilizar de manera prudente las obras de ficción que tratan de sociedades coloniales más recientes como la inglesa en la India o la española en Latinoamérica, a la hora de intentar comprender el marco sociológico preciso o las condiciones reales en las que se producían los intercambios y relaciones entre las etnias dominante y dominada. Las novelas de Forster sobre la India, las de Durrell sobre Egipto o toda la rica y variada literatura latinoamericana pueden constituir un instrumento de apoyo en la tarea del historiador del mundo helenístico, aportándole una idea aproximativa de ese marco referencial general de actitudes y sentimientos reales que falta completamente en nuestras fuentes de información sobre el período helenístico.

No hay que olvidar, sin embargo, como bien advirtió en su momento el mismo Edouard Will, las importantes diferencias que separan el mundo helenístico de las sociedades coloniales más modernas. En primer lugar, la colonización de los siglos XIX y XX tenía como objetivo principal la conquista de las materias primas y de los mercados de exportación. Sus efectos sobre las poblaciones locales han sido devastadores: etnias destruidas, estructuras sociales rotas, ecología y modos de vida arruinados y culturas adulteradas. El mundo helenístico no presenta un panorama tan excesivo y desolador. La diferencia radica sobre todo entre la civilización capitalista y técnica de la época moderna y el carácter arcaico que desde un punto de vista económico y técnico conservó el mundo helenístico a pesar de todos sus avances. La explotación de los territorios conquistados no tenía una finalidad exclusivamente económica como en el mundo moderno, sino un objetivo político, como asegurar la potencia y el prestigio del soberano a través de su riqueza, y se llevó a cabo a través de medidas de carácter fiscal. En segundo lugar debemos tener en cuenta la diferencia existente en el orden religioso. Frente al carácter misionero que adoptó la colonización moderna, en el mundo helenístico no se dio nada parecido. Las coacciones se ejercieron dentro del marco social y mental, pero no llegaron nunca al terreno religioso salvo en muy contadas ocasiones, como fue el conflicto entre los judíos y el monarca seléucida Antíoco IV.

El estudio del período helenístico se ha venido basando hasta hace muy poco, casi de forma exclusiva, en las fuentes de origen griego. Sin embargo, esta perspectiva ha variado de forma substancial en los últimos años gracias a la publicación de numerosas fuentes de origen oriental, que muestran las cosas desde el otro lado, y a la creciente colaboración de los orientalistas en sus diferentes especialidades como la asiriología, los estudios bíblicos, la iranología o la egiptología. La cantidad considerable de papiros en demótico, los diarios astronómicos babilonios, una gran masa de textos en cuneiforme que incluyen crónicas, listas de reyes, tratados astronómicos, literarios o matemáticos, instrucciones rituales, himnos religiosos y profecías, y toda clase de documentos legales, constituyen la base de un nuevo enfoque de toda la civilización helenística que puede corregir de forma notable la visión preponderantemente helénica y, por tanto, limitada de una realidad histórica mucho más rica, compleja y diversa.

II. LAS FUENTES

1. Un inmenso vacío histórico

El estudio del período que se inicia tras la muerte de Alejandro Magno en el año 323 a.C., denominado tradicionalmente época helenística, presenta grandes dificultades debido a la escasez de fuentes contemporáneas. A pesar de la enorme importancia de la época y de su duración –casi 300 años–, la mayor parte de los historiadores de la época no han llegado hasta nosotros. Se han perdido también algunas obras de carácter personal y apologético escritas por protagonistas destacados de este período como las memorias de Arato de Sición, el fundador de la Liga Aquea, que trató de corregir la visión de las cosas que ofrecía el historiador proespartano Filarco, las de Pirro, el célebre monarca del Epiro que se enfrentó por primera vez con Roma en su intento de conquista del sur de la península itálica, o las del monarca tolemaico Tolomeo Evérgetes II que trató de defenderse de los ataques que los autores griegos lanzaron en su contra. Nos falta igualmente toda la historiografía local, tan productiva a lo largo de este período, de la que destacan figuras como Memnón de Heraclea Póntica o los historiadores de Rodas, Zenón y Antístenes. Tampoco tenemos las obras de los historiadores partidarios de las monarquías helenísticas que se enfrentaron a Roma, figuras casi desconocidas como Mnesiptólemo, que escribió a favor de Antíoco III, o la historia de Timágenes. Finalmente, no han llegado completas las obras históricas escritas por reputados personajes de la aristocracia o el clero indígena como el egipcio Manetón o el babilonio Beroso, en su intento de mostrar al mundo griego la grandeza de sus respectivas civilizaciones.

A la vista de este impresionante naufragio de la literatura histórica helenística debemos recurrir a testimonios de naturaleza fragmentaria o de derivación problemática que en el mejor de los casos constituyen simples destellos momentáneos de una época brillante y llena de esplendor. Sirva de ejemplo el reino de Tolomeo II en Egipto, que fue posiblemente el monarca más importante de toda la dinastía. Para el estudio de su reinado, contamos con testimonios exclusivamente literarios como alguno de los *Idilios* de Teócrito, un poeta cortesano y sofisticado en extremo que alude al esplendor de la monarquía egipcia en su Idilio XVII, conocido como el Elogio de Tolomeo. Poseemos también un largo fragmento de Calíxeno de Rodas, que nos ha conservado Ateneo, en el que se describe minuciosamente el impresionante cortejo de la fiesta en honor de Tolomeo I celebrada en Alejandría, o la carta de Aristeas a Filócrates, un texto problemático que nos ofrece una idea de la concepción de la monarquía que circulaba a través de la propaganda real de la corte tolemaica. A estos textos se añaden millares de fragmentos de papiros que revelan aspectos puntuales y concretos de la vida en Egipto durante este mismo período. La imagen resultante es un reino gobernado con extraordinario lujo y fastuosidad que sometía a Egipto a una explotación intensa y sistemática. Sin embargo, nada se nos dice en ellos de la política exterior de los Tolomeos en el Egeo que constituía, sin lugar a dudas, el aspecto más importante de la monarquía en estos momentos.

Las restantes monarquías helenísticas no resultan mejor libradas. Para el reino seléucida contamos con la *Historia de Siria* de Apiano, un autor de época imperial cuyo relato deriva posiblemente de fuentes proseléucidas, con algunas anécdotas en la colección de estratagemas de Polieno, también de época imperial, o con las fuentes judías como los libros I y II de los Macabeos y el historiador Flavio Josefo que reflejan una visión claramente partidista de las cosas, dado el enfrentamiento judío con los seléucidas a partir sobre todo de Antíoco IV. Sobre Macedonia sólo disponemos del resumen de Justino, lleno de lagunas e imprecisiones y desesperadamente alusivo en la mayoría de los casos, para reconstruir los reinados de los primeros monarcas de la dinastía.

La epigrafía nos proporciona, en cambio, un material considerable sobre todo acerca de la vida de las ciudades griegas de Asia Menor. Sin embargo, estas inscripciones presentan una gran discontinuidad desde el punto de vista histórico, ya que en ocasiones resulta enormemente problemático integrar estas noticias concretas dentro del marco general que deriva de las fuentes literarias mencionadas. Como ha recalcado Préaux, tenemos una historia de ciudades y otra paralela de reyes que sólo de forma fortuita y ocasional vienen a coincidir en momentos muy determinados. Hay regiones, sin embargo, en las que las inscripciones faltan por completo, como es el caso de la meseta irania, o de las regiones septentrionales como Bactriana o la India. En este caso nos enfrentamos a un vacío casi total de noticias o a importantes lagunas, como la pérdida durante 50 años a partir del 283 a.C. de toda traza de la presencia seléucida en Irán. Regiones más próximas desde un punto de vista geográfico, como Capadocia o el Ponto, en Asia Menor, ofrecen también importantes lagunas en este campo pues apenas contamos con algunas inscripciones dedicadas a la labor de mecenas locales preocupados por la suerte de sus conciudadanos, como es el caso del célebre Protógenes de Olbia en el mar Negro.

Las causas de esta desaparición casi masiva de testimonios hay que buscarlas sobre todo en la suerte corrida por los historiadores de la época por su forma de concebir la historia. La complejidad excesiva de la época, la longitud consiguiente de sus obras, su estilo rebuscado y barroco y, sobre todo, su deseo de introducir elementos de carácter novelesco y fantástico, fueron factores decisivos en la desaparición de sus obras. La existencia de resúmenes más generales en forma de historias universales como la de Diodoro de Sicilia o algunas otras perdidas como la de Nicolás de Damasco provocó el abandono progresivo de aquellas obras más concretas. De hecho, en el siglo II d.C., según el testimonio de Pausanias, ya no se podía leer a los historiadores de los reinos tolemaico y pergameno. La separación creciente de los géneros literarios, que tuvo lugar a lo largo del período helenístico, contribuyó también a su pérdida paulatina. Estas historias contenían en su interior elementos novelescos y fabulosos que ahora encontraban su lugar en obras mucho más ligeras y específicas como los relatos de viaje fantástico, los tratados utópicos o la literatura paradoxográfica dedicada a recoger los aspectos más raros y curiosos del mundo natural. Los largos discursos, la precisión puntillosa y la oscuridad del estilo empleado alejaban de estas obras a la mayoría del público lector, atraído ahora por géneros mucho más ligeros como las biografías o las enciclopedias por partes. La ausencia casi absoluta de restos de estas obras entre los papiros de Egipto viene a confirmar esta tendencia progresiva al olvido y la desaparición de unos autores que se enfrentaron con un cambio de gustos en un público cada vez menos dispuesto a ocupar su tiempo en prolijas y prolongadas lecturas.

Por otro lado, los grandes historiadores del período como Polibio y Agatárquides, preocupados por asentar el género histórico sobre bases bien fundamentadas, no contemplaron con simpatía esta forma de hacer historia que concedía un espacio considerable a los aspectos dramáticos, sensacionalistas y fabulosos. En su intento por separar estrictamente la historia propiamente dicha de los relatos de ficción, estos historiadores arremetieron duramente contra la forma de escribir historia que tenían los autores de la época como Filarco, Duris o Timeo. Todo el libro XII de Polibio era una airada crítica contra los métodos de Timeo y a lo largo de las páginas de su historia abundan también los alegatos en contra de Filarco. Esta actitud crítica en exceso y, en ocasiones, auténticamente demoledora, contribuyó también de forma decisiva al olvido y la marginación de los historiadores helenísticos. La minoría intelectual y dirigente demandaba obras más consistentes desde un punto de vista pragmático o moralizante como la historia de Polibio, la gran masa de lectores que habitaba las nuevas ciudades requería géneros más frívolos y ligeros, adecuados a las nuevas necesidades de la época, y, por último, las poblaciones indígenas que habitaban los inmensos territorios de los nuevos reinos, separadas por la barrera casi infranqueable de la lengua del mundo de los nuevos dominadores grecomacedonios, vivían completamente ajenas a la cultura griega.

2. Los grandes historiadores de la época

Jerónimo de Cardia

Los fragmentos que conservamos de los grandes historiadores de este período son muy escasos. El más importante de todos es Jerónimo de Cardia, cuyos ecos se encuentran de alguna manera en los libros XVII-XX de la historia de Diodoro, si bien no cabe suponer un uso servil por parte de este último que sintetizó y reelaboró el relato de Jerónimo añadiendo a su vez algunas otras noticias procedentes de otras fuentes de información. Jerónimo fue también la fuente de información fundamental para las Vidas de Éumenes, Demetrio y Pirro compuestas por Plutarco, de la historia de los diádocos de Arriano, conservada tan sólo en fragmentos, y de la historia de Trogo Pompeyo resumida por Justino.

Era un historiador serio preocupado por ofrecer una visión coherente y completa del tiempo complejo que le tocó vivir, prácticamente toda la época de los diádocos en la que se desarrolló la lucha por la sucesión del imperio de Alejandro y el surgimiento de las grandes monarquías helenísticas, ya que vivió algo más de 100 años. Su historia se iniciaba con la muerte de Alejandro y alcanzaba al menos hasta la de Pirro en el 272 a.C. Fue un testigo privilegiado de los acontecimientos, ya que sirvió sucesivamente primero a las órdenes de Éumenes de Cardia, el secretario de Alejandro, después de Antígono el Tuerto y de su hijo Demetrio Poliorcetes y, por último, pasó al servicio de Antígono Gónatas, el verdadero fundador de la dinastía antigónida que reinó en Macedonia a lo largo de este período. Además de su decisiva experiencia personal, por la posición de primer plano que ocupó al lado de los protagonistas más directos de la historia, tuvo acceso a numerosos documentos oficiales.

Aunque fue criticado por su descarada parcialidad en favor de los Antigónidas frente a sus rivales, Jane Hornblower ha destacado recientemente su fiabilidad, dado que trató de mantener un destacado nivel de objetividad e imparcialidad y demostró un elevado grado de competencia en sus detalladas descripciones de las operaciones políticas y militares. Ofrecía también algunas digresiones de tipo geográfico y etnográfico, como la descripción del carruaje fúnebre de Alejandro o sus informaciones acerca del país de los árabes nabateos. Su estilo no fue del agrado de los críticos literarios antiguos, que le consideraron un autor de difícil lectura para un espíritu refinado.

La historiografía trágica: Duris y Filarco

Una de las principales corrientes de la historiografía helenística es la denominada por la mayoría de los estudiosos «historiografía trágica» cuyo fundador fue Duris de Samos, un discípulo de Teofrasto que gobernó como tirano su propia isla natal durante un cierto tiempo. Escribió especialmente dos obras fundamentales para la historia de este período, una *Historia de Macedonia* y una biografía del tirano siciliano Agatocles. Fue utilizado por Plutarco y Diodoro en cuyas obras podemos encontrar algunos ecos de su historia en la que primaban los aspectos sensacionalistas y de carácter dramático con el objetivo principal de suscitar la emoción de sus lectores. Destacaba también por sus descripciones de efecto teatral y por su gusto por lo anecdótico, lo fantástico y lo maravilloso. Su credibilidad, que fue ya valorada negativamente por los propios autores antiguos, no ha ganado desde entonces muchos enteros a juzgar por su manifiesta hostilidad hacia Macedonia y por su búsqueda constante de efectos sensacionalistas.

Otro de los más ilustres representantes de esta tendencia es Filarco de Atenas, que prosiguió la obra de Duris y compuso una historia de los diádocos que iba desde la muerte de Pirro hasta la de Cleómenes III de Esparta en el 219. Su manera de hacer historia, muy similar a la de Duris, con especial complacencia en los aspectos sensacionalistas y dramatizantes, y su manifiesta parcialidad a favor del monarca espartano con la consiguiente actitud hostil hacia su principales enemigos, especialmente macedonios y aqueos, le granjeó la enemistad de Polibio que le echa en cara su descarado partidismo y su constante búsqueda del patetismo con el fin de suscitar en los lectores la piedad y el temor, a la manera en que Aristóteles predicaba de la tragedia. Conocemos su obra a través de las biografías de Plutarco de los principales monarcas espartanos de la época, Agis IV y Cleómenes III, de las frecuentes alusiones críticas de Polibio, de las numerosas anécdotas procedentes de su obra que nos ha conservado Ateneo y, por último, de algunos pasajes del resumen de Justino.

Polibio

Polibio es sin duda el principal historiador helenístico y uno de los tres más importantes de toda la historiografía griega junto a Heródoto y Tucídides. Aunque pertenece de lleno al siglo II a.C. y consideró como el objetivo principal de su historia describir y explicar a los lectores griegos las razones que habían provocado el rápido ascenso de Roma a la hegemonía mundial, su obra nos proporciona también la única narración continuada de la segunda parte del siglo III a.C. De los 40 libros que componían su monumental historia sólo conservamos enteros los cinco primeros, pero poseemos también numerosos fragmentos de los 35 restantes, que proceden en buena parte de los *Excerpta Constantiniana*, una selección bizantina encargada por el emperador Constantino Porfirogéneta, y de la reconstrucción de las partes perdidas de su obra a través del relato paralelo de Tito Livio, que adoptó los libros XXI-XLV de Polibio como fuente principal de su historia para los asuntos de Oriente, o de los libros XXVIII-XXXII de Diodoro. Es probable que Plutarco y Apiano utilizaran también a Polibio como fuente de información a la hora de componer sus biografías o su historia, pero es muy difícil de comprobar.

Era miembro de una de las familias dirigentes de la Confederación aquea, uno de los estados griegos más poderosos de este período, y tuvo, por tanto, una participación directa y privilegiada en los acontecimientos políticos y militares más destacados de su propio tiempo. A diferencia de sus inmediatos predecesores, concebía la historia desde un punto de vista exclusivamente pragmático, como un relato de acontecimientos explicados racionalmente, cuyo conocimiento debía incitar a la reflexión y la acción de sus lectores, un público reducido compuesto, seguramente, por estadistas y miembros de las clases dirigentes griegas y romanas. Concedía una atención preferente a las personalidades más destacadas de la época, como los monarcas helenísticos Filipo V y Perseo de Macedonia, el seléucida Antíoco III, o los estadistas aqueos Arato de Sición, cuyas *Memorias* utilizó como fuente de información, y Filopemén, a quienes admiraba profundamente, y el rey espartano Cleómenes III.

Polibio, al igual que Tucídides, entendía la historia como relato de los acontecimientos contemporáneos de los que había sido testigo. Contaba además para la reconstrucción aproximada de los hechos con su gran experiencia política y el testimonio oral de sus numerosos contactos personales primero en Grecia y después en Roma. Pudo consultar también gran cantidad de documentos oficiales existentes en los archivos griegos y romanos a los que debió de tener fácil acceso, dada su posición. Sin embargo, utilizó también como fuentes de información a sus predecesores Filarco o Timeo, a los que criticó de forma severa y no siempre justificada. Sin embargo, a pesar de las apariencias y del juicio favorable de muchos estudiosos modernos, la historia de Polibio no está exenta de importantes defectos historiográficos, como su excesivo patriotismo aqueo, que le hizo pintar con negras tintas a todos los rivales de la confederación, especialmente a etolios y espartanos, o su visión parcial de los monarcas helenísticos que se enfrentaron a Roma, descritos a menudo con los trazos más sombríos en una evolución negativa de su carácter. Tampoco faltan en su historia pasajes que se aproximan por su concepción a los gustos de sus contemporáneos y predecesores por su carácter sensacionalista y maravilloso, a pesar de las proclamas metodológicas de sus proemios o de los ataques constantes hacia esta manera de hacer historia.

Agatárquides de Cnido

Otro de los grandes historiadores del período es Agatárquides de Cnido que ejerció labores de tutor real en la corte tolemaica en el último cuarto del siglo II a.C. Compuso dos grandes obras históricas, una sobre Asia en 10 libros en la que trataba el período posterior a la muerte de Alejandro, y otra mucho más amplia en 49 libros sobre Europa, en la que narraba los acontecimientos desde aquellos tiempos hasta el final de la monarquía macedonia. De ambas obras sólo nos quedan algunos fragmentos transmitidos por Ateneo o los ecos que pueden haber dejado en la historia de Diodoro, como el capítulo sobre las fuentes del Nilo o la descripción de Arabia. Agatárquides compuso también una especie de tratado etnográfico *Sobre el mar Rojo,* del que poseemos un conocimiento mucho mejor gracias al amplio resumen de una parte del mismo realizado por el patriarca Focio y al exhaustivo compendio que nos ofrece Diodoro en el libro III de su historia. Su objetivo era proporcionar una descripción de la zona meridional del mundo habitado. Para su elaboración utilizó los relatos oficiales de las expediciones tolemaicas enviadas para la exploración de estas regiones, los testimonios oculares de mercaderes que circulaban por aquellos lugares en busca de sus preciados productos, y de fuentes anteriores como Heródoto o Eratóstenes, aunque con un talante crítico hacia sus informaciones. La obra proporciona una imagen vivaz de la zona del mar Rojo y de los territorios colindantes con informaciones curiosas sobre las minas de oro en el sur de Egipto, la cacería de elefantes en la región, o un cuadro pintoresco y exótico de las formas de vida de sus habitantes. Mostró sus críticas hacia los aspectos negativos de la dominación tolemaica en aquellas regiones del sur por las serias alteraciones que implicaba en el equilibrio natural y en los patrones de vida de los indígenas. Concedió además, por primera vez, un papel dentro de la historia a todas aquellas categorías sociales que hasta entonces habían permanecido al margen de la misma, tales como los esclavos o los prisioneros de guerra. Es célebre en este sentido su descripción de las miserables condiciones en que se veían obligados a vivir los que trabajaban en las minas de oro egipcias situadas al sur del país.

Diodoro de Sicilia y las historias universales

Diodoro ha hecho ya repetidamente aparición a lo largo de estas páginas como conservador en forma más o menos directa del testimonio de otros historiadores antiguos cuya obra no ha llegado hasta nosotros, como es el caso de Clitarco, Jerónimo de Cardia, Duris de Samos o el mencionado Agatárquides. Compuso una historia universal en la segunda mitad del siglo I a.C. que abarcaba desde los orígenes míticos de la humanidad hasta el año 60 a.C. Su obra representa en cierto sentido el punto final de llegada de toda la historiografía helenística anterior que de alguna manera ha quedado reflejada en su historia. Los libros que trataban del período helenístico, del XVIII al XL, se han conservado de forma fragmentaria a través del resumen de Focio, en los ya citados *Excerpta Constantiniana*, que contienen también fragmentos de Polibio, y en un manuscrito que fue publicado en el siglo XVII y se perdió más tarde, conocido como *Eclogae Hoeschelianae*. Diodoro concedió a la historia de Roma un espacio cada vez mayor, dada la creciente importancia de la misma dentro de la segunda parte del período helenístico, en el que se convirtió en la primera potencia hegemónica mundial. Ha utilizado diversas fuentes para la composición de su obra, entre las que figuran algunos de los autores mencionados anteriormente como Jerónimo de Cardia y Duris de Samos o Polibio y Posidonio. Sin embargo, Diodoro, al igual que otros escritores considerados hasta hace bien poco como meros transmisores de las obras perdidas de sus antecesores, tenía sus propios criterios historiográficos y su propio estilo literario que le condujo a reelaborar ampliamente muchas de las informaciones obtenidas de sus antecesores hasta un nivel que resulta a veces casi imposible reconocer su procedencia exacta.

Sin embargo, a pesar de la multiplicidad y heterogeneidad de las fuentes utilizadas, Diodoro se atuvo siempre a los principios fundamentales de su concepción del mundo y de la historia, formulados en el proemio a su obra, que reflejaban las ideas del pensamiento estoico contemporáneo de una humanidad estrechamente emparentada entre sí como ciudadanos del mundo guiados por la divina providencia y sobre los que la narración de la historia debía ejercer un influjo ético determinante en sus acciones futuras. Gracias a su historia, escrita en un estilo unitario y fácilmente comprensible y basada sobre las mejores fuentes disponibles, podemos conocer períodos fundamentales de la historia antigua como la época de los diádocos, o la historia de lugares importantes del mundo griego como Sicilia.

Otros dos autores importantes que escribieron también historias de carácter universal que contenían información destacada sobre la última parte del período helenístico son Nicolás de Damasco, que escribió una historia universal gigantesca en 144 libros, encargada por el rey Herodes, en la que el pueblo judío adquiría un papel preponderante en el desarrollo de los acontecimientos, y Timágenes de Alejandría, quien escribió más o menos en la misma época un libro *Sobre los Reyes* en el que la historia del mundo helenístico aparecía organizada por reinos y dinastías, desempeñando en ella un papel fundamental las biografías de los sucesivos monarcas. Fue una de las fuentes utilizadas por Trogo Pompeyo y quizá sirvió también de fuente de información a Apiano sobre los seléucidas y antigónidas.

3. Las fuentes materiales

Las inscripciones

A diferencia de las fuentes literarias, las numerosas inscripciones que conservamos de este período nos proporcionan una documentación más directa que ilustra casi todos los aspectos de la historia de esta época, desde algunos acontecimientos capitales de la vida política a las múltiples y complejas facetas de la vida social y económica de las ciudades griegas. Así, la historia de Atenas en la primera mitad del siglo III a.C. quedaría incompleta sin la aportación decisiva de los decretos de Calias de Esfeto dados a conocer en 1978 por Leslie Shear, que ponen de manifiesto los terribles efectos provocados por la separación temporal del puerto del Pireo y de parte del territorio del Ática, controlados respectivamente por guarniciones macedonias, de la ciudad de Atenas propiamente dicha, y nos permiten conocer importantes detalles acerca de la política tolemaica en Grecia central en el primer cuarto del siglo. Las inscripciones conservan también una parte de la correspondencia oficial de los nuevos soberanos helenísticos con algunas ciudades griegas, permitiéndonos conocer así el status de las mismas en el interior de los reinos o las diferentes manifestaciones del culto al monarca.

Las inscripciones nos aportan múltiples detalles que nos ayudan a captar la organización institucional de una ciudad determinada, las preocupaciones de los individuos que las habitaban, los valores que merecían su atención y respeto, sus comportamientos rituales y numerosas facetas de la educación y la cultura de dicho período a través de la propia formulación y el estilo de los propios textos. Se trata, sin embargo, de una documentación discontinua que no afecta por igual a todos los lugares y épocas. La riqueza documental de la Atenas del siglo II a C. contrasta así con la pobreza de los momentos que siguieron a la guerra de Mitrídates en la primera parte del siglo I a.C. Poseemos importantes series de decretos procedentes de ciudades como Atenas,

Priene, Pérgamo, Ilión, Esmirna, Colofón, Éfeso, Mileto o Magnesia del Meandro. Son también numerosas las emancipaciones procedentes de Delfos o las listas atenienses de efebos, de prítanos, o de participantes y suscriptores de la fiesta Pitaida.

Los fenómenos sociales son los que reciben la atención privilegiada de este tipo de documentos. Conocemos así la enorme importancia de la piratería y sus efectos devastadores sobre la vida diaria de numerosas comunidades costeras, o el impulso del mercenariado, que alcanzó cotas insospechadas en el curso de estos momentos debido a la profunda crisis que afectaba a los elementos sociales más desfavorecidos por la marcha de los tiempos. Las inscripciones nos informan también del amplio desarrollo de la vida internacional de la época a través de los numerosos decretos de *isopoliteía* por los que se concedían derechos cívicos paritarios por parte de varias comunidades, de las frecuentes concesiones de *asulía*, el derecho a la inviolabilidad del santuario, que ponen de manifiesto la inseguridad reinante por todas partes, del agradecimiento a la actuación de jueces extranjeros que han mediado en disputas territoriales, o de la creación de nuevos festivales internacionales que contribuyeron de forma destacada a incrementar el índice de movilidad de numerosos oficios, como los médicos itinerantes que iban de una ciudad a otra al igual que poetas y músicos. Son también abundantes los decretos que reconocen y recompensan de forma honorífica la generosidad demostrada por algunos ciudadanos destacados por sus beneficios a la comunidad rescatando prisioneros, financiando festivales o incluso pagando el tributo exigido por vecinos bárbaros, que ilustran la enorme importancia del fenómeno del evergetismo en estos momentos. Podemos conocer también parte de las actividades desarrolladas en los gimnasios, que se convirtieron en centro de la vida griega en las nuevas fundaciones urbanas y en signos de la identidad helénica frente a las culturas indígenas circundantes, o las condiciones socioeconómicas de algunos de los grandes santuarios como Delos, que se convirtieron en centros de la vida internacional de la época a todos los niveles. Por último, algunas inscripciones proporcionan un esquema cronológico de los hechos, como la célebre crónica de Paros que permiten datar los acontecimientos de forma mucho más precisa.

Los papiros

Una fuente de información importante, aunque referida casi en exclusiva al Egipto tolemaico, son los papiros, que se han conservado gracias a las particulares condiciones climáticas del país del Nilo. Nos proporcionan una detallada, e incluso a veces minuciosa, información acerca de la imponente maquinaria administrativa y burocrática del estado tolemaico y de la forma en que afectaba a la vida diaria de los campesinos y colonos del reino lágida. Sin embargo, conviene no olvidar que, como ha señalado Walbank, lo que ha llegado hasta nosotros no es otra cosa que el contenido del cesto de los papeles de empleados civiles de segunda categoría, que estaban destinados en las zonas rurales del interior del país. A diferencia de lo que sucede con otros períodos y escenarios de la historia antigua, los papiros nos proporcionan datos precisos sobre aspectos de la vida económica del país como los precios y salarios, las raciones de comida que eran necesarias para subsistir, la cuantificación de los límites extremos de pobreza y riqueza, el tamaño de los dominios agrícolas, los derechos de aduana, el tiempo empleado en el transporte por el río y su coste, las tasas de interés vigentes, y las rentas pagadas en granjas y aldeas. Nos informan también de aspectos sociales importantes, como la composición de las familias o los diferentes problemas de tipo matrimonial o vecinal que se suscitaban en el curso de la vida diaria. El testimonio de los papiros ilumina igualmente el complejo y conflictivo ámbito de las relaciones entre la etnia dominante, los grecomacedonios, y el mundo indígena. Gracias a su testimonio conocemos también mucho mejor algunos medios como el ejército, la impartición de la justicia o el funcionamiento de algunos cultos religiosos.

Sin embargo, este tipo de evidencia mucho más directa y concreta que la de las fuentes literarias presenta también sus limitaciones. A pesar de su relativa abundancia, se concentran sólo en determinados lugares privilegiados del país como el área del Fayum y faltan por completo en zonas tan decisivas como la propia capital, Alejandría, donde residía la corte y es de imaginar que tuvieran lugar los actos administrativos y judiciales más importantes. La enorme diversidad de las situaciones de unos lugares a otros impide la extrapolación de los datos así obtenidos. Son además documentos de carácter analítico que presuponen en el destinatario un conocimiento preciso y detallado de la situación en la que se enmarca el documento concreto, que no existe lógicamente en quienes como nosotros accedemos desde fuera y desde lejos a una situación general completamente desconocida, reconstruible sólo por alusiones y referencias aisladas. Es preciso, por tanto, integrar cada papiro dentro de un conjunto homogéneo que permita la reconstrucción de un archivo completo como el de Zenón, uno de los conjuntos documentales más importantes que han llegado hasta nosotros.

Hasta ahora se conocía únicamente la parte griega de esta documentación, pero recientemente se ha progresado de manera considerable en el estudio y publicación del abundante material en demótico, la forma de escritura popular de los egipcios, lo que nos permite conocer también las escalas más bajas de la administración tolemaica, donde ya intervenían sólo los indígenas. Se completa así una perspectiva más correcta y equilibrada de la situación corrigiendo algunas de las deformaciones a que había dado lugar el desequilibrio documental precedente.

Las monedas

Las monedas constituyen una fuente de información importante para el estudio de este período en aspectos tan destacados como el de la propaganda real. A través de ellas y de las imágenes representadas podemos conocer las aspiraciones hegemónicas de los diferentes monarcas, sus modelos iconográficos y religiosos y las modalidades que adoptó el culto al soberano reinante. Son también un testimonio importante para conocer las líneas fundamentales de la política económica y monetaria de las ciudades griegas y de los reinos helenísticos en las que se hallaban integradas. La utilización de los diferentes metales tenía diferentes funciones. El oro se acumulaba en los tesoros reales como simple objeto de riqueza y prestigio, la plata constituía el metal habitual que servía al comercio internacional, y el bronce cubría las necesidades locales dentro de un área limitada. Existían dos sistemas diferentes, por un lado el patrón ático que fijaba el tetradracma en unos 17 gr, utilizado en toda Grecia y en las monarquías macedonia y seléucida, por otro el fenicio o cireneo que lo hacía en 14,25 gr y era utilizado en Egipto y en toda la zona del norte de África y la costa sirio fenicia. El testimonio de las monedas permite en ocasiones establecer una datación más precisa de los acontecimientos y constituye a veces, de forma excepcional, nuestra única fuente de información sobre un determinado período como los momentos finales de la dinastía seléucida, para cuya reconstrucción han sido brillantemente utilizadas por el numísmata americano Bellinger.

Los progresos más decisivos para el conocimiento de la historia del período helenístico, en particular para el siglo II a.C., proceden del estudio de las series monetales que permiten además una mejor y más precisa datación de los acontecimientos. Las monedas nos permiten determinar el status de las diferentes comunidades políticas y su mayor o menor dinámica o apatía en este terreno, ya que a través de la voluntad de acuñar moneda con su propio nombre y su tipo, una ciudad ponía de manifiesto su apego a su autonomía y la conciencia de su propia individualidad. La acuñación de moneda refleja igualmente una serie de capacidades, necesidades y objetivos materiales, financieros y económicos. La construcción de series numismáticas proporcionan, en definitiva, bases seguras para la recreación de la historia de este período y nos permiten al tiempo percibir las realidades de la vida cotidiana de estas entidades políticas cuyo status y bienestar material ponen en clara evidencia.

La arqueología

Los restos arqueológicos del período helenístico son ciertamente decepcionantes a pesar del impresionante desarrollo de las ciudades, que contaban ahora con un trazado urbanístico en forma de damero y del impulso dado a las construcciones públicas como templos, teatros, gimnasios, obras de carácter suntuario y palacial, imponentes trabajos de fortificación e instalaciones portuarias. Los principales responsables de esta casi masiva desaparición son la destrucción y el pillaje provocados por las incesantes guerras y la conquista romana, la temprana desaparición de muchos de estos núcleos urbanos por el avance de poblaciones nómadas como los partos, y la reutilización continuada de muchos de los emplazamientos. La recuperación de las grandes capitales de la época resulta una tarea prácticamente imposible a pesar de los continuados esfuerzos que se realizan en Alejandría mediante exploraciones submarinas cercanas a la costa por reconstruir siquiera de forma parcial los restos de su pasada grandeza. Son también considerables los restos arqueológicos de Pela, la capital macedonia, y de ciudades apartadas como Ai-khanum, que revelan las grandes posibilidades de una investigación arqueológica a gran escala en la región, obstaculizada en la actualidad por las circunstancias políticas.

III. LA ÉPOCA DE LOS DIÁDOCOS

1. La herencia del imperio

El imperio de Alejandro desapareció prácticamente con la persona de su conquistador en el 323 a.C. A lo largo de toda la campaña se había puesto ya repetidamente de manifiesto la indisociable vinculación entre la figura de Alejandro y su proyecto político que contó además en muchos casos con la firme oposición de una buena parte de su estado mayor, compuesto todavía por los viejos generales que habían acompañado a Filipo II como Parmenión. Alejandro no dejó además herederos claros. Su hermanastro Filipo Arrideo no estaba a la altura de las circunstancias debido a su reconocida incapacidad mental y el hijo nacido de su matrimonio con la princesa irania Roxana era todavía un niño cuya legitimidad se hallaba además en entredicho a causa de su origen mestizo, que contravenía profundamente las viejas tradiciones macedonias. Los principales componentes del estado mayor macedonio eran además individuos enérgicos y experimentados en las dotes de mando y con evidentes ambiciones personales que sólo la poderosa personalidad y el carisma de Alejandro habían conseguido frenar. Una vez desaparecido Alejandro, el choque entre unos y otros parecía inevitable. Asistimos así a un largo período de luchas por el poder y la hegemonía que iba a culminar en la formación de los grandes estados monárquicos helenísticos a lo largo del primer tercio del siglo III a.C.

El primer compromiso entre las fuerzas centrífugas y centrípetas que constituían la corte macedonia y el estado mayor se alcanzó en Babilonia en el mismo año de la muerte de Alejandro. Se mantiene, aunque de forma precaria, la ficción del imperio con el nombramiento consensuado de Cratero como *prostates* de los dos posibles herederos al trono, de Pérdicas como *quiliarco*, que toma a su cargo toda el Asia y el ejército estacionado en ella, y Antípatro, que es confirmado como estratego de Europa, encargado del gobierno directo de Macedonia y de la vigilancia de los estados griegos. Los generales más importantes reciben a su vez diferentes satrapías. Egipto le tocó en suerte a Tolomeo, Lisímaco se hizo con el control de Tracia, Asia Menor fue compartida entre Antígono el Tuerto, que gobernó Frigia, Licia y Panfilia, y Éumenes, que se hizo cargo de Capadocia y Paflagonia. Este reparto no sólo sembraba las semillas de la discordia sino que significaba de hecho el comienzo de la desintegración del legado de Alejandro. Sólo algunos, como Pérdicas o Antígono el Tuerto, albergaban todavía la esperanza de conservar la unidad del imperio entre sus aspiraciones, el resto confiaba tan sólo en hacerse fuerte en sus dominios personales y arrebatar a sus rivales una parte de los suyos si las circunstancias lo permitían.

2. La rebelión de los griegos

Los sucesores debieron afrontar además otros problemas internos que añadían una todavía mayor inestabilidad a la ya de por sí explosiva situación creada por la muerte de Alejandro. La rebelión de los griegos fue inmediata tras conocerse la desaparición definitiva del conquistador. Los colonos establecidos en Bactriana, deseosos de retornar a Grecia, aprovecharon el momento para mostrar su descontento con la situación pero fueron reprimidos con tremenda dureza. En la propia Grecia continental los atenienses y los etolios, que habían mostrado ya su hostilidad ante el decreto de Alejandro que proclamaba el retorno general de todos los exiliados, empujados por Demóstenes e Hipérides se rebelaron abiertamente contra el dominio macedonio aprovechando la presencia de un fuerte contingente de mercenarios en los alrededores de Atenas bajo el mando de Leóstenes. Se inició de esta forma la denominada guerra lamíaca ya que fue en esta ciudad, Lamia, donde los sublevados obligaron a encerrarse a Antípatro, que había sido derrotado previamente en Termópilas por Leóstenes. El número de coaligados creció rápidamente pero la muerte de Leóstenes en el asedio de la ciudad y la aplastante derrota naval de Amorgos, que ponía fin a la hegemonía naval ateniense, significaron en la práctica el final de la sublevación. Los refuerzos macedonios liberaron Lamia y derrotaron contundentemente en Cranón a los coaligados rebeldes en el 322 a.C. Atenas fue duramente tratada por los vencedores. Los cabecillas de la rebelión fueron perseguidos o asesinados, el cuerpo cívico seriamente reducido por una nueva constitución que limitaba el acceso a la plena ciudadanía, se perdieron Oropo en Beocia y la isla de Samos, se impuso el pago de una fuerte indemnización de guerra y la presencia de una guarnición macedonia en el Pireo.

3. La lucha por la hegemonía

La resolución temporal del problema griego no significó ninguna tregua en la lucha por el poder entre los diádocos. Las coaliciones entre ellos se sucedieron con el fin de hacer frente a las aspiraciones hegemónicas de los más poderosos que suponían un peligro para la supervivencia de los nuevos dominios fijados en el reparto de Babilonia. La primera tuvo como objetivo la figura de Pérdicas, asociado ahora con Éumenes, que era el único griego de todos los diádocos y había quedado casi aislado en el corazón de Asia Menor. Su intento de invasión de Egipto fracasó tras su asesinato y el paso de sus tropas al enemigo. Sin embargo, los coaligados fracasaron a su vez en su intento de acabar con Éumenes al sufrir a sus manos una derrota que costó la vida a Crátero. Pérdicas y Crátero fueron así los primeros en caer de una larga lista de muertes violentas de todos los diádocos con la única excepción de Tolomeo.

A la vista de la nueva situación, un nuevo acuerdo tuvo lugar en Triparadiso en el 321 a.C. Antípatro recibió la regencia con el título de *epimeletes* de los reyes, que eran ahora trasladados a Pela, que recuperaba de esta forma la capitalidad efectiva del imperio, y Asia quedaba dividida entre Seleuco, que se hizo cargo de Babilonia, y Antígono, que asumía además la inacabada guerra contra Éumenes, que aún continuaba su resistencia en el interior de Asia Menor. Sin embargo, la muerte de Antípatro en el 319 modificó la situación de manera importante ya que confió la tutela de los reyes a Poliperconte y reservó el título de *quiliarco* para su hijo Casandro, que veía así seriamente minadas sus aspiraciones a detentar la herencia directa de su padre al frente de Macedonia. La lucha entre los dos rivales, Poliperconte y Casandro, tuvo entre otras consecuencias la desaparición final de la dinastía reinante con la ejecución de Arrideo y su esposa por parte de Olimpíade y el posterior asesinato de la reina madre ordenado por Casandro que se hizo así cargo de los únicos miembros supervivientes, Roxana y su hijo.

La nueva coalición contra Poliperconte encabezada por Casandro tuvo también importantes consecuencias en el terreno propagandístico. En su intento por contrarrestar las fuerzas rivales, Poliperconte proclamó de forma oficial la libertad de los griegos tratando de esta forma de granjearse la alianza y el favor de las ciudades griegas. Casandro, por su parte, ocupó el Ática e impuso en Atenas un gobierno de carácter tiránico poniendo el poder en manos de Demetrio de Falero, un aristotélico que era además amigo y protector del comediógrafo Menandro y en cuyo entorno figuraba también Teofrasto, que sucedió a Aristóteles en la dirección del Liceo. Demetrio gobernó Atenas durante una década tratando de organizar la administración interna y de conseguir un cierto orden moral en las costumbres sociales.

4. Antígono el Tuerto

Mientras tanto Antígono el Tuerto, que había conseguido finalmente deshacerse de Éumenes, reunió bajo su autoridad un vasto territorio y demostró abiertamente sus aspiraciones a detentar la hegemonía sobre el conjunto del imperio, tratando de recuperar de algún modo el proyecto de Alejandro. Contaba además con la importante colaboración de su hijo Demetrio conocido con el apelativo de Poliorcetes por su genialidad en las técnicas de asedio. La coalición de los restantes diádocos en su contra desató de nuevo las hostilidades. Para contrarrestar la fuerza de sus rivales, Antígono recurrió de nuevo a la propaganda como ya había hecho antes Poliperconte. En el 315 en Tiro lanzó un manifiesto que anunciaba diversas medidas como la condena de Casandro por parte de la asamblea del ejército, recuperando así una vieja tradición macedonia, por el asesinato de Olimpíade y el secuestro de Roxana y su hijo, su nombramiento como *epimeletes* del rey, y la proclamación de que las ciudades griegas debían quedar libres, autónomas y exentas de guarniciones. Esta última parte fue secundada a su vez por Tolomeo, que lanzó una proclama de términos muy parecidos. Antígono impulsó también la formación de una federación de los estados insulares del Egeo denominada *koinón* de los nesiotas. Un tratado de paz firmado entre los contendientes en el 311 aparcó momentáneamente las hostilidades y significó un nuevo reparto de la herencia de Alejandro que confirmaba el statu quo.

Sin embargo, el asesinato del último representante de la dinastía argéada por Casandro en el 310 significaba la desaparición definitiva de la ficción de una unidad del imperio en beneficio de Alejandro IV y el inicio de la carrera final hacia la construcción de los dominios reales respectivos. Sólo las aspiraciones unitarias de Antígono supusieron un serio obstáculo en este camino. Las campañas se sucedieron de forma casi ininterrumpida. Atenas cayó en poder de Demetrio Poliorcetes, que restableció la democracia y fue acogido como liberador, recibiendo además la consideración de un verdadero dios. Los atenienses dieron incluso el nombre de Demetrio y el de su padre Antígono a dos nuevas tribus que fueron añadidas a las 10 instituidas en su día por Clístenes. Tras una resonante victoria en Chipre sobre sus rivales adoptaron el título de reyes, proclamando de esta forma su aspiración a detentar el legado de Alejandro, de quien se erigían de este modo en legítimos sucesores. El resto de los diádocos siguió su camino en los años inmediatamente posteriores ya que no deseaban dejar la exclusiva de la realeza a sus rivales.

Las aspiraciones unitarias de Antígono sufrieron un importante revés con el fracaso en la toma de Rodas, ante la que Demetrio se vio obligado a capitular. En el 302 los antigónidas pusieron en marcha una curiosa iniciativa en su intento por controlar Grecia, como fue el establecimiento de una nueva liga que parecía recuperar el viejo espíritu de la Liga de Corinto auspiciada por Filipo II. Sus objetivos eran sin embargo bien distintos, ya que debía servir como base fundamental de apoyo para la conquista final de Macedonia contra Casandro. Sin embargo, la batalla de Ipsos en el 301, que enfrentó a Antígono contra sus rivales y concluyó con la derrota y muerte de aquél, significó el final de las aspiraciones del viejo general a detentar la hegemonía total sobre el conjunto del imperio.

IV. LA FORMACIÓN DE LAS MONARQUÍAS HELENÍSTICAS

La desaparición de Antígono significaba el abandono definitivo de toda tentativa unitaria. Los vencedores consolidaron así sus dominios territoriales como fue el caso de Tolomeo, que aprovechó para establecer su autoridad sobre la parte meridional de la costa sirio fenicia, o de Lisímaco, que recibió toda Asia Menor bajo su dominio. Casandro quedaba como dueño de Europa pero debía disputar todavía su pleno dominio con Demetrio Poliorcetes que, tras escapar con vida de Ipsos, había mantenido en su poder un importante imperio marítimo asegurado mediante la posesión de una poderosa flota. Seleuco, por su parte, se convertía definitivamente en el dueño de Asia pero reivindicaba también la posesión de toda Siria, cuya parte meridional se hallaba ahora en poder de Tolomeo. Se iniciaba así el germen de un conflicto duradero entre los dos estados que iba a deparar una larga serie de enfrentamientos.

LOS REINOS HELENÍSTICOS

Uno de los puntos en litigio era ahora la ocupación del trono de Macedonia, que había quedado vacante tras la muerte de Casandro en el 297 a.C. El primero de los pretendientes era Demetrio Poliorcetes, que, tras apoderarse de nuevo de Atenas en el 294, fue proclamado rey de Macedonia por la asamblea del ejército. Fundó una nueva capital en el golfo pagasético a la que denominó Demetríade. Frente a él se alzó Pirro, monarca del Epiro de espíritu aventurero que había combatido del lado antigónida en Ipsos pero que pasó a engrosar las filas de sus rivales tras una estancia en Alejandría. Aprovechando las crecientes dificultades de Demetrio, que era acuciado por todas partes por las intrigas y manejos en su contra de Tolomeo, Pirro se hizo proclamar rey por el ejército mientras que Lisímaco, el tercer candidato en cuestión, que albergaba la aspiración de crear un reino hegemónico que mantuviera bajo su dominio todas las costas del Egeo, se hacía con el control de la Macedonia oriental. Expulsado de su reino, Demetrio vio también cómo sus posesiones griegas pasaban a manos de su adversario lágida, que había conseguido el control sobre la Liga de los insulares y había evitado el retorno de Demetrio a Atenas tras la expulsión de la guarnición macedonia de la ciudad en el 286. Obligado a buscar refugio en Asia, fue encarcelado finalmente por Seleuco y murió allí dos años más tarde.

La situación comenzaba a clarificarse. Tres grandes reinos emergían ahora de las cenizas del imperio de Alejandro. En Egipto, Tolomeo consolidaba su dominio mediante la adición de numerosas posesiones exteriores como Chipre, la región de Celesiria, el control de la Liga de los insulares y una serie de plazas en las costas de Asia Menor. Seleuco reinaba en Asia desde la costa siria hasta las satrapías superiores de Bactriana y Sogdiana. Finalmente, en Europa y Asia Menor se centraban los dominios de Lisímaco que a su soberanía sobre los estrechos, Tracia y buena parte de Asia Menor sumaba ahora también Macedonia y Tesalia que había conseguido arrancar definitivamente de las aspiraciones de Pirro, obligado ahora a girar sus miras de expansión hacia las regiones occidentales de la Magna Grecia y Sicilia que veían en el monarca epirota su única posibilidad de defensa frente a las amenazas crecientes de los pueblos indígenas de la zona, de los cartagineses y de la nueva potencia romana.

A estos viejos protagonistas se añadieron ahora dos nuevos personajes. Uno de ellos era el hijo de Demetrio Poliorcetes, Antígono Gónatas, que, gracias a haber conservado parte de la flota paterna y algunos puntos de apoyo, sostenía todavía las viejas aspiraciones paternas al trono de Macedonia. El otro, Tolomeo Cerauno, procedente de una rama dinástica marginal de los tolomeos, que había sido desplazado de las aspiraciones sucesorias por el heredero legítimo al trono, Tolomeo II, había buscado refugio en otra de las dinastías rivales. Cerauno impulsó la campaña de Seleuco contra Lisímaco que culminó en la derrota y muerte del viejo general macedonio en Corupedión en el año 281 a.C. y después asesinó al propio Seleuco cuando vio en peligro sus aspiraciones al trono de Macedonia. Al final consiguió hacerse con su objetivo tras ser aclamado por el ejército de Seleuco. Sin embargo, su intento de constituir un imperio situado a ambos lados de los estrechos fracasó de forma estrepitosa.

La desaparición de Lisímaco significó el final de la estabilidad de las fronteras del norte que constituían el punto neurálgico para la seguridad del reino macedonio frente a la penetración de las tribus del norte. La invasión celta del año 279 se llevó por delante los intentos de resistencia por parte de Cerauno, poniendo así término a su fugaz reinado sobre el país. Esta circunstancia desfavorable supuso, sin embargo, la gran oportunidad para el hijo de Demetrio, Antígono Gónatas. Antígono obtuvo una importante victoria sobre los celtas cerca de Lisimaquea en el 277 que le condujo directamente al trono de Macedonia, donde fue acogido como un verdadero salvador. Antígono estableció así su poder sobre una Macedonia considerablemente debilitada por las continuas sangrías humanas efectuadas desde la época de Filipo II y por las devastaciones y el pillaje provocado por la invasión celta. Concluyó también un tratado de reconciliación con el sucesor de Seleuco en el trono seléucida, Antíoco I, estableciendo así una entente entre las dos nuevas monarquías que se convertiría en uno de los elementos permanentes de las relaciones internacionales a lo largo de todo el siglo III a.C.

La desaparición de Lisímaco y Seleuco había consumado la extinción definitiva de la generación de los diádocos que habían transcurrido la mayor parte de su vida implicados en constantes disputas por el poder y la hegemonía tras el vacío dejado por Alejandro. Habían fracaso también las tentativas de epígonos brillantes e impulsivos como Demetrio Poliorcetes o Pirro, que trataron desesperadamente de hacerse con un lugar bajo el sol en medio de este marasmo. Sus ambiciones y métodos de antaño, marcados por un cierto aventurerismo de carácter expansionista chocaban frontalmente con un tipo de política mucho más pragmática que se imponía por aquel entonces como había puesto de manifiesto Tolomeo, que sin implicarse personalmente en la contienda sucesoria impulsaba desde su cómodo retiro egipcio toda clase de iniciativas contra sus rivales en el escenario egeo. También había culminado sin éxito la tentativa extradinástica de Tolomeo Cerauno, que aspiraba a sacar partido de las rivalidades imperantes consiguiendo fuera de su patria el poder que su condición de bastardo le impedía obtener allí. A comienzos de los años setenta del siglo III a. C. encontramos así ya establecidas las tres grandes dinastías que van a ocupar la historia de este período, la de los tolomeos en Egipto, la de los seléucidas en Asia y la de los antigónidas en Macedonia.

V. EL EGIPTO TOLEMAICO

De los diferentes reinos helenísticos, el de los tolomeos en Egipto es, sin lugar a dudas, el que mejor conocemos gracias a la abundante documentación de tipo papirológico que tenemos a nuestra disposición. Fue también el reino de mayor duración, ya que su historia como entidad independiente abarca desde poco después de la muerte de Alejandro hasta el año 31 a.C., cuando la reina Cleopatra VII, última representante de la dinastía, cayó derrotada ante Octavio Augusto en la batalla de Accio. Egipto era el reino helenístico más homogéneo desde el punto de vista étnico y territorial. Los nuevos dominadores grecomacedonios se habían impuesto sobre la masa de la población indígena egipcia y el país tenía unas claras fronteras naturales que permitían una defensa relativamente fácil frente a toda agresión procedente del exterior. Hubo también una continuidad en la línea sucesoria, ya que no hubo usurpaciones ni interferencias de otras ramas dinásticas rivales, como sucedió por ejemplo en el reino seléucida, y siempre ocuparon el trono los miembros legítimos de la casa real de los Lágidas.

Todo el poder se ejercía desde la corte instalada en Alejandría. La ciudad, fundada en su día por Alejandro, se convirtió en seguida en la capital del país sustituyendo a la vieja Menfis, que adoptó el papel de capital religiosa del país, donde a partir del siglo II a.C. eran coronados los nuevos monarcas según el viejo rito faraónico. El rey detentaba la propiedad de toda la tierra con excepción de la que pertenecía a los templos o había sido concedida como regalo a los personajes más influyentes de la corte o el ejército. Aparte de Alejandría sólo existían dos ciudades, Náucratis y Tolemaida. El resto del país estaba dividido en una especie de distritos denominados *nomos*. Cada uno de los *nomos* estaba gobernado por un estratego, generalmente un griego que concentraba en sus manos el poder civil y militar. Junto a él se hallaba el *nomarco*, un subordinado que se encargaba de los dominios reales y de los trabajos públicos. Otros funcionarios importantes del *nomo* eran el *epistátes* o encargado de la justicia, el *epimeletes*, a cargo de las finanzas, y una serie de secretarios de entre los que destacaba el denominado copista real (*basilikós grammateús*). Cada nomo estaba dividido a su vez en *toparquías* que comprendían un cierto número de aldeas o *komai*, que eran administradas respectivamente por los *toparcos* y *komarcos* ayudados por los escribas de distrito y aldea que debían conocer la lengua local por hallarse en contacto directo con los indígenas. En estas comunidades aldeanas habitaban los campesinos (*laoi*) que cultivaban los dominios reales en régimen de arrendamiento. Sobre esta población pesaban importantes cargas de tipo fiscal que gravaban el trabajo y todas las actividades que componían la vida cotidiana de los egipcios. Para ello, la monarquía contaba con toda una impresionante red de funcionarios y almacenes cuya función principal era recoger y atesorar los beneficios en manos del rey.

La explotación metódica del territorio egipcio no tenía un objetivo económico. Su finalidad principal era obtener el mayor número de ingresos posible para el tesoro real, que debía sufragar los cuantiosos gastos de carácter suntuario y militar de la corte y permitirle desarrollar en consecuencia una activa política exterior. La rivalidad con las demás monarquías incrementaba todavía más estas necesidades financieras. Era preciso superar, en pujanza y magnificencia, a los demás reinos y defender, frente a ellos, la integridad territorial del país y su independencia mediante un poderoso ejército compuesto básicamente de mercenarios. Eran frecuentes las demostraciones públicas del poder real en forma de procesiones y desfiles de carácter religioso que exhibían toda la potencia militar y la prosperidad económica del reino. La propaganda real, que presentaba al monarca como el salvador y benefactor de su pueblo, ejerciendo la generosidad con sus súbditos y protegiendo sus haciendas y sus vidas, exigía unos costes considerables.

Esta imagen de pujanza es la que aparece reflejada en el célebre Elogio a Tolomeo II de Teócrito en el primer tercio del siglo III a.C.:

Mil países y mil castas de hombres hacen crecer el grano, que prospera bajo la lluvia de Zeus; pero no hay tierra tan fértil como el bajo Egipto, cuando el Nilo desbordado deshace los terrones empapados de agua, ni tiene tierra alguna tantas urbes de hombres que saben laborar. Tres centenas de ciudades se levantan allí, y tres millares sobre tres miríadas, y una tríada doble, a más de tres por nueve. Sobre todas impera el viril Tolomeo. Y parte se anexiona de Fenicia, y de Arabia, y de Siria, y de Libia, y del país de los negros etíopes. Gobierna a los panfilios todos, y a los lanceros cilicios, y a los licios, y a los carios, que gustan del combate, y a las islas Cícladas, pues suyos son los mejores barcos que bogan por el mar. El ponto entero y la tierra y los sonoros ríos señoreados son por Tolomeo. Muchos jinetes y muchos infantes, armados de escudos y enfundados en luciente bronce, se congregan en derredor suyo. En riqueza puede vencer a todos los monarcas, tanta llega a su opulenta casa cada día de todas partes. Tranquilo el pueblo cuida de sus quehaceres, que nunca enemiga infantería cruzó el Nilo, lleno de gigantescos animales, y alzó en villas ajenas su grito de batalla, y ningún enemigo saltó de rauda nave a la ribera cubierto con sus armas a saquear las vacadas egipcias. Tal es el héroe que está asentado en aquellas vastas llanuras, tal es Tolomeo, el de la rubia cabellera, experto en el manejo de la lanza, quien pone gran empeño en conservar toda la herencia de sus padres, cual hace un buen monarca, y él mismo gana nuevas posesiones. Mas no se apila el oro inútil en su rico palacio, cual tesoro de hormigas, siempre laborantes. Mucho tienen las gloriosas mansiones de los dioses, pues él siempre les manda las primicias, aparte de otras ofrendas. Mucho regala a poderosos reyes, mucho da a las ciudades, mucho también a sus buenos amigos...

(Teócrito, *Idilios*, XVII, 77-111, traducción de M. García Teijeiro, Gredos)

Sin embargo, esta imagen de prosperidad, abundancia y bienestar era sólo una imagen parcial y propagandística de la poesía de corte que representa Teócrito. La realidad era mucha más cruda y menos ideal. La complicada maquinaria administrativa y burocrática del Egipto tolemaico no contribuyó a una explotación racional y eficaz del país sino a su progresivo agotamiento. La ausencia de una clara distinción entre las actividades de carácter público y privado condujo a la utilización arbitraria de la autoridad conferida por la administración con fines privados y al aumento constante de la corrupción entre los funcionarios, como ha señalado acertadamente Alan Samuel. Los abusos de todas clases estaban a la orden del día, tal y como ponen de manifiesto las numerosas quejas de los campesinos que sufren en sus cabezas todo tipo de iniquidades por parte de los funcionarios reales, o las propias ordenanzas reales tendentes a poner freno a los mismos, tratando así de rectificar los numerosos defectos del sistema. Así puede apreciarse en un texto dirigido a un funcionario del alto Egipto por parte de Tolomeo II:

El rey Tolomeo saluda a Antíoco. Con relación al asunto del alojamiento de los soldados ha llegado hasta nosotros que hay múltiples vías de hecho por las que no ocupan los alojamientos que les asignan los ecónomos y que hacen irrupción en las casas expulsando a sus habitantes para establecerse allí por la fuerza. En consecuencia, da las órdenes para que en el futuro no tengan lugar este tipo de actuaciones. Es preferible que ellos mismos se procuren un techo. En todo caso, si es preciso que los ecónomos les asignen un alojamiento, deben limitarse a lo estrictamente necesario. Cuando abandonen sus instalaciones, deben devolver los alojamientos en buen estado y no reservárselos hasta su retorno como nos ha llegado que sucede, cuando se van, que los alquilan y sellan las habitaciones antes de partir.

(M. T. Lenger, *Corpus de ordenanzas de los Tolomeos*, 24)

Las tensiones sociales en la *chora* (el territorio situado fuera de la ciudad de Alejandría, es decir, en la práctica el resto del país) traducen en definitiva la oposición entre colonos y colonizados, entre griegos e indígenas, entre quienes ejercían el poder en alguna de las numerosas escalas de la burocracia y el ejército tolemaico, y las capas inferiores de la población compuesta básicamente por los campesinos egipcios.

La monarquía tolemaica presentaba además una doble imagen. Hacia el exterior, los tolomeos se presentaban como los verdaderos defensores del helenismo. Animaban a los griegos a emigrar hacia Egipto con la promesa de numerosas oportunidades de hacer fortuna y detentaban una posición hegemónica en el Egeo frente a sus rivales, en especial los antigónidas, con los que pugnaban constantemente por la influencia y el predominio sobre los estados griegos. Sus intervenciones en los conflictos internos de Grecia fueron frecuentes, sobre todo en ayuda de Atenas contra la dominación macedonia. Los dominios exteriores tolemaicos, que abarcaban desde la cercana isla de Chipre hasta las ciudades próximas a los estrechos del Bósforo, pasando por algunas regiones costeras de Asia Menor, constituían uno de los pilares principales de su poder. Estas posesiones formaban un importante dispositivo de defensa contra las aspiraciones hegemónicas de sus rivales y un importante ámbito de intercambios comerciales donde regía un único patrón monetario y circulaban las riquezas obtenidas en el valle del Nilo. Dicho mercado constituía una de las mayores fuentes de riqueza y poder de la dinastía.

Hacia el interior, sin embargo, los tolomeos se presentaban ante la población indígena como los herederos de los faraones, cuya titulatura y símbolos adoptaron a nivel ceremonial e iconográfico. Ésa es, en efecto, la imagen que presentan en los numerosos templos construidos a lo largo de todo este período, especialmente en el sur del país en lugares como la isla de File en honor de Isis, en Esna, Kom Ombo o Dendera. Su estrecha vinculación con el clero local jugó en este sentido una baza importante. Conscientes de que el clero egipcio constituía el principal soporte de la monarquía ante la población local, cuidaron de manera especial sus relaciones con este poderoso estamento y realizaron grandes concesiones a los templos en forma de donaciones de tierras o exenciones de impuestos. Trataron además de mantener su figura por encima de toda la administración, potenciando para ello la ficción de una imagen del rey que se erigía como protector de sus súbditos ante los abusos y extorsiones de los funcionarios. Esta imagen ideal, reflejada en las numerosas peticiones (*enteuxeis*) que iban dirigidas al rey en busca de protección por los campesinos y colonos, se vio también acrecentada mediante los decretos de amnistía (*philánthropa*) que proclamaban el perdón generalizado en momentos especiales de crisis y prometían importantes medidas de redención fiscal ante la insumisión generalizada de los contribuyentes.

El contraste entre la ciudad, especialmente Alejandría, y el campo, entre los colonos que poseían su lote de tierra en él pero vivían de su renta en la ciudad, y los campesinos egipcios que cultivaban esas parcelas de tierra, era evidente. El rey y su corte, compuesta fundamentalmente por griegos y macedonios, habitantes de Alejandría, eran los principales beneficiarios de la explotación del país. Por otro lado, la población indígena sufría las consecuencias de este dominio, con la excepción de algunos miembros de las capas dirigentes, que habían mantenido sus privilegios a costa de adoptar una helenización real o fingida, y de buena parte de la clase sacerdotal. La distancia real existente entre las proclamas oficiales de la monarquía tolemaica y la cruda realidad de sus súbditos queda reflejada en el hecho sorprendente de que sólo la última representante de la dinastía, Cleopatra VII, conociera la lengua egipcia.

El Egipto tolemaico vivió un período de expansión y apogeo hasta mediados del siglo III a.C., cuando comenzaron a perderse las posesiones exteriores en el Egeo y el proceso de explotación del país se intensificó con el fin de acrecentar los ingresos de la corte. El descontento general por estas medidas se tradujo en frecuentes rebeliones en el campo e intentos de secesión en el sur en la región de la Tebaida, donde llegó a instaurarse un reino independiente por un cierto período de tiempo. A partir de Tolomeo VI se iniciaron también ciertas disputas en el seno de la corte, debidas al protagonismo creciente de las reinas, las célebres Cleopatras, y aumentó la inestabilidad del país en un proceso de declive y deterioro que se acentuó todavía más con la entrada de Roma en escena. Los últimos años de la monarquía fueron, de hecho, una parte de la propia historia interna de Roma con el protagonismo destacado de los principales dirigentes de la última parte de la República, Julio César, Pompeyo y Marco Antonio. Éste último compartió bandera al lado de la última reina egipcia en la batalla final de Accio, que sellaba el destino final del reino de los tolomeos y marcaba el final del mundo helenístico.

VI. EL REINO SELÉUCIDA

Nuestro conocimiento del reino seléucida es desde luego mucho más escaso y fragmentario que el del Egipto tolemaico. Gobernaban sobre unos dominios territoriales mucho más extensos que casi se equiparaban al viejo imperio de Alejandro. Sus fronteras abarcaban una enorme variedad de entidades sociopolíticas, culturales e incluso lingüísticas. El reino estaba dividido en dos partes: la zona de administración real inmediata, la denominada *chora* real, y otras zonas cuya administración estaba mediatizada por otras entidades intermedias, como las ciudades griegas fundadas a lo largo y ancho de todo el reino, los dinastas locales que gozaban de una cierta autonomía en su región, algunos *ethne* o pueblos, y los santuarios. Fuera de estas entidades intermedias el rey era el propietario absoluto de todo el territorio. Sin embargo, la organización del gobierno central estaba mucho menos estructurada que entre los lágidas. El rey dictaba las leyes, comandaba el ejército y dispensaba la justicia. A su lado figuraba una especie de primer ministro «encargado de los asuntos», tal y como se le denominaba en términos oficiales, que se ocupaba de los asuntos de gobierno en ausencia del monarca. Había también un consejo real que más que una institución de carácter permanente constituía el grupo principal de los «amigos» y consejeros del rey, que eran invitados ocasionalmente a deliberar sobre los principales asuntos del reino. El territorio se hallaba además dividido en diferentes circunscripciones que conservaron la denominación de satrapías que estaban bajo el mando de un gobernador y toda una jerarquía de funcionarios que nos es mal conocida.

A pesar de la enorme diversidad que presenta el reino seléucida en casi todos los terrenos, la mayoría de nuestras informaciones se concentran casi exclusivamente sobre las regiones más occidentales del imperio, Siria y Asia Menor, donde se hallaba además el centro neurálgico del poder. La vocación mediterránea del reino seléucida se pone de manifiesto con la instalación de su capital en Antioquía del Orontes, en la llanura siria, donde, junto con otras tres ciudades importantes, Laodicea, Apamea y Seleucia, formaba la famosa tetrápolis, el centro de una segunda Macedonia repartida entre colonos griegos y macedonios que constituían la principal reserva militar del país. Desconocemos, en cambio, casi por completo lo sucedido en las grandes mesetas iranias o en las regiones del Asia central, donde los seléucidas ejercieron también su dominio, aunque con desigual fortuna. En estas regiones se fundaron también numerosas ciudades que a veces eran simples refundaciones de ciudades antiguas que habían sido destruidas por los bárbaros del norte como Antioquía de Margiana (Merv), que tenían una importante función administrativa y militar en el control y defensa de aquellos lejanos territorios. Se mantuvo esencialmente la continuidad de las antiguas estructuras administrativas del imperio aqueménida. Los grandes monarcas de la dinastía tuvieron también siempre presente la vocación oriental del reino, como revelan algunas expediciones en esta dirección como la que llevó a cabo Antíoco III en un intento de rememorar los pasos de Alejandro.

A diferencia de lo que sucedió en Egipto, entre los seléucidas fueron frecuentes los actos de usurpación y las luchas entre diferentes ramas de la dinastía. Estas acciones provocaron importantes guerras, como la que enfrentó a Antíoco III contra su pariente Aqueo, que había conseguido hacerse con el dominio de Asia Menor. Estas disputas internas provocaron, además, la progresiva decadencia de la monarquía a lo largo del último siglo del reino. Sus dominios fueron reduciéndose también paulatinamente ante el avance imparable de los partos en Oriente o el surgimiento de ciertas formas de nacionalismo que acabaron en casos claros de secesión como Armenia o degeneraron en un conflicto permanente como los judíos. La derrota frente a Roma en Magnesia en el 188 a.C. y la capitulación final en Apamea marcan una auténtica línea divisoria en la historia del reino. Quedaron fuera de su órbita de forma definitiva las regiones occidentales y en particular Asia Menor, ámbito de influencia ahora del nuevo reino de Pérgamo, que resultó un agente destacado de la intervención romana en Oriente y de la ruina de los dominios seléucidas en aquella zona.

VII. MACEDONIA Y EL MUNDO GRIEGO

1. Los nuevos estados griegos

El contraste entre las viejas ciudades griegas del centro y el sur de Grecia y las regiones más septentrionales donde habitaban comunidades también griegas como los etolios o los epirotas, o de un status intermedio como los macedonios se puso especialmente de manifiesto a lo largo de este período. El dinamismo y la creciente pujanza de los segundos choca con la decadencia y pérdida de autonomía que experimentan la mayor parte de los estados griegos tradicionales del sur. Atenas había experimentado la pérdida irreparable de su imperio marítimo y estuvo sometida durante buena parte de todo este período a la presencia casi constante de guarniciones macedonias que vigilaban y controlaban la autonomía real de la ciudad, provocando incluso en ciertas ocasiones la creación de pequeñas comunidades en el interior de su propio territorio que tendían a comportarse como nuevas entidades políticas dotadas de sus propias instituciones, como sucedió en el demo de Ramnonte en el 235. Obligada constantemente a mendigar la protección de soberanos extranjeros como los lágidas para el avituallamiento normal de la ciudad, Atenas se convirtió con el paso del tiempo en un mero símbolo cultural, gracias al prestigio de sus escuelas filosóficas que siguieron manteniendo viva la llama a lo largo de todo este período, a pesar de la creciente competencia de Alejandría y otras capitales helenísticas, como centro cultural.

Esparta había sufrido desde finales del siglo IV a.C. un importante proceso de decadencia que había mermado considerablemente su potencial militar. Sólo las reformas revolucionarias de sus reyes Agis IV y Cleómenes III pusieron freno momentáneamente a este proceso al relanzar de nuevo a Esparta en pos de sus viejas aspiraciones hegemónicas sobre todo el Peloponeso.

Sin embargo, los protagonistas destacados de estos momentos hay que buscarlos en otra parte. El panorama político griego se hallaba dominado ahora por estados confederales de nuevo cuño que habían conseguido auparse por sus propios méritos al primer plano de la actualidad. Estos estados federales eran los únicos capaces por su tamaño y recursos de presentar batalla dentro del nuevo concierto de estados helenísticos. Uno de ellos era la Liga aquea, que concentraba a las principales ciudades del norte del Peloponeso y aspiraba a detentar la hegemonía sobre toda la península. Su principal promotor fue Arato de Sición, que llevó a la confederación aquea a jugar las cartas de la política internacional del momento en un plano de igualdad con las grandes potencias como Macedonia. El otro era la Liga etolia, una confederación militar poderosa que había conseguido mantener su independencia de las aspiraciones hegemónicas de Macedonia y había logrado una importante y decisiva victoria sobre los celtas invasores a comienzos del siglo III, liberando el santuario de Delfos de su pillaje y destrucción. Los etolios se enfrentaron en solitario al resto de las ciudades griegas en la denominada guerra social y sellaron el primer pacto de alianza con Roma en un intento de protegerse ante un posible ataque macedonio. Más tarde, incitaron a Antíoco III para que interviniera en Grecia provocando con sus acciones una nueva guerra que afectó de lleno a todo el mundo griego. La Liga aquea por su parte, aunque miraba con suspicacia las ansias expansionistas de los monarcas macedonios, se alineó con ellos en las confrontaciones con los etolios y trató de mantener un inestable equilibrio durante la intervención romana que acabó conduciéndola al desastre final. De hecho, la derrota sufrida en Corinto en el año 144 a.C. supuso el final de una Grecia independiente, que se integró a partir de entonces como una provincia más dentro del nuevo imperio de Roma.

La situación de Grecia fue empeorando por momentos a causa de las continuas guerras y de las terribles secuelas económicas que tenían sobre la población. El intervencionismo creciente de las grandes monarquías azuzó todavía más los conflictos internos en cada uno de los estados, dando lugar a un estado de crispación política y social constante que anegaba la vida diaria de las ciudades griegas. Sin embargo, la opinión pública griega continuó siendo un elemento a tener a cuenta dentro del tablero de la política internacional. Tanto los monarcas helenísticos primero como los generales romanos después trataron de conciliarse el favor popular mediante proclamas de carácter propagandístico que tenían como motivo el viejo lema de la libertad y autonomía de las ciudades griegas. La vieja táctica, que ya había sido utilizada por los primeros diádocos, buscaba decantar de su lado a la mayoría de los estados griegos, enajenándolos al mismo tiempo de la órbita de influencia de sus rivales. Incluso Roma, que deseaba justificar su mala imagen inicial y ganar para su causa el apoyo de las ciudades griegas en sus sucesivas guerras contra Macedonia o los seléucidas, sus rivales sucesivos en la lucha hegemónica por el Oriente helenístico, utilizó en ocasiones esta misma arma política con similares objetivos.

2. Macedonia

La monarquía macedonia era diferente de las demás monarquías helenísticas. Los reyes macedonios, además de poseer los poderes y atributos de un monarca helenístico, como los tolomeos o los seléucidas, eran también al mismo tiempo los soberanos de una nación. Desde los tiempos de Filipo II, los macedonios habían adquirido una cierta conciencia nacional que los vinculaba estrechamente a la persona de sus reyes. La posesión del trono macedonio había constituido el objetivo principal de algunos de los más destacados sucesores de Alejandro como Lisímaco, Pirro o Demetrio Poliorcetes. El asentamiento definitivo de la dinastía antigónida en el trono macedonio con Antígono Gónatas significó un nuevo impulso en las aspiraciones hegemónicas del reino sobre el conjunto de Grecia. Sus sucesores, especialmente Antígono Dosón y sobre todo Filipo V, construyeron un verdadero imperio sobre el Egeo que chocó en seguida con el empuje romano en la zona a través de intermediarios poderosos como el naciente reino de Pérgamo que se convirtió en el abanderado principal de todos sus enemigos. Las guerras libradas contra Roma sucesivamente, primero por Filipo V y después por su hijo Perseo, sellaron el destino final de esta monarquía.

VIII. LA HELENIZACIÓN DEL NUEVO MUNDO

Las conquistas de Alejandro abrieron al mundo griego unos horizontes mucho más extensos de lo que podía haberse imaginado hasta entonces. La creación de nuevos estados gobernados por una elite grecomacedonia en estos inmensos territorios que eran la cuna de antiguas culturas y civilizaciones supuso un abanico de nuevas oportunidades para muchos griegos que podían ahora instalarse en ellos al amparo de los nuevos soberanos. La administración y la burocracia reales, necesarias para el gobierno de estos territorios, demandaba la presencia de numerosos funcionarios. Los ejércitos macedonios que comandaban estos nuevos monarcas, reducidos en sus efectivos por las constantes sangrías que habían provocado los largos períodos de guerras en la época de los diádocos, requerían cada vez más la presencia de mercenarios venidos de todas partes del mundo griego para constituir las guarniciones y destacamentos que controlaban el territorio y defendían la integridad del país contra enemigos exteriores. Las nuevas ciudades de cuño griego fundadas por los monarcas helenísticos requerían una serie importante de servicios que sólo podían ser prestados por efectivos procedentes del mundo griego. La llamada del Oriente ejerció así una poderosa atracción sobre muchos griegos que veían en el nuevo mundo una oportunidad mejor para ganarse la vida o para mejorar su situación.

Fueron muchos los griegos que optaron por esta vía y se instalaron en las nuevas ciudades griegas de los reinos helenísticos, llevando consigo su lengua, su modo de vida y su cultura. Estos inmigrantes fueron quienes asumieron las principales funciones dentro del aparato administrativo de los nuevos estados y recibieron además lotes de tierra que aseguraban su subsistencia. Les fueron adjudicadas las tareas más lucrativas, como la recaudación de impuestos que se efectuaba por el sistema de contratas o los principales trabajos de interés público. Los centros urbanos se llenaron de ágoras, teatros, templos y gimnasios que definían a la perfección las señas de identidad helénica frente a la cultura indígena dominante en el exterior de estos recintos. En medio de un paisaje predominantemente rural, poblado por numerosas aldeas donde habitaba la mayor parte de la población indígena, que ejercía en su inmensa mayoría la tarea tradicional e inmemorial de labrar la tierra para sus soberanos, las ciudades constituían verdaderos islotes del helenismo donde los miembros de la minoría gobernante practicaba sus formas tradicionales de vida y reforzaba en la mayor medida posible sus signos distintivos griegos frente a un entorno ajeno, bárbaro y distante desde un punto de vista psicológico.

El mundo helenístico responde perfectamente a los perfiles de una sociedad colonial en la que una minoría dominante y conquistadora, portadora de una cultura propia que practicaba de manera descarada el etnocentrismo y se consideraba a sí misma el paradigma de la civilización y de los valores humanos, ejercía el poder político y económico sobre una mayoría indígena de la población, portadora igualmente de su propia cultura y de sus valores que se veía ahora obligada a aceptar la sumisión y la influencia de los nuevos señores del país. Los inmigrantes griegos acaparaban los puestos principales de la administración relegando a las elites indígenas a ocupar un lugar secundario que dependía además de su actitud favorable o no a la nueva situación y a la adopción de las costumbres y modo de vida de los nuevos dominadores. Puede hablarse, por tanto, de un cierto proceso de helenización, en muchos de los casos seguramente impulsada por la necesidad de sobrevivir políticamente o forzada por las circunstancias, que en cualquier caso no alcanzó casi nunca a la mayoría de la población. Los indígenas, con la excepción de una reducida elite colaboracionista y del clero sacerdotal que fue favorecido por la monarquía como soporte principal de su poder sobre la población, permaneció completamente ajena a la nueva cultura practicando sus formas ancestrales de vida. Entregados por completo al cultivo de los campos, como había venido sucediendo desde tiempo inmemorial, sólo percibieron el cambio de los nuevos señores a través de las nuevas exigencias fiscales que debían soportar y del desprecio y los abusos de los nuevos administradores, representantes además de una cultura extranjera.

Como ha señalado el estudioso belga Willy Peremans, cuesta trabajo imaginar la naturaleza precisa de las relaciones entre los grecomacedonios y los indígenas. Para este cometido resulta especialmente útil la aportación de la denominada sociología de la dependencia elaborada sobre el estudio de la situación real y efectiva en países del tercer mundo que han experimentado una situación colonial y cuya historia presente es el resultado directo de esta circunstancia histórica. Esta es la propuesta que ha formulado el sociólogo francés Georges Balandier a la hora de estudiar las diferentes actitudes que los indígenas podían adoptar ante la dominación extranjera de su país:

a) En primer lugar Balandier define la aceptación activa que implicaba colaboración con los nuevos dominadores. Se trata por lo general de una minoría que deseaba salvaguardar así su status anterior o de individuos oportunistas que trataban de sacar partido de la nueva situación para conseguir el prestigio y el poder que se les había negado antes en la época precedente. Esta situación comportaba necesariamente un alto grado de helenización que iba desde la adopción de la lengua dominante, el griego, a la de ciertos usos religiosos pasando también a veces por aspectos más externos como la indumentaria o la dieta alimentaria.

b) La aceptación pasiva es, a diferencia de la situación anterior, la actitud adoptada de forma mayoritaria por la población indígena. A la hora de entender este comportamiento pasivo hemos de considerar por un lado la continuidad natural de las estructuras de dependencia que regían desde tiempo inmemorial en los territorios conquistados. La acomodación a la nueva situación resultaba relativamente fácil, siempre que no implicara un agravamiento de las condiciones de trabajo o tuviera lugar un cierto intervencionismo en sus usos y creencias tradicionales. La política practicada por los Tolomeos de connivencia con el clero egipcio mediante concesiones frecuentes y el mantenimiento de sus privilegios tradicionales perseguía ciertamente este objetivo. Por otro lado, los nuevos dominadores contaban con diferentes medios de control que propiciaban este asentimiento masivo. En primer lugar, la presencia de un ejército bien entrenado y profesional, compuesto básicamente por mercenarios, que estaba instalado en colonias militares y guarniciones a lo largo y ancho del territorio. En segundo lugar, un imponente aparato de propaganda oficial cuyo objetivo principal era la difusión de una imagen idealizada del soberano entre sus nuevos súbditos construida a partir de motivos tradicionales de la propia cultura indígena. Por último, todo un engranaje de control administrativo que detentaban los grecomacedonios y ejercía directamente la explotación del país.

c) En ocasiones de crisis una parte de la población indígena pudo haber adoptado una oposición pasiva ante sus nuevos señores. Podrían figurar dentro de este apartado los numerosos casos de *anachóresis* o huida de los campos que tuvieron lugar en el Egipto tolemaico cuando las exigencias fiscales superaban la capacidad de resistencia de los campesinos, a los que no quedaba otro recurso que escapar al desierto, buscar refugio en un templo, o perderse entre la multitud anónima de la ciudad de Alejandría. Se trataba, en definitiva, de la manifestación de una sensación de impotencia y desesperanza de unas gentes que habían agotado ya todas sus posibilidades.

d) Por último, la gravedad de la situación conducía en ocasiones a una actitud de oposición activa que se traducía en la rebelión abierta contra el poder dominante. Estas rebeliones indígenas perseguían habitualmente diferentes objetivos, uno claramente político, como era la expulsión de los extranjeros del país, otro de contenido socioeconómico que pretendía poner término a la explotación de los indígenas, y otro, finalmente, de carácter sociocultural que perseguía rehabilitar la cultura indígena mediante el rechazo general de la cultura dominante y la utilización de algunos aspectos de la misma debidamente reinterpretados vueltos ahora en su contra como armas de liberación. Todo ello sancionado además desde un punto de vista religioso. Dentro de este apartado se incluyen claramente los movimientos de resistencia de carácter nacionalista que se produjeron en Judea contra la dominación seléucida o las revueltas egipcias en el campo que se concretaban en el saqueo de los templos y aldeas.

El carácter religioso de esta clase de movimientos se percibe a través de la poderosa influencia ideológica que ejercieron algunos textos de características marcadamente apocalípticas y proféticas como la denominada *Crónica demótica* o el célebre *Oráculo del Alfarero*. La primera de ellas recoge una profecía surgida en el medio sacerdotal de Herishef que calificaba de perros a los dominadores grecomacedonios y anunciaba el retorno a Egipto de una monarquía de carácter nacional. Estaba escrita en demótico, que era la forma de escritura popular de los egipcios, y por tanto iba claramente dirigida a los medios indígenas más hostiles a la presencia macedonia en Egipto. El *Oráculo del Alfarero* proviene también de un medio sacerdotal, en este caso el de Khnoum en el Alto Egipto. En él se anunciaba la destrucción total de la ciudad de Alejandría y la vuelta al pasado con el triunfo definitivo de un rey indígena venido del sur del país. Al igual que el texto anterior, calificaba a los grecomacedonios de impíos, ya que con sus acciones habían provocado el desorden de los ciclos de la vida y la naturaleza, que sólo tras la destrucción de aquéllos retornarían a su curso habitual. Sus términos son en este sentido contundentes:

> Entonces Egipto florecerá cuando aparezca el generoso gobernante que reinará 55 años, el rey descendiente de Helios, el que concede las cosas buenas, el instalado por la más grande Isis, de manera que los vivos suplicarán para que los muertos se levanten a compartir la prosperidad. Finalmente las hojas caerán. El Nilo, que había estado falto de agua, volverá a estar repleto y el invierno, que había cambiado sus formas ordenadas, recorrerá su curso adecuado y entonces el verano volverá a retomar su propia senda, y serán normales las brisas del viento que habían sido previamente débiles. Pues en el tiempo de los tifonios el sol se oscurecerá para resaltar el carácter de los males y para revelar la codicia de los que visten fajas.
>
> (Papiro Rainer 19813)

El proceso de helenización tuvo, en consecuencia, sus limitaciones importantes fuera del espacio estructurado de las ciudades griegas. Incluso algunas ciudades indígenas de gran prestigio como Babilonia permanecieron como tales conservando casi intacta su cultura secular con su santuario principal de Esagil. Algo parecido sucedió con pueblos que poseían su propia cultura ancestral y se mostraban reacios a la influencia exterior como los fenicios, los judíos o los armenios. La existencia de minorías helenizadas dentro de este contexto quedó como un hecho de carácter marginal y secundario que en algunos casos provocó importantes reacciones en contra, como en el caso de los judíos con la célebre rebelión de los Macabeos contra los seléucidas.

IX. LAS CIUDADES HELENÍSTICAS

El fenómeno de la urbanización constituye una de las características definitorias de este nuevo mundo. El historiador hebreo Victor Tcherikover, en un estudio publicado en el año 1927, listaba cerca de 400 establecimientos urbanos en Siria y Asia Menor. Existe, sin embargo, un importante desequilibrio en la distribución territorial de estos nuevos establecimientos, ya que la mayoría de ellos se hallaban situados dentro del reino seléucida. En Egipto sólo encontramos dos ciudades de nueva planta, Alejandría y Tolemaida, que se venían a sumar a la vieja fundación griega de Náucratis. Las causas de este proceso de urbanización son, como ya se ha señalado, muy diversas. Las razones de carácter militar fueron las más frecuentes, ya que muchas de estas ciudades tuvieron su origen en antiguas fortalezas cuyo objetivo era controlar una región determinada. Hubo también importantes motivaciones económicas al ser las ciudades los centros de control fiscal de los nuevos territorios o puntos destacados en las rutas comerciales. Sin embargo, hay que considerar igualmente otras motivaciones de carácter ideológico o psicológico. La fundación de ciudades servía efectivamente para aumentar el prestigio de los soberanos de cara al exterior, y especialmente de cara al mundo griego hacia el que encaminaban muchas de sus acciones, y con ellas trataban de crear al tiempo ciertas vinculaciones afectivas de los colonos instalados en ellas, no siempre de manera voluntaria, con un territorio cívico que se convertía a partir de entonces en su nueva patria. Los nuevos estados sentían la necesidad imprescindible de establecer esta clase de sentimientos patrióticos en sus nuevos súbditos, compuestos de forma mayoritaria por una población indígena ajena a estos propósitos y por los colonos grecomacedonios, que debían constituir la espina dorsal de los nuevos reinos a la hora de construir una nueva identidad nacional.

Las nuevas ciudades estaban habitadas por tres tipos diferentes de población. En primer lugar, los griegos, que habían llegado como consecuencia de la masiva corriente migratoria de comienzos del período helenístico, constituían la minoría de la población. Por lo general, se trataba de gentes de carácter emprendedor dispuestas a la aventura, bien por las facilidades que se les ofrecían desde las propias cancillerías reales, interesadas en atraer una emigración cualificada, bien movidas por la ausencia de cualquier otra clase de expectativas en el suelo patrio. En segundo lugar, los veteranos macedonios, a quienes se les habían concedido lotes de tierras provistos de una serie de ventajas fiscales y con todos los instrumentos necesarios para iniciar las labores de cultivo. Por último, la población indígena, sin duda el elemento mayoritario, que procedía en su mayor parte de los alrededores de la nueva fundación. No en vano la gran mayoría de estos establecimientos se fundaron en la proximidad de densas redes de población indígena, ya que los nuevos centros requerían una mano de obra barata y al tiempo especializada. Otra parte importante del contingente indígena procedía de ciudades indígenas vecinas o de enclaves que habían sido destruidos en el proceso de conquista. Ejemplos representativos son Seleucia del Tigris junto a la vieja Babilonia, Seleucia del Euleo junto a Susa, o Alejandría del Yaxartes, cuyos habitantes procedían de tres ciudades más antiguas que habían sido fundadas por Ciro y de los prisioneros de la campaña de Sogdiana.

Las nuevas fundaciones urbanas configuraban su territorio, la *chora*, a base de la tierra confiscada a los indígenas, que pasaba automáticamente a posesión de la ciudad y de sus habitantes mientras aquéllos se convertían en la población campesina dependiente, que era controlada directamente por los magistrados de la ciudad. Esta situación implicaba un importante proceso de remodelación del tejido social indígena previo a la conquista que tenía como consecuencia inmediata la seria ruptura de los vínculos espaciales y sociales de las comunidades aldeanas preexistentes. Los nuevos colonos recibían sus correspondientes lotes de tierra sobre unas bases aparentemente igualitarias y se instalaban en los barrios mejor urbanizados de la ciudad. La población indígena, en cambio, además de desempeñar su papel como mano de obra servil, se mantenía segregada en otras zonas de la ciudad. El estudio del trazado urbanístico de algunas de estas ciudades revela efectivamente la separación de las etnias en diferentes barrios o zonas a pesar de que ambas se hallaban incluidas dentro de los muros de la ciudad, ocupando los nuevos colonos la ciudad de nuevo trazado y los indígenas la vieja aglomeración que había servido quizá de fundamento al nuevo establecimiento.

La fundación de ciudades como un instrumento de conquista y colonización de nuevos territorios, que servían además de piedra angular de todo el sistema de dominación política y control económico, ya había sido utilizada con antelación por los persas, y quizá también por otros imperios orientales. La ciudad era la residencia del gobernador y la sede del aparato administrativo que controlaba el territorio colindante así como del contingente militar encargado de su custodia. Alejandro continuó con esta misma estrategia y, si bien sus fundaciones responden sobre todo a preocupaciones de tipo militar, es igualmente evidente que siempre se buscaban enclaves que permitieran dominar y reunir una fuerza de trabajo agrícola suficiente para que pudiera proporcionar a la ciudad sus medios de vida. Existe, por tanto, una línea de continuidad en la política de urbanización que va desde los aqueménidas a los seléucidas.

Esta misma estrategia aparece también en la literatura griega del siglo IV a.C. Aristóteles proponía que las tierras de la ciudad deberían ser cultivadas por esclavos o periecos de raza bárbara y Jenofonte había ya observado en su famosa *Anábasis* que existían numerosas aldeas en las zonas del imperio persa recorridas en su expedición cuya fuerza de trabajo podría ser aprovechada por los griegos. La fundación de ciudades, considerada durante un tiempo como uno de los procedimientos ideales para la extensión de la cultura griega por todas las regiones orientales, tenía en la realidad unos objetivos mucho más materiales y pragmáticos. El propósito fundamental era impulsar una política de segregación consciente cuya finalidad era conseguir la dominación política y socioeconómica. El ideal de expansión cultural quedó en un simple eslogan de la propaganda y la retórica griegas que muchos historiadores modernos acogieron más tarde con gran entusiasmo, dejándose llevar por sus propios ideales más que por un examen atento de la evidencia histórica.

X. LA IMAGEN IDEAL DE LA MONARQUÍA

La nueva realidad política de las monarquías helenísticas asentó sus fundamentos en una intensa propaganda oficial que difundía una imagen ideal del monarca y en la instauración del culto al soberano. A diferencia de las monarquías de tipo nacional como la macedonia o la epirota, los nuevos estados helenísticos basaban su prestigio y autoridad en la conquista militar de los nuevos territorios. El rey era ante todo un caudillo militar victorioso y afortunado que garantizaba la protección y la seguridad de sus súbditos ante cualquier amenaza procedente del exterior. Era también la encarnación de la justicia, la propia Ley viviente, que procuraba el bienestar de todos los que se hallaban bajo su dominio. Algunas de estas virtudes se expresaban a través de los diversos epítetos que los calificaban como el de *soter* (salvador), *euergetes* (benefactor), *theós epiphanés* (dios manifiesto) o *poimén laón* (pastor de multitudes). Se ponía especialmente el acento sobre sus cualidades como guerrero y general, su presencia en las primeras líneas de combate, la importancia de su educación en el arte de la caza o su generosidad a la hora de repartir el botín.

Ante el mundo griego los reyes se presentaban como los defensores de la civilización griega frente al peligro bárbaro y como los garantes de la paz y la prosperidad de las ciudades helenas. Estas proclamas iban generalmente acompañadas por acciones más concretas, como donaciones de trigo, donativos a los templos, el establecimiento de fundaciones culturales, reducciones de impuestos o tareas de reconstrucción y restauración de murallas y otros edificios públicos. Con este tipo de actos pretendían aumentar su ámbito de influencia política ganándose el favor del mayor número de ciudades posible al tiempo que las sustraían del influjo de los monarcas rivales. Aspiraban también a conseguir un prestigio mucho más duradero a través de la erección de estatuas o monumentos conmemorativos de agradecimiento o de la adopción del culto a su persona dentro de los festivales sagrados de carácter cívico. La rivalidad existente por alcanzar esta clase de honores entre los diferentes monarcas helenísticos se puso especialmente de manifiesto en circunstancias excepcionales como el terremoto de Rodas, tratando de superar unos a otros en sus muestras de generosidad y magnificencia hacia la ciudad que había sufrido la catástrofe.

En sus respectivos territorios, la imagen de la monarquía adquiría toda la simbología propia de las tradiciones locales arropada además por la colaboración imprescindible de la clase sacerdotal que constituía uno de los pilares de su dominio. Ése fue el caso de los Tolomeos en Egipto, donde eran representados a la manera de los antiguos faraones en todos los monumentos conmemorativos que fueron erigidos en su honor o bajo sus auspicios por todo lo largo y ancho del país. A partir de un momento determinado fueron coronados incluso en la vieja capital egipcia de Menfis donde tenían lugar los sínodos sacerdotales que decretaban su apoyo y daban sus bendiciones a la casa real. Así lo pone de manifiesto el famoso decreto sacerdotal inscrito sobre la Piedra Rosseta en honor de Tolomeo V:

«...Ya que estas cosas están así, con buena fortuna ha sido resuelto por los sacerdotes de todos los templos de la tierra que todos los honores pertenecientes al rey Tolomeo, el eterno amado de Ptah, dios manifiesto y reconocido, y de la misma manera también aquellos de sus padres, los dioses que aman a sus padres, y aquellos de sus abuelos, los dioses benefactores y aquellos de los dioses que aman a sus hermanos y aquellos de los dioses salvadores, serán acrecentados de manera considerable; y erigirán una estatua del rey Tolomeo, el eterno, dios manifiesto y reconocido en cada templo en el lugar más relevante, que será llamada la imagen de Tolomeo, el vengador de Egipto, y junto a la cual se levantará el dios principal del templo y se le concederá un arma de victoria dispuesta en estilo egipcio y los sacerdotes realizarán servicios cultuales tres veces al día y los vestirán con el atuendo sagrado y realizarán todos los demás actos rituales tal y como se hace para los otros dioses en los festivales nativos...».

(OGIS 90)

Resulta difícil evaluar la respuesta popular a estas manifestaciones de la propaganda regia o a la propia institución del culto dinástico. En muchos casos se trataba de una manifestación de agradecimiento por parte de determinadas colectividades en respuesta a algunas concesiones o actos de favor por parte del monarca y así ha quedado reflejado en la aparente devoción de algunas cofradías de soldados o en el culto que se tributaba a la figura del rey en el gimnasio de algunas ciudades. En otras ocasiones, quizá en la mayoría de los casos, era simplemente una respuesta inteligente, oportunista y pragmática, que reconocía de hecho una realidad incuestionable en aquellos momentos, como era la supremacía casi absoluta de los monarcas y su acción salvadora en determinadas ocasiones. Existían además importantes beneficios materiales para la ciudad en forma de sacerdocios del culto real o de importantes subvenciones a los artistas encargados de realizar las estatuas consagradas al monarca, que no era cuestión de desaprovechar. Ése es el tono que caracteriza al famoso himno que los atenienses dedicaron a Demetrio Poliorcetes reconociéndole su condición divina en un ejercicio de cinismo religioso digno de resaltar que reflejaba a la perfección el espíritu de los nuevos tiempos en que el viejo fervor olímpico se había ido apagando por completo:

¡Oh, hijo del dios más poderoso Poseidón y de Afrodita, salud! Pues los demás dioses o están lejos o no tienen oídos o no existen o no nos prestan atención. En cambio a ti te vemos aquí presente, no estás hecho de madera ni de piedra, sino que eres verdadero, por ello te suplicamos a ti.

(Ateneo, *Banquete de los sabios*, VI, 63, 253 D-F)

Sorprende, sin embargo, la larga duración de algunos de los honores concedidos por las ciudades a estos monarcas que sobrevivían incluso a su período de dominación efectiva sobre la ciudad o a su mantenimiento dentro de su área de influencia política. Ése fue el caso de las dos tribus instituidas por los atenienses en honor de Antígono el Tuerto y su hijo Demetrio Poliorcetes, la Antigónide y la Demetríade, que sobrevivieron más de un siglo hasta que a finales del siglo III a.C fueron sustituidas por otras nuevas que conmemoraban a otros monarcas tolemaicos o atálidas, a pesar de haberse visto liberados de la presencia conminatoria de las guarniciones macedonias a partir del año 281 a.C.

Las nuevas monarquías helenísticas de carácter personal encontraron en el culto real y en la divinización de sus miembros unos elementos de consolidación del derecho dinástico y al mismo tiempo una solución parcial al problema constante de la relación entre el poder real y las ciudades griegas. La inserción del culto real entre los cultos cívicos proporcionaba un nuevo fundamento a estas complicadas relaciones. Contribuía también a impulsar la unidad del reino al invitar a todos los súbditos a tomar parte de forma colectiva y comunitaria en las mismas celebraciones en honor de su nuevo soberano. Sin embargo, cualquier clase de actitud religiosa auténtica que existiera en su origen fue progresivamente perdiéndose y transformándose en manifestaciones institucionalizadas de lealtad.

XI. PERFILES SOCIOECONÓMICOS

1. Tendencias generales

La enorme diversidad del mundo helenístico se refleja también en el desarrollo económico diferenciado de las distintas zonas que lo componían. Mientras que los nuevos estados prosperaban al amparo de las conquistas militares de sus reyes y al desarrollo del comercio a través de centros portuarios como Rodas, Alejandría, Antioquía o Pérgamo, numerosas regiones del viejo mundo griego sufrían de un importante descenso de la población debido en parte a la masiva emigración hacia los nuevos reinos, que atraían constantemente colonos y funcionarios de todas partes de Grecia, y en parte también a una bajada de los índices de natalidad a la que alude Polibio como consecuencia de una actitud vital mucho más egoísta y pragmática que había dejado atrás los viejos ideales:

> En nuestra época se han abatido sobre Grecia entera una natalidad muy baja y una despoblación que ha vaciado ciudades y ha ocasionado una improductividad, a pesar de que no hemos tenido guerras continuas ni pestilencias...Si los hombres son educados en la fanfarronería, en la avaricia y en la desidia, si se niegan a casarse, o bien, aunque contraigan matrimonio, rehusan mantener a sus hijos, de los que en la mayoría de los casos aceptan uno, difícilmente dos para criarlos regaladamente y dejarlos ricos, el mal crecerá rápida e inadvertidamente. Porque de estos hijos, que son uno o dos, supongamos que a uno lo mata la guerra y al otro un mal epidémico: la consecuencia es una casa vacía.
> (Polibio, *Historias*, XXXVI, 17, 5-8, traducción de M. Balasch, Gredos)

En abierto contraste con estas impresiones, el extraordinario desarrollo de la moneda hasta regiones que no habían conocido su uso anteriormente indica claramente la enorme vitalidad económica de este período. La existencia de moneda revela que los intercambios comerciales entre diferentes regiones eran frecuentes y que una buena parte de la producción estaba destinada a la venta, si bien existía una diferencia notable entre la moneda de cobre reservada al comercio de ámbito local y las emisiones más prestigiosas y apreciadas de los grandes centros de comercio que abarcaban un área internacional. Hay que distinguir también entre la agricultura de carácter sedentario de las regiones implicadas en el tráfico comercial donde se privilegiaban los cultivos de tipo arbustivo como la viña o el olivo que servían para este fin comercial, y aquella otra que se practicaba en las regiones del interior para satisfacer las necesidades de subsistencia de la población local en la que la moneda desempeñaba un escaso papel y los intercambios se hacían fundamentalmente por el sistema de trueque.

Al lado de la incesante actividad de los talleres artesanales, que constituían el grueso de la actividad económica de las regiones más prósperas y de los centros comerciales más activos, existían extensas regiones, sobre todo en el interior del reino seléucida, donde imperaba una forma de vida nómada que practicaba la cría de camellos con los que se realizaba un comercio caravanero que recorría todo el interior de Asia desde Mesopotamia hasta el Indo. El mundo helenístico, en consecuencia, lejos de aparecer como un inmenso mercado abierto por las conquistas de Alejandro, en el que las fronteras no existían y los bienes de consumo y toda clase de productos se desplazaban incesantemente de unos lugares a otros, constituía más bien una multiplicidad de pequeñas unidades socioeconómicas que se yuxtaponen para construir un espacio global escasamente homogéneo, de reducidos horizontes, en el que circulaban la moneda y los productos locales.

2. El caso del Egipto tolemaico

La abundante documentación papirológica permite establecer sobre bases firmes el poder económico del clero egipcio y el papel relevante de los templos dentro de la economía general del país. Los templos poseían, en efecto, amplios dominios, disfrutaban de concesiones especiales, como la exención de impuestos, y tenían la posibilidad de producir aceite, contraviniendo así el monopolio real sobre este producto. Los individuos asociados a los templos eran además los emisores o destinatarios, de la mayor parte de los documentos de carácter económico, como todo tipo de contratos y eran ellos también quienes encargaban las estelas funerarias y la mayor parte de la estatuaria privada, lo que constituye un claro indicio del alto status y de la riqueza de que disfrutaba esta elite social.

Una prueba manifiesta son los denominados contratos de matrimonio, un tipo de documentos cuya finalidad era garantizar el apoyo económico a la esposa y asegurar la herencia futura de las propiedades por parte de los hijos habidos en el matrimonio. De 59 contratos publicados, los porcentajes hablan por sí solos: 27 de ellos están realizados por sacerdotes, otros 18 por gente asociada con un templo y de los 14 restantes, 9 corresponden a personas que detentan títulos militares, 2 de tipo administrativo, uno a un mercader y otro más a un hijo de un sacerdote. Esa misma conclusión se obtiene de otros 122 documentos procedentes de la región de Tebas relacionados con operaciones económicas, como alquileres, ventas o préstamos, entre los que también se dan algunos contratos de matrimonio. El grupo mayoritario lo forman aquellos en los que las dos partes son sacerdotes. En el segundo grupo, una de las partes al completo o varios de los individuos que la componen son también sacerdotes. En el tercero, una o ambas partes son personas relacionadas con los templos aunque no sacerdotes. Por fin, sólo el grupo final y minoritario implica a gentes que no guardan relación alguna con los templos. Los sacerdotes y las gentes asociadas de alguna manera con los templos constituyen, por tanto, el grupo dominante en las transacciones de riqueza. Su principal fuente de ingresos era el desempeño de los oficios y cargos relacionados con los templos, cuya variedad resulta ciertamente sorprendente. El clero egipcio en general aparece así como los miembros privilegiados de una elite dirigente que ha conservado su status a pesar de la conquista.

XII. CULTURA Y MENTALIDADES DE UN TIEMPO NUEVO

Los cambios experimentados en la situación del individuo a lo largo de todo el período helenístico fueron considerables en casi todos los terrenos. La ampliación de horizontes geográficos y en consecuencia el incremento notable de las posibilidades de enriquecimiento o aventura personal en los nuevos territorios abiertos ahora a la iniciativa griega constituía ya una importante novedad que alteró las perspectivas vitales de muchas gentes. La extensión de los cuadros políticos, de las pequeñas comunidades cívicas reducidas a sus mutuas querellas vecinales, a las grandes monarquías en las que el individuo se convertía en un simple súbdito más, constreñido por obligaciones fiscales y militares, pero con implicaciones en la actividad política diaria cada día menos relevantes, representó también un cambio decisivo. Cada individuo se veía progresivamente reducido a sí mismo, desprovisto del sentimiento de comunidad e integración cívica y religiosa que proporcionaban las viejas polis. De ahí el extraordinario desarrollo del individualismo en casi todos los terrenos, desde la literatura y el arte al de la religión, con una clara tendencia al auge de las denominadas religiones de salvación que ofrecían esas garantías de cobertura espiritual que la ciudad como tal había dejado de ofrecer. El culto del soberano no servía a las necesidades individuales de una población que, posiblemente, no dejó nunca de ver en los nuevos señores a los viejos y toscos generales macedonios elevados por la fortuna y la fuerza de las armas a esa posición privilegiada. Por último, el encuentro con otras culturas ajenas que provocaban una extraña mezcla de fascinación y rechazo con todas las complejidades de tipo sociológico y psicológico que el cosmopolitismo y el mestizaje implican en la conciencia individual y social, era otro de los elementos definitorios de este nuevo período.

La sociedad helenística de los nuevos territorios era extraordinariamente heterogénea desde un punto de vista sociológico. Las enormes diferencias que separaban a las gentes del campo, mayoritariamente indígenas sometidos al cultivo de la tierra y a las duras condiciones de la fiscalidad real, de las de la ciudad, donde habitaba la mayoría de los grecomacedonios que formaban parte de la minoría dominante y colonizadora, era una característica de los tiempos. Incluso dentro de las ciudades existían también importantes diferencias entre sus habitantes. No sufrían la misma suerte aquellos favorecidos por la marcha de los negocios o por su ascenso en la carrera administrativa, que habitaban casas lujosas, tenían acceso a un elevado nivel de consumo y disponían del ocio necesario para dedicarlo a actividades de todo tipo, que la de quienes obtenían sus escasos recursos de trabajos ocasionales o poco remunerados, se hacinaban en las barriadas periféricas que rodeaban el centro urbano entremezclados con inmigrantes de otras procedencias y con los propios indígenas que acudían en masa a la ciudad atraídos por la fascinación que ejercía o empujados por la miseria. En muchos casos, como en Alejandría, las únicas oportunidades de esta masa urbana dependían de la generosidad de los monarcas de turno que por medio de sus donaciones de alimentos y mediante la organización de imponentes festivales religiosos sostenían el cuerpo y el espíritu de todo este colectivo social.

Estas diferencias se reflejaban en la práctica y el disfrute de las actividades literarias y artísticas. Una minoría ilustrada y acomodada constituía el cenáculo favorito de los sofisticados poetas de corte como Calímaco o Teócrito que competían en demostraciones de ingenio y erudición ante su asombrado auditorio. El mundo exterior, los campos circundantes con su cruda realidad social y las tierras más lejanas que constituían el objeto de conquista y exploración de los monarcas reinantes, se contemplaba desde una perspectiva ajena y distante llena de curiosidad y exotismo. La importancia que adquirieron determinados géneros literarios como el relato de rarezas y curiosidades, denominado paradoxografía, o las narraciones de carácter novelesco y utópico, ilustra a la perfección la manera de contemplar el mundo de las elites urbanas de este período.

Los gustos y aficiones de la multitud urbana iban en otra dirección. La espectacularidad de los grandes desfiles y procesiones que se organizaban en las capitales como la de los Tolemaia, que describe Calíxeno de Rodas, acompañadas de juegos y de la distribución de alimentos, constituían la forma principal de ocupar el tiempo libre. Un fragmento del texto de Calíxeno basta para darnos una idea de la extravagancia que presidía este tipo de celebraciones:

> Después otro carro de 4 ruedas de 20 codos de largo y 16 de ancho tirado por 300 hombres sobre el que iba preparada una prensa de vino de 24 codos y de 15 de ancho repleta de uvas maduras. 60 sátiros las pisaban al tiempo que cantaban al son de la flauta una canción de vendimia..., un carro de 4 ruedas de 22 codos de largo por 14 de ancho arrastrado por 500 hombres sobre el que había una cueva profunda rodeada exageradamente de hiedra y tejo. A lo largo del trayecto salían volando de ella pichones, palomas y tórtolas cuyas patas estaban atadas con cintas de forma que pudieran ser capturadas con facilidad por los espectadores. Dos fuentes manaban de la gruta, una de leche y otra de vino...
>
> (Ateneo, *Banquete de los sabios*, 197 C-203 B)

Esta diversidad de gustos se reflejaba igualmente en las nuevas formas artísticas caracterizadas por una especial afición hacia las representaciones realistas y por un interés nuevo hacia los estados psicológicos como el miedo, el dolor o la embriaguez. Un claro desarrollo del individualismo que se refleja también en las nuevas corrientes filosóficas de la época que parecen seguir los pasos de Sócrates en su concentración de la atención sobre la conciencia individual confrontada a un mundo exterior que había dejado ya de ser hacía tiempo satisfactorio. Dicha confrontación adquirió tonos violentos y desafiantes en la escuela cínica, que se oponía a toda costumbre establecida en su búsqueda de una pureza moral que rayaba a veces en el primitivismo más absoluto. La escuela estoica, en cambio, más propensa al entendimiento colectivo, perseguía la consecución de la concordia entre los individuos que formaban parte todos por igual de un mismo cosmos. La escuela aristotélica continuó vigente, si bien se veía cada vez más limitada a reductos intelectuales que ponían sus objetivos en la consecución del conocimiento.

Destaca en este terreno la creación del célebre Museo de Alejandría, organizado por el ateniense Demetrio de Falero, discípulo de Aristóteles, que fue convocado con este fin por Tolomeo II tras su forzado exilio de Atenas. Se trataba de una «Casa de las Musas» donde vivían organizados en comunidad una serie de sabios y estudiosos procedentes de todas las partes del mundo griego que estaban dedicados a catalogar y recopilar todas las formas del saber existente. En la biblioteca del Museo se reunían todos los textos que el gobierno egipcio iba adquiriendo mediante procedimientos a veces tan poco ortodoxos como la confiscación de los ejemplares que llevaban los barcos que atracaban en el puerto de Alejandría o la no devolución a sus ciudades de origen de aquellos ejemplares que habían sido prestados para su copia bajo una elevada fianza. La labor de copia que allí se realizó contribuyó de forma decisiva a la conservación de la literatura antigua, salvando de la desaparición o el abandono muchos textos que se encontraban dispersos. También fue importante la tarea de traducción de libros representativos de las otras culturas como la célebre traducción de los Setenta que vertió al griego el Antiguo testamento de los judíos. No hay que olvidar tampoco la labor de investigación científica que allí se desarrolló con figuras como Eratóstenes, un auténtico atleta del saber que practicaba casi todas las disciplinas, desde la geografía, con su célebre medición del perímetro de la tierra, hasta la astronomía pasando por la crítica literaria homérica; Euclides y sus elementos de geometría, o ciertos avances en el campo de la mecánica como los efectuados por Ctesibio, que utilizó por vez primera la fuerza pneumática, o de la medicina con los tratados de Herófilo, que avanzó de forma considerable en sus investigaciones sobre los órganos del cuerpo y descubrió el ritmo de la circulación sanguínea. Un mundo, en definitiva, de amplios horizontes en el que las comunicaciones eran intensas y los bienes y las ideas circulaban por todas partes.

XIII. EL MUNDO DE LAS CREENCIAS

El avance de las tendencias individualistas se deja sentir también en el terreno de las creencias y prácticas religiosas. Como ha señalado el historiador francés Festugière, el individuo se veía obligado ahora a afrontar en solitario todas sus necesidades espirituales sin la protección corporativa que la polis había significado hasta entonces. Sin embargo, las divinidades olímpicas continuaron siendo objeto del culto reglado de las ciudades a través de los festivales religiosos y siguieron recibiendo nuevos honores a lo largo del siglo III a.C. mediante la promoción de fiestas y concursos locales al rango panhelénico. Eso sucedió con los Soteria de Delfos bajo el dominio etolio, con los Naia de Dodona en el Epiro o con el festival en honor de Ártemis Leucophriene celebrado en Magnesia del Meandro. Sin duda en la promoción de estos cultos desempeñaba un papel importante el prestigio político internacional que conllevaban para la ciudad promotora dentro del ámbito helénico.

El avance de las tendencias individualistas, en detrimento del enfoque más comunitario y colectivo que había predominado en los períodos históricos precedentes se deja sentir en las consultas oraculares de Dodona, donde se interroga al oráculo acerca de los asuntos y preocupaciones más inmediatas de cada persona como la marcha de los negocios privados, el bienestar familiar, la fidelidad de la pareja, la descendencia o la salud. Sin embargo, quizá resulte exagerada la visión de esta época como el momento privilegiado en el que se desarrollan al máximo los cultos de carácter mistérico susceptibles de responder de manera más adecuada a las nuevas necesidades espirituales de los individuos. No conviene olvidar las advertencias de Jean Pierre Vernant en este sentido a la hora de intentar entender la espiritualidad religiosa griega cuando señala la inexistencia de la introspección y el carácter extravertido del individuo que no constituía un mundo cerrado en sí mismo y participaba en el culto dentro de los cuadros sociales que constituían sus señas de identidad fundamentales. Esta clase de ansiedades espirituales habían ya figurado de alguna manera dentro de la religiosidad griega en los cultos mistéricos de Eleusis en honor de Deméter o los rituales báquicos en honor de Dioniso, que iban siendo cada vez más populares entre la población. En este período hubo algunos, como los cultos de los Grandes Dioses de Samotracia, que conocieron una enorme popularidad fuera de la propia isla, alcanzando incluso la isla de Delos, la patria mítica de Apolo y Ártemis.

Con la ampliación de horizontes que significó la apertura de los nuevos reinos a la inmigración griega a las tierras de Asia o Egipto, estas necesidades espirituales de carácter más individual empezaron también a encontrar respuesta en cultos orientales, que si resultaban extraños en un primer momento a la mentalidad griega presentaban un enorme atractivo para los recién llegados a causa de su colorido y del aparente espíritu de solidaridad y seguridad que infundían entre sus adeptos. Cultos como los de Isis, la denominada Afrodita siria o la Gran Madre frigia comenzaron a ganar seguidores entre los nuevos habitantes de los reinos helenísticos. Sin duda en la adopción de estos cultos incidieron diferentes factores como la frialdad del culto oficial de carácter dinástico promovido por los monarcas, incapaz de suscitar emociones profundas y despertar en sus adeptos sentimientos de seguridad o consuelo, tan necesarios en una época de convulsiones y crisis continuas como fue la de estos tiempos.

IX Grecia bajo el dominio romano

I. LAS FUENTES

1. Polibio

Polibio, al que ya hemos hecho referencia antes, fue un testigo de excepción de los momentos determinantes en los que Roma consiguió afianzar su hegemonía sobre el Oriente helenístico. El principal objetivo de su historia era explicar a los griegos las razones que habían hecho posible este ascenso imparable de Roma a la hegemonía total del orbe habitado. En opinión de Polibio, la causa fundamental residía especialmente en el carácter mixto de la constitución romana, a cuya descripción consagró todo el libro VI de su Historia.

Su historia personal es ciertamente significativa de los nuevos tiempos. Tras la derrota final de Macedonia, Roma decidió tomar represalias sobre aquellos estados que no habían adoptado una postura clara en su favor durante el conflicto y exigió la entrega de un número determinado de rehenes, pertenecientes por lógica a sus clases dirigentes. Polibio fue uno de los elegidos, pero tuvo la gran fortuna de ir a parar bajo el cuidado del clan los Escipiones, que lo adoptaron como guía y maestro de uno de sus miembros más jóvenes, Escipión Emiliano. De esta forma, a diferencia del resto de sus compatriotas de destierro que pasaron sus días en las provincias itálicas, Polibio tuvo la oportunidad de vivir en Roma y participar en primera línea de los acontecimientos de la época acompañando a Escipión en sus campañas. Estuvo así presente en momentos tan decisivos como la caída de Numancia o la toma final de Cartago. De esta forma, Roma se convirtió para él en una segunda patria a la que siempre prodigó su admiración y respeto, sin dejar por ello de intentar comprender los mecanismos fundamentales que operaban en su actuación política y social.

Poseía una concepción unitaria de la historia. El triunfo final de Roma había provocado la confluencia definitiva de toda la acción histórica en un único escenario central desde los diferentes territorios europeos y asiáticos donde hasta entonces se habían desarrollado los acontecimientos de forma separada dentro de su particular dinámica. Esta convergencia había sido también favorecida por la *Tuche*, la fortuna o el azar, que, por encima de las decisiones y los designios de los protagonistas, configuraba el desarrollo de los acontecimientos y su resolución definitiva. Polibio se dejó seducir por la aparente solidez de las tradiciones romanas y por la fuerza imperturbable de su genio, que, tras innumerables esfuerzos, les había llevado a hacerse con el dominio del orbe. Frente a ello, Grecia sólo le ofrecía el deplorable espectáculo de las divisiones y conflictos de siempre que la habían debilitado a lo largo de la historia, dejándola, desde los tiempos de Filipo II, en un plano secundario a merced del capricho y la voluntad de otras potencias dominantes. Esa visión de las cosas, apoyada en las vivencias personales, dejó sin duda alguna su huella profunda a la hora de relatar los acontecimientos.

Para Polibio la historia tenía ante todo un valor pragmático, ya que podía servir como ejemplo para la acción futura de los hombres de estado y de las gentes de armas. Se preocupaba, por tanto, por establecer la cadena causal de los acontecimientos a la manera en que lo había intentado antes Tucídides. A pesar de sus intentos por conseguir un cierto equilibrio en su relato, mostró sus simpatías hacia Roma a la hora de describir sus enfrentamientos con las grandes monarquías helenísticas.

2. Poseidonio

Poseidonio de Apamea, filósofo estoico además de historiador, es la otra gran personalidad de la historiografía helenística de la última parte del período. Poseidonio decidió continuar la historia allí donde la había dejado Polibio, llegando muy posiblemente hasta la dictadura de Sila, aunque también es probable que incluyera las campañas de Pompeyo en Oriente. Su obra histórica, ciertamente muy influenciada por sus concepciones filosóficas a las que servía de ejemplificación práctica, no ha llegado hasta nosotros. Sin embargo, sus ecos se dejan sentir en algunos historiadores posteriores, como Apiano o los romanos Tito Livio y Salustio. De forma indirecta nos ha llegado también algún fragmento, como el conservado en Ateneo sobre las tiranías atenienses que precedieron al estallido de la primera guerra mitridática en los inicios del siglo I a.C. Su preocupación por los temas sociales, como las revueltas de esclavos, o su interés por los pueblos sometidos al imperio, en un intento por explicar sus formas de vida, nos permiten vislumbrar algunos aspectos poco privilegiados por la historiografía dominante, más interesada en resaltar las virtudes heroicas y morales de los grandes personajes, marginando a las clases inferiores y a los pueblos bárbaros a una posición secundaria de meros testigos mudos que son objeto de la conquista u opresión de los primeros. Abogó así por un tratamiento humanitario de los vencidos que facilitase el proceso de adaptación e integración dentro de la nueva realidad política a la que habían accedido por la fuerza.

A pesar de que, como Polibio, tuvo importantes contactos personales con personajes romanos de primera fila y tuvo así ocasión de conocer en directo la realidad romana, Poseidonio mostró una actitud más crítica hacia Roma poniendo de manifiesto las consecuencias negativas que la dominación imperial iba produciendo entre los pueblos bárbaros. Sin dejar de admirar la grandeza de las hazañas romanas, Poseidonio, como buen filósofo que era, estaba más preocupado por la forma en que los hombres ejercían su gobierno, aprovechando las lecciones que una adecuada formación filosófica podía depararles, que por el éxito aparente logrado por sus ejércitos. Destaca su teoría que explicaba la progresiva decadencia moral de Roma como consecuencia del creciente proceso de expansión y conquista que había sido llevado a cabo a menudo con enorme brutalidad y menosprecio por la suerte de los vencidos.

3. Estrabón

Fundamental también para este período resulta el testimonio del geógrafo Estrabón, autor de una *Geografía* que ha llegado prácticamente íntegra hasta nosotros. También rendido admirador del imperio romano –escribió en época de Augusto– refleja el avance imparable de la civilización por las tierras bárbaras de la mano de la conquista militar romana. Su obra, escrita también con fines pragmáticos para el uso de las clases dirigentes, pone de manifiesto los cambios profundos que la intervención romana había ido introduciendo por doquier sacando de la oscuridad y la barbarie a numerosos pueblos que habían sido progresivamente incorporados a los beneficios de la civilización mediante la acción pacificadora y urbanizadora de Roma. Estrabón se hace así eco en muchas ocasiones de la propaganda oficial del imperio, impulsada por Augusto, y revela su adhesión sincera a la idea de un gobierno unificado y fuerte de toda la tierra habitada. Como otros muchos griegos, quizá veía en Roma al agente de un proceso universal de orden, paz y prosperidad que no había tenido lugar en ningún momento de la historia griega por las características propias de la civilización helénica, en la que había imperado el particularismo y la desunión.

4. Plutarco y Pausanias

También son fundamentales los testimonios de algunos autores de época ya imperial que siguen tomando a Grecia como el centro principal de su atención. Este es el caso de Plutarco en sus biografías de personajes ilustres, en las que establece un significativo paralelismo entre protagonistas griegos y romanos. Plutarco admiraba las virtudes romanas pero era también consciente de sus defectos, ya que su interés principal eran los retratos morales y el valor ejemplarizante que podían contener. Sin renunciar al cosmopolitismo de los nuevos tiempos, Plutarco permaneció aferrado a su tierra y sus tradiciones. Se quedó a vivir en Beocia, su patria natal, y desempeñó importantes funciones de sacerdote en Delfos.

Pausanias, en su *Descripción de Grecia*, escrita a comienzos del siglo II d.C., nos presenta el estado en que había quedado Grecia tras la conquista romana y su integración en el imperio como una provincia más. Así, al hilo de las noticias concretas sobre cada uno de los lugares visitados, alude de forma esporádica al grave proceso de deterioro sufrido en algunos aspectos a causa de los saqueos y las destrucciones que habían tenido lugar durante la conquista.

5. Historiadores griegos de Roma

Capítulo aparte merecen aquellos historiadores griegos que escribieron historias de Roma. La mayoría de ellos eran ya miembros de las clases dirigentes, plenamente incorporados a la dinámica del imperio y por ello declarados partidarios de la hegemonía romana a la hora de hacer balance histórico. Hay que mencionar dentro de este apartado en primer lugar a Dionisio de Halicarnaso, maestro de retórica en Roma en tiempos de Augusto que escribió sobre la historia más antigua de la ciudad una obra titulada *Antigüedades Romanas*. Se trata de un panegírico de Roma, a la que consideraba la culminación de la historia universal, escrito en clave moralizante. Defendía los orígenes helénicos de Roma, cuyo dominio había propiciado un nuevo renacimiento de la cultura griega.

Otro de estos autores es Apiano de Alejandría, que escribió una *Historia de Roma* un tanto peculiar, dividida según los diferentes escenarios geográficos en los que se desarrolló la conquista romana para la mejor claridad de su exposición y la comprensión más fácil de sus lectores. Su obra se ha conservado en buena medida y nos permite apreciar el avance de Roma en cada una de las provincias posteriores de una manera secuencial, si bien concentra su atención tan sólo en algunos hechos destacados, dejando en la sombra o en meras alusiones el resto de los acontecimientos. Apiano, como probo funcionario imperial, era un encendido admirador de Roma aunque es probable que su condición de alejandrino le hiciera sentir nostalgia en algunos momentos por el glorioso pasado de su patria, de la que se sentía orgulloso, que había pasado a ser sólo una provincia más del imperio. Refleja así el sentimiento contradictorio de muchos griegos ilustrados de la época que compartían su admiración y agradecimiento a la labor unificadora y pacificadora de Roma con la nostalgia de los viejos ideales de libertad y autonomía.

Dion Casio, que fue cónsul en dos ocasiones y estaba, por tanto, plenamente identificado con Roma, escribió una *Historia de Roma* que nos ha llegado sólo en parte a través del resumen de autores de época bizantina como Zonaras. Su identificación con Roma resalta sobre todo en sus discursos doctrinales sobre la monarquía en un momento, la segunda parte del siglo II d.C., en que se había producido un resurgimiento del sentimiento griego. Finalmente, Herodiano escribió a comienzos del siglo III d.C. una historia de los sucesores de Marco Aurelio de carácter moralizante y retórico cuya superficialidad general sólo se ve compensada por su valor como testimonio contemporáneo.

6. Los autores latinos

Sobre la recepción de la cultura griega en Roma y sobre las diferentes reacciones que suscitó el encuentro entre los dos mundos nos informan algunas obras destacadas de la literatura latina como las cartas y discursos de Cicerón, que reflejan algunas de las contradicciones en este sentido entre la admiración profunda hacia sus modelos y la firme voluntad de afirmar los propios méritos romanos y su evidente supremacía en muchos campos. Son igualmente interesantes las numerosas alusiones que encontramos en las obras de Catón, que representa la furiosa reacción patriótica romana ante los peligros de la influencia griega, o en los poemas de Marcial o Juvenal, que reflejan los prejuicios populares romanos respecto a la creciente intromisión de las costumbres y las modas griegas. Es también curiosa la información que nos proporciona la *Historia Natural* de Plinio el Viejo, que nos permite seguir la pista de muchas obras de arte griegas que pasaron luego a Roma o de la importante labor de copia que se llevó a cabo impulsada por el gusto y la afición desatada entre las clases altas romanas por los objetos y obras de arte griegas.

7. Los restos materiales

Los hallazgos realizados en Pompeya o en la misma Roma ponen de manifiesto la extensión del gusto por lo griego entre los romanos que inundaban sus *villae* de objetos artísticos de factura griega y decoraban sus estancias con pinturas que imitaban claramente los estilos helénicos cuando no habían sido directamente ejecutadas por artistas griegos que vivían y trabajaban en suelo itálico. El propio estudio urbanístico de muchas ciudades griegas atestigua el importante proceso de remodelación que fue llevado a cabo durante la época romana. Algunas como Corinto fueron completamente reconstruidas tras su destrucción, otras como Atenas revelan la presencia romana en algunos edificios debidos sobre todo a la acción edilicia del emperador Adriano, como la famosa puerta que lleva su nombre o la construcción fallida del viejo templo de Zeus olímpico.

II. LA CONQUISTA ROMANA DEL ORIENTE HELENÍSTICO

La implicación romana en el oriente helenístico se inició en la segunda mitad del siglo III a.C. con la guerra contra los ilirios, cuya poderosa flota realizaba constantes incursiones piráticas contra las ciudades occidentales griegas, como Isa, que mantenían una fluida relación comercial con las ciudades itálicas del otro lado del Adriático. La numerosa presencia de comerciantes itálicos en las ciudades griegas del Adriático, como la mencionada Isa o los puertos de Apolonia y Epidamno, ha quedado probada por los hallazgos arqueológicos de cerámica. La torpeza diplomática de los gobernantes ilirios, que llegaron a asesinar a uno de los embajadores romanos enviados para protestar de sus acciones de piratería, las perjuicios notorios causados al comercio itálico con sus acciones, y la petición de ayuda por parte de Isa fueron los detonantes de la intervención armada romana en las costas adriáticas del lado griego a partir del año 229 a.C.

Tras una breve y exitosa campaña, los ejércitos romanos volvieron a cruzar el Adriático en las últimas décadas del siglo III a. C. como parte del acuerdo al que habían llegado con la confederación etolia en el año 212-211, con el objetivo de frenar el imparable avance del monarca macedonio, Filipo V, en las regiones occidentales de Iliria. Las intenciones romanas no iban seguramente mucho más allá de poner el mayor número posible de obstáculos dentro de su propio campo a un enemigo potencial como era Filipo, que había entrado en tratos con los cartagineses, y conseguir al tiempo mediante una rápida campaña una cantidad respetable de botín y esclavos a bajo precio. No les importó, de hecho, llevar a cabo acciones de saqueo contra algunas ciudades griegas que les granjearon una mala reputación entre la opinión pública griega, que veía a los romanos como unos simples bárbaros, procedentes del occidente, que habían colaborado además con los etolios, un pueblo que ya de por sí gozaba de una bien ganada mala fama en este terreno. La temprana retirada de sus tropas de Grecia, cuando sus previsiones iniciales se consideraban cubiertas, pone de manifiesto la falta de otros objetivos más ambiciosos que implicasen su presencia duradera en suelo heleno. Los etolios, que abandonados a su suerte tuvieron que afrontar en solitario el temible potencial macedonio, se vieron obligados a capitular ante Filipo y a firmar un tratado de paz que dejaba temporalmente fuera de escena a los romanos. Finalmente Roma firmó un tratado de paz con Filipo en el 205 a.C. en la ciudad epirota de Fénice que ponía término a las hostilidades.

La siguiente intervención romana en Grecia tuvo unas características bien diferentes. La denominada segunda guerra macedonia contra Filipo V fue precedida de una larga serie de negociaciones diplomáticas en las que desempeñaron un activo papel algunos estados griegos como Atenas y Rodas y sobre todos ellos el reino de Pérgamo, empeñado en impedir por todos los medios el crecimiento del imperialismo macedonio en el Egeo. Roma se vio así directamente implicada en los asuntos griegos sin estar del todo interesada en aceptar plenamente el papel que se le pedía. Quizá confiaba en que la campaña no fuera necesaria si Filipo cedía a sus presiones y aceptaba poner fin a su expansión oriental por el Egeo y los territorios asiáticos que no afectaban para nada los compromisos adquiridos en el tratado de Fénice. Probablemente, como ha señalado con acierto el estudioso americano Erich Gruen, ninguno de los dos contendientes deseaba la guerra y sólo era cuestión de saber forzar al máximo las expectativas y temores mutuos sin que fuera necesario llegar finalmente a las manos. Sin embargo, la apuesta falló, ambas partes jugaron fuerte sus cartas, Filipo no cedió ante el ultimátum romano y el estallido del conflicto resultó inevitable. Si Filipo defendió su postura presentando el conflicto como una agresión injustificada contra sus legítimos intereses de reconstruir lo que había sido el imperio macedonio de tiempos de Filipo II, Roma no le fue en este sentido a la zaga ya que la guerra contra Filipo constituía un ejemplo más de *bellum iustum* (guerra justa) en el que los romanos actuaban una vez más como justos defensores de sus aliados en defensa de la causa más justa. El triunfo de las legiones romanas bajo el mando del cónsul Flaminino en la batalla de Cinoscéfalas en el 197 a.C. selló el destino final de la guerra a favor de Roma, que conseguía de esta forma su primera gran victoria sobre un reino helenístico.

La figura de Tito Quincio Flaminino significa un importante cambio cualitativo en la política romana en Grecia. Era un individuo de una gran habilidad política y diplomática que conocía además a la perfección los entresijos de la política griega. Sabía la enorme importancia que tenía el hecho de contar con el favor de la opinión pública griega a la hora de construir una hegemonía política en suelo helénico sobre unas bases más sólidas que el simple empleo de la fuerza. A pesar de que Roma había enviado una serie de legados que traían órdenes más o menos precisas sobre el restablecimiento de la situación, Flaminino forzó las cosas para que cedieran en algún punto con el fin de conseguir para Roma una corriente de opinión favorable que borrara la mala imagen dejada tras su intervención militar anterior en el curso de la denominada primera guerra macedonia en connivencia con los etolios. De esta forma trataba también de contrarrestar la propaganda contraria de los etolios, que habían quedado insatisfechos con las disposiciones adoptadas por Roma tras la derrota de Filipo. Roma había mantenido, en contra de la petición etolia, la monarquía macedonia, consciente de su enorme importancia como baluarte del mundo griego ante la amenaza constante de los bárbaros del norte y de la necesidad de conseguir un equilibrio de fuerzas que convenía mucho más a sus intereses dentro de Grecia.

Flaminino, sabedor de la importancia de los gestos simbólicos en la política griega, decidió proclamar la libertad de los griegos en los juegos ístmicos que se celebraban en Corinto en el año 196 a.C., provocando con ello un gran entusiasmo entre la multitud que asistía al estadio. Polibio relata cómo el estadista romano estuvo a punto de perecer a manos de un gentío desbordante de alegría que deseaba abrazarle para mostrarle su agradecimiento o simplemente acercarse a él para tocar su ropa, olvidándose por completo del desarrollo de los juegos que se estaban celebrando en esos momentos. El buscado golpe de efecto consiguió su objetivo y de esta forma Flaminino aseguró las posiciones romanas en Grecia ante una inminente invasión del rey seléucida Antíoco III, que estaba llevando a cabo por entonces una política de expansión territorial a gran escala.

Los etolios fueron, de nuevo, los responsables de la entrada de Roma en un conflicto a gran escala que implicaba al mundo griego en su práctica totalidad. Su descontento con Roma, ya que tras la derrota militar de Filipo esperaban recuperar la supremacía perdida, los echó en brazos de Antíoco III, al que convencieron para que interviniera de manera directa en Grecia, arrastrando así a Roma y a toda Grecia a un nuevo conflicto armado que culminó de nuevo en una aplastante victoria romana que consolidaba todavía más su hegemonía sobre el mundo helenístico al extender su radio de acción del continente europeo hacia Asia, donde tuvo lugar la batalla definitiva en el 189 en Magnesia del Sipilo y la consiguiente firma del tratado de paz en Apamea al año siguiente, por el que Antíoco renunciaba a sus pretensiones europeas y reducía sus dominios asiáticos hasta la cordillera del Tauro, que se convertía así en la nueva frontera hasta donde se hacía efectiva la intervención directa de Roma.

La derrota casi sucesiva de dos de las grandes potencias helenísticas, como Macedonia y el reino seléucida, y el debilitamiento de algunas potencias griegas como la confederación etolia que quedó seriamente tocada con la derrota final de Antíoco y su propia capitulación ante las tropas romanas, creó un vacío de poder en la zona que Roma supo aprovechar para la consolidación de sus intereses estratégicos en todo el Oriente griego. La injerencia cada vez mayor de Roma en la política griega exigía un claro posicionamiento en su favor o en su contra que marcara con claridad la línea divisoria entre la alianza o la sumisión y la hostilidad o la resistencia.

La confusa situación política griega, en la que imperaban una vez más las viejas rencillas y enfrentamientos entre unos estados y otros, y las ambiciones cada vez más evidentes de algunos círculos de la clase dirigente romana a ocupar una posición hegemónica en el mundo helenístico oriental resultaron de nuevo factores determinantes en el desencadenamiento de un tercer conflicto a gran escala, la denominada tercera guerra macedonia, que liquidó de manera definitiva las aspiraciones de este reino balcánico. Perseo, el hijo de Filipo, fue derrotado en Pidna en el 168 a.C. y con él otros muchos estados griegos que habían preferido permanecer al margen del conflicto en una profesión de neutralidad que no resultaba del agrado de los planteamientos mucho más tajantes de la potencia romana que imponía ahora sus condiciones sin ningún tipo de cortapisas.

La reacción romana con quienes no se habían decantado de manera inequívoca de su lado a la hora del conflicto con Macedonia fue brutal. Rodas fue desposeída de todo su potencial marítimo y comercial al declarar, por iniciativa romana, puerto franco a la isla de Delos. La confederación aquea se vio obligada a entregar 1.000 rehenes reclutados entre los miembros de las clases dirigentes entre los que figuraba Polibio. Hubo también de renunciar a sus viejas pretensiones hegemónicas sobre el Peloponeso admitiendo la injerencia romana en sus asuntos internos, lo que representaba un serio peligro para la cohesión política y la integridad territorial de la propia Confederación. La intromisión romana en los asuntos internos de los estados griegos fue cada vez más descarada y esta situación sólo sirvió para agudizar todavía más las tensiones políticas y sociales que desde hacía tiempo estaban ya latentes en muchos de ellos. El resultado de esta política fue el estallido de numerosos conflictos que costaron un gran derramamiento de sangre y un gran número de exiliados, ya que quienes no contaban en su favor con el apoyo romano se veían obligados a abandonar su patria. A las tradicionales disputas políticas se vino a añadir entonces la especial virulencia que alcanzaron los enfrentamientos de carácter socioeconómico en un mundo cada vez más empobrecido por las guerras continuas y agobiado por unas cargas económicas que eran cada vez más imposibles de soportar.

Este cúmulo de tensiones y conflictos desembocó en la última tentativa de un estado griego por recuperar el sentido de la dignidad y la independencia política frente a unos dictados de Roma que resultaban cada vez más oprobiosos y arbitrarios. Éste fue el motivo que desató la denominada Guerra Aquea (*Bellum Achaicum*) a mediados del siglo II a.C. La confederación aquea, dirigida en aquellos momentos por unos políticos quizá no demasiado competentes que desconocían hasta dónde podía alcanzar la mano romana, decidió rebelarse contra este dominio por la decisión de Roma de consentir y auspiciar la secesión de Esparta del seno de la confederación. El intento concluyó en catástrofe, con la derrota final y la consiguiente destrucción total de la ciudad de Corinto en el año 145, que puso término definitivo a cualquier tentativa en esta dirección, dejando completamente en manos de Roma el destino político de las ciudades griegas.

El dominio romano, que afectaba de forma fundamental al continente europeo, a pesar de la fuerte incidencia que tuvo en suelo asiático tras la paz de Apamea en el 188, amplió hasta allí su ámbito de intervención directa cuando en el año 133, el último rey de Pérgamo, Átalo III, legó tras su muerte el reino al pueblo romano. Roma se convertía de esta forma en la dueña y señora del Oriente helenístico. Macedonia había dejado simplemente de existir como reino independiente ya que había sido dividida en cuatro repúblicas. El reino seléucida, tras la derrota de Antíoco III en Magnesia y la humillación sufrida por Antíoco IV en los alrededores de Alejandría, donde hubo de renunciar a la conquista de la capital egipcia ante la presencia conminatoria de un solo legado romano, no representaba tampoco ninguna amenaza. El Egipto tolemaico, sumido en un proceso de decadencia imparable y con importantes conflictos en el interior del país con secesiones en el sur y rebeliones indígenas, se había convertido poco a poco en un estado títere que actuaba cada vez más bajo la sintonía de Roma. De los estados griegos, sólo Atenas, reducida a una ciudad emblemática de las glorias pasadas que conservaba todavía su prestigio cultural gracias al influjo de sus escuelas filosóficas, parecía brillar en el horizonte tras la práctica destrucción de los estados confederales, como el aqueo o el etolio, que habían representado el nuevo ímpetu político griego a lo largo del siglo III a.C.

III. LA RESISTENCIA ANTE ROMA

1. Rebeliones contra el orden romano

La rebelión de Andrisco

La primera de las rebeliones contra el nuevo orden romano que se produjeron en el mundo helenístico tuvo lugar en Macedonia a mediados del siglo II a.C. Encabezada por un tal Andrisco, que pretendía presentarse como el hijo de Perseo, la rebelión consiguió algunos éxitos iniciales contra las tropas romanas enviadas para su represión, pero los rebeldes fueron finalmente derrotados por Quinto Cecilio

Metelo y su líder capturado. Los macedonios no habían aceptado de buen grado la supresión de la realeza y la división del país en diferentes distritos regidos por una especie de Consejos impuestos por los vencedores. La rebelión de Andrisco, considerada por algunos historiadores modernos como un simple intento de usurpación dinástica por parte de un heredero ilegítimo o de un simple embaucador, hay que entenderla más bien como una sublevación del pueblo macedonio que combatió al lado de su pretendido monarca con un ardor y un arrojo que suscitaron la sorpresa extrañada del historiador Polibio. Los disturbios civiles habidos en las ciudades macedonias en los años inmediatamente precedentes al estallido de la rebelión indican claramente la existencia de un amplio malestar con las decisiones adoptadas por los romanos, que significaban el final de un símbolo de la unidad de un pueblo como era la monarquía macedonia, al menos desde los tiempos de Filipo II. El deseo de recobrar su unidad y recuperar al tiempo su institución más importante que aseguraba y garantizaba aquélla explican perfectamente el estallido de un conflicto del que desconocemos su extensión y dimensiones por falta de informaciones precisas en este sentido.

La rebelión de Aristónico

Aparentemente de mayor calado que la de Andrisco fue la rebelión encabezada por Aristónico en Pérgamo en el 133 a.C. tras el legado del reino al pueblo romano por parte del último monarca. Al igual que sucede con el caso anterior, contamos con una información escasa que sólo nos permite establecer unos perfiles generales del conflicto sin poder entrar, desgraciadamente, en las motivaciones profundas del mismo o en las diferentes facetas de su complejo desarrollo. Las interpretaciones modernas van desde un caso más de intento de usurpación a manos de un descendiente ilegítimo de la dinastía, hasta un movimiento de carácter milenarista que agrupaba a todos los desheredados del reino en pro de una sociedad más justa de carácter utópico.

Sabemos que las cosas en Pérgamo no iban del todo bien en los momentos previos a la rebelión a partir de un decreto conservado en una inscripción (OGIS 338) que revela la adopción de una serie de medidas de emergencia como la concesión del derecho de ciudadanía a una serie de colectivos que no disfrutaban de él hasta entonces, y la invitación a regresar a sus posesiones a muchos que ya habían huido de la ciudad prometiéndoles unas mejores condiciones de vida. A la vista de tales decisiones y del estado de conflictos que atestiguan, parece probable que la decisión de Átalo III estuviera motivada por el temor de que a su muerte la ciudad fuera presa de toda clase de disturbios y conflictos sociales. La confusión de la situación existente, en la que la desaparición de un monarca excéntrico sin heredero legítimo a la vista provocaba un cierto vacío de poder hasta la llegada de los nuevos soberanos, parecía la ocasión propicia para dar rienda suelta a las ambiciones de un aspirante al trono sin muchas posibilidades que se veía obligado a arroparse con todo tipo de reivindicaciones.

Aristónico intentó primeramente que se le reconociera como heredero legítimo de Átalo III y trató de ganarse el apoyo de las ciudades del reino, que habían constituido desde siempre los pilares esenciales de la monarquía atálida. Sin embargo, fracasó en su intento, ya que, con excepción de Cumas, Focea y la propia Pérgamo, la mayor parte de ellas permanecieron leales a Roma, alarmadas quizá por las consecuencias de la propaganda social de Aristónico o movidas simplemente por el temor a una posterior intervención romana. De hecho las fuerzas navales rebeldes fueron derrotadas por la escuadra de Éfeso en aguas de Cumas. La rebelión de Aristónico no era probablemente en un principio más que un intento de restaurar la antigua dinastía atálida, que contaba en su apoyo con algunos partidarios entre las clases poseedoras de las ciudades, tal y como se desprende de un decreto de la ciudad de Pérgamo por el que se confiscaron los bienes a los que abandonaron la ciudad a la muerte de Átalo III y se les declaró *átimoi* (privados de sus derechos cívicos), y con el apoyo de algunos mercenarios y colonos militares de la *chora*. De hecho Aristónico llegó incluso a acuñar moneda con el nombre dinástico de Éumenes.

Sin embargo, el mencionado fracaso naval y la hostilidad declarada de las ciudades griegas y de los monarcas de los reinos circundantes como Bitinia o el Ponto, transformaron la rebelión inicial en un movimiento de carácter mucho más complejo en el que entraban ya otra clase de elementos más difíciles de valorar desde un punto de vista histórico. Al verse obligado a retirarse hacia el interior, Aristónico trató de explotar en su favor el descontento de las poblaciones rurales no griegas y hasta llegó a contar con el apoyo de bandas de esclavos liberados. Quiso dar incluso a la rebelión un carácter de movimiento milenarista a juzgar por el nombre de *heliopolitas* (ciudadanos del sol) que asumieron sus partidarios, que parecía implicar ciertas aspiraciones utópicas e igualitarias relacionadas quizá con la filosofía estoica, ya que a su lado figuraba el filósofo de esta escuela Blosio de Cumas, que había sido antes consejero del reformador social romano Tiberio Graco, o con ciertas creencias religiosas de procedencia oriental relacionadas con el culto al sol, que aparecía en algunas de estas religiones como el dios supremo de la justicia y como el protector de aquellos que sufrían iniquidades. Nos encontramos de esta forma con un movimiento complejo en cuya dinámica funcionaron al parecer una serie de oposiciones que enfrentaban a oprimidos contra opresores, al campo contra las ciudades, y a los esclavos y siervos dependientes contra sus amos. Diferentes tipos de intereses, que podían resultar a veces incluso contradictorios, acabaron confluyendo en una causa común, como era la defensa de la independencia política del reino atálida frente a la hegemonía directa de Roma.

Los disturbios de Dime

Gracias a una carta del gobernador romano Quinto Fabio Máximo Serviliano a la ciudad aquea de Dime en el año 145-144 a.C. tenemos noticia de los conflictos habidos en ella tras la reducción de la confederación aquea a una provincia romana. Las consecuencias inmediatas de esta decisión política fueron la imposición directa de un nuevo tipo de régimen por parte de Roma que implicaba la disminución importante de los poderes de la asamblea en beneficio de un consejo denominado *sunedrion* que obtenía de esta forma un poder preponderante, y la imposición de un tributo. Al parecer, un individuo llamado Soso propuso, según las palabras del gobernador romano, «leyes contrarias al régimen político» que traducían seguramente un firme rechazo del régimen impuesto y un deseo evidente de modificarlo. Sin embargo, no se trataba sólo de una revolución de carácter político o ideológico, ya que los partidarios de Soso incendiaron el edificio que contenía los archivos de la ciudad y destruyeron de esta forma los documentos de propiedad que había allí conservados.

A pesar de los calificativos denigratorios del gobernador romano hacia los rebeldes, a quienes califica de gentes de la peor condición que llevaban a cabo acciones revolucionarias que atentaban contra la libertad y seguridad de los griegos, la rebelión tuvo un alcance político y socioeconómico mucho mayor. Entre los que apoyaban el movimiento rebelde figuraban uno de los magistrados de la ciudad, un tal Formisco, y un tercer personaje de cierta relevancia social, un tal Timoteo, que ejerció el papel de legislador junto con el cabecilla de la rebelión y fue luego deportado a Roma, donde se le exculpó parcialmente de su participación en los acontecimientos. La participación activa en la rebelión de miembros de las clases dirigentes de la ciudad pone de manifiesto el amplio descontento existente contra la dominación romana y las condiciones políticas y económicas que dicha dominación implicaba. El despliegue propagandístico del gobernador romano, que vuelve una vez más a reivindicar en su favor el viejo tema de la libertad griega, constituye una prueba de la importancia que podía alcanzar esta clase de manifestaciones.

Mitrídates del Ponto, el último rey

La última gran rebelión contra el dominio romano en el Oriente helenístico fue la encabezada por el rey del Ponto Mitrídates VI Eupátor en las primeras décadas del siglo I a.C. Mitrídates era un monarca ambicioso que poseía la mentalidad de los grandes reyes helenísticos del pasado, que no se reconocía inferior a nadie y aspiraba a consolidar su hegemonía sobre un vasto imperio asiático. Estaba además resentido con Roma, que le había despojado de una parte de Frigia después de habérsela concedido previamente a su padre como prueba de agradecimiento por su ayuda en la guerra contra Aristónico. Se había preparado además a conciencia para su conflicto abierto con Roma. No sólo había reunido el dinero necesario y un número adecuado de tropas, sino que había sabido desarrollar en los momentos previos toda una campaña propagandística antirromana dirigida hacia el mundo griego, consciente del amplio descontento existente contra el dominio romano por todas partes. Había sabido incluso elegir el momento adecuado ya que Roma se hallaba en aquellos instantes ocupada en la denominada guerra social contra sus aliados itálicos y sabía de las divergencias y conflictos civiles que minaban a sus clases dirigentes.

Su propaganda hacia las ciudades griegas le presentaba como el monarca oriental que aunaba en su persona Grecia y Asia a través de su asociación con figuras legendarias como Alejandro, Perseo o Dioniso, que representaban a nivel simbólico dicha fusión. A la manera de Dioniso, Mitrídates venía de Asia para conquistar y liberar el mundo griego de los intrusos de occidente. Había sabido además acompañar sus proclamas de acciones bien concretas en beneficio de algunas ciudades griegas por las que ponía de manifiesto su filohelenismo y su generosidad a una escala que ya no tenía competencia con los monarcas helenizados de entonces, mucho más limitados en este tipo de acciones y en sus intereses en este terreno. Mitrídates lanzó una gran ofensiva contra Roma en la esperanza de concitar en su contra todo el odio acumulado entre los habitantes de la provincia de Asia, que se habían visto sometidos a las crueldades y expoliaciones de los publicanos y funcionarios romanos. Su éxito fue inmediato a juzgar por la masiva aceptación entre las ciudades griegas de su proclama de Éfeso por la que se ordenaba dar muerte en el mismo día a todos los romanos que habitaban la zona. El suceso, conocido como las «vísperas asiáticas» ocasionó el asesinato de casi 80.000 romanos entre los que se encontraban también numerosos itálicos, confundidos por la multitud con los odiados opresores. Esta oleada imparable de sentimientos antirromanos alcanzó también a Atenas, donde se impuso un gobierno tiránico sostenido en principio por la multitud que contaba también con el apoyo de ciertos grupos de la clase dirigente que deseaban la independencia política de Roma. La respuesta romana no se hizo esperar y tuvo consecuencias terribles para todas aquellas ciudades que se habían sumado al movimiento rebelde en favor de Mitrídates. Uno de los grandes generales romanos, Sila, fue el encargado de volver las cosas a su antiguo cauce. Asedió y capturó Atenas, que fue sometida al saqueo, y derrotó posteriormente a las tropas pónticas en Beocia. Se impusieron severos castigos sobre todas las ciudades que habían apoyado al rey póntico o habían perpetrado masacres contra los romanos. El terror y la confusión reinaron por momentos en una buena parte del mundo griego que vio de esta forma sellada definitivamente cualquier expectativa de recuperar las libertades y la independencia política. Pasaba así de largo, una vez más, la oportunidad, en este caso la última, de resistir la dominación romana completa del Oriente helenístico, que pasaba a formar parte desde entonces sin ninguna clase de conmociones del nuevo mundo político y social impuesto por Roma.

2. La literatura antirromana

La oposición al dominio romano reflejada en la literatura queda habitualmente reducida a leves críticas al funcionamiento del sistema, referidas casi siempre a actuaciones personales reprobables, que aparecen por doquier en los textos de los historiadores helenísticos. Sin embargo, conocemos la existencia de algunos historiadores que se decantaron claramente en este sentido adoptando una postura favorable hacia los monarcas helenísticos, aunque sus obras, como era lógico de esperar, no han llegado hasta nosotros. Se trata por lo general de nombres como Mnesiptólemo de Rodas, que escribió una historia favorable a Antíoco III, Metrodoro de Escepsis, favorable a Mitrídates, o quizá, Timágenes de Alejandría, cuya actitud podría haber quedado reflejada en las historias de Apiano o de Trogo Pompeyo, ya que reflejan una visión algo diferente a las de Polibio y Tito Livio, más propensas a la versión oficial imperante.

Este tipo de literatura antirromana ha dejado sus ecos en algunas profecías como la que se atribuye al enigmático Antístenes, que nos ha llegado a través de Flegón de Trales, autor del género paradoxográfico de época imperial, según la cual Publio Cornelio Escipión habría anunciado la destrucción final de Roma a manos de un ejército procedente de Asia que vengaría las ofensas y crueldades inferidas a Oriente. Jean Louis Ferrary, en contra de quienes proponen un origen etolio para este tipo de profecías, se inclina por un origen asiático, dada la preeminencia de los asuntos sirios en la anécdota y el olvido aparente de las hazañas etolias, aunque siguieron causando problemas a los romanos algún tiempo después de la derrota sufrida. Este origen asiático parece confirmarse por la utilización posterior de toda esta literatura esotérica y de carácter oracular por parte de Mitrídates VI. Sin embargo, dada su ascendencia irania, el monarca póntico utilizó también en su campaña de propaganda contra Roma viejos oráculos persas contra Macedonia reelaborados ahora para servir nuevos intereses. Es el caso del llamado *Oráculo de Histaspes* en el que se predecía la destrucción de Roma y la devolución del dominio a Asia, o del *Bahman Yasht*, que contemplaba la llegada de un rey salvador procedente de Oriente cuyo nacimiento estaría marcado por la caída de una estrella a la tierra. Se trata en definitiva de un medio muy popular en la cultura oriental que fue también utilizado en Egipto contra la dominación macedonia, como ya vimos con ocasión del célebre *Oráculo del Alfarero*.

Los dos temas principales de la propaganda utilizados por Mitrídates, que luego pasaron a formar parte de los tópicos más comunes de esta literatura antirromana, son la destrucción de todos los reyes y la avaricia romana. Ambos se encuentran desarrollados en los dos ejemplos que han llegado hasta nosotros de este tipo de literatura, como son la carta de Mitrídates a los partos que se conserva en la *Historia* de Salustio, en la que se pone el acento sobre el ansia romana del poder y el dinero, y el célebre discurso del rey que aparece recogido en Justino, en el que se pasa revista a todos aquellos que ya habían vencido antes a los romanos, como Pirro o Aníbal, se insiste en su hostilidad generalizada hacia todos los reyes y se trata de explicar su comportamiento brutal recurriendo a su descendencia de una loba.

Este tipo de invectivas se generó sin duda en Asia Menor, donde el comportamiento romano, caracterizado por el despotismo y la ambición sin límites, le había granjeado a Roma un odio generalizado que se hizo patente con ocasión de las célebres vísperas asiáticas. Seguramente su elaboración se fraguó en medios intelectuales a los que pertenecían personajes como el ya citado Metrodoro de Escepsis o filósofos como Diodoro de Adramitio, que tomó parte en las matanzas. Mitrídates sólo hizo que aprovechar en su favor este tipo de propaganda combinando estos motivos más propiamente helénicos con otros de procedencia oriental más antiguos y con claros aspectos esotéricos y religiosos que fueron reutilizados y reorientados en el sentido que le interesaban.

IV. EL FUTURO DE GRECIA BAJO LA ÉGIDA DE ROMA

El mundo griego no se vio libre de conflictos y conmociones después del final de las tres guerras libradas por Mitrídates contra Roma que afectaron profundamente la marcha de las ciudades griegas, implicadas o no directamente en el enfrentamiento. El estallido de las guerras civiles romanas, que trasladaron su campo de batalla hasta suelo griego e implicaron de forma directa en la contienda a numerosas ciudades y personajes destacados de las clases dirigentes y de la intelectualidad griega, volvió a introducir de nuevo durante algún tiempo el caos y la confusión. Marco Antonio, uno de sus más importantes protagonistas, había establecido en Oriente toda una red de clientelas y alianzas que implicaba a numerosos reinos y ciudades del ámbito helenístico. Su antiguo aliado y luego enemigo, Octavio, que se convertiría en el primer emperador romano, mantuvo esa misma red tras su victoria definitiva en Accio en el 31 a.C. sobre Cleopatra VII, convencido de su solidez y del papel estabilizador que desempeñaba en la política oriental.

El mundo griego se incorporó ya del todo al nuevo imperio romano, del que pasó a ser una dependencia más, ocupando sin embargo una posición destacada por su prestigio cultural y por la gran cantidad de individuos ilustres procedentes de este ámbito que pasaron al servicio directo de la administración romana. Al sentimiento de nostalgia por la grandeza pasada y por la libertad perdida, ahora ya de forma definitiva, le sustituyó en la mente de muchos una sensación de alivio, ya que veían que sus ciudades podían desarrollarse en unas condiciones de paz y prosperidad como no se habían conocido desde hacía mucho tiempo, poniendo así término a un larguísimo período de luchas continuadas, de decadencia ininterrumpida e incertidumbre generalizada que habían caracterizado la historia de Grecia desde los primeros años del siglo IV a.C. De hecho, el mundo griego todavía tuvo la ocasión de vivir un nuevo período de florecimiento cultural a comienzos del siglo II d.C. coincidiendo con el gobierno de emperadores filohelenos como Adriano, que dejaron huellas imperecederas de su actividad en toda Grecia.

V. GRIEGOS Y ROMANOS

La historia de las relaciones entre griegos y romanos se remonta posiblemente, como recordó Elisabeth Rawson, a los tiempos de Rómulo y Remo, si tenemos en cuenta que desde el siglo VIII a.C. existían establecimientos griegos en la península itálica con los que los fundadores de Roma pudieron haber entrado en contacto o haber sufrido su influencia. Sin embargo, a pesar de este contacto continuo con los griegos del sur de la península itálica, los romanos sólo entraron a formar parte del horizonte griego oriental a finales del siglo III a.C. Hasta entonces los romanos se confundieron muy probablemente entre las innumerables poblaciones bárbaras que habitaban aquellas regiones occidentales con las que los griegos habían entrado en contacto al establecerse en la zona.

Los efectos de la influencia griega sobre Roma empezaron a notarse a raíz de la conquista de la península itálica, y en particular de las comunidades griegas del sur de Italia. Desde estas ciudades, y sobre todo desde la siciliana Siracusa, empezaron a llegar hasta Roma numerosos objetos de arte que fueron exhibidos en los templos como demostración evidente del triunfo logrado y pudieron ser contemplados por muchos romanos. Con ellos empezaron también a llegar a la ciudad del Tíber esclavos griegos que desempeñaron un papel considerable como maestros o como simples representantes inmediatos del carácter y de la forma de ser de aquellas gentes del sur. Sin embargo, el momento culminante de este proceso fue la conquista de la Grecia continental. Con las primeras victorias sobre Macedonia y las posteriores sobre Antíoco III afluyeron a Roma abundantes riquezas en forma de botín y fueron también cada vez más los miembros de la clase militar y dirigente romana que empezaron a familiarizarse en directo con la propia manera de ser griega o con sus manifestaciones culturales más significativas.

A Roma llegaron con frecuencia embajadas procedentes de las diversas partes del mundo griego cuyos miembros eran ilustres personajes de la cultura griega de esos momentos, como el filósofo Carnéades o el gramático Crates, que dejaron una profunda impresión en la opinión pública romana de la época. Importantes personalidades como el historiador Polibio o el filósofo Panecio se instalaron en Roma, bien es cierto que a la fuerza, y constituyeron un punto de apoyo decisivo para la formación de círculos filohelénicos dentro de la clase dirigente romana. Un proceso que se intensificó todavía más con las guerras mitridáticas, ya que fueron numerosos los personajes ilustres de las ciudades griegas en Asia Menor que decidieron huir hacia Roma en busca de refugio, convirtiendo la ciudad del Lacio en un verdadero hervidero de escuelas de retórica y filosofía cuyos maestros se movían con comodidad entre los círculos más señalados de la aristocracia romana. Este proceso tuvo su culminación con la definitiva absorción del mundo oriental por Roma y la llegada del imperio.

Sin embargo, esta avalancha de ideas y modas griegas provocó muy pronto una reacción de los medios romanos más conservadores que defendían a ultranza los valores tradicionales romanos frente a cualquier tipo de influencia exterior.

Un representante destacado de esta tendencia fue el célebre Catón el censor, que manifestó públicamente su disgusto por la adopción de determinadas costumbres griegas que, en su opinión, significaban una seria amenaza para la educación de la juventud romana, asociada a patrones más severos y viriles que poco tenían que ver con los refinamientos decadentes y nocivos de la cultura griega. Por otro lado, a muchos intelectuales romanos, conscientes de su sentido patriótico y de la grandeza alcanzada por las armas romanas en todas partes del orbe, les molestaba profundamente el irreductible orgullo helénico que miraba con cierto menosprecio a los conquistadores y proclamaba constantemente su indiscutible superioridad cultural. Estas contradicciones aparentes provocaron en muchos casos una cierta esquizofrenia personal ya que a las exhibiciones públicas de fidelidad a la tradición romana y desapego de las modas y costumbres griegas, correspondía en privado una innegable afición por la literatura y el arte helénicos que difícilmente se podía evitar. El propio Catón, creador de la prosa latina, siguió en parte los modelos que habían trazado los griegos. Sin embargo, el ejemplo quizá más representativo de esta tendencia es Cicerón, quien de forma clara mostró sus intereses hacia todo lo griego en casi todos los aspectos, pero no dejó tampoco de poner de manifiesto en muchos momentos su malestar por esta situación de dependencia. Siempre se negó a reconocer, por ejemplo, la inferioridad de la lengua latina con respecto al griego.

La influencia griega se dejó sentir en casi todos los campos. La primera obra de la literatura latina fue de hecho una traducción de la *Odisea*, hecha además por un griego, Livio Andrónico, que inauguraba de esta forma un largo camino por el que luego discurrirían otros como Plauto, Horacio, Catulo o el propio Virgilio, siempre bien conscientes de sus modelos griegos. En el terreno de la religión se adoptaron ritos, ceremonias y hasta los mismos dioses con sus correspondientes representaciones escultóricas. Como ha señalado recientemente Ramsay MacMullen, resulta sorprendente cuando se hace el inventario de las importaciones griegas en la vida romana lo poco que uno podría descubrir en las calles o en las casas de los hombres ricos de la ciudad que pudiera ser calificado de estrictamente romano sin que hubiera sufrido ningún roce de la influencia griega. Así, la arquitectura doméstica y monumental, las ceremonias funerarias, las formas de los memoriales y de los propios decretos senatoriales, la acuñación de moneda, la forma de vestir, los refinamientos culinarios y hasta la propia lengua, el griego, cuya utilización en Roma traspasó el ámbito de estos campos específicos para convertirse también en la lengua de cortesía y flirteo entre las elegantes damas de la aristocracia romana. Eso por no hablar de campos enteros cuyo lenguaje técnico era de exclusiva acuñación griega como el del comercio y los viajes por mar, el de la ciencia y la mecánica, el de las artes visuales o el de la cosmética y los adornos femeninos. En un momento dado incluso el término «griego» resultó casi irrelevante ya que todos estos elementos venían a definir simplemente lo que era considerado por todos como una forma de civilización superior que era necesario adoptar sin preocuparse demasiado de su precisa procedencia o de quienes habían sido sus introductores en territorio latino.

Sin embargo, había ciertos aspectos de la civilización griega que nunca fueron bien acogidos por los romanos y tuvieron incluso una responsabilidad directa en el rechazo general provocado por la cultura griega en determinados medios romanos. Así, las transformaciones sufridas por el culto báquico, en cuyas celebraciones, reservadas en principio para las mujeres, se habían mezclado también los hombres, originaron el célebre decreto del Senado del año 186 a.C. que prohibía de forma taxativa dicha celebración. Algo similar sucedió con la violación de las costumbres sexuales en los *simpósia*. Este tipo de prácticas pederásticas despertaron la alarma entre algunos sectores de los *patres* senatoriales, que vieron en serio peligro las tradicionales virtudes romanas de virilidad y frugalidad. Los austeros principios que habían sido hasta entonces los pilares de la educación romana se vieron desafiados por las nuevas formas de comportamiento y su rechazo puntual se extendió también a otros campos que de una u otra forma se asociaban con esta clase de conductas. Así, los filósofos epicúreos fueron expulsados de la ciudad en el 173 a.C. y este tipo de acciones represivas se extendieron más tarde también a los maestros de retórica en el 161 a.C. para concluir con la expulsión final de tres filósofos famosos que gozaban al parecer de gran audiencia entre los jóvenes aristócratas romanos.

En este proceso de «demonización» creciente de todo lo griego, que fue caracterizado como opuesto y por tanto perjudicial frente a lo puramente romano, intervinieron muy posiblemente ciertos estereotipos generalizados que reflejaban un cierto complejo de inferioridad respecto a la cultura que se creía superior. Este proceso de percepción colectiva a base de estereotipos se dio en las dos direcciones, aunque las reacciones más complejas se produjeron quizá en el lado romano. Para los griegos, la cosa era relativamente simple. Los romanos eran uno más de los muchos pueblos bárbaros circundantes del mundo griego y como tales fueron tratados por la opinión pública griega. Indudablemente, cuando se produjo la derrota final, fue preciso modificar algo este esquema, admitiendo, sin duda a la fuerza, una cierta participación de los nuevos dominadores en los beneficios de la civilización que habían sido considerados hasta entonces de exclusiva propiedad griega. El dilema fue solucionado sin demasiados problemas mediante el ejercicio de un cinismo oportunista. Sin embargo, tras el advenimiento del imperio, fueron muchos los griegos que miraron con simpatía la consecución de un período de paz continuado en el que las ciudades podían desarrollarse con armonía y prosperidad que los propios griegos habían sido incapaces de conseguir a lo largo de su historia.

Las actitudes romanas, en un principio más a la defensiva, quedan reflejadas en términos como *graeculus* con el que designaban a todos los que mostraban afición por lo griego, o en el establecimiento de un repertorio de los defectos griegos a los que se contraponían las tradicionales virtudes romanas. Los griegos fueron así acusados de pereza, de excesivo refinamiento, de falta de interés, o de adulación e inconveniencia. Se les consideraba unos simples charlatanes que apenas tenían capacidad para la acción, unos degenerados que pasaban su vida en medio de banquetes y celebraciones, o mentirosos pertinaces que no merecían ninguna fiabilidad en los tratados y juramentos. Quizá la forma más contundente de esta imagen negativa queda expresada en la oposición entre la tradicional *gravitas* (austeridad) del pueblo romano frente a la *levitas* (ligereza) griega que venía a resumir todos los defectos antes señalados.

Un abierto reconocimiento de la dependencia cultural romana de los modelos griegos, como el que proclama Horacio en sus célebres versos

> La Grecia conquistada conquistó a su inculto vencedor
> e introdujo las artes en el salvaje Lacio
>
> (Horacio, *Cartas*, II, 1, 156-157)

fue quizá sólo la actitud de un poeta inconformista, descontento con su propio tiempo y desarraigado en cierta medida de su contexto cultural. Lo más habitual son, en cambio, reacciones de autoafirmación orgullosa reflejada en expresiones como el *graeculus esuriens* (grieguecillo glotón) de Juvenal y las *portentosa Graeciae mendacia* (las fantasiosas mentiras de Grecia) de Plinio el Viejo, o los célebres versos de Virgilio que constituyen todo un emblema en este sentido a la hora de marcar las profundas diferencias que separaban una cultura de la otra:

> Labrarán otros con más gracia bronces animados
> (no lo dudo) sacarán rostros vivos del mármol,
> dirán mejor sus discursos, y los caminos del cielo
> trazarán con su compás y describirán el orto de los astros:
> tú, romano, piensa en gobernar bajo tu poder a los pueblos
> (éstas serán tus artes) y a la paz ponerle normas,
> perdonar a los sometidos y abatir a los soberbios.
> (Virgilio, *Eneida*, VI, 847-853, traducción de Rafael Fontán, Alianza)

Ciertamente existían profundas diferencias entre una cultura y otra. El carácter pragmático latino no estaba hecho para la especulación abstracta sin objetivo concreto ni para los artificios literarios tendentes al disfrute del ingenio. No en vano la creación más propiamente romana fue el derecho, que apenas tuvo importancia en Grecia. La severidad de las costumbres de un pueblo campesino que accedió muy tarde a la vida urbana chocaba también con el carácter más abierto de quienes se habían habituado a vivir en ciudades desde una época muy temprana y a entrar en contacto con culturas dispares a través de sus expediciones de ultramar. Tampoco la rudeza de algunas de sus formas de diversión como los juegos de gladiadores encajaba bien con otras maneras menos virulentas como los juegos atléticos, no exentos del todo de la violencia, o formas más intelectuales como el teatro. Desde el otro lado, los griegos no fueron capaces de entender tampoco la ritualización excesiva que presidía todas las manifestaciones de la vida pública romana ni la fuerza de los vínculos contraídos y las obligaciones consiguientes que aquéllos implicaban. La forma de hacer política y de entenderla era por tanto muy dispar y el choque a la larga resultaba del todo inevitable. Sin embargo, el hecho de que los romanos adoptaran la cultura griega, a diferencia de lo que sucedió con otras culturas sometidas como la etrusca y la cartaginesa, que desaparecieron prácticamente de la faz de la tierra con la derrota y eliminación de sus respectivos pueblos, y la incorporaran en muchos casos como algo propio, resultó a la larga un elemento decisivo para la conservación y transmisión de la misma a la posteridad.

Bibliografía

AA.VV. *Alexandre le Grand. Image et réalité*. Entretiens de la Fondation Hardt 22, Vandoeuvres/Ginebra, 1976.
ADKINS, A. W. H., *Merit and Responsability. A Study in Greek Values*, Oxford, 1960.
AFRICA, Th. W., *Phylarchus and the Spartan Revolution*, Berkeley/Los Ángeles, University of California Public. in History, 68, 1961.
ALONSO TRONCOSO, V., *Neutralidad y neutralismo en la guerra del Peloponeso (431-404)*, Madrid, 1987.
AMOURETTI, M. C. et al., *El mundo griego antiguo*, Madrid, Akal, 1991.
ANDSERSON, J. K., *Xenophon*, Londres, Duckworth, 1974.
ANDREWES, A., *The Greek Tyrants*, Londres, 1956.
ANTONETTI, C., *Les étoliens. Image et réligion*, París, 1990.
ARNHEIM, M. T. W., *Aristocracy in Greek Society*, Londres, Thames and Hudson, 1977.
ATKINSON, J. E., *A Commentary on Q. Curtius Rufus' Historiae Alexandri Magni Books 3 and 4*, Amsterdam, London Studies in Classical Philology 4, 1980.
AUSTIN, M. M., *The Hellenistic World from Alexander to the Roman Conquest*, Cambridge, 1992.
AYMARD, A., *Les assemblées de la confédération achaienne. Étude critique d'institutions et d'histoire*, Burdeos/París, 1938.
BADIAN, E., *From Plataea to Potidaea. Studies in the History and Historiography of the Pentecontaetia*, Baltimore, The John Hopkins Univ. Press, 1993.
BAGNAL, R. S., *The Administration of the Ptolemaic Possessions Outside Egypt*, Leiden, 1976.
BALCER, J. M., *The Persian Conquest of the Greeks 545-450 B.C.*, Konstanz, Xenia 38, 1995.
BALLABRIGA, A., *Le soleil et le Tartare. L'image myhtique du monde en Grèce archaïque*, París, 1986.
— *Les fictions d'Homère. L'invention mythologique et cosmographique dans l'Odyssée*, París, PUF, 1998.
BARBER, G. L., *Ephorus the Historian*, reimpr., Chicago, Ares, 1993.
BARBER, R. L. N., *The Cyclades in the Bronze Age*, Londres, 1987.
BARNES, J., *Los Presocráticos*, Madrid, Cátedra, 1992.
BAURAIN, Cl., *Les Grecs et la Mediterranée orientale*, París, Nouvelle Clio, 1997.
BELLINGER, A., «The End of the Seleucids» en *Transactions of the Connecticut Academy of Art and Sciences* 38 (1949), pp. 55-102.
BELLINGER, A. R., *Essays on the Coinage of Alexander the Great*, Numismatic Studies 11, Nueva York, American Numismatic Society, 1963.

BERMEJO, J. C., *El mito griego y sus interpretaciones*, Madrid, Akal, 1988.
— *Grecia arcaica: La mitología*, Madrid, Akal, 1996.
— et al., *Los orígenes de la mitología griega*, Madrid, Akal, 1996.
BERNABE A., «Hetitas y Aqueos. Aspectos recientes de una vieja polémica», *Estudios Clásicos* 90 (1986), pp. 123-137.
BERNAND, A., *Guerre et violence dans la Grèce ancienne*, París, Hachette, 1999.
BERTHOLD, R., *Rhodes in the Hellenistic Age*, Ithaca, Cornell University Press, 1984.
BERTRAND, J. M., *Inscriptions historiques grecques*, París, Les Belles Lettres. La Roue à livres, 1992.
— *L'Hellénisme. 323-31 av. J.-C. Rois, Cités et Peuples*, París, Col. U. 2, 1992.
BICKERMANN, E., *Institutions des Séleucides*, París, 1938.
BILDE, P. et al. (eds.), *Religion and Religious Practice in the Seleucid Kingdom*, Aarhus University Press, 1990.
— et al. (eds.), *Centre and Periphery in the Hellenistic World*, Aarhus U.P., 1993.
— et al. (eds.), *Conventional Values of the Hellenistic Greeks*, Aarhus U.P., 1997.
BILLOWS, R. A., *Antigonus the One-Eyed and the Creation of the Hellenistic State*, Berkeley/Los Ángeles, 1990.
BINGEN, J., «Les tension structurelles de la société ptolémaïque», *Atti del XVII Congresso internazionale di papirologia*, III, Nápoles, 1984, pp. 921-937.
BLUNDELL, S., *Women in Ancient Greece*, Londres, British Museum Publications, 1995.
BOARDMAN, J., *Athenian Black Figure Vases*, Londres, Thames and Hudson, 1974.
— *Athenian Red Figure Vases. The Archaich Period*, Londres, Thames and Hudson, 1975.
— *Los griegos en ultramar. Comercio y expansión colonial antes de la era clásica*, Madrid, Alianza, 1975.
— *Greek Sculpture. The Archaic Period*, Londres, Thames and Hudson, 1978.
— *Greek Sculpture. The Classical Period*, Londres, Thames and Hudson, 1985.
— *Athenian Red Figure Vases. The Classical Period*, Londres, Thames and Hudson, 1989.
— *Greek Sculpture. The Late Classical Period*, Londres, Thames and Hudson, 1995.
BORZA, E. N., *In the Shadow of Olympus. The Emergence of Macedon*, Princeton, 1990.
— *Before Alexander: Constructing Early Macedonia*, Claremont California, 1999.
BOSWORTH, A. B., *A Historical Commentary on Arrian's History of Alexander, vol. I, I-III*, Oxford, Clarendon Press, 1980.
— *From Arrian to Alexander*, Oxford, Clarendon Press, 1988.
— *A Historical Commentary on Arrian's History of Alexander, vol II, IV-V*, Oxford, Clarendon Press, 1995.
— *Alejandro Magno*, Cambridge University Press, 1996.
— *Alexander and the East. The Tragedy of Triumph*, Oxford, 1996.
— (ed.), *Alexander the Great in Fact and Fiction*, Oxford U. P., 2000.
BOULOGNE, J., *Plutarque. Un aristocrate grec sous la domination romaine*, Presses Univ. de Lille, 1994.
BOWERSOCK, G. W., *Augustus and the Greek World*, Oxford Univ. Press, 1965.
BOWRA, C. M., *La Atenas de Pericles*, Madrid, Alianza, 1974.
BRACCESI, L., *Grecita adriatica*. Bolonia, ^{2}1979.
BRIANT, P. et al., *Le monde grec aux temps classiques*, t. I: Le V siécle, La nouvelle Clio, París, PUF, 1995.
— *Antigone le Borgne*, París, 1973.
— «Colonisation hellénistique et populations indigènes. La phase d'installation», *Klio* 60 (1978), pp. 57-92.
— «Colonisation hellénistique et populations indigènes. II Renforts grecs dans les cités hellénistiques», en *Rois, Tributs et Paysans*, París, 1982, pp. 263-279.
— *Alexandre le Grand*, París, col. "Que sais-je?", PUF, ^{3}1987.
— *Alejandro Magno. De Grecia a Oriente*, Madrid, Aguilar, 1990.
— *Darius, les perses et l'empire*, París, Découvertes Gallimard, 1992.

BROWN, T. S., *Onesicritus. A Study in Hellenistic Historiography*, Berkeley, 1949.
— *Timaeus of Tauromenium*, Berkeley/Los Ángeles, University of California Publ. in History 55, 1958.
BRUCE, I. A. F., *An Historical Commentary on the Hellenica Oxyrhynchia*, Cambridge, 1967.
BRUNET, M. (ed.), *Territoires des cités grecques*. Actes de la table ronde internationale organisé par l'école française d'Athènes, París, 1999.
BUCKLER, J., *The Theban Hegemony, 371-362 B.C.*, Cambridge Mass., 1980.
— *Phillip II and the Sacred War*, Leiden, Suppl. Mnemosyne, Brill, 1989.
BULLOCH, A. W. et al. (eds.), *Images and Ideologies: Self-Definition in the Hellenistic World*, Los Ángeles, 1993.
BURKERT, W., *Greek Religion*, Londres, Blackwell, 1985.
— *Ancient Mystery Cults*, Cambridge Mass., 1987.
— *The Orientalizing Revolution. Near Eastern Influence on Greek Culture in the Early Archaic Age*, Cambridge, Mass., 1992.
BURN A. R., *The Lyric Age of Greece*, Londres, 1960.
— *Persia & the Greeks*, Londres, Duckworth, 1962.
BURSTEIN, S. M., *The Hellenistic Age from the Battle of Ipsus to the Death of Kleopatra VII*, Translated Documents of Greece and Rome vol. 3, Cambridge, 1985.
BUXTON, R., *El imaginario griego*, Cambridge U. P., 1999.
— (ed.), *From Myth to Reason? Studies in the Development of Greek Thought*, Oxford U.P., 1999.
CABANES, P., *L' Epire, de la mort de Pyrrhos à la conquête romaine (272-167)*, Annales littéraires de l'Université de Besançon, 1976.
— *Le monde hellénistique. De la mort d'Alexandre à la paix d' Apamée*, París, Nouvelle histoire de l'Antiquité, Seuil, 1995.
CAMP, J. M., *The Athenian Agora. Excavations in the Heart of Classical Athens*, New Aspects of Antiquity, Londres, Thames and Hudson, 1986.
CANFORA, L., *Studi sul Athenaion Politeia pseudosenofontea*, Turín, 1980
— *Ellenismo*, Bari, 1987.
— *La véritable histoire de la bibliothèque d'Alexandrie*, París, Desjonquères, 1988.
CARGILL, J. L., *The Second Athenian League. Empire or Free Alliance?*, Berkeley Univ. Press, 1981.
CARLIER, P., *La Royauté en Grèce avant Alexandre*, Estrasburgo, AECR, 1984.
— *Demosthène*, París, Fayard, 1990.
— *Le IV siècle jusqu'à la mort d'Alexandre*, París, Nouvelle Histoire de l'Antiquité, Seuil, 1995.
— *Homère*, París, Fayard, 1999.
CARTER, J. B y MORRIS, S. P. (eds.), *The Ages of Homer*, The University of Texas, Austin, 1995.
CARTLEDGE, P., *Sparta and Lakonia. A Regional History 1300-362 B.C.*, Londres, 1979.
— *Agesilaos and the Crisis of Sparta*, Baltimore, The John Hopkins U. P., 1987.
— *The Greeks. A Portrait of Self and Other*, Oxford University Press, 1993.
— et al (eds.), *Hellenistic Constructs. Essays in Culture, History and Historiography*, Berkeley/Los Ángeles, 1997.
CAWKWELL, G., *Thucydides and the Peloponnesian War*, Londres, Routledge, 1997.
CHADWICK, J., *El mundo micénico*, Madrid, Alianza, 1977.
CHAMOUX, F., *La civilisation hellénistique*, París, 1985.
CHATELET, F., *Pericles*, París, 1982.
CHAVES TRISTAN, F. (ed.), *Griegos en Occidente*, Sevilla, 1992.
COHEN, D., *Law, Sexuality, and Society, The Enforcement of Morals in Classical Athens*, Cambridge, 1991.
COHEN, G. M., *The Seleucid Colonies. Studies in Founding, Organisation and Administration*, Wiesbaden, 1978.

COINDOZ, M., «Guerre de Troie: realité ou fiction», *Anatolica* 9 (1982), pp. 77-121.
COLDSTREAM, J. N., *Geometric Greece*, Londres, Methuen, 1977.
COOK, J. M., *The Greeks in Ionia and the East*, Londres, Ancient Peoples and Places, 1962.
— *The Persian Empire*, Londres, 1983.
DAVID, E., *Aristophanes and Athenian Society of the Early Fourth Century B.C.*, Leiden, Brill, 1984.
DAVIES, J. K., *La democracia y la Grecia clásica*, Madrid, Taurus, 1981.
DAVIES, V. y SCHOFIELD, L. (eds.), *Egypt, the Aegean and the Levant. Interconnections in the Second Millenium B.C.*, Londres, British Museum, 1995.
DAVIS, N. y KRAAY, C. M., *The Hellenistic Kingdoms. Portrait Coins and History*, Londres, 1973.
DE POLIGNAC, F., *La naissance de la cité grecque*, París, 1984.
DELORME, J., *Le monde hellénistique (323-133 avant J.-C.). Evénements et Institutions*, París, SEDES, 1975.
DESBOURGH, V. R. d'A, *The Greek Dark Ages*, Londres, 1972.
DESCOEUDRES, J. P. (ed.), *Greek Colonist and Native Populations*, Oxford Clarendon Press, 1990.
DETIENNE, M., *Los maestros de verdad en la Grecia arcaica*, Madrid, Taurus, 1986.
DICKINSON, O., *La edad del bronce en el Egeo*, Madrid, Akal, 1999.
DIHLE, A., *I Greci e il mondo antico*, Florencia, Giunti, 1997.
DILLERY, J., *Xenophon and the History of his Times*, Londres, Routledge, 1995.
DOMÍNGUEZ MONEDERO, A., *La colonización griega en Sicilia*, Oxford, British Archaeological Reports, 1989.
— *La pólis y la expansión colonial griega siglos VIII-VI*, Madrid, Síntesis, 1991.
DOMÍNGUEZ MONEDERO, A. y PASCUAL GONZÁLEZ, J., *Esparta y Atenas en el siglo V a.C.*, Madrid, Síntesis, 1999.
DONLAN, W., *The Aristocratic Ideal and Selected Papers*, Illinois, Wauconda, 1999.
DOUGHERTY, C., *The Poetics of Colonization. From City to Text in Archaic Greece*, Oxford, 1993.
DOVER, K. J., *Lysias and the Corpus Lysiacum*, Berkeley, 1968.
— *Aristophanic Comedy*, Berkley/Los Ángeles, University of California Press, 1972.
— *Greek Popular Morality in the Times of Plato and Aristotle*, Berkeley/Los Ángeles, University of California Press, 1974.
— *Greek Homosexuality*, Londres, Duckworth, 1978.
DOWDEN, K., *The Uses of Greek Mythology*, Londres, Routledge, 1992.
DREWS, R., *The Greek Accounts of Eastern History*, Cambridge Mass., Harvard U. P., 1973
— *Basileus. The Evidence for Kingship in Geometric Greece*, New Haven/Londres, 1983.
— *The Coming of the Greeks. Indoeuropean Conquest in the Aegean and the Near East*, Princeton, 1988.
— *The End of the Bronze Age. Changes in Warfare and the Catastrophe ca. 1200 B.C.*, Princeton, 1993.
DUNAND, F., «Grecs et égyptiens en Egypte Lagide», en *Forme di contatto e processi di trasformazione nelle societá antiche*, Pisa/Roma, 1983, pp. 45-87.
DUNBABIN, T. J., *The Greeks and their Eastern Neighbours*, Londres, 1957.
— *The Western Greeks*, Oxford, 1948 (reimpr. en Chicago, Ares, 1979).
EASTERLING P. E. (ed.), *The Cambridge Companion to Greek Tragedy*, Cambridge U.P., 1997.
EASTERLING P. E. y MUIR, J. V. (eds.), *Greek Religion and Society*, Cambridge, 1985.
ECKSTEIN, A. M., *The Moral Vision in the Histories of Polybius*, Berkeley, University of California, 1995.
EHRENBERG, V., *Alexander and the Greeks*, Oxford, Basil Blackwell, 1938.
— *The People of Aristophanes. The Sociology of Old Attic Comedy*, Oxford, Basil Blackwell, 1951 [ed. ital. en Florencia, La Nuova Italia, 1988].
— *From Solon to Socrates*, Londres, Methuen, 1967.
— *L'Etat grec*, París, Maspero, 1982.

ELLIS, J. R., *Phillip and Macedonian Imperialism*, Londres, Thames and Hudson, 1976.
ELLIS, W. M., *Alcibiades*, Londres, 1989.
— *Ptolemy of Egypt*, Routledge, Londres, 1994.
EMLYN-JONES C. J., *The Ionians and Hellenism*, Londres, 1980.
ENGELS, D. W., *Alexander the Great and the Logistic of the Macedonian Army*, Berkeley/Los Ángeles, University of California Press, 1978.
ERSKINE, A., *The Hellenistic Stoa. Political Thought and Action*, Ithaca, Nueva York, 1990.
ETIENNE, R. et al., *Archéologie historique de la Grèce ancienne*, París, Ellipses, 2000.
EVANS, J. A. S, *Herodotus, Explorer of the Past*, Princeton, 1991.
FARRAR, C., *The Origins of Democratic Thinking. The Invention of Politics in Classical Athens*, Cambridge, 1988.
FAURE, P., *Alejandro. Vida y leyenda del hijo de los dioses*, Madrid, Edaf, 1990.
— *La vie quotidienne des colons grecs de la mer Noire à l'Atlantique au siècle de Pythagore VI siècle av. J.C.*, París, Hachette, 1978.
— *La vie quotidienne des armées d'Alexandre* París, Hachette, 1982.
FEHLING, D., *Herodotus and his Sources. Citation, Invention and Narrative Art*, Bristol, 1989.
FERGUSON, J., *Among the Gods. An Archaeological Exploration of Ancient Greek Religion*, Londres, Routledge, 1989.
— *Utopias of the Classical World*, Londres, Thames and Hudson, 1975.
FERGUSON, W. S., *Hellenistic Athens*, Ares, Chicago, 1974.
FERNÁNDEZ NIETO, F. J., *Los acuerdos bélicos en la antigua Grecia (épocas arcaica y clásica)*, 2 vols., Universidad de Santiago de Compostela, 1975.
FERRARY, J. L., *Phihellénisme et impérialisme. Aspects idéologiques de la conquête romaine du monde hellénistique*, Roma, Ecole francaise de Rome, 1988.
FESTUGIÉRE, A. J., *Etudes de religion grecque et hellénistique*, París, 1972.
FIELD, G. C., *Plato and his Contemporaries. A Study in Fourth Century Life and Thought*, Londres, ³1967.
FINLEY, M. I. (ed.), *Problemes de la terre en Grèce ancienne*, París/La Haya, 1973.
— *Schliemann's Troy. One Hundred Years After*, Londres, The British Academy, 1975.
— *El mundo de Odiseo*, México, FCE, 1975.
— *Esclavitud antigua e ideología moderna*, Barcelona, Crítica, 1982.
— *Vieja y nueva Democracia*, Barcelona, Ariel, 1980.
— *La Grecia primitiva. Edad del Bronce y Era arcaica*, Barcelona, Crítica, 1983.
— et al., «The Trojan War», *Journal of Hellenic Studies* 84 (1964), pp. 1-20.
FISHER, N. y WEES, H. (eds.), *Archaic Greece. New Approaches and New Evidence*, Londres, 1998.
FITZHARDINGE, L. F., *The Spartans*, Londres, Ancient Peoples and Places, 1980.
FLACELIERE, R., *La vie quotidienne en Grèce au siècle de Périclès*, París, Hachette, 1959.
FLOWER, M. A., *Theopompus of Chios. History and Rhetoric in the Fourth Century B.C.*, Oxford, Clarendon Press, 1994.
FORNARA, Ch. y GAMONS, L. J., *Athens from Cleisthenes to Pericles*, Berkeley/Los Ángeles, 1991.
FORTE, B., *Rome and the Romans as the Greeks saw them*, Papers and Monographs of American Academy of Rome, 24, 1972.
FORTINA, M., *Cassandro re di Macedonia*, Turín, 1965.
FOUCHARD, A., *Aristocratie et démocratie. Idéologies et societés en Grèce ancienne*, Besançon, 1997.
FRAENKEL, H., *Poesía y filosofía de la Grecia arcaica. Una historia de la épica, la lírica y la prosa griegas hasta la mitad del siglo V*, Madrid, Visor, 1993.
FRASER, P. M., *Ptolemaic Alexandria*, 3 vols., Oxford, 1972.
— *Cities of Alexander the Great*, Oxford, 1996.
FUCH, H., *Der geistige Widerstand gegen Rom in der antiken Welt*, Berlín, Walter de Gruyter, 1938.

GABBA, E., *Studi su Filarco. Le biografie plutarchee di Agide e di Cleomene*, est. da Athenaeum, Pavía, 1957.
— «Storici greci dell'impero romano da Augusto ai Severi», *Rivista Storica Italiana* 71 (1959), pp. 361-381.
GAGARIN, M., *Early Greek Law*, Berkeley/Los Ángeles, University of California Press, 1986.
GANTZ, T., *Early Greek Myth. A Guide to Literary and Artistic Sources*, Baltimore, The John Hopkins U. P., 1993.
GARCÍA GUAL, C., *La secta del perro*, Madrid, Alianza, 1990.
— *Introducción a la mitología griega*, Madrid, Alianza, 1992.
— *Antología de la poesía lírica griega*, 6ª reimpr., Madrid, Alianza, 1998.
GARCÍA IGLESIAS, L., *Los orígenes del pueblo griego*, Madrid, Síntesis, 1997.
GARLAN, Y., *Les esclaves en Grèce ancienne*, París, 1982.
GARLAND, R., *The Greek Way of Life. From Conception to Old Age*, Ithaca, Cornell U. P., 1990.
GAUTHIER, P., *Symbola. Les étrangers et la justice dans les cités grecques*, Nancy, 1972.
GERHKE, H. J., *Stasis. Untersuchungen zu den inneren Kriegen in den griechischen Staaten des 5. und 4. Jahrhunderts v. Chr.*, vol. 35, Munich, Vestigia, 1985.
— *Jenseit von Athen und Sparta. Das Dritte Griechenland und seine Staatenwelt*, Munich, Beck, 1986.
GILLIS, D., *Greek Collaboration with the Persians*, Wiesbaden, 1979.
GÓMEZ ESPELOSÍN, F. J., *Rebeliones y conflictos internos en las ciudades del mundo helenístico*, Universidad de Zaragoza y Alcalá, 1985.
— «La lírica arcaica como fuente histórica: condicionantes y perspectivas», *Estudios Clásicos* 94 (1988), pp. 7-22.
— «Estrategia política y supervivencia. Consideraciones sobre una valoración histórica del fenómeno etolio en el siglo III a.C.», *Pólis* 1 (1989), pp. 63-80.
— «Política griega y maniobras romanas: Un balance político de las relaciones entre Roma y la confederación etolia», *Latomus* 48, 3 (1989), pp. 532-547.
— «¿Reyes y Dioses? La percepción de la monarquía en el Egipto helenístico» en García Moreno, L. A. y Pérez Largacha, A. (eds.), *De Narmer a Ciro (3.150 a.C.-642 d. C.)*, Alcalá de Henares, Aegyptiaca Complutensia I, 1991, pp. 131-143.
— «Appian's Iberike. Aims and Attitudes of a Greek Historian of Rome» en *Aufstieg und Niedergang der römischen Welt* II, 34, 1 (1993), pp. 403-427.
— *Introducción a la Grecia antigua*, Madrid, Alianza, 1998.
— *El descubrimiento del mundo. Geografía y viajeros en la Grecia antigua*, Madrid, Akal, 2000.
— et al., *La imagen de España en la Antigüedad clásica*, Madrid, Gredos, 1995.
GONZÁLEZ GARCÍA, F. J., *A través de Homero. La cultura oral de la Grecia antigua*, Santiago de Compostela, 1991.
GOODENOUGH, V. E. R., «The Polical Philosophy of Hellenistic Kingship», *Yale Classical Studies* 1 (1928), pp. 53-102.
GOUKOWSKY, P., *Essai sur les origines du mythe d'Alexandre*, 2 vols, Nancy, 1978-1981.
GOULD, J., *Herodotus*, Londres, Weidenfield and Nicholson, 1989.
GRAF, F., *Greek Mythology. An Introduction*, Baltimore, John Hopkins U.P., 1993.
GRAHAM, A. J, *Colony and Mother City in Ancient Greece*, Chicago, Ares, 1983.
GRAHAM, J. W., *The Palaces of Crete*, Princeton, 1987.
GRAINGER, J. D., *Seleukos Nikator. Constructing a Hellenistic Kingdom*, Londres, Routledge, 1990.
GRANT, M., *From Alexander to Cleopatra. The Hellenistic World*, Nueva York, 1982.
GRECO, E. (ed.), *La città greca antica*, Roma, Donzelli, 1999.
GREEN, P., *Alexander the Great*, Londres, Weidenfeld Nicholson, 1970.
— *Alexander to Actium. The Hellenistic Age*, Londres, 1990.
— (ed.), *Hellenistic History and Culture*, Berkeley/Los Ángeles, 1993.

Griffin, J., *Homero*, Madrid, Alianza, 1980.
Griffith, G. T. (ed.), *Alexander the Great: the Main Problems*, Cambridge, 1966.
Gruen, E. S., *The Hellenistic World and the Coming of Rome*, 2 vols., Berkeley/Los Ángeles, University of California Press, 1984.
— *Studies in Greek Culture and Roman Policy*, Berkeley/Los Ángeles, 1996.
Guthrie, W. K. C., *The Greeks and their Gods*, trad. ital. Bolonia, Il Mulino, 1987.
Guzmán, A. y Gómez Espelosín, F. J., *Alejandro Magno. Del mito a la historia*, Madrid, Alianza, 1997.
Habicht, Ch., *Athens from Alexander to Antony*, Cambridge Mass., Harvard U.P., 1997.
Hadas, M., *Hellenistic Culture. Fusion and Diffusion*, Nueva York, 1959.
Hagg, R. y Marinatos, N., *The Minoan Thalasocracy. Myth and Reality*, Estocolmo, 1984.
Hall, J., *Ethnic Identity in Greek Antiquity*, Cambridge U.P., 1997.
Hamilton, J. R., *Plutarch: Alexander. A Commentary*, Bristol, ²1999.
Hammond, N. G. L., *The Macedonian State. The Origins, Institutions and History*, Oxford, Clarendon Press, 1989.
— *Sources for Alexander the Great*, Cambridge, 1993
Hammond, N. G. S., *Three Historians of Alexander the Great*, Cambridge, 1983.
— *Alejandro Magno*, Madrid, Alianza, 1992.
Hammond, N. S. y Walbank, F. W., *A History of Macedon*, vol. III, 336-167 B.C., Oxford, 1988.
Hansen, M. H., *The Athenian Democracy in the Age of Demosthenes*, Oxford, Blackwells, 1991.
Hanson, V. D., *The Other Greeks. The Family Farm and the Agrarian Roots of Western Civilization*, Nueva York, Free Press, 1995.
— *Les guerres grecques. 1400-146 av. J.-C*, Atlas de Guerres, París, 1999.
— *The Western Way of War. Infantry Battle in Classical Greece*, University of California Press, 1989.
Hartog, F., *Le miroir d'Hérodote. Essai sur la représentation de l'autre*, París, 1980.
Havelock, E. A., *Prefacio a Platón*, Madrid, Visor, 1994.
— *Dike. La nascita della coscienza*, Roma/Bari, Laterza, 1981.
— *The Literate Revolution in Greece and its Cultural Consequences*, Princeton, 1982.
Heckel, W., *The Marshals of Alexander's Empire*, Londres, Routledge, 1992.
Heisserer, A. J., *Alexander the Great and the Greeks: The Epigraphic Evidence*, Norman, 1982.
Hignett, C., *A History of the Athenian Constitution to the End of the Fifth Century*, Clarendon P., 1952.
— *Xerxes' Invasion of Greece*, Oxford, 1963.
Hill, I. T., *The Ancient City of Athens. Its Topography and Monuments*, reimpr. en Chicago, Ares, 1969.
Hirsch, S.W., *The Friendship of the Barbarians. Xenophon and the Persian Empire*, Hanover y Londres, U.P. of New England, 1985.
Hoelbl, G., *A History of the Ptolemaic Kingdom*, Londres, Routledge, 2000.
Hogarth, D. G., *Ionia and the East*, Nueva York, 1969.
Holt, F. L., *Alexander the Great and Bactria*, Leiden, Mnemosyne Supp. Brill, 1988.
— *Thundering Zeus: The Making of Hellenistic Bactria*, Berkeley/Los Ángeles, University of California Press, 1999.
Hooker, J. T., *Mycenaean Greece*, Londres, 1976.
Hornblower, J., *Hieronymus of Cardia*, Oxford, 1981.
Hornblower, S., *El mundo griego 479-323 a.C*, Barcelona, Crítica, 1985.
— *Mausolus*, Oxford, Clarendon Press, 1982.
— *Thucydides*, Baltimore, The John Hopkins U.P., 1987.
Hornblower, S., y Matthews E., *Greek Personal Names. Their Value as Evidence*, Oxford U.P., 2000.

HUGHES FOWLER, B., *The Hellenistic Aesthetic*, Bristol, 1989.
HURWIT, J., *The Athenian Acropolis. History, Mythology and Archaeology from the Neolithic Era to the Present*, Cambridge U.P., 1999.
HUXLEY, G. L., *Early Sparta*, Londres, 1962.
— *The Early Ionians*, Londres, 1966.
IRIARTE, A., *Las redes del enigma. Voces femeninas en el pensamiento griego*, Taurus, Madrid, 1990.
— *Democracia y tragedia: la era de Pericles*, Madrid, Akal, 1996.
JACOB, Ch., *Géographie et ethnographie en Grèce ancienne*, París, Armand Colin, 1991.
JEFFERY, L.H., *Archaic Greece. The City States c. 700-500 B.C.*, Londres, Methuen, 1976.
JOHNSON, J. H., "The Role of Egyptian Priesthood in Ptolemaic Egypt" en *Egyptological Studies in honour of R. A. Parker*, Londres, 1986, pp. 70-84
JONES, A. H. M., *The Greek City from Alexander to Justinian*, Oxford, 1940.
JONG, I. De (ed.), *Homer. Critical Assessments*, 4 vols., Londres, Routledge, 1998.
JUST, R., *Women in Athenians Law and Life*, Londres, Routledge, 1989.
KAGAN, D., *The Outbreak of the Peloponnesian War*, Ithaca, Cornell U.P., 1969.
— *Pericles and the Birth of Democracy*, Nueva York, 1991.
KEBRIC, R. B., *In the Shadow of Macedon. Duris of Samos*, Wiesbaden, Historia Einzelschriften, 29, 1977.
KEULS, E., *The Reign of the Phallus. Sexual Politics in Ancient Athens*, Berkeley/Los Ángeles, University of California Press, 1993.
KIRK, G.S., *Los poemas de Homero*, Buenos Aires, Paidós, 1968.
KRAAY, C., *Archaic and Classical Greek Coins*, Cambridge, 1976.
KUHRT, A. y SHERWIN-WHITE, S., *Hellenism in the East: The Interaction on Greek and non-Greek Civilizations from Syria to Central Asia after Alexander*, Londres, 1987.
LACEY, W. K., *The Family in Classical Greece*, Londres, Thames and Hudson, 1968.
LAMBERT, S. D., *The Phratries of Attica*, Michigan, Ann Arbor, 1999.
LAMBOLEY, J. L., *Les Grecs d'Occident. La période archaique*, París, 1996.
LANDUCCI, F., *Lisimaco di Tracia nella prospettiva del primo ellenismo*, Milán, Jaca Book, 1992.
LANGDON, S. (ed.), *New Light on a Dark Age. Exploring the Culture of Geometric Greece*, University of Missouri Press, 1997.
LARSEN, J. A. O., *Greek Federal States. Their Institutions and History*, Clarendon Press Oxford, 1968.
LASERRE, F., «Strabon devant l'empire romain» *Aufstieg und Niedergang der römischen Welt* II, 30, 1 (1983), pp. 867-896.
LATEINER, D., *The Historical Method of Herodotus*, University of Toronto Press, 1989.
LAVELLE, B. M., *The Sorrow and the Pity: A Prolegomenon to a History of Athens under Pesisistratids c. 560-510 B.C*, Stuttgart, Historia Einzelschriften 80, 1993.
LAZENBY, J. F., *The Defense of Greece, 490-479 B.C.*, Warminster, 1993.
LE BOHEC, S., *Antigone Doson roi de Macedoine*, Nancy, 1993.
LEFKOWITZ, M. R., *Women in Greek Myth*, John Hopkins U.P., 1986.
LENS, J., «Crisis en Pérgamo en el siglo II a.C.», *Boletín del Instituto de Estudios Helénicos* 6 (1972), pp. 63-73.
LEVÊQUE, P., *Pyrrhos*, París, 1957.
— *Le monde hellénistique*, París, Col. U2, 1992.
— *Las primeras civilizaciones. De los despotismos orientales a la ciudad griega*, Madrid, Akal, 1992.
LEVÊQUE, P. y VIDAL NAQUET, P., *Clisthene l'athénien*, París, 1964.
LEVI, M. A., *Introduzione a Alessandro Magno*, Milán, Rusconi, 1977.
— *Pericle, un uomo, un regime, una cultura*, Milán, 1980.
LEVY, E., *La Grèce au V siècle. De Clisthéne à Socrate*, París, Nouvelle Histoire de l'Antiquité, Seuil, 1995.

Lewis, D. M., *Sparta and Persia*, Leiden, Brill, 1977.
Lewis, N., *Greeks in Ptolemaic Egypt*, Oxford, Clarendon Press, 1986.
Lissarrague, F., *Un flot des images. Une esthétique du banquet grec*, París, 1987.
Lloyd, A. B., «Nationalist Propaganda in Ptolemaic Egypt», *Historia* 31 (1982), pp. 33-55.
Lloyd, G. E. R., *The Revolution of Wisdom. Studies in the Claims and Practice of Ancient Greek Science*, Berkeley/Los Ángeles, University of California Press, 1987.
Lombard, J., *Isocrate*, París, Klincksieck, 1990.
Long, A., *La filosofía helenística*, Madrid, Alianza, 1975.
López Eire, A. y Schrader, C., *Los orígenes de la oratoria y la historiografía en la Grecia clásica*, Zaragoza, 1994.
Loraux, N., *L' invention d'Athènes: Histoire de l'oraison funèbre dans la cité classique*, París, 1981 [ed. ingl. en Harvard U.P., 1986].
— *Les enfants d'Athéna*, París, ed. Maspero, 1981.
Lordkipanidze, O. y Levêque, P., *Le Pont Euxin vu par les Grecs*, París, Annales Littéraires Université de Besançon, 1990.
Lozano, A., *El mundo helenístico*, Madrid, Síntesis, 1994.
Luce, J. V., *Homero y la edad heroica*, Barcelona, Destino, 1984.
Lund, H. S., *Lysimachus. A Study in Early Hellenistic Kingship*, Londres, Routledge, 1992.
MacMullen, R., «Hellenizing the Romans (2nd Century B.C.)», *Historia* 40, 4 (1991), pp. 419-438.
Mactoux, M. M., *Douleia. Esclavages et practiques discoursives dans l'Athènes classique*, París, 1980.
Malitz, J., *Die Historien des Poseidonius*, Munich, Zetemata, Heft 79, 1983.
Malkin, I., *Myth and Territory in the Spartan Mediterranean*, Cambridge, 1994.
— *The Return of Odysseus. Colonization and Ethnicity*, Los Ángeles/Berkeley, University of California Press, 1998.
Manni, E., *Demetrio Poliorcete*, Roma, 1952.
Marazzi, M., *La sociedad micénica*, Madrid, Akal, 1989.
Marasco, G., *Appiano e la storia dei Seleucidi fino all ascesa al trono di Antioco III*, Florencia, 1982.
Martin, L. H., *Hellenistic Religions. An Introduction*, Nueva York, 1987.
Mazzarino, S., *Fra Oriente e Occidente*, Florencia 1947 (reimpr. Milán, Rizzoli, 1989).
McGlew, J. F., *Tyranny and Political Culture in Ancient Greece*, Ithaca, Cornell U. P., 1993.
McGregor, M., *The Athenians and their Empire*, Vancouver, 1987.
Meiggs, R., *The Athenian Empire*, Oxford, Clarendon Press, 1972.
Mele, A., *Il commercio greco arcaico. Prexis ed emporie*, Nápoles, 1979.
Merkelbach, R., *Die Quellen des griechischen Alexanderromans*, Munich, Zetemata 9, ^{2}1977.
Michell, H., *Sparta*, Cambridge, 1964.
Miller, M. C., *Athens and Persia in the Fifth Century. A Study in Cultural Receptivity*, Cambridge U.P., 1997.
Momigliano, A., *La sabiduría de los bárbaros. Los límites de la helenización*, México, FCE, 1999.
— *Filipo il Macedone*, Milán, ed. anastática, 1987.
Mooren, L., «The Nature of the Hellenistic Monarchy», en Van't Dack et al. (eds.), *Egypt and the Hellenistic World. Proceedings of the International Colloquium Leuven, 24-26 May*, Lovaina, 1983, pp. 205-232.
Moretti, L., *Iscrizioni storiche ellenistiche*, 2 vols., Florencia, 1967 y 1976.
Morkholm, O., *Antiochus IV of Syria*, Copenhague, 1966.
Morris, I., «The Use and Abuse of Homer», *Classical Antiquity* 5 (1986), pp. 81-138.
— *Burial and Ancient Society. The Rise of the Greek City-state*, Cambridge, 1987.
— (ed.), *Classical Greece. Ancient Histories and Modern Archaeologies*, Cambridge, 1994.
— y Powell, B. (eds.), *A New Companion to Homer*, Leiden, Brill, 1997.

Mosse, Cl., *La fin de la démocratie athénienne*, París, PUF, 1962.
— *La tyrannie dans la Grèce antique*, París, 1969.
— *Historia de una democracia: Atenas*, Madrid, Akal, 1987.
— *La Grèce archaïque d'Homère à Eschyle*, París, 1984.
— *La mujer en la Grecia antigua*, Madrid, Nerea, 1990.
— *Politique et societé en Grèce ancienne. Le modèle athénien*, París, 1995.
Murray, O. (ed.), *Sympotika*, Oxford, 1990.
— «Omero e l'Etnografia» en *Atti del VII Congreso internazionale di studi sulla Sicilia antica*, Kokalos, 34-35, (1988-1989), vol. I, pp. 1-17.
— *Grecia arcaica*, Madrid, Taurus, 1983.
— y Price S. (eds.), *The Greek City from Homer to Alexander*, Oxford, 1990.
Musti, D., *Le origini dei Greci. Dori e mondo egeo*, Bari, Laterza, 1986.
— *Storia greca. Linee di sviluppo dell'età micenea all'età romana*, Bari, ²1990.
— (ed.), *La transizione dal Miceneo all'alto arcaismo. Dal palazzo alla città*, Roma, 1991.
Myres, J. L., *Herodotus, Father of History*, Oxford, Clarendon Press, 1953.
Nenci, G. y Reverdin, O. (eds.), *Hérodote et les peuples non grecs*, Entretiens sur l'Antiquité Classique, Tome XXXV, Ginebra, 1990.
Nenci, G., « La storiografia preerodotea», *Critica Storica* 6 (1976), pp. 1-22.
Nevett, L., *House and Society in the Ancient Greek World*, Cambridge U.P., 1999.
Nilsson, M. P., *Homer & Mycenae*, Londres, Methuen, 1933.
O'Brien, J. M., *Alexander the Great. The invisible Enemy*, Londres, Routledge, 1992.
Ober, J., *Mass and Elite in Democratic Athens. Rhetoric, Ideology and Power of the People*, Princeton, 1989.
Oliva, P., *Esparta y sus problemas sociales*, Madrid, Akal, 1983.
Onians, J., *Arte y pensamiento en la época helenística*, Madrid, Alianza, 1996.
Orrieux, Cl., *Les papyrus de Zenon. L'horizon d'un grec en Egypte au III siècle avant J.C.*, París, 1983.
Osborne, R., *Classical Landscape with Figures. The Ancient Greek City and its Countryside*, Londres, 1987.
— *Greece in the Making. 1200-479 B.C.*, Londres, Routledge History of the Ancient World, 1996 (trad. cast. Crítica).
Ostwald, M., *Oligarchia. The Development of a Constitutional Form in Ancient Greece*, Stuttgart, Historia Einzelschriften 144, 2000.
Page, D., *History and the Homeric Iliad*, Berkeley/Los Ángeles, University of California Press, 1972.
Parke, H. W., *The Festivals of the Athenians*, Londres, 1977.
Pascual, J., *Grecia en el siglo IV a.C. Del imperialismo espartano a la muerte de Filipo de Macedonia*, Madrid, Síntesis, 1997.
Pearson, L., *The Early Ionian Historians*, Oxford, 1939.
— *The Local Historians of Attica*, Filadelfia, 1942.
— *The Lost Histories of Alexander the Great*, Londres, 1960.
— *The Greek Historians of the West. Timaeus and his Predecessors*, Atlanta, American Philological Association, 1987.
Pedech, P., *La méthode historique de Polybe*, París, 1964.
— *Historiens Compagnons d'Alexandre*, París, Les Belles Lettres, 1984.
— *Trois historiens méconnus. Théopompe, Duris, Phylarque*, París, 1989.
Pestman, P. W. et al., *A Guide to the Zenon Archive*, Leiden, 1981.
Petrochilos, N. K., *Roman Attitudes to the Greeks*, Atenas, 1974.
Picard, O., *Les Grecs devant la menace perse*, París, Sedes, ²1980.
Piccirilli, L, *Efialte*, Génova, 1988.
Plácido, D., *La sociedad ateniense. La evolución social en Atenas durante la guerra del Peloponeso*, Barcelona, Crítica, 1997.

— et al., *La guerra del Peloponeso*, Madrid, Anejo de Tempus, 1998.
PODLECKI, A., *The Life of Themistocles. A Critical Survey of the literary and Archaeological Evidence*, Montreal/Londres, McGill-Queens U. P., 1975.
— A. J., *The Early Greek Poets and their Times*, Vancouver, 1984.
— A., *Pericles and his circle*, Londres, 1998.
POLLIT, J. J., *El arte helenístico*, Madrid, Nerea, 1989.
POMEROY, S. et al., *Ancient Greece. A Political, Social and Cultural History*, Oxford U. P. 1999.
POURSAT, J. C., *La Grèce préclassique. Des origines à la fin du VI siècle*, Nouvelle Histoire de l'Antiquité, París, Seuil, 1995.
POWELL, A., *Athens and Sparta, Constructing Greek Political and Social History from 478 B.C.*, Londres, 1988.
PREAUX, Cl., *L' economie royale des Lagides*, Bruselas, 1939.
— «La place des papyrus dans les sources de l'histoire hellénistique», *Münchener Beitrage* 66 (1974), pp. 1-26.
— «Sur le naufrage de la littérature historique de l'âge hellenistique» en *Miscellanea in honorem J. Vergotte*, Lovaina, 1975-1976, pp. 455-462.
— *El mundo helenístico. Grecia y oriente desde la muerte de Alejandro hasta la conquista de Grecia por Roma (323-146 a.C.)*, 2 vols., Barcelona, Labor, 1984.
PRICE, S., *Religions of the Ancient Greeks*, Cambridge U.P., 1999.
PROIETTI, G., *Xenophon's Sparta. An Introduction*, Leiden, Brill, 1987.
PRONTERA, F. (ed.), *Geografia e geografi nel mondo antico*, Bari, Laterza, 1983.
RADET, L., *La Lydie et le monde grec aux temps des Mermnades*, París, 1893 (edición anastática, Roma, 1967).
RAUBITSCHEK, A., «The Agonistic Spirit in Greek Culture», *The Ancient World* 7 (1983), pp. 3-7.
RAWSON, E., *The Spartan Tradition in European Thought*, Oxford Clarendon Press, 1969.
REEVE, C. D. C., *Philosopher-Kings. The Argument of Plato's Republic*, Princeton, 1988.
RENFREW, C., *The Emergence of Civilization. The Cyclades and the Aegean in the Third Millenium B.C.*, Londres, 1972.
RHODES, P. J., *The Athenian Boule*, Oxford, 1972.
— *A Commentary on the Aristotelian Athenaion Politeia*, Oxford, Clarendon Press, 1981.
— «Political Activity in Classical Athens», *Journal of Hellenic Studies* 106 (1986), pp. 132-144.
— «The Attidographers» en Verdin, H, Schepens, G y Keyser, E de (eds.), *Purposes of History. Studies in Greek Historiography from the 4th to the 2nd Centuries B.C.*, Lovaina, 1990, pp. 73-81.
RHODES, P. J. y MITCHELL G (eds.), *The Development of the Polis in Archaic Greece*, Londres, Routledge, 1997.
RICHTER, H.-D., *Untersuchungen zur hellenistischen Historiographie. Die Vorlagen des Pompeius Trogus für die Darstellung der nachalexandrischen hellenistischen Geschichte (Just. 13-40)*, Frankfurt am Main, 1987.
ROBERT, L., *Etudes Anatoliennes. Recherches sur les inscriptions grecques d'Asie Mineure*, París, 1937.
— *Villes d'Asie Mineur. Etudes de Géographie ancienne*, París, 1962.
— *Documents de l'Asie Mineure méridionale. Inscriptions, monnaies et géographie*, Ginebra/París, 1966.
ROBINSON, CH. A., *The History of Alexander the Great*, 2 vols., Providence, 1953-1963.
ROBINSON, J. R. Jr., *The Ephemerides of Alexander's Expedition*, Providence, 1932.
ROEBUCK, C., *Ionian Trade and Colonisation*, Nueva York, 1959 (reimpr. en Chicago, Ares, 1984).
ROMAN, D. e Y., *Rome, l'identité romaine et la culture hellénistique*, París, Sedes, 1994.

ROMILLY, J. DE, *Los fundamentos de la democracia*, Madrid, Cupsa, 1977.
— *Homère*, París, Que sais-je?, 1985.
— *La construction de la verité chez Thucydide*, París, 1990.
— *Alcibíades o los peligros de la ambición*, Barcelona, Seix Barral, 1996.
— *Los grandes sofistas en la Atenas de Pericles*, Barcelona, Seix Barral, 1997.
ROMM, J., *Herodotus*, New Haven/Londres, Yale U.P., 1998.
ROSE, H. J., *Mitología griega*, Barcelona, Labor, 1973.
ROSTOVZEFF, M., *Historia social y económica del mundo helenístico*, 2 vols., Madrid, Espasa Calpe, 1967.
ROUILLARD, P., *Les Grecs et la Péninsule ibérique du VIII au IV siècle avant Jésus Christ*, París, De Boccard, 1991.
ROUSSEL, D., *Tribu et Cité. Etudes sur les groupes sociaux dans les cités grecques aux époques archaïque et classique*, París, Les Belles Lettres, 1976.
RYDER, T. T. B., *Koiné Eirene. General peace and Local Independence in Ancient Greece*, Oxford, U. P., 1965.
SACKS, K., *Polybius and the Writing of History*, University of California Publ. in Classical Studies, 24, Berkeley/Los Ángeles, 1981.
— *Diodorus Siculus and the First Century*, Princeton, 1990.
SAKELLARIOU, M. B., *La migration grecque en Ionie*, Atenas, 1958.
— *The polis-state. Definition and Origin*, Atenas, 1989.
— *Between Memory and Oblivion. The Transmissions of Early Greek Historical Traditions*, Atenas, 1990.
SAMUEL, A. E., *The Shifting Sands of History: Interpretations of Ptolemaic Egypt*, Lanham, Publ. of the Association of Ancient Historians 2, 1989.
SANCHO ROCHER, L., *Un proyecto democrático. La política en la Atenas del siglo V*, Zaragoza, Egido, 1997.
SANDARS, N. K., *The Sea peoples*, Londres, Ancient Peoples and Places, 1978.
SANDERS, L. J., *Dionysios of Syracuse and Greek Tyranny*, Londres, 1987.
SCHACHERMAYR, F., *Alexander der Grosse: das Problem seiner persönlichkeit und seines Wirkens*, Viena, 1973.
SCHOFIELD, M., *Saving the City. Philosopher-Kings and Other Classical Paradigms*, Londres, Routledge, 1998.
SCHRADER, C., «El mito de Maratón», *Cuadernos de investigación, Historia* VII, 1/2 (1981), pp. 17-54.
SCHUBERT, R., *Die Quellen zur Geschichte des Diadochenzeit*, Leipzig, 1914.
SEALEY, R., *Demosthenes and His Time*, Berkeley U.P., 1993.
— *The Athenian Republic. Democracy or the Rule of Law?*, The Pennsylvania State Univ., 1987.
SEIBERT, J., *Alexander der Grosse*, Darmstadt, Wissenschaftliche Buchgesellschaft, 1972.
— *Das Zeit der Diadochenzeit*, Darmstadt, Wissenschaftliche Buchgesellschaft, 1983.
SETTIS, S. (ed.), *I Greci. Storia.Cultura. Arte.Societá*, 3 vols., Turín, Einaudi, 1996-1998.
SHERWIN-WHITE, A. N., *Roman Foreign Policy inn the East*, Londres, Duckworth, 1984.
SHERWIN-WHITE, S. y KUHRT, A., *From Samarkhand to Sardis. A New Approach to the Seleucid Empire*, Londres, 1993.
SHIPLEY, G., *The Greek World after Alexander 323-30 B.C.*, Londres, Routledge History of the Ancient World, 2000.
SINCLAIR, R. K., *Democracia y participación en Atenas*, Madrid, Alianza, 1999.
SISSA, G. y DETIENNE, M., *La vida cotidiana de los dioses griegos*, Madrid, Temas de Hoy, 1994.
SMITH, R. R. R., *Hellenistic Royal Portraits*, Oxford, Clarendon Press, 1988.
SMITH, C y SERRATI, J. (eds.), *Sicily from Aeneas to Augustus. New Approaches in Archaeology and History*, Edimburgo, 2000.
SNODGRASS, A. M., *The Dark Age of Greece*, Edimburgo, 1971.

— «An Historical Homeric Society?», *Journal of Hellenic Studies* 94 (1974), pp. 114-125.
— *Archaeology and the Rise of the Greek State*, Cambridge, 1977.
— *La Grèce archaïque. Le temps des apprentissages*, París, Hachette, 1986.
— *The Archaeology of Greece. The Present State and Future Scope of a Discipline*, Berkeley/Los Ángeles, University of California Press, 1987 (Trad. cast. Crítica).
STADTER, P. A., *Arrian of Nicomedia*, Chapel Hill, 1980.
— *A Commentary on Plutarch's Pericles*, Chapell Hill, The University of North California Press, 1989.
STANTON, G. R., *Athenian Politics c. 800-500 B.C. A Sourcebook*, Londres/Nueva York, 1990.
STARR, Ch. G., «Greeks and Persians in the Fourth Century B.C. A Study in Cultural Contacts before Alexander», *Iranica Antiqua* 11 (1975), pp. 39-99 y 12 (1977), pp. 49-115.
— *The Economic and Social Growth of Early Greece 800-500 B.C.*, Nueva York, 1977.
— *Individual and Community. The Rise of the Polis. 800-500 B.C.*, Nueva York, 1986.
— *The Birth of Athenian Democracy. The Assembly in the Fifth Century*, Nueva York, 1990.
— *The Aristocratic Temper of Greek Civilization*, Nueva York, 1992.
STE. CROIX, G. E. M. DE, *The Origins of the Peloponnesian War*, Londres, 1972.
STEWART, A., *Faces of Power. Alexander Image and Hellenistic Politics*, Berkeley/Los Ángeles, University of California Press, 1993.
STRASBURGER, H., «Poseidonios on the Problems of the Roman Empire», *Journal of Roman Studies* 55 (1965), pp. 40-53.
STRAUSS, B. S., *Athens after the Peloponnesian War*, Londres, 1986.
— *Fathers and Sons in Athens. Ideology and Society in the Era of the Peloponnesian War*, Princeton, 1993.
SWAIN, S., *Hellenism and Empire. Language, Classicism, and Power in the Greek World, A.D. 50-250*, Oxford, Clarendon Press, 1996.
TARN, W. W., *Alexander the Great*, Boston, Beacon Press, 1956.
— *Antigonos Gonatas*, Chicago, Ares, 1969.
— y GRIFFITH, G. T., *La civilización helenística*, México, FCE, 1969.
TAYLOR, W., *The Mycenaeans*, Londres, ²1983.
THE CAMBRIDGE ANCIENT HISTORY, III, part 3. *The Expansion of the Greek World. Eighth to Sixth Century B. C.*, Cambridge, ²1982.
THE CAMBRIDGE ANCIENT HISTORY, VII, part 1, *The Hellenistic World*, Cambridge, 1984.
THIERCY, P., *Aristophane et l'ancienne comédie*, París, PUF, 1999.
THOMAS, R., *Oral Tradition and Written Record in Classical Athens*, Cambridge, 1989.
— *Herodotus in Context. Ethnography, Science and the Art of Persuasion*, Cambridge U.P., 2000.
TOZZI, P., *La rivolta ionica*, Pisa, 1978.
TREUIL, R. et al., *Les civilisations égéennes du Neolithique et de l'Age du Bronce*, París, PUF, 1989.
TRITLE, L.A., *The Greek World in the Fourth Century*, Routledge, Londres, 1997.
TSETSKHLADZE G.R. ed., *The Greek Colonisation of the Black Sea Area*, Historia Einzelschriften, 121, Stuttgart, 1998.
— y DE ANGELIS, F., *The Archaeology of Greek Colonisation. Essays dedicated to Sir John Boardman*, Oxford, 1994.
TYRRELL, W. B. y BROWN, F.S., *Athenian Myths & Institutions*, Nueva York, 1991.
VAN EFFENTERRE H., *La cité grecque. Des origines à la défaite de Marathon*, París, Hachette, 1985.
VANNIER, F., *Le IV siècle grec*, París, U 2, 1967.
VAVRINEK, V., *La révolte d'Aristonicos*, Praga, 1957.
VERMEULE, E., *Grecia en la edad del Bronce*, México, FCE, 1971.
VEYNE, P., «L' hellénisation de Rome et la problematique de l'acculturation», *Diogène* 6 (1979), pp. 3-29.
VIAL, Cl., *Les Grecs. De la paix d'Apamée à la bataille d'Actium*, Nouvelle Histoire de l'Antiquité, París, Seuil, 1995.

VIDAL-NAQUET, P., *La democracia griega. Una nueva visión*, Madrid, Akal, 1992.
WACE, A. J. B y STUBINGNS, F. H. (eds.), *A Companion to Homer*, Londres, 1962.
WACHOLDER, N., *Nicolaus of Damascus*, Berkeley/Los Ángeles, University of California Press Publ. in History 75, 1962.
WALBANK, F. W., *Aratos of Sicyon*, Cambridge, 1933.
— *Philip V of Macedon*, Oxford, 1940.
— «Polybius between Greece and Rome» en E. Gabba (ed.), *Polybe*, Entretiens sur l'Antiquité clasique, t. XX, Ginebra, 1974, pp. 3-31.
— *A Historical Commentary on Polybius*, 3 vols., Oxford, 1957(I); 1967 (II); 1979 (III).
— *Polybius*, Berkeley/Los Ángeles, 1972.
— *El mundo helenístico*, Madrid, Taurus, 1985.
WALZER, G., *Hellas und Iran*, Darmstadt, Wissenschaftliche Buchgesellschaft, 1984.
WARDMAN, A., *Rome's Debt to Greece*, Londres, 1976.
WEHRLI, C., *Antigone et Demétrios*, Ginebra, 1968.
WEIL, R., *Aristote et l'Histoire. Essai sur la politique*, París, Klincksieck, 1960.
WELLES, C. B., *Royal Correspondence in the Hellenistic Period: A Study in Greek Epigraphy*, New Haven, 1934.
WEST, M. L., *The East Face of Helicon. West Asiatic Elements in Greek Poetry and Myth*, Oxford, 1997.
— *La filosofia greca arcaica e l'oriente*, Bolonia, Il Mulino, 1993.
WHITEHORNE, J., *Cleopatras*, Londres, Routledge, 1994.
WILCKEN, U., *Alexander the Great*, Nueva York/Londres, Norton Library, 1967.
WILL, E., *Doriens et ioniens. Essai sur la valeur du critère ethnique appliqué à l'étude de l'histoire et la civilisation grecques*, París, 1956.
— «Le monde hellénistique et nous», *Ancient Society* 10 (1979), pp. 79-95.
— *Histoire politique du monde hellénistique*, 2 vols., Nancy, 1979 y 1982.
— «Pour une anthropologie coloniale du monde hellénistique» en *The Craft of the Ancient Historian. Essays in honour of Ch. G. Starr*, Nueva York/Londres, 1985, pp. 273-301.
— *Historica Graeco-Hellenistica. Choix d'écrits*, París, De Boccard, 1998.
— et al., *El mundo griego y el Oriente I. El siglo V*, Madrid, Akal, 1997.
— et al., *El mundo griego y el Oriente II. El siglo IV y la época helenística*, Madrid, Akal, 1998.
WITT, R. E., *Isis in the Ancient World*, Londres, 1971.
WOOD, E. M., *Peasant, Citizen & Slave. The Foundations of Athenian Democracy*, Nueva York, 1988.
WOODHAOSE, W. J., *Solon the Liberator*, Nueva York, 1965.
WOODHEAD A. G., *The Greeks in the West*, Londres, Ancient Peoples and Places, 1962.
— *The Study of Greek Inscriptions*, Cambridge, ^{2}1981.
WYCHERLEY, R. E., *The Stones of Athens*, Princeton, 1979.

Glosario

agón: certamen o competición celebrada en el curso de un festival religioso que constituía uno de los rasgos más característicos de la cultura griega.
ágora: Espacio abierto en el centro de la ciudad griega que hacía las veces de mercado y de centro político y social de la misma.
ánax: Título dado al rey en el mundo micénico.
anfictionía: Consejo encargado de dirigir los asuntos relacionados con los grandes templos y santuarios griegos. El más importante era el del santuario de Apolo en Delfos.
arconte: Término utilizado para designar a quienes desempeñaban en las ciudades griegas una magistratura o cargo oficial elegido por los ciudadanos.
areópago: Consejo de origen aristocrático que desempeñaba importantes funciones de gobierno en Atenas.
areté: Designaba la máxima excelencia en casi todos los terrenos, especialmente en el militar. Su consecución era el objetivo de toda la ética aristocrática griega.
atimía: Pérdida de los derechos cívicos de un individuo en castigo por una falta contra la ciudad.
boulé: Consejo deliberativo encargado de tratar los asuntos diarios del gobierno de una ciudad cuyas competencias eran paralelas a las de la asamblea de ciudadanos.
cella: Estancia principal del templo griego que solía albergar la estatua de la divinidad.
cleruquía: Colonia de carácter militar y agrícola instalada en los territorios conquistados o aliados que formaban parte del imperio ateniense del siglo V a.C.
crátera: Vasija empleada para mezclar el vino con el agua en los banquetes.
demo: Circunscripción territorial en la que se hallaba dividido el territorio del Ática.
diádocos: Término empleado para designar a los generales que sucedieron a Alejandro Magno.
díke: Término griego que designa la justicia o el equilibrio entre las partes. En Atenas designaba también los procesos judiciales.
dinasta: Gobernante indígena de carácter local.
dorio: Nombre de una de las principales divisiones de la etnia griega. Fueron los últimos en arribar a la península griega, hablaban el dialecto de este nombre y ocupaban la mayor parte del Peloponeso y el sur del Egeo.

dracma: Designación de la unidad monetaria griega, compuesta de 6 óbolos.
ecclesía: Nombre dado a la asamblea general del pueblo en la ciudad de Atenas.
éforo: Nombre de la principal magistratura espartana. Constituían un colegio de 5 miembros elegidos anualmente.
eolio: Nombre dado a los griegos que se instalaron en la parte norte de la costa de Asia Menor procedentes de Tesalia y Beocia que poseían su propia forma dialectal del griego.
espartiata: Término utilizado para designar a los auténticos espartanos de nacimiento que formaban parte del cuerpo cívico.
estadio: Nombre de una carrera de longitud y del lugar donde se desarrollaba que designaba al mismo tiempo una medida de distancia equivalente a cerca de 200 m.
estratego: Nombre dado a la máxima magistratura militar encargada de la dirección de las tropas de la ciudad.
eupátridas: Nombre que designa a las principales familias aristocráticas atenienses.
fratría: Agrupación de carácter sociopolítico que tenía su origen en unidades de parentesco (significa literalmente hermandad) que constituía una de las unidades básicas de las ciudades griegas.
genos: Designaba una especie de clan familiar entendido en sentido amplio, de carácter aristocrático.
geométrico: Término utilizado para designar el período de la historia griega que va desde el 1050 hasta el 700 a.C. debido a que la cerámica decorada con este tipo de ornamentos constituye la principal evidencia material.
gerousía: Asamblea de los ancianos en Esparta y otros estados griegos que desempeñaba un importante papel político.
gimnasio: Lugar donde se impartía la educación física e intelectual de los jóvenes griegos, denominados efebos, provistos de las correspondientes instalaciones.
heládico: Término utilizado para designar la edad de Bronce en el continente griego.
helénico: Término con el que se digna todo lo relativo al mundo griego en general.
helenístico: Término que designa el período de la historia griega que va desde la muerte de Alejandro Magno en el 323 a.C. hasta la batalla de Accio en el 31 a.C.
heliea: Nombre dado a los tribunales populares atenienses encargados de toda la labor judicial.
hilota: Término que designaba a la población de carácter servil y dependiente del territorio espartano.
homoioi: Término con el que se designaban los espartiatas o auténticos espartanos de nacimiento que formaban el cuerpo cívico. Literalmente significa los «iguales».
hoplita: Guerrero provisto de armadura, escudo, lanza y espada que constituía el elemento principal de los ejércitos griegos que luchaban en cerrada formación.
hubris: Término que designaba la desmesura o el hecho de sobrepasar los límites establecidos para el ser humano que implicaba siempre el castigo o la venganza de los dioses.
isonomía: Es uno de los principios básicos del sistema democrático griego. Literalmente significaba igualdad ante la ley.
jónico: Término que designaba a una de las principales divisiones de la etnia griega que se establecieron en la parte central de Asia Menor y en las islas adyacentes. Su dialecto se hablaba también en Atenas, a la que consideraban su madre patria.
kleroterion: Máquina de votar para designar a los jueces encargados de dictaminar los procesos en Atenas.

koinón: Término que designaba la confederación o asociación política de diferentes estados griegos.

kouros: Término utilizado por los historiadores del arte para designar las estatuas de jóvenes desnudos pertenecientes al arte arcaico griego.

lacedemonios: Término que designaba a los habitantes de Esparta.

libación: Ofrenda de un líquido, generalmente vino, leche o miel, derramada ante el altar de una divinidad.

lineal A: Término con el que se designa la escritura cretense que corresponde a una lengua todavía indescifrada.

lineal B: Término con el que se designa la escritura hallada sobre las tablillas de arcilla encontradas en los palacios micénicos que corresponde a una forma de griego arcaico.

liturgía: Obligaciones de carácter financiero asumidas por los ciudadanos atenienses más ricos cuya finalidad era sufragar servicios fundamentales de la comunidad tales como la preparación de un coro dramático, la provisión de los gastos de un banquete en un festival o la construcción de naves.

mégaron: Estancia principal de los palacios micénicos que contenía un hogar central y estaba precedida de un pórtico.

meteco: Ciudadano extranjero residente en un estado griego que, aunque se hallaba desprovisto de los derechos políticos, desempeñaba un papel importante dentro de la economía de la ciudad por tener a su cargo actividades de carácter artesanal e industrial.

minoico: Término utilizado para designar lo relativo a la civilización cretense.

moira: Destino establecido para un individuo o comunidad. Literalmente es la parte de destino que está reservada a cada uno.

nomos: Ley o costumbre establecida en una ciudad griega.

ostracismo: Procedimiento establecido en Atenas para expulsar mediante votación inscribiendo el nombre en un trozo de cerámica de aquellos personajes sospechosos de acaparar el poder o aspirar a la tiranía.

pancracio: Una forma de combate en la que estaba permitido casi todo salvo morder que formaba parte de los juegos atléticos griegos.

peltasta: Soldado de infantería ligera introducido en Grecia a finales del siglo V a.C. llamados así a partir de los pequeños escudos redondos que portaban.

penesta: Término que designaba a la población de carácter servil y dependiente en el territorio tesalio.

pentakosiomédimnoi: Término que designaba a la primera clase censitaria establecida tras las reformas de Solón en Atenas. Se refería literalmente a quienes poseían una propiedad superior a los 500 medimnos. Originalmente eran los únicos elegibles para determinados cargos como las magistraturas.

peplo: Vestimenta femenina consistente en un lienzo grueso anudada a los hombros y que llegaba hasta los pies.

perieco: Término que designaba a la segunda clase de habitantes del estado espartano, entre los homoioi y los hilotas. Literalmente significa «los que habitan alrededor». No poseían derechos políticos, pero tenían su propia organización política y social a diferencia de los hilotas.

pithos: Vasija de gran tamaño destinada al almacenamiento de víveres, característica de las culturas egeas en la Edad del Bronce.

pitia: Sacerdotisa principal del santuario de Apolo en Delfos encargada de pronunciar las profecías del dios a los fieles que acudían a consultar el oráculo.

polemarco: Nombre dado al magistrado ateniense encargado de dirigir el ejército de la ciudad que perdió su importancia con la asunción de estas funciones por los estrategos.
poliorcética: Arte del asedio y captura de las ciudades.
polis: Término que designa la forma particular de comunidad política y social característica de una buena parte del mundo griego.
prítano: Miembros del consejo y de una de las tribus de Atenas que representaban la cabeza visible del estado ateniense durante una décima parte del año. Durante ese período de mandato habitaban en el edificio denominado pritaneo en el ágora de Atenas.
proedría: Derecho de preferencia en la ocupación de los principales asientos en el teatro que significaba la concesión de honores por parte de la ciudad a los ciudadanos más distinguidos por haber realizado algún servicio importante a la comunidad.
próxenos: Ciudadano que ejercía las funciones de representante de los intereses de otra ciudad distinta a la propia dentro de su comunidad.
rithon: Vasija de carácter ritual en forma de cuerno o cabeza de animal destinada a realizar libaciones.
satrapía: División administrativa del imperio persa dirigida por un gobernador designado por el rey entre sus familiares o amigos denominado sátrapa.
simposio: Reunión aristocrática de carácter ritual destinada a la bebida en común en la que se desarrollaban también otras actividades de carácter lúdico, como el canto o la danza, o cultural, como el recitado de poemas o la discusión filosófica.
susitía: Mesa comunal en las ciudades dorias a la que los miembros del cuerpo cívico estaban obligados a contribuir con partes iguales. Aquellos que no podían cumplir con este deber quedaban excluidos del cuerpo cívico espartiata.
stasis: Término utilizado para designar los conflictos y enfrentamientos en el interior de la ciudad.
Stoa: Estructura porticada que proporcionaba abrigo del sol o de la lluvia, propia de los santuarios religiosos o de los centros cívicos.
tagos: Nombre que designa al magistrado plenipotenciario de la confederación tesalia.
talento: Unidad de peso y medida equivalente a 22 kg y medio y que en el Ática se componía de 6.000 dracmas.
telesterion: Edificio destinado a la celebración de los ritos de carácter mistérico que tenían lugar en Eleusis.
témenos: Espacio consagrado a los dioses delimitado por mojones o un muro. La mayor parte de las veces correspondía al lugar ocupado por el santuario de la divinidad.
theórico: Fondo financiero de carácter público destinado en Atenas a sufragar los gastos de la asistencia al teatro de los ciudadanos más pobres.
thetes: Clase inferior de las establecidas en la reforma de Solón cuyos ingresos eran inferiores a los 200 medimnos. Hasta bien entrado el siglo V a.C. su único papel político era formar parte de la asamblea.
tholos: Edificios de forma circular y abovedada que sirvieron como tumbas en el período micénico y adquirieron más tarde una función religiosa en los grandes santuarios griegos.
tirano: Nombre de origen lidio con el que los griegos designaban a quien había obtenido el poder de forma «inconstitucional», por engaño o con el uso de la violencia.

triere: Naves de guerra impulsadas por tres filas de remeros que constituían la parte fundamental de las flotas de las ciudades griegas.

xenía: Deber de hospitalidad profundamente arraigado en las costumbres aristocráticas griegas.

zeugita: Tercera clase censitaria de la reforma de Solón que poseían unos ingresos anuales entre los 200 y 300 medimnos. Su nombre se debe a que podían mantener un par de bueyes. Formaban el núcleo de los hoplitas y, aunque inicialmente tenían restringido el acceso a las magistraturas principales, con el paso del tiempo fueron adquiriendo todos los derechos.

Índice general

INTRODUCCIÓN: GRECIA Y LOS GRIEGOS 5

Capítulo I. EL MUNDO PREHELÉNICO

    I. MITO E HISTORIA 7

    II. LA CIVILIZACIÓN MINOICA 9

        1. El descubrimiento, 9 – 2. Espacio y cronología, 10 – 3. El surgimiento de la civilización en Creta, 13– 4. Los palacios, 15 – 5. Estructuras territoriales, 16 – 6. Estructuras socioeconómicas, 17 – 7. Formas y estilos de vida, 20 –8. El universo religioso, 21 – 9. Tera y el ámbito de influencia de la civilización cretense, 23 – 10. Creta en el imaginario griego posterior, 24

    III. LA CIVILIZACIÓN CICLÁDICA 25

Capítulo II. LOS PRIMEROS GRIEGOS

    I. EL DESCUBRIMIENTO DE MICENAS 27

    II. LA POLÉMICA FIGURA DE SCHLIEMANN 28

    III. LAS FUENTES ESCRITAS 30

    IV. ESPACIO Y CRONOLOGÍA 32

    V. LA INFLUENCIA CRETENSE 34

    VI. ESTRUCTURAS POLÍTICO-SOCIALES 34

    VII. PALACIOS Y FORTALEZAS 36

VIII. LAS TUMBAS 37

IX. LAS MANIFESTACIONES ARTÍSTICAS.................................. 38

X. UN MUNDO EN GUERRA 39

XI. EL UNIVERSO RELIGIOSO 40

XII. LA EXPANSIÓN MICÉNICA 42

XIII. LA GUERRA DE TROYA 44

XIV. EL COLAPSO FINAL 47

Capítulo III. LA EDAD OSCURA

I. DEFINICIÓN Y CRONOLOGÍA..51

II. LAS FUENTES: ARQUEOLOGÍA Y TRADICIÓN ORAL 52

III. RUPTURAS Y CONTINUIDADES 54

IV. UN PERÍODO DE CAMBIOS.. 54

V. LA «INVASIÓN DORIA»... 56

VI. LA MIGRACIÓN JONIA A ASIA MENOR 57

VII. ATENAS Y EL ARTE GEOMÉTRICO 59

Capítulo IV. EL PERÍODO ARCAICO

I. LAS FUENTES 61

1. Los poemas homéricos, 61 – *El carácter de los poemas*, 61 – *La cuestión homérica*, 63 – *Los temas de los poemas*, 63 – *Homero y la realidad histórica*, 64 – *El valor histórico de los poemas*, 68 – **2. Las fuentes contemporáneas,** 70 – *Hesíodo*, 70 – *Los poetas líricos*, 71 – *Los primeros filósofos*, 72 – *Los testimonios materiales*, 73 – *Las inscripciones*, 73 – *Los restos arqueológicos* 73– **3. Las tradiciones míticas,** 74 – **4. La historiografía antigua sobre este período,** 75 – *Los logógrafos jonios y las crónicas locales*, 75 – *Heródoto y la época arcaica*, 76 – *Heródoto y las guerras médicas*, 78

II. EL MUNDO DE LA POLIS... 79

1. Definición de una polis, 80 – 2. La formación de la polis, 81 – 3. Las aristocracias, 84 – 4. Leyes y legisladores, 85 – 5. Los tiranos, 87 – 6. Las guerras y el nuevo tipo de armamento, 89 – 7. La adopción del alfabeto, 90 – 8. La invención de la moneda, 91

III. EL MUNDO DEL *ETHNOS* 92

IV. EL MUNDO GRIEGO DE ULTRAMAR.. 93

1. La expansión griega: una definición del fenómeno, 93 – 2. Las causas, 95 – 3. Prácticas de fundación, 96 – 4. El sur de Italia y Sicilia, 98 – 5. El norte del Egeo y los estrechos, 99 – 6. La región del mar Negro, 100 – 7. La zona adriática, 101 – 8. El norte de África, 102 – 9. El extremo occidente, 103 – 10. Griegos e indígenas en el mundo colonial, 104 – 11. La influencia oriental en la cultura griega, 106 – 12. El descubrimiento del mundo, 107

V. EL MUNDO GRIEGO ARCAICO.. 109

1. Los griegos de Jonia, 109 – 2. Atenas y Esparta: una historia de dos ciudades, 115 – 3. El desarrollo político de Atenas, 115 – *La consolidación como comunidad*, 115 – *Las reformas de Solón*, 117 – *La tiranía de Pisístrato*, 119 – *Las reformas de Clístenes*, 122 – 4. Esparta, 124 – *La singularidad espartana*, 124 – *La constitución de Licurgo*, 125 – *El sistema educativo espartano*, 125

VI. EL MUNDO DEL IMAGINARIO.. 127

1. Una cuestión de definiciones, 127 – 2. Los dioses griegos, 128 – 3. Al margen del Olimpo, 131 – 4. Hombres y dioses, 132 – 5. Los festivales, 133 – 6. El carácter de la religión griega, 133 – 7. Los grandes santuarios panhelénicos, 134 – *El santuario de Delfos*, 135 – *El santuario de Olimpia*, 136 – *Otros santuarios*, 136 – 8. Los mitos: usos e interpretaciones, 137 – 9. El mundo de los héroes, 138 – 10. Un estilo de vida, 139

VII. CULTURA Y MENTALIDADES.. 141

1. Testimonios de su tiempo, 141 – 2. La revolución «filosófica», 144 – 3. Las expresiones artísticas, 146 – *Arquitectura*, 146 – *Escultura*, 147 – *Cerámica*, 148

VIII. GRIEGOS Y PERSAS.. 148

1. El encuentro con Persia, 148 – 2. Jonia y los persas, 150 – 3. La rebelión jonia, 152 – 4. Los persas y Europa, 153 – 5. Los condicionantes del conflicto, 155 – 6. Maratón y su importancia ideológica, 156 – 7. Las batallas decisivas: Salamina y Platea, 158 – 8. Las consecuencias de la guerra, 160

IX. GRIEGOS Y CARTAGINESES 162

Capítulo V. EL PERÍODO CLÁSICO

I. LAS FUENTES 165

1. El siglo de Atenas, 165 – 2. Tucídides y su tiempo, 167 – 3. Otros historiadores, 169 – 4. La constitución de Atenas de Aristóteles, 171 –

5. La Constitución de los atenienses del PseudoJenofonte, 171 – 6. La iconografía, 171

II. LA HEGEMONÍA ATENIENSE 172

1. Esparta y Atenas tras la batalla de Platea, 172 – 2. El inicio de la hegemonía ateniense, 173 – 3. La figura de Cimón, 174 – 4. Las reformas de Efialtes, 175 – 5. La figura de Pericles, 175 – 6. La política exterior de Atenas, 177 – 7. El imperio ateniense, 178

III. EL SISTEMA DEMOCRÁTICO ATENIENSE 178

1. Las medidas definitivas, 178 – 2. Los problemas del sistema, 179 – 3. Democracia e imperialismo, 181 – 4. Una valoración final, 181

IV. LA ATENAS DE PERICLES 182

1. La ciudad y sus monumentos, 182 – 2. El fenómeno teatral, 183 – *El teatro en su contexto*, 183 – *Los espectadores*, 184 – *Las obras a escena*, 184 – *Los grandes autores*, 185 – *El teatro como propaganda política e ideológica*, 186

V. LA SOCIEDAD ATENIENSE 186

1. Los metecos, 186 – 2. Los esclavos, 187 – 3. Las mujeres, 187 – 4. La vida cotidiana, 190 – 5. La pervivencia del estilo de vida aristocrático, 192

VI. LA GUERRA DEL PELOPONESO 193

1. Causas y dimensiones del conflicto, 193 – 2. El desarrollo de las hostilidades, 194 – 3. La figura de Alcibíades, 196 – 4. El final de la guerra, 197 – 5. Las consecuencias de la guerra, 198

VII. LA REVOLUCIÓN MORAL E INTELECTUAL 198

1. Los sofistas, 198 – 2. La figura de Sócrates, 200 – 3. La comedia antigua, 201 – 4. Los nuevos cultos, 202

VIII. LOS OTROS GRIEGOS 202

1. Beocia y Tesalia, 202 – 2. El mundo griego de occidente, 205

Capítulo VI. EL SIGLO IV

I. EL SIGLO IV: UNA CUESTIÓN HISTORIOGRÁFICA 207

II. LAS FUENTES HISTORIOGRÁFICAS 209

1. Jenofonte, 209 – 2. Las Helénicas de Oxirrinco, 210 – 3. Éforo y Teopompo, 211 – 4. Los historiadores griegos de occidente, 212 – 5. Ctesias de Cnido y la historia de Persia, 213

III. OTROS TESTIMONIOS 213

    1. Los oradores, 213 – 2. Los filósofos, 215 – 3. La comedia, 216 – Otros géneros, 217 – 5. Los testimonios materiales, 217

IV. LA SUCESIÓN DE HEGEMONÍAS 218

    1. Lisandro y la hegemonía espartana, 218 – 2. Agesilao y el expansionismo espartano en Asia, 219 – 3. La guerra de Corinto y la paz de Antálcidas, 220 – 4. El final de la hegemonía espartana, 221 – 5. Atenas y la segunda confederación ateniense, 222 – 6. Epaminondas y la hegemonía tebana, 225

V. EL ASCENSO DE MACEDONIA 226

    1. El país y sus recursos, 226 – 2. Su historia reciente, 227 – 3. La figura de Filipo II, 228 – 4. Queronea y la Liga de Corinto, 231

VI. PERFILES SOCIOECONÓMICOS 233

    1. ¿Una sociedad en crisis?, 233 – 2. La estructura de la sociedad ateniense, 235

VII. LOS GRIEGOS DE OCCIDENTE 237

VIII. LOS OTROS GRIEGOS 240

IX. LA CIUDAD IDEAL 241

X. LAS MANIFESTACIONES ARTÍSTICAS 244

Capítulo VII. LA ÉPOCA DE ALEJANDRO

    I. ALEJANDRO Y LA HISTORIA 247

    II. LAS FUENTES 249

        1. Las historias contemporáneas, 249 – *Calístenes y los primeros historiadores*, 249 – *Tolomeo y Aristobulo*, 250 – *Onesícrito y Nearco*, 252 – *Ecos de corte y propaganda*, 253 – *Clitarco*, 253 – 2. Los documentos contemporáneos, 254 – 3. La tradición conservada, 255 – 4. La tradición legendaria, 256 – 5. Las fuentes materiales, 257 – 6. Incertidumbres e interrogantes, 258

    III. LA FIGURA DE ALEJANDRO 259

        1. Alejandro y Macedonia, 259 – 2. La personalidad de Alejandro, 260

    IV. LA CONQUISTA DEL IMPERIO PERSA 261

        1. Perfiles de una hazaña, 261 – 2. La conquista de Asia Menor, 263 – 3. Las costas fenicias y Egipto, 264 – 4. El corazón del imperio persa, 265

– 5. La conquista de las satrapías superiores, 266 – 6. La conquista de la India, 268

V. EL INSTRUMENTO DE LA CONQUISTA 269

VI. ALEJANDRO Y LOS GRIEGOS 270

VII. ALEJANDRO Y LOS PERSAS 271

VIII. LA ORGANIZACIÓN DEL IMPERIO 273

IX. LA VISIÓN DE LOS VENCIDOS 274

X. LOS PROYECTOS INCONCLUSOS 275

Caítulo VIII. EL MUNDO HELENÍSTICO

I. EL HELENISMO Y LA HISTORIOGRAFÍA MODERNA 277

II. LAS FUENTES 280

1. Un inmenso vacío histórico, 280 – 2. Los grandes historiadores de la época, 282 – *Jerónimo de Cardia*, 282 – *La historiografía trágica: Duris y Filarco*, 283 – *Polibio*, 283 – *Agatárquides de Cnido*, 284 – *Diodoro de Sicilia y las historias universales*, 285 – 3. Las fuentes materiales, 286 – *Las inscripciones*, 286 – *Los papiros*, 287 – *Las monedas*, 288 – *La arqueología*, 289

III. LA ÉPOCA DE LOS DIÁDOCOS 289

1. La herencia del imperio, 289 – 2. La rebelión de los griegos, 290 – 3. La lucha por la hegemonía, 291 – 4. Antígono el Tuerto, 291

IV. LA FORMACIÓN DE LAS MONARQUÍAS HELENÍSTICAS 292

V. EL EGIPTO TOLEMAICO 295

VI. EL REINO SELÉUCIDA 299

VII. MACEDONIA Y EL MUNDO GRIEGO 300

1. Los nuevos estados griegos, 300 – 2. Macedonia, 301

VIII. LA HELENIZACIÓN DEL NUEVO MUNDO 302

IX. LAS CIUDADES HELENÍSTICAS 305

X. LA IMAGEN IDEAL DE LA MONARQUÍA 307

XI. PERFILES SOCIOECONÓMICOS 309

    1. Tendencias generales, 309 – 2. El caso del Egipto tolemaico, 310

XII. CULTURA Y MENTALIDADES DE UN TIEMPO NUEVO 310

XIII. EL MUNDO DE LAS CREENCIAS 313

Capítulo IX. GRECIA BAJO EL DOMINIO ROMANO

    I. LAS FUENTES 315

    1. Polibio, 315 – 2. Poseidonio, 316 – 3. Estrabón, 317 – 4. Plutarco y Pausanias, 317 – 5. Historiadores griegos de Roma, 317 – 6. Los autores latinos, 318 – 7. Los restos materiales, 319

    II. LA CONQUISTA ROMANA DEL ORIENTE HELENÍSTICO 319

    III. LA RESISTENCIA ANTE ROMA 322

1. Rebeliones contra el orden romano, 322 – *La rebelión de Andrisco*, 322 – *La rebelión de Aristónico*, 323 – *Los disturbios de Dime*, 324 – *Mitrídates del Ponto, el último rey*, 325 – **2. La literatura antirromana**, 326

    IV. EL FUTURO DE GRECIA BAJO LA ÉGIDA DE ROMA 327

    V. GRIEGOS Y ROMANOS 328

    BIBLIOGRAFÍA 332

    GLOSARIO 346